प्रयोजनमूलक हिन्दी और पत्रकारिता

डॉ. दिनेश प्रसाद सिंह

वाणी प्रकाशन

वाणी प्रकाशन

4695, 21-ए, दरियागंज, नयी दिल्ली 110 002

फ़ोन : +91 11 23273167 फ़ैक्स : +91 11 23275710

शाखाएँ

अशोक राजपथ, पटना 800 004, बिहार

कॉफ़ी हाउस कैम्पस, महात्मा गांधी मार्ग, इलाहाबाद 211 001, उत्तर प्रदेश

महात्मा गांधी अन्तरराष्ट्रीय हिन्दी विश्वविद्यालय, वर्धा 442 001, महाराष्ट्र

36/ए, शेक्सपीयर सरणी, रानी बिरला गर्ल्स कॉलेज के पास, कोलकाता 700 017, प. बंगाल

www.vaniprakashan.com
marketing@vaniprakashan.in
sales@vaniprakashan.in

Prayojanmoolak Hindi Aur Patrakarita
by Dr. Dinesh Prasad Singh

ISBN : 978-81-8143-663-4
Linguistics/Journalism

संस्करण 2007, 2017
तृतीय संस्करण 2023

मूल्य : ₹ 650

आर. टेक ऑफ़सेट प्रिंटर्स, दिल्ली-110032 में मुद्रित

वाणी प्रकाशन का लोगो मक़बूल फ़िदा हुसेन की कूची से

भूमिका

भाषा एक संस्कार है। मूलरूप से इसके दो पक्ष या प्रकार्य हैं। इसमें पहले का सम्बन्ध हमारी सौन्दर्यपरक अनुभूतियों के आलम्बन से जुड़ा है, जोकि आत्मकेन्द्रित है तथा दूसरे का सम्बन्ध हमारी सामाजिक आवश्यकता और जीवन की उस व्यवस्था से जुड़ा है, जो व्यक्तिपरक होकर भी समाज-सापेक्ष होता है। इसका सम्बन्ध मूलतः हमारी जीविका के साथ सेवा-माध्यम (सर्विस टूल) के रूप में प्रयुक्त होता है। भाषा-व्यवहार का यह दूसरा पक्ष ही भाषा का प्रयोजनमूलक सन्दर्भ है। अतः प्रयोजनमूलक हिन्दी का तात्पर्य हिन्दी के उन विविध रूपों से है, जो सेवा-माध्यम के रूप में सामने आता है। इस बात को नज़रअन्दाज़ नहीं किया जा सकता कि हमारा शिक्षित वर्ग अंग्रेज़ी भाषा का प्रयोग मूलतः भाषा के इस प्रयोजन पक्ष को लेकर ही करता रहा है। भारतीय भाषाओं को एक तरफ़ उसने सौन्दर्यानुभूति एवं सांस्कृतिक मूल्यों के संवाहक के रूप में स्वीकार किया, उसे अपनी जातीय परम्परा और विगत ऐश्वर्य के स्मृति-चिह्न के रूप में माना और सामाजिक चेतना, लोक-व्यवहार, उच्च शिक्षातंत्र और जीविकोपार्जन के लिए अंग्रेज़ी भाषा को आदर्श रूप में स्वीकार करता रहा। अब स्थिति यह है कि जीवन की अन्य आवश्यकताओं के लिए भी उसके प्रयोग का विस्तार हो। सच तो यह है कि अहिन्दी प्रान्तों में अगर हिन्दी का प्रयोग स्वीकार्य होगा तो केवल अपने प्रयोजनमूलक रूप के द्वारा ही, अन्यथा सांस्कृतिक चेतना और साहित्यिक परम्परा के लिए उनके पास अपने प्रदेश की भाषाएँ तो हैं ही। इनमें से कुछ भाषाएँ तो किसी भी प्रकार से हिन्दी से कम विकसित नहीं हैं।

आमतौर पर यह माना जाता है कि भाषा विचारों को व्यक्त करने का माध्यम है। यह भी कहा जाता है कि वह व्यक्तित्व के प्रकाशन का साधन तथा सांस्कृतिक चेतना और साहित्यिक परम्परा का संवाहक है। पर इसके साथ भाषाविद् आज यह भी मानने लगे हैं कि भाषिक प्रक्रिया मूलतः एक सामाजिक प्रक्रिया है। भाषा न केवल विचार सम्प्रेषण का माध्यम है। वरन् वह सामाजिक नियन्त्रण का एक सक्षम साधन भी है। आज विद्वान यह स्वीकार करने में संकोच

नहीं करते कि भाषा सामाजिक आवश्यकताओं और व्यावहारिक ज़रूरतों की पूर्ति का एक उपकरण भी है। सम्प्रेषणीयता (कम्युनिकेशन) की समस्या के सन्दर्भ में आज भी भाषा को देखने अथवा परिभाषित करने का प्रयास हो रहा है, पर अब यह समस्या वैयक्तिक और मानसिक न होकर सामाजिक और सन्दर्भगत (कॉन्टेक्सचुअल) बन गई है। परिणामस्वरूप अब समाज को इकाई मानकर भाषा-व्यवहार को देखने का प्रयत्न किया जा रहा है।

यह समझना इतिहास के अनुकूल नहीं है कि अंग्रेज़ी एक विकसित भाषा के रूप में ही आई थी। जब अंग्रेज़ी आई, उस समय उसका रूप वर्तमान हिन्दी से भी कम विकसित था। फिर भी उसने अपनी राजसत्ता तथा व्यापारिक प्रयोजनों के बल से भारत में फैलना शुरू किया। क़रीब एक सौ साल बाद ही उच्च शिक्षा के माध्यम के तौर पर अंग्रेज़ी भारत में फैलने लगी। यह एक ऐसा उदाहरण है, जो हिन्दी या अखिल भारतीय भाषाओं के प्रयोक्ताओं के लिए अनुकरणीय साबित हो सकता है। अतः शासकीय प्रयोजनों के लिए हिन्दी के शिक्षण तथा प्रचार का आरम्भ साहित्यमूलक नहीं, वरन् प्रयोजनमूलक होना चाहिए, जिससे शासन में संलग्न छोटे-से-छोटे मुलाज़िम से लेकर बड़े-से-बड़े अफ़सर तक के लोग अपने दायरे में जैसी तथा जितनी हिन्दी की आवश्यकता हो, उतनी कम-से-कम समय में सीख पाएँ और यह भाषाज्ञान कामकाजी साबित हो। इस दृष्टिकोण से भाषा-भाषा के बीच में साहित्य तथा संस्कृति के पहलू को लेकर जो वैमनस्य पैदा हुआ है और संघर्ष होता रहा है, वह कम होता जाएगा और प्रादेशिक भाषाओं के समर्थकों का यह भय दूर होता जाएगा कि जिस अंग्रेज़ी ने प्रादेशिक भाषाओं को शासनसत्ता के द्वारा कुचल डाला है, उसका स्थान हिन्दी लेकर अंग्रेज़ी का कहीं पर्याय न बन जाए। उसके बदले हिन्दी शासनक्षेत्र में प्रादेशिक भाषाओं को भी आदान-प्रदान के द्वारा सम्पन्न बनाने के लिए मदद पहुँचाएगी और उसकी शब्द-सम्पत्ति निरन्तर बढ़ती जाएगी, जो संवैधानिक नियम-उपनियम तथा प्रक्रियाओं के अनुसार आवश्यक तथा अनुल्लंघनीय हैं। इस तरह से हिन्दी का अखिल भारतीय स्वरूप भी विकसित हो सकेगा।

जिस प्रकार सामाजिक व्यवहार समाज की अपनी आन्तरिक व्यवस्था से परिचालित होता है, उसी प्रकार किसी भी बहुभाषा-भाषी समाज में किसी विशेष सामाजिक सन्दर्भ में किसी एक भाषा अथवा शैली का प्रयोग भी सामाजिक प्रयोजन का प्रतिफल होता है। यही कारण है कि अब भाषा-व्यवहार और भाषिक यथार्थता को मात्र व्यक्ति की भाषिक क्षमता (लिंग्विस्टिक काम्पिटेन्स) के रूप में देखने के बजाय उसे सम्प्रेषण-सापेक्ष क्षमता (कम्युनिकेटिव काम्पिटेन्स) के सन्दर्भ में देखने का आग्रह बढ़ा है।

भाषा की समस्या एक वास्तविक सामाजिक समस्या है, जो किसी-न-किसी

रूप में सामाजिक व्यवहार, सांस्कृतिक चेतना और शैक्षिक ढाँचे आदि की विभिन्न सामाजिक समस्याओं से जुड़ी होती है। ये सभी समस्याएँ समुदाय की मानसिक स्थिति और उन विभिन्न सामाजिक भूमिकाओं से जुड़ी रहती हैं, जिनको पारस्परिक आदान-प्रदान के लिए उसके सदस्यों को विभिन्न सामाजिक सन्दर्भों में निभाना होता है। स्वतन्त्रता-प्राप्ति के बाद हमारे समाज की बौद्धिक चेतना एवं सामाजिक संदर्भों में काफ़ी परिवर्तन आया है और इस समय सामान्य व्यक्ति उपयुक्त शिक्षा-प्रणाली के अभाव में एक तनाव का अनुभव कर रहा है। हमारे सामाजिक जीवन के कई क्षेत्रों में अंग्रेज़ी का व्यवहार धीरे-धीरे हट रहा है। इसलिए अंग्रेज़ी तथा अन्य भारतीय प्रादेशिक भाषाओं के सम्बन्धों के लिए आयाम और हिन्दी-व्यवहार के नए सन्दर्भ उभर रहे हैं। इसलिए एक गुरुतर दायित्वबोध के साथ हमारा यह कर्त्तव्य बनता है कि हम एक ओर व्यापक सम्प्रेषण के रूप में अखिल भारतीय हिन्दी की शैली और उसके भाषापरक प्रभेदक लक्षणों को निर्धारित करें तो दूसरी ओर सामाजिक व्यवहार के उन सीमित क्षेत्रों की भाषा के रूप में उसे विकसित करने का प्रयास करें, जिसमें अब तक अंग्रेज़ी का प्रयोग होता रहा है। इसके साथ ही हिन्दी को संघ की 'राजभाषा' के रूप में प्रतिष्ठित करना है और यह तभी सम्भव है, जब 'सहयोगी' भाषा के रूप में अहिन्दी भाषी क्षेत्र में इसका व्यापक प्रसार हो। आधुनिक विचारों को व्यक्त करनेवाली भाषा के रूप में हिन्दी को विकसित करने के साथ-साथ इसे भारत की सामासिक संस्कृति का समर्थ संवाहक माध्यम बनाने की आवश्यकता है। इसके अलावा इसे विभिन्न व्यवसायों तथा काम-धंधों के लिए सेवा-माध्यम के रूप में भी विकसित करना है।

प्रयोजनमूलक हिन्दी हमारी आवश्यकता से उत्पन्न एक शैक्षिक संकल्पना है, जो इस समय देश में चल रहे विशुद्ध साहित्यिक हिन्दी-शिक्षण को एक नया मोड़ दे सकती है। मूल प्रश्न यह है कि किस तरह की हिन्दी, किस तरह की वर्तमान क्षमताओं और किस प्रकार के विद्यार्थियों को, किस विधि से, कितने समय में और किन सामग्रियों की सहायता से, किस प्रकार के शिक्षकों द्वारा पढ़ाई जाती है। इसमें दो राय नहीं कि भाषाओं का 'अपना' कोई ख़ास विषय नहीं होता, बल्कि वे तो केवल माध्यम होती हैं। अतः उनके द्वारा किसी भी विषयवस्तु को पढ़ाया जा सकता है और जिस प्रयोजन से वह पढ़ाया जाता है, वही प्रयोजनमूलक भाषा बन जाती है।

भाषा मूलतः एक व्यवहार ही है, इसलिए भाषा-शिक्षण को व्यवहार-कौशल के रूप में अपनाया जाना चाहिए। यह व्यवहार-कौशल भिन्न-भिन्न समयों पर भिन्न-भिन्न सामाजिक सन्दर्भों में भिन्न-भिन्न प्रकार का होता है। इसलिए शैक्षिक सन्दर्भ को यदि सार्थक और व्यवहारपरक बनाना है, तब प्रयोजनमूलक

हिन्दी (functional Hindi) की संकल्पना को अपनाना आवश्यक होगा।

प्रस्तुत पुस्तक का प्रकाशन अपने अध्यापकीय कर्त्तव्य की पूर्ति का प्रयास है। एम.ए. तथा पत्रकारिता के छात्रों के बीच पठन-पाठन के क्रम में व्यक्त विचारों का क्रमानुगत विकसित रूप है। विश्वविद्यालयों में हिन्दी का अध्ययन-अध्यापन, प्रशासन में हिन्दी व्यवहार, व्यवसाय के क्षेत्र में हिन्दी का प्रयोग, विधि के क्षेत्र में हिन्दी का प्रयोग, विभिन्न पेशों के निर्वाह के लिए हिन्दी का प्रयोग तथा जनसंचार के माध्ममों में हिन्दी की सार्थक भूमिका को ध्यान में रखकर इसके अध्ययन का विषय बनाया गया है। इसमें भाषा-सम्प्रेषण, लेखन-कौशल, भाषिक एवं संवाद-कला के विभिन्न पक्षों के साथ-साथ जनसंचार माध्यमों में भाषा-प्रयोग, समाचार-लेखन और हिन्दी, विज्ञापन और हिन्दी, सम्पादन-कला, अनुवाद, कम्प्यूटर में हिन्दी का अनुप्रयोग आदि विभिन्न विषयों पर विचार किया गया है। भाषा के इस प्रयोजनपरक रूप के प्रयोग से यदि हमारे विद्यार्थी अथवा हिन्दी-भाषी जनता को कुछ भी लाभ मिले तो हम अपने श्रम को सार्थक समझेंगे।

पुस्तक-लेखन के क्रम में मैंने जिन विद्वानों की पुस्तकों और विचारों को प्रत्यक्ष या परोक्ष रूप से अपनाया है, उन सबके प्रति अपना आभार व्यक्त करता हूँ। और, अन्त में वाणी प्रकाशन, पटना के व्यवस्थापक श्री प्रेमकिरण जी को मैं साधुवाद देता हूँ, जिनके आग्रह से लेखन पुस्तक बन सका।

–दिनेश प्रसाद सिंह

मकर संक्रांति

14 जनवरी, 2007

विषय-सूची

1. प्रयोजनमूलक हिन्दी

1:1 प्रयोजनमूलक हिन्दी : स्वरूप और व्यवहार क्षेत्र

परिभाषा : सामान्यतः प्रयोजनमूलक हिन्दी अंग्रेजी के 'फंक्शनल हिन्दी' का शब्दानुवाद है। इस शब्द का आशय यह हुआ कि एक ऐसी विशेष हिन्दी जिसका प्रयोग हम किसी खास प्रयोजन के लिए करें अर्थात् वह हिन्दी जो हमारे दैनन्दिन कामकाज, बोलचाल अथवा लिखित रूप में व्यवहार में प्रयुक्त होती हो, प्रयोजनमूलक हिन्दी कहलाती है। इसीलिए इसे व्यावहारिक हिन्दी भी कहा जाता है।

लेकिन 'प्रयोजनमूलक हिन्दी' और 'व्यावहारिक हिन्दी' शब्दों को लेकर भाषाविदों के बीच प्रायः कुछ-न-कुछ मतभेद है। एक तरफ श्री रमाप्रसन्न नायक आदि भाषाविदों ने इसे व्यावहारिक हिन्दी कहना उचित समझा है, तो दूसरी तरफ डॉ. नगेन्द्र और डॉ. ब्रजेश्वर वर्मा आदि ने प्रयोजनमूलक शब्द का प्रयोग ही ठीक माना है। श्री रमाप्रसन्न नायक अपनी बातों की पुष्टि के लिए यह तर्क देते हैं कि प्रयोजनमूलक कहने से ऐसा लगता है कि इसके विपरीत भी कोई ऐसी हिन्दी है जिसे निष्प्रयोजनपरक की संज्ञा दी जा सकती है। इसीलिए उनका मानना है कि "व्यावहारिक हिन्दी शब्द का प्रयोग अधिक उपयुक्त है।" इसके विपरीत डॉ. नगेन्द्र ने 'प्रयोजनमूलक हिन्दी' शब्द के प्रयोग पर बल देते हुए यह कहा है–"वस्तुतः प्रयोजनमूलक हिन्दी के विपरीत अगर कोई हिन्दी है तो वह निष्प्रयोजनमूलक नहीं, वरन् आनन्दमूलक हिन्दी है। आनन्द व्यक्ति-सापेक्ष है और प्रयोजन समाज-सापेक्ष। आनन्द स्वकेन्द्रित होता है और प्रयोजन समाज की ओर इशारा करता है। हम आनन्दमूलक हिन्दी के विरोधी नहीं हैं, इसलिए आनन्दमूलक साहित्य के हम हिमायती हैं। पर सामाजिक आवश्यकताओं के सन्दर्भ में हम सम्प्रेषण के बुनियादी आधार को भी अपनी नजर से ओझल नहीं करना चाहते।" डॉ. ब्रजेश्वर वर्मा ने निष्प्रयोजनमूलक हिन्दी की कल्पना को नकारते हुए यह कहा है–"निष्प्रयोजन हिन्दी कोई चीज नहीं है, लेकिन प्रयोजनमूलक विशेषण उसके व्यावहारिक पक्ष को अधिक उजागर करने के लिए प्रयुक्त किया गया।"

व्यावहारिक हिन्दी के नामकरण में भाषाविदों के अनुसार एक भ्रम उत्पन्न होता है कि व्यावहारिक हिन्दी कहने का अर्थ एक ऐसी हिन्दी से है जिसमें व्याकरण और सामाजिक आचरण के बदले व्यावहारिक उपयोग पर ही अधिक बल देता है। सामान्य रूप से व्यावहारिक हिन्दी का मतलब दैनिक जीवन में कार्य-साधन के लिए प्रयुक्त की जानेवाली हिन्दी से है। इसका अर्थ यह है कि एक ऐसी भाषा जिसमें व्याकरण की अनिवार्यता समाप्त कर उसकी व्यावहारिक उपयोगिता को ही अधिक ध्यान में रखा जाए। जबकि प्रयोजनमूलक हिन्दी में भाषा का सम्प्रेषण, सम्पर्क और प्रशासनिक क्षमता की अनिवार्यता है। इसके साथ सबसे बड़ी बात यह है कि इसमें उच्चरित वाक्य-प्रयोग से लेकर लिखित वाक्य तक व्याकरणिक अनिवार्यता एवं भाषिक अनुशासन का आग्रह होता है। इसलिए कहा जा सकता है कि व्यावहारिक हिन्दी की तुलना में प्रयोजनमूलक हिन्दी शब्द ही अधिक उपयुक्त जान पड़ता है।

शब्द-सम्बोधन के भ्रमजाल से अलग हटकर जब हम इसके कार्यक्षेत्र के ऊपर विचार करते हैं तो सवाल यह खड़ा होता है कि प्रयोजनमूलक हिन्दी से तात्पर्य क्या है? इसका समाधान करते हुए मोटूरि सत्यनारायण ने स्पष्ट किया है कि ''जीवन की आवश्यकताओं की पूर्ति के लिए उपयोग में लाई जानेवाली हिन्दी ही प्रयोजनमूलक हिन्दी है।'' उनके अनुसार भाषा के दो पक्ष या प्रकार्य हैं—पहले का सम्बन्ध हमारी सौन्दर्यपरक अनुभूति का आलम्बन होता है। यह आत्मकेन्द्रित होता है। पर दूसरे का सम्बन्ध हमारी सामाजिक आवश्यकता और जीवन की उस व्यवस्था से जुड़ा होता है जो व्यक्तिपरक होते हुए भी समाज-सापेक्ष होती है। इसका सम्बन्ध हमारी जीविका के साथ जुड़ा होता है। मूल रूप से यह सेवा-माध्यम (सर्विस टूल) के रूप में प्रयुक्त होता है। भाषा-प्रयोग के इस व्यावहारिक पक्ष को ही हम प्रयोजनमूलक हिन्दी कहते हैं। अतः प्रयोजनमूलक हिन्दी का तात्पर्य हिन्दी के उन विविध रूपों से है जो सेवा माध्यम के रूप में हमारे सामने उपस्थित होते हैं। इसके चरित्र को स्पष्ट करते हुए डॉ. प्रभात ने कहा है—''कामकाजी भाषा सम्प्रत्यय (concept) का आधार बनाती है। वह अनुभव के अंश निकाल देती है। अतः वहाँ तथ्य और सिद्धान्त ही रह जाते हैं। कामकाजी भाषा सम्प्रत्यय (concept), तथ्य (fact) और सिद्धान्त (principles) के समन्वय के साथ परिणामोन्मुखी काम करती है।''

प्रयोग के आधार पर भाषा के दो रूप किए जा सकते हैं :

(1) सामान्य जनजीवन में दैनिक कार्यों में प्रयुक्त प्रयोग की भाषा।

(2) सामान्य जीवन से भिन्न किन्हीं विशेष कार्यों में प्रयुक्त होनेवाली भाषा। इसमें पहले रूप का ज्ञान व्यक्ति सामान्य जीवन के परिवेश से प्राप्त करता है तथा दूसरे का अभ्यास या ज्ञान मनुष्य के कार्यों के सन्दर्भों के साथ

जुड़ा होता है। भाषा के इसी दूसरे रूप को प्रयोजनमूलक भाषा (functional language) कहा जाता है अर्थात् दूसरे शब्दों में यह कहा जा सकता है कि एक ऐसी भाषा जिसका प्रयोग हम विभिन्न आवश्यकताओं और लोक-जीवन में व्यवहृत विशेष शब्दावली के माध्यम से भाषिक-सम्प्रेषण और समाज-सापेक्ष व्यावहारिक प्रयोजनों की सम्पूर्ति के लिए करते हैं, प्रयोजनमूलक हिन्दी कही जाती है।

सामान्य भाषा और प्रयोजनमूलक भाषा में अन्तर

1. स्वरूपतः सामान्य भाषा और प्रयोजनमूलक भाषा एक ही है, परन्तु उनकी शब्दावली अलग-अलग होती है।
2. सामान्य भाषा के शब्द और विशिष्ट भाषा के शब्द भिन्न-भिन्न होते हैं।
3. दोनों भाषाओं की वाक्य-संरचना में अन्तर होता है।
4. सामान्य भाषा की अभिव्यक्ति शैली लाक्षणिक, व्यंजनापूर्ण, आलंकारिक तथा हास्य विनोदमयी होती है, परन्तु प्रयोजनमूलक भाषा की अभिव्यक्ति शैली शुद्ध वाच्यार्थ प्रधान, गम्भीर तथा अलंकार आदि से मुक्त सीधी, सरल और स्पष्ट एकार्थक होती है।
5. सामान्य भाषा भाषा के मानक रूप के प्रति अधिक सचेष्ट और सावधान नहीं होती, परन्तु प्रयोजनमूलक भाषा कार्यालयीय वैधानिकता की औपचारिकता से पूर्ण भाषिक मानकता से संचालित होती है।
6. सामान्य भाषा मनुष्य की पहली आवश्यकता है, पर प्रयोजनमूलक भाषा की आवश्यकता उसके बाद होती है।
7. सामान्य भाषा भाषा का वह सहज रूप है जिसे मनुष्य अपने प्रारम्भिक जीवन में अनायास सीख लेता है, परन्तु प्रयोजनमूलक भाषा एक अर्जित भाषा है जिसे सायास ग्रहण किया जा सकता है।
8. सामान्य भाषा का व्यवहार क्षेत्र व्यापक एवं विशाल होता है, पर प्रयोजनमूलक भाषा का क्षेत्र संकुचित और सीमित होता है।
9. सामान्य भाषा में साहित्यिकता के गुण वर्तमान होते हैं, इसलिए वह साधन से साध्य बन जाती है, पर प्रयोजनमूलक भाषा साहित्यिकता से परे होने के कारण केवल साधन के रूप में ही प्रयुक्त होती है।
10. सामान्य भाषा हमारी भावनाओं और संवेदनाओं को जाग्रत करती है, पर प्रयोजनमूलक भाषा मात्र अभिव्यक्ति का सपाट माध्यम भर होती है। इसमें संवेदना अथवा भावोच्छ्वास के लिए कोई स्थान नहीं होता।
11. सामान्य भाषा में साहित्यिकता के गुण वर्तमान होने के कारण उसका

लक्ष्य प्रायः सौन्दर्यानुभूति एवं चमत्कार-प्रदर्शन होता है, जबकि प्रयोजनमूलक भाषा का लक्ष्य सेवा-माध्यम होने के कारण वह जीविकोपार्जन का साधन भी है।

प्रयोजनमूलक हिन्दी के भेद

प्रयोजनमूलक हिन्दी के दो भेद हैं–(1) सामान्य हिन्दी (Core Hindi), (2) उच्चतर हिन्दी (Advanced Hindi)

1. सामान्य हिन्दी (Core Hindi)–यह पारस्परिक सम्प्रेषण के लिए प्रयुक्त होती है। इसके चार उपभेद हैं–

(i) कार्यालयीय हिन्दी (कार्यालय प्रशासन के लिए प्रयुक्त)
(Official Hindi for Office administration)

(ii) व्यावसायिक हिन्दी (वाणिज्य गतिविधियों के लिए प्रयुक्त)
(Commercialise Hindi for commercial activities)

(iii) तकनीकी हिन्दी (विधि व्यवसाय में प्रयुक्त)
(Technicalise Hindi for Technical vocations including legal profession)

(iv) समाजी हिन्दी (लोक समायोजन में प्रयुक्त)
(Social Hindi for carriers in public relations)

2. उच्चतर हिन्दी (Advanced Hindi)–यह ज्ञान की विभिन्न शाखाओं के उच्चतर अध्ययन तथा साहित्यिक कर्म के लिए प्रयुक्त होती है। इसके छह उपभेद हैं :

(i) सामान्य सम्प्रेषण माध्यम (Simple Communicative Media)
(ii) सामाजिक (Socialise)
(iii) व्यावसायिक या वाणिज्यिक (Commercialise)
(iv) कार्यालयीय (Officialise)
(v) तकनीकी (Technicalise)
(vi) सामान्य साहित्य (General Literature)

प्रयोजनमूलक हिन्दी के रूप

प्रयोजनमूलक हिन्दी के निम्नलिखित रूप हैं :

(1) **बोलचाल की हिन्दी**–सामान्य जन-मानस में प्रयुक्त होनेवाली भाषा।

(2) **व्यापारी हिन्दी**–इसमें मंडियों की भाषा, सर्राफे के दलालों की भाषा, सट्टा बाजार की भाषा आदि।

(3) **कार्यालयीय हिन्दी**–विभिन्न कार्यालयों में प्रयुक्त उनके स्तर के

अनुरूप भाषा।

(4) **शास्त्रीय हिन्दी**–संगीतशास्त्र, काव्यशास्त्र, भाषाशास्त्र, दर्शनशास्त्र, योगशास्त्र, राजनीतिशास्त्र, विधिशास्त्र आदि की भाषाएँ।

(5) **वैज्ञानिक तथा तकनीकी हिन्दी**–इंजीनियरिंग, बढ़ईगिरी, लुहारी, प्रेस, फैक्टरी, मिल आदि की तकनीकी भाषा।

(6) **समाजी हिन्दी**–इसका प्रयोग सामाजिक कार्यकर्त्ता करते हैं।

(7) **साहित्यिक हिन्दी**–कविता, कहानी, कला तथा साहित्य की विभिन्न विधाओं की भाषा।

(8) **प्रशासनिक हिन्दी**–प्रशासनिक कार्यों के लिए प्रयुक्त होनेवाली भाषा।

(9) **जनसंचारीय हिन्दी**–जनसंचार के माध्यम यथा, पत्रकारिता, आकाशवाणी, दूरदर्शन आदि की भाषा।

संक्षेप में, प्रयोजनमूलक हिन्दी का यही स्वरूप है। इसका व्यवहार क्षेत्र अत्यन्त व्यापक है। यह एक ओर केन्द्र व राज्य प्रशासन से पत्र-व्यवहार, विधानमण्डल की कार्यवाही, संसदीय विधियाँ, कार्यालयीय पत्राचार, सरकारी संकल्पों, अधिसूचना, प्रेस विज्ञप्तियाँ, आयोग समितियाँ, अभिकरण, मसौदे, निविदा, फार्म्स, लायसेंस, परमिट, वैज्ञानिक तथा तकनीकी शब्दावली, विधि, बैंकिंग सेवा तथा डाक-तार आदि में प्रयुक्त होती है, तो दूसरी ओर व्यावसायिक पत्रों, विज्ञापनों की रंगीन दुनिया, दृश्य-श्रव्य माध्यमों आदि में सफल भूमिका का निर्वाह करती है। इसके अतिरिक्त जीविकोपार्जन में सेवा-माध्यम (service tools) के रूप में प्रयुक्त भाषा के लिए भी व्यवहृत है।

1:2 प्रयोजनमूलक हिन्दी का शैक्षिक सन्दर्भ : उद्देश्य और सीमा

प्रयोजनमूलक हिन्दी शैक्षणिक आवश्यकता से उत्पन्न एक शैक्षिक संकल्पना है। यह इस समय देश में चल रहे विशुद्ध साहित्यिक हिन्दी-शिक्षण को एक नया मोड़ दे सकती है और हिन्दी शिक्षण को वास्तविक सार्थकता प्रदान कर सकती है। वस्तुतः प्रयोजनमूलक हिन्दी की संकल्पना की शैक्षणिक व्याख्या तथा शिक्षा तन्त्र में उसके अवतार और प्रतिष्ठा का प्रश्न अत्यन्त सामयिक होने के कारण तो महत्त्वपूर्ण है ही, वह इसलिए भी महत्त्वपूर्ण है कि आधुनिक शिक्षा-शास्त्र और तकनीक के अनुकूल है। आशय यह है कि प्रचलित शिक्षा-व्यवस्था में हिन्दी-शिक्षण को उबारने के लिए जहाँ प्रयोजनमूलक हिन्दी को एक नए नारे के रूप में स्वीकार किया जा सकता है, वहीं आधुनिक शिक्षाशास्त्र, मनोविज्ञान, भाषाविज्ञान और समाजविज्ञान की सहायता से उसे परिभाषित, विश्लेषित और शिक्षातन्त्र में विनियोजित भी किया जा सकता है। इसीलिए आज के शैक्षिक सन्दर्भ में प्रयोजनमूलक हिन्दी की संरचना को सिद्धान्ततः स्वीकार कर शिक्षातन्त्र

में उसके विनियोग की समस्याओं पर विचार किया जा सकता है।

वस्तुतः अहम सवाल यह है कि किस तरह की हिन्दी, किस तरह की वर्तमान क्षमताओं और भावी आवश्यकताओं वाले शिक्षार्थियों को, किस विधि से और कितने समय में किन साधन-सामग्रियों की सहायता से किस प्रकार के शिक्षकों द्वारा पढ़ाया जाना है? निश्चित ही इस प्रश्न का सम्बन्ध जहाँ समूची शिक्षण-प्रक्रिया और उसके विधायक घटकों के साथ है, वहीं इसका सम्बन्ध हिन्दी भाषा के विविध शैक्ष्य रूपों और उनके मूलवर्ती प्रयोजनों से होने के कारण हिन्दी भाषा के प्रयोग-प्रकरणों के साथ भी है। इसलिए हिन्दी भाषा और साहित्य के शिक्षण के लिए मूलतः ये घटक माने जा सकते हैं :

(i) शिक्षार्थी—उसकी क्षमताएँ और आवश्यकताएँ

(ii) शिक्षक—अपेक्षित भाषा-ज्ञान और शिक्षण-कौशल

(iii) पाठ्यचर्या—शिक्षण-सामग्री, शिक्षण-प्रविधि और मूल्यांकन

यद्यपि औपचारिक शिक्षातन्त्र में पाठ्य-चर्या, पाठ्यक्रम, शिक्षण-सामग्री और शिक्षण-प्रविधि आदि पूर्व परिभाषित होते हैं, परन्तु भाषा-शिक्षण की यह अपनी विशेषता होती है कि उसका शैक्ष्य रूप शिक्षार्थी के पूर्व भाषिक ज्ञान और प्राप्य भाषिक ज्ञान की भावी आवश्यकताओं के आधार पर परिभाषित होता है या होना चाहिए। अन्य विषयों के शिक्षण और भाषाओं के शिक्षण में मूलभूत अन्तर यह भी है कि भाषाओं की अपनी कोई विषय वस्तु नहीं होती, वे माध्यम होती हैं। अतः उनके द्वारा किसी भी विषय वस्तु को पढ़ा या पढ़ाया जा सकता है। सामान्यतः ऐसा कोई शिक्षार्थी भी नहीं होता जो किसी-न-किसी प्रकार की किसी-न-किसी भाषा को पहले से न जानता हो। ऐसी स्थिति में किस प्रकार के शिक्षार्थी को किस प्रकार की भाषा सिखाई जाए, यह एक ऐसा प्रश्न है जिसके उत्तर के आधार पर भाषा के शैक्ष्य रूप को परिभाषित किया जा सकता है। इसलिए हिन्दी भाषा के शिक्षण के प्रसंग में, प्रयोजनमूलक हिन्दी के विविध रूपों की व्याख्या विविध प्रकार के शिक्षार्थियों के साथ उसके सम्बन्ध के आधार पर की जा सकती है। आशय यह है कि वर्तमान शैक्षिक सन्दर्भ में हिन्दी भाषा के शिक्षार्थी, हिन्दी के साथ अपने भाषिक सम्बन्धों, सीखने के व्यावहारिक प्रयोजनों और सीखने की वैयक्तिक क्षमता की दृष्टि से अनेक प्रकार के हैं, अतः उन सबके लिए एक प्रकार की साहित्यिक हिन्दी पर्याप्त नहीं हो सकती। वस्तुतः भिन्न-भिन्न प्रयोजनों से हिन्दी पढ़ने वाले विभिन्न प्रकार के विद्यार्थियों को भिन्न-भिन्न प्रकार की हिन्दी अनेक प्रकार की शिक्षण-सामग्री और विधियों के माध्यम से सिखाए जाने की आज आवश्यकता है।

भाषा मूलतः एक मनो-सामाजिक किन्तु भौतिक घटना है, जो एक या एक से अधिक व्यक्तियों के आचरण से निष्पन्न होती है। चूँकि प्रत्येक समाज

में अनेक स्तर और वर्ग होते हैं, इसीलिए सामाजिक स्तर और वर्ग-भेद के अनुसार एक ही भाषा के अनेक रूप हो जाते हैं, जिन्हें सामान्यतः बोली कहा जाता है। परन्तु प्रयोजनमूलक हिन्दी का सम्बन्ध हिन्दी के उक्त प्रकार के बोली-भेदों के साथ इतना घनिष्ठ नहीं है, जितना कि हिन्दी भाषा के विविध प्रयोगों और उनके मूल में वर्तमान प्रयोजनों के आधार पर होने वाले प्रकरण भेदों के साथ है। तात्पर्य यह है कि शैक्षिक सन्दर्भ में, प्रयोजनमूलक हिन्दी का बोली रूप प्रायः निश्चित समझा जा सकता है क्योंकि सामान्यतः मानक हिन्दी को ही, न उसकी वास्तविक या तथाकथित बोलियों को शिक्षातन्त्र में स्वीकृत किया जा चुका है। परन्तु मानक हिन्दी के कौन-कौन-से प्रकरण किस-किस प्रकार के शिक्षार्थियों को किस-किस स्तर पर दिए जाएँ और प्रत्येक प्रकरण को कौन-कौन-सी शैलियाँ हिन्दी भाषा के शैक्ष्य रूप के अन्तर्गत स्वीकृत हों, यह हिन्दी पाठ्यचर्या आदि की दृष्टि से अवश्य विचारणीय विषय है।

आधुनिक भारतीय शैक्षिक सन्दर्भ में प्रयोजनमूलक हिन्दी की संकल्पना को हम निम्नलिखित रूपों में बाँटकर अध्ययन कर सकते हैं—

1. मात्र किसी एक बोली, प्रकरण या शैली के रूप में स्वीकृति नहीं—विभिन्न क्षेत्रों और स्तरों पर शैक्षिक और शैक्षणिक उद्देश्यों के भिन्न होने के कारण प्रयोजनमूलक हिन्दी के अन्तर्गत स्वीकार्य हिन्दी के विभिन्न प्रकरणों और शैलियों में अन्तर होता है। इसके कारण प्रयोजनमूलक हिन्दी की परिभाषा, प्रत्येक शैक्षिक स्तर पर शिक्षार्थी के लक्ष्य, उसकी पाठ्यचर्या में हिन्दी के उपयोग, स्थान आदि के आधार पर भिन्न-भिन्न प्रकार से करनी होती है। इसीलिए मात्र किसी एक बोली, प्रकरण या शैली के रूप में प्रयोजनमूलक हिन्दी की स्वीकृति की संकल्पना नहीं की जा सकती।

2. शिक्षार्थी के साथ हिन्दी का सम्बन्ध और उसके उपयोग के आधार पर—भारतीय शिक्षातन्त्र में यदि इस समय प्रचलित हिन्दी पाठ्यक्रमों का अध्ययन किया जाए तो हिन्दी-भाषी और अहिन्दी-भाषी राज्यों में इस प्रकार की अनेक स्थितियाँ मिलती हैं, जिनके लिए प्रयोजनमूलक दृष्टि से हिन्दी के अनेक पाठ्यक्रमों का प्रावधान किया गया है। शिक्षार्थी के हिन्दी के साथ स्वाभाविक सम्बन्ध और उसके जीवन में हिन्दी के उपयोग के आधार पर उसके लिए हिन्दी भाषा के शैक्ष्य रूप का निर्धारण अनिवार्य है।

3. हिन्दी के प्रचलन और प्रयोग के अनेक रूपों के आधार पर—भाषा एक सामाजिक यथार्थ है और हिन्दी एक जीवन्त भाषा के रूप में प्रचलित और प्रयुक्त है। उसके प्रचलन और प्रयोग के अनेक रूप समाज में उपलब्ध हैं। हिन्दी भाषा इस समय अनेक सामाजिक, सांस्कृतिक, साहित्यिक, शास्त्रीय या वैज्ञानिक और शैक्षिक सन्दर्भों में प्रयुक्त है। भारतीय सन्दर्भ में हिन्दी भाषा के उपयोग

और प्रयोग की जो भी सामाजिक सीमाएँ हैं, वे सर्वत्र समान नहीं हैं, और साथ ही वर्तमान में हिन्दी के जो भी प्रयोग-क्षेत्र हैं, वे देश की भाषा-नीति की दृष्टि से पर्याप्त नहीं हैं। अतः हिन्दी भाषा के शिक्षण के नियोजन में इस स्थिति का भी ध्यान रखना अनिवार्य होगा, तभी वह सार्थक और प्रयोजनपरक हो सकता है अर्थात् हिन्दी भाषा के शिक्षण के नियोजन में हिन्दी के वर्तमान सामाजिक, शैक्षिक और प्रशासकीय प्रयोगों के अनेक रूपों को भी ध्यान में रखना होगा। मसलन, भारतीय शिक्षातन्त्र के विविध स्तरों पर भिन्न-भिन्न राज्यों और केन्द्र शासित प्रदेशों में भिन्न-भिन्न रूपों में सिखाई जानेवाली प्रयोजनमूलक हिन्दी के स्वरूप की व्याख्या भिन्न-भिन्न किन्तु सार्थक सामाजिक, सांस्कृतिक, प्रशासकीय, व्यवसायात्मक तथा शैक्षिक आधारों पर करनी होगी। केवल साहित्यिक दृष्टि से भाषा-शिक्षण का नियोजन न व्यावहारिक होगा न सार्थक।

4. व्यावहारिक सिद्धान्तों के नियोजन के आधार पर–वस्तुतः समूची शिक्षा व्यवस्था को मात्र भावुकता से न चलाकर उसे सार्थक व्यावहारिक सिद्धान्तों के अनुसार नियोजित करने की आवश्यकता है। मूलतः भाषा-शिक्षण एक व्यवहार है जो भिन्न-भिन्न समयों पर भिन्न-भिन्न सामाजिक सन्दर्भों में भिन्न-भिन्न प्रकार का होता रहता है। आज के शैक्षिक सन्दर्भ में इसीलिए प्रयोजनमूलक हिन्दी की संकल्पना का विशेष महत्त्व है तथा शिक्षातन्त्र में उसके विनियोग की विशेष आवश्यकता है।

आधुनिक भाषाविज्ञान, समाजविज्ञान और शिक्षाशास्त्र के आधार पर हिन्दी भाषा की प्रयोजनमूलक परिभाषा और उसके विविध रूपों का शैक्षणिक प्रकरणों, शैलियों और सन्दर्भों की दृष्टि से वर्गीकरण किया जा सकता है। इस प्रकार एक बार जब भिन्न-भिन्न राज्यों व केन्द्रशासित प्रदेशों को शिक्षा-व्यवस्था में भिन्न-भिन्न प्रयोजनों से सिखाई जानेवाली हिन्दी का स्वरूप निश्चित हो जाता है, तो फिर उसका भाषा वैज्ञानिक विश्लेषण और व्यतिरेकी अध्ययन किया जा सकता है, जिसके आधार पर वस्तुपरक दृष्टि से भाषिक शैक्ष्य बिन्दुओं का अन्वेषण, अनुस्तरण तथा पाठ्य सामग्री के रूप में नियोजन आदि किया जा सकता है। हिन्दी भाषा के शिक्षण को इस प्रकार अधिक सार्थक तथा प्रयोजनमूलक बनाया जा सकता है।

1:3 भाषा और भाषिक संरचना

भाषा अध्ययन के लिए सामान्यतः दो सन्दर्भ हैं–(i) प्रयोजनपरक और (ii) संरचनापरक। इन्हीं सन्दर्भों के तहत भाषिक संरचना की मूल प्रकृति का अध्ययन किया जाता है।

प्रयोजनपरक सन्दर्भ–भाषा के सहारे व्यक्ति अपने भावों और विचारों को

न केवल अभिव्यक्त करता है बल्कि उसे श्रोता तक सम्प्रेषित भी करता है। भाषा के सहारे ही वक्ता अपना सन्देश व्यक्त करता है और श्रोता उसे सुनकर वक्ता के सन्देश का अर्थ ग्रहण करता है। यह सन्देश दो प्रकार से गृहीत होता है—एक तो वक्ता से सुनकर और दूसरा किसी के लिखित विचारों को पढ़कर। इसलिए भाषा का प्रयोजनपरक सन्दर्भ सम्प्रेषण की आवश्यकता पर बल देते हुए यह संकेत देता है कि वह सम्प्रेषण का एक सशक्त साधन है। भाषा के इस सम्प्रेषण व्यापार के सहारे ही व्यक्ति अपने भाषाई समुदाय के अन्य सदस्यों के साथ सम्बन्ध स्थापित करता है। यह विचार-विनिमय का माध्यम है।

संरचनापरक सन्दर्भ—इसका सम्बन्ध भाषा की प्रकृति से है। यह सन्दर्भ इस बात पर बल देता है कि भाषा क्या है, न कि भाषा क्या करती है। भाषा शिक्षण के सन्दर्भ में हम जिस भाषा का अध्ययन करते हैं वह मूल रूप से 'मानव भाषा' है। पशु-पक्षियों की बोली अथवा अंग-संचालन के द्वारा संकेत रूप में जो क्रिया-व्यापार सम्पादित किया जाता है उन्हें हम भाषिक-संरचना के अन्तर्गत प्रायः अध्ययन नहीं करते। लेकिन मानव भाषा की अपनी एक खास प्रकृति होती है जिसके सहारे अतीत की घटनाओं पर तो विचार किया ही जाता है भविष्य की सम्भावनाओं की भी कल्पना की जाती है। इसकी व्याख्या हम निम्नलिखित रूप में कर सकते हैं :

1. भाषा का संरचनात्मक सन्दर्भ—भाषा सार्थक प्रतीकों की एक व्यवस्थित कड़ी है। इसकी सबसे महत्त्वपूर्ण इकाई वाक्य है। वाक्य अनुशासित शब्दों की एक व्यवस्थित कड़ी है जो कि संरचनात्मक नियमों में बँधकर अभिव्यक्त होता है। इसके लक्षणों को हम निम्नलिखित उदाहरणों के द्वारा देख सकते हैं :

(i) वाक्य के प्रयुक्त शब्द अनुशासित होते हैं—वाक्य का गठन शब्दों के संयोग से होता है परन्तु शब्दों को यदि व्यवस्थित रूप में नहीं रखा जाए तो वाक्य का गठन सही नहीं माना जाएगा। इसलिए वाक्य के लिए यह आवश्यक है कि उसमें शब्दों का प्रयोग अनुशासित ढंग से होना चाहिए। केवल शब्दों को रख देने मात्र से ही वाक्य का गठन व्यवस्थित नहीं होगा। जैसे :

(क) लड़का मैदान खेलता।

(ख) लड़के मैदान में खेलते हैं।

उपर्युक्त उदाहरणों में पहला (क) वाक्य सही नहीं है। इसमें शब्दों का संयोग तो है पर वाक्य-गठन की दृष्टि से यह हिन्दी का सही वाक्य नहीं हैं क्योंकि इसमें शब्दों का अनुशासित रूप नहीं है परन्तु दूसरे वाक्य (ख) में शब्दों के रूप को अनुशासित ढंग से होने के कारण यह हिन्दी का अनुशासित बन गया है।

(ii) वाक्य में शब्द एक व्यवस्थित कड़ी के रूप में प्रयुक्त होते हैं—वाक्य

न तो शब्दों का जमघट है और न ही शब्दों की मात्र कड़ी। केवल कई शब्दों को एक जगह रख देने से सार्थक वाक्य नहीं बन जाता। इसके लिए शब्द-शृंखला को व्यवस्थित होना अनिवार्य है। जैसे :

(क) रहा पढ़ा है को मोहन सोहन।

(ख) मोहन सोहन को पढ़ा रहा है।

उपर्युक्त उदाहरणों में शब्दों की संख्या समान होते हुए भी (क) वाक्य-विन्यास की दृष्टि से सही नहीं है। हिन्दी भाषा केवल (ख) वाक्य की शब्द-शृंखला की व्यवस्था को स्वीकार करती है।

वस्तुतः भाषा और उसकी सभी सार्थक इकाइयाँ—वाक्य, पदबन्ध, शब्द आदि—व्यवस्था-सापेक्ष होती हैं। हर व्यवस्था कुछ व्याकरणिक नियमों के आधार पर स्थित होती है। जब ये नियम टूटते हैं, तब भाषा का प्रयोग 'अशुद्ध' और 'अमान्य' हो जाते हैं। ये व्यवस्थापरक नियम ही भाषिक संरचना का निर्माण करते हैं।

(iii) वाक्य संरचना सम्बन्धों की व्यवस्था पर निर्भर करती है—किसी वस्तु या इकाई की संरचना उस वस्तु या इकाई के भीतर पाए जानेवाले सम्बन्धों की व्यवस्था पर निर्भर करती है। उदाहरण के लिए हम उपर्युक्त वाक्यों की ओर जब ध्यान देते हैं तो यह कहना पड़ता है कि (क) 'रहा पढ़ा है को मोहन सोहन' में सम्बन्धों की व्यवस्था नहीं है। अगर हम इस वाक्य से यह जानना चाहें कि मोहन और सोहन संज्ञा शब्दों में क्या सम्बन्ध है, 'पढ़ाना' क्रिया के साथ मोहन और सोहन का क्या सम्बन्ध है, या कौन किसे पढ़ा रहा है, तो हमें इसका उत्तर नहीं मिल पाता। ठीक इसके विपरीत अगर इन्हीं प्रश्नों के सन्दर्भ में वाक्य (ख) 'मोहन सोहन को पढ़ा रहा है' को देखते हैं तो उत्तर मिल जाता है। इसका स्पष्ट कारण यही है कि वाक्य (ख) में सम्बन्धों की व्यवस्था है, जिसके आधार पर हम सहज ही जान लेते हैं कि मोहन और सोहन में कौन 'पढ़ाने वाला' है और कौन 'पढ़ने वाला'।

2. संरचना और संरचनात्मक नियमों की प्रकृति—भाषिक संरचना की प्रकृति के निम्नलिखित लक्षण हैं :

(i) किसी भाषिक इकाई की संरचना उस इकाई के भीतर स्थित सम्बन्धों की व्यवस्था है। उदाहरण के लिए हम वाक्य (इकाई) के स्तर पर दो वाक्यों को लें :

(क) राम कल आएगा।

(ख) मोहन आम खाएगा।

इन दोनों वाक्यों में तीन-तीन शब्द हैं, पर इन शब्दों के आपसी सम्बन्धों की व्यवस्था के सन्दर्भ में ये दो भिन्न-भिन्न संरचनाओं के उदाहरण हैं। इनमें

(क) वाक्य अकर्मक और (ख) सकर्मक है।

(ii) संरचना का सम्बन्ध इकाई के रूप (आकृति) के साथ रहता है, न कि उसकी अभिव्यक्ति के माध्यम के साथ–भाषा अपनी व्यवस्था का रूप है। इस रूप को भाषा व्यवहार के सन्दर्भ में अभिव्यक्ति देने की आवश्यकता पड़ती है। भाषा के सन्दर्भ में अभिव्यक्ति रूप, 'ध्वनि' का माध्यम चुनता है या फिर 'लिपि' का। पर किसी वाक्य को हम चाहे ध्वनि के सहारे बोलकर व्यक्त करें या लिपि के सहारे लिखकर, 'रूप' के धरातल पर वाक्य वही रहता है। संरचना का सम्बन्ध 'रूप' में रहता है। अतः अभिव्यक्ति माध्यम के भेद से उसकी संरचना नहीं बदलती।

(iii) संरचना बोधात्मक यथार्थ है, न कि अभिव्यक्तिपरक तथ्य–संरचना अपनी प्रकृति में अमूर्त और संकल्पनात्मक होती है। जैसे–अगर इकाई के रूप में हम इस वाक्य को लें–'मोहन आम खाएगा', तो इसका संरचनात्मक रूप होगा–कर्ता + कर्म + सकर्मक क्रिया। इस संरचना के बोधात्मक यथार्थ के सन्दर्भ में 'मोहन आम खाएगा' कथन मात्र अभिव्यक्तिपरक तथ्य समझा जाएगा, क्योंकि ऐसे अन्य कई वाक्य सम्भव हैं, यथा–सोहन फल खाएगा, अलका चिट्ठी लिखेगी, रामू लकड़ी काटेगा, राधा खाना बनाएगी आदि। संरचना के बोधात्मक यथार्थ के धरातल पर ये सभी 'समान' वाक्य हैं, जबकि अभिव्यक्तिपरक तथ्य के रूप में ये वाक्य भिन्न-भिन्न माने जाएँगे क्योंकि उपर्युक्त सभी वाक्यों की संरचना में कर्ता + कर्म + क्रिया तो मौजूद है लेकिन उनके अर्थ में अन्तर है।

(iv) संरचनात्मक इकाई का आधार उसके अंगों के बीच पाए जानेवाले सम्बन्धों का प्रकार्य होता है–संरचना, सम्बन्धों की व्यवस्था होती है। पर ये सम्बन्ध भाषिक इकाइयों के प्रकार्य पर आधारित होते हैं। उदाहरण के लिए निम्नलिखित वाक्यों को लें :

(क) मोहन घर आएगा।

(ख) पत्र घर आएगा

इन दो वाक्यों की संरचना भिन्न है क्योंकि 'मोहन' (संज्ञा) जिस प्रकार्य की ओर संकेत दे रहा है उससे 'पत्र' (संज्ञा) भिन्न है क्योंकि पहले वाक्य (क) में संज्ञा (मोहन) सजीव कर्ता है जो क्रिया (आने का काम) का सम्पादन स्वयं करनेवाला है जबकि दूसरे वाक्य में संज्ञा (पत्र) निर्जीव है, अतः आने की क्रिया का सम्पादन वह स्वयं नहीं करनेवाला है। इन दोनों वाक्यों में यही संरचनात्मक प्रकृति का अन्तर है।

(v) संरचना सम्बन्धी नियम अपनी संख्या में सीमित और प्रकृति में सर्जनात्मक होते हैं–भाषा अपने प्रयोगगत सन्दर्भ में अगाध और सीमा-मुक्त होती है। उसके वाक्य संख्यातीत होते हैं। हम रोज नए-नए वाक्यों का प्रयोग करते

हैं। इसलिए यह सम्भव नहीं है कि जितने वाक्य हम बोलें, उतने ही नियमों को भी याद रखें। वस्तुतः संरचनात्मक नियम अपनी संख्या में सीमित होते हैं पर उनकी प्रकृति सर्जनात्मक होती है। इन सीमित पर सर्जनात्मक नियमों के आधार पर ही हम संख्यातीत वाक्यों को व्यवहार में लाने में समर्थ हो पाते हैं।

भाषिक संरचना की प्रकृति को समझने के लिए हम निम्नलिखित उदाहरणों को लें :

1. मोहन कल आएगा।
2. सोहन आम खाएगा।

दोनों ही वाक्यों में तीन-तीन शब्द हैं और दोनों ही व्याकरण की दृष्टि से शुद्ध हैं। पर अमूर्त व्याकरणिक रूप में वाक्य (1) जहाँ (संज्ञा + क्रिया विशेषण + क्रिया) के क्रम का निर्वाह कर रहा है, वहाँ वाक्य (2) में शब्द क्रम है (संज्ञा + संज्ञा + क्रिया)। इन दोनों वाक्यों की भाषिक संरचना पर विचार करने पर यह स्पष्ट हो जाता है कि इन दोनों वाक्यों की संरचना में अन्तर है, क्योंकि अपने अमूर्त और प्रकार्यात्मक स्तर पर इनकी प्रकृति निम्नलिखित है :

1. कर्ता + क्रिया विशेषण + अकर्मक क्रिया
2. कर्ता + कर्म + सकर्मक क्रिया

भाषिक संरचना अपने प्रकार्य के आधार पर शब्द सम्बन्धों का एक नया आयाम खोलती है। यह आयाम किसी एक वाक्य में प्रयुक्त और व्यक्त शब्दों के साथ अप्रयुक्त और अव्यक्त उन शब्दों के सम्बन्ध का सन्दर्भ है जो भाषा की संभाव्य इकाई है, भले ही उनका उस वाक्य में प्रयोग न हुआ हो। उदाहरण के लिए, अगर वाक्य (1) की संरचना को लें, तो 'मोहन' के स्थान पर हम सोहन, लड़का, वह आदि किसी भी शब्द का प्रयोग कर सकते हैं। इसी प्रकार 'कल' और 'आएगा' के स्थान पर 'आज, परसों, अभी' और 'सोएगा, जाएगा, दौड़ेगा' शब्द का प्रयोग सम्भव है। लेकिन यदि वाक्य (1) में 'मोहन' की जगह अगर भाववाची संज्ञा शब्द 'सौन्दर्य, विश्वास, दया' का प्रयोग करें तो वह अशुद्ध हो जाएगा। इसी प्रकार वाक्य (2) में 'खाएगा' क्रिया शब्द के स्थान पर 'लाएगा, धोएगा, काटेगा' का प्रयोग तो सम्भव है पर अगर उसके स्थान पर हम 'आएगा, सोएगा, जाएगा' में किसी एक का भी प्रयोग करें तो वाक्य अशुद्ध हो जाएगा।

ऊपर की विवेचना से कुछ तथ्य हमारे सामने आते हैं। पहला यह कि सम्बन्धों की व्यवस्था भाषा-सापेक्ष होती है। दूसरा, हर व्यवस्था कुछेक नियमों की अपेक्षा रखती है। तीसरा यह कि व्यवस्थापरक नियमों की प्रकृति सर्जनात्मक होती है।

भाषा-सापेक्ष से हमारा तात्पर्य यह है कि हर भाषा अपने ढंग से शब्दों को कड़ी के रूप में पिरोती है। जैसे, हिन्दी के इस वाक्य को लें :

(क) राम किताब पढ़ रहा है।

तो इसमें हम कर्ता + कर्म + क्रिया का क्रम-निर्वाह करते हैं परन्तु जब अंग्रेजी में इसी वाक्य का अनुवाद किया जाता है तो–

(ख) Ram is reading a book

का क्रम कर्ता + क्रिया + कर्म हो जाता है। तात्पर्य यह है कि हर भाषा अपनी व्यवस्था के तहत अपने नियमों में आबद्ध होती है।

संरचना पर आधारित ये व्यवस्थापरक नियम ही हमारे भाषा ज्ञान के मूल आधार बनते हैं। भाषा ज्ञान से हमारा तात्पर्य शुद्ध वाक्यों का सूची पत्र नहीं होता। किसी ऐसे सूची पत्र का ज्ञान सम्भव भी नहीं जो भाषा के हर सम्भव शुद्ध वाक्य को अपने भीतर समेटता हो क्योंकि किसी भी भाषा के सम्भाव्य वाक्य संख्यातीत होते हैं और किसी भी भाषा के सबसे लम्बे वाक्य का बोला या लिखा जाना असम्भव है। यह हमारी भाषा की सर्जनात्मक शक्ति का प्रमाण है कि हम भाषिक संरचना के नियमों के आधार पर नए-नए वाक्यों की रचना करने में समर्थ होते हैं।

1:4 प्रयोजनमूलक हिन्दी के विविध रूप

'प्रयोजन' शब्द का तात्पर्य है–उद्देश्य अर्थात् जिस भाषा का प्रयोग किसी विशेष उद्देश्य की पूर्ति के लिए किया जाए, उसे प्रयोजनमूलक भाषा कहा जाता है। हिन्दी में यह शब्द Functional Language के पर्याय के रूप में प्रयुक्त किया जा रहा है। इसका तात्पर्य यह है कि एक ऐसी भाषा जिसका प्रयोग जीवन की विविध विशिष्ट आवश्यकताओं की पूर्ति के लिए किया जाए। इस दृष्टि से विचार करने पर यह बात साफ तौर पर जाहिर होती है कि भाषा का प्रकार्य अब न केवल साहित्य रचना तक ही सीमित है बल्कि कार्यालयीय प्रयोग, मीडिया, वित्त एवं वाणिज्य, मशीन भाषा, विधि आदि विभिन्न क्षेत्रों में बड़े ही विस्तृत पैमाने पर सम्भव हो गया है। इन सभी क्षेत्रों में औपचारिक भाषा का प्रयोग हो रहा है, जिसे प्रयोजनमूलक भाषा के नाम से जाना जा सकता है। वस्तुतः विभिन्न व्यवसायों एवं संगठनों से सम्बन्धित लोगों, जैसे डॉक्टर, इंजीनियर, वकील, पत्रकार, वैज्ञानिक, व्यापारी आदि के कार्य क्षेत्रों में प्रयुक्त भाषा ही प्रयोजनमूलक भाषा का रूप धारण करती है।

प्रयोजनमूलक हिन्दी के अन्तर्गत प्रयुक्त विभिन्न भाषा रूपों को निम्नवत् देखा जा सकता है :

1. **वाणिज्य व्यापार की हिन्दी**–मुख्यतः मण्डियों की भाषा, सर्राफे के दलालों की भाषा, सट्टा बाजार की भाषा आदि।

2. **कार्यालयीय हिन्दी**–विभिन्न कार्यालयों तथा प्रशासन से सम्बन्धित

भाषारूप।

3. तकनीकी (मशीनी) हिन्दी—इसमें इंजीनियरिंग, बढ़ईगिरी, लुहार का कार्य, प्रेस, फैक्ट्री, मिल आदि की तकनीकी भाषा का प्रयोग सम्मिलित है।

4. मीडिया में प्रयुक्त हिन्दी—समाचार पत्र, रेडियो, टेलीविजन आदि संचार माध्यमों में प्रयुक्त भाषा। इसके अन्तर्गत विज्ञापन के क्षेत्र में प्रयुक्त हिन्दी को भी रखा जाता है।

5. ज्ञान के विभिन्न क्षेत्रों में प्रयुक्त हिन्दी—संगीतशास्त्र, काव्यशास्त्र, दर्शनशास्त्र, भाषाशास्त्र, योगशास्त्र, ज्योतिषशास्त्र, इतिहास, राजनीति विज्ञान, समाजशास्त्र आदि की भाषा।

6. साहित्यिक हिन्दी—कविता, कहानी, नाटक, निबन्ध, आलोचना आदि की भाषा के विविध रूप।

उपर्युक्त भाषा रूपों को 'विशिष्ट प्रयोजन की भाषा' कहा जाता है और इन प्रयुक्तियों से ही भाषा के प्रयोजनमूलक रूप का निर्धारण होता है।

1:4:1 वाणिज्य और व्यापार के क्षेत्र में हिन्दी

यह जीवन का बड़ा ही व्यापक और महत्त्वपूर्ण क्षेत्र है। इसका सम्बन्ध समाज के सभी तबकों के लोगों और व्यक्तियों से है। इसका विस्तार किसी भाषा-भाषी क्षेत्र तक ही सीमित न होकर अन्तर्देशीय एवं अन्तर्राष्ट्रीय स्तर तक का है। इसमें कोई सन्देह नहीं कि हिन्दी काफी अर्से से सम्पर्क भाषा के रूप में प्रयुक्त होती रही है जिसका सबसे गहरा सम्बन्ध व्यापार के क्षेत्र से रहा है। यही कारण है कि इस क्षेत्र की भाषा में बात कहने का ढंग और शब्दावली परम्परागत रही है।

वाणिज्य और व्यापार के क्षेत्र में हिन्दी की उपयोगिता दिनानुदिन बढ़ती चली जा रही है। इसका कारण यह है कि इस क्षेत्र का सम्बन्ध समाज के सभी वर्गों से है। व्यापार के लिए हमेशा एक ऐसी सम्पर्क भाषा की आवश्यकता पड़ती है जो आपसी सम्प्रेषण में सहायक हो सके। इस दृष्टि से हिन्दी काफी समय से देश की सम्पर्क भाषा के रूप में व्यवहार में लाई जा रही है तथा व्यापार के क्षेत्र में इसका काफी प्रयोग किया जा रहा है।

बाजार समाचार के कुछ प्रमुख वाक्यांश या अभिव्यक्तियों को निम्नलिखित रूप में देखा जा सकता है :

- बरसाती सामानों का कारोबार मन्दा।
- सोना उछला चाँदी लुढ़की।
- दालें गरम, तिलहन नरम।
- गेहूँ के भाव टूटे चावल तेज।

उपर्युक्त उदाहरणों में मन्दा, उछलना, लुढ़कना, गरम, नरम, टूटना, तेज

आदि शब्दों तथा क्रियाओं का अपना एक विशिष्ट सन्दर्भ है तथा इस क्षेत्र में इनका अर्थ सुनिश्चित है।

वित्त और वाणिज्य के क्षेत्र में प्रयुक्त कुछ उदाहरणों को देखिए :

उदाहरण-1

बरसाती सामानों का कारोबार मन्दा

पटना, 17 अगस्त, बाढ़, सुखाड़ और ट्रांसपोर्टरों की हड़ताल के कारण राजधानी में प्लास्टिक तिरपाल-शीट, वाटर प्रूफ कपड़े तथा चप्पल बाजार में मन्दी है। व्यवसायियों ने बताया कि प्रदेश की अधिकांश सड़कें जर्जर और खस्ताहाल हैं। उन पर तीन से चार महीने तक जल जमाव लगा रहता है। इससे अन्य प्रदेशों की तुलना में यहाँ प्लास्टिक से बने बरसाती सामानों की माँग बढ़िया रहती है।

राजधानी के प्रमुख प्लास्टिक चप्पल-जूता बाजार स्टेशन रोड के व्यापारी गोविन्द ने बताया कि उत्तर बिहार में प्लास्टिक चप्पल-जूते की माँग सबसे अधिक रहती है, लेकिन उस क्षेत्र में आयी बाढ़ के कारण पहले से ही माल का उठाव आंशिक हो रहा था और जब से ट्रांसपोर्टरों की हड़ताल शुरू हुई है तब से बोहनी पर भी आफत है। पटना सिटी के व्यवसायी रहमत ने बताया कि बरसात के मौसम में अधिकांश थोक कारोबारी 25-30 हजार रुपए का माल आसानी से बेच लेते थे, लेकिन हड़ताल और बाढ़ के कारण हजार रुपए का कारोबार भी नहीं हो रहा है। उन्होंने बताया कि चूँकि यह व्यवसाय सीजनल है। इस कारण व्यवसायी पूँजी निकालने के चक्कर में इस पर पन्द्रह से बीस प्रतिशत की छूट भी दे रहे हैं, फिर भी उठाव नहीं के बराबर है।

मच्छरहट्टा के प्लास्टिक शीट व तिरपाल व्यवसायी सुरेश ने बताया कि भवन निर्माण में आयी तेजी के कारण अब प्लास्टिक शीट और तिरपाल की माँग सालों भर रहती है और बरसात के समय झोंपड़ी, आउट हाउस, रिक्शा ठेला के ऊपर इसके प्रयोग होने से इसकी माँग बढ़ जाती है। लेकिन अभी यह कारोबार पूरी तरह से चरमरा गया है। पिछले एक सप्ताह से हो रही बारिश के कारण खुदरा बाजार में तो माल का आंशिक उठाव हो रहा है, लेकिन अन्य जिलों से व्यवसायियों के नहीं आने से बाजार में सन्नाटा छाया हुआ है। एक अनुमान के अनुसार एक सीजन में दस करोड़ रुपए से अधिक का बरसाती प्लास्टिक सामानों का कारोबार होता है। लेकिन इस सीजन के प्रारम्भ में ही बाढ़ और ट्रांसपोर्टरों की हड़ताल से व्यवसायियों को काफी नुकसान हुआ है।

प्रस्तुत उदाहरण में प्रयुक्त शब्दावली पर ध्यान दें—मन्दी, खस्ताहाल, माँग,

माल का उठाव, बोहनी, थोक कारोबारी, कारोबार, सीजनल, तेजी, चरमरा, खुदरा बाजार, व्यवसायियों आदि शब्द व्यापार क्षेत्र की पारम्परिक शब्दावली से आए हैं।

उदाहरण-2

विदेशी मुद्रा भण्डार में 12 करोड़ डालर की गिरावट

मुम्बई, 17 अगस्त (एजेंसी) विदेशी मुद्रा परिसम्पत्तियों में आई गिरावट से एक माह से बढ़ रहे विदेशी मुद्रा भण्डार की बढ़ोतरी थमी और नौ अगस्त को समाप्त हुए सप्ताह में यह 11 करोड़ 80 लाख डालर घटकर 60 अरब 3 करोड़ डालर रह गया। रिजर्व बैंक की तरफ से आज यहाँ जारी साप्ताहिक आँकड़ों के अनुसार दो अगस्त को समाप्त सप्ताह में विदेशी मुद्रा भण्डार 60 अरब 14 करोड़ 80 लाख डालर के रिकार्ड स्तर पर था जबकि एक साल पहले यह राशि 44 अरब 13 करोड़ 50 लाख डालर थी। आँकड़ों के मुताबिक सप्ताह के दौरान विदेशी मुद्रा परिसम्पत्तियों में 11 करोड़ 80 लाख डालर की गिरावट आई। इस मद का भण्डार 56 अरब 88 करोड़ 70 लाख डालर से घटकर 56 अरब 76 करोड़ 90 लाख डालर रह गया जो एक साल पहले 41 अरब 34 करोड़ 50 लाख डालर थी जबकि सोना और विशेष निकासी अधिकार की राशि क्रमशः 3 अरब 24 करोड़ 80 लाख डालर और एक करोड़ 30 लाख डालर पर टिकी रही। विदेशी मुद्रा विशेषज्ञों के मुताबिक यूरो, जापानी एन और पौण्ड स्टर्लिंग के रूप में विदेशी मुद्रा भण्डार में आई गिरावट भी देश के विदेशी मुद्रा भण्डार के घटने का कारण रहा है। सप्ताह के दौरान विदेशी कोषों ने भारतीय शेयर बाजारों में 81 करोड़ रुपए मूल्य की इक्विटी बेची।

इस उदाहरण में मुद्रा, गिरावट, मुद्रा भण्डार, बढ़ोतरी थमी, आँकड़ों, परिसम्पत्तियों, डालर, निकासी, भारतीय शेयर बाजारों, इक्विटी आदि शब्द पूँजी बाजार से सम्बन्धित हैं।

आधुनिक युग में वित्त और वाणिज्य में बैंकों की भी महत्त्वपूर्ण भूमिका है। अधिकांश लेन-देन बैंकों के माध्यम से ही होता है। आम आदमी का सरोकार भी बैंकों से अधिक है। बचत खाता खोलना, बैंक द्वारा ऋण लेना और उसकी अदायगी करना, बैंक से पैसे निकालना और जमा करना आदि कामों के लिए बैंक से सम्पर्क करना पड़ता है। इसीलिए बैंक के कामों में हिन्दी का प्रचलन बढ़ गया है। उनके फार्म और अन्य कागजात अक्सर द्विभाषिक होते हैं जिनमें बचत खाता, जमा पर्ची आदेश पत्र, चेक, बैंक ड्राफ्ट, पास बुक, धारक, अदायगी, भुगतान आदि शब्दों का हिन्दी में प्रयोग होता है।

1:4:2 कार्यालयीय हिन्दी

कार्यालयों के दैनिक कामकाज में प्रयुक्त होने के कारण इसे कार्यालयीय हिन्दी कहा जाता है। इसे प्रशासनिक हिन्दी भी कहा जाता है। ऐसा इसलिए कि प्रशासनिक कार्यों के लिए इस भाषा का प्रयोग किया जाता है। आजादी के बाद सरकारी और गैरसरकारी कार्यालयों में प्रशासनिक कार्यों के सम्पादन हेतु एक ऐसी सम्पर्क भाषा की आवश्यकता महसूस की गयी जिसे बोलने, लिखने और समझने वाले अधिक-से-अधिक जनसमुदाय के लोग हों। आजादी के पूर्व अंग्रेजी राजभाषा थी। इसके पूर्व मुगलकाल में फारसी राजभाषा थी। लेकिन 14 सितम्बर 1949 को संविधान द्वारा निर्णय लिया गया कि स्वाधीन भारत में सरकारी कामकाज के लिए देश की अपनी भाषा होनी चाहिए। तत्पश्चात् भारतीय संविधान में हिन्दी को संघ सरकार की राजभाषा घोषित किया गया। बाद में हिन्दी भाषी राज्यों में भी यह राज्य सरकार की राजभाषा बनी। तब से प्रशासनिक कार्य व्यवस्था में हिन्दी के प्रयोग की शुरुआत हुई।

कार्यालयीय भाषा के नए दायित्वों के निर्वहण के लिए कार्य के अनुरूप शब्दावली और भाषायी मुहावरे का विकास हिन्दी में होने पर कार्यालयीय हिन्दी की प्रयुक्ति विकसित हुई। इस प्रयुक्ति के विकास में पिछली राजभाषाओं ने प्रभावकारी भूमिका अदा की। इसका कारण यह था कि आजादी के बाद सरकारी कार्यालयों में काम-काज की वही पद्धति अपनाई गई थी जो अंग्रेजी शासनकाल से चली आ रही थी। पुरानी पद्धति को हिन्दी भाषा के माध्यम से कार्यान्वित करने के लिए अंग्रेजी से हिन्दी में प्रशासनिक शब्दावली के अनुवाद की व्यवस्था की गई। इस प्रकार प्रशासनिक कार्यों के लिए कार्यालयीय व्यवस्था के तहत हिन्दी भाषा ने अपना रूप निर्धारित किया।

कार्यालयीय हिन्दी का स्वरूप—इस भाषा का प्रयोग प्रशासनिक कार्यों के लिए किया जाता है। चूँकि प्रशासन का कार्य आम जनता के साथ जुड़ा हुआ होता है इसलिए यह आवश्यक है कि उनमें एक ऐसी भाषा का प्रयोग किया जाए जो प्रयुक्ति एवं बोधगम्यता की दृष्टि से सरल, स्पष्ट और सुबोध हो। जिसे हर व्यक्ति आसानी से समझ सके। उदाहरण के लिए, कोई आवेदन फार्म जो आम जनता के लिए निर्धारित है, उसकी भाषा सरल और सुबोध होनी चाहिए ताकि फार्म भरने वाले को समझने में कोई दिक्कत न हो। इसी तरह किसी भी प्रकार की कार्यालयीय सूचना या आदेश की भाषा भी सरल, सहज और बोधगम्य होनी चाहिए जिससे पढ़ने या सुनने वाले को उसके अर्थ सम्प्रेषण में कोई कठिनाई न हो।

दूसरी बात यह है कि कार्यालयीय भाषा औपचारिक होती है। इसमें

अनौपचारिकता का कोई स्थान नहीं होता। इसमें उच्चतर अधिकारी और अधीनस्थ अधिकारियों के बीच किसी मसले पर विचार-विनिमय और आदेश की प्रक्रिया अपनाई जाती है। इसलिए ऐसी प्रक्रिया के निर्वाह में कार्यालय का कर्मचारी अपने से उच्च अधिकारी के पास मसौदा तैयार कर प्रारूप पेश करता है। उच्च अधिकारी क्रमशः अपना मन्तव्य देकर उस संचिका को अपने से उच्चतर अधिकारी के पास भेजता है। अन्त में संस्था का प्रधान उस मसौदे में व्यक्त टिप्पणियों के आधार पर अपनी स्वीकृति अथवा अस्वीकृति देता है। पुनः संचिका निम्नानुक्रम से विभाग में वापस लौटती है और आदेश के आलोक में अधिसूचना जारी की जाती है। इस प्रक्रिया में औपचारिकता का पूर्णतः निर्वाह किया जाता है। इसके साथ ही पारिभाषिक शब्दावली का भी सुनिश्चित अर्थ में प्रयोग किया जाता है।

उदाहरण

सं. एफ 9-8/78 स्था.
भारत सरकार
मानव संसाधन विकास मन्त्रालय (शिक्षा विभाग)

शास्त्री भवन, नई दिल्ली
ता. 20 अगस्त, 2002

सेवा में
सचिव
संघ लोक सेवा आयोग
नई दिल्ली-110011

विषय : द्वितीय श्रेणी के राजपत्रित अधिकारियों की तदर्थ नियुक्ति

महोदय,

उपर्युक्त विषय पर इसी मन्त्रालय के समसंख्यक पत्र ता. 18 मई, 2002 के बारे में मुझे आपसे अनुरोध करने का निदेश हुआ है कि इस मन्त्रालय के एक अधीनस्थ कार्यालय—केन्द्रीय हिन्दी निदेशालय के द्वितीय श्रेणी के राजपत्रित अधिकारियों के तदर्थ नियुक्तियों को नियमित करने के बारे में आयोग की सहमति शीघ्र भेजने की कृपा करें।

भवदीय
(सी.बी. रमण)
अवर सचिव, भारत सरकार

ऊपर दिए गए पत्र पर गौर करें। इसमें कार्यालय का नाम, पत्र संख्या आदि को सुनिश्चित स्थान पर लिखकर तथा सम्बद्ध अधिकारी को पदनाम यानी 'सचिव, संघ लोक सेवा आयोग' से सम्बोधित करते हुए पर्याप्त औपचारिकता अपनाई गयी है। मूल सूचना देने के पश्चात् स्व-निर्देश के रूप में 'भवदीय' लिखकर हस्ताक्षर के नीचे पदनाम यानी 'अवर सचिव' लिखा गया है। पत्र की ढाँचेगत औपचारिकता के अतिरिक्त वाक्य-विन्यास भी औपचारिक है, जैसे 'मुझे आपसे अनुरोध करने का निदेश हुआ है' 'आयोग की सहमति शीघ्र भेजने की कृपा करें।' इन वाक्यांशों में 'निदेश हुआ है' 'कृपा करें' आदि शब्द मात्र शैलीगत औपचारिकता के लिए ही नहीं हैं बल्कि कार्यालय की कार्य प्रक्रिया को भी प्रकट करते हैं। पत्र लिखने वाला अधिकारी किसी ऊपर के अधिकारी के निर्देश का पालन करते हुए अनुरोध कर रहा है। इस तरह कार्य के बीच का माध्यम है। इस पत्र की शब्दावली पर ध्यान दें। 'समसंख्यक पत्र', 'नियमित', 'तदर्थ' आदि शब्दों का प्रयोग सामान्यतः आम जिन्दगी की बोलचाल की भाषा में नहीं होता। ये प्रशासनिक क्षेत्र के तकनीकी शब्द हैं और इनका प्रयोग इसी रूप में होता है।

इसी तरह यहाँ प्रयुक्त 'निदेश' शब्द पर विचार करें। इसी से मिलता-जुलता शब्द है 'निर्देश'। इन दोनों शब्दों का अर्थ है हिदायत। लेकिन प्रशासनिक शब्दावली में हिदायत के लिए 'निदेश' ही प्रचलित है। अतः इसकी जगह पर 'निर्देश' नहीं प्रयुक्त होगा।

इसके अतिरिक्त 'निदेश हुआ है' जैसे प्रयोग कार्यालय की भाषा की विशेषता होती है।

1:4:3 संचार माध्यमों (मीडिया) में हिन्दी

संचार माध्यमों के दो रूप होते हैं–(1) पत्र-पत्रिकाएँ और (2) इलेक्ट्रॉनिक मीडिया। पहले माध्यम के अन्तर्गत समाचार-पत्र, दैनिक, साप्ताहिक, पाक्षिक, मासिक, त्रैमासिक तथा विभिन्न प्रकार की पत्रिकाएँ आती हैं और दूसरे माध्यम के अन्तर्गत रेडियो और टेलीविजन। इन संचार माध्यमों में दो प्रकार के भाषा-रूप प्रयुक्त होते हैं–लिखित और मौखिक। ये दोनों रूप समान होते हुए भी एक-दूसरे से काफी भिन्न हैं। सामान्यतः दोनों माध्यमों का उद्देश्य तो एक ही है–सम्प्रेषण, किन्तु उनकी प्रक्रिया में अन्तर है। मौखिक रूप से कही गई बात को यदि हम ज्यों-की-त्यों लिपिबद्ध कर दें, तो जरूरी नहीं कि वह उतनी की सम्प्रेषणीय हो जितनी मौखिक रूप में थी। इसी प्रकार यह भी हो सकता है कि कोई कथन लिखित रूप में पढ़ने में जितना प्रभावपूर्ण लग रहा हो, उतना सुनने में न लगे। इसका एक कारण यह हो सकता है कि लिखित बात को हम कई बार पढ़

सकते हैं, परन्तु उच्चरित शब्दों को सिर्फ सुनकर ही सम्प्रेषणीय बनाया जा सकता है। मसलन, लिखित माध्यमों में यह सुविधा है कि यदि उसे पढ़ने पर एक बार में समझ में न आए तो दुबारा-तिबारा पढ़कर समझा और सम्प्रेषणीय बनाया जा सकता है परन्तु मौखिक माध्यम में ऐसा सम्भव नहीं है। ऐसा इसलिए कि उसमें बातों को केवल सुनकर ही सम्प्रेषणीय बनाना होता है। किसी बात को नहीं समझने पर वहाँ दुबारा-तिबारा सुनने का और समझने का मौका नहीं मिलता।

संचार माध्यम के दोनों रूपों—समाचार-पत्र, पत्रिकाएँ और इलेक्ट्रॉनिक मीडिया—का एक ही उद्देश्य है। इनका उद्देश्य है समाज के सभी वर्गों के साथ सम्प्रेषण की क्रिया की पूर्णता। जब समाचार-पत्र छपते हैं तो वे किसी खास वर्ग-विशेष के लिए न होकर सामान्य जन-समुदाय के लिए होते हैं। यानी उसके पाठक समाज में हर वर्ग के लोग होते हैं। इसमें बुद्धिजीवी, व्यवसायी, किसान, मजदूर सभी तबके के लोग हो सकते हैं। इसलिए समाचार-पत्र की भाषा ऐसी होनी चाहिए जो सहज, सरल, स्पष्ट और बोधगम्य हो। इसके साथ ही इस बात का भी खयाल रखा जाना चाहिए कि संचार माध्यमों में विषयगत कोई सीमा नहीं होती। इसमें तकनीकी और विशिष्ट विषय या कला और साहित्य से लेकर खेल-कूद और बाजार भाव तक की सामग्री उनमें प्रस्तुत की जाती है। इसके लिए जरूरी है कि विभिन्न विषयों की अपेक्षित शब्दावली उनमें प्रयुक्त हो। लेकिन इसके साथ-साथ यह भी जरूरी है कि उनकी भाषा में बोलचाल की सरलता और लय वर्तमान रहे। यदि ऐसा नहीं होगा तो सामान्य जन तकनीकी शब्दावलियों को समझ पाने में असमर्थ रह जाएगा और उनमें सम्प्रेषणीयता का अभाव रह जाएगा।

इस तरह संचार माध्यमों में प्रयुक्त हिन्दी जीवन के सभी क्षेत्रों से शब्दावली ग्रहण करते हुए उसे सामान्य बोलचाल की भाषा में प्रयुक्त करने का प्रयास करती है। अंग्रेजी शब्दों के हिन्दी पर्याय इस्तेमाल करने के साथ ही यह उनके अंग्रेजी रूप को भी ग्रहण करती है और लिप्यन्तरण भी खूब अपनाती है। इसके साथ ही यह हिन्दी की बोलियों से भी शब्द ग्रहण करती है, जैसे 'भितरघात करना', 'पटकनी देना', बंटाधार होना' आदि।

अखबारी भाषा में संक्षिप्तियाँ भी प्रयोग में लाई जाती हैं, जबकि हिन्दी के अन्य प्रयोगों में संक्षिप्तियों का प्रचलन लगभग नहीं होता। 'भाजपा', 'बसपा', 'राजद', 'जद', 'लोजपा' आदि का प्रयोग अखबारों में खूब मिलता है, लेकिन रेडियो और टेलीविजन पर इनका प्रयोग इस रूप में नहीं होता। दूसरी तरफ यही प्रयोग अंग्रेजी भाषा में रेडियो और टेलीविजन पर खूब धड़ल्ले से किया जाता है। एक ही माध्यम द्वारा प्रसारित दो भाषाओं के प्रयोग में प्रायः भिन्नता पाई

जाती है। यह भेद वस्तुतः एक ओर तो भाषा के मौखिक और लिखित रूप का अन्तर प्रकट करता है। दूसरी ओर हिन्दी और अंग्रेजी के मुहावरे का अन्तर बताता है। सामान्य रूप से हिन्दी में संक्षिप्तियों के प्रयोग की प्रवृत्ति न होने के कारण उसके श्रोता को उन्हें सुनते ही तुरन्त समझने में कठिनाई हो सकती है, जबकि उनका लिखित रूप पढ़कर वह थोड़े से प्रयास से उन्हें समझ सकता है। इसलिए सम्प्रेषण में बाधा नहीं होती।

1:4:4 विज्ञापन के क्षेत्र में हिन्दी

इसका सीधा सम्बन्ध संचार माध्यमों से जुड़ा है। सही मायने में आज का युग विज्ञापनों का युग है। समाचार-पत्र, रेडियो, टेलीविजन सब जगह विज्ञापनों की भरमार है। कभी-कभी तो ऐसा भी होता है कि जब टीवी पर कोई अच्छा सीरियल प्रसारित हो रहा होता है, अचानक रुक जाता है और उसकी जगह कोई विज्ञापन प्रसारित होने लगता है तो थोड़ी खीझ और झल्लाहट भी होती है, परन्तु दूसरी तरफ हम इसके इतने आदी बन चुके हैं कि इनको यदि बिल्कुल हटा दिया जाए तो हो सकता है कि पर्दे पर उनकी अनुपस्थिति को हम महसूस करें। संचार माध्यमों के अतिरिक्त विज्ञापन के अन्य माध्यम भी हैं, जैसे—दीवारों, मार्गों, चौराहों पर लगे बोर्ड और पोस्टर तथा सिनेमा का पर्दा। इस तरह विज्ञापन के तीन रूप हैं—(1) दृश्य, (2) श्रव्य और (3) मुद्रित। टेलीविजन और सिनेमा के पर्दे पर तीनों रूपों का इस्तेमाल होता है, समाचार-पत्र, पत्रिकाओं, बोर्डों और पोस्टरों में पहले और तीसरे का तथा रेडियो पर दूसरे का। ये तीनों ही रूप एक-दूसरे के पूरक के रूप में काम करते हैं और भाषा अपनी गति और लय के साथ प्रस्तुत होती है, क्योंकि विज्ञापन का उद्देश्य सूचना देने के साथ ही ध्यान आकृष्ट करना भी होता है। यदि वह व्यापारिक विज्ञापन है तो उसमें इतना आकर्षण होना चाहिए कि देखने-सुनने वाला वस्तु को खरीदने के लिए लालायित हो उठे। यदि वह प्रचारपरक विज्ञापन है तो देखने-सुनने वाले के मन-मस्तिष्क पर उसका इतना गहरा असर होना चाहिए कि प्रचार करने वाले की बात पर गौर करने या उसे मानने के बारे में विचार अवश्य करें। यदि विज्ञापन रोजगार आदि से सम्बन्धित है तो उसमें सूचना की स्पष्टता, पूर्णता आदि अपेक्षित होती है। जब हम विज्ञापनों के क्षेत्र में प्रयुक्त हिन्दी भाषा पर गौर करते हैं तो हम उसमें कई तरह की विशेषताएँ पाते हैं। नीचे विज्ञापन के कुछ उदाहरण प्रस्तुत हैं :

उदाहरण-1

उपर्युक्त उदाहरण में गौर करने की बात यह है कि मुद्रित सामग्री पाठ्य और दृश्य दोनों रूपों में ध्यान आकृष्ट करने के उद्देश्य से छापी गई है। छोटे-बड़े टाइप का प्रयोग इसी उद्देश्य से किया गया है। इसके अलावा चित्र की सहायता भी ली गई है।

इन दृश्य विशिष्टताओं के अलावा भाषागत विशिष्टता भी विचारणीय है। 'ज्यादा', 'आधा' द्वारा तुकान्त पंक्तियाँ लिखने का प्रयास है। साथ ही वाक्य में शब्दों का क्रम सामान्य से भिन्न है, 'PWN टेक्नोलॉजी पर आधारित'। इसके अलावा इसमें कुछ सुझावपरक वाक्य भी प्रयुक्त हुए हैं, जैसे—'HI-TECH चार्जर जिसके द्वारा बैटरी कम समय में चार्ज हो और अधिक समय तक चले', तथा 'बिजली के खर्च में 70% की कटौती'।

उदाहरण-2

इस उदाहरण में भी वे सारी विशिष्टताएँ मौजूद हैं जो कि पहले उदाहरण में थीं। लेकिन इसमें चित्र को अधिक कलात्मक ढंग से पेश किया गया है। यहाँ एक किसान अपने पशु (गाय) के लिए 'कपिला' आहार को अंजुली में लेकर दिखा रहा है, गाय को वही आहार खाने के लिए दिया गया है और उसकी बगल में किसान की पत्नी, गाय की बगल में बर्तन रखकर प्रमुदित मन से दूध के लिए प्रतीक्षारत बैठी है। और तब विज्ञापन की चटकदार भाषा का प्रयोग किया गया है, 'दुग्ध उत्पादन रोज बढ़ाएँ—कपिला पशु आहार खिलाएँ'।

वाणिज्यिक विज्ञापनों के अलावा और भी कई तरह के विज्ञापन होते हैं, जैसे—रोजगार सम्बन्धी विज्ञापन, निविदा, सूचनाएँ, वर्गीकृत विज्ञापन आदि। यहाँ तक कि अब वैवाहिक विज्ञापनों का प्रयोग भी खूब होने लगा है। विषय और आवश्यकता के अनुरूप इन विज्ञापनों की भाषा में भी फर्क होता है। नीचे ऐसे विज्ञापनों के कुछ उदाहरण दिए जा रहे हैं उनकी भाषिक विशेषताएँ द्रष्टव्य हैं :

उदाहरण-3:1 वर्गीकृत विज्ञापन

प्रियदर्शी
C/o माँ मार्केटिंग एजेंसी
फोन-239395, 229495
Ext. (30)

भारत मीडिया कन्सलटेन्ट
दूसरी मंजिल, अशोक मार्केट, पटना मार्केट, पटना-800004
फोन-2662969 (O)
2690423 (R)
मोबाइल-9835066825

आवास उपलब्ध

MAHAL SERVICES
1/2/3/4 बेडरूम फ्लैट, मकान, ऑफिस, कोचिंग, दुकान, स्कूल, जमीन, बोरिंग रोड, पाटलीपुत्रा, बेली रोड में किराया/बिक्री हेतु
फोन-235221/233663
पीसी-70085

3 बेडरूम का अत्याधुनिक फ्लैट किराए पर उपलब्ध आशियाना रोड श्यामल हॉस्पीटल के सामने पटना
फोन-266757
पीसी-35900/2606

व्यापार

कोल्ड ड्रिंक्स, ट्यूबलाइट चॉक, मशीन एवं अन्य मशीन लगाकर, बेरोजगारी भगाएँ। मिलें—चंचला ट्रेडर्स गोरियाटोली, स्टेशन रोड, पटना (होटल कुटीर के गली में)
फोन-221195/ 227458
पीसी-8505202406

ट्यूब चौक, मोमबत्ती, प्लास्टिक, वाशिंग पाउडर उद्योग लगाकर 12000/- महीना कमाएँ। (एग्रीमेंट सहित) (ट्रेनिंग फ्री) स्वास्तिक इंडस्ट्रीज (रजि.) 125, गुप्ता कॉम्प्लेक्स, इन्द्रलोक, दिल्ली-35
011-3645041/3645042

3:2 निविदा सूचना

भारतीय डाक विभाग

कार्यालय : निदेशक डाक प्रशिक्षण केन्द्र, दरभंगा

निविदा सूचना

भारत के राष्ट्रपति की ओर से अधोहस्ताक्षरी द्वारा डाक प्रशिक्षण केन्द्र, दरभंगा औषधालय में एक वर्ष के लिए दिन-प्रतिदिन औषधियों की आपूर्ति हेतु शासकीय मान्यता प्राप्त और सक्षम औषधि फर्म/डीलरों से मुहरबन्द निविदाएँ आमन्त्रित किए जाते हैं।

1. निविदा प्रपत्र निदेशक डाक प्रशिक्षण केन्द्र, दरभंगा के कार्यालय से दिनांक 24.9.2002 समय 15 बजे तक निर्धारित निविदा शुल्क 100/- (एक सौ रु.) दरभंगा के किसी भी डाकघर में जमा कर भुगतान की रसीद के साथ आवेदन प्रस्तुत कर प्राप्त किए जा सकते हैं।

2. निविदा प्रपत्र दिनांक 25.9.02 को समय 15.00 बजे तक कार्यालय निदेशक, डाक प्रशिक्षण केन्द्र, दरभंगा में स्वीकार किए जाएँगे।

3. निविदा दिनांक 25.9.02 को समय 16:30 बजे कार्यालय निदेशक डाक प्रशिक्षण केन्द्र, दरभंगा में खोला जाएगा।

विस्तृत जानकारी हेतु कार्यालय निदेशक डाक प्रशिक्षण केन्द्र, दरभंगा से कार्यावधि पर सम्पर्क कर सकते हैं।

प्रशासनिक अधिकारी,
डाक प्रशिक्षण केन्द्र, दरभंगा-846005

3:3 रोजगार सम्बन्धी विज्ञापन

लघु उद्योग सेवा संस्थान

पाटलीपुत्रा औद्योगिक प्रांगण

पटना-800013

दूरभाष : 262208, 262719

भागलपुर में कम्प्यूटर एवं इंटरनेट पर उद्यमिता प्रशिक्षण कार्यक्रम

दिनांक 23.9.2002 से 25.10.2002

स्थान : डॉ. जाकिर हुसैन संस्थान, भागलपुर

योग्यता : मैट्रिक या समकक्ष

शुल्क : 250/- रु. सामान्य एवं ओ.बी.सी. 125/- रु. अनुसूचित जाति एवं जनजाति। इच्छुक उम्मीदवार सादे कागज पर निम्नलिखित प्रारूप में आवेदन करें–

1. उम्मीदवार का नाम :
2. स्थायी पता :
3. कोर्स का नाम :
4. जन्म तिथि :
5. योग्यता :
6. अनुभव यदि हो :
7. कोटि, सामान्य, ओ.बी.सी., अनुसूचित जाति/जनजाति :
8. हस्ताक्षर तिथि के साथ :

कहाँ करें आवेदन

आवेदन पत्र निम्न में से किसी पते पर जमा करें :

डॉ. जाकिर हुसैन संस्थान,	निदेशक
87, स्वामी विवेकानन्द पथ,	लघु उद्योग सेवा संस्थान
आदमपुर, भागलपुर	पाटलीपुत्रा, पटना-13

साक्षात्कार : उम्मीदवारों को दिनांक 19 सितम्बर, 2002 को साक्षात्कार के लिए निर्दिष्ट शुल्क के साथ डॉ. जाकिर हुसैन संस्थान, भागलपुर में उपस्थित होना है। इसके लिए अलग से बुलावा पत्र नहीं भेजा जाएगा।

साक्षात्कार की तिथि : 19.9.2002, समय : 11 बजे पूर्वाह्न

आवेदन करने की अन्तिम तिथि : 18.9.2002

ए. राय
निदेशक

डीएवीपी-8021 (152) 2002

ऊपर के विज्ञापनों पर गौर करने से यह साफ पता चलता है कि उनकी भाषा में स्पष्ट अन्तर है। उदाहरण-1 और 2 के विज्ञापन व्यापारिक विज्ञापन हैं जिनका उद्देश्य लोगों को किसी वस्तु की खरीद के लिए आकृष्ट करना है, जबकि उदाहरण-3 के सभी विज्ञापनों का उद्देश्य वास्तव में सूचना देना और उसके माध्यम से उपयुक्त कर्मचारी अथवा ठेकेदारों की सेवाएँ प्राप्त करना है। इसलिए इनकी भाषा में अन्तर है। उदाहरण-3 के सभी विज्ञापनों में कार्यालयीय भाषा की औपचारिकता है साथ ही प्रशासनिक क्षेत्र की पारिभाषिक शब्दावली का प्रयोग किया गया है।

1:4:5 विधि के क्षेत्र में हिन्दी

ब्रिटिश शासनकाल के समय अदालती कामकाज में फारसी की जगह हिन्दी के प्रयोग के आदेश दिए गए थे, लेकिन व्यवहार में कचहरियों की भाषा उर्दू ही रही थी। कालान्तर में अंग्रेजी शिक्षा के प्रसार और उच्च शिक्षा की भाषा अंग्रेजी होने के कारण हिन्दी का महत्त्व घटता चला गया। लेकिन, आजादी के बाद जब हिन्दी को राजभाषा का दर्जा दिया गया तो इसे विधि एवं न्याय व्यवस्था में भी अपनाने का सवाल खड़ा हुआ। अन्ततः इस क्षेत्र में भी हिन्दी भाषा का प्रयोग चल पड़ा। इसके लिए विधि शब्दावली निर्धारित की गई। इस भाषा की शब्दावली में अंग्रेजी के शब्दों के हिन्दी पर्याय निर्धारित करते समय संस्कृत तथा अरबी-फारसी के शब्दों को भी आधारस्वरूप ग्रहण किया गया।

विधि की भाषा में सतर्कता और निश्चितता का होना आवश्यक है। ऐसा इसलिए कि उसमें जो कुछ भी कहा जाता है उसका सीधा और उतना ही अर्थ निकालना अपेक्षित है जितना कहने वाले या लिखने वाले का आशय है। अतः विधि के क्षेत्र में प्रयुक्त हिन्दी में स्पष्टता और एकार्थता का होना जरूरी है। इसमें किसी सन्दर्भ-विशेष के लिए निश्चित शब्द ही प्रयुक्त होता है, उसके लिए पर्याय रखने की कोई गुंजाइश नहीं होती। यदि ऐसा नहीं होगा तो शब्द के द्विअर्थी होने से न्याय-प्रक्रिया बदल जा सकती है, फैसला बदल जा सकता है। आदेश भ्रामक हो जा सकता है। इसीलिए विधि के क्षेत्र में हमेशा एकार्थी शब्दों का ही प्रयोग होना चाहिए जिससे अर्थ सम्प्रेषण में स्पष्टता बरकरार रह सके।

उदाहरण द्रष्टव्य है :

अनुच्छेद 345 के अन्तर्गत बिहार सरकार ने सन् 1905 ई. से हिन्दी को राजभाषा स्वीकार कर लिया, पर **प्रावधान** आंशिक रूप से लागू किए गए। सन् 1955 ई. में एक **अधिनियम** द्वारा यह **प्रावधान** किया गया कि विधानमण्डल में प्रस्तुत सभी **विधेयक** और **पारित** सभी **अधिनियम** राज्यपाल द्वारा लागू किए जानेवाले सभी **अध्यादेश** और राज्य द्वारा प्रकाशित सभी **आदेश, नियम, विनियम** और **उपनियम** हिन्दी में होंगे।

उपर्युक्त उदाहरण में 'अनुच्छेद', 'प्रावधान', 'अधिनियम', 'विधेयक', 'पारित', 'विनियम', 'उपनियम' आदि शब्द सामान्यतः विधि के क्षेत्र में प्रयुक्त होते हैं। ये सभी तकनीकी शब्दावली हैं और यहाँ इन शब्दों के स्थान पर कोई अन्य पर्याय रखना सही नहीं होगा।

शब्दावली के साथ-साथ वाक्य-गठन भी विचारणीय है। इसमें वाक्य-गठन सामान्य प्रयोग की तुलना में काफी लम्बा है। पूरा पैरा ही एक वाक्य है जिसमें

कई खण्डों और उपवाक्यों को शामिल किया गया है। यह हिन्दी वाक्य-गठन के प्रतिकूल है। लेकिन, हमारा विधिक लेखन अक्सर पहले अंग्रेजी में किया जाता है, फिर उसका हिन्दी रूपान्तरण होता है। इसीलिए अंग्रेजी वाक्य निहितार्थ को पूर्णतया ज्यों-का-त्यों प्रस्तुत करने के लिए हिन्दी में ऐसी वाक्य रचना की जरूरत पड़ जाती है।

1:4:6 वैज्ञानिक और तकनीकी हिन्दी

इसका क्षेत्र शिक्षा तथा विज्ञान और प्रौद्योगिकी के प्रयोग अथवा कार्यान्वयन का क्षेत्र है। प्रायः ऐसा देखा जा रहा है कि विज्ञान, उच्च शिक्षा और अनुसंधान में अंग्रेजी के व्यापक प्रयोग के बावजूद आज हिन्दी माध्यम से पढ़नेवाले छात्रों की संख्या काफी बढ़ी है। इसके साथ ही प्रौद्योगिकी को व्यवहार में लाने वालों में बड़ी संख्या में यह वर्ग भी है जो हिन्दी के माध्यम से ही सम्प्रेषण करता है। इन्हीं वर्गों की जरूरतों को ध्यान में रखकर इस क्षेत्र में भी हिन्दी का विकास हुआ है।

भारत में प्राचीनकाल से ही चिन्तन की विशाल परम्परा रही है जिससे वैज्ञानिक अनुसंधान का क्षेत्र भी विकसित हुआ। लेकिन मध्यकाल में इस परम्परा की धारा क्षीण होती चली गई, जिसके कारण कोई नवीन विकास न हो सका। आधुनिक युग में पश्चिमी प्रभाव के कारण विज्ञान और प्रौद्योगिकी के क्षेत्र में वैज्ञानिक लेखन का प्रसार बढ़ा। फलतः हिन्दी में विज्ञान की शब्दावली में वृद्धि हुई। अन्तर्राष्ट्रीय शब्दावली को ग्रहण करने के कारण हाइड्रोजन, नाइट्रोजन, कैलोरी, जेनेटिक्स, इंजीनियरिंग आदि शब्दों का प्रयोग होने लगा। उदाहरण के लिए निम्नलिखित वाक्यों को देखा जा सकता है—

ओजोन का सृजन सीधे नहीं होता, बल्कि जब **नाइट्रोजन ऑक्साइड** और अस्थिर **कार्बनिक यौगिकों** का सूर्य किरणों से सम्पर्क होता है। इसलिए **ओजोन** मुख्यतः गर्मियों में पाई जाती है। **नाइट्रोजन ऑक्साइड** की उत्पत्ति **गैसोलीन** कोयला और अन्य जीवाश्मीय ईंधनों के जलने से होती है। अस्थिर **कार्बनिक** पदार्थों की उत्पत्ति, औद्योगिक मिल से लेकर पेड़ तक किसी से भी हो सकती है।

इस उदाहरण में प्रयुक्त 'ओजोन', 'नाइट्रोजन ऑक्साइड', 'कार्बन यौगिकों', 'गैसोलीन' आदि शब्द वैज्ञानिक और तकनीकी क्षेत्र से आए हैं।

1:4:7 सामाजिक विज्ञानों के क्षेत्र में हिन्दी

इस क्षेत्र के अन्तर्गत राजनीति विज्ञान, समाजशास्त्र, अर्थशास्त्र और इतिहास आदि विषय आते हैं। सामाजिक विज्ञानों की भाषा की विशेषता उस क्षेत्र की विशिष्ट शब्दावली होती है। इनकी शब्दावली में संकल्पनाओं और विचारधाराओं का प्रभाव

होता है जिनके भीतर विशिष्ट अर्थ समाहित होते हैं। उदाहरण द्रष्टव्य है–

पाश्चात्य शिक्षा एवं संस्कृति ने **राष्ट्रवादी** भावना जगाने में महत्त्वपूर्ण भूमिका का निर्वाह किया। पश्चिम के देशों के साथ सम्बन्ध, पाश्चात्य साहित्य, विज्ञान, इतिहास एवं दर्शन के अध्ययन से भारतीयों को भारत में प्रचलित कुप्रथाओं के बारे में जानकारी हुई, साथ ही उनमें **राष्ट्रवाद** की भावना जागी। समाचार-पत्रों एवं प्रेस ने भारत में **राजनैतिक जागरण** की दिशा में प्रथम प्रयास किया। **राष्ट्रीय साहित्य** भी **राष्ट्रवादी** भावना की उत्पत्ति में सहायक बना। अंग्रेजों की भारत विरोधी **आर्थिक नीति** ने भारतीयों के मन में **विदेशी राज्य** के प्रति नफरत एवं **स्वदेशी माल** और राज्य के प्रति प्रेम को जगाया। भारत के **आर्थिक शोषण** की पराकाष्ठा हमें लार्ड लिटन के **शासनकाल** में देखने को मिलती है। फलतः भारत में **राजनीतिक एकीकरण** हुआ। **बौद्धिक पुनर्जागरण** ने **राष्ट्रवाद** के उदय में एक अहम भूमिका निभाई।

उपर्युक्त उदाहरण में 'राष्ट्रवादी', 'राष्ट्रवाद', 'राजनैतिक जागरण', 'राष्ट्रीय साहित्य', 'आर्थिक नीति', 'विदेशी राज्य', 'स्वदेशी माल', 'आर्थिक शोषण', 'शासनकाल', 'राजनीतिक एकीकरण', 'बौद्धिक पुनर्जागरण' आदि शब्द पारिभाषिक शब्दावली हैं, जिनका सम्बन्ध समाज विज्ञान से जुड़ा है। ऐसे सभी शब्द विशिष्ट अर्थ के बोधक हैं। पाश्चात्य शिक्षा के प्रभाव के कारण भारतीयों में राष्ट्र प्रेम की भावना जगी जिससे बौद्धिक पुनर्जागरण हुआ। इसी संकल्पना को आधार बनाकर लेखक ने अपने विचारों को प्रतिपादित किया है।

1:5 भाषा का सामाजिक सन्दर्भ

भाषा एक सामाजिक यथार्थ है इसलिए सामाजिक व्यवहार के सन्दर्भ में ही इसकी सही व्याख्या सम्भव है। वैसे भाषा की अपनी संरचना और अपनी प्रतीक-पद्धति होती है, अतः एक दूसरी दृष्टि से भी इसका विश्लेषण करना सम्भव है। यह दूसरी दृष्टि अर्थात् शुद्ध भाषाविज्ञान, भाषा का एक अमूर्त प्रतीकीकरण प्रक्रिया का परिणाम मानता है। इस दृष्टि के अनुसार भाषा समाज में प्रतिफलित होकर भी सामाजिक सन्दर्भों से मुक्त रहती है। इस वर्ग के विद्वान भाषा-सिद्धान्त की जब भी बात उठाते हैं तो वे अपनी दृष्टि केवल भाषा की संरचना तथा उसकी क्षमता (काम्पीटेन्स) तक ही सीमित कर लेते हैं। सामाजिक उपकरण और सांस्कृतिक सन्दर्भ के साथ जुड़कर यह अमूर्त प्रतीकीकरण का सिद्धान्त किस प्रकार व्यवहारजन्य बनता है, किस प्रकार व्यावहारिक क्षमता, वाक्य-विन्यास या पूरी भाषा को समझने में एक ठोस आधार देती है–इसकी चर्चा वह प्रायः नहीं उठाता। इसलिए उसके अनुसार भाषा समरूप (होमोजीनियस) होती है और भाषा में दिखाई पड़नेवाले भेद-प्रभेद और कुछ नहीं बल्कि व्यावहारिक आवश्यकताओं

से नियन्त्रित तथा मनुष्य की मानसिक क्षमता की सीमा से बाधित आदर्श रूप से स्खलित (डीजनेरेटेड फॉर्म) उदाहरण होते हैं।

जो वर्ग यह मानता है कि भाषा सामाजिक यथार्थ है, वह यह भी स्वीकार करता है कि जिस प्रकार मनुष्य भाषा के प्रतीकीकरण के सिद्धान्त को सीखता है वह इस सीखने को एक आन्तरिक भाषिक क्षमता (लिंग्विस्टिक काम्पीटेन्स) में बदलते चलता है। उसी प्रकार वह व्यवहार के उन नियमों को भी सीखता चलता है जो भाषा के प्रयोग से सम्बन्ध रखते हैं। कौन-सा वाक्य किस रूप में, किन सामाजिक एवं सांस्कृतिक सन्दर्भों में बोला जाता है और किन में उसे व्यवहार में लाना सम्भव नहीं; कौन-सा शब्द या पद-समूह किस व्यक्ति के लिए उपयुक्त माना जाता है और किस व्यक्ति के लिए उसका व्यवहार उपहास का कारण बनता है, कौन-सी भाषा-शैली किन विषयों अथवा सामाजिक परिस्थितियों के लिए अनुकूल है और किनके लिए वह पूरी तरह अनुपयुक्त है—इसका ज्ञान बहुत कुछ भाषा के सामाजिक एवं सांस्कृतिक पक्ष से जुड़ा रहता है। यह जानकारी भी भाषा-व्यवहार के लिए उतनी ही महत्त्वपूर्ण है जितना कि भाषा की संरचना का ज्ञान। अतः इस वर्ग के माननेवाले इस बात पर बल देते हैं कि भाषा सामाजिक यथार्थ है और कोई भी भाषिक समाज एक समुदाय होकर भी अपने भीतर परिस्थिति, विषय, व्यक्ति के सामाजिक स्तर-भेद आदि विविधताओं से मुक्त नहीं रह सकता। यह विविधता सामाजिक संरचना की एक प्रमुख शर्त है और भाषा अगर उस समाज की वस्तु है और उसका प्रयोग किसी सामाजिक सन्दर्भ में ही होना सम्भव है तो भाषा के लिए यही स्वाभाविक है कि वह इस विविधता को व्यक्त करे। अगर भाषा केवल मन तक ही सीमित होकर अव्यक्त न रह जाए और उसे समाज की अपनी जरूरतों के लिए व्यक्त होना ही पड़े तब वह किसी भी तरह समरूप या आदर्श एकरूप नहीं रह सकती। यही कारण है कि इस वर्ग के विचारक यह मानते रहे हैं कि भाषा अपनी प्रकृति में ही विविध और विषम रूप (हेटेरोजीनियस) होती है।

आमतौर पर यह माना जाता है कि भाषा विचारों को व्यक्त करने का माध्यम है। यह भी कहा जाता है कि वह व्यक्ति के प्रकाशन का साधन तथा सांस्कृतिक चेतना और साहित्यिक परम्परा का संवाहक है। पर इसके साथ आज भाषाविद् यह भी मानने लगे हैं कि भाषिक प्रक्रिया मूलतः एक सामाजिक प्रक्रिया है। भाषा न केवल विचार सम्प्रेषण का माध्यम है बल्कि वह सामाजिक नियन्त्रण का एक सक्षम साधन भी है। आज विद्वान यह स्वीकार करने में संकोच नहीं करते कि भाषा सामाजिक आवश्यकताओं और व्यावहारिक जरूरतों की पूर्ति का एक उपकरण भी है। सम्प्रेषणीयता (कम्यूनिकेशन) की समस्या के सन्दर्भ में आज भी भाषा देखने अथवा परिभाषित करने का प्रयास हो रहा है, पर अब यह समस्या

वैयक्तिक और मानसिक न होकर सामाजिक और संदर्भगत (कॉन्टेक्स्चुअल) बन गई है। परिणामस्वरूप अब समाज को इकाई मानकर भाषा व्यवहार को देखने का प्रयत्न किया जाने लगा है। किसी मान्य समाज अथवा उसकी इकाई में भाषा व्यवहार की क्या व्यवस्था अथवा 'पैटर्न' है यह सवाल अब उस प्रश्न से कहीं अधिक सार्थक माना जाने लगा है, जो यह जानना चाहता है कि एक भाषा को बोलनेवाले अपने विचारों को किस प्रकार व्यक्त करते हैं।

उदाहरण के लिए केवल यह देखने से काम नहीं चल पाता कि हिन्दी भाषी हिन्दुस्तानी में बोल रहा है या किसी औपचारिक सन्दर्भ में वह संस्कृतनिष्ठ हिन्दी अथवा अरबी-फारसी मिश्रित उर्दू का प्रयोग करता है। इसके साथ यह भी देखना जरूरी है कि किन सामाजिक परिस्थितियों में वह अपनी बोलियों—भोजपुरी, अवधी, ब्रज आदि का प्रयोग करता है; किस स्थिति में वह अंग्रेजी के शब्द या पदसमूह के प्रयोग की ओर झुक जाता है और किन कारणों से वह अपनी भाषा छोड़कर पूरी तरह अंग्रेजी का व्यवहार करने लगता है। हिन्दी भाषा क्षेत्र के भीतर उनके बोलने वालों के व्यवहार को समझने के लिए मानक (स्टैण्डर्ड) हिन्दी तथा उसके शैलीभेद की जानकारी ही जरूरी नहीं है बल्कि उस व्यवस्था अथवा 'पैटर्न' की जानकारी भी जरूरी है जो कभी बोली और कभी विदेशी भाषा के प्रयोग के लिए पूरे समाज को मजबूत कर देती है।

समाज को इकाई मानकर भाषा-व्यवहार के 'पैटर्न' पर ध्यान देने के बाद यह सन्देह नहीं रह जाता कि न केवल भारतवर्ष एक देश के रूप में बहुभाषी (मल्टीलिंगुवल) है वरन् भाषावार प्रदेश भी एक दृष्टि से बहुभाषाभाषी इकाइयाँ हैं। उदाहरण के लिए जिसे हम हिन्दी प्रदेश कहते हैं वह अपने जीवन के स्तर और व्यवहार के एक क्षेत्र में अवधी, ब्रज, भोजपुरी, मगही आदि बोलियों का प्रयोग करता है, पर अपने व्यावहारिक जीवन के एक दूसरे आयाम पर यह क्षेत्रीय भाषा 'हिन्दी' का प्रयोग करता है। इस क्षेत्र की यह विशेषता है कि 'साक्षरता' की प्रक्रिया के साथ हिन्दी भाषा का सवाल जुड़ा हुआ है। साक्षरता का अर्थ ही है स्थानीय बोली का संक्रमण करती क्षेत्रीय भाषा के प्रयोग को सीखना। आगे जब उच्च शिक्षा का स्तर आता है तो वह हिन्दी, अंग्रेजी भाषा के साथ जुड़ जाती है। अतः अपने क्षेत्र से उखड़े हुए एक सीमित वर्ग की बात अगर छोड़ दी जाए तो हिन्दी प्रदेश के अधिसंख्य व्यक्तियों के सामाजिक व्यवहार में सम्प्रेषणीयता की समस्या, बहुभाषिकता (मल्टीलिंग्विलिज्म) की समस्या है। इसके साथ ही जातीय पृष्ठभूमि और सामाजिक सन्दर्भों की विविधता का भी सवाल है। जहाँ कोई भी तथाकथित भाषा शैलीभेद को जन्म देने के लिए विवश है।

लेकिन हिन्दी का सवाल केवल हिन्दी प्रदेश के सामाजिक व्यवहार का ही सवाल नहीं है। हिन्दी संविधान से पुष्ट भारतवर्ष की मान्य राजभाषा है।

सम्पर्क भाषा के रूप में अन्य भारतीय भाषाओं की तुलना में इस भाषा का सबसे अधिक प्रयोग होता है। अतः उत्तर प्रदेश, बिहार, मध्य प्रदेश, राजस्थान, हिमाचल प्रदेश, हरियाणा और केन्द्र शासित दिल्ली की अधिसंख्यक जनता की बात छोड़ भी दी जाए तो भी सामान्य व्यवहार में इसी भाषा को लोग सबसे अधिक समझते हैं। हिन्दी ही वह भाषा है, जो अपने क्षेत्र के बाहर सबसे अधिक बोली जाती है, समझी जाती है, लोक स्तर पर, व्यावसायिक क्षेत्र के प्रयोग में आती है और लोक-मनोरंजन–सिनेमा, नाटक आदि के लिए व्यावहारिक रूप से भाषा-माध्यम बनती है।

भारतवर्ष की बहुभाषिकता, सामाजिक अस्मिता (आइडेंटिटी) और सम्प्रेषणीयता के सन्दर्भ में हिन्दी का अपना क्या प्रकार्य और प्रयोजन (फंक्शन) है, इस पर गम्भीरता से अभी तक विचार नहीं हो पाया है। हम जानते हैं कि भारत स्वयं में बहुभाषी देश है। इस देश में 1019 मातृभाषाएँ हैं। पर इससे भी अधिक महत्त्वपूर्ण तथ्य यह है भारतवर्ष के विभिन्न भाषाई क्षेत्रों में रहनेवाला सामाजिक समुदाय अपने व्यवहार में बहुभाषाभाषी है। वह जीवन के एक स्तर पर एक भाषा का प्रयोग करता है तो व्यवहार के अपने दूसरे क्षेत्र में एक दूसरी भाषा का उपयोग करता है और इसके साथ ही यह भी देखा जा सकता है कि जीवन के इन विविध सन्दर्भों और भाषा-व्यवहार के इन विविध प्रसंगों का सामाजिक एवं सांस्कृतिक एक ठोस आधार है। अगर थोड़ी भी गहराई के साथ इनका विश्लेषण किया जाए तो स्पष्ट हो जाता है कि विभिन्न भाषाओं और शैलीभेदों में से किसी एक भाषा अथवा शैली का किसी एक निश्चित अवसर पर चुनाव समाज ऐच्छिक (आरबिट्ररी) अथवा विकल्प के रूप में नहीं करता। सामाजिक व्यवहार में हर भाषाभाषी समुदाय किसी एक भाषा अथवा किसी शैली-विशेष का चुनाव किसी एक निश्चित सामाजिक सन्दर्भ में ही करता है। यह कहा जा सकता है कि जिस प्रकार सामाजिक व्यवहार, समाज की अपनी आन्तरिक व्यवस्था से परिचालित होता है; उसी प्रकार किसी भी बहुभाषाभाषी समाज में किसी विशेष सामाजिक सन्दर्भ में किसी एक भाषा अथवा शैली का प्रयोग भी सामाजिक प्रयोजन का प्रतिफल होता है। यही कारण है अब भाषा-व्यवहार और भाषिक यथार्थता का मात्र व्यक्ति की भाषिक क्षमता (लिंग्विस्टिक काम्पीटेन्स) के रूप में देखने के बजाय उसे सम्प्रेषण-सापेक्ष क्षमता (कम्युनिकेटिव काम्पीटेन्स) के सन्दर्भ में देखने का आग्रह बढ़ा है। सम्प्रेषण-सापेक्ष क्षमता का अर्थ ही है भाषिक क्षमता को सामाजिक आचरण के नियमों के बाधित भाषारूपों के प्रयोग की क्षमता के रूप में देखना।

2. भाषा और सम्प्रेषण

2:1 सम्प्रेषण का अर्थ

जब हम अपनी बातों को दूसरों तक पहुँचाते हैं, या दूसरे की बातें विभिन्न माध्यमों के द्वारा गृहीत करते हैं और उसका अर्थ हम वही समझते हैं जो बोलनेवाले अथवा सुननेवाले की मंशा होती है, तब वैसी भाषायी प्रक्रिया को सम्प्रेषण कहा जाता है। मूलतः सम्प्रेषण एक संवाद है, सम्पर्क है, एक-दूसरे तक अपनी बात पहुँचाने का प्रयास है। बोलकर, सुनकर, देखकर, पढ़कर, चित्र बनाकर, शारीरिक हाव-भाव आदि के द्वारा हम अपनी भावनाओं को अभिव्यक्त करने का प्रयास करते हैं। हम एक-दूसरे तक अपनी बात पहुँचाते हैं और दूसरे की बात समझते हैं।

वस्तुतः सम्प्रेषण एक कला है। जो इसमें जितना ही माहिर होगा उसे जिन्दगी में उतनी ही ज्यादा सफलता मिलेगी। यानी अच्छा सम्प्रेषक बनने के लिए सम्प्रेषण की प्रक्रिया और उसमें आनेवाली बाधाओं की जानकारी आवश्यक है। हम सुबह से शाम तक अपनी भावनाओं की अभिव्यक्ति के लिए विभिन्न प्रकार की सम्प्रेषण की क्रिया से गुजरते हैं। हमारी बातों से कभी कोई नाराज होता है तो कभी कोई प्रसन्न भी हो जाता है। इसलिए सम्प्रेषण एक ऐसी कला है जिसके द्वारा हम दूसरों को प्रभावित करने में सफल होते हैं। उदाहरण के तौर पर एक कहानी प्रचलित है। एक बार किसी राजा ने एक ज्योतिषी को बुलाकर यह पूछा कि 'महाराज, कृपया बतलाएँ कि मेरी आयु कितनी है?' ज्योतिषी ने जवाब दिया कि 'महाराज आप 99 वर्ष की उम्र पूरी कर मर जाएँगे।' अपनी मृत्यु की बात सुनते ही राजा आगबबूला हो उठा। गुस्से में आकर उसने ज्योतिषी को फाँसी की सजा सुना दी। राजा बेचैन हो गया। उसके मन में बार-बार मृत्यु की बात आने लगी। पुनः उसने एक दूसरे ज्योतिषी को बुलाया। उससे से भी यही सवाल किया। उसने जवाब दिया, 'आप शतायु होंगे।' अर्थात् आप सौ साल जीवित रहेंगे। यह सुनकर राजा बड़ा ही खुश हो गया और उसने ज्योतिषी को सौ गाँव इनाम में दे दिए। विचारणीय है कि प्रायः दोनों ज्योतिषियों

ने बात तो एक ही कही पर कहने के ढंग में अन्तर था। इसलिए एक ने सजा पाई और दूसरे ने इनाम। यही सम्प्रेषण की कला है।

2:2 सम्प्रेषण का प्रयोजन

मनुष्य एक सामाजिक प्राणी है। समाज से विलग वह अकेला नहीं रह सकता। सम्प्रेषण के जरिए ही वह समाज से जुड़ता है इसलिए सम्प्रेषण का मानव जीवन में एक निहित प्रयोजन है। इसे निम्नलिखित रूपों में देखा जा सकता है :

व्यक्तिगत जरूरत—हम प्रतिदिन अपनी जरूरतों के मुताबिक लोगों से बातें करते रहते हैं इसके लिए हमें भाषा सम्प्रेषण की आवश्यकता होती है।

व्यक्तिगत सम्बन्ध—जब कभी हम अपने परिचितों से अथवा रिश्तेदारों से मिलते हैं तो उनका हाल-चाल पूछते हैं। इसके लिए बातचीत के क्रम में हमें अपने हाव-भाव भी बदलने पड़ते हैं। बदलाव की यह प्रक्रिया हमारे व्यक्तिगत सम्बन्धों पर आधारित होती है।

सूचना—व्यक्ति सूचना ग्रहण का कार्य आजीवन करता रहता है। वह गृहीत सूचनाओं को दूसरों तक सम्प्रेषित करने का भी काम करता है।

आपस में बातचीत—आपस में बातचीत करना या गप्पें हाँकना सम्प्रेषण का एक माकूल उदाहरण है। इसके द्वारा हम एक-दूसरे की भावनाओं, विचारों, दृष्टिकोणों को जानने-समझने का प्रयास करते हैं।

विज्ञापन—विज्ञापन सम्प्रेषण का सबसे सटीक उदाहरण है। विज्ञापन का निर्माण लोगों को अपनी ओर आकर्षित करने के लिए किया जाता है। रेडियो, टेलीविजन और समाचार-पत्रों में छपे विज्ञापनों पर ध्यान देने पर ऐसा लगता है कि इनका उपयोग ग्राहकों को अपनी ओर लुभाने के लिए किया जाता है। इस प्रकार के सम्प्रेषण में ग्राहक की आकांक्षा, इच्छा, लोभ और अन्य व्यक्तिगत कमजोरियों का लाभ उठाया जाता है।

मनोरंजन—जीवन की एकरसता से विलग हटकर मनुष्य कुछ परिवर्तन चाहता है। हँसना, हँसाना, दूसरे के दुःख-सुख में हिस्सा लेना, यह सब मनुष्य की स्वाभाविक वृत्तियों में शामिल है। मनोरंजन के लिए लोग सिनेमा देखते हैं, घूमने फिरने जाते हैं, कुछ पढ़ते भी हैं। इन कारणों से भी सम्प्रेषण की आवश्यकता पड़ती है।

2:3 सम्प्रेषण की प्रक्रिया

वस्तुतः प्रेषक से प्राप्तकर्ता तक सन्देश पहुँचने की प्रक्रिया को ही सम्प्रेषण कहते हैं। इसके तीन हिस्से होते हैं—प्रेषक, सन्देश और प्राप्तकर्ता। पत्र इसका सबसे उत्तम उदाहरण है। जब कभी भी कोई व्यक्ति कहीं पत्र लिखता है तब वह प्रेषक

हुआ। पत्र में जो कुछ लिखा जाता है वह सन्देश है। जिसके पास सन्देश पहुँचता है या जो सन्देश प्राप्त करता है वह प्राप्तकर्ता कहलाता है। इस प्रकार सम्प्रेषण की क्रिया पूरी होती है।

उदाहरणस्वरूप देखें :

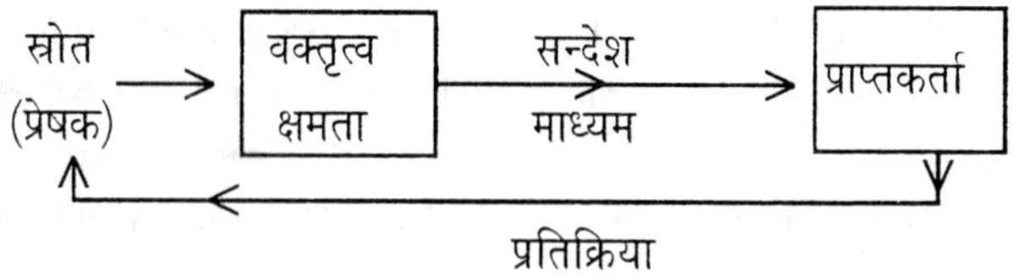

सम्प्रेषण प्रक्रिया के तत्त्व

स्रोत या प्रेषक—किसी भी सन्देश का जन्म स्रोत से होता है जिसे प्रेषक भी कहा जा सकता है। स्रोत (प्रेषक) अपने विचारों को अभिव्यक्त करने के लिए अपने अनुभव और भाषा ज्ञान का उपयोग करता है। प्रेषक अपने विचारों को शब्दों में ढालता है। मौखिक सम्प्रेषण के सन्दर्भ में इस स्रोत को वक्ता भी कहते हैं।

वक्तृत्व क्षमता—विचारों को भाषागत अभिव्यक्ति देने की कला को वक्तृत्व क्षमता कहते हैं। वक्ता की भाषा ऐसी होनी चाहिए जिसके जरिए वह अपने विचारों को स्पष्टता से अभिव्यक्ति कर सके तथा श्रोता उसके सन्देश को समझ सके।

सन्देश—वक्ता के विचारों की अर्थपूर्ण अभिव्यक्ति को सन्देश कहते हैं। यह सन्देश लिखित, मौखिक या आंगिक हो सकता है। भाषा में शब्दों, वाक्यों, प्रतीकों, बिम्बों आदि के माध्यम से सन्देश प्रसारित किए जाते हैं। भाषा का अपना एक व्याकरण होता है। जैसे :

1. मोहन ने सोहन को मारा।
2. सोहन ने मोहन को मारा

इस उदाहरण में शब्दों की संख्या समान है परन्तु कारकीय विभक्तियों के प्रयोग की भिन्नता के कारण अर्थ विपरीत हो गया है। अर्थात् व्याकरण के कारण सन्देश का अर्थ बिल्कुल बदल जाता है।

प्रत्येक भाषा का अपना मुहावरा होता है। भाषा किसी संस्कृति का हिस्सा होती है। किसी भाषा को बोलने या समझने के लिए उसके व्याकरण, मुहावरे और संस्कृति को समझना आवश्यक है। भाषा सन्देश का आधार है। वस्तुतः भाषा के जरिए ही सन्देश बनाए या समझे जाते हैं।

सन्देश केवल लिखित, मौखिक या शाब्दिक ही नहीं, गैर मौखिक, गैर

शाब्दिक या आंगिक भी होते हैं। मनुष्य अपने हाव-भाव, शारीरिक मुद्राओं और चेष्टाओं, आवाज के उतार-चढ़ाव, गति, सुर-परिवर्तन से भी काफी कुछ कह जाता है। अपनी भावनाओं को सम्प्रेषित कर देता है। जैसे :

'आओ' एक शब्द को लें कहने के अन्दाज से इसका अर्थ बदल जाता है। यह आदेश भी हो सकता है, अनुमति भी, क्रोध की अभिव्यक्ति भी हो सकती है स्नेह की भी, हड़बड़ी का बोधक भी हो सकता है और गड़बड़ी का भी। यह सम्प्रेषक के प्रयोग पर निर्भर करता है। यानी सम्प्रेषक को भाषा और वाणी (हाव-भाव) में तालमेल रखना चाहिए ताकि उसका सन्देश सही ढंग से सम्प्रेषित हो सके।

माध्यम—सन्देश प्रेषण के लिए किसी-न-किसी माध्यम की आवश्यकता होती है। मौखिक सम्प्रेषण के लिए हवा सबसे उपयुक्त माध्यम है। जब भी कोई वक्ता कुछ भी बोलता है तो वायु में ध्वनि की तरंगें समान रूप से निःसृत होती हैं और वह आवाज श्रोता तक पहुँचती है। देखें :

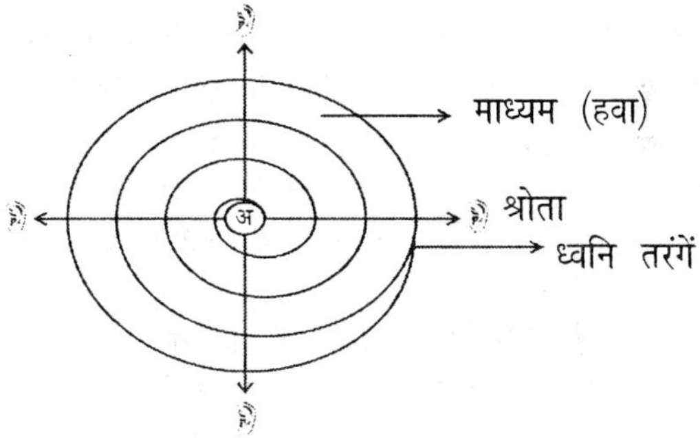

उपर्युक्त चित्र में वक्ता द्वारा 'अ' ध्वनि का जैसे ही उच्चारण किया जाता है तो हवा में ध्वनि तरंगें बनती हैं और श्रोता तक वह आवाज पहुँचती है। यानी सम्प्रेषण के लिए माध्यम की आवश्यकता होती है। लेकिन, ठीक इसके विपरीत जब माध्यम (हवा) को समाप्त करके आवाज लगाई जाती है तो कुछ भी सुनाई नहीं देता। अब तो रेडियो तरंगों, सैटेलाइट आदि के माध्यम से सन्देश को दूर-दूर तक फैलाया जा सकता है। जनसंचार माध्यम जैसे टेलीविजन, रेडियो, इण्टरनेट द्वारा इनका इस्तेमाल किया जाता है। इसके अलावा लिखित सम्प्रेषण की स्थिति में लिपि माध्यम का काम करती है जिसे हम आँखों से ग्रहण करते हैं।

प्राप्तकर्ता—वक्ता द्वारा भेजे गए सन्देश को जो व्यक्ति ग्रहण करता है उसे श्रोता या प्राप्तकर्ता कहते हैं। मौखिक सम्प्रेषण में श्रोता ही प्राप्तकर्ता होता है जो सन्देश ग्रहण करता है।

सन्देश प्राप्ति—जब कभी भी वक्ता द्वारा भेजे गए सन्देश को प्राप्तकर्ता (श्रोता) अपने विचारों में ढालने का प्रयास करता है तो उसे सन्देश-प्राप्ति कहते हैं। इसके लिए आवश्यक है कि श्रोता वक्ता द्वारा भेजे गए सन्देश को उसी रूप में समझे जो कहने का भाव वक्ता का हो। इसमें वक्ता और श्रोता की भूमिका प्रायः बदलती रहती है। यानी वक्ता कभी श्रोता और श्रोता कभी वक्ता बन जाता है। जैसे, जब हम टेलीफोन पर बातचीत करते हैं तो यह क्रिया पूरी होती है।

प्रतिक्रिया—जब वक्ता की बातों को सुनकर उसके सम्बन्ध में श्रोता जो जवाब सम्प्रेषित करता है उसे 'प्रतिक्रिया' कहा जाता है। अर्थात् श्रोता द्वारा वक्ता को भेजे गए सन्देश को 'प्रतिक्रिया' या 'फीडबैक' कहते हैं। यह प्रतिक्रिया टेलीकान्फ्रेंसिंग, ई-मेल, इण्टरनेट आदि जैसी आधुनिक वैज्ञानिक तकनीकों के द्वारा भरपूर की जा रही है। यह प्रतिक्रिया शाब्दिक भी हो सकती है और गैर-शाब्दिक भी। यानी श्रोता जब वक्ता की बातों पर मौखिक रूप से बगैर कुछ जवाब दिए सिर्फ आंगिक चेष्टाओं के द्वारा हाव-भाव व्यक्त कर उत्तर देने का प्रयास करता है तो उसे आंगिक प्रतिक्रिया (गैर शाब्दिक प्रतिक्रिया) कहते हैं।

सन्दर्भ—कोई भी सम्प्रेषण किसी-न-किसी सन्दर्भ से जुड़ा होता है। यह सन्दर्भ शारीरिक, मनोवैज्ञानिक या सांस्कृतिक कुछ भी हो सकता है। यह परिवेश के अनुसार हमेशा परिवर्तित होता रहता है।

जीवन-मूल्य और दृष्टिकोण—सम्प्रेषण की प्रक्रिया में वक्ता के जीवन-मूल्य और दृष्टिकोण का बड़ा ही महत्त्व है। प्रत्येक वक्ता का विषय के चुनाव, शब्दों के चुनाव पर असर देखा जा सकता है। इसी प्रकार श्रोता के जीवन-मूल्य और दृष्टिकोण का असर भी उसके सन्देश को समझने और व्याख्यायित करने पर पड़ता है।

2:4 सम्प्रेषण के प्रकार

(क) **मौखिक सम्प्रेषण**—सम्प्रेषण का आधार और माध्यम भाषा है। हम सुबह से शाम तक या फिर रात को सोने तक अपनी बातों को अभिव्यक्त करने के लिए भाषा और अभिव्यक्ति को आधार बनाते हैं। इस प्रक्रिया में हमें कई बातों पर ध्यान देना होता है। जैसे, किसी से अनुचित न कहें या फिर कड़वी बातें न बोलें। हमारी बातों से किसी को तकलीफ न हो, इसका खयाल रखना चाहिए। हमें ऐसा बोलना चाहिए कि सुननेवाले प्रसन्न हो जाएँ। जैसा कि कबीर ने भी कहा है—

ऐसी बानी बोलिए मन का आपा खोए।
औरन को शीतल करे आपहु शीतल होए॥

अर्थात् ऐसी वाणी का प्रयोग, जिसमें दूसरे प्रसन्न हों और अपना मन भी प्रसन्न रहे, जीवन में सफलता का रहस्य है। यानी बोलना एक कला है। बोलते समय हमें तीन बातों का ध्यान रखना जरूरी है।

शब्दों और वाक्यों का चुनाव–किसी भी व्यक्ति के लिए यह जरूरी है कि सामने वाले व्यक्ति से वह किस रूप में वार्ता करता है या वह किस प्रकार के वाक्यों का चयन करता है। उसे इस बात का हमेशा ध्यान रखना चाहिए कि उसके जवाब से सुनने वाला कहीं नाराज तो नहीं हो रहा है। उदाहरण देखें :

डॉक्टर–क्या सारी दवाइयाँ समाप्त हो गईं?

मरीज–अभी कैसे खत्म हो सकती हैं?

इस उदाहरण में साफ नजर आता है कि डॉक्टर का जवाब मरीज ने प्रश्न जनित वाक्य में ही दिया। जिससे डॉक्टर का नाराज होना स्वाभाविक था। यदि उसी बात को मरीज इस तरह से कहता : **''जी नहीं, अभी चार गोलियाँ बची हुई हैं।''** तो ऐसे में सम्प्रेषण का कार्य भी पूरा हो जाता और डॉक्टर भी नाराज नहीं होता तथा आगे के लिए सोचता। उपर्युक्त उदाहरण से स्पष्ट है कि मौखिक सम्प्रेषण में शब्दों और वाक्यों का प्रयोग सावधानीपूर्वक करना चाहिए।

आवाज–बोलने के क्रम में आवाज की बड़ी भूमिका होती है। आवाज के तीव्रता या फिर जोर से यह साफ पता चलता है कि व्यक्ति नाराज है या कि कठोरतापूर्ण व्यवहार कर रहा है। उदाहरण देखें :

छात्र–मैंने यह पुस्तक दो दिन पहले खरीदी थी, इसमें दो पन्ने फटे हुए हैं, बदलकर दूसरी किताब दे दो।

दुकानदार–तो खरीदते वक्त ही क्यों नहीं देखा था?

छात्र–यदि उस दिन नहीं देखा था तो क्या हुआ?

दुकानदार–हमने बदलने का कोई ठेका ले रखा है, जाओ चले आते हैं कहाँ-कहाँ से।

इस उदाहरण से साफ जाहिर है कि ग्राहक के साथ दुकानदार ने कोई अच्छा व्यवहार नहीं किया। ऊँची आवाज और अशिष्ट व्यवहार के चलते ग्राहक छात्र अब शायद ही कभी उसकी दुकान पर जाए। यहाँ तक कि वह दूसरे ग्राहकों को भी भड़का देगा।

स्वर–बोलने के क्रम में स्वर के उतार-चढ़ाव से ही यह समझ में आ जाता है कि बोलनेवाले की क्या मंशा है। जैसे, किसी को बुलाने के लिए कहते हैं 'इधर आओ।' अब 'इधर आओ' कहने के तरीके से ही सुननेवाला समझ जाएगा

कि आप उसे प्यार से बुला रहे हैं या नाराज हैं। दूसरी बात यह कि जो कुछ भी बोला जाए स्पष्ट बोला जाए। कहीं ऐसा न हो कि सुननेवाले को आपका स्वर ही सुनाई न पड़े और वह ठीक से न सुनने के कारण गलत अर्थ लगा ले। यानी स्वर का बिल्कुल सन्तुलित रूप में प्रयोग हो।

(ख) आंगिक सम्प्रेषण—मनुष्य केवल बोलकर ही अपनी बात सम्प्रेषित नहीं करता बल्कि अंग संचालन द्वारा भी सम्प्रेषित करने का प्रयास करता है। ऐसे सम्प्रेषण को आंगिक या अमौखिक सम्प्रेषण कहते हैं।

आंगिक सम्प्रेषण की शुरुआत आपके वेशभूषा और व्यक्तित्व से होती है। इसे Body Language भी कहा जाता है। जैसे ही कोई व्यक्ति (छात्र) किसी अधिकारी के कमरे में प्रवेश करता है, वह उसकी वेशभूषा या हाव-भाव से उसके विषय में धारणा बनाने लगता है। आप अधिकारी के समक्ष कैसे खड़े होते हैं, कैसे बैठते हैं, कैसे बोलते हैं, इसका असर अधिकारी पर पड़ता है। प्रायः ऐसा देखा गया है कि लोग अधिकारी के टेबुल पर झुककर बातें करने लगते हैं, इस पर अधिकारी जब झुँझलाता है तब वे सीधे खड़े होते हैं। या फिर यदि किसी को फोटो कॉपी सत्यापित कराना हो और अधिकारी ने मूल प्रमाण पत्र की माँग की तब मूल प्रति निकालने के पहले आपने कन्धे उचकाए, मुँह बनाया, मानो आप कह रहे हों 'बड़े आए मूल प्रति देखने वाले'। आपके इस व्यवहार से बनता हुआ कार्य भी बिगड़ सकता है। इसके विपरीत यदि आपके पास मूल प्रति न भी हो और आप विनम्रता से मुस्कराकर निवेदन करें तो शायद अधिकारी को आपके प्रति सहानुभूति हो सकती है और आपका काम हो जाए।

आँखें आंगिक सम्प्रेषण का सबसे सशक्त माध्यम हैं। जब कोई प्रसन्न होता है तो कहते हैं कि उसकी आँखें हँस रही थीं, यदि कोई आँखें तरेरकर बातें करता हो तो वह गुस्से में होता है, यदि कोई नम आँखों से आपको निहारता हो तो ऐसा लगेगा कि वह दुःखी है, आदि-आदि। कभी-कभी खुशी के भी आँसू निकलते हैं, परन्तु उस व्यक्ति की शारीरिक अभिव्यक्ति से पता चल जाता है कि उसके आँसू खुशी के हैं या दुःख के। इसलिए आँखों से ही पता चल जाता है कि सामनेवाला आपसे प्रसन्न है, अप्रसन्न है, उसका आना आपको अच्छा लगा है या टालना चाहता है।

(ग) लिखित सम्प्रेषण—जब हम अपनी बातों को लिखकर किसी के पास भेजते हैं तो वह लिखित सम्प्रेषण कहलाता है। योजनाबद्ध तरीके से लिखकर अपनी बात किसी तक या पाठकों तक पहुँचाने की क्रिया को ही लिखित सम्प्रेषण कहते हैं। इसके लिए पाँच बातों को ध्यान में रखना आवश्यक है—क्या, क्यों, कौन, कब और कैसे।

क्या—लिखते समय यह सबसे जरूरी है कि हम विषय का निर्धारण पहले

कर लें। क्योंकि क्या लिखना है इसकी समझदारी पहले से ही तय कर लेनी चाहिए।

क्यों—विषय का निर्धारण तय हो जाने के बाद लेखन के उद्देश्य को तय करना चाहिए। क्योंकि जो भी लेखन किया जाए वह किसी निहित उद्देश्य की पूर्ति के लिए किया जाना चाहिए। निरुद्देश्य लेखन का कोई अर्थ नहीं है।

कौन—लेखन कर्ता को इस बात का हमेशा ध्यान रखना चाहिए कि वह किसके लिए लिख रहा है। यानी आपके सन्देश का प्राप्तिकर्ता कौन है, यह हमेशा ध्यान में रखकर ही लेखन करना चाहिए। जैसे विभिन्न व्यक्तियों को पत्र लिखते समय औपचारिक एवं अनौपचारिक लेखन को ध्यान में अवश्य रखा जाना चाहिए। पारिवारिक पत्र अनौपचारिक है तो कार्यालयीय पत्र औपचारिक, इस बात का हमेशा ध्यान रखा जाना चाहिए।

कब—आप अपने लेखन में दिन और तारीख अवश्य डालिए। खासकर पत्र लेखन में या कार्यालय का काम करते वक्त इस विधि का निश्चित रूप से उपयोग किया जाना चाहिए।

कैसे—लेखन की सफलता भाषा-प्रयोग पर निर्भर है। हमें लेखन में हमेशा इस बात का ध्यान रखना होता है कि भाषा पात्रानुकूल होनी चाहिए। अर्थात् किसे लिख रहे हैं या क्या लिख रहे हैं इसके अनुसार भाषा तय होनी चाहिए। जैसे माँ को लिखे पत्र और अधिकारी को लिखे पत्र की भाषा में स्पष्ट रूप से अन्तर होगा।

(घ) **संचार माध्यम**—संचार माध्यम सम्प्रेषण का एक सशक्त माध्यम है। रेडियो, टेलीविजन, समाचार-पत्र, होर्डिंग, बिल, पैम्फलेट, इण्टरनेट आदि जनसंचार माध्यम अपनी माध्यम गत विशिष्टता के अनुसार सम्प्रेषण करते हैं। रेडियो आवाज के माध्यम से जन-जन तक संचार का सम्प्रेषण करते हैं। टेलीविजन, कम्प्यूटर, फिल्म, वीडियो, इण्टरनेट जैसे दृश्य माध्यम भी सम्प्रेषण के सशक्त माध्यम हैं। इसके अलावा सड़क के किनारे लगे बड़ी-बड़ी कम्पनियों के होर्डिंग, समाचार-पत्रों में छपे विज्ञापन, खतरे सम्बन्धी सूचनाएँ, यातायात संकेत, टेलीफोन पर होनेवाली बातचीत आदि सम्प्रेषण के कई रूप हैं। वर्तमान समय में संचार माध्यम सम्प्रेषण के लिए सबसे कारगर एवं महत्त्वपूर्ण माध्यम साबित हो रहा है। इसकी उपयोगिता दिनानुदिन बढ़ती जा रही है।

2:5 उच्चरित और लिखित भाषा

सामाजिक प्राणी होने के नाते मनुष्य के लिए भाषा एक आधारभूत तत्त्व है। भाषा के द्वारा ही हम अपने परिवेश की अभिव्यक्ति करते हैं या फिर परिवार या समाज से जुड़ते हैं। भाषा के प्रयोग द्वारा हम अपने विचारों का आदान-प्रदान

करते हैं। इस प्रक्रिया को ही सम्प्रेषण (Communication) कहा जाता है। इसके लिए मनुष्य मूलतः दो रूपों का प्रयोग करता है : (1) भाषा का उच्चरित रूप और (2) भाषा का लिखित रूप।

उच्चरित भाषा की प्रकृति

जिस भाषा का व्यवहार सिर्फ बोलकर किया जाए उसे उच्चरित भाषा कहते हैं। कोई भी व्यक्ति जन्म से ही भाषा सीखकर नहीं आता, बल्कि वह समाज द्वारा अर्जित करता है। उच्चरित रूप का यह अर्जन शिशु द्वारा बचपन से ही अनुकरण के आधार पर होता है। ऐसा नहीं होता कि किसी नवजातक को कोई बैठाकर भाषा सिखाता हो, बल्कि सामाजिक आचार-व्यवहार या परिवेशगत परिस्थितियों से अर्जित करता है तथा उसे ही व्यवहार में लाते-लाते भाषा को सम्प्रेषण का माध्यम बना लेता है। उच्चरित भाषा का यह अर्जन परिवेशगत सम्पर्क के आधार पर होता है। उच्चरित भाषा रूप को सीखने की यह प्रक्रिया अनायास (Unconciously) होती है।

उच्चरित भाषा की दूसरी प्रकृति के रूप में हम उसके विविध रूपों को ले सकते हैं। हिन्दी भाषा का एक बहुत बड़ा क्षेत्र बोलियों (Dialects) का है इनमें हम ब्रज, अवधी, मैथिली, मगही, भोजपुरी आदि रूपों को ले सकते हैं। इन बोलियों को बोलनेवालों की हिन्दी का उच्चरित रूप एक-दूसरे से भिन्न दिखाई देता है। इन बोलियों का प्रभाव भी अपने-अपने ढंग से हिन्दी पर अवश्य पड़ता है। इसीलिए उच्चरित भाषा पर बोलियों का विविध रूपी प्रभाव परिलक्षित होता है।

लिखित भाषा की प्रकृति

लिखित भाषा सर्जनात्मक साहित्य का माध्यम होती है। इसका प्रत्येक भाषायी समाज में अपना विशिष्ट स्थान होता है। हम यह भी कह सकते हैं कि मानव जीवन में भाषा के लेखन का आविष्कार सर्वाधिक महत्त्वपूर्ण घटना है। मानव समाज में भाषा का लिखित रूप एक सांस्कृतिक उपलब्धि है। यह मानते हुए भी कि वाक् की तुलना में लेखन की उपलब्धि मानव समाज को काफी बाद में हुई है। लेकिन मानव सभ्यता के विकास पर लेखन का गहरा प्रभाव होता है। हम सभी के लिए जो साहित्यिक संस्कृति के बीच पले-बढ़े हैं, एक ऐसे संसार की कल्पना कर पाना भी कठिन होगा जहाँ लेखन का अभाव हो। हमारी आधुनिक सभ्यता लेखन के बीच ही जीती है। भाषा का लिखित रूप हमारी सभ्यता का परिणाम है।

लेखन का आविष्कार साहित्यिक प्रयोजन के लिए नहीं हुआ, बल्कि इसने

साहित्य को सम्भव बनाया। बोलचाल की भाषा की तुलना में लिखित भाषा अधिक व्यवस्थित और व्याकरणिक नियमों से बँधी हुई दिखाई देती है। इसलिए लिखित भाषा उच्चरित भाषा की तुलना में अधिक मानक होती है। लिखित भाषा ने सम्प्रेषण की अनेक जटिल क्रियाओं को भी सम्भव बनाया है।

2:5:1 उच्चरित और लिखित भाषा में अन्तर

- बोलचाल की भाषा या उच्चरित भाषा में ध्वन्यात्मक इकाइयों का प्रयोग किया जाता है जबकि लिखित भाषाओं में लेखकीय (Graphemic) इकाइयों का प्रयोग किया जाता है।
- ध्वन्यात्मक इकाइयों का सम्बन्ध मनुष्य के उच्चारण अवयवों, उच्चारण प्रयत्न, मुख-विवर (Oral cavity) में उच्चारण अवयवों के संचालन, वायु के दबाव और उतार-चढ़ाव के साथ जुड़ता है। बोलचाल की भाषा या वाक् (Speech) के उत्पादन में वायु फेफड़ों से निकलकर बाहर आती है। उस समय अलग-अलग उच्चारण स्थान उस वायु के निकलने में रुकावट उत्पन्न करते हैं, इनके आधार पर ही भाषा-विज्ञान में स्वर और व्यंजन ध्वनियों का वर्गीकरण किया गया है। लिखित भाषा के अन्तर्गत उच्चरित ध्वनियों का लिखित चिह्नों द्वारा अंकन किया जाता है। इस प्रकार उच्चरित ध्वनि प्रतीकों के लिए अलग-अलग लिपि चिह्न निर्धारित किए जाते हैं।
- लिखित भाषा और बोलचाल की भाषा में प्रायः अन्तर हो जाया करता है। जैसे किसी भाषणकर्ता के भाषण को जब हम लिप्यन्तरण करते हैं तो हमें कठिनाई होती है। इसी तरह किसी प्राध्यापक के द्वारा जब पाठ की लिखित भाषा का अध्ययन किया जाता है तब और उसी पाठ को जब वह छात्रों को समझाने का काम करता है तब की भाषा में प्रायः अन्तर हो जाता है।
- उच्चरित भाषा का प्रभाव लिखित भाषा में मिलता है। इसे निम्नलिखित रूपों में देखा जा सकता है–

  वर्तनी के स्तर पर–कलजुग > कलयुग, मुसल्मान > मुसलमान, पहिरावा > पहनावा, तजरिबा > तुजुर्बा, मदरास > मद्रास, सर्दार > सरदार, भाफ > भाप।

  उच्चरित क्रिया रूप–कहाए > कहे गए, पूछैंगे > पूछेंगे, देख पड़ते हैं > दिखाई पड़ते हैं/जान पड़ते हैं, दिलाया चाहते हैं > दिलाना चाहते हैं।

  अन्य प्रयोग–तिस पर भी > उस पर भी, पाषाण की नाईं > पाषाण

की तरह, पलुए जीव-जन्तु > पालतू जीव-जन्तु, इस बेर > इस बार।

- बोलचाल की भाषा की एक खास तरह की संरचना होती है। लिखने में उच्चरित भाषा के रूपों का आना भिन्न सम्प्रेषणजन्य स्थिति उत्पन्न करते हैं।
- बोलचाल की भाषा या 'स्पीच' गतिशील, वैविध्यपूर्ण और अस्थायी होती है। उच्चरित भाषा रूप का कार्य वक्ता, श्रोता की उपस्थिति में वार्तालाप सम्पन्न करना है। अर्थात् बोलते वक्त हमारे मन में श्रोता या श्रोतावर्ग विद्यमान रहता है। परन्तु लिखित भाषा रूपों की प्रकृति इससे भिन्न है। यह स्थिर, स्थायी और एकरूपी होती है। लिखित भाषारूपों को लिखने वाला व्यक्ति या लेखक अपने पाठक से दूर होता है।

2:5:2 उच्चरित और लिखित भाषा की विशेषताएँ

(i) लिखित भाषा अपनी प्रकृति में स्थायी होती है जबकि उच्चरित भाषा अस्थायी। यानी लिखित बातें एक दस्तावेज (Document) बन जाती हैं जिसे अनन्त काल तक सुरक्षित रखा जा सकता है।

(ii) लेखन सम्प्रेषण के क्षेत्र (Range) को व्यापक विस्तार देता है जबकि वाक् सम्प्रेषण का क्षेत्र सीमित होता है।

(iii) लिखित भाषा वह भाषा व्यवस्था है जिसे सतर्कता के साथ प्रस्तुत किया जाता है। लेखन एक सुविचारित पद्धति है इसलिए इसकी संरचना अधिक सुगठित, मानकीकृत और एकरूपता लिए हुए होती है। पर इस प्रकार का संरचनात्मक गठन बोलचाल की भाषा में प्रायः नहीं होता है।

(iv) लिखित भाषा की इकाइयाँ जैसे वाक्य, उपवाक्य, पदबन्ध, अनुच्छेद आदि विभिन्न विराम चिह्नों और एक निश्चित विन्यास द्वारा स्पष्टता के साथ उल्लिखित रहती हैं। लेकिन बोलचाल की भाषा इतनी सहजता, स्वाभाविकता तथा तीव्रता से उत्पन्न होती है कि इस भाषा रूप में संरचनागत जैसी जटिलता तथा कसाव आना असम्भव प्रतीत होता है।

(v) शब्दों तथा अनेक प्रकार के पदबन्धों एवं उपवाक्यों की पुनरावृत्ति बोलचाल की भाषा में दिखलाई पड़ती है लेकिन लिखित भाषा में यह प्रयोग वर्जित है।

(vi) लिखित भाषा की संरचना में एक क्रमबद्धता होती है। कर्ता, कर्म, क्रिया यथास्थान प्रयुक्त होते हैं, परन्तु बोलचाल की भाषा में यह क्रम विखण्डित हो जा सकता है।

(vii) बोलचाल की भाषा में सन्दर्भ (जो कि वक्ता तथा श्रोता के मन में

स्पष्ट होता है) को बिना समझे बात को समझा नहीं जा सकता, परन्तु लिखित भाषा में ऐसी स्थिति बिना सन्दर्भ स्पष्ट किए नहीं प्रस्तुत की जा सकती। इसका कारण यही है कि लिखित भाषा में प्रतिभागी परस्पर एक-दूसरे के सम्मुख नहीं होते, अतः सम्प्रेष्य को समझने के लिए सन्दर्भ पर निर्भर रहना पड़ता है।

(viii) लेखन में मौखिक भाषा की भाँति तुरन्त प्रबलन का अवकाश नहीं रहता। लिखित भाषा में असंदिग्धता तथा अनेकार्थता के लिए अवकाश बना रहता है। मौखिक वार्तालाप में यदि कोई शब्द या संरचना इस प्रकार की आती है जो असंदिग्ध हो या अनेकार्थी हो तो श्रोता सन्दर्भ से उसका अर्थ ग्रहण कर लेता है। या वक्ता से पूछकर अर्थ समझ सकता है लेकिन लिखित भाषा रूप में श्रोता जैसी स्थिति नहीं होती।

(ix) जब कोई विशिष्ट बात कहनी होती है या किसी विशिष्ट बात पर किसी का ध्यान आकर्षित करना होता है तो लेखन में प्रायः यह सुविधा होती है कि उसे रेखांकित कर दिया जाए जबकि मौखिक भाषा में यह सुविधा नहीं। परन्तु किसी बात पर ध्यान दिलाने के लिए वक्ता अपनी आवाज में तेजी लाता है। इसी प्रकार लेखन में कम महत्त्व की बात कोष्ठक में रखकर समझाई जाती है पर बोलचाल में धीमी आवाज में और धीमे स्वर के साथ यदा-कदा कही जा सकती है।

(x) मौखिक भाषा में ऐसी अनेक युक्तियाँ हैं जिसे लेखन में अभिव्यक्त करना कठिन है। जैसे, बोलते समय तरह-तरह की क्रियाएँ करना, विभिन्न प्रकार का अंग-संचालन या हाव-भाव का प्रदर्शन तो मौखिक भाषा में सम्भव है, परन्तु लेखन में इनको अभिव्यक्त करने के लिए कोई साधन नहीं है। सिवाय इसके कि कोष्ठक में उसे लिखा जाए जैसे—नाटकों में इन क्रियाओं की प्रयुक्ति को कोष्ठक में इस प्रकार लिखा जाता है—हँसते हुए, रोते हुए, गाते हुए, दौड़ते हुए, गुस्सा करते हुए आदि।

(xi) प्रत्येक भाषा में कुछ संरचनाएँ ऐसी मिलती हैं जिनका प्रयोग केवल लिखित भाषा में तो सम्भव है, मौखिक में नहीं। हिन्दी में अनेक उपवाक्यों से मिलकर बने जटिल संयुक्त वाक्य लेखन में तो देखे जा सकते हैं पर बोलचाल की भाषा में इनका प्रयोग नहीं के बराबर होता है। जैसे अकर्तृवाच्य की संरचनाओं का प्रयोग केवल लेखन में तो देखा जा सकता है बोलचाल में उनका प्रयोग नहीं होता।

उदाहरण—पिता के द्वारा शिक्षक से बच्चे को किताब पढ़वाया गया। सामान्यतः व्याकरण की पुस्तकों में तो ऐसा प्रयोग लिखित रूप

में मिल जाता है पर वास्तव में बोलचाल में नहीं। बोलचाल में यह इस प्रकार प्रयुक्त होगा—पिता ने शिक्षक से बच्चे को किताब पढ़वाया।

(xii) कुछ शब्द ऐसे हैं जो लिखित भाषा में तो प्रयुक्त होते हैं पर बोलचाल में उनका प्रयोग नहीं ही होता। उदाहरण के लिए हम वैज्ञानिक और तकनीकी शब्दावलियों को ले सकते हैं। जैसे, एक शब्द है 'अभियन्ता'। गौर करेंगे कि कार्यालयों में जो बोर्ड टंगे होते हैं उस पर लिखा तो होता है 'अभियन्ता' पर बोलचाल में हम 'इंजीनियर' कहने के आदी हो गए हैं।

(xiii) कार्यालयीय हिन्दी, बैंकिंग, आयुर्विज्ञान आदि में प्रयुक्त हिन्दी में जो तकनीकी शब्द निर्मित किए गए हैं उनमें एक प्रकार से अंग्रेजी भाषा से अनुवाद ही किया गया है। जहाँ सीधा अनुवाद नहीं है वहाँ विचार तो विदेशी ही रहा है पर संस्कृत के उपसर्ग और प्रत्ययों की मदद से नए-नए शब्द निर्मित कर लिए गए हैं। अतः हिन्दी भाषी वक्ता सामान्य बोलचाल में अंग्रेजी के मूल शब्दों का ही प्रयोग करता है, हिन्दी के नवनिर्मित शब्दों का नहीं।

(xiv) बोलचाल की भाषा की तुलना में लिखित भाषा अधिक जटिल विविधतापूर्ण, रूढ़ तथा औपचारिक होती है। लिखित भाषा में ही हमें अनेक प्रयुक्तिपरक रूप दिखाई देते हैं। मौखिक भाषा की तुलना में यह अधिक संशोधित भाषायी रूप है। बोलचाल की भाषा में तो जो मुँह से निकल गया वही अन्तिम होता है परन्तु लेखन में तो लेखक अपने लेख को बार-बार पढ़कर बार-बार संशोधित कर सकता है।

(xv) मौखिक भाषा की तुलना में लिखित भाषा अधिक मानक होती है। सामाजिक मूल्यों के सन्दर्भ में मानकीकरण की प्रक्रिया का सम्बन्ध भाषा के लिखित रूप से ही होता है, मौखिक से नहीं।

(xvi) लिखित भाषा में प्रायः रूढ़ अभिव्यक्तियों का ही प्रयोग किया जाता है। प्रत्येक भाषायी समाज में विभिन्न सन्दर्भों में विभिन्न संरचनाएँ रूढ़ हो जाती हैं। वहाँ न तो उसका प्रयोक्ता ही प्रधान होता है और न ही वह व्यक्ति जिसके लिए वे संरचनाएँ प्रयुक्त की गई हैं। केवल उस विशिष्ट सन्दर्भ की माँग को देखते हुए उन रूढ़ संरचनाओं का प्रयोग उस भाषा में किया जाता है। उदाहरण के लिए शादी-विवाह, जन्मदिन, अनुष्ठान, संगोष्ठी, सेमिनार आदि के अवसर पर आमन्त्रण पत्रों में प्रयुक्त भाषा में औपचारिकता के साथ-साथ प्रयुक्त वाक्य संरचनाएँ या पदबन्ध प्रायः रूढ़ होते हैं।

2:6 भाषा के प्रकार्य

भाषा प्रकार्य के दो रूप हैं—उच्चरित भाषा प्रकार्य और लिखित भाषा प्रकार्य। इसे निम्नलिखित रूपों में देखा जा सकता है :

उच्चरित भाषा के प्रकार्य—सामाजिक सम्प्रेषण की दृष्टि से भाषा का उच्चरित रूप ही अधिक महत्त्वपूर्ण माना गया है। बोलचाल की भाषा वाक् या उच्चरित भाषा को महत्त्व देने के पीछे उसके प्रकार्य ही प्रमुख कारण रहे हैं। मानव के सम्प्रेषण व्यापार में उच्चरित भाषा ही मूलभूत भाषा रूप होती है। किसी भी भाषा-समाज में भाषा बोलने वालों की संख्या भाषा लिखने या पढ़ने वालों की तुलना में कहीं अधिक होती है। अतः यह भी कहा जा सकता है कि उच्चरित भाषा रूप का भौगोलिक क्षेत्र विस्तीर्ण होता है और इसके विविध रूप भाषा समाज में व्यवहृत मिलते हैं। आज हिन्दी भाषा को ही अगर देखें तो वह पूरे भारत में अलग-अलग तरह से बोली जाती है। एक ओर अपनी अधीनस्थ बोलियों के बीच उसका 'क्षेत्रीय रूप' प्रचलित है तो दूसरी ओर 'सम्पर्क भाषा' के रूप में उसका 'मिश्रित रूप' प्रचलित है। इसके साथ ही उसकी सामाजिक शैलियाँ भी प्रचलित हैं जो वर्ग भेद, पद भेद, शिक्षा भेद या सामाजिक स्तर भेद के कारण उत्पन्न होती हैं। इस प्रकार उच्चरित भाषा के अनेक रूप समाज में प्रयुक्त मिलते हैं। जिनके माध्यम से भाषा समुदाय के सदस्य अपनी सम्प्रेषण परक आवश्यकताओं की पूर्ति करते हैं।

किसी क्षेत्र विशेष के किसी सामाजिक वर्ग की बोली ही कुछ कारणों से सामाजिक प्रतिष्ठा अर्जित करके 'मानक' के रूप में स्वीकृत हो जाती है। तात्पर्य यह है कि 'उच्चरित भाषा' ही 'भाषा' का आधार होती है। अथवा उच्चरित भाषा से ही 'भाषा का आदर्श रूप' विकसित होता है। मानक भाषा (लिखित भाषा) में उच्चरित भाषा की अपेक्षा भाषा वैविध्य कम मिलता है, उसमें क्रमशः विकल्पन (Variations) की प्रवृति भी कम होने लगती है।

उच्चरित भाषा समाज में अनेक प्रकार्य निभाती है और उसके रूप भिन्न होते हैं। यह भिन्नता या विकल्पन (Variation) प्रयोक्ता के कारण ही होता है। अपने प्रकार्य और विस्तार के कारण उच्चरित भाषा रूप सरलीकरण, कोड-मिश्रण और तद्भवीकरण को अपनाता है। उच्चरित भाषा में इनका प्रयोग अधिकतर ध्वन्यात्मक परिवर्तन के कारण ही दिखाई देता है, जैसे—टीसन > स्टेशन, भोट > वोट, अनवरसिटी > यूनिवर्सिटी, इंजीनर > इंजीनियर, डागदर > डॉक्टर, पिंसिन > पेंशन।

इसी तरह उच्चरित हिन्दी में संस्कृत के तत्सम शब्दों की जगह तद्भव शब्द या किसी सरल प्रचलित रूप को अपनाया जाता है जबकि लिखित हिन्दी

तत्सम शब्द को ही प्राथमिकता देती है। जैसे :

हेतु = के लिए, चुम्बन = चुम्मा, क्षुब्ध = गुस्सा, सर्वश्रेष्ठ = सबसे अच्छा आदि।

उच्चरित भाषा प्रकार्य के साथ अंग-विशेष (Body Language) की भी सहायक भूमिका होती है। उच्चरित भाषा हमारे जीवन का अंग होती है। जो कि समाज को जोड़ने का काम करती है। इसके माध्यम से विभिन्न समूहों और वर्गों के लोग परस्पर विचार-विनिमय करते हैं। इसलिए उच्चरित भाषा के व्यापक सामाजिक व्यवहार और उसकी सामाजिक उपादेयता के आधार पर निम्नलिखित लक्ष्य निर्धारित कर सकते हैं :

- उच्चरित भाषा एक वैकल्पिक यथार्थ है, भाषा समाज का प्रत्येक व्यक्ति इसका प्रयोग करता है।
- भाषा-प्रकार्य और प्रयोग-क्षेत्र के विस्तार के कारण उच्चरित भाषा विषमरूपी होती है।
- उच्चरित भाषा से ही लिखित भाषा जन्म लेती है।
- उच्चरित भाषा में कोड-मिश्रण की प्रक्रिया स्वाभाविक होती है।
- उच्चरित भाषा समाज में प्रतिष्ठा का कारण नहीं बनती, प्रतिष्ठा लिखित भाषा को ही मिलती है।
- उच्चरित भाषा का प्रयोग 'आत्मीयता' का द्योतक होता है।
- उच्चरित भाषा का प्रयोग अनौपचारिक सन्दर्भों में होता है।
- उच्चरित भाषा में विकल्पन लिखित भाषा की तुलना में अधिक होता है।
- उच्चरित भाषा से व्यक्ति अपने परिवेश से स्वतः सीखता है।
- उच्चरित भाषा ही व्यक्ति के समाजीकरण का माध्यम होती है।

लिखित भाषा के प्रकार्य

लिखित सम्प्रेषण के निम्नलिखित प्रकार्य माने जा सकते हैं :

स्मृति में सहायक (Memory Supportive)—संस्कृति अध्येताओं और नृतत्त्वशास्त्रियों ने वाचिक परम्परा से जुड़े लोगों की स्मरण शक्ति को अत्यन्त ही महत्त्वपूर्ण माना है। यही कारण है कि लेखन के विकास में स्मृति प्रकार्य की अहम भूमिका है। लेखन के क्रम में प्रायः हम अपनी स्मृति का सहारा लेते हैं। जिसकी स्मरण शक्ति जितनी तीव्र होती है वह उतना ही विस्तृत जानकारी को लिख पाने में सक्षम होता है।

सम्प्रेषण क्षेत्र का विस्तार (Expansion of communicative area)—मौखिक सम्प्रेषण में वक्ता और श्रोता दोनों की उपस्थिति अनिवार्य है इसलिए इसका

सम्प्रेषण क्षेत्र सीमित होता है। इसके विपरीत लिखित सम्प्रेषण दूरी और काल दोनों की सीमा को पार कर लेता है। इसीलिए लेखन को सम्प्रेषण के क्षेत्र में दूरी का माध्यम कहा गया है जिसमें न केवल लेखक और पाठक की दूरी मिट जाती है बल्कि लेखक और सन्देश की दूरी भी सिमट जाती है।

प्रसारण का माध्यम (Mode of Transmission)—लेखन का यह प्रकार्य सन्देश को दूर पहुँचाने में समर्थ होता है। जहाँ उच्चरित सन्देश तुरन्त प्रसारित किया जाता है वहीं लिखित सन्देश को बाद में भी प्रेषित किया जा सकता है। लिखित भाषा रूप की यह विशेषता उसे प्रसारण माध्यम के रूप में स्थापित करती है। इससे स्पष्ट है कि मौखिक सन्देश अपने श्रोता तक पहुँचने के तुरन्त बाद ही समाप्त हो जाता है जबकि लिखित सन्देश को लम्बे समय तक सुरक्षित रखा जा सकता है। तात्पर्य यह है कि बोले गए शब्द अपनी प्रकृति में अल्पजीवी (ephemeral) और स्वतःस्फूर्त (Spontaneous) होते हैं, जबकि लेखन में शब्द स्थिर (Stable) और गोचर (Tangible) बनते हैं। पाठ का लिखित रूप प्रसारण को व्यापकता देता है।

सामाजिक नियन्त्रण (Social control)—लेखन में सामाजिक व्यवहार को नियमित और नियन्त्रित करने की शक्ति होती है। जैसे, सरकारी कार्यालयों में लेखन के इस प्रकार्य की काफी उपयोगिता है। कारण हर व्यक्ति मौखिक शब्दों की तुलना में लिखित शब्दों पर अधिक विश्वास करते हैं। इसलिए कहते हैं "आप यह मुझे लिखित रूप में दीजिए।" सामाजिक नियन्त्रण के प्रकार्य के स्तर पर दूसरे पक्ष का सम्बन्ध भाषा से है। भाषा-व्यवहार सामाजिक सम्प्रेषण का एक अंग है। जब कभी भी शिक्षित या उच्च शिक्षित वर्ग अपनी भाषा का प्रयोग करता है तब वह भाषा रूप 'आदर्श' बनने लगता है जिसे सामाजिक गरिमा मिलती है तथा अन्य भी उसे गृहीत करते हैं। इसीलिए आभिजात्य वर्ग द्वारा प्रयुक्त और निर्धारित लिखित भाषा रूप पूरे समाज में 'मानक' (Standard) रूप में स्थापित हो जाता है और इस प्रकार लेखन Speech का प्रतिदर्श (Model) बन जाता है।

प्रतिक्रिया (Interaction)—भाषायी सम्प्रेषण को वाक् की सीमाओं (Constrains) से स्वतन्त्र करते हुए लेखन ने कई प्रकार की समन्वित (coordinated) प्रतिक्रियाएँ निर्मित कीं। उदाहरण के लिए पत्र और वसीयतें एक निर्धारित व्यक्ति के लिए होती हैं। इनमें निहित सन्देश उस व्यक्ति विशेष को और उसके व्यवहार को प्रभावित करता है। निर्देश-पुस्तिका, पाठ-विधियाँ, बुनाई-कढ़ाई के नमूने आदि किसी विशिष्ट पाठक वर्ग को सम्बोधित नहीं होतीं। लेकिन यदि हम इनके अनुसार प्रतिक्रिया करें, जैसे भोजन बनाना चाहें, कढ़ाई करना चाहें तो यह हमारे व्यवहार को नियन्त्रित करते हैं।

सौन्दर्यशास्त्रीय प्रकार्य (Aesthetic Function)—साहित्य परिवेश को कला माध्यम के रूप में सामने लाने का प्रयास करता है। किसी भी साहित्य की रचना करते हुए रचनाकार भाषा के लिखित रूप की मानकता से बँधा रहता है। साहित्य में ऐसी अनेक विधाएँ हैं जैसे उपन्यास, नाटक, कविताएँ आदि जिनके स्वरूप की कल्पना भी उनके लिखित रूप के बिना नहीं की जा सकती। इसके साथ ही साहित्य में लिखित माध्यम को इतने स्तरों पर विकसित किया गया है कि उसे सुलेखन (Calligraphy) की अतिविकसित और समृद्ध कला के रूप में देखा जा सकता है। प्रिंट मीडिया ने लेखन की इस साज-सज्जा को अत्यन्त आकर्षक बनाया है जो हमें बौद्धिक स्तर पर भी प्रभावित करती है। हिन्दी के कुछ कवियों ने पंक्तियों की योजना और विराम चिह्नों के प्रयोग द्वारा लेखन के प्रस्तुतीकरण को नई दिशा देने का प्रयास किया है जिससे उनकी रचनाओं में दृश्य सौन्दर्य बोध उत्पन्न हो उठा है।

2:7 आंगिक भाषा और सम्प्रेषण

आंगिक भाषा (Body Language) प्रयोजनमूलक हिन्दी भाषा की एक नई संकल्पना है। हम हाव-भाव और आंगिक भाषा के माध्यम से जो सम्प्रेषण करते हैं, उसे आंगिक सम्प्रेषण कहा जाता है।

दुनिया का हर प्राणी अपने भावों या विचारों को अभिव्यक्त करने के लिए एक निश्चित ध्वनि का उच्चारण करता है और उसे सम्पुष्ट करने के लिए अंग संचालन की भी क्रिया करता है। जैसे चोट लगने या दर्द होने पर हम सिर्फ 'हुँ' कहकर या फिर ओठों के मध्य तर्जनी को रखकर बच्चों को 'श् ऽ ऽ' कहकर चुप रहने का संकेत करते हैं। इसके अन्तर्गत प्रायः दो प्रकार की सम्प्रेषण पद्धतियाँ आती हैं :

(क) गुप्त भाषा (Secret Language)—इस प्रकार की भाषा का प्रयोग कुछ खास वर्गों में प्रयुक्त होता है। जैसे चोर आपसी सम्प्रेषण के लिए सामान्य शब्दों के लिए विशिष्ट अर्थ निश्चित कर लेते हैं। उदाहरण के लिए चोरों की भाषा में 'तीली' का अर्थ है—लाल टोपीवाला पुलिस कर्मी। बकरा का अर्थ है—वह आदमी जिसे वे लूटना चाहते हैं। व्यापारी हाथ के संकेतों के माध्यम से बेचने या दाम कम करने के बारे में आपस में विचार-विमर्श कर लेते हैं।

(ख) संकेत भाषा (Sign Language)—वह स्थान विशेष जहाँ बोलकर हम अपनी बातों को दूसरों तक पहुँचाने में असमर्थ होते हैं तो कुछ-न-कुछ संकेत के माध्यम से अपने भावों को व्यक्त कर देते हैं ताकि सन्देश प्राप्त कर्ता को संकेत से पता चल जाए। जैसे जहाजी दो झण्डों की स्थिति से वर्णों का संकेत करते हैं, जिससे शब्दों की वर्तनी का पता चले और लोग दूर से दृश्य माध्यम

से संकेत को ग्रहण कर सकें। उसी प्रकार गार्ड बाबू द्वारा लाल और हरी झण्डी को हिलाकर गाड़ी बन्द होने और खुलने का संकेत दिया जाता है। ट्राफिक पुलिस द्वारा हाथों के इशारे से रुकने या चलने का संकेत दिया जाता है।

भाषा की अभिव्यक्ति के ये दोनों रूप वास्तव में सामान्य भाषा के स्थानापन्न रूप हैं और विशिष्ट सामाजिक वर्गों के द्वारा सामान्य भाषा के अभाव में सम्प्रेषण के लिए प्रयोग में लाई जाती हैं। यह भाषा की तरह ही समाज द्वारा स्वीकृत यादृच्छिक व्यवस्था है जिसे यत्नपूर्वक सीखना पड़ता है। इसकी तुलना में आंगिक सम्प्रेषण सामान्य भाषा का पूरक है और सह-सम्प्रेषण का माध्यम है। इसका उपयोग भाषा बोलने वाले सभी मनुष्य करते हैं। यह काफी हद तक सहज और स्वतःप्रेरित (Involuntary) है। जैसे गुस्से से आँखें लाल होना, नसें खींचना आदि शारीरिक क्रियाएँ उस भाव से जुड़ी सहज क्रियाएँ हैं। इस कारण आंगिक सम्प्रेषण एक प्रकार से सार्वभौम है।

आंगिक सम्प्रेषण का दूसरा महत्त्वपूर्ण पक्ष आंगिक भाषा है। हम मनोभावों को शब्दों में व्यक्त करते हैं। इसके साथ-साथ हमारा शरीर भी इन मनोभावों को व्यक्त करता है। जैसे अतीव क्रोध की स्थिति में आँखें लाल हो जाती हैं, चेहरे की मांसपेशियाँ तन जाती हैं, कभी-कभी गुस्से से शरीर में कम्पन होता है, हाथ भिंच जाते हैं आदि। ऐसी स्थिति में हम बिना भाषिक अभिव्यक्ति के ही मनोभावों को समझ जाते हैं। शर्म, घबराहट, प्यार, घृणा आदि भाव आंगिक प्रतिक्रिया से ही मालूम हो जाते हैं, भले ही इसे शब्दों से व्यक्त न किया जाए। कहा गया है 'इश्क और मुश्क छिपाए नहीं छिपता' रहीम की एक प्रसिद्ध उक्ति है :

खैर खून खाँसी खुशी बैर प्रीत मधुपान।
रहिमन दावे ना दबे, जानत सकल जहान॥

आंगिक भाषा के दो रूप हैं—शारीरिक प्रतिक्रियाएँ और शारीरिक स्थितियाँ। ये प्रतिक्रियाएँ शरीर की रासायनिकी (Body Chemistry) पर आधारित हैं। दूसरा रूप है श्रोता के सन्दर्भ में वक्ता की स्थिति आदि। यह शरीर की भौतिकी (Body Physics) पर आधारित है।

शारीरिक प्रतिक्रियाएँ—शारीरिक प्रतिक्रियाएँ मनोभावों की सहज और स्वाभाविक अभिव्यक्ति हैं। जैसे—गुस्से में आँखें लाल होना। शारीरिक प्रतिक्रियाएँ मनोभावों की स्थिति में शरीर में उत्पन्न रासायनिक परिवर्तनों के कारण पैदा होती हैं। विविध भावों की स्थिति में शरीर के विविध हार्मोन कई तरह के विकार पैदा करते हैं जिससे शारीरिक प्रतिक्रियाएँ उत्पन्न होती हैं और मनुष्य भावों को व्यक्त करने के लिए कई प्रकार की क्रियाएँ भी करता है। जैसे नाटकों या फिल्मों

में सफल अभिनेता वही होता है जो संवाद के साथ-साथ शारीरिक क्रियाओं के सम्पादन में भी दक्ष हो।

शारीरिक स्थितियाँ—बोलचाल के क्रम में जब हम किसी व्यक्ति से दूरी या निकटता का बोध कराते हैं तो शारीरिक स्थितियों में भिन्न भावों को दर्शाते हैं। अर्थात् दो व्यक्तियों के आपसी वार्ताक्रम में प्रायः उनके आकर्षण और विकर्षण का भान होता है। जैसे—दो घनिष्ठ मित्र जब बातें करते हों तो वे एक-दूसरे की ओर मुखातिब होंगे, वे दोनों एक-दूसरे से स्पर्श की दूरी पर होंगे और वे दोनों एक-दूसरे को देखते हुए बातें करेंगे। इसकी तुलना में दो अजनबी दूरी से बातें करेंगे और बेलाग होकर बातें करेंगे। ये शारीरिक स्थितियाँ व्यक्तियों के आपसी सम्बन्धों की सूचना देती हैं।

इस प्रकार हम देखते हैं कि सम्प्रेषण के दो रूप हैं—हाव-भाव (gestures) और आंगिक भाषा (Body Language)। दोनों में प्रकार्यात्मक दृष्टि से विभेद या पृथक्करण है। हम मौखिक भाषा के साथ दोनों रूपों का सहज रूप में प्रयोग करते हैं। जैसे—जब कोई दीन व्यक्ति आंगिक चेष्टा के साथ 'सलाम' बोलता है, तो वह आंगिक सम्प्रेषण और वाचिक (Oral) सम्प्रेषण का समन्वित रूप अपनाता है। 'सलाम' या 'नमस्ते' में आंगिक सम्प्रेषण के दोनों रूपों का समन्वित प्रयोग भी देखा जा सकता है। व्यक्ति 'नमस्कार' के लिए दोनों हाथ उठाता है, यह हाव-भाव या आंगिक चेष्टा है, जो यादृच्छिक है। सामाजिक स्तर में नीचे के पायदान पर खड़ा व्यक्ति अपनी दीनता की अभिव्यक्ति में 'नमस्कार' करते समय पूरे शरीर को झुकाता है। दीनता की यह अभिव्यक्ति आंगिक भाषा है। वय या पद में बड़े व्यक्ति 'नमस्कार' के उत्तर में शरीर को नहीं झुकाते, यह उनकी आंगिक भाषा है।

2:8 सम्प्रेषण के विविध रूप

सभ्यता के विकास के साथ-साथ सम्प्रेषण के अनेक रूप विकसित हुए हैं। खासतौर से भाषा के विकास से, जिसमें उच्चरित और लिखित भाषा (जो कि चित्र शैली से लेकर कम्प्यूटर तक पहुँची है) दोनों में ही सम्प्रेषण के अनेक रूपों का विकास हुआ है। इनमें हम निम्नलिखित रूपों को देख सकते हैं :

(क) साक्षात्कार, (ख) संवाद, (ग) सामाजिक आदान-प्रदान

2:8:1 साक्षात्कार

साक्षात्कार दो या दो से अधिक व्यक्तियों के बीच किसी विशेष सन्दर्भ में होनेवाला वार्तालाप है। यह विशुद्ध रूप से व्यावसायिक भी हो सकता है, पूरी तरह निजी एवं घरेलू भी, नौकरी से सम्बन्धित भी हो सकता है अथवा राजनीति से

सम्बन्धित। अर्थात् साक्षात्कार का दायरा अतिविस्तृत है। इसके लिए कम-से-कम दो व्यक्तियों का होना जरूरी है—प्रश्नकर्ता और उत्तरदाता। साक्षात्कार के निम्नलिखित सिद्धान्त हैं :

औपचारिक सम्प्रेषण—जो बातचीत अनुशासनात्मक पद्धति पर आधारित हो उसे औपचारिक सम्प्रेषण कहा जाता है। हम प्रतिदिन अपने दोस्तों से तरह-तरह की बातें करते रहते हैं जिनमें प्रश्न और उत्तर शामिल हुआ करते हैं, या फिर परिवार में वार्ता होती रहती है, पर उनमें भाषा के अनुशासन का प्रायः अभाव होता है। लेकिन साक्षात्कार पूर्णरूपेण औपचारिक होता है। इसमें बँधा-बँधाया एक ढाँचा होता है जिसमें प्रश्नकर्ता और उत्तरदाता किसी खास विषय पर बातचीत करते हैं।

परस्पर संवाद—साक्षात्कार के लिए परस्पर दो व्यक्तियों के आमने-सामने विचारों का आदान-प्रदान होना जरूरी है। इसमें दोनों को एक-दूसरे की भावनाओं का ध्यान रखना पड़ता है। परस्पर संवाद के क्रम में आवश्यक है कि प्रश्नोत्तर हमेशा प्रश्नानुरूप दिए जाएँ तथा शालीनता भी बरती जाए।

दो पक्षों का शामिल होना—साक्षात्कार का एक महत्त्वपूर्ण सिद्धान्त है कि इसमें दो पक्ष शामिल होते हैं। अर्थात् प्रश्नकर्ता और जवाब देनेवाला दोनों का होना जरूरी है। उदाहरण के लिए पत्रकारिता के साक्षात्कार में रिपोर्टर साक्षात्कार लेता है और अपने विषय के आधार पर प्रश्न पूछता है।

विषय का चुनाव—साक्षात्कार के लिए किसी निर्धारित विषय का चुनाव किया जाना चाहिए। कहीं ऐसा न हो कि साक्षात्कारकर्ता विषय से भटक जाए और उसे क्या पूछना है उससे विलग हट जाए। इसके लिए आवश्यक है कि पहले से विषय का चुनाव कर लिया जाए। तदनुरूप प्रश्न किए जाएँ यानी साक्षात्कार का कोई-न-कोई उद्देश्य अवश्य होना चाहिए।

प्रश्नोत्तर शैली—साक्षात्कार में प्रश्नोत्तर शैली का प्राधान्य है। जिस चीज के लिए साक्षात्कार होता है प्रायः प्रश्नकर्ता उसी विषय से सम्बन्धित अधिक-से-अधिक प्रश्न करना चाहता है ताकि साक्षात्कार देनेवाले व्यक्ति की मेधा या कार्य-कुशलता का पता लगा सके।

साक्षात्कार के विविध रूप—साक्षात्कार शब्द के अर्थ का दायरा अत्यन्त व्यापक है। इसे हम निम्नलिखित रूपों में देख सकते हैं :

(i) नौकरियों के लिए साक्षात्कार

(ii) विशिष्ट व्यक्तियों से साक्षात्कार

(iii) साधारण व्यक्तियों से साक्षात्कार

(iv) सामाजिक प्रयोजनों के लिए लिया गया साक्षात्कार

नौकरियों के लिए साक्षात्कार—साक्षात्कार का नाम आते ही प्रायः आमतौर

पर हमारे दिमाग में नौकरियों के लिए आयोजित साक्षात्कार का खाका उभरता है। नौकरी के लिए साक्षात्कार के अनेक रूप हैं जैसे :

प्रतिस्पर्धात्मक परीक्षाएँ–आई.ए.एस., पी.सी.एस. आदि सेवाओं के लिए लिया जाने वाला साक्षात्कार।

व्यावसायिक सेवाएँ–डॉक्टर, इंजीनियर, एम.बी.ए. सेवा आदि के लिए लिया जानेवाला साक्षात्कार।

शैक्षिक सेवाएँ–प्राध्यापक, शिक्षक आदि की नियुक्ति के लिए लिया जानेवाला साक्षात्कार।

वैसे इसके और भी रूप हो सकते हैं, जिनके लिए अधिक विस्तार से विचार अपेक्षित है।

विशिष्ट व्यक्तियों से साक्षात्कार–विशिष्ट व्यक्तियों से लिए जानेवाले साक्षात्कार अत्यन्त ही महत्त्वपूर्ण और दिलचस्प होते हैं। ये साक्षात्कार जनसंचार माध्यम–रेडियो, टेलीविजन आदि के लिए हो सकते हैं या फिर प्रकाशन माध्यमों–समाचार-पत्र, पत्रिकाओं आदि के लिए भी। ये साक्षात्कार इतने महत्त्वपूर्ण होते हैं कि इन्होंने एक विशिष्ट विधा का रूप ले लिया है। इसके अन्तर्गत राजनेताओं, साहित्यकारों, कलाकारों आदि से लिए जाने वाले साक्षात्कार समाहित किए जा सकते हैं। टेलीविजन तथा रेडियो से प्रसारित होनेवाले कई कार्यक्रमों में हम इसे देख या सुन सकते हैं। विभिन्न समाचार-पत्रों में भी छपे ऐसे साक्षात्कारों को पढ़ा जा सकता है।

साधारण व्यक्तियों से साक्षात्कार–कुछ-कुछ ऐसे अवसर आते हैं जबकि साक्षात्कारकर्ता को जनता से रू-ब-रू होना पड़ता है, और साधारण व्यक्तियों से भी साक्षात्कार लेना पड़ता है। जैसे, चुनाव आदि के समय देश के गाँवों-कस्बों में बैठे साधारण व्यक्तियों से भी साक्षात्कार लिए जाते हैं ताकि जनता की नब्ज पहचानी जा सके और चुनाव सम्बन्धी पूर्वानुमान लगाया जा सके। टेलीविजन पर ऐसे कार्यक्रम प्रायः प्रत्येक चैनल पर बड़े ही दिलचस्प ढंग से प्रसारित होने लगे हैं।

सामाजिक प्रयोजनों के लिए लिया गया साक्षात्कार–कुछ साक्षात्कार ऐसे होते हैं जोकि सामाजिक प्रयोजनों के लिए लिए जाते हैं। जैसे, वैवाहिक सम्बन्ध जोड़ने के क्रम में लड़के तथा लड़कियों के साक्षात्कार या फिर एक-दूसरे की पारिवारिक-सामाजिक स्थिति जानने के लिए दोनों पक्षों के सम्बन्धियों में सामूहिक रूप से साक्षात्कार की परिपाटी। इन साक्षात्कारों में औपचारिकता एवं अनौपचारिकता दोनों ही विद्यमान रहती हैं।

कहा जा सकता है कि साक्षात्कार जीवन का एक ऐसा हिस्सा बन गया है जो कि जीवन में कदम-कदम पर अपना अस्तित्व प्रमाणित करके सम्प्रेषण

में अहम भूमिका का निर्वाह करने में सक्षम है। इसमें व्यक्ति की वाक्-कुशलता का भी परिचय प्राप्त हो जाता है।

2:8:2 संवाद

संवाद भाषा-सम्प्रेषण का एक सशक्त माध्यम है। हम इसका प्रयोग अपने दैनंदिन जीवन में तो करते ही हैं साहित्यिक कृतियों में भी करते हैं। नाटक, एकांकी, उपन्यास, कहानी यहाँ तक कि कविताओं में भी संवाद की प्रक्रिया को किसी-न-किसी रूप में देखा जा सकता है। मोटे तौर पर यदि कहना चाहें तो कह सकते हैं कि संवाद दो या दो से अधिक व्यक्तियों में किसी विषय-विशेष को लेकर किया जाने वाला वार्तालाप है। इसके निम्नलिखित रूप प्रचलित हैं :

(i) दो देशों के बीच शिखर वार्ता (संवाद)

(ii) साहित्यिक या कला-संस्कृति विषयक संवाद

(iii) फिल्म या नाटक आदि गें सृजित संवाद

(iv) ज्ञान-विज्ञान के क्षेत्र में प्रयुक्त संवाद

(v) व्यक्तिगत स्तर के संवाद

दो देशों के बीच शिखर वार्ता–संवादों का यह रूप मुख्य रूप से अन्तर्राष्ट्रीय महत्त्व का है। जब विश्व के दो या दो से अधिक देशों के बीच तनाव या संघर्ष की स्थिति उत्पन्न होती है तब ऐसे संवादों की जरूरत पड़ती है और अन्तर्राष्ट्रीय दबावों से संघर्षरत देश ऐसे संवाद के लिए मजबूर होते हैं। जैसे 1971 के भारत-पाकिस्तान युद्ध के बाद अन्तर्राष्ट्रीय दबाव के कारण तत्कालीन पाकिस्तानी प्रधानमन्त्री जुल्फिकार अली खाँ भुट्टो और तत्कालीन भारत की प्रधानमन्त्री श्रीमती इन्दिरा गाँधी के बीच शिमला में शिखर वार्ता आयोजित की गई थी। परिणामतः दोनों देशों में 1972 का शिमला समझौता सम्पन्न हुआ। इसी प्रकार विश्व में अन्तर्राष्ट्रीय स्तर पर कई और संवाद समय-समय पर आयोजित होते रहे हैं। विश्व में युद्ध या शान्ति की दिशा का निर्धारण ऐसे ही अन्तर्राष्ट्रीय संवादों से होता रहा है।

साहित्यिक या कला-संस्कृति विषयक संवाद–यह एक विशिष्ट संवाद है, जिसमें साहित्य या कला-संस्कृति से सम्बन्धित किसी विषय पर प्रतिभागी गम्भीरता से संवाद करते हैं। अनेक पत्र-पत्रिकाओं में ऐसे संवाद प्रकाशित होते रहते हैं। आजकल टी.वी. या रेडियो से इस प्रकार के ऐसे कई कार्यक्रम प्रसारित होते रहते हैं जिनमें संवाद की विशिष्टता के माध्यम से विषय का प्रस्तुतीकरण होता है। इन संवादों का महत्त्व इस बात में है कि इनमें कतिपय अरुचिकर बातें भी इस प्रकार से प्रस्तुत की जाती हैं कि श्रोता या पाठक विषय सम्प्रेषण से बँधा रहता है। रोचकता ऐसे संवादों की विशिष्टता है।

फिल्म या नाटक आदि में सृजित संवाद—सृजित संवाद एक ऐसा संवाद है जिसमें रचनाकार परिवेश के अनुसार पात्रों की मानसिकता को संवाद के माध्यम से अभिव्यक्त करता है। यह कल्पित होता है। रचनाकार ऐसे संवादों को स्थिति या विषयानुकूल अपनी रचना में सृजित करता है। खासकर ऐसे संवादों को हम फिल्म, नाटक या टेलीविजन के पर्दे पर देख सकते हैं।

ज्ञान-विज्ञान के क्षेत्र में प्रयुक्त संवाद—ज्ञान-विज्ञान के क्षेत्र में प्रयुक्त संवाद प्रगतिमूलक होते हैं। किसी क्षेत्र विशेष के अधिकारी विद्वान और शोधकर्ता अपने उपलब्ध ज्ञान को तर्क की कसौटी पर परखने के लिए साथी विद्वानों से संवाद करते हैं। यह संवाद जन-सामान्य के सामने तथा निजी स्तर पर भी होता है। टी.वी. तथा रेडियो से भी ऐसे संवाद विशेष रूप से प्रकाशित किए जाते हैं।

व्यक्तिगत स्तर के संवाद—मनुष्य एक सामाजिक प्राणी है। समाज में रहकर वह पारस्परिक संवादों से बँधा होता है। प्रत्येक कार्य के लिए हर व्यक्ति एक-दूसरे से बातचीत करता है। पति-पत्नी, प्रेमी-प्रेमिका, पिता-पुत्र, पुत्री-पिता, माँ-बाप आदि से सामाजिक दायरे में रहकर हम संवाद करते हैं। ये ऐसे संवाद हैं जो जीवन को गतिमान बनाते हैं। इन संवादों के अभाव में जीवन प्रायः नीरस बन जाता है। कहा गया है कि संवादों का मिट जाना सम्बन्धों की मृत्यु है। अतः व्यक्तिगत संवाद सम्प्रेषण के लिए अत्यन्त ही जरूरी है।

2:8:3 सामाजिक आदान-प्रदान

मानव-जीवन में सामाजिक आदान-प्रदान के अनेक रूप और स्तर हैं। प्रातः उठने से लेकर रात को सोने तक उसका यह आदान-प्रदान अनवरत रूप से जारी रहता है। इस आदान-प्रदान को कुछ वर्गों में रखकर भी देखा जा सकता है। ये हैं :

(i) सामान्य शिष्टाचार का आदान-प्रदान
(ii) सामाजिक-सांस्कृतिक रस्मों का आदान-प्रदान
(iii) राष्ट्रीय/अन्तर्राष्ट्रीय क्षेत्रों/प्रांतों में आदान-प्रदान
(iv) व्यावसायिक क्षेत्र का आदान-प्रदान

सामान्य शिष्टाचार का आदान-प्रदान—मनुष्य एक सामाजिक प्राणी है। वह समुदाय में रहना ज्यादा पसन्द करता है। समाज में रहते हुए उसे सामान्य रूप से समाज द्वारा स्वीकृत कुछ निर्धारित आचार-संहिताओं का भी पालन करना होता है। इसे ही बोलचाल की भाषा में सामान्य शिष्टाचार कहा जाता है। समाज में रहते हुए हम बड़े-छोटों के आधार पर प्रणाम, नमस्ते, आशीर्वाद, खुशी के अवसर पर पत्र द्वारा सन्देश भेजना या गमी के अवसर पर अफसोस जाहिर करना आदि कई प्रकार के शिष्टाचार जनित क्रिया-कलाप करते रहते हैं। इसे सामाजिक

दायित्व के रूप में भी स्वीकार किया गया है। इसमें प्रायः औपचारिकता का प्राधान्य होता है।

सामाजिक-सांस्कृतिक रस्मों का आदान-प्रदान—समाज में विभिन्न प्रकार के धर्म और संस्कृतियों के लोग रहते हैं। उनके बीच कई ऐसे विशेष अवसर आते हैं जब वे आपस में मिलकर रस्मों/त्योहारों को हँसी-खुशी मनाते हैं। होली, दिवाली, ईद, रमजान आदि के अवसरों पर विभिन्न समुदायों द्वारा एक-दूसरे से मिलना-जुलना और आपस में विचारों का आदान-प्रदान किया जाना बड़ा ही महत्त्व रखता है। उसी प्रकार गमी के अवसर पर दाह-संस्कार या दफन में सम्मिलित होना एक-दूसरे की भावनाओं को सबल बनाने का एक सार्थक एवं सराहनीय प्रयास है।

राष्ट्रीय/अन्तर्राष्ट्रीय क्षेत्रों/प्रान्तों में आदान-प्रदान—हिन्दी भाषा के माध्यम से ऐसे विचारों का आदान-प्रदान राष्ट्रीय या अन्तर्राष्ट्रीय स्तर पर होता रहता है। प्रान्तों अथवा क्षेत्रों में सांस्कृतिक, शैक्षिक तथा प्रशासनिक आदान-प्रदान चलता रहता है। संयुक्त राष्ट्र संघ आदि स्थानों पर हिन्दी अन्तर्राष्ट्रीय स्तर पर आदान-प्रदान का माध्यम बनी है। यह अनुवाद के माध्यम से ही सम्पन्न होता है। फिलहाल अंग्रेजी ही अन्तर्राष्ट्रीय आदान-प्रदान का माध्यम है।

व्यावसायिक क्षेत्रों में आदान-प्रदान—विचारों के आदान-प्रदान के लिए व्यावसायिक क्षेत्र सबसे उपयुक्त स्थान है। व्यापार, कृषि, प्रौद्योगिकी, प्रशासन आदि ऐसे अनेक क्षेत्र हैं जिनमें बहु-विध रूप से सामाजिक आदान-प्रदान होता है। इसके लिए इन सभी क्षेत्रों में आदान-प्रदान के लिए विशिष्ट शब्दावली भी हिन्दी में विकसित हो चुकी है तथा प्रतिदिन भाषायी परिवर्तन भी हो रहे हैं।

कुल मिलाकर कहा जा सकता है कि सामाजिक आदान-प्रदान मानव-जीवन का सबसे सहज और सबसे जरूरी अंग है जो अनायास यन्त्रवत् अनवरत चलता रहता है। समाज में वही भाषा जिन्दा रहती है जिसमें प्रयोक्ता की कमी नहीं होती।

2:9 भाषिक कला

मूलतः भाषिक कला भाषा का व्यावहारिक पक्ष है। हम जिस प्रकार से भाषा का व्यवहार करते हैं उसमें निम्नलिखित बातें द्रष्टव्य हैं :

वक्ता—भाषा के व्यवहार में सबसे पहली बात विचारणीय है कि उसका व्यवहार कौन कर रहा है। मसलन, प्रयोक्ता पर ही भाषिक कला की पहचान होती है। प्रयोक्ता जिस प्रकार का होगा, निश्चित रूप से भाषा उसी के अनुरूप होगी। यानी प्रयोक्ता की मानसिक स्थिति अथवा स्तर भाषिक कला का आधार है। हम विभिन्न माध्यमों से भाषा की प्रयुक्ति का अन्दाजा लगा सकते हैं। जैसे

टेलीविजन, रेडियो, पत्र-पत्रिकाओं में लेखन, विभिन्न व्यक्तियों द्वारा प्रयुक्त सामान्य बोलचाल की भाषा आदि।

श्रोता—दूसरी बात है कि भाषा का उपयोग किससे कर रहे हैं और उसकी स्थिति क्या है? अर्थात् विभिन्न स्तर भेद के श्रोता के समक्ष भाषा का व्यवहार पात्रानुकूल होना चाहिए। जैसे—छोटे के लिए 'तुम किस काम से आए हो?' तो बड़ों के लिए प्रयोग होगा, 'आप शायद किसी काम से आए हैं क्या?'

कथन—भाषिक कला का तीसरा महत्त्वपूर्ण पक्ष यह है कि वक्ता द्वारा क्या कहा जा रहा है या विषय क्या है? जिस प्रकार का विषय होगा भाषा का प्रयोग भी वैसा ही होगा। जैसे गम्भीर विषय के लिए शुष्क बौद्धिक भाषा की आवश्यकता होगी, राजनीतिक बातों की अभिव्यक्ति के लिए राजनीतियुक्त शब्दावली का प्रयोग होगा, विज्ञान अथवा प्रौद्योगिकी से सम्बन्धित बातों में उसी की शब्दावलियाँ प्रयुक्त होंगी। मतलब यह कि विषय के अनुरूप ही भाषा का प्रयोग भाषिक कला है।

उद्देश्य—भाषिक कला की चौथी विशिष्टता है कि बात कहने का उद्देश्य क्या है? यानी वार्ता एक निश्चित उद्देश्य के तहत होनी चाहिए। वैसे सामान्य गप-शप या समय बिताने के लिए भी भाषा व्यवहृत होती है। पर उसका कोई निहित उद्देश्य नहीं होता। जैसे—ट्रेन में मुसाफिरों के बीच तरह-तरह की बातें होती चलती हैं, पर उनका कोई सार्थक उद्देश्य नहीं है, लेकिन इसके विपरीत यदि किसी खास विषय पर लोग अपनी राय जाहिर करते हैं तो वैसी वार्ता का एक निश्चित उद्देश्य होता है।

स्थिति—भाषिक कला की पाँचवीं महत्त्वपूर्ण बात है कि बात कहने-सुनने वाले की स्थिति क्या है? अर्थात् वक्ता और श्रोता की स्थिति पर भी सम्भाषण के दौरान प्रयोग की जानेवाली भाषा का प्रयोग निर्भर करता है। यह निम्नलिखित स्थितियों पर निर्भर है :

(क) सामाजिक स्थिति
(ख) सांस्कृतिक और शैक्षिक स्थिति
(ग) मानसिक स्थिति

सामाजिक स्थिति—भाषा प्रयोग सामाजिक स्थिति पर भी निर्भर है। यानी जिस व्यक्ति का सामाजिक परिवेश जिस प्रकार का होगा वह उसी प्रकार की भाषा का व्यवहार करेगा। अर्थात् व्यक्ति समाज सन्दर्भित भाषा रूप को ही भाषिक कला का आधार बनाता है। जिस प्रकार की शिक्षा-दीक्षा होती है आदमी वैसी ही भाषा प्रयुक्त करता है। जैसे कोई विद्वान परिनिष्ठित भाषा का प्रयोग करता है तो गँवार की भाषा में गँवई शब्दों की भरमार देखी जा सकती है। उच्चारण के स्तर पर भी प्रायः भेद देखा जा सकता है। जैसे :

पैसा > पइसा, कैसा > कइसा, इक्कीस > इकइस, द्वितीय > दुतिय आदि।

सांस्कृतिक और शैक्षिक स्थिति—सांस्कृतिक और शैक्षिक स्थितियों के आधार पर भी भाषिक कला के अलग-अलग रूप देखने को मिलते हैं। जैसे, शिक्षित व्यक्ति द्वारा जिस प्रकार की भाषा व्यवहृत होगी अर्द्धशिक्षित अथवा अनपढ़ व्यक्तियों द्वारा उसी प्रकार की भाषा व्यवहृत नहीं होगी। उदाहरण :

शिक्षित	**अशिक्षित**
टॉफी, कॉफी, डॉक्टर, बॉल कॉलेज आदि	टाफी या टौफी, काफी या कौफी, डाग्डर, बौल, कौलेज आदि

मानसिक स्थिति—मानसिक स्थिति भाषिक कला के लिए विशेष रूप से महत्त्वपूर्ण है। सम्प्रेषण के क्षेत्र में वक्ता श्रोता की मानसिक स्थिति पर भाषा का स्वरूप निर्भर करता है। यदि कोई व्यक्ति खुश होता है तो उसकी भाषा से प्रसन्नता झलकती है। और जब कोई व्यक्ति दुःखी होता है तो उसकी भाषा अवसादमयी हो जाती है। अर्थात् व्यक्ति की मानसिक स्थिति पर भाषा-प्रयोग निर्भर है।

समय—भाषिक कला के लिए अन्तिम और महत्त्वपूर्ण बात यह है कि वक्ता और श्रोता के पास कहने-सुनने के लिए कितना समय है? अर्थात् कोई बात जब कही जा रही है तब सुनने वाले के पास कितना समय है। यानी कहने-सुनने वाले के पास कितना धैर्य है, इस बात पर बहुत कुछ निर्भर करता है। भाषिक कला की सबसे बड़ी विशेषता है कि वक्ता अपने बोलने में समय-सीमा का खयाल रखे। उसे एक निश्चित अवधि के अन्दर अपनी पूरी बात कहने की कला जाननी होगी। कभी-कभी ऐसा देखा गया है कि वक्ता अपने विषय से इतना भटक जाता है कि वह पूरी बात या असली बात कह ही नहीं पाता और समय समाप्त हो जाता है। ऐसी स्थिति में सम्प्रेषण की प्रक्रिया पूरी नहीं होगी। इसलिए अच्छे वक्ता के लिए समय-सीमा का ज्ञान अपेक्षित है।

3. लिखित सम्प्रेषण

हम प्रायः विभिन्न रचनाकारों की कृतियों को पढ़ते हैं। उसमें कुछ रचनाएँ हमें अपनी ओर आकर्षित करती हैं कुछ सोचने पर विवश और कुछ रचनाएँ नीरस लगती हैं। ऐसा इसलिए होता है कि वैसे लेखन में सम्प्रेषण की वह खासियत नहीं होती जो पाठकों पर प्रभाव डाल सके। इसलिए सम्प्रेषण के लिए लेखन का प्रभावी होना बड़ा ही आवश्यक है।

3:1 प्रभावी लेखन

जो लेखन पाठक को प्रभावित करे अर्थात् जिस लेखन को पढ़कर पाठक पर अपेक्षित प्रभाव पड़े—वह भावाकुल हो उठे, रचना के विषय में सोचने पर मजबूर हो जाए, कल्पनाओं में डूब जाए, यहाँ तक कि वह अपने आप में कुछ परिवर्तन महसूस करने लगे, जिन्दगी में उसे नई राह या नई रोशनी दिखाई देने लगे, ऐसा लेखन प्रभावी लेखन माना जा सकता है। हम यदि इसे परिभाषित करना चाहें तो कह सकते हैं, 'प्रभावी लेखन वह लेखन है जिसे पढ़कर पाठक का मस्तिष्क झकझोरा जाए, उसका हृदय द्रवित हो जाए और उसके संस्कारों में उद्वेलन होने लगे और पाठक उस रचना के पाठन के बाद जीवन को या समस्याओं को एक नई दृष्टि से, नई रोशनी ग्रहण कर देखने-समझने लगे।'

प्रभावी लेखन की प्रभावक्षमता की पहचान हम दो स्तरों पर कर सकते हैं—(1) विषय के स्तर पर, (2) शिल्प के स्तर पर।

विषय के स्तर पर—लेखक जिस विषय को लेखन में प्रस्तुत करना चाहता है उसमें सम्प्रेषणीयता की कितनी क्षमता वर्तमान है, इसके आधार पर प्रभावी लेखन की पहचान की जाती है। इसके लिए निम्नलिखित बातों की समझ जरूरी है :

विषय की स्पष्ट समझ—लेखन में विषय के स्तर पर पहली आवश्यकता है विषय की स्पष्ट समझ। अर्थात् लेखक को विषय की स्पष्ट जानकारी होनी चाहिए। उसे लेखनीय विषय का स्वयं द्रष्टा भी होना चाहिए। परिवेश और

परिस्थितियों की पूरी जानकारी होनी चाहिए। केवल सुनी-सुनाई बातों के आधार पर लेखन को प्रभावी नहीं बनाया जा सकता। जैसे विश्व के कई लेखक ऐसे हैं जिन्होंने रचना करने के पूर्व पात्र और परिवेश की पूरी जानकारी हासिल की थी। उदाहरणस्वरूप हम महाश्वेता देवी (जंगल के दावेदार) अथवा अमृतलाल नागर (नाच्यो बहुत गोपाल) को ले सकते हैं। 'जंगल के दावेदार' को लिखने के पूर्व महाश्वेता जी ने आदिवासियों के जीवन को बड़े ही नजदीक से जानने समझने का प्रयास किया था तो दूसरी ओर नागर जी ने 'नाच्यो बहुत गोपाल' की रचना के पूर्व मेहतर के सामाजिक इतिहास का और उनके परिवेश का अध्ययन किया था। अर्थात् प्रभावी लेखन के लिए विषय की स्पष्ट समझ होना जरूरी है।

भाव पर ध्यान–किसी साहित्यिक रचना के लेखन में रचनाकार को विषय के साथ-साथ भाव का भी ध्यान रखना होता है। सृजनात्मक रचनाओं में भाव पर ध्यान देना बेहद जरूरी होता है। यह तभी सम्भव है जब लेखक अपनी रचना में भावों की प्रस्तुति अत्यन्त सहज रूप से करता है। जितनी सहज भाव-प्रस्तुति रचना में होगी उतनी ही वह अधिक प्रभावी होगी।

शिल्प और शैली–लेखक पहले अपनी रचना की अन्तर्वस्तु पर मनन-चिन्तन करता है फिर उस अन्तर्वस्तु के लिए उपयुक्त रूप या शिल्प या रचना-कौशल की तलाश करता है। रचना के अन्तर्वस्तु की प्रस्तुति उतनी ही अधिक प्रभावी बन जाती है, जितना उपयुक्त उसका रूप या शिल्प होता है। अर्थात् प्रभावी लेखन के लिए रचना में लेखक को शिल्प, शैली या रूप पर विशेष रूप से ध्यान देना होता है।

शिल्प के स्तर पर–लेखन को शिल्प के स्तर पर प्रभावी बनाने के लिए निम्नलिखित बातों पर ध्यान देना अपेक्षित है :

भाषा पर अधिकार, शब्दावली, वाक्य विन्यास, शैली, मुहावरे और लोकोक्तियों का प्रयोग, अलंकारिकता, व्याकरणिक शुद्धता, अर्थ और भाव में अन्विति।

भाषा पर अधिकार–लेखक चाहे जिस भी भाषा में लेखन करता हो भाषा पर उसका पूर्णरूप से अधिकार होना चाहिए। दूसरी बात यह कि भाषा विषय के अनुरूप होनी चाहिए। तीसरी बात यह कि भाषा-प्रयोग में सरलता होनी चाहिए, क्योंकि जटिल भाषा के प्रयोग से भाव स्पष्ट होने में कठिनाई होगी।

शब्दावली–जिस लेखक की शब्दावली जितनी समृद्ध होगी उतनी ही प्रभावक्षमता उसकी रचनाओं में आ सकेगी। शब्दों के प्रयोग में सावधानी पहली शर्त है, क्योंकि कई शब्दों के पर्यायवाची के ऐसे भी अर्थ होते हैं जिनके प्रयोग से अर्थ में बाधा उत्पन्न हो सकती है।

वाक्य-विन्यास–लेखकों को वाक्य-बुनावट पर विशेष ध्यान देना चाहिए।

वाक्य में विचार माला में फूल की तरह गुँथे होते हैं। यदि वाक्य बेतरतीव होगा तो अर्थ का अनर्थ हो जाएगा। इसके लिए जरूरी है कि लेखक अपने लेखन में वाक्य-विन्यास के प्रति सचेत हो। जटिल वाक्य-विन्यास से रचना में भद्दापन आ जाता है इसलिए उससे बचना चाहिए। दूसरी बात यह कि एक वाक्य में एक ही भाव या विचार रखने का प्रयास करना चाहिए। अनावश्यक वाक्य-विस्तार से रचना में अस्पष्टता आ जाती है। छोटे व सुगठित वाक्य अधिक प्रभावशाली होते हैं।

शैली–रचना का सारा सौन्दर्य लेखक की शैली पर निर्भर करता है। कुछ विद्वानों ने इसे परिभाषित करते हुए कहा है, 'शैली हमारे विचारों की वेशभूषा है'–पोप। कार्लाइल का कहना है, 'शैली लेखक के विचारों का परिधान नहीं, बल्कि त्वचा है।' शैली ने कहा है, 'Style is the man itself.' मसलन, शैली ही लेखक और रचना की पहचान है।

मुहावरे और लोकोक्तियों का प्रयोग–भाषा में सौन्दर्य और सरसता उत्पन्न करने के लिए मुहावरे और लोकोक्तियों का प्रयोग किया जाता है। लेकिन इसके साथ यह जरूरी है कि उनका प्रयोग औचित्यपूर्ण है। निरर्थक प्रयोग से चमत्कार उत्पन्न नहीं होता बल्कि रचना लचर हो जाती है।

अलंकारिकता–भाषा प्रयोग में रचना को प्रभावी बनाने के लिए लेखक अलंकारों और छन्दों का प्रयोग करता है। अलंकार वैसे ही हैं जैसे सोने की अँगूठी में हीरे का नग। इसके प्रयोग से भाषा चमत्कृत हो जाती है, पर प्रयोग में सावधानी अपेक्षित है। अतिशय अलंकार से भाषा बोझिल हो सकती है या फिर गलत प्रयोग से रचना का रूप विकृत हो सकता है।

व्याकरणिक शुद्धता–प्रभावी लेखन के लिए शब्दों के ज्ञान के साथ-साथ भाषा के व्याकरण का ज्ञान भी जरूरी है। अशुद्ध भाषा के प्रयोग से रचना वैसी ही जान पड़ती है जैसे कीमती कपड़ा में मैल भरा हो। व्याकरण का ज्ञान रचनाकार की पहली शर्त है। व्याकरण एक ऐसा शास्त्र है जो भाषा पर अनुशासन का काम करता है। इसलिए प्रभावी लेखन के लिए किसी भी रचनाकार को व्याकरण का ज्ञान आवश्यक है।

अर्थ और भाव में अन्विति–प्रभावी लेखन वही होता है जिसमें वाक्य का अर्थ और भाव समुचित रूप से पाठक के मन में सम्प्रेषित हो जाए। अर्थात् अर्थ और भाव में एकान्विति होनी चाहिए। भाषा सदा भावों की अनुगामिनी होती है। इसलिए प्रभावी लेखन के लिए वाक्यों या शब्दों से भाव और अर्थ ठीक से सम्प्रेषित होना जरूरी है। एक सफल व प्रभावशाली लेखक वही है, जो अपने लेखन में शब्द, अर्थ, भाव, ध्वनि और संगीत सभी बातें को ध्यान में रखकर लिखता है।

3:1:2 प्रभावी लेखन का उद्देश्य

प्रायः ऐसा देखने में मिलता है कि कुछ ऐसे लेखक हैं जिनकी रचनाएँ कुछ ही वर्षों तक पाठकों के बीच पठनीय रहती हैं और बाद में विस्मृत हो जाया करती हैं, परन्तु कुछ ऐसे लेखक होते हैं जिनकी रचनाएँ युग-युगान्तर तक अपनी प्रभावक्षमता के कारण प्रासंगिकता बरकरार रखे रहती हैं। अर्थात् जिनकी रचनाएँ वर्षों बाद भी प्रासंगिक बनी रहती हैं। उदाहरण के लिए होमर, शेक्सपियर, वाल्मीकि, कालिदास, तुलसीदास, सूरदास, कबीरदास, रवीन्द्रनाथ ठाकुर आदि ऐसे कितने ही प्राचीन लेखक हैं, जो आज भी अर्वाचीन बने हुए हैं। इसका कारण क्या है? यदि इस प्रश्न पर विचार करें तो ऐसा लगता है कि उन लेखकों की रचनाओं में ऐसा कुछ वर्तमान है, जिसमें मानवता को कालातीत तक प्रभावित करने की क्षमता है। उसमें मानवीय भावनाओं का ऐसा सजीव व आह्लादकारी वर्णन है कि जिससे कोई भी पाठक प्रभावित हुए बिना नहीं बचता। उनकी रचनाओं में शाश्वत रसबोध की प्रभावक्षमता वर्तमान है। जाहिर है कि प्रभावी लेखन का लक्ष्य या उद्देश्य पाठक को प्रभावित करना है। एक काल विशेष में एक ही भाषा में अनेक लेखक लिखा करते हैं, परन्तु सबकी रचनाओं में एक ही प्रकार की प्रभावक्षमता नहीं होती।

प्रत्येक युग में कुछ ऐसे महापुरुष भी होते हैं जिनका अमिट प्रभाव मानवता पर वर्तमान होता है। रचनाकार वैसे चरित्रों के माध्यम से जनता की रागात्मक आस्था एवं चेतना को जाग्रत करने का प्रयास करता है। उन व्यक्तियों के व्यक्तित्व में वर्तमान विशिष्टता की गौरव-गाथा के आधार पर रचनाकार काल की परिधि को भी पार कर जाता है तथा युग-युग तक मानवता के समक्ष एक नवोन्मेषशालिनी प्रभावक्षमता को कायम रखने में सफल हो जाता है।

समकालीन समाज में वही लेखन प्रभावी लेखन बनता है, जिसमें अपने समय के समाज की समस्याओं को अच्छे ढंग से प्रस्तुत किया गया हो। जिसमें अपने पाठक को अपने परिवेश से उसके अपने आन्तरिक व्यक्तित्व को समाहित करने की क्षमता वर्तमान हो।

प्रभावी लेखन के लिए शैली की विशिष्टता भी जरूरी है। लेखक को लेखन में एक ऐसी शैली विकसित करनी चाहिए कि उसके लेखन को साधारण से साधारण पाठक से लेकर विशिष्ट ज्ञान-सम्पन्न उच्च विद्वान तक समझ सकें। यानी प्रभावी लेखन के लिए स्पष्टता, सरलता एवं समसामयिकता का होना आवश्यक है। प्रभावी लेखन के लिए उपयुक्त रचना-शिल्प अथवा रचना-कौशल जरूरी है।

कुल मिलाकर कहा जा सकता है कि प्रभावी लेखन का उद्देश्य या लक्ष्य

लेखन में प्रस्तुत विषयजनित भाव सम्पदाओं से लेकर विचारात्मक स्तरों पर पाठक को 'कन्विन्स' करना है। जिन लेखकों की रचनाओं में ऐसे गुण वर्तमान होते हैं निश्चय ही उन्हें प्रभावी लेखन कहा जा सकता है।

3:2 रचना के प्रकार

कई बार ऐसा देखने में आता है कि एक ही विषय पर विभिन्न लेखकों द्वारा किए गए लेखन में कई दृष्टियों से अन्तर हो जाता है। ऐसा इसलिए होता है कि प्रायः उनकी शैली और उनके विचार अलग-अलग होते हैं। उनकी दृष्टि में भी भिन्नता होती है। वस्तुतः रचना या कम्पोजीशन वह होती है जिसमें एक ढाँचे के अन्तर्गत प्रारम्भ से अन्त तक विषय का सुसंगठित प्रस्तुतीकरण होता है। यह एक विषय के किसी एक बिन्दु से प्रारम्भ होती है और फिर एक बँधे सुसंगठित तरीके से आगे बढ़ती है। विषय का आरम्भ, विस्तार और अन्त बहुत ही सुनियोजित होता है। रचनाकार जिस रूप में लेखन को सुनियोजित ढंग से प्रस्तुत करता है उसमें एक विशिष्टता होती है।

विषय प्रस्तुतीकरण की दृष्टि से रचना के तीन प्रमुख प्रकार हैं : वर्णनात्मक लेखन, आख्यानपरक लेखन और तार्किक लेखन।

3:2:1 वर्णनात्मक लेखन

यह रचना का एक ऐसा प्रकार है, जिसमें लेखक किसी व्यक्ति, स्थान, वस्तु या दृश्य का वर्णन करता है। वर्णन के लिए दो पक्षों की आवश्यकता होती है—बाह्य और आन्तरिक। हम जब कभी भी किसी व्यक्ति के विषय में वर्णन करना चाहते हैं तब उनके दोनों पक्षों के ऊपर विचार करना होता है। बाह्य पक्ष के अन्तर्गत व्यक्ति के रंग-रूप, कद-काठी, उम्र, वेशभूषा आदि का वर्णन तथा आन्तरिक पक्ष में चाल-ढाल, पसन्द, नापसन्द, आदतें आदि का वर्णन आवश्यक है।

इस लेखन के निम्नलिखित रूपों पर विचार किया जा सकता है :

व्यक्ति का वर्णन—जिसमें किसी खास व्यक्ति विशेष के शारीरिक गठन एवं विशेषताओं को शब्दों के द्वारा रूपायित करने का प्रयास किया गया हो। जैसे—"उसकी ही उम्र अभी क्या थी छत्तीसवाँ ही साल तो था, पर सारे बाल पक गए थे, चेहरे पर झुर्रियाँ पड़ गई थीं। सारी देह ढल गई थी। वह सुन्दर गेहुआँ रंग सँवला गया था, और आँखों से भी कम सूझने लगा था।"

(गोदान : प्रेमचन्द)

स्थान, दृश्य या वस्तु का वर्णन—जब हमें किसी स्थान विशेष, दृश्य अथवा वस्तु के परिवेश का वर्णन करना होता है तब इसका प्रयोग किया जाता है।

जैसे :

"द्वार पर बड़ी-सी चरनी थी जिस पर दस-बारह गाएँ भैंसें खड़ी सानी खा रही थीं। ओसारे में एक बड़ा-सा तख्त पड़ा था जो शायद दस आदमियों से भी न उठता। किसी खूँटी पर ढोलक लटक रही थी, किसी पर मजीरा। एक ताख पर कोई पुस्तक बस्ते में बँधी हुई थी, जो शायद रामायण हो।"

(गोदान : प्रेमचन्द)

स्थिति या दशा का वर्णन–जब किसी की आर्थिक-सामाजिक स्थिति या दशा का वर्णन करना हो तब; जैसे :

"बैसाख तो किसी तरह कटा, मगर जेठ लगते-लगते घर में अनाज का एक दाना न रहा। पाँच-पाँच पेट खाने वाले और घर में अनाज नदारद। दोनों जून न मिले, एक जून तो मिलना ही चाहिए। भरपेट न मिले, आधा पेट तो मिले। निराहार कोई कै दिन रह सकता है? उधार ले तो किससे? गाँव के सभी छोटे-बड़े महाजनों से तो मुँह चुराना पड़ता था। मजूरी करे तो किसकी?"

(गोदान : प्रेमचन्द)

कार्य-प्रणाली या प्रक्रिया का वर्णन–जब भी कोई कार्य सम्पादित किया जाता है तब उस अवधि में अपनाई जानेवाली गतिविधियों या प्रक्रियाओं का किया जानेवाला वर्णन इसके अन्तर्गत आता है। जैसे :

टी.वी. पर खाना बनाने की कला का वर्णन। इसमें कार्य-प्रणाली (खाना पकाना) के साथ-साथ प्रक्रिया (विधि) का वर्णन भी किया जाता है। एक दूसरा उदाहरण देखें :

"होरी राम ने दोनों बैलों को सानी-पानी देकर अपनी स्त्री धनिया से कहा, गोबर को ऊख गोड़ने भेज देना। मैं न जाने कब लौटूँ। जरा मेरी लाठी दे दे। ...उसने परास्त होकर होरी की लाठी, मिरजई, जूते, पगड़ी और तमाखू का बटुआ लाकर सामने पटक दिए।"

(गोदान : प्रेमचन्द)

उपर्युक्त पंक्तियों में हम कार्य (Work) के साथ-साथ प्रक्रिया (Actions) के दृश्य बिम्ब की भी कल्पना करते चलते हैं। यह वर्णनात्मक लेखन की सबसे बड़ी विशेषता है।

3:2:2 आख्यानपरक लेखन

आख्यानपरक लेखन मनुष्य की लेखन-कला का एक माध्यम है। यह लेखन-कला का ऐसा विकसित रूप है जिसके माध्यम से हम अपनी संवेदनाओं को अभिव्यक्ति का आयाम प्रदान करते हैं। वर्णनात्मक लेखन अथवा व्यक्तिपरक लेखन में जहाँ वैयक्तिकता पर विशेष रूप से बल दिया जाता है, वहीं

आख्यानपरक लेखन में वस्तुनिष्ठता पर प्रकाश डालने का प्रयास होता है। इसके अन्तर्गत लेखक पात्रों के भावों और विचारों के माध्यम से भावनाओं को अभिव्यक्त करते हैं। आख्यानपरक लेखन में चरित्रों के विकास और स्थितियों का वर्णन करते समय लेखक सच्चाई को दिखाता चलता है। यह सच्चाई किसी खास घटना विशेष या व्यक्ति विशेष की भी हो सकती है या फिर पूरे समाज की। इसलिए आख्यानपरक लेखन में व्यक्ति और घटनाओं के साथ सामाजिक सत्य का भी उद्घाटन होता है।

आख्यानपरक लेखन के निम्नलिखित गुण हैं :

सरलता–भाषा अभिव्यक्ति का सहज माध्यम होती है। सहज भाषा लिखना कठिन काम है। लेकिन भाषा में जितनी सरलता होगी भाव उतने ही स्पष्ट और प्रभावी होंगे जैसे :

"होरी कदम बढ़ाए चला जाता था। पगडण्डी के दोनों ओर ऊख के पौधों की लहराती हुई हरियाली देखकर उसने मन में कहा, भगवान् कहीं गौं से बरखा कर दें और डाण्डी भी सुभीते से रहे, तो एक गाय जरूर लेगा। देशी गाएँ तो न दूध दें, न उनके बछड़े ही किसी काम के हों। बहुत हुआ तो तेली के कोल्हू में चले। नहीं, वह पछाईं गाय लेगा। उसकी खूब सेवा करेगा।"

(गोदान : प्रेमचन्द)

प्रत्यक्ष वार्तालाप शैली–इस शैली के अन्तर्गत लेखक वार्तालाप के माध्यम से पात्रों के भीतर चल रहे भावों का दृश्य प्रस्तुत करना चाहता है। यानी लेखक पात्रों की मानसिकता के अन्तर्द्वन्द्व को अपनी कल्पना द्वारा एक ऐसी भाषा प्रदान करता है जिसमें घटनाओं या परिस्थितियों का दृश्यबिम्ब अनुभवजनित हो उठता है। इसमें लेखक अपने विचारों को भी स्थापित करने का प्रयास करता है। जैसे–

"तू जो बात नहीं समझती, उसमें टाँग क्यों अड़ाती है भाई! मेरी लाठी दे दे और अपना काम देख। यह इसी मिलते-जुलते रहने का परसाद है कि अब तक जान बची हुई है। नहीं कहीं पता नहीं लगता कि किधर गए। गाँव में कितने आदमी तो हैं, किस पर बेदखली नहीं आई, किस पर कुड़की नहीं आई। जब दूसरे के पाँवों तले अपनी गर्दन दबी हुई है, तो उन पाँवों को सहलाने में ही कुशल है।"

(गोदान : प्रेमचन्द)

तथ्यपरकता–यह आख्यानपरक लेखन का एक विशेष गुण है। हम जो भी लिखें बातें तथ्यपरक होनी चाहिए। तथ्य से परे वर्णन में प्रभावक्षमता नहीं होती। तथ्यों के माध्यम से घटनाओं की जीवन्तता का वर्णन करना इसका उद्देश्य है। जैसे :

"शताब्दी के सबसे भयानक चक्रवात ने उड़ीसा तबाह कर डाला। कल

तक जो गाँव कस्बे थे आज वहाँ लहराती बाढ़ है—टूटे हुए पेड़, खम्भे, पशुओं-आदमियों की फूली-सड़ती लाशें, मकानों के मलवे और ताण्डव करती तूफानी हवाएँ—चार-पाँच दिन चलने वाले इस प्रलयंकारी तूफान ने गैर सरकारी आँकड़ों के हिसाब से लगभग एक लाख लोगों की बलि ली। हजारों गाँवों का नामो-निशान मिटा डाला।''

('हंस' : दिसम्बर 1999)

वैयक्तिकता—यह प्रत्येक लेखक की बिल्कुल निजी शैली होती है। इस शैली के प्रयोग से लेखक या वक्ता का व्यक्तिगत चरित्र उभरकर सामने आ जाता है। जैसे :

''उस समय यह देखा मैंने कि साम्प्रदायिकता नहीं थी। जो अवध की लड़कियाँ थीं, वे आपस में अवधी बोलती थीं; बुन्देलखण्ड की आती थीं; वे बुन्देली में बोलती थीं। कोई अन्तर नहीं आता था और हम पढ़ते हिन्दी थे। उर्दू भी हमको पढ़ाई जाती थी, परन्तु आपस में हम अपनी भाषा ही बोलती थीं। यह बहुत बड़ी बात थी। हम एक मेस में खाते थे, एक प्रार्थना में खड़े होते थे; कोई विवाद नहीं होता था।''

(चिन्तन के क्षण : महादेवी वर्मा)

उपर्युक्त पंक्तियों के द्वारा लेखिका ने वर्तमान शैक्षिक संस्थानों में व्याप्त अराजकता का जीवन्त चित्र ऐतिहासिक परिवेश के दृश्यों द्वारा प्रस्तुत करने का प्रयास किया है। हमारी एकता किस प्रकार खण्डित हुई है, उसी का दस्तावेज है यह उदाहरण।

3:2:3 तार्किक लेखन

तर्क एक ऐसी रचनात्मक प्रक्रिया है जिसके आधार पर हम किसी बात को वैज्ञानिक रीति से स्पष्ट कर सकते हैं। तार्किक लेखन का उद्देश्य मात्र वर्णन करना, विवरण देना और समझना ही नहीं है, बल्कि उन तथ्यों, विचारों और विश्वासों को तर्क की कसौटी पर कसते हुए दूसरों को समझाना भी है। तार्किकता हमें बातों को वैज्ञानिक ढंग से प्रस्तुत करने के लिए एक ठोस आधार भी देती है।

ऐतिहासिक परिप्रेक्ष्य—मनुष्य स्वभावतः चिन्तन एवं विवेकशील प्राणी है। वह हमेशा क्या, क्यों और कैसे की दिशा में विचार कर निर्णय लेने की क्षमता रखता है। उसकी यह प्रगतिशीलता आदिकाल से ही देखी जा सकती है, पर मुख्यरूप से मध्य युग और आधुनिक युग के बीच में यह अन्तर तार्किकता के आधार पर दृष्टिगत होता है। मध्ययुग की रचनाओं में तार्किकता का विकास प्रायः उस रूप में नहीं देखा जाता जिस रूप में आधुनिक काल की रचनाओं

में हुआ है। उदाहरण के लिए हम 'रामचरितमानस' के कथा प्रसंगों को ले सकते हैं। उसमें ऐसा वर्णन आया है कि हनुमान समुद्र को लाँघकर लंका पहुँचते हैं। या फिर संजीवनी की खोज में जब वे जाते हैं और उसे पहचान पाने में असमर्थ रह जाते हैं तब वे पूरे पहाड़ को ही उखाड़कर एक हाथ में ले उड़ते हुए लंका आ पहुँचते हैं। प्रामाणिकता एवं विश्वसनीयता की दृष्टि से ये कथाएँ भ्रामक लगती हैं। आज का कोई भी लेखक रचनाओं में इस प्रकार की घटनाओं का वर्णन नहीं करेगा। तर्क की कसौटी पर कहीं से भी इसकी प्रामाणिकता सिद्ध नहीं होती। लेकिन दरअसल बात ऐसी है कि मध्यकाल का मिथकीय बोध इतना प्रबल था कि उसमें तार्किकता गौण और आस्था का भाव प्रमुख हो गया था।

आधुनिक युग की शुरुआत योरोप में हुए पुनर्जागरण (रेनेसाँ) से मानी जाती है। इस युग में विज्ञान की प्रगति के साथ-साथ मनुष्य में बौद्धिकता का भी विकास होता है। उसमें यथार्थ को परखने की नई शक्ति विकसित होती है। नई दृष्टि और नया चिन्तन बोध पनपता है। लोग जीवन के हर पहलू को तार्किक दृष्टि से देखने लगते हैं। और आधुनिकता का विकास इसी तार्किकता से होता है।

वस्तुतः तार्किक लेखन से तात्पर्य लेखन में कार्य-कारण सम्बन्धों की परख है। कथात्मक विधाओं में तर्क की गुंजाइश कम होती है, कारण वहाँ रचनात्मकता मानवीय संवेदनाओं पर आधारित होती है। लेकिन कथेतर विधाओं में जो लेखन किया जाता है उसमें वैज्ञानिकता को आधार मानते हुए तर्क की कसौटी पर कथन को कसने का प्रयास किया जाता है। आधुनिकता के लिए वैचारिकता आवश्यक है। विधाओं की प्रकृति के अनुसार—तार्किकता का विकास होता है। उसी के अनुसार तर्क की शैली बदल जाती है।

तार्किक लेखन की प्रक्रिया—तार्किक लेखन के तहत हम निम्नलिखित बातों को ध्यान में रखते हैं :

विषय वस्तु का चयन—तार्किक लेखन की प्रक्रिया में विषय वस्तु का चुनाव अत्यन्त ही महत्त्वपूर्ण होता है। विषय वस्तु के अनुरूप ही तर्क निर्मित होता है। जिस विषय पर लिखना हो उसका ढाँचा लेखक के मस्तिष्क में अथवा लिखित रूप में (Out lines) मौजूद होना चाहिए। कथन को प्राथमिकता के आधार पर तार्किक ढंग से शृंखलाबद्ध करना चाहिए। अनावश्यक तथ्यों को छोड़ देना चाहिए। सबसे महत्त्वपूर्ण बात यह है कि लेखन में सम्प्रेषणीयता की क्षमता वर्तमान हो। भाषा तर्कपूर्ण, सरल और स्पष्ट होनी चाहिए।

कार्य-कारण सम्बन्ध—लेखन में कार्य और कारण का तार्किक ढंग से सम्बन्ध स्थापित होना चाहिए। कहीं ऐसा न हो कि बगैर कारण के ही किसी कार्य की प्रक्रिया पूरी जो जाए। जैसे किसी सामाजिक आन्दोलन के विषय पर

लिखते वक्त लेखक को हमेशा इस बात का ध्यान रखना आवश्यक है कि आन्दोलन के क्या कारण रहे थे। ऐसा माना जा सकता है कि कारण सामाजिक असन्तोष रहा हो जिसके कारण सामूहिक तनाव हुआ हो। फिर आन्दोलन चलाने के लिए औपचारिक व्यवस्था की जाती है। उसके बाद आन्दोलन व्यवस्थित रूप धारण करता है। बाद में उसे समाज द्वारा स्वीकृति मिलती है। यानी सामाजिक आन्दोलन का एक मुख्य भाव होता है जिसे पूर्णता देने के लिए एक प्रक्रिया का सहारा लेना पड़ता है। इसमें चरणबद्धता होनी चाहिए ताकि कार्य औपचारिक रूप से सम्पन्न हो सके।

कथन के समर्थन में तर्क—लेखन के लिए एक निश्चित उद्देश्य होना चाहिए। निरर्थक लेखन का कोई अर्थ नहीं होता। अपने निश्चित उद्देश्य को साबित करने के लिए हमें एक तर्क का सहारा लेना पड़ता है। जैसे जब हम कुछ कहते या लिखते हैं तो उस बात की सत्यता के लिए हमें कुछ उदाहरण या प्रमाण (तर्क) देना आवश्यक होता है। उसे तर्क द्वारा प्रमाणित करते हैं। अपनी बात को जब तर्क के साक्ष्य में प्रमाणित करते हैं तो अधिक विश्वसनीय हो जाती है। वैज्ञानिक सोच-समझ विकसित करने के लिए तर्क आवश्यक है।

उदाहरण का प्रयोग—कथन को उदाहरणों द्वारा पुष्ट करना लेखन की सार्थक और वैज्ञानिक प्रक्रिया है। तार्किक लेखन में उदाहरण के प्रयोग से कथन की प्रामाणिकता दिखाई जाती है। बातों को तर्क द्वारा पुष्ट करना तार्किक लेखन की कसौटी है। तर्क को पुष्ट करने के लिए उदाहरण की आवश्यकता तो होती है, पर अतिशय उदाहरण से कभी-कभी लेखन का सन्तुलन बिगड़ जाता है। अधिक उदाहरणों के प्रयोग से बोझिलता और जटिलता बढ़ती है। उदाहरण को हमेशा तर्कसंगत और सटीक होना चाहिए। इसलिए तार्किक लेखन के लिए यह आवश्यक है कि मूल बातों को प्रमाण सहित सिद्ध करने के लिए सटीक उदाहरण का समावेश किया जाए।

तुलनात्मक दृष्टिकोण—तार्किक लेखन में हमेशा तुलनात्मक दृष्टिकोण को अपनाया जाना चाहिए। दो बातों में जब समानता होती है तो दोनों के बीच तुलना की जाती है। तुलना करने से अर्थ स्पष्ट होता है। समानता तुलना का आधार है। तुलना करके और उससे अन्तर निकालकर तर्क अधिक निष्पक्ष रूप में रखा जा सकता है। तुलना गुण के आधार पर, परिस्थितियों के आधार पर और घटनाओं के आधार पर हो सकती है। तुलना से तर्क की पारदर्शिता झलकती है। तुलना हमारे सोच और चिन्तन की वैज्ञानिकता को परखने की कसौटी है।

संरचनात्मक वर्गीकरण—लेखन में पूर्णता के लिए तर्क के साथ-साथ वर्गीकरण की भी आवश्यकता है। इसका सीधा उद्देश्य है संरचना में क्रमबद्धता। जैसे यदि किसी व्यक्ति को मानवशरीर की संरचना पर लिखने या बोलने के

लिए कहा जाए तो उसे ऊपर से नीचे या फिर नीचे से ऊपर के अंगों के विषय को क्रमवार रूप से प्रस्तुत करना चाहिए न कि कभी सिर और कभी कमर या हाथ का वर्णन करना प्रारम्भ कर दे। इसलिए लेखन में संरचनात्मक वर्गीकरण का होना नितान्त आवश्यक है। दूसरी बात यह कि वर्गीकरण में समान गुण-धर्म वाली चीजों को रखा जाता है। एक उदाहरण से यह बात स्पष्ट होगी। जनसंचार के कई माध्यम हैं—मुद्रित, श्रव्य और दृश्य। इन माध्यमों को क्रमशः निम्न रेखाओं द्वारा उनके वर्गीकृत रूप को दर्शाया जा सकता है।

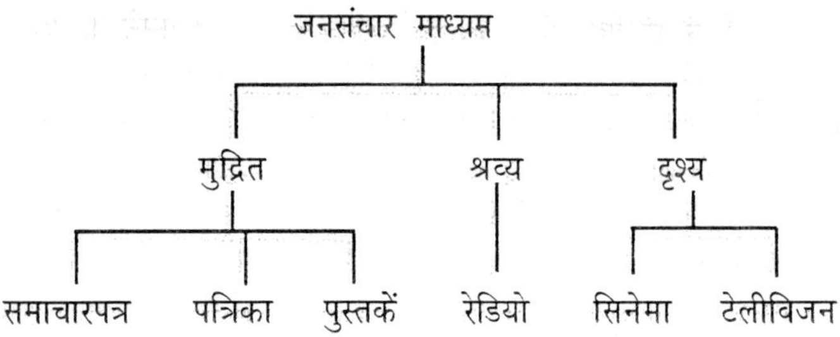

पुनःकथन—अपनी बातों को मजबूती प्रदान करने के लिए बार-बार दुहराने की क्रिया पुनःकथन कहलाती है। इसमें ऐसा भी होता है कि लेखक जिस बात पर विशेष बल देना चाहता है, उसे दूसरे रूपों में भी अभिव्यक्त करता है पर उसका भाव उसी मुख्य बात पर केन्द्रित रहता है। स्पष्ट है कि तार्किक लेखन में किसी खास विशिष्ट बिन्दु पर बार-बार बल दिया जाता है। इसे ही पुनःकथन कहा जाता है।

विश्लेषणात्मकता—विश्लेषण का सम्बन्ध किसी बात को प्रस्तुत करने की शैली (ढंग) से है। इसकी जरूरत हमें तार्किक लेखन के अन्तिम रूप में होती है। इसके द्वारा हम यह जान सकते हैं कि विषयों को किस प्रकार से प्रस्तुत करेंगे तथा इसके प्रत्येक अंग को कैसे विश्लेषित कर सकेंगे। विश्लेषणात्मक क्षमता हमारे ज्ञान की कसौटी है। इसके माध्यम से हम विषय को सही ढंग से मूल्यांकित कर सकने में समर्थ होते हैं।

3:2:4 सर्जनात्मक लेखन

सर्जनात्मक लेखन से तात्पर्य मूलतः उस भाषा से है जिसका प्रयोग साहित्य की विविध विधाओं में किया जाता है। यानी सर्जनात्मक लेखन में साहित्यिक भाषा कहानी, उपन्यास, नाटक, एकांकी, कविता इत्यादि विभिन्न साहित्यिक विधाओं में अपना स्वरूप ग्रहण करती है। इसका सम्बन्ध हमारी सौन्दर्यपरक अनुभूतियों

से होता है। अतः पाठक के मन में कल्पना का उद्रेक तथा सौन्दर्यानुभूति जगाती है। यह अपने आयाम में इस प्रकार की सर्जनात्मकता लिए हुए होती है कि इसी का पूर्ण विश्वास हम साहित्य की विभिन्न विधाओं में पाते हैं। सबसे महत्त्वपूर्ण बात इस सन्दर्भ में यह है कि साहित्य में हमें सामाजिक-सांस्कृतिक जीवन-मूल्यों का प्रतिफलन दिखाई देता है। अतः अपने में यह एक विस्तृत आयाम को समेटकर चलती है। कुछ विद्वानों ने तो यहाँ तक कहा है कि यह आत्मकेन्द्रित और आत्मसुख का उपकरण होता है।

मनुष्य चिन्तनशील प्राणी है। उसमें संवेदनाओं की भी कोई कमी नहीं है। उन संवेदनाओं को वह विभिन्न आयामों द्वारा अभिव्यक्त करने का प्रयास करता है। चित्र, नृत्य, संगीत और साहित्य मानवीय रचनात्मकता के अलग-अलग आयाम हैं। कलात्मक संवेदना को व्यक्त करने के अलग-अलग तरीके हैं। हर कला को किसी-न-किसी माध्यम से व्यक्त किया जाता है। उदाहरण के लिए चित्र को रंग और रेखाओं में, नृत्य को भंगिमा और मुद्राओं में, संगीत को सुर में और साहित्य को भाषा के माध्यम से अभिव्यंजित किया जाता है। भाषा का प्रयोग साहित्य में अनेक तरह से अनेक रूपों में होता है। भाषा संस्कृति का महत्त्वपूर्ण उपकरण है। दो भिन्न तरह की पृष्ठभूमि में रहनेवाले मनुष्य की भाषा में अन्तर हो जाता है। इसका प्रभाव सर्जनात्मक लेखन पर भी पड़ता है। उदाहरण के लिए ग्रामीण और शहरी में ग्रामीण व्यक्ति की भाषा में आंचलिकता होती है और शहरी मानक भाषा का प्रयोग करते हैं।

सर्जनात्मक लेखन की विशिष्टता—हर प्रकार का लेखन साहित्य नहीं होता। इसके अन्तर्गत तमाम तरह के शास्त्र और विज्ञान भी आते हैं। उन्हें भी भाषा में ही लिखा जाता है। उसी प्रकार साहित्य के अन्तर्गत विभिन्न विधाएँ हैं। मगर सबको सर्जनात्मक लेखन नहीं माना जा सकता। जैसे, आलोचना को हम साहित्यिक विधा के अन्तर्गत सर्जनात्मक लेखन से जोड़कर नहीं देख सकते। हालाँकि कभी-कभी कुछ आलोचनाएँ ऐसी होती हैं जिनकी भाषा में कलात्मकता का ऐसा बोध होता है कि वे सर्जनात्मक लेखन के करीब लगती हैं। उदाहरण के लिए श्री जगदीश पाण्डेय जी की दो आलोचना सम्बन्धी पुस्तकों का नाम लिया जा सकता है—'शील निरूपण : सिद्धान्त और विनियोग' तथा 'उदात्त : सिद्धान्त और शिल्पन'। सर्जनात्मक कहने से मौलिक, नया, विशिष्ट और अर्थवान होने का बोध होता है। सर्जनात्मक लेखन की सबसे बड़ी विशिष्टता यह होती है कि वह चाहे जिस काल विशेष में रचा जाए हमें एक नया अर्थ का बोध कराता है। जैसे, 'रामचरितमानस' की रचना के चार सौ साल पार कर जाने के बावजूद उसकी सरसता एवं अर्थवत्ता के नएपन में कहीं कोई कमी नहीं आई है। वह चाहे जिस परिवेश की रचना हो आज की तात्कालिकता का जीवन्त

चित्र प्रस्तुत करने में सर्वथा प्रासंगिक है। उदाहरण के लिए इस पंक्ति को देखें।

"जस-जस सुरसा बदन बढ़ावा, तासु दून कपि रूप देखावा।" कथात्मक विन्यास के सन्दर्भ में इसका चाहे जो अर्थ हो, पर आज के युगधर्म के सन्दर्भ में भी इसका अर्थ सटीक बैठता है। कहा जा सकता है कि जैसे-जैसे उत्पीड़न सत्ता का अत्याचार फैलता जाएगा जनता का प्रतिरोध भी उतना ही बढ़ता जाएगा। बात चाहे जितनी पौराणिक हो, अर्थ उतना ही नवीन और युगबोध से संपृक्त है।

सर्जनात्मक लेखन अन्य लेखनों से अलग होता है इसलिए इसकी भाषा भी अलग होती है। जहाँ अन्य प्रकार के लेखनों का प्रयोग क्षणिक प्रभावशाली होता है वहीं सर्जनात्मक लेखन की भाषा में संवेदनात्मक अनुभूति को जाग्रत करने की अपूर्व क्षमता वर्तमान होती है। उदाहरण के लिए हम विज्ञापन या राजनीतिक घोषणा-पत्रों की भाषा और फणीश्वरनाथ रेणु रचित 'तीसरी कसम' कहानी की भाषा को देख सकते हैं। विज्ञापन एवं राजनीतिक घोषणा-पत्रों की भाषा का प्रभाव जहाँ क्षणिक होता है, वहीं 'तीसरी कसम' की भाषा में संवेदना का एक ऐसा पुट वर्तमान है जोकि हमारे मन-मस्तिष्क पर एक स्थायी प्रभाव छोड़ जाता है। कहने का तात्पर्य यह कि सर्जनात्मक लेखन की भाषा में स्थायी प्रभाव डालने की क्षमता वर्तमान है।

सर्जनात्मक लेखन की विशिष्टता के सन्दर्भ में यह कहा जा सकता है कि इसका कोई दूसरा विकल्प नहीं होता। अर्थात एक रचना का रूपान्तर दूसरी भाषा में कर तो सकते हैं परन्तु उसका रूप और प्रभाव क्षमता वही नहीं रह जाती जोकि मूल रचना में वर्तमान होती है। जैसे :

'कफ़न' (प्रेमचन्द) कहानी का अनुवाद कई भाषाओं में किया गया परन्तु उन अनुवादों में रचना की वह भाषा जनित प्रभाव क्षमता न आ सकी जो मूल रचना में है। उदाहरण के लिए इन पंक्तियों को देखें :

"नाचे भी, उछले भी, कूदे भी, मटके भी, भाव भी बता पाए और वहीं बेहोश होकर गिर पड़े।" इन वाक्यों में जो परिवेश को चित्रित करने की क्षमता वर्तमान है वह अन्य भाषाओं के अनुवादों में नहीं है। शेक्सपियर के 'हेमलेट' की इस पंक्ति 'To be or not to be' का अनुवाद दूसरी भाषा में वह अर्थ ध्वनि नहीं पैदा करती जो मूल में है। कारण किसी भी भाषा की रचनात्मकता का सम्बन्ध उसकी पूरी संस्कृति से होता है। रूपान्तरण में हमें वे अर्थध्वनियाँ नहीं मिलेंगी जो उसकी मूल भाषा में हैं।

भाषा और संस्कृति एक-दूसरे के पूरक हैं। उनका सम्बन्ध बड़ा ही गहरा है। भाषा भौगोलिकता से भी प्रभावित होती है। हमारी संवेदनाओं के निर्माण में उनकी महत्त्वपूर्ण भूमिका होती है। जैसे, किसी भी देश की संस्कृति की पहचान, वहाँ के स्थान विशेष की भौगोलिक बनावट, रीति-रिवाज, रहन-सहन,

मिथक और प्रतीक तथा भाषा से होता है। सर्जनात्मक लेखन में संस्कृति के प्रतीकों का प्रवेश अनायास ही हो जाता है, जैसे घटा की घुमड़न वियोग की पीड़ा और विरह के अवसाद का और बिजली की चमक प्रिय मिलन की उत्कण्ठा का प्रतीक है। ये चीजें संस्कृति से लेखक को मिलती हैं। रचनाकार अपने अनुभव से लेखन को मौलिक और विशिष्ट बना देता है।

सर्जनात्मक लेखन को मुख्यतः दो भागों में बाँटा जा सकता है—गद्य लेखन और पद्य लेखन।

सर्जनात्मक लेखन की भाषा के विविध रूप

जैविक प्रक्रिया—सर्जनात्मक लेखन साहित्य रचना का सबसे महत्त्वपूर्ण पहलू है। हम अपनी अनुभूतियों को विविध रूपों में अभिव्यक्त करना चाहते हैं।—कभी हँसकर, कभी रोकर, कभी गाकर, कभी बोलकर तो कभी अंग-संचालन के माध्यम से। इन अनुभूतियों को प्रकट करने के लिए भाषा अपना विविध रूप ग्रहण करती है। प्रत्येक भाव की अभिव्यक्ति के लिए प्रायः भाषा में बदलाव होता रहता है। हम इन्हीं बदलते भावों को विविध रूपों में अभिव्यक्ति का प्रयास करते हैं। कहा जा सकता है कि सर्जनात्मक लेखन एक जैविक प्रक्रिया है जो कि अपने लिए भाषा का विशिष्ट रूप चुन लेती है।

भाषा की विविधता—सर्जनात्मक लेखन भाषा की विविधता से जुड़ा होता है। सभी साहित्यिक विधाओं की भाषा एक समान नहीं होती। कविता की भाषा, कहानी की भाषा, उपन्यास की भाषा, निबन्ध की भाषा, नाटक की भाषा और रिपोर्ताज की भाषा एक जैसी नहीं होती। जैसे कविता की भाषा में शब्द की व्यापकता से अर्थ ध्वनित होता है। उपन्यास की भाषा में चित्रात्मकता का प्राधान्य होता है। उसमें वर्णन की प्रधानता होती है। कहानी की भाषा में सूक्ष्मता और सांकेतिकता होती है। निबन्ध की भाषा में वैचारिकता का प्राबल्य होता है। नाटक की भाषा में अभिनय की प्रमुखता होती है। रिपोर्ताज में घटनाक्रम की क्रमिकता और वर्णन की चित्रात्मकता मिली होती है। यात्रा-वृत्तान्त में लेखक की भावना तथ्यों के साथ घुल-मिलकर प्रस्तुत होती है। अनुभव की विविधता से युक्त इन तमाम विधाओं में भाषा अनेक रूपी होती है। उसमें विविध रूपों का प्रयोग होता है।

भाव के अनुरूप भाषा में बदलाव—सर्जनात्मक लेखन में भाषा का रूप जीवन के रंग के साथ बदलता है। उसमें भाषा में स्मृति की प्रधानता होती है। जैसे यदि बचपन की स्मृतियों को चित्रित करना हो तो भाषा रोमांटिक हो जाएगी, पर यदि किसी वृद्ध एवं दुःखी हृदय की भावनाओं को चित्रित करना हो तो उसकी भाषा करुणासिक्त हो ज़ाएगी। एक उदाहरण देखें :

प्रेमचन्द के 'गोदान' का नायक होरी जब मरणासन्न होता है उस वक्त उसकी स्मृति में विगत की तमाम चीजें एक-एक कर नाचने लगती हैं : "उसकी आँखें बन्द हो गईं और जीवन की सारी स्मृतियाँ सजीव हो-होकर हृदय पर आने लगीं, लेकिन बेक्रम, आगे की पीछे, पीछे की आगे, स्वप्न-चित्रों की भाँति बेमेल, विकृत और असम्बद्ध, वह सुखद बालपन आया, जब वह गुल्लियाँ खेलता था और माँ की गोद में सोता था। फिर देखा, जैसे गोबर आया है और उसके पैरों पर गिर रहा है। फिर दृश्य बदलता, धनिया दुलहिन बनी हुई, लाल चुनरी पहने उसको भोजन करा रही थी। फिर एक गाय का चित्र सामने आया, बिलकुल कामधेनु-सी। उसने उसका दूध दुहा और मंगल को पिला रहा था कि गाय एक देवी बन गई और..."

व्यंग्य की ताकत—भाषा में यथार्थ निरीक्षण से व्यंग्य की ताकत पैदा होती है। जैसे कबीर में यथार्थ की पकड़ बहुत ही गहरी है। उनकी भाषा में व्यंग्य की धार प्रखर है। निराला के व्यंग्यों में सामाजिक असन्तोष का गहराता हुआ रूप चित्रित हुआ है। रघुवीर सहाय की कविताओं में व्यंग्य की अनुभूति बहुत बड़ी है। व्यंग्य आक्रोश को व्यक्त करने का एक सशक्त पर भावपूर्ण माध्यम है।

परिवेश के साथ विशिष्ट सम्बन्ध—सर्जनात्मक लेखन का अपने परिवेश के साथ विशिष्ट सम्बन्ध होता है। किसी भी विधा में परिवेश की बहुत बड़ी भूमिका होती है। कहानी, उपन्यास, नाटक के पात्र जिस परिवेश के होते हैं उसी के अनुकूल भाषा का गठन किया जाता है। यानी पात्रोनुकूल भाषा का समावेश सर्जनात्मक लेखन की पहली शर्त है जैसे, यदि कोई पात्र ग्रामीण परिवेश से आता है तो उसके द्वारा संस्कृतनिष्ठ हिन्दी का प्रयोग यदि कोई लेखक कराता है तो वह स्वाभाविक नहीं होगा। उसी तरह यदि कोई पात्र शहरी है तो उसके द्वारा आंचलिक भाषा का प्रयोग अस्वाभाविक लगेगा। इसलिए रचनाकार के लिए यह सबसे जरूरी है कि वह पात्रोनुकूल भाषा का प्रयोग करे। पात्र और परिवेश के अनुकूल भाषा प्रयोग से लेखन में संवेदना आती है।

सर्जनात्मक लेखन और भाषा प्रयोग—भाषा-प्रयोग के अन्तर्गत हम सर्जनात्मक लेखन के निम्नलिखित रूपों पर विचार कर सकते हैं :

निबन्ध की भाषा—निबन्ध सर्जनात्मक लेखन की एक महत्त्वपूर्ण विधा है। इसके विविध विषय होते हैं। निबन्ध किसी भी विषय पर लिखा जा सकता है। यह रचनात्मक और आलोचनात्मक दोनों प्रकार का हो सकता है। निबन्ध लेखन में भाव और विचार दोनों ही महत्त्वपूर्ण होते हैं। निबन्धकार किसी भी विचार को चिन्तन और तर्क की भाषा में ही नहीं अनुभव की भाषा में भी रखता है। निबन्धकार अपने अनुभव और विचार को मिलाकर क्रमिक गति से निबन्ध

में एकसूत्रता देता है। निबन्ध में भाव खुले हुए होते हैं। उनमें अन्तःसंगति होना जरूरी है। इसलिए भाव और भाषा में एकसूत्रता होनी चाहिए। कहा गया है कि निबन्ध की भाषा में शब्दों का अन्तःसूत्र स्वेटर की तरह बुना होता है। थोड़े से शब्दों के हेर-फेर से गद्य शिथिल और निर्जीव हो सकता है। हिन्दी के सफल निबन्धकार आचार्य रामचन्द्र शुक्ल के निबन्धों की भाषा इस दृष्टि से विचारणीय है। उसमें विचार शब्दों के बीच से बहते हुए नजर आते हैं जैसे :

"श्रद्धा का व्यापार-स्थल विस्तृत है, प्रेम का एकान्त। प्रेम में घनत्व अधिक है और श्रद्धा में विस्तार।"

या

"यदि प्रेम स्वप्न है तो श्रद्धा जागरण है।"

या

"श्रद्धा और प्रेम के योग का नाम भक्ति है।"

(श्रद्धा-भक्ति : आचार्य रामचन्द्र शुक्ल)

दूसरी तरफ ललित निबन्ध की भाषा निबन्धकार के व्यक्तित्व से सम्बद्ध होती है। निबन्ध की भाषा में लय होती है। उस गद्य की लय में शब्द भी चंचल दिखाई देते हैं। ललित निबन्ध के भाव में संगीत जैसी सूक्ष्मता होती है। उसमें गीति काव्य की तरह व्यक्तित्व का सहज प्रकाशन होता है। निबन्धकार को उसकी शैली से ही पहचाना जा सकता है। निम्नलिखित उदाहरण से स्पष्ट है :

"शिवालिक की सूखी नीरस पहाड़ियों पर मुस्कुराते हुए ये वृक्ष द्वन्द्वातीत हैं, अलमस्त हैं। मैं किसी का नाम नहीं जानता, कुल नहीं जानता, शील नहीं जानता पर लगता है ये जैसे मुझे अनादि काल से जानते हैं। इन्हीं में एक छोटा-सा बहुत ठिगना पेड़ है, पत्ते चौड़े भी हैं, बड़े भी हैं। फूलों से तो ऐसा लदा है कि कुछ पूछिए ही नहीं। अजीब-सी अदा है, मुस्कुराता जान पड़ता है। लगता है पूछ रहा है कि क्या तुम मुझे भी नहीं पहचानते। पहचानता तो हूँ, अवश्य पहचानता हूँ। लगता है बहुत बार देख चुका हूँ। पहचानता हूँ उजाड़ के साथी तुम्हें अच्छी तरह पहचानता हूँ।

(कुटज : हजारी प्रसाद द्विवेदी)

स्पष्ट है कि निबन्ध में भाषा के साथ-साथ अर्थ पर भी ध्यान देना होता है। अर्थ के अभाव में रचनात्मक संवेदना और नवीनता नहीं आ सकती। इसलिए निबन्धकार की यह सबसे बड़ी विशेषता होती है कि वह भाषा-प्रयोग में अर्थ की अन्विति पर ध्यान दे।

कहानी की भाषा—कहानी सर्जनात्मक लेखन की एक सशक्त विधा है जिसका जन्म जुबानी तौर पर हुआ। दादी-नानी के जेहन से निकले 'गप्प' ने 'गल्प' का रूप ग्रहण किया। धीरे-धीरे कहानी जुबान से लेखन तक आई।

इसलिए कहानी विधा के दो आयामों में हमें स्पष्ट अन्तर दिखाई देता है। इन कहानियों पर कालावधि का अन्तर दृष्टिगोचर होता है। प्राचीन कहानियों में जहाँ वाचिक परम्परा के संस्कार मौजूद हैं, वहीं आधुनिक कहानियाँ परिवेश जनित भावबोध का चित्रण करती हुई नजर आती हैं। वाचिक परम्परा में पाठ पहले से निर्धारित नहीं होते थे बल्कि श्रोता और सामाजिक के सम्बन्धों में भाषा निर्धारित होती थी। उन कहानियों में वाचन ही प्रधान था। वहाँ वाचन ही वाक्य रचना, पद विन्यास, क्रिया, सर्वनाम एवं वचन का निर्णय करता है।

लेकिन आधुनिक कहानी में लेखक समकालीन समाज की पहचान के आधार पर एक कल्पित व्यक्ति, जिसके साथ वह काल्पनिक संवाद अथवा सम्प्रेषण की स्थिति बनाता है। इस दृष्टिकोण से हिन्दी की पहली कहानी 'रानी केतकी की कहानी' की भाषा पर विचार किया जा सकता है जहाँ कथा सम्प्रेषण वाचिक परम्परा से हटकर चाक्षुष में परिवर्तित हो रही थी तथा श्रव्य का स्थान पाठ्य ले रहा था। उदाहरण देखें :

"इस कहानी का कहनेवाला यहाँ आपको जताता है और जैसा कुछ लोग पुकारते हैं, कह सुनाता हूँ। दहना हाथ मुँह पर फेरकर आपको जताता हूँ जो मेरे दाता ने चाहा तो यह ताव-भाव, राव-चाव और कूद-फाँद लपट-झपट दिखाऊँ जो देखते ही आपके ध्यान छोड़ा, जो बिजली से भी बहुत चंचल अचपलाहट में है, हिरन के रूप में अपनी चौकड़ी भूल जाए।"

इन पंक्तियों की भाषा कुछ अटपटी-सी लगती है जिस पर व्याकरणिक नियमों का कोई प्रभाव नहीं है। इसी अभाव की पूर्ति के लिए आधुनिक युग में जटिल यथार्थ को व्यक्त करने के लिए बहुस्तरीय भाषा की आवश्यकता हुई। कहानी की भाषा का सवाल कुछ शब्दों को छोड़ने और लेने तक ही सीमित नहीं है बल्कि नयी वास्तविकता के अनुरूप उतनी ही यथातथ्य, कठोर, चुस्त, संवेदनशील और सजीव भाषा के निर्माण का है। प्रेमचन्द के पूर्व भी कहानी घटना प्रधान थी। प्रेमचन्द ने घटना के आगे कथानक और चरित्र की प्रतिष्ठा की। प्रेमचन्द की कहानियों की भाषा वातावरण, चरित्र और कथ्य को एक ही साथ सम्प्रेषित करती है। इस दृष्टि से 'शतरंज के खिलाड़ी' की चर्चा की जा सकती है। जिसमें परिवेश और चरित्र यथार्थवादी होने के कारण भाषा व्यंग्यपूर्ण हो उठी है। बड़े ही नपे-तुले शब्दों द्वारा कहानीकार सामन्ती संस्कृति पर करारी चोट करता है। देखें :

"वाजिदअली शाह का जमाना था। लखनऊ विलायत के रंग में डूबा हुआ था। छोटे-बड़े गरीब-अमीर सभी विलासप्रियता में डूबे हुए थे। कोई नृत्य और गान की मजलिस सजाता, तो कोई अफीम की पीनक में मजे लेता। जीवन के प्रत्येक विभाग में आमोद-प्रमोद का प्राधान्य था। शासन विभाग में, साहित्य क्षेत्र

में, सामाजिक व्यवस्था में, कला-कौशल में, उद्योग-धन्धे में, आहार-व्यवहार में सर्वत्र विलासिता व्याप्त हो रही थी।''

प्रेमचन्द युग के कथाकार वातावरण का चित्रण कभी कहानी को सजाने के लिए करते थे कभी यथार्थ को रंग देने के लिए परन्तु प्रेमचन्दोत्तर युग में कहानियों में यथार्थ बदला और इसके साथ ही भाषा भी बदल गई। कहानियों में वातावरण मात्र अलंकरण के लिए नहीं बल्कि अन्तःकरण की वास्तविकता के लिए है। अनेक स्तरीय चेतना ने भाषा को सूक्ष्म संकेतमयी और प्रतीकात्मक बनाया। कम-से-कम शब्दों में अधिक-से-अधिक अर्थ देने की कोशिश की गई। इस दृष्टि से शेखर जोशी की कहानी 'कोसी का घटवार', रेणु की 'रसप्रिया' और निर्मल वर्मा की कहानी 'परिन्दे' को देखा जा सकता है। निर्मल वर्मा की कहानी का उद्धरण देखें :

''हर साल की सर्दी की छुट्टियों से पहले ये परिन्दे मैदानों की ओर उड़ते हैं, कुछ दिनों के लिए बीच के इस पहाड़ी स्टेशन पर बसेरा करते हैं, प्रतीक्षा करते हैं बर्फ के दिनों की जब वे नीचे अजनबी, अनजाने देश में उड़ जाएँगे—क्या वे सब भी प्रतीक्षा कर रहे हैं? वह, डॉ. मुखर्जी, मि. ह्यूबर्ट—लेकिन कहाँ के लिए? हम कहाँ जाएँगे।''

उपर्युक्त उदाहरण में कहानी की भाषा में संगीत की लय की सूक्ष्मता वर्तमान है। वातावरण में पात्रों की मनःस्थिति और आवेग का चित्र मिल जाता है। भाषा की बुनावट में मखमली विन्यास नजर आता है।

इस प्रकार हम देखते हैं कि हिन्दी कहानी वाचिक परम्परा से निकलकर प्रतीकात्मकता तक की दूरी तय करती है पर उसकी भाषा में एक नई संचेतना और अभिव्यक्ति की सूक्ष्मता मिलती जाती है।

फीचर की भाषा—किसी गम्भीर अध्ययन के आधार पर विशिष्ट शैली के साथ विद्वत्तापूर्ण प्रामाणिक रचना करना जहाँ आलेख कहलाता है वहीं काल्पनिकता, नाटकीयता एवं पाठकों के मनोरंजनार्थ हल्की-फुल्की पाठ्य-वस्तु फीचर कहलाती है। फीचर लेखन का सम्बन्ध समाचार पत्रों से है। फीचर किसी विशिष्ट घटना पर आधारित होता है। यह किसी लुप्त होती हुई परम्परा अथवा नई समस्याओं पर लिखा जा सकता है। फीचर की विषयवस्तु के कई आयाम हो सकते हैं। जब हम फीचर लेखन की भाषा पर विचार करते हैं तो सबसे पहले हमें यह ध्यान रखना होता है कि फीचर समाचार पत्रों में छपते हैं, जिन्हें हर तबके के लोग पढ़ते हैं। इसलिए उसकी भाषा सरल-सहज होनी चाहिए ताकि सबके लिए सुग्राह्य हो सके। परन्तु इसका मतलब यह भी नहीं है कि इसकी भाषा बिल्कुल समाचार पत्र की भाषा की तरह हो। क्योंकि समाचार की भाषा में एक प्रकार की तात्कालिकता होती है जो कि घटनाओं पर आधारित है। लेकिन

फीचर की भाषा में सर्जनात्मकता होनी चाहिए। इसलिए इसकी भाषा में बिल्कुल स्पष्टता नहीं होती। वास्तविकता यह है कि फीचर सामान्य रोजमर्रा की खबरों से अलग ऐसा आलेख है जो जनरुचियों से जुड़ा होता है। यह भावुकता, सहानुभूति, संवेदना, आश्चर्य, जिज्ञासा आदि तत्त्वों से मिला होता है। अतः फीचर बिना किसी बाह्य आडम्बर या दिखावा के मानवीयता से सम्बद्ध एवं कल्पना से परे सरल शब्दों में लिखा गया आलेख है।

समाचार और फीचर एक-दूसरे से पृथक तो हैं लेकिन इन दोनों को बिल्कुल अलग नहीं रखा जा सकता है। घटनाओं से सम्बन्धित तथ्यों से वैयक्तिकता के आधार पर प्रदर्शित करना समाचार का उद्देश्य होता है। जबकि फीचर समाचारों का सूक्ष्मता से विश्लेषण करता है। संक्षिप्तता समाचार का गुण है जबकि विस्तार फीचर का। तथ्यों को जैसा का तैसा प्रस्तुत करना समाचार है तो तथ्यों को एक पृथक शैली में प्रस्तुत कर एक मनोरम चित्र उपस्थित करना फीचर (रूपक) है। सभी समाचार पत्रों में संवादों के प्रकाशन में समरूपता पाई जाती है। लेकिन फीचर की अपनी एक अलग पहचान होती है। समाचार में तात्कालिकता का गुण विद्यमान होता है, लेकिन फीचर भूत, भविष्य और वर्तमान को विश्लेषित कर सकता है। एक उदाहरण द्रष्टव्य है :

"पत्रों की परम्परा अत्यन्त स्वस्थ और सुन्दर है जो जीवन्त रखती है। सम्बन्धों और संवेदनाओं का इतिहास गवाह है कि स्वतन्त्रता संग्राम में एक सशक्त संचार माध्यम के रूप में पत्र की कितनी अहम भूमिका रही है। स्वतन्त्रता सेनानियों के पत्रों से आज भी तत्कालीन भारत की सामाजिक-राजनीतिक स्थिति का पूरा ब्यौरा मिलता है। प्रथम प्रधानमन्त्री जवाहर लाल नेहरू के अपनी बेटी को जेल से लिखे गए पत्र एक दस्तावेज बन गए हैं और आज भी उनका महत्त्व अक्षुण्ण है।"

इस उदाहरण के द्वारा हम फीचर की भाषा को समझ सकते हैं। यह भाषा सूचना परक तो है परन्तु कालावधि को अपने आप में समेटे हुए हैं जिसमें केवल तात्कालिकता ही वर्तमान नहीं है बल्कि भूत और भविष्य की संचेतना की भी सूचना है।

3:2:5 वैयक्तिक लेखन

वैयक्तिक लेखन उस लेखन को कहते हैं जिसमें व्यक्ति अपने बारे में कुछ लिखता है। वस्तुतः इस प्रकार के लेखन की शुरुआत भारतेन्दु काल से हुई। व्यक्ति के जीवन में जैसे-जैसे बदलाव आते गए उसने अभिव्यक्ति के नए-नए तरीकों की खोज की। पूँजीवादी व्यवस्था और उद्योगीकरण के विकास से जहाँ एक ओर सामुदायिक भावना कम होती गई वहीं व्यक्तिवादी चेतना बढ़ती गई।

ऐसे समय में व्यक्ति अकेलेपन का शिकार होने लगा। मानवीय सम्बन्धों में भी कमी आने लगी। इस कारण व्यक्ति के भीतर छटपटाहट का भाव गहराता चला गया। लेखकीय धरातल पर यही छटपटाहट क्षण को बाँध एक यादगार रूप में प्रस्तुत करने की परिपाटी चल पड़ी। जीवन के यादगार क्षण को लेखक आत्मीयतापूर्वक अपने लेखन में उतारने लगा। लेखक की यही अनुभूति पाठकीय संवेदना की हकदार बनने लगी। तभी से कुछ विधाओं ने अपना स्वतन्त्र रूप ग्रहण किया जिसे वैयक्तिक लेखन के नाम से जाना जा सकता है। वैयक्तिक लेखन निजी लेखन होता है और इसमें निजी एवं अंतरंग अनुभूतियाँ, घटनाएँ और विचार केन्द्रीय भूमिका निभाते हैं। इस प्रकार वैयक्तिक लेखन उसे कहेंगे जिसमें लेखक की हिस्सेदारी सीधे तौर पर दिखाई देती है। यात्रा-वृत्तान्त, संस्मरण, रेखाचित्र, डायरी, जीवनी, रिपोर्ताज आदि विधाएँ वैयक्तिक लेखन के अन्तर्गत आती हैं। इन विधाओं में लेखक और उसके वर्णन के बीच चरित्र भी आ जाते हैं जिनका अपना अलग व्यक्तित्व होता है।

वैयक्तिक लेखन में व्यक्ति के भोगे हुए क्षण का वर्णन होता है। इसमें कल्पना की बजाय वस्तुस्थिति या सत्य घटना को चित्रित किया जाता है। कल्पना का प्रयोग लेखक उसी सीमा तक करता है जहाँ तक उसके तथ्यों को कोई नुकसान नहीं पहुँचता। इसमें लोक-जीवन से जुड़ने के कारण लेखक प्रचलित मुहावरों, अलंकारों और मिथकों का ही सहारा लेता है। इस लेखन में लोक रुचि का भी विशेष ध्यान होता है।

वैयक्तिक लेखन की सबसे बड़ी विशेषता उसकी आत्मीयता है। लेखक को किसी वस्तु, घटना या व्यक्ति का वर्णन करते समय बराबर यह खयाल रखना पड़ता है कि पाठक वर्णित विषय के साथ अपना तादात्म्य या लगाव महसूस करे। इसमें विचार की अपेक्षा भावों पर विशेष बल दिया जाता है। वैयक्तिक लेखन सही मायने में अतीत का स्मृति चित्र होता है।

वैयक्तिक लेखन के प्रकार

आत्मकथा—जब कोई व्यक्ति अपनी जीवनी स्वयं लिखता है तब उसे आत्मकथा कहते हैं। हिन्दी में आत्मकथा का विकास पश्चिमी साहित्य के प्रभाव के कारण हुआ। इसमें अतीत जीवन के चित्रण के साथ-साथ समूचे परिवेश की भी अभिव्यक्ति होती है। लेखक अपने भोगे हुए जीवन को आत्मकथा में पुनःसर्जित करता है।

आत्मकथा लेखक की सर्जनात्मकता का प्रतीक होती है। आत्मकथा में कथा-रस की अनुभूति एक आवश्यक तत्त्व है। इसमें लेखक अपने जीवनमूल्यों की व्याख्या भी करता है। कहा जा सकता है कि आत्मकथा लेखक द्वारा अपने

बारे में लिखा गया ऐसा कथानक है जो सत्य पर आधारित होता है और जिसमें लेखक का समूचा व्यक्तित्व झलक उठता है।

संस्मरण—किसी व्यक्ति, घटना, दृश्य, वस्तु को आत्मीयता के साथ याद करते हुए उसका विवेचन करना संस्मरण कहा जाता है। स्मृति संस्मरण का एक रूप है। इसके वर्णनं में लेखक की स्वयं की अनुभूतियाँ और संवेदनाएँ जुड़ी होती हैं। संस्मरण में वर्णन और विवरण की प्रधानता होती है। संस्मरण केवल अतीत की घटनाओं पर आधारित होता है। इसमें जिस व्यक्ति या घटना का वर्णन किया जाता है उससे लेखक का व्यक्तिगत सम्बन्ध जुड़ा होना चाहिए। इसमें भावुकता की प्रखरता होती है। इसमें सम्पूर्ण जीवन का चित्रण न करके कुछ घटनाओं का विवेचन किया जाता है। वैयक्तिकता संस्मरण की महत्त्वपूर्ण विशेषता मानी जाती है।

डायरी—जब कोई व्यक्ति दिन, तिथि, सन् के आधार पर लेखन में घटित अथवा देखी गई धार्मिक, राजनीतिक, सामाजिक या साहित्यिक परिस्थितियों का चित्रण करता है तो उस रचना को डायरी के नाम से जाना जाता है। यह लेखक के निजी अनुभव का अभिन्न अंग होती है। इसमें लेखक की भावनाओं और अनुभूतियों की सहज अभिव्यक्ति होती है। इसमें लेखक की निजता अभिव्यक्त होती है। विषयवस्तु और मनःस्थिति के अनुसार इसमें प्रयुक्त शैली का स्वरूप भी बदलता रहता है। डायरी लेखन का सम्बन्ध सिर्फ लेखक से होता है जिसमें वह अपनी भावनाओं, विचारों और घटनाओं को सहज रूप में प्रस्तुत करता है।

यात्रा-वृत्तान्त—व्यक्ति जब अपनी यात्रा के अनुभवों को कलात्मकता के साथ प्रस्तुत करता है, तो उसे यात्रा-वृत्तान्त कहते हैं। इसमें कल्पना की गुंजाइश नहीं होती और बीते हुए यथार्थ की प्रधानता पाई जाती है। इसमें स्थान और तथ्यों का विशेष महत्त्व होता है। आत्मीयता, वैयक्तिकता, रोचकता और कल्पनाशीलता यात्रा-वृत्तान्त की विशेषताएँ हैं। यात्रा-वृत्तान्त लेखन में मिथक, प्रतीक, अलंकार, मुहावरों और लोकोक्तियों का सहारा लिया जा सकता है। चित्रात्मक वर्णन इस विधा की एक प्रमुख विशेषता है।

वैयक्तिक लेखन की भाषा—उपर्युक्त वर्णित वैयक्तिक लेखन के विविध प्रकारों की भाषा की दृष्टि से जब हम विचार करते हैं तो ऐसा लगता है कि इनमें प्रायः कहीं-न-कहीं कुछ-न-कुछ अन्तर अवश्य है। प्रत्येक विधा की रचना एक समान भाषा में नहीं की जाती। इसे हम निम्नलिखित उदाहरणों के आधार पर देखें।

आत्मकथा की भाषा—यह साहित्य की एक सरस और संस्मरणात्मक विधा है। आत्मकथा में लेखक के जीवन का शृंखलाबद्ध विवरण होता है जिसमें वह अपनी विशाल जीवन सामग्री में से कुछ महत्त्वपूर्ण बातों को लेकर उनको व्यवस्थित ढंग

से सामने लाता है। अतः आत्मकथा की भाषा विवरणात्मक होती है। आचार्य महावीर प्रसाद द्विवेदी लिखित आत्मकथा के निम्नलिखित अंशों को देखें–

''मैं एक ऐसे देहाती का एकमात्र आत्मज हूँ जिसका मासिक वेतन सिर्फ दस रुपया था। अपने गाँव के देहाती मदरसे में थोड़ी-सी उर्दू और घर पर थोड़ी-सी संस्कृत पढ़कर तेरह वर्ष की उम्र में मैं 36 मील दूर रायबरेली के जिला स्कूल में अंग्रेजी पढ़ने गया। आटा-दाल घर से पीठ पर लादकर ले जाता था। दो आना महीना फीस देता था। दाल ही में आटा के पेड़े या टिकिया पकाकर पेट पूजा करता था। रोटी बनाना तब मुझे आता ही नहीं था। एक वर्ष किसी तरह वहाँ काटा। फिर पुरवा फतेहपुर और उन्नाव के स्कूलों में चार वर्ष काटे। कौटुम्बिक दुरवस्था के कारण मैं उससे आगे न बढ़ सका। मेरी स्कूली शिक्षा भी वहीं समाप्त हो गई।''

आत्मकथा वैयक्तिक जीवन पर आधारित होती है। इसमें लेखक अपने जीवन और परिवेश के अनेक मार्मिक क्षणों और अनुभवों को अभिव्यक्त करता है।

''नौकरी छोड़ने पर मेरे मित्रों ने कई प्रकार से मेरी सहायता करने की इच्छा प्रकट की। किसी ने कहा, आओ, मैं तुम्हें अपना प्राइवेट सेक्रेटरी बनाऊँगा। किसी ने लिखा, मैं तुम्हारे साथ बैठकर संस्कृत पढ़ूँगा। किसी ने कहा, मैं तुम्हारे लिए एक छापाखाना खुलवा दूँगा इत्यादि। पर मैंने सबको अपनी कृतज्ञता की सूचना दे दी और लिख दिया कि अभी मुझे आपकी सहायता की विशेष आवश्यकता नहीं।''

आत्मकथा में अतीत और वर्तमान का गहरा सम्बन्ध होता है। आत्मकथा लेखक के लिए अपने चरित्र का उद्‌घाटन और विश्लेषण करना बहुत चुनौतीपूर्ण कार्य होता है। इसमें भाषा जहाँ एक ओर वर्णनात्मक होती है, तो दूसरी ओर उसका स्वरूप विश्लेषण प्रधान होता है। उदाहरण :

''नहीं कह सकता, शिक्षा-प्राप्ति की तरफ प्रवृत्त होने का संस्कार मुझे किससे मिला, पिता से या पितामह से या अपने ही किसी पूर्वजन्म के कृत कर्म से। बचपन से ही मेरा अनुराग तुलसीदास की 'रामायण' और ब्रजवासीदास के 'ब्रज-विलास' पर हो गया था। फुटकर कवित्त भी मैंने सैकड़ों कंठस्थ कर लिए थे। हुशंगाबाद में रहते समय भारतेन्दु हरिश्चन्द्र की 'कवि वचन सुधा' और गोस्वामी राधाचरण के एक मासिक-पत्र ने मेरे उस अनुराग की वृद्धि कर दी। वहीं मैंने बाबू हरिश्चन्द्र कुलश्रेष्ठ नाम के एक सज्जन से, जो वहाँ कचहरी में मुलाजिम थे, पिंगल का पाठ पढ़ा। फिर क्या था, मैं अपने को कवि ही नहीं महाकवि समझने लगा। मेरा यह रोग बहुत समय तक ज्यों-का-त्यों बना रहा। झाँसी आने पर जब मैंने पण्डितों की कृपा से प्रकृत कवियों के काव्यों का अनुशीलन किया तब मुझे अपनी भूल मालूम हो गई और छन्दोबद्ध प्रलापों के

जाल से मैंने सदा के लिए छुट्टी ले ली। पर गद्य में कुछ-न-कुछ लिखना जारी रखा। संस्कृत और अंग्रेजी पुस्तकों के कुछ अनुवाद भी मैंने किए।''

आत्मकथा में लेखक कहीं-कहीं हास्य-व्यंग्य शैली का भी प्रयोग करता है जिससे भाषा में रोचकता पैदा होती है। उदाहरण :

''कवि तो मैं था ही, मैंने चार-चार चरण वाले लम्बे छन्दों में एक पद्यात्मक पुस्तक लिख डाली। ऐसी पुस्तक जिसके प्रत्येक पद्य से रस की नदी नहीं तो बरसाती नाला जरूर बह रहा था।''

कभी-कभी लेखक भावपूर्ण क्षणों में संस्कृतनिष्ठ भाषा का भी प्रयोग करता है। जैसे :

''फिर क्या था, उसके शरीर में कराल काली का आवेश हो गया। उसने मुझ पर वचन-विन्यास रूपी इतने कड़े कशाघात किए कि मैं तिलमिला उठा।''

संस्मरण की भाषा—स्मृति के आधार पर किसी विषय या व्यक्ति के सम्बन्ध में लिखित लेख या ग्रन्थ को संस्मरण कहा जा सकता है। इसमें लेखक अपने समय के इतिहास को लिखना चाहता है। वह जो स्वयं देखता है, जिसका वह स्वयं अनुभव करता है, उसी का वर्णन करता है। उसके वर्णन में उसकी अनुभूतियाँ एवं संवेदनाएँ भी रहती हैं। कुछ उदाहरणों द्वारा संस्मरण की भाषा को स्पष्ट किया जा सकता है।

''निराला जी का शील सौजन्य ही ऐसा है कि एक बार जो पारस परसेगा, वह सोना होकर रहेगा। 'मतवाला' सम्पादक श्री महादेव प्रसाद सेठ का जब सम्पर्क हुआ, तब वे निराला के हाथों बिक से गये। उनके समान निराला-भक्त आज तक कोई हुआ ही नहीं। यदि आज वे होते तो निराला को कभी कोई विक्षिप्त नहीं कहने पाता।''

(शिवपूजन सहाय : महाकवि निराला)

इस उदाहरण में निराला जी के स्वभाव एवं शीलवैविध्य का चित्रांकन किया गया है जिसकी भाषा सहज है।

कभी-कभी संस्मरण लेखक वर्णनात्मक भाषा द्वारा व्यक्तित्व के सकारात्मक पक्षों को उभारने की कोशिश करता है। आमतौर पर संस्मरणों में जिस व्यक्ति के बारे में वर्णन किया जाता है उससे सम्बन्धित घटनाओं, विशेषताओं आदि को रेखांकित किया जाता है। उदाहरण :

''निरालाजी कुछ दिन काशी में रहे थे। मैं भी उन दिनों वहीं था। प्रसादजी के साथ खूब बैठक होती थी। मध्य गंगा में बजड़े पर कविता पाठ भी हुआ था। निरालाजी ने हारमोनियम बजाकर 'श्रीरामचन्द्र कृपालु भजुमन' पद गाया था। प्रसादजी ने परोक्ष में उनकी बड़ी प्रशंसा की थी। साहित्य और संगीत दोनों शास्त्रों में उनकी असाधारण गति देखकर प्रसादजी बहुत प्रभावित हुए थे। प्रसादजी

राग-द्वेष-रहित व्यक्ति थे। उन्होंने उसी समय निरालाजी को कई बार तौलकर कहा था कि हिन्दी को ईश्वर की देन है निराला। यह भविष्यवाणी आज प्रत्यक्ष है।''

(शिवपूजन सहाय : महाकवि निराला)

संस्मरण में लेखक का यह उद्देश्य होता है कि वह ऐसे व्यक्ति के जीवन का एक ऐसा पक्ष उजागर करे जो महत्त्वपूर्ण हो तथा प्रेरणादायक भी हो। इसमें आत्मीयता और गम्भीरता के साथ किसी व्यक्ति की चारित्रिक विशेषताओं को स्मरण किया जाता है। उदाहरण :

''परिस्थिति ने जवाहरलाल को राजनीतिक पुरुष बनाया और वे तन-मन से राजनीतिज्ञ बने। जवाहरलाल की मूल प्रकृति आध्यात्मिक थी जो साहित्य, संस्कृति, कला, विज्ञान को जन्म देती है, जो व्यक्ति को कवि और स्वप्नद्रष्टा बनाती है। जवाहरलाल अपनी इसी प्रकृति के कारण सौन्दर्य के उन्मत्त प्रेमी थे। इस सौन्दर्य को कितने ही खण्डों में बाँटा जा सकता है—प्रकृति-सौन्दर्य, ललना-सौन्दर्य, भाव-सौन्दर्य, न मालूम और कितने-कितने।''

(श्री लक्ष्मीनारायण 'सुधांशु' : पं. जवाहरलाल नेहरू)

संस्मरण की भाषा विवरणात्मक होती है तथा चित्रित व्यक्ति के प्रति लेखक के मन में श्रद्धा और आत्मीयता का भाव होता है। हालाँकि वर्णित स्मृतियाँ मार्मिक और तथ्यपरक होती हैं और चित्रित व्यक्ति के साथ बिताए गए क्षणों पर आधारित होती हैं। इसलिए संस्मरण में वर्णित व्यक्ति की छाप भी मौजूद रहती है। इसके अलावा, संस्मरण में निजी जीवन की घटनाओं के प्रत्यक्षीकरण की इस प्रक्रिया में लेखक स्वयं एवं प्रमुख पात्र रहता है हालाँकि वह पृष्ठभूमि में ही होता है। उदाहरण :

''बिहार हिन्दी साहित्य सम्मेलन के मुजफ्फरपुर अधिवेशन में जब दिनकरजी के जूते गायब हो गए तो अफसोस से अधिक उन्हें आश्चर्य था कि नौ नम्बर के चोर भी हैं पर नलिनजी आश्वस्त थे कि शिरस्त्राण बनाने को कोई उनके जूते न लेगा। दरअसल उनके नाप के जूते और गंजी बाजार में मिलते ही नहीं थे और निजी तौर पर उन्हें बनवाना पड़ता था।...

...वैसे नलिनजी को छोटी-छोटी चीज़ें बहुत पसन्द थीं—पतली बारीक लिखनेवाली कलम, छोटी फाँद और हल्की काठी का चश्मा, मलमल का कुर्ता, गोल्ड फ्लेक के बाद माइनर मेपुल सिगरेट, अपने बड़े मकान का वह छोटा-सा कमरा जिसे वे 'त्रिशंकु' कहते और जो अन्यत्र 'नकेनकक्ष' के नाम से अभिहित हुआ, गौण कवि, गौण पात्र...।''

(केसरी कुमार : श्री नलिन विलोचन शर्मा)

उपर्युक्त उदाहरणों के आधार पर यह कहा जा सकता है कि संस्मरण एक ऐसी गद्य विधा है जिसमें लेखक विशिष्ट या सामान्य व्यक्ति के जीवन से जुड़ी

मार्मिक एवं आत्मीय स्मृतियों को रोचक तथा तथ्यपरक ढंग से वर्णित करता है। इस वर्णन में लेखक की अन्तरंगता स्पष्ट झलकती है। इन उदाहरणों में जिन भाषाओं के प्रयोग हुए हैं वे सब के सब सहज एवं सरल हैं। सहज एवं सरल भाषाओं के प्रयोग से उसकी सम्प्रेषणीयता में कोई व्यवधान नहीं होता।

डायरी की भाषा

डायरी में लेखक अपने जीवन-प्रसंगों को इस तरह से प्रस्तुत करता है कि उसमें तद्‌युगीन सामाजिक, धार्मिक, राजनीतिक एवं साहित्यिक परिस्थितियों का भी अंकन हो जाए। यह निजी जीवन का भावात्मक दस्तावेज होता है। इसमें लेखक एक समय-विशेष की मानसिक स्थिति, विचारधारा, अनुभूतियों आदि का सहज और यथार्थ चित्र उपस्थित करता है। कहीं-कहीं भाषा-प्रयोग में व्यंग्य का तेवर विद्यमान हो उठता है। चूँकि डायरी लेखन का उद्देश्य सच्चाई एवं साफगोई के साथ वर्णन को सार्थक बनाना होता है इसलिए उसमें सरल भाषा ही प्रयुक्त की जाती है। लेखक की मनःस्थितियों, विषय की विभिन्नता और मानसिकता में बदलाव के कारण भाषा शैली में भी बदलाव होता है। इसमें लेखक का ध्यान शिल्प पर उतना नहीं होता जितना भावों और विचारों पर। डायरी लेखन में स्वाभाविकता का ज्यादा महत्त्व होता है। यह पूरी तरह से एक निजी विधा है इसलिए इसमें लेखक को अपने भावों और विचारों को व्यक्त करने की पूरी छूट होती है। धर्मवीर भारती द्वारा लिखित डायरी के कुछ उदाहरण द्रष्टव्य हैं :

"मनुष्य प्रेम ऐसी कृतियों में कितने जटिल भाव स्तर पर छिपा है इसका एक बड़ा सूक्ष्म विवेचन मोपासां की एक कहानी में मैंने एक बार पढ़ा था।

× × ×

वह अपनी कर्कशा पत्नी से न केवल ऊब गया है वरन् घृणा करने लग गया है। इतना कटु हो गया है कि वह दिन-रात यह सोचता है कि काश एक बार सिर्फ एक बार उसका फेंका हुआ छुरा पत्नी के गले में या छाती में धँस जाए।

× × ×

वह रोकर स्वीकार करता है कि पिछले पाँच साल से प्रतिदिन यह होता है, पर पता नहीं या तो वह प्रेम अब भी जीवित है या तीस वर्ष से रोज बच-बचाकर छुरा फेंकने से उसके हाथ इस तरह अभ्यस्त हो गए हैं कि वह अपनी ही कला के सामने पराजित है।"

यात्रा-वृत्तान्त की भाषा

यात्रा के दौरान देखे-सुने गए दृश्यों के अनुभवों को कल्पना के पुट के साथ सरस-सरल भाषा में अभिव्यक्त करने की कला यात्रा-वृत्तान्त है। यह साहित्य

की एक सर्वोत्तम विधा है। भाषायी दृष्टिकोण से इस विधा पर निम्नलिखित रूप से विचार किया जा सकता है।

इसमें लेखक चाहे तो संस्कृतनिष्ठ तत्सम शब्दों का प्रयोग कर सकता है, परन्तु प्रवाह में कहीं बाधा नहीं होनी चाहिए। यात्रा-वृत्तान्त में आत्मीयता का होना आवश्यक है। इससे लेखक की अनुभूति भी अभिव्यक्त हो उठती है और भावना के प्रवाह में वह परिष्कृत भाषा का प्रयोग करने लगता है। कुछ उदाहरण देखें :

"मेरी दृष्टि की सीमा के सारे बन्धन विलीन हो गए हैं, मुझे लगता है जैसे मैं मुक्त हो गया हूँ। पर यह मुक्ति बन्धनों को तोड़ने की नहीं है, क्षण की उपलब्धि में सीमा के विस्मरण की है। यह आदमी सीमाएँ मानकर अपने को शासित और नियन्त्रित ही करता है। अस्तित्व के प्रवाह में न कहीं कोई सीमा और न बन्धन है, वह निस्सीम निर्बाध घटित होता है।"

× × ×

"ऐसा नहीं कि मैंने किसी अलौकिक रस का आनन्द ग्रहण किया हो, न ऐसा ही किसी अज्ञात सत्ता का साक्षात्कार कर रहा हूँ। प्रकृति के सामीप्य और साहचर्य के आनन्दोल्लासमय उपभोग की मनःस्थिति भी नहीं है। मैं इस क्षण संग अथवा असंग कुछ भी तो नहीं हूँ। मेरी मनःस्थिति निस्संग की है, गत-आगत से मैं मुक्त नहीं हूँ, केवल मेरे वर्तमान क्षण में दोनों अन्तर्भुक्त हैं, सन्तुलित हैं। गत की सारी पीड़ा और आगत का सारा उद्वेलन मेरे अस्तित्व में समाहित है। इस क्षण गत वर्तमान और आगत सब एक साथ मेरी अनुभूति है, मैं किसी घटना से नहीं अपने अस्तित्व से सम्पृक्त हूँ। सारी घाटी की सघनता के बीच अनुभव करता हूँ, जैसे मैं उपलब्ध हूँ।"

(डॉ. रघुवंश : घिरते-घुमड़ते हुए बादलों के बीच)

3:2:6 कार्यालयीय लेखन

कार्यालयों में दैनिक कामकाज में प्रयुक्त होने वाली भाषा कार्यालयीय भाषा कही जाती है और पत्रों के विविध रचना रूपों को हम कार्यालयीय लेखन कहते हैं। इसे कार्यालयीय हिन्दी अथवा प्रशासनिक हिन्दी भी कहा जाता है। ऐसा इसलिए कि प्रशासनिक कार्यों के लिए इस लेखन (भाषा) का प्रयोग किया जाता है। आजादी के बाद सरकारी और गैरसरकारी कार्यालयों में प्रशासनिक कार्यों के सम्पादन हेतु ऐसी सम्पर्क भाषा की आवश्यकता महसूस की गई जिसे बोलने, लिखने और समझनेवाले अधिक-से-अधिक जनसमुदाय के लोग हों। आजादी के पूर्व अंग्रेजी राजभाषा थी। इसके पूर्व मुगलकाल में फारसी राजभाषा थी। लेकिन 14 सितम्बर, 1949 को संविधान द्वारा निर्णय लिया गया कि स्वाधीन भारत

में सरकारी कामकाज के लिए देश की अपनी भाषा होनी चाहिए। तत्पश्चात् भारतीय संविधान में हिन्दी को संघ सरकार की राजभाषा घोषित किया गया। बाद में हिन्दी भाषी राज्यों में भी यह राज्य सरकार की राजभाषा बनी। तब से प्रशासनिक कार्य व्यवस्था में हिन्दी के प्रयोग की शुरुआत हुई।

कार्यालयीय भाषा के नए दायित्वों के निर्वहण के लिए कार्य के अनुरूप शब्दावली और भाषायी मुहावरे का विकास हिन्दी में होने पर कार्यालयीय हिन्दी की प्रयुक्ति विकसित हुई। इस प्रयुक्ति के विकास में पिछली राजभाषाओं ने प्रभावकारी भूमिका अदा की। इसका कारण यह था कि आजादी के बाद सरकारी कार्यालयों में कामकाज की वही पद्धति अपनाई गई थी जो अंग्रेजी शासन काल से चली आ रही थी। पुरानी पद्धति को हिन्दी भाषा के माध्यम से कार्यान्वित करने के लिए अंग्रेजी से हिन्दी में प्रशासनिक शब्दावली के अनुवाद की व्यवस्था की गई। इस प्रकार प्रशासनिक कार्यों के लिए कार्यालयीय व्यवस्था के तहत हिन्दी भाषा ने अपना रूप निर्धारित किया।

मुख्य रूप से कार्यालयीय लेखन का उद्देश्य कार्यालयों में होनेवाले विविध पत्राचारों से है। कार्यालयीय पत्राचार से तात्पर्य ऐसे पत्रों से है जो किसी मंत्रालय, कार्यालय, संस्था तथा कार्यरत कर्मचारी के बीच प्रशासनिक या कार्यालयीय प्रयोजनों के लिए किया जाता है।

कार्यालयीय लेखन/पत्राचार के विविध रूप

सरकारी पत्र (Official letters)

सरकारी कार्यालयों से जारी किए गए पत्र सरकारी पत्र कहलाते हैं। इसका प्रयोग विदेशी सरकारों, राज्य सरकारों, सम्बद्ध तथा अधीनस्थ कार्यालयों, सार्वजनिक संस्थानों और जनता के बीच औपचारिक पत्र व्यवहार के रूप में किया जाता है। किसी संस्था या व्यक्ति से प्राप्त पत्र की पावती भेजने तथा अन्तरिम उत्तर देने के लिए भी इसका प्रयोग किया जाता है। यदि किसी पत्र से अपेक्षित सूचना प्राप्त न हुई हो तो स्मरण पत्र या अनुस्मारक भेजा जाता है। इसके लिए भी 'सरकारी पत्र' का प्रयोग किया जाता है।

यदि पत्र के साथ कोई संलग्नक हो तो उसे संलग्न किया जा सकता है। पत्र की प्रतियाँ अन्य सम्बन्धित कार्यालयों अथवा व्यक्तियों को भेजी जानी चाहिए।

सरकारी पत्र का प्रारम्भ इस प्रकार से किया जाता है 'मुझे निदेश हुआ है कि', 'मुझे यह सूचित करने, आपके पत्र की पावती भेजने, अनुरोध करने का निदेश हुआ है कि' ऐसा लिखने का तात्पर्य यह हो जाता है कि ऐसे पत्र सरकारी निदेशों या आदेशों के आधार पर लिखे जाते हैं। उदाहरण :

सरकारी पत्र का नमूना

सं. ....

भारत सरकार

......मन्त्रालय

नई दिल्ली

दिनांक.........

सेवा में,

अवर सचिव

.....मन्त्रालय

.....विभाग

विषय : ....

महोदय,

आपके कार्यालय के पत्र सं....दिनांक........के सन्दर्भ में मुझे यह कहने/सूचित करने का निदेश हुआ है कि अभी इस सम्बन्ध में कोई अन्तिम निर्णय नहीं लिया जा सका है। जैसे ही इस मामले में निर्णय लिया जाएगा आपको सूचित कर दिया जाएगा।

भवदीय

(क, ख, ग)

अवर सचिव

स्मरण पत्र/अनुस्मारक (Reminder)

इस पत्र का प्रयोग तभी किया जाता है जब सरकारी पत्र या कार्यालयीय पत्र का कोई जवाब नहीं आता हो या कार्य सम्पादन में विलम्ब होता हो तो सम्बद्ध व्यक्ति या संस्था को अपने पूर्व पत्र के आलोक में स्मरण पत्र भेजा जाता है।

इसमें सरनाम/प्रेषिति का नाम/पदनाम, सम्बोधन तथा अधोलेख सरकारी पत्र के प्रारूप की तरह ही होंगे। इसके बाद लिखा जाएगा : "ऊपर दिए गए विषय पर इस कार्यालय के समसंख्यक पत्र कि.............सम्बन्ध में मुझे आपसे अनुरोध करने का निदेश हुआ है कि अपेक्षित जानकारी/सूचना शीघ्र भेजने की कृपा करें ताकि इस मामले में निर्णय लिया जा सके/आगे कार्रवाई की जा सके।"

अर्धसरकारी पत्र (Semi official letter)

सरकारी पत्राचार के इस रूप का प्रयोग निम्नलिखित उद्देश्यों के लिए किया जाता है :

(i) सरकारी कार्यविधि की औपचारिकता की ओर ध्यान दिए बिना अधिकारियों द्वारा आपस में विचार-विनिमय करने के लिए।

(ii) जब किसी मामले में प्राप्तकर्ता का ध्यान व्यक्तिगत रूप से आकर्षित करना हो।

(iii) जिन मामलों के निपटाने में बहुत अधिक देरी हो गई हो उनके जल्दी निपटान के उद्देश्य से किसी विशेष अधिकारी का ध्यान व्यक्तिगत रूप से आकर्षित कराने के लिए।

(iv) ये पत्र अनौपचारिक शैली में लिखे जाते हैं तथा इनमें व्यक्तिगत संस्पर्श होता है।

(v) इसका सम्बोधन 'प्रिय श्री/श्रीमती'........................किया जाता है अधोलेख में 'आपका' लिखा जाता है। नीचे अर्धसरकारी पत्र भेजने वाले अधिकारी के हस्ताक्षर तथा उसका नाम लिखा जाता है।

(vi) प्रेषिति का नाम तथा पता पत्र के नीचे बाईं ओर लिखा जाता है।

पत्र क' नमूना

भारत सरकार

(गृह मन्त्रालय)

क्रं.– नई दिल्ली

दिनांक....

प्रिय श्री....

आपके पत्र क्र. ......दि. ......के उत्तर से मैं आपके सम्मुख एक सुझाव रखता हूँ–हिन्दी पढ़नेवाले सरकारी कर्मचारियों की यथाशीघ्र परीक्षा लेकर अच्छे अंक प्राप्त करने वालों को प्रोत्साहित करने के लिए नकद पुरस्कार की व्यवस्था भी की जानी चाहिए। इस विषय पर विचार-विमर्श हेतु दिनांक..........समय चार बजे सायं को सम्पर्क अफसरों की एक बैठक कमरे में होगी। आपसे मेरा अनुरोध है कि आप भी इस बैठक में उपस्थित होकर अपने विचार प्रकट करें।

नाम....... आपका

पद.......शिक्षा मन्त्रालय, भारत सरकार ....

नई दिल्ली

कार्यालय ज्ञापन (Office Memorandum)

पत्राचार के इस रूप का प्रयोग भारत सरकार के विभिन्न मन्त्रालयों में होता है। कार्यालय ज्ञापन में अन्य पुरुष का प्रयोग होता है तथा इसमें किसी प्रकार का सम्बोधन नहीं होता। कार्यालय-ज्ञापन के अन्त में केवल प्रेषक के हस्ताक्षर

तथा उसकी पद संख्या दी जाती है। प्राप्तकर्ता का नाम तथा पता प्रेषक के हस्ताक्षर के पश्चात् बाईं ओर दिया जाता है। अधीनस्थ तथा संलग्न कार्यालयों आदि से पत्र व्यवहार करते समय जहाँ तक सम्भव हो, कार्यालय ज्ञापन का प्रयोग नहीं करना चाहिए।

पत्र का नमूना

सं...........

केन्द्रीय हिन्दी निदेशालय

(मानव संसाधन विकास मन्त्रालय)

रामकृष्ण पुरम
नई दिल्ली
दि. ....

कार्यालय ज्ञापन

श्री महेश कुमार, अवर श्रेणी लिपिक को उनके आवेदन पत्र दि. ..... के सन्दर्भ में दिल्ली विश्वविद्यालय की संध्याकालीन कक्षाओं में एम.ए. (हिन्दी) के अध्ययन करने तथा परीक्षा देने की अनुमति निम्नलिखित शर्तों पर दी जाती है–

1. नामांकन के बाद अध्ययन से उनके कार्यालय कर्त्तव्यों में कोई बाधा नहीं होगी।
2. उन्हें कार्यालय विलम्ब से आने और समय से पूर्व जाने की अनुमति नहीं दी जाएगी।
3. परीक्षा की तैयारी के लिए छुट्टी अनुभाग में कार्य की स्थिति को देखकर ही दी जा सकेगी।

   यह अनुमति बिना कारण बताए किसी भी समय वापस ली जा सकती है।

क, ख, ग
उपनिदेशक (प्रशासन)

ज्ञापन (Memorandum)

पत्राचार के इस रूप का प्रयोग मुख्यतः प्रार्थना पत्रों, पत्रों की पावती भेजने आदि के लिए होता है। अधीनस्थ कार्यालयों को ऐसे आदेश भेजते समय जो पूरी तरह सरकारी न हो, इसी ज्ञापन का प्रयोग किया जाता है। ज्ञापन भी अन्य पुरुष में लिखा जाता है और 'कार्यालय ज्ञापन' की तरह इसमें भी न तो कोई संशोधन

होता है और न स्वनिर्देश। अन्त में केवल प्रेषक के हस्ताक्षर तथा उसकी पद संज्ञा दी जाती है। प्राप्तकर्ता का नाम तथा पता प्रेषक के हस्ताक्षर के पश्चात् बाएँ किनारे पर निर्दिष्ट किया जाता है। उदाहरण :

भारत सरकार
(गृह मन्त्रालय)

क्रमांक.... नई दिल्ली

दि. ......

विषय : भारत सरकार के कर्मचारियों की हिन्दी शिक्षा

संविधान में स्वीकृत प्रस्ताव के अनुसार भारत सरकार का सारा कामकाज सन् 1978 से हिन्दी भाषा में होना निश्चय हुआ। इस उद्देश्य को ध्यान में रखते हुए गृह मन्त्रालय ने अहिन्दी भाषियों के लिए कक्षाएँ खोलने का प्रबन्ध किया, जिनमें प्रबोध, प्रवीण तथा प्राज्ञ परीक्षाओं की पृथक-पृथक तैयारी कराई जाती है। इस वर्ष जो कर्मचारी इन कक्षाओं में सम्मिलित होना चाहते हैं, उनके नाम गृह मन्त्रालय के हिन्दी शिक्षण विभाग के पास 25 दिसम्बर 2005 तक पहुँच जाने चाहिए।

सभी मन्त्रालयों/केन्द्रीय कार्यालयों को प्रेषित।

....

उपसचिव, भारत सरकार

परिपत्र (Circular)

परिपत्र द्वारा मन्त्रालय आदि अपने संलग्न तथा अधीनस्थ कार्यालयों को विभागीय सूचनाएँ, आदेश आदि भेजते हैं। परिपत्र की विशेषता यह होती है कि इसको भेजने वाला एक ही व्यक्ति होता है, विषय-वस्तु भी एक ही होती है, लेकिन इसे आवश्यकतानुसार बहुत से संलग्न तथा अधीनस्थ कार्यालयों के नाम भेजा जा सकता है। उदाहरण :

क्रमांक....... दिनांक...........

प्रेषक,

मुख्य सचिव,
बिहार सरकार, पटना

सेवा में,

बिहार प्रदेश के समस्त सरकारी कार्यालयों के अध्यक्ष

विषय : हिन्दी के सम्बन्ध में बिहार सरकार का निर्णय

महोदय,

मुझे आपको सूचित करने का निर्देश हुआ है कि प्रदेश की सरकार ने यह निर्णय लिया है कि 25 जुलाई 2005 से सभी सरकारी कार्यालयों का सारा काम-काज हिन्दी में होगा। अतः इसके पश्चात् सारा पत्र-व्यवहार भी हिन्दी में हुआ करेगा।

इसके साथ ही यह भी निर्णय लिया गया है कि इसके पश्चात् प्रशासनिक सेवाओं में उन्हीं की नियुक्ति होगी जो हिन्दी में काम करने की क्षमता रखते हैं।

भवदीय—

मुख्य सचिव

कार्यालय आदेश (Office order)

आन्तरिक प्रशासन में विभिन्न कार्यों जैसे अराजपत्रित अधिकारियों को छुट्टी की मंजूरी, पदोन्नति, तैनाती आदि आदेशों की सूचना के लिए 'कार्यालय आदेश' का प्रयोग किया जाता है।

'कार्यालय आदेश' का प्रारूप सामान्यतया कार्यालय ज्ञापन की तरह होता है। लेकिन इसमें कार्यालय आदेश की संख्या तथा वर्ष का उल्लेख रहता है। यह संख्या कार्यालय आदेश सिविल में जारी किए गए आदेशों के आधार पर दी जाती है। इसमें प्रेषिति का नाम, पदनाम तथा पता आदि नहीं दिया जाता बल्कि सम्बन्धित कर्मचारी/अधिकारी/अनुभाग/विभाग आदि को प्रतिलिपि पृष्ठांकित की जाती है। कार्यालय ज्ञापन की तरह इसमें भी सम्बोधन तथा अधोलेख नहीं रहता। इसकी भाषा स्पष्ट एवं आदेशात्मक होती है।

पत्र का नमूना

सं. ....

मानव संसाधन विकास मन्त्रालय

नई दिल्ली

दि. ....

कार्यालय आदेश 05/06

इस मन्त्रालय के सहायक श्री परमानन्द झा तथा विकास कुमार सचिवालय प्रशिक्षण एवं प्रबन्ध संस्थान से प्रशिक्षण प्राप्त करके लौट आए हैं। उन्हें क्रमशः लेख तथा प्रशासन अनुभाग में तैनात किया जाता है।

....

(उपसचिव प्रशासन)

प्रति : सम्बन्धित सहायक
सम्बन्धित अनुभाग

पृष्ठांकन (Endorsement)

पृष्ठांकन का प्रयोग निम्नलिखित स्थितियों में किया जाता है :

1. जब किसी कागज पत्र को मूल रूप से भेजनेवाले को लौटाना हो।
2. जब किसी पत्र को प्रेषिति के अतिरिक्त अन्य व्यक्तियों/विभाग या कार्यालय को भी भेजना हो।
3. विभिन्न मन्त्रालयों द्वारा जारी किए गए कार्यालय ज्ञापनों और 'परिपत्रों' की प्रतियाँ सम्बद्ध एवं अधीनस्थ कार्यालयों को सूचना तथा आवश्यक कार्रवाई संदर्शन अनुपालन आदि के लिए भेजने के लिए।

पृष्ठांकन की भाषा भी कार्यालय आदेश की तरह सीधी एवं स्पष्ट होती है।

पत्र का नमूना

सं...........

भारत सरकार

राजभाषा विभाग

गृह मन्त्रालय

लोकनायक भवन

नई दिल्ली-110002

दि.........

निम्नलिखित कार्यालय ज्ञापनों की एक-एक प्रति सभी अधिकारियों, अनुभागों आदि को सूचना तथा आवश्यक कार्रवाई के लिए भेजी जा रही है।

(क ख ग)

अवर सचिव (प्रशासन)

भेजे गए कागज-पत्र

1. वित्त मन्त्रालय का ज्ञा. सं. फा. 5/65/05 दिनांक 21.11.05
2. विधि एवं न्याय मन्त्रालय का ज्ञा. सं. 1/12/05 न्याय दि. 05.12.05

अधिसूचना (Notification)

अधिसूचना भारतीय राजपत्र में प्रकाशन के लिए होती है और इसमें नियमों, आदेशों के लागू होने, अधिकार प्रदान करने तथा राजपत्रित अधिकारियों की नियुक्तियों, स्थानान्तरणों आदि से सम्बद्ध सूचनाएँ दी जाती हैं। भारतीय राजपत्र चार भागों में प्रकाशित होता है और प्रत्येक भाग के एक से अधिक खण्ड होते हैं। अतः राजपत्र में प्रकाशन के उद्देश्य से भेजी जानेवाली अधिसूचनाओं में इस सम्बन्ध में स्पष्ट आदेश होने चाहिए कि उन्हें राजपत्र के कौन से भाग के कौन-से खण्ड में प्रकाशित किया जाना है।

पत्र का नमूना

भारत सरकार

गृह मन्त्रालय

नई दिल्ली

दि......

सं. अ. 183/41/2005 (गृ.), श्री आर.एन. त्रिवेदी आई.ए.एस., उपसचिव, गृह मन्त्रालय को 20 दिनों का अर्जित अवकाश प्रदान किया जाता है, जो 15 सितम्बर 2005 से लागू होगा।

पी.के. चौधरी

संयुक्त सचिव

भारत सरकार

सं. अ. 183/41/2005 (गृ.) अव. 1

अधिसूचना की अग्रिम प्रतिलिपियाँ सूचनार्थ प्रेषित–

1. गृह (सम्पर्क) अनुभाग को, गजट में प्रकाशन हेतु
2. अवस्थापन अधिकारी, गृह मन्त्रालय
3. श्री आर.एन. त्रिवेदी, आई.ए.एस.।

संकल्प

सरकार जब नीति सम्बन्धी किसी महत्त्वपूर्ण प्रश्न पर सार्वजनिक घोषणा करती है या किसी जाँच आयोग/समिति के गठन की घोषणा की जाती है या जाँच आयोग/समिति के प्रतिवेदन पर कोई घोषणा की जाती है तब 'संकल्प' के रूप में उक्त घोषणा का प्रकाशन भारत के राजपत्र में किया जाता है। उदाहरण :

(भारत के राजपत्र भाग-1 खण्ड-1 में प्रकाशन के लिए)

भारत सरकार

वाणिज्य मन्त्रालय

(निर्यात उत्पादन विभाग)

नई दिल्ली दि.......

संकल्प

सं. .....भारत सरकार हथकरघा उद्योग की समस्याओं पर काफी समय से विचार करती रही है, अब इसके पुनर्स्थापन एवं विकास के सम्बन्ध में सुझाव देने के लिए तथा बुनकरों की समस्याओं का गहराई से अध्ययन करने के उद्देश्य से श्री शिवराम की अध्यक्षता में भारत सरकार ने एक अध्ययन दल गठित करने का निश्चय किया है।

अध्ययन दल का गठन इस प्रकार होगा :

1. श्री वी. शिवरामन (अध्यक्ष)
2. आन्ध्र, असम, जम्मू-कश्मीर, कर्नाटक, तमिलनाडु, मणिपुर, महाराष्ट्र राज्य सरकारों के एक-एक प्रतिनिधि (सदस्य)
3. श्री अनिद अली अंसारी (लोकसभा सदस्य) (सदस्य)
4. श्री एस.के. बागची, वास्तु आयुक्त, मुम्बई (सदस्य)
5. श्री नारायण स्वामी, संयुक्त सचिव
   वाणिज्य मन्त्रालय, नई दिल्ली (सदस्य)
6. श्री अमरनाथ शर्मा, निदेशक
   वाणिज्य मन्त्रालय, नई दिल्ली (सदस्य सचिव)

इस अध्ययन दल के विचारार्थ विषय निम्नलिखित होंगे :

1. हथकरघा उद्योग एवं बुनकरों की समस्याओं का गहराई से अध्ययन करना।
2. हथकरघा उद्योग के उद्धार एवं विकास के लिए उपायों का सुझाव देना।
3. हथकरघा क्षेत्र की निर्यात क्षमता को बढ़ाने के सम्बन्ध में उपायों का सुझाव देना।
4. आरक्षण सम्बन्धी नीति की समीक्षा करना और यदि आवश्यक हो तो इसके परिवर्तन का सुझाव देना।

यह अध्ययन दल अपनी रिपोर्ट गठन की तारीख के एक वर्ष के अन्दर सरकार को पेश करेगा।

आदेश

1. आदेश दिया जाता है कि इस संकल्प को भारत के राजपत्र में प्रकाशित किया जाए।
2. यह भी आदेश दिया जाता है कि इस संकल्प की एक-एक प्रति अध्ययन दल के सभी सदस्य, सम्बन्धित राज्य सरकारों, सभी संघ एवं राज्य प्रशासनों, भारत सरकार के सभी मन्त्रालयों, प्रधानमन्त्री सचिवालय, योजना आयोग, नियन्त्रक तथा महालेखा परीक्षक को भेज दी जाए।

(रमेश तलवाड)
संयुक्त सचिव, भारत सरकार

सेवा में,

प्रबन्धक
भारत सरकार प्रेस, नई दिल्ली

सं. .... नई दिल्ली, दिनांक......

प्रति सूचना के लिए :

सभी मन्त्रालय, सभी राज्य सरकारें, प्रधानमन्त्री सचिवालय, योजना आयोग, नियन्त्रक एवं महालेखा परीक्षक

(अरविन्द सेन)
अवर सचिव, भारत सरकार

प्रेस विज्ञप्ति/प्रेस नोट (Press comunique)

जब सरकार किसी निर्णय या उपलब्धियों का व्यापक प्रसार करना चाहती है तब उसे प्रेस विज्ञप्ति या प्रेस नोट के रूप में पत्र सूचना कार्यालय को भेजना होता है। प्रेस विज्ञप्ति और प्रेस नोट में बड़ा ही सूक्ष्म अन्तर है।

प्रेस विज्ञप्ति अधिक औपचारिक होती है और उसे ज्यों-का-त्यों प्रकाशित करना होता है। प्रेस उसमें किसी प्रकार की काट-छाँट या परिवर्तन नहीं कर सकता। प्रेस नोट समाचार पत्रों के लिए एक प्रकार की प्रकाशनार्थ सामग्री के रूप में होता है जिसे प्रेस वाले आवश्यकतानुसार सम्पादित कर सकते हैं।

प्रेस विज्ञप्ति बहुधा दो देशों के प्रतिनिधियों के बीच हुई वार्ता का परिणाम होती है। जिसका राजनयिक या कानूनी महत्त्व होता है। जब दो देश किसी मुद्दे पर सहमत होते हैं तो उसकी घोषणा प्रेस विज्ञप्ति के रूप में की जाती है।

उदाहरण :

विषय : भारत और नेपाल के बीच राजनयिक सम्बन्ध

भारत सरकार और नेपाल सरकार अपने राजनयिक सम्बन्धों को दूतावास के स्तर पर स्थापित करने के लिए सहमत हो गई है। इससे दोनों देशों के बीच मौजूदा मित्रतापूर्ण सम्बन्ध और प्रगाढ़ होंगे और इससे दोनों देशों को लाभ होगा

(क ख ग)
सचिव, वित्त मन्त्रालय

वित्त मन्त्रालय
दिनांक........

प्रति : प्रेस सूचना अधिकारी भारत सरकार, नई दिल्ली को प्रसार के लिए भेजी जाती है।

तार एवं सेविग्राम

जब किसी दूरस्थ कार्यालय या व्यक्ति से अति तत्काल सम्पर्क की जरूरत होती है तब 'तार' का प्रयोग किया जाता है। आजकल स्पीड-पोस्ट द्वारा भी सूचना भेजने की व्यवस्था है। तार दो प्रकार के होते हैं—शब्दबद्ध तार तथा बीजांक

या कूट तार।

शब्दबद्ध तार—सामान्य भाषा में संक्षिप्त रूप से लिखे जाते हैं।

बीजांक या कूट तार—गोपनीय कार्यों के लिए किया जाता है। यह विदेश मन्त्रालय के केन्द्रीय बीजांक ब्यूरो द्वारा भेजे जाते हैं। ऐसे तारों के सम्पादन करने, ऊपर क्रमसंख्या डालने और उन्हें रखने के बारे में विदेश मन्त्रालय के अनुदेशों का पालन किया जाता है। बीजांक तार में कम से कम शब्दों का प्रयोग किया जाता है।

सरकारी तारों में प्रयोग के लिए भार प्राथमिकता संकेत इस्तेमाल किए जाते हैं। जीवन रक्षा (समुद्री या वैमानिक यातायात में जनजीवन की सुरक्षा से सम्बन्धित तार), अति तत्काल, तत्काल और महत्त्वपूर्ण।

इन प्राथमिकता संकेतों का प्रयोग डाकतार के महानिदेशक द्वारा जारी किए गए नियमों के अनुसार किया जाता है। बीजांक या कूटभाषा तारों को छोड़कर शीघ्र तारों की पुष्टि प्रतियाँ डाक से भेजी जाती हैं। महत्त्वपूर्ण तथा आवश्यक मामलों में तार की बजाय दूरमुद्रक (टैलेक्स) सन्देश भी भेजे जाते हैं।

सेविग्राम एक प्रकार का तुरन्त पत्र होता है जिसे कूट रूप में भेजा जाता है। पहले इसका प्रयोग केवल समुद्रपारीय पत्र व्यवहार के रूप में किया जाता था लेकिन अब इसके प्रयोग अन्तर्देशीय पत्र-व्यवहार के लिए होने लगा है। यह एक प्रकार का गुप्त पत्र होता है जिसे राजनयिक थैले के माध्यम से या रजिस्ट्री बीमा डाक द्वारा भेजा जाता है। सेविग्राम के साथ कोई अनुलग्नक नहीं भेजा जाता। बीजांक तार की तरह सेविग्राम को भी कम-से-कम शब्दों में लिखा जाता है।

तार का नमूना

सरकारी तत्काल

संस्थान.....
शिलांग
बारह अक्टूबर की बैठक स्थगित....
नई तिथियों की सूचना बाद में भेजी जाएगी..............
संस्थान आगरा

....

इसे तार में शामिल न किया जाए।

निदेशक
केन्द्रीय हिन्दी संस्थान
आगरा

स्पष्टीकरण (So cause notice)

जब कभी भी कोई सरकारी कार्यालय का कर्मचारी नियमविरुद्ध आचरण प्रदर्शित करता है या सरकारी कार्यों की अवहेलना करता है या उच्च पदाधिकारियों के आदेशों की अवमानना करता है, तब उक्त कर्मचारी से लिखित रूप में स्पष्टीकरण/कारणपृच्छा एक निश्चित अवधि के अन्दर माँगा जाता है।

नमूना

सेवा में,
श्री देवनाथ राय
सहायक शिक्षक
......स्कूल.......
पटना

विषय : वर्ग न लेने के सम्बन्ध में स्पष्टीकरण।

महोदय,

जैसाकि ज्ञात हुआ है आप विगत एक सप्ताह से बगैर किसी सूचना के स्कूल से अनुपस्थित हैं। आपकी अनुपस्थिति के कारण वर्ग-व्यवस्था बाधित हो रही है और छात्रों का अहित भी हो रहा है। इस पत्र की प्राप्ति के 48 घण्टे के अन्दर स्पष्टीकरण दें कि बगैर किसी आवेदन के आप स्कूल से अनुपस्थित क्यों हैं? स्पष्टीकरण न मिल पाने अथवा असन्तोषजनक होने की स्थिति में आपके विरुद्ध अनुशासनात्मक कार्रवाई प्रारम्भ कर दी जाएगी।

दिनांक.....

(..................)
प्राचार्य
उच्च माध्यमिक विद्यालय
....
पटना

संस्ताव (Resolution)

सरकारी अथवा गैर सरकारी कार्यालयों में किसी विषय पर बैठक करने के बाद जो निर्णय लिए जाते हैं उसे संस्ताव (प्रस्ताव) कहा जाता है। इसमें एक बैठक में कई विषयों पर प्रस्ताव पारित किए जा सकते हैं।

नमूना

(भारतीय राजपत्र के भाग-1 खण्ड-1 में प्रकाशनार्थ)

भारत सरकार

(सूचना एवं प्रसारण मन्त्रालय)

नई दिल्ली

दिनांक....

संस्ताव/प्रस्ताव

पिछले कुछ वर्षों से भारत सरकार इस प्रश्न पर विचार कर रही है कि आकाशवाणी में प्रयोग की जानेवाली हिन्दी का रूप क्या हो? इस सम्बन्ध में जाँच पड़ताल करने तथा सरकार की मुख्य सिफारिशों को प्रस्तुत करने के लिए एक विशेषज्ञ समिति बनाने का निश्चय किया गया है :

1. इस समिति में सरकारी और गैर-सरकारी दोनों प्रकार के सदस्य होंगे।
2. श्री.....इस समिति के अध्यक्ष होंगे।
3. यह समिति निम्नलिखित बातों पर विचार करेगी।

   (क).......................

   (ख).....................

   (ग).....................

आदेश : आदेश दिया गया कि इस संस्ताव की एक-एक प्रति निम्नलिखित को भेज दीजिए :

1. ....
2. ....
3. ....

यह भी आदेश दिया गया है कि जनसाधारण की जानकारी के लिए यह संस्ताव भारतीय राजपत्र में भी प्रकाशित कर दिया जाए।

(हस्ताक्षर)

संयुक्त सचिव, भारत सरकार

द्रुत पत्र (एक्सप्रेस लेटर)

भारत सरकार

(गृह मन्त्रालय)

प्रेषक,

.....

गृह मन्त्रालय,

सेवा में,

मुख्य सचिव

बिहार सरकार　　　　　　　　　　　　　　　　नई दिल्ली

क्रम सं......　　　　　　　　　　　　　　　　दिनांक.....

विषय : समाज के कमजोर वर्गों के प्रति अत्याचारों के मामले।

उपर्युक्त विषय के सम्बन्ध में आपकी ओर से अभी तक पिछली तिमाही का अपेक्षित विवरण प्राप्त नहीं हुआ। मामला अत्यन्त आवश्यक है। अतः कृपया अपेक्षित विवरण अविलम्ब भेज दिया जाए।

(हस्ताक्षर)

अवर सचिव, भारत सरकार

टिप्पण तथा आलेखन (प्रारूपण)

(Noting and Drafting)

परिचय

प्रशासनिक पत्राचार में टिप्पण तथा आलेखन की विशेष भूमिका होती है। किसी भी कार्यालय में आगत पत्र की प्राप्ति के पश्चात् अथवा कार्यालय की स्वतन्त्र आवश्यकताओं की सम्पूर्ति के लिए टिप्पणी तैयार की जाती है। इसका अर्थ है—पत्र अथवा पत्र-सन्दर्भ के बारे में आवश्यक जानकारी तथा टिप्पणीकार द्वारा कार्यालय के विनियमों के अन्तर्गत उस पर अपना सुझाव। इन्हीं सुझावों के आधार पर आलेखनकार या प्रारूपणकार पत्रोत्तर का प्रारूप तैयार करता है एवं अपने वरिष्ठ अधिकारियों के पास विचारार्थ प्रेषित करता है। अधिकारी टिप्पणी तथा उसके आधार पर तैयार किए गए प्रारूप को पढ़-समझकर आवश्यकतानुसार उसमें अपेक्षित सुधार करता है या फिर उसे यथावत् (As it is) स्वीकार कर लेता है। इसलिए कार्यालयों की संचालन व्यवस्था में टिप्पण और आलेखन की महत्त्वपूर्ण भूमिका होती है।

(क) टिप्पणी (Noting)

सरकारी कार्यालयों तथा गैर सरकारी दफ्तरों में आई हुई डाक, जिसे 'आवती' अथवा 'प्राप्ति' कहा जाता है, के अन्तिम निस्तारण के लिए टिप्पणी का उपयोग किया जाता है। टिप्पणी कार्य के अन्तर्गत पूर्वपत्रों के सारांश, निर्णय के लिए तैयार किए गए प्रश्न अथवा प्रश्नावली के विवरण तथा सुझावों को स्पष्ट किया जाता है ताकि प्राप्तियों के अन्तिम निस्तारण (Final disposal) में सहायता मिल सके। टिप्पणी-लेखन के मुख्य तीन उद्देश्य होते हैं :

1. सभी तथ्यों को स्पष्ट रूप में तथा संक्षेप में अधिकारी के सम्मुख प्रस्तुत करना और अगर किसी मामले में दृष्टान्त अथवा विशिष्ट निर्णय उपलब्ध हो तो उनकी ओर संकेत करना।
2. वांछनीय विषय अथवा पत्र-व्यवहार पर अपने विचारों को स्पष्ट करना।
3. यह स्पष्ट करना कि 'आवती' के अन्तिम निस्तारण के लिए क्या कार्यवाही की जानी चाहिए।

इस प्रकार से टिप्पणी-लेखन में प्राप्ति पर की जानेवाली कार्यवाही के सभी तथ्य, आँकड़े तथा निर्णय के सन्दर्भ में हिताहित की सभी आवश्यक जानकारी प्रस्तुत हो जाती है और इससे अधिकारी को निर्णय करने में सहायता मिल जाती है।

सामान्य नियम

अच्छी टिप्पणी के लिए सामान्य नियम निम्न प्रकार हैं :

1. टिप्पणी-लेखन में यथासम्भव संक्षिप्तता होनी चाहिए। विस्तार से उलझन बढ़ेगी। इसलिए उसमें तथ्यों का प्रवहमान संकेत (Running Summary of Facts) भर ही होना चाहिए तथा तथ्यों की पुनरावृत्ति नहीं होनी चाहिए।
2. जहाँ तक हो सके टिप्पणी में कंडिकाओं (अनुच्छेदों) का प्रयोग टालना चाहिए, किन्तु यदि यह सम्भव न हो पाए तो प्रथम अनुच्छेद के बाद से 2, 3, 4, 5,...क्रमानुसार संख्या निर्दिष्ट करनी चाहिए।
3. टिप्पणीकार को भाषा-प्रयोग के सम्बन्ध में अत्यधिक सावधान रहना चाहिए। उसे ऐसी भाषा का प्रयोग नहीं करना चाहिए जिससे किसी प्रकार की असंगति अथवा भ्रान्ति पैदा होने की सम्भावना हो। भाषा इतनी साफ-सुथरी और अभिप्राय इतना स्पष्ट होना चाहिए कि अधिकारी टिप्पणीकार की नीयत पर किसी तरह का कोई सन्देह न करे। अलंकृत, सांकेतिक, जटिल भाषा एवं कहावतों-मुहावरों की लाक्षणिक व्यंजनामयी अभिव्यक्तियों का उपयोग टिप्पणीकार को नहीं करना चाहिए। इनमें अर्थभेद होने का खतरा हो जाता है।
4. टिप्पणीकार के लिए यह आवश्यक है कि वह किसी तरह से कोई व्यक्तिगत आक्षेप नहीं लगाए।
5. टिप्पणी में सिर्फ 'प्राप्ति' के सन्दर्भ में अपेक्षित शंकाओं का समाधान होना चाहिए। यदि पत्र में पूर्व पत्र-व्यवहार से सम्बन्धित कोई चर्चा हो, निर्णय या आदेश देना हो, तो सन्दर्भ सहित समस्त तथ्यों को स्पष्ट रूप से अधिकारी के समक्ष पेश करना चाहिए।

6. कभी-कभी एक ही 'प्राप्ति' में कई-कई जानकारियाँ माँगी जाती हैं जिनके लिए अलग-अलग आदेश प्राप्त करना आवश्यक होता है। अतः प्रत्येक बात के लिए अलग-अलग टिप्पणी लिखकर अधिकारी को देना चाहिए। जहाँ तक हो सके एक 'प्राप्ति' पर एक ही टिप्पण लिखना चाहिए।
7. कभी-कभी अधिकारी द्वारा 'आवती' पर अपनी ओर से अनुदेश लिख दिया जाता है। वैसी स्थिति में टिप्पणीकार को चाहिए कि टिप्पणी तैयार करते समय उन सभी अनुदेशों का समावेश कर ले। उसे ये अनुदेश हाशिए पर लिखने चाहिए, ताकि अधिकारी का ध्यान उन पर जाए और उसे विषय समझने में सरलता हो जाए। टिप्पणीकार किसी मसले पर अधिकारी को प्रारम्भिक निष्कर्षों तक पहुँचाने का मार्ग प्रशस्त करता है, अतएव विचाराधीन प्रश्नों को उसे अत्यन्त स्पष्टता तथा क्रमबद्ध रूप से लिखना चाहिए ताकि अधिकारी को निष्कर्षों तक पहुँचने में सुगमता हो सके।
8. टिप्पणीकार को हमेशा अन्य पुरुष का प्रयोग करना चाहिए।
9. टिप्पणी तैयार हो जाने के बाद सहायक को चाहिए कि वह आलेख के बाईं ओर नीचे अपने हस्ताक्षर का प्रथम अक्षर लिख दे ताकि आवश्यकता पड़ने पर अधिकारी उसे विचार-विमर्श के लिए या अनुदेशों के लिए अपने पास बुला सके।

टिप्पणी के भेद

आकार एवं संरचना की दृष्टि से इसके तीन भेद हैं :

1. **प्रशासनिक (नेमी) टिप्पणी**—इन टिप्पणियों के अनुभेद क्रमशः आदेशात्मक तथा व्याख्यात्मक होते हैं। इस टिप्पणी में 'कहा जाए', 'चर्चा करें', 'फाइल कर दीजिए' तथा 'देख लिया' आदि वाक्यांशों का प्रयोग बहुतायत से होता है। ऐसी टिप्पणियों में आदेशात्मकता तथा सूचनापरकता की अधिकता होती है। ये एक या दो वाक्यों अथवा वाक्यांशों तक सीमित होती हैं। उदाहरण के लिए :

(i) इसे आवश्यक कार्रवाई के लिए अवर सचिव (कार्मिक) को भेजा जाए।

(ii) देख लिया, धन्यवाद।

(iii) आदेश के लिए प्रस्तुत स्पष्टीकरण माँगा जाए।

2. **स्वतःपूर्ण टिप्पणी**—इसमें दी गई सूचना अपने आप में पूर्ण होती है। यह टिप्पणी अधिकारी एवं सहायक दोनों स्तरों पर हो सकती है। स्वतःपूर्ण टिप्पणी में क्रमसंख्या (पावती) पृष्ठ-पत्राचार लिखना जरूरी नहीं होता क्योंकि

वह किसी प्राप्ति पर आधारित न होकर परिस्थिति एवं आवश्यकता से पैदा हुई समस्या को सुलझाने के लिए भी हो सकती है। उदाहरण के लिए—कार्याधिक्य के कारण पदों के सृजन के लिए प्रस्तुत टिप्पणी स्वतन्त्र टिप्पणी होगी क्योंकि उसका सन्दर्भ किसी पुरानी आवती से नहीं है।

3. आवती पर आधारित टिप्पणी—आवती पर आधारित टिप्पणियाँ सहायक स्तर पर ही लिखी जाती हैं। ऐसी टिप्पणी को मुख्य लक्ष्य अधिकारी के सम्मुख आवती के विवरण को कार्यालय में की जानेवाली कार्रवाई के सन्दर्भ में संक्षेप में रखना होता है। इस प्रकार की टिप्पण में टिप्पणीकार अपने अधिकारी का क्रमांक तथा पत्राचार खण्ड का पृष्ठ लिखकर, प्रेषक की माँग, उसका कारण, उस सम्बन्ध में नियमों की स्थिति तथा कार्यालय में कार्य की स्थिति देखते हुए उस माँग के पक्षापक्ष में अपने विचार प्रस्तुत करता है। कभी-कभी वह उत्तर का प्रारूप भी अधिकारी के समक्ष प्रस्तुत कर देता है।

टिप्पण और टिप्पणी

गैरसरकारी प्रतिष्ठानों में भी अधिकारियों के विचारार्थ सामग्री प्रस्तुत की जाती है परन्तु यह विषय सामग्री सरकारी कार्यालयों में जितने विस्तार से दी जाती है, उतने विस्तार से गैरसरकारी प्रतिष्ठानों में नहीं दी जाती है। सरकारी दफ्तरों में विषय से सम्बन्धित सभी प्राप्त सूचनाएँ तथा नियमों के बारे में सभी आवश्यक जानकारी दी जाती है, जिसके आधार पर अधिकारी को किसी निष्कर्ष पर पहुँचने में सफलता मिलती है। टिप्पणीकार तटस्थ भाव से अपने सुझाव देता है। इसी स्वतःपूर्ण सामग्री की प्रस्तुति को टिप्पणी तथा जो नोट लिपिक लिखता है उसे टिप्पण कहते हैं। ऐसी सामग्री सरकारी कार्यालयों में प्रस्तुत की जाती है। इसे टिप्पणीक, प्रलेखक अथवा नोटर-ड्राफ्टर कहा जाता है।

टिप्पणी के पाँच अवयव होते हैं

1. आवती का विषय	—जैसे	—आवेदन किया है।
2. कारण	—जैसे	—बताया गया है।
3. नियम	—जैसे	—किया जा सकता है।
4. कार्यालय में कार्य की स्थिति	—जैसे	—है या नहीं है।
5. सुझाव	—जैसे	—किया जा सकता है।

नमूने के तौर पर उदाहरण

कार्मिक अनुभाग के अवर श्रेणी लिपिक राजेश चौधरी की अर्जित अवकाश के लिए पत्र। वि.प. में मुख्य सचिव को सम्बोधित...क्रम संख्या/दिल्ली। पत्र

संख्या..............दिनांक................

1. कार्मिक अनुभाग के अवर श्रेणी लिपिक राजेश चौधरी ने दिनांक... ....पत्र संख्या...........30 दिन के अर्जित अवकाश के लिए आवेदन किया है।
2. इसके लिए उन्होंने अपने मकान की मरम्मत करवाने का कारण दिया है।
3. श्री राजेश चौधरी का 60 दिन का अर्जित अवकाश जमा है। नियमानुसार उन्हें अवकाश दिया जा सकता है।
4. किन्तु इस समय विभाग के अन्य दो कर्मचारी पहले से ही अवकाश पर हैं और वित्तीय वर्ष की समाप्ति का माह होने के कारण कार्यालय में कार्याधिक्य है।
5. ऐसी स्थिति में श्री राजेश चौधरी को अवकाश देना कार्यालय के हित में नहीं होगा।

टिप्पणीक के हस्ताक्षर

....

दिनांक...........

सचिव/मुख्य सचिव

नैत्यक टिप्पणी

कभी-कभी ऐसा होता है कि विचाराधीन पत्र के सम्बन्ध में किन्हीं ऐसे तथ्यों की ओर अधिकारी का ध्यान आकर्षित करना आवश्यक हो जाता है, जिन्हें टिप्पणी लिखा जाए। सम्भव न हो तो ऐसे तथ्यों को एक अलग कागज पर लिखकर टिप्पणी के साथ नत्थी कर दिया जाना चाहिए। बाद में इसे फाइल से अलग कर लिया जाता है। इस प्रकार की टिप्पणी को नैत्यक टिप्पणी कहा जाता है।

आलेखन या प्रारूपण (Drafting) या मसौदा लेखन

उच्चकोटि का आलेखन या प्रारूपण (Advanced Drafting) शासकीय एवं कार्यालयीय पत्र-व्यवहार के लिए प्रयुक्त होता है। कार्यालयों में आवती या प्राप्ति पत्र पर जब टिप्पणी लेखन का कार्य समाप्त हो जाता है तब उसके आधार पर पत्रोत्तर का जो प्रारूप तैयार किया जाता है, वह आलेखन या प्रारूपण कहलाता है। मूल रूप में आलेखन टिप्पणी कार्य पर ही आधारित होता है। इसे मसौदा या मसविदा भी कहा जाता है। इसे आवश्यकतानुसार लिपिक से लेकर उच्चतम अधिकारी तक तैयार करता है। इसलिए आलेखन एक कला है जिसे प्रत्येक

व्यक्ति को जानना चाहिए। आलेखन की कुछ निम्नलिखित विशेषताएँ हैं :

आलेखन की सामान्य विशेषताएँ

1. **शुद्धता (Accuracy)**—प्रशासकीय आलेखन का बड़ा महत्त्व होता है। चाहे पत्र के रूप में हो या ज्ञापन के रूप में, उसमें सामग्री एवं प्रस्तुतीकरण का प्रयोग शुद्धता से होना चाहिए। शुद्धता से मतलब है कि आलेखन सम्बन्धी सभी निर्देश, संख्या, तारीख और कथन शुद्धि—इनमें से किसी को लिखने में थोड़ी-सी भी अशुद्धि हो जाए तो परिणाम बड़ा ही घातक हो सकता है।

2. **परिपूर्णता**—प्रशासकीय कर्मचारियों का प्रायः तबादला होता रहता है, अतः आवश्यक है कि जो भी पत्र लिखा जाए वह अपने आप में पूर्ण तथा स्पष्ट हो। उसमें किसी प्रश्न की न तो गुंजाइश हो और न ही किसी जानकारी की अतिरिक्त आवश्यकता महसूस की जाए, क्योंकि यदि पत्र में अपेक्षित पूर्णता एवं स्पष्टता नहीं होगी तो स्थानान्तरित कर्मचारी को उसे ठीक से समझने में कठिनाई होगी। ऐसी स्थिति में उस पत्र पर कार्रवाई करने में देर होना स्वाभाविक होगा। इसलिए पत्र को पूर्ण एवं स्पष्ट होना आवश्यक है अर्थात् त्वरित कार्रवाई हेतु पत्र पर सन्दर्भ, संख्या, दिनांक इत्यादि का स्पष्ट रूप से उल्लेख होना चाहिए, उसका विषय बिल्कुल स्पष्ट होना चाहिए। इसके साथ ही यदि उस पत्र का कोई पिछला सन्दर्भ हो तो उसे भी स्पष्ट कर देना चाहिए ताकि उसकी पृष्ठभूमि से आलेखन को परिपूर्ण बनाया जा सके।

3. **विषय का ज्ञान**—आलेखन के विषय और उसके उद्देश्य का आलेखक को पूरा-पूरा ज्ञान होना अपेक्षित है। ऐसा इसलिए कि उसके बारे में लिखते समय आलेखन में कहीं भी किसी प्रश्न की कोई अस्पष्टता न रह जाए।

4. **संक्षिप्तता**—समय की अल्पव्ययता को दृष्टि में रखते हुए जहाँ तक हो सके प्रारूप को छोटा होना चाहिए ताकि अधिकारी का अधिक समय बर्बाद न हो। लेकिन इसके साथ-साथ यह भी आवश्यक है कि पत्रोत्तर के सभी मुद्दों का उसमें समावेश न हो। इसलिए आलेखन संक्षिप्त तो हो पर पूर्ण हो। संक्षिप्त और पूर्ण आलेखन से आलेखकार की प्रतिभा, अनुभव, निपुणता एवं कार्यकुशलता का परिचय मिलता है।

5. **उद्धरण**—यदि पत्रोत्तर में किसी नियम अथवा किसी उच्चतर अधिकारी के आदेश को उद्धृत करना आवश्यक हो तो यथासम्भव मूल शब्दों में ही उसका उल्लेख किया जाना चाहिए।

6. **विभाजन**—आलेखन को मूल रूप से निम्नलिखित भागों में विभक्त किया जा सकता है—निर्देश, प्रकरण, वक्तव्य एवं निष्कर्ष। इसके पहले भाग में आलेखन के विषय का वर्णन रहता है अगर इस सन्दर्भ में कोई पिछला

पत्र-व्यवहार हो तो उसका भी निर्देश किया जाना चाहिए। ऐसा होने से पाठक पत्र के विषय एवं प्रसंग से परिचित हो जाता है, जिससे आगे की कार्रवाई में सुविधा होती है। दूसरे भाग अर्थात् प्रकरण एवं वक्तव्य में विषय के पक्ष में विभिन्न तर्क प्रस्तुत कर अपने कथन की पुष्टि की जाती है। तीसरे एवं अन्तिम भाग में उन तर्कों के आधार पर निष्कर्ष निकालकर अपनी सिफारिशें दर्ज की जाती हैं।

7. अनुच्छेदों पर क्रमांक—सामान्य रूप से आलेखन में अनुच्छेदों पर क्रम संख्या निर्दिष्ट करना आवश्यक नहीं होता है। पर कुछ पत्र होते हैं जिनमें कई-कई विचारों का जब उल्लेख करना आवश्यक हो जाता है, तब उनके परिच्छेदों पर क्रमांक (1, 2, 3, 4 आदि) देना चाहिए।

8. प्रतिलिपियाँ—शासकीय पत्र-व्यवहार में अगर मूल पत्र की प्रतिलिपियाँ अन्य अधिकारियों को भिजवानी हों तो पत्र के अन्त में उन सभी व्यक्तियों का उल्लेख करना जरूरी है जिनके पास प्रतिलिपि भेजी जा रही हो।

9. संलग्न पत्र—अगर मूल पत्र के साथ कुछ संलग्न पत्र भेजना आवश्यक हो तो पत्र के नीचे बाईं ओर उसकी सूचना दे देनी चाहिए।

10. भाषा—किसी भी आलेखन में भाषा-प्रयोग का बड़ा महत्त्व होता है। शासकीय पत्रों की भाषा एवं साहित्यिक भाषा की प्रवृत्ति अलग-अलग होती है। जहाँ साहित्यिक भाषा में वैयक्तिकता का आग्रह होता है, वहाँ प्रशासकीय भाषा पूर्णतः निर्वैयक्तिक होती है। इसलिए आलेखन की भाषा व्याकरण सम्मत, सरल एवं स्पष्ट होनी चाहिए। उसके प्रयोग में संयम, गरिमा, गांभीर्य तथा निर्वैयक्तिकता होनी चाहिए। उसमें तथ्यों का सीधा उल्लेख तथा परिणाम की स्पष्ट अभिव्यक्ति होनी चाहिए। उसे किसी भी प्रकार के अर्थान्तर एवं अर्थभेद से परे होना चाहिए। संक्षिप्तता, शिष्टता, स्पष्टता एवं विनम्रता प्रशासनिक भाषा की अनिवार्यताएँ हैं। उसमें अतिशयोक्ति एवं गर्वोक्तियों का कोई स्थान नहीं होता। उसकी भाषा में मुहावरों-कहावतों का प्रयोग नहीं होना चाहिए। आलेखन में द्विअर्थक, अस्पष्ट, भ्रमात्मक और अनिश्चित अर्थी शब्दों के प्रयोग से बचना चाहिए। उसकी भाषा एकार्थक और तथ्यपूर्ण होनी चाहिए।

11. शैली—प्रारूप अथवा मसौदा लिखने की एक विशिष्ट शैली होती है जिसका अनुपालन आवश्यक होता है। इसमें संशोधन-परिवर्धन के लिए हाशिए की काफी जगह छोड़ दी जाती है तथा 'अनुमोदनार्थ आलेख' अथवा 'आलेख स्वीकृति के लिए' की चिट लगाकर सम्बद्ध अधिकारी के पास भेजी जाती है।

फाइलों पर लिखे जाने वाले कुछ वाक्यांशों तथा टिप्पणियों के नमूने

1. मुझे निवेदन करना है कि...

2. मुझे आपसे निवेदन करने का आदेश हुआ है कि...
3. आपके तारीख.........के पत्र संख्या........के उत्तर में
4. आपकी मंजूरी और अनुमति की प्रत्याशा में...
5. मुझे आपको सूचित करने/आपसे पूछने का निर्देश हुआ है...
6. आदेश दिया जाता है कि इस संकल्प की एक नकल...को भेजी जाए।
7. कृपया पावती दीजिए/भेजिए।
8. कृपया श्री........को कार्यभार सौंपिए और आरोप पत्र। आरोप सूची के साथ पहुँचिए।
9. श्री.........को तारीख........के आवेदन-पत्र के सम्बन्ध में (के पद) का नियुक्ति प्रस्ताव भेजा है।
10. प्रस्तावित कार्रवाई की जाए।
11. वेतन, निर्वाह निधि से पेशगी दी जा सकती है।
12. प्रश्न के सभी पहलुओं पर विचार करने के बाद।
13. खर्च में चौतरफा किफायत करने की जरूरत है।
14. उपर्युक्त प्रलेखों की प्राप्ति में और अधिक विलम्ब से रेलवे बोर्ड को समय पर विवरण भेजने में कठिनाई होगी।
15. उपर्युक्त विषय पर तारीख...के परिपत्र/कार्यालय ज्ञापन संख्या......की ओर ध्यान आकर्षित किया जाता है।
16. जवाब तलब किया जाए।
17. इस विषय से सम्बन्धित वर्तमान आदेश के अनुसार मामले पर कार्रवाई की जाए।
18. भारतीय रेल अधिनियम की धारा......के अधीन दावा समय-बाधित, मियाद आरिज्ज है।
19. ऐसा प्रतीत होता है कि विचाराधीन पत्र में उल्लिखित पत्र इस शाखा में प्राप्त नहीं हुआ।
20. निम्नलिखित पदों के सृजन, सेवावधि बढ़ाने की सहमति अपेक्षित है।
21. प्रतिलिपि सूचनार्थ और आवश्यक कार्रवाई के लिए.......को प्रेषित।
22. पृष्ठ......की टिप्पणी के पैरा.....में सुझाई गई कार्रवाई कृपया अनुमोदित करें।
23. निदेशानुसार पत्र के मसौदे में संशोधन कर दिया गया है और अनुमोदन के लिए प्रस्तुत है।
24. नीचे लिखे पदों के सृजन के लिए वित्तीय सहमति आवश्यक है। माँगी गई है।
25. निम्नलिखित कर्मचारी अपने वर्तमान पद पर नाम के सामने दी गई

तारीख से स्थायी किए जाते हैं।

26. सम्बन्धित कर्मचारियों से स्पष्टीकरण माँगा जाए।
27. अनधिकृत रूप से गैर-हाजिर रहने का आदी है।
28. मैं ऊपर 'ए' अंकित अंश से सहमत नहीं हूँ।
29. इस कार्यालय के पत्र संख्या.......के अधीन सूचना पहले ही भेजी जा चुकी है।
30. इस सम्बन्ध में क्रम सं. ....पर रखा हुआ पत्र कृपया देखें।
31. निचली अदालत के निर्णय के विरुद्ध अपील करने के लिए यह उपयुक्त मामला है।
32. कृपया इस कार्यालय का तारीख........का पत्र, संख्या...और तारीख का स्मरण पत्र देखें और अपेक्षित सूचना शीघ्र भिजवाने की व्यवस्था करें।
33. सभी विभागाध्यक्षों के नाम अर्द्धसरकारी पत्र का मसौदा पेश करें।
34. प्रतियोगिता में भाग लेने के इच्छुक कर्मचारी अगले सप्ताह तक अपने नाम निम्न हस्ताक्षरकर्ता के पास भेज दें
35. सप्लाई अनुमोदित नमूने के अनुरूप नहीं है।
36. भविष्य में सावधान रहने की चेतावनी दी गई है।
37. छुट्टी के लिए श्री..........ने तारीख.........की जो अर्जी भेजी थी उसके सम्बन्ध में उन्हें सूचित किया जाता है कि उनकी छुट्टी मंजूर हो गई है।
38. ऊपर दिए गए विषय पर आपकी आगे कैफियत/विचारों की प्रतीक्षा है।
39. आपका उत्तर अधिक-से-अधिक अगले महीने की.......तारीख तक इस कार्यालय में पहुँच जाना चाहिए।
40. जाँच कर ली, सही है।

कार्यालयीय लेखन (रिपोर्ट और कार्यवृत्त)

कार्यालयीय लेखन : प्रत्येक संस्थान या व्यावसायिक संगठन अपने काम-काज को सुचारु रूप से चलाने के लिए तथा अपने लक्ष्य की पूर्ति के लिए कुछ जरूरी ढाँचे का गठन कर उसके अनुकूल कार्य-शैली अपनाते हैं। इसके अन्तर्गत विभाग के अन्दर और दूसरे विभागों के बीच होनेवाले विभिन्न पत्राचार, संस्थान से सम्बन्धित वित्तीय गतिविधियों का लेखा-जोखा जैसे कार्य आदि सम्मिलित हैं। कार्यालयों में ऐसे कार्य मौखिक रूप से न होकर लिखित रूप में किए जाते हैं। लेखन सम्बन्धी ऐसे ही कार्य को कार्यालयीय लेखन कहते हैं।

यह प्रक्रिया प्रत्येक कार्यालय में भिन्न-भिन्न रूप से होती है। जैसे,

डाक-तार विभाग में वही प्रक्रिया नहीं होगी जो जीवन बीमा निगम में। उसी प्रकार बैंकों की लेखन-प्रक्रिया से आकाशवाणी या दूरदर्शन की लेखन-प्रक्रिया में भिन्नता होगी। इस दृष्टि से विचार करने पर कहा जा सकता है कि जब प्रत्येक कार्यालय की कार्य-शैली में भिन्नता होती है तो निश्चित रूप से उसके कार्यालयीय लेखन की भाषा में भी अन्तर होगा।

कार्यालयीय लेखन की भाषा

कार्यालयीय लेखन में भावनाओं का महत्त्व उतना नहीं है जितना कि व्यावसायिकता से। इसलिए इसमें भावुकतापूर्ण भाषा-शैली का कोई स्थान नहीं। इसमें भावों की नहीं बल्कि तथ्यों की अभिव्यक्ति को महत्त्व दिया जाता है। इसलिए कार्यालयीय लेखन की भाषा तथ्यपरक होती है। इसके साथ ही यह भी जरूरी है कि कार्य की विविधता के अनुसार भाषा के स्वरूप में भी परिवर्तन किया जाए। प्रत्येक कार्यालय में कार्य के अनुरूप पृथक-पृथक शब्दावली का प्रयोग होता है।

कार्यालयीय लेखन के प्रकार

'कार्यालयीय लेखन' में अनेक प्रकार के पत्राचार, टिप्पण-प्रारूपण, रिपोर्ट (प्रतिवेदन), कार्यवृत्त आदि समाहित होते हैं। उन सबों की जानकारी अपेक्षित है।

रिपोर्ट (प्रतिवेदन) (Report)

इसका प्रयोजन यह होता है कि जिस व्यक्ति या जिन व्यक्तियों का किसी विषय से सम्बन्ध हो और जो उसके सारे तथ्यों से अवगत न हों, उसके लिए यथावश्यक सूचना प्रस्तुत कर दी जाए।

रिपोर्ट (प्रतिवेदन) शब्द बड़ा ही व्यापक है। कार्यालयों के सन्दर्भ में यह रिपोर्ट (प्रतिवेदन) है तो पुलिस में यही रिपोर्ट 'रपट' कहा जाता है। पत्रकारिता के क्षेत्र में यह 'रिपोर्टिंग' के लिए प्रयुक्त होता है, परन्तु जब कोई साहित्यकार किसी स्थिति या घटना का तथ्यात्मक विवरण कलात्मक ढंग से प्रस्तुत करता है तो वही 'रिपोर्ताज' विधा बन जाता है। 'रिपोर्ट' में तथ्यों का ब्यौरा और विवरण दोनों होता है जिसे आँकड़ों द्वारा पुष्ट किया जाता है। इसमें कार्यालय के विविध कार्य-कलापों का यथातथ्य विवरण रहता है। कभी-कभी पिछली प्रगति से तुलना और कभी आगामी योजना को सुझाव के रूप में भी रखा जाता है। प्रतिवेदन वस्तुतः एक औपचारिक और अधिकृत वक्तव्य है जिसमें किसी व्यक्ति या समूह के निष्कर्षों और संस्तुतियों का उल्लेख किया जाता है। जिन्हें किसी प्रस्ताव या प्रस्तावों पर विचार करने के लिए अधिकृत किया गया है।

प्रतिवेदन के प्रकार

प्रतिवेदन मुख्यतः तीन प्रकार के होते हैं :

1. किसी व्यक्ति को किसी कार्य की समाप्ति पर उससे उस सम्बन्ध में माँगा गया प्रतिवेदन या किसी संस्था/संस्थान की प्रगति रिपोर्ट।

इसके अन्तर्गत निम्नलिखित बातें ध्यातव्य हैं :

(i) व्यक्ति विशेष—ऐसा प्रतिवेदन जिसे तैयार करने के लिए किसी व्यक्ति विशेष को दिया जाता है और जो कार्य की समाप्ति पर उसे प्रस्तुत करता है।

(ii) विभाग/मन्त्रालय—वह प्रतिवेदन जो किसी विभाग या मन्त्रालय से सम्बद्ध हो। इनकी अवधि मासिक, त्रैमासिक, छमाही या वार्षिक हो सकती है।

(iii) संस्था/संस्थान—किसी संस्था या संस्थानों में वहाँ होनेवाली गतिविधियों से सम्बन्धित प्रतिवेदन। इनके तैयार किए जाने की अवधि भी अलग-अलग है।

2. किसी छानबीन के लिए नियुक्त आयोग/समिति द्वारा बैठकों के अन्त में प्रस्तुत किया गया प्रतिवेदन।

इसके अन्तर्गत निम्नलिखित बातें ध्यातव्य हैं :

(i) समिति/आयोग का गठन किन-किन कार्यों को सम्पन्न करने के लिए किया गया। इसे अंग्रेजी में (Terms of reference) कहा जाता है।
(ii) किन-किन तथ्यों की जाँच की गई।
(iii) किस-किस से साक्ष्य लिया गया।
(iv) निष्कर्ष के रूप में की गई संस्तुतियाँ।
(v) सिफारिशें या संस्तुतियाँ यदि सर्वसम्मत न हों तो भिन्न मत वाले व्यक्ति की असहमति भी सम्मिलित की जाए।
(vi) प्रतिवेदन के अन्त में सदस्यों के हस्ताक्षर अपेक्षित हैं। लेकिन विशेष परिस्थिति में सदस्य सचिव और अध्यक्ष के हस्ताक्षरों के साथ प्रतिवेदन को पेश किया जा सकता है।

3. कर्मचारियों से सम्बन्धित गोपनीय प्रतिवदेन।

इसके अन्तर्गत निम्नलिखित बातें ध्यातव्य हैं :

(i) वर्ष के अन्त में प्रत्येक कर्मचारी के कार्य के सम्बन्ध में गोपनीय प्रतिवेदन (सी.आर.) लिखना।
(ii) कर्मचारी के विरुद्ध विपरीत तथ्य का उल्लेख किए जाने की स्थिति में सम्बद्ध कर्मचारी को इसकी सूचना देना।
(iii) सन्तोषजनक स्पष्टीकरण के माध्यम से कर्मचारी द्वारा प्रस्तुत प्रतिवाद के आधार पर विपरीत टिप्पणी को हटाना।

प्रतिवेदन का ढाँचा (Model)

समिति अथवा आयोग द्वारा प्रस्तुत प्रतिवेदन का ढाँचा इस प्रकार होता है :

1. शीर्षक
2. रूपरेखा–विषय सूची
3. रिपोर्ट का सार-संक्षेप
4. आमुख
5. आभार प्रदर्शन (आरम्भ में प्रस्तावना अथवा भूमिका में भी सम्भव)
6. मूल प्रतिवेदन
   (क) बड़ा होने की स्थिति में अध्यायों में विभक्त किया जाना।
   (ख) तारतम्य स्थापित करने के लिए दशमलव प्रणाली का प्रयोग।
   (ग) प्रमुख सिफारिशें या संस्तुतियाँ।
7. तालिकाएँ (मूल रिपोर्ट के साथ या परिशिष्ट में)
8. सन्दर्भ सूची
9. अनुक्रमणिका

इसके अतिरिक्त आवश्यकता पड़ने पर उपर्युक्त ढाँचे में परिवर्तन भी किया जा सकता है।

प्रतिवेदन (रिपोर्ट) की विशेषताएँ

1. किसी घटना की जानकारी अथवा निरीक्षण या सर्वेक्षण के बाद तथ्यों के आधार पर प्रतिवेदन लिखा जाना चाहिए।
2. इसमें उद्देश्य के अनुरूप सर्वेक्षण कार्य का विवरण या विश्लेषण किया जाना चाहिए।
3. मुख्य बातों के अलावा यदि आवश्यक हो तो अनुषंगी बातों का भी उल्लेख किया जा सकता है।
4. उद्देश्य की पूर्ति के लिए विषयानुरूप विवरण अपेक्षित।
5. सभी बातें तथ्यों पर आधारित हों। इसमें अनुमान या अटकलों पर आधारित बातों का उल्लेख वर्जित है।
6. प्रतिवेदन की भाषा स्पष्ट, सहज व सरल होनी चाहिए। इसमें आलंकारिक भाषा का प्रयोग नहीं किया जाना चाहिए।
7. इसकी शैली निर्वैयक्तिक, संक्षिप्त तथा सारगर्भित होनी चाहिए।
8. इसमें अत्यधिक तकनीकी शब्दावली का प्रयोग नहीं किया जाना चाहिए।
9. इसकी भाषा में प्रथम पुरुष का प्रयोग नहीं होना चाहिए।

10. भिन्न-भिन्न प्रकार के प्रतिवेदनों की लेखन-प्रक्रिया भिन्न-भिन्न होनी चाहिए।

कार्यवृत्त (Minutes)

किसी भी सरकारी या गैरसरकारी विभाग में किसी समिति की बैठक बुलाने का कार्य उस समिति या विभाग का सचिव उस संस्था/विभाग के अध्यक्ष की अनुमति से करता है। इसके लिए वह अध्यक्ष की अनुमति से तिथि तथा समय निश्चित कर समिति के अन्य सदस्यों के पास भेजता है, जिसमें बैठक में विचार किए जानवाले मुख्य मुद्दों की कार्यसूची (Agenda) संलग्न होती है। बैठक में विभिन्न मुद्दों पर लिए गए निर्णयों को क्रमवार रूप से लिखने का कार्य सचिव द्वारा किया जाता है। इस लेखन को ही कार्यवृत्त (Minutes) कहा जाता है।

बैठक की कार्यवाही के लिए मुख्य बातें

1. किसी भी सरकारी/गैरसरकारी कार्यालय के विभाग अथवा किसी समिति की बैठक के तीन मुख्य घटक होते हैं—अध्यक्ष, सदस्य-सचिव और अन्य सदस्यगण।
2. आवश्यकता पड़ने पर अध्यक्ष की अनुमति से सचिव किसी भी विशिष्ट व्यक्ति को विशेषज्ञ रूप में सहभागिता के लिए आमन्त्रित कर सकता है।
3. यदि विशेषज्ञ का महत्त्व प्रत्येक बैठक के लिए आवश्यक समझा जाए तो उसके सदस्य रूप में स्थायी सहभागिता के लिए सहयोजित (Co-opt) किया जा सकता है।
4. बैठक की कार्यसूची (Agenda) सदस्यों को पहले ही उपलब्ध करा दी जाती है।
5. अपरिहार्य कारणवश सदस्यों को पहले से कार्यसूची उपलब्ध न हो सकने की स्थिति में बैठक प्रारम्भ होने के पूर्व करवा दी जाती है।
6. सामान्यतः कार्यसूची में कोई विषय जोड़ा नहीं जाता, पर अन्तिम में 'कोई अन्य विषय' के तहत अध्यक्ष की अनुमति से कोई भी सदस्य विचारार्थ समिति के समक्ष रख सकता है।
7. बैठक में लिए गए प्रस्तावों/निर्णयों को सचिव क्रम से संक्षेप में नोट करता रहता है।

कार्यवृत्त की लेखन-प्रक्रिया

बैठक की समाप्ति के बाद सदस्य सचिव या विशेष रूप से नियुक्त व्यक्ति

का यह कर्त्तव्य होता है कि वह लिखे गए संक्षिप्त टिप्पणी के आधार पर उक्त बैठक के सम्पूर्ण कार्यवृत्त (Minutes) को संख्या क्रम से विषयवार लिखे। इसके लिए आवश्यक है कि बैठक में हुई विस्तृत चर्चा का उल्लेख न करके सिर्फ लिए गए निर्णयों को ही संक्षिप्त रूप में लिखा जाए। इसमें निम्नलिखित बातों का ध्यान आवश्यक है :

1. कार्यसूची में निहित अथवा अन्य किसी विषय पर विचार-विमर्श के पश्चात् जो भी निर्णय हुआ हो उसका स्पष्ट उल्लेख किया जाए।
2. प्रत्येक विषय के सामने उक्त अधिकारी/कार्यालय अधीक्षक का नाम निर्देशित होना चाहिए जो आगे जिम्मेदार है और जो तत्सम्बन्धी अनुवर्ती कार्रवाई करेगा।
3. कार्यवृत्त के प्रारम्भ में सदस्यों के नाम (पदसहित) अंकित होना चाहिए तथा उनका हस्ताक्षर भी लिया जाना चाहिए। यदि कोई सदस्य उपस्थित न हो तो उसके नाम के आगे सचिव द्वारा 'अनुपस्थित' लिखा जाएगा।
4. कार्यवृत्त के अन्त में अध्यक्ष का हस्ताक्षर आवश्यक है। अध्यक्ष यदि चाहें तो कार्यवृत्त में कतिपय संशोधन कर अपना हस्ताक्षर करेंगे।
5. सदस्य-सचिव का यह दायित्व है कि कार्यवृत्त की प्रतियाँ प्रत्येक सदस्य को उपलब्ध करावें। इसके लिए वे कार्यवृत्त को टाइप/जीरोक्स/साइक्लोस्टाइल करवा कर सदस्यों में वितरित कर सकते हैं।
6. अध्यक्ष के आदेश से अन्य सम्बन्धित कार्यालयों के प्रधान तथा अन्य अधिकारियों को भी कार्यवृत्त की प्रतियाँ सूचनार्थ भेजी जानी चाहिए।

कार्यवृत्त की संपुष्टि

प्रत्येक बैठक के पूर्व पिछली बैठक के कार्यवृत्त की संपुष्टि अनिवार्य है। यदि किसी कारणवश कार्यवृत्त में संशोधन करना पड़े तो किया जा सकता है, मगर उसकी संपुष्टि आगामी बैठक में करनी होगी और उसका उल्लेख उक्त बैठक के कार्यवृत्त में प्रारम्भ में ही करना होगा। यदि किसी सदस्य को कोई विशेष असहमति हो तो वह अपनी आपत्ति दर्ज कर सकता है और उस पर भी विचार अपेक्षित है।

4. जनसंचार में हिन्दी

4:1 जनसंचार माध्यम : परिचय

जनसंचार दो शब्दों के मेल से बना है–जन अर्थात् जनता और संचार मतलब किसी बात को आगे बढ़ाना, चलाना या फैलाना। जनसंचार के विशेषज्ञ विद्वान् ए. मिलर ने 'Language and Communication' में कहा है कि जनसंचार का अर्थ सूचना को एक स्थान से दूसरे स्थान तक पहुँचाना है। यदि हम किसी विचार या जानकारी को किसी भाषा के माध्यम से जनसमूह तक पहुँचाते हैं तो इस प्रक्रिया को जनसंचार कहते हैं। जनसंचार का उद्देश्य खबरों को समाज के सभी तबकों तक पहुँचाना है।

ऐसा ज्ञात होता है कि आदि मानव ने अपनी जरूरतों को पूरा करने के लिए विभिन्न तरह की आवाजों, हाव-भाव और इशारों से संचार की शुरुआत की होगी। जैसे-जैसे आदमी सभ्य होता गया संचार के तरीके भी बदलते गए होंगे। संगीत, नृत्य, ढोल की आवाज से मदद लेकर या चित्र खींचकर संदेशों का आदान-प्रदान शुरू हुआ। यह सन्देश प्रेषण की प्रक्रिया की शुरुआत कही जा सकती है। बाद में समाज के उत्थान के साथ-साथ सूचनाओं का आदान-प्रदान भी बढ़ा और भाषा के विकास ने संचार को नया आयाम दिया। मनुष्य ने स्थान और समय के अनुसार भाषा विकसित की जिससे मानव ज्ञान में तेजी से विकास हुआ। वह नई चीजों से परिचित होने लगा फलतः नए विचारों से भी अवगत हुआ। धीरे-धीरे उसने लिखना भी सीख लिया। और इसी के साथ मनुष्य के विचार आनेवाली पीढ़ी तक सुरक्षित रहने लगे।

कई शताब्दियों तक विश्व के अधिकांश निवासी गाँव और कबीलों की शक्ल में एक छोटे से सामाजिक दायरे में बँधे रहे। इन समुदायों में परस्पर संवाद का साधन केवल अन्तर्वैयक्तिक संचार था जो आज भी संचार का सबसे महत्त्वपूर्ण माध्यम है। मानव सभ्यता के विकास के इस चरण तक संचार की गति धीमी थी। आवाज एक सीमित दूरी तक ही पहुँच सकती थी और लिखित सामग्री को भी मनुष्य तथा घोड़े या कबूतर जैसे जानवर और पक्षियों द्वारा एक स्थान

से दूसरे स्थान तक पहुँचाया जाता था।

वैज्ञानिक खोजों की नवीनता ने आधुनिक युग में यातायात और व्यापार को चहुँमुखी विकास की ओर उन्मुख किया। फलस्वरूप विश्व की विभिन्न संस्कृतियों के बीच संचार को भी बढ़ावा मिला। नवीं शताब्दी में चीन में सर्वप्रथम छपाई का काम शुरू हुआ। 15वीं शताब्दी में यूरोप के अन्य देशों में छपाई शुरू हुई और 16वीं शताब्दी में सारे विश्व में अखबार निकलने लगे। औद्योगिक क्रान्ति के साथ-साथ संचार व्यवस्था में प्रगति हुई। छापेखाने या प्रिंटिंग प्रेस में पुस्तकों, समाचार-पत्रों और अन्य प्रकार की पाठ्य सामग्रियों का प्रकाशन बढ़ा जिससे जनसाधारण के लिए जानकारी दूर-दूर तक फैलने लगी। लगभग 500 साल के अन्तराल में छपाई की पद्धति में कई परिवर्तन आए। पहले लकड़ी की टाइप से छपाई हुई, फिर हाथ की मशीन पर काम हुआ, फिर बिजली की सहायता से प्रेस संचालित होने लगा, फिर क्रमशः लेटर प्रेस, ऑफसेट प्लेटें और रोटरी मशीनों का प्रयोग किया जाने लगा। आधुनिक पद्धति में छपाई के लिए फोटो ऑफसेट मशीनों का प्रयोग किया जा रहा है जिससे मैटर कम्पोज करने की जरूरत नहीं पड़ती, 'कापी' सीधी छपाई की मशीन तक पहुँच जाती है। इसी तरह जनसंचार में एक और क्रान्ति की शुरुआत तब हुई जब टेलीग्राफ का आविष्कार हुआ। फिर टेलीफोन बना और टेलीफोन के बाद रेडियो-वायरलेस और टेलीविजन का जमाना आया। अब तो अन्तरिक्ष में स्थित कृत्रिम उपग्रहों द्वारा संचार-व्यवस्था प्रणाली कई देशों में चलाई जा रही है।

उपर्युक्त बातों से पता चलता है कि जनसंचार की प्राचीन मद्धतियों में मनुष्य जिन माध्यमों का प्रयोग कर रहा था, वे चेहरे के हाव-भाव, ध्वनि, चित्रलिपि, नृत्य, कठपुतली आदि थे। इन पद्धतियों में संचार की गति धीमी थी और इसका क्षेत्र भी सीमित था। लेकिन धीरे-धीरे जनसंचार के विकास में तीन बड़े परिवर्तन आए।

1. लिखित माध्यमों का प्रयोग–इसमें विशेष रूप से समाचार-पत्रों ने सक्रिय भूमिका निभाई। अन्य लिखित माध्यमों में विभिन्न पत्रिकाएँ (साप्ताहिक, पाक्षिक, मासिक, वार्षिक) तथा पोस्टर, पैम्फलेट, फोल्डर आदि जनसंचार के लिए विशेष रूप से उल्लेखनीय हैं। लेकिन यह माध्यम कुछ पढ़े-लिखे वर्गों तक ही सीमित रहा, फिर भी जनमत के निर्माण में निश्चित रूप से प्रभावी रहा।

2. आवाज का सम्प्रेषण–दूसरा परिवर्तन तब हुआ जब आवाज का सम्प्रेषण सफलतापूर्वक किया गया। विज्ञान के इस आविष्कार के साथ रेडियो का जन्म हुआ। रेडियो श्रव्य माध्यम था जिसने समान रूप से साक्षर-निरक्षर दोनों को प्रभावित किया। यहाँ तक कि दृष्टिहीनों के लिए भी रेडियो उतना ही उपयोगी रहा। यह एक जादुई करिश्मा था जिसने शहर और ग्राम दोनों को

सम्यक् रूप से जनसंचार से जोड़ा। ट्रांजिस्टर के आविष्कार ने तो विशेष रूप से अपना प्रभाव जमाया।

3. **श्रव्य और दृश्य का सामंजस्य**–जनसंचार में तीसरा महत्त्वपूर्ण चरण तब आरम्भ हुआ जब श्रव्य के साथ दृश्य का सामंजस्य हुआ। सिनेमा और टेलीविजन का आविष्कार हुआ। तब से लेकर अब तक इन माध्यमों में निरन्तर विकास हो रहा है और उसी के साथ जनसंचार के विविध आयाम भी खुल रहे हैं।

इस प्रकार हम जनसंचार के विभिन्न माध्यमों को तीन प्रमुख वर्गों में रख सकते हैं :

- **लिखित जनसंचार माध्यम** : समाचार-पत्र, पत्रिकाएँ, पोस्टर, पैम्फलेट, होर्डिंग आदि।
- **श्रव्य माध्यम** : रेडियो।
- **श्रव्य-दृश्य माध्यम** : सिनेमा और टेलीविजन।

4:2 जनसंचार के विविध रूप

4:2:1 भाषिक प्रकृति

संचार आज के युग का एक महत्त्वपूर्ण अध्ययन क्षेत्र है। प्रौद्योगिकी के विकास के कारण संचार के क्षेत्र में काफी प्रगति हुई है। इसके माध्यम से हम अपनी बातों को लोगों तक पहुँचाने में सफल हुए हैं। भाषा संचार का माध्यम है। इसके दो रूप हैं–(1) भाषिक रूप बोलकर भाषा की अभिव्यक्ति और (2) लिखित रूप।

भाषा के इन्हीं रूपों से आधुनिक संचार माध्यमों का विकास हुआ। समाचार-पत्र, रेडियो, टेलीविज़न, सिनेमा आदि ने संचार की प्रक्रिया को इतना विस्तृत कर दिया है कि अब केवल मुद्रित रूप ही संचार का माध्यम न रहकर श्रव्य और दृश्य दोनों ही सम्प्रेषण के माध्यम हो गए हैं। कम्प्यूटर ने संचार माध्यमों को और भी व्यापकता प्रदान की है जिसके चलते इस क्षेत्र में क्रान्तिकारी बदलाव हुए हैं। इससे लेखन का क्षेत्र भी प्रभावित हुआ है। इसके दो माध्यम हैं–1. व्यक्तिगत माध्यम और 2. सार्वजनिक माध्यम।

व्यक्तिगत माध्यम–यह एक ऐसा माध्यम है जिसका प्रयोग किसी व्यक्ति विशेष द्वारा नितान्त वैयक्तिक प्रयोजन के लिए किया जाता है जैसे–किसी व्यक्ति द्वारा चिट्ठी लिखकर अपनी बातों को किसी खास व्यक्ति तक प्रेषित करना। इसमें लेखक और पाठक मात्र से ही सम्प्रेषण का सम्बन्ध है। दूसरे किसी भी व्यक्ति को उस सम्प्रेषण से कोई मतलब नहीं होता है।

इसलिए यह व्यक्तिगत संचार माध्यम का रूप हुआ।

सार्वजनिक माध्यम—वह संचार माध्यम जो किसी खास व्यक्ति विशेष के लिए न होकर सामान्य रूप से सबके लिए हो। जैसे—समाचार-पत्र। समाचार-पत्र एक ऐसा माध्यम है जिससे कोई भी समाचार एक स्थान से छपकर दूसरे कई शहरों या स्थानों तक पहुँचता है और जिसका वाचन लोगों द्वारा किया जाता है। यानी वह समाचार जो समाचार-पत्र में छपा है और लोगों तक पहुँचा है वह किसी एक के लिए नहीं है बल्कि उन सबके लिए है जो उस अखबार को पढ़ेंगे। इसलिए यह संचार माध्यम व्यक्तिगत न होकर सार्वजनिक है।

उपर्युक्त बातों के आधार पर यह कहा जा सकता है कि जो माध्यम जनता के व्यापक हिस्से तक सन्देशों का संचार करे उसे हम जनसंचार माध्यम कह कहते हैं और ऐसे संचार को जनसंचार।

संचार-प्रक्रिया के घटक तत्त्व

संचार की पूरी प्रक्रिया निम्नलिखित चार स्तरों पर घटित होती है :

1. प्रेषक (अर्थात् सन्देश को भेजनेवाला)
2. सन्देश
3. माध्यम (अर्थात् जिसके जरिए सन्देश भेजा जाए)
4. प्राप्तकर्ता (अर्थात् सन्देश को प्राप्त करनेवाला)

जब कोई व्यक्ति अपनी बात दूसरे तक पहुँचाना चाहता है तो वह उसे बोलकर या लिखकर अभिव्यक्त करता है। यहाँ पर बोलने वाला या लिखने वाला प्रेषक कहलाएगा, जो बात कही या लिखी जाएगी वह सन्देश होगा, बात जिस भाषा में कही या लिखी जाएगी वह भाषा सन्देश का माध्यम होगी और सुननेवाला या पढ़नेवाला सन्देश का प्राप्तकर्ता होगा।

इस प्रकार भाषा सन्देश के सम्प्रेषण का ऐसा माध्यम है जिसका इस्तेमाल मनुष्य सदियों से करता आ रहा है। लेकिन संचार के इस माध्यम के पहले से भी, कई और रूप प्रचलित रहे हैं। इसमें चित्र माध्यम, संकेत माध्यम आदि को लिया जा सकता है। बात तब की है जब मनुष्य के पास भाषा नहीं थी। तब वह अपने भावों को स्पष्ट करने के लिए चित्रों का प्रयोग करता था। उसे देखकर दूसरा व्यक्ति भी समझ लेता था। अर्थात् चित्र सन्देश का माध्यम था। उसी प्रकार शारीरिक संकेत भी सन्देश के वाहक तत्त्व हैं। जैसे, हाथ के इशारे से किसी व्यक्ति को बुलाना या जाने के लिए कहना। गर्दन हिलाकर किसी बात की स्वीकृति देना या न देना। चेहरे पर परिवर्तित भावों के द्वारा भी सन्देश व्यक्त होता है, जैसे—जब हम गुस्से में होते हैं तो चेहरा तमतमा जाता है, भौंहें तन जाती हैं और मुख पर एक आक्रोशजनित भाव व्याप्त हो

जाता है; लेकिन खुशी के अवसर पर चेहरे पर होनेवाले भावों में बदलाव देखा जाता है। शर्मिन्दगी के अवसर पर चेहरे पर एक अलग ही भाव देखा जा सकता है। टेलीविजन और सिनेमा में हम दृश्यों के माध्यम से बहुत सारी बातों को समझते हैं। लेकिन ये सभी सन्देश के गौण माध्यम ही कहे जाएँगे। मुख्य रूप से सन्देश का माध्यम भाषा ही है।

परन्तु भाषा को वहन करने के लिए एक माध्यम की आवश्यकता होती है। इसी को संचार माध्यम कहा जाता है। इसके कई रूप हो सकते हैं। जैसे—कागज, रेडियो या कोई अन्य यन्त्र आदि। समाचार-पत्र यदि लिखित भाषा के माध्यम से सन्देशों को ले जाता है तो रेडियो बोली गई भाषा को एक स्थान से दूसरे स्थान तक पहुँचाता है। सिनेमा और टेलीविजन ध्वनियों के साथ-साथ दृश्यों को भी एक स्थान से दूसरे स्थान तक पहुँचाने का काम करते हैं। इस प्रकार यदि माध्यमों की प्रकृति के अनुसार जनसंचार के माध्यमों का विभाजन किया जाए तो मुख्य रूप से इसे तीन भागों में बाँटा जा सकता है—1. मुद्रित माध्यम, 2. श्रव्य माध्यम और 3. दृश्य माध्यम।

मुद्रित माध्यम

यह संचार व्यवस्था का एक ऐसा माध्यम है जो यन्त्रों द्वारा छपकर पाठकों के सम्मुख पहुँचता है। इसके अन्तर्गत अखबार, पत्रिकाएँ और पुस्तकें आदि आती हैं। लेकिन इन सबका अलग-अलग स्वरूप होता है। अखबार संचार का ऐसा मुद्रित माध्यम है जो प्रतिदिन छपकर पाठकों के सामने आता है। इसमें दिन-प्रतिदिन की घटनाओं की खबरें छपती हैं। उनमें से कुछ ही समाचार ऐसे होते हैं जिनका प्रभाव अन्य दिनों के लिए रहता है, मगर एक दिन के बाद शेष खबरों का कोई अस्तित्व नहीं रह जाता। वे बासी पड़ जाती हैं। दूसरी तरफ कुछ पाक्षिक पत्र या पत्रिकाएँ छपती हैं जिनका मूल्य स्थायी होता है। पुस्तकों के प्रकाशन के साथ तो स्थायित्व का पूर्णतः मेल होता है। पुस्तकें जीवन में प्रेरणा प्रदान करने में सक्षम होती हैं।

लेकिन, जहाँ तक इनकी भाषाओं के सम्बन्ध में सवाल है कि इन संचार माध्यमों की भाषा कैसी होनी चाहिए तो स्पष्ट रूप से यह कहा जा सकता है कि अखबार के पाठक सामान्य लोग, बच्चे, बूढ़े बुद्धिजीवी सभी हो सकते हैं। इसलिए इसकी भाषा स्पष्ट और सरल होनी चाहिए। भाषा ऐसी होनी चाहिए जिसे पढ़कर सभी उक्त घटनाओं के विषय में जानकारी हासिल करने में पूर्णतः सक्षम हो सकें। यदि इसमें जटिल या क्लिष्ट शब्दों का प्रयोग होगा तो प्रत्येक पाठक के लिए उसका अर्थ समझना कठिन हो जाएगा। दूसरी बात यह है कि प्रकाशन के साथ पाठकों के स्तर के अनुरूप रुचि का सम्बन्ध भी जुड़ा होता

है। इसके पाठक भिन्न-भिन्न प्रकार के लोग होते हैं। जैसे, बच्चों के लिए जो लेख, निबन्ध, कहानियाँ, कविताएँ आदि छपती हैं उनमें उनकी रुचि का पूर्णतः ध्यान रखना पड़ता है। दूसरी तरफ जो अन्य पत्र-पत्रिकाएँ छपती हैं उनमें स्तर भेद के अनुरूप भाषा का प्रयोग किया जाता है। पुस्तकों के प्रकाशन में भी पाठकों के स्तर के अनुसार भाषा का प्रयोग होता है।

श्रव्य माध्यम

यह संचार व्यवस्था का दूसरा माध्यम है। इसके द्वारा समाचार या संवाद आदि को त्वरित गति से एक स्थान से दूसरे स्थान तक पहुँचाया जाता है। रेडियो का आविष्कार इसी आवश्यकता की दृष्टि की पूर्ति के रूप में हुआ है। रेडियो एक ऐसा यन्त्र है जिसके द्वारा आवाज को विद्युत तरंगों के माध्यम से एक स्थान से दूसरे स्थान तक बड़ी आसानी से भेजा जा सकता है। इसके अन्तर्गत एक ऐसी प्रक्रिया होती है कि आवाज जब ध्वनि तरंगों से परिवर्तित होती है तो उन तरंगों को रेडियो में लगा यन्त्र पुनः अपने में संयोजित कर उसे आवाज का रूप दे देता है। यह क्रिया इतनी त्वारेत गति से होती है कि उसमें काल की दृष्टि से 'शून्य' समय ही कहा जा सकता है। यानी जिस समय आवाज को प्रेषित किया जाता है, ठीक उसी समय वह हजारों मील दूर बैठे व्यक्ति को रेडियो द्वारा सुनाई पड़ती है। इसीलिए रेडियो को भी समाचार और दूसरे तरह के सन्देशों के लिए प्रयोग किया जाता है। लेकिन रेडियो की अपनी एक सीमा होती है। इसमें श्रोता को मात्र सुनकर ही भावों को समझना होता है। उसके समक्ष कोई लिखित या छपे हुए शब्द नहीं होते। इसलिए इस माध्यम के लिए यह आवश्यक है कि इसमें भाषा का ऐसा प्रयोग किया जाए जिसे सुनकर श्रोता सारी बातों को ठीक-ठीक समझ लें। ऐसा इसलिए भी जरूरी है कि पढ़े-लिखे लोगों के अतिरिक्त अनपढ़ लोग भी हुआ करते हैं। इसीलिए समाचार-पत्रों की तुलना में रेडियो की महत्ता और व्यापकता अधिक जान पड़ती है।

रेडियो प्रसारण में विविधता का होना अति आवश्यक है। ऐसा इसलिए जरूरी है कि इसके श्रोता भिन्न-भिन्न रुचिवाले और भिन्न-भिन्न स्तर वाले लोग हुआ करते हैं। इनमें शिक्षित और अशिक्षित, शहरी और ग्रामीण वर्ग के लोग आते हैं। और इस माध्यम की विशेषता है कि इसका आनन्द सिर्फ सुनकर ग्रहण किया जा सकता है। अखबार या अन्य समाचार-पत्रों में यह सुविधा होती है कि यदि कहीं किसी बात को समझने में कठिनाई होती हो तो उसे पुनः दुबारा-तिबारा पढ़कर समझा जा सकता है। यदि कहीं कोई क्लिष्ट शब्द आ जाए तो उसका अर्थ शब्दकोश में देखा जा सकता है। परन्तु रेडियो में ऐसा मौका नहीं होता। उसमें सुनकर ही सारी बातों की जानकारी सही-सही रूप में

हासिल की जा सकती है।

दृश्य माध्यम

यह जनसंचार माध्यम का तीसरा रूप है। इसके द्वारा सम्प्रेषण के कई रूप हमारे सामने आते हैं, जैसे, नाटक, चित्र, मूर्तिकला, वास्तुकला, सिनेमा और टेलीविजन आदि। इनमें सिनेमा और टेलीविजन के अतिरिक्त अन्य माध्यम संचार के लिए उतने उपयुक्त नहीं माने जा सकते। नाटक में बहुत सारे ऐसे वर्णन आते हैं जिन्हें मंच पर प्रदर्शित नहीं किया जा सकता। चित्र, मूर्तिकला, वास्तुकला आदि को देखकर हमें उनके अन्तर्गत निहित भावों को स्वयं समझना होता है और उसके आधार पर बिम्ब ग्रहण भी करना पड़ता है। इसलिए ये सभी माध्यम ग्राह्यता की दृष्टि से सर्वव्यापी नहीं कहे जा सकते। परन्तु दूसरी ओर सिनेमा और टेलीविजन संचार के लिए दृश्य माध्यम के रूप में विशिष्ट और सर्वव्यापी कहे जा सकते हैं। इसमें सिनेमा काफी पुराना माध्यम हो चुका है। ऐसा इसलिए कि इसके माध्यम से हम उन्हीं चीजों को देखने में सफल होते हैं जो पहले से फिल्माया गया होता है और जिसे पर्दे पर प्रोजेक्टर द्वारा डाले गए बिम्बों के माध्यम से देखा जा सकता है। लेकिन तात्कालिक घटनाओं को हू-ब-हू उसी रूप में त्वरित गति से पेश करने में यह माध्यम अब सक्षम नहीं रहा। इसके लिए टेलीविजन को हम सक्षम माध्यम मान सकते हैं, क्योंकि टेलीविजन में दृश्य और आवाज दोनों ही एक साथ स्क्रीन पर विद्युत तरंगों द्वारा पहुँचती है।

दूसरी बात यह है कि सिनेमा का प्रयोग जहाँ आमतौर पर कथात्मक फिल्मों या वृत्तचित्रों के लिए होता है वहीं टेलीविजन पर कथात्मक फिल्मों के अलावा समाचार वृत्तचित्र, साक्षात्कार आदि कई प्रकार के कार्यक्रम दिखाए जा सकते हैं। आज के इस मशीनी युग में दृश्य माध्यम की महत्ता काफी बढ़ गई है और इसकी तकनीक भी काफी विकसित हो चुकी है। इसीलिए इन माध्यमों में भाषा के प्रयोग में भी विविधता एवं रचनात्मकता आ गई है।

4:2:2 जनसंचार माध्यमों की भाषा

जनसंचार माध्यमों की भाषा से तात्पर्य उस भाषा से है जो कि जनंसचार के विभिन्न माध्यमों के लिए प्रयुक्त होती है। सवाल यह है कि क्या जनसंचार के सभी माध्यमों में एक ही भाषा का प्रयोग होता है या उनमें कुछ अन्तर होता है? इसका उत्तर 'हाँ' और 'नहीं' दोनों में दिया जा सकता है। हाँ इस अर्थ में कि जिस हिन्दी भाषा का प्रयोग हम अपने रोजमर्रा के जीवन में करते हैं, उसे ही हम समाचार-पत्रों, पत्रिकाओं और पुस्तकों में पढ़ते हैं। उसे ही हम रेडियो पर सुनते हैं फिल्म तथा टेलीविजन पर भी सुनते हैं। यदि इन माध्यमों में एक-सी

भाषा का प्रयोग न होता तो किसी भी व्यक्ति के लिए अलग-अलग माध्यमों में प्रयुक्त होने वाली भाषा को समझना मुश्किल हो जाता। फिर भी माध्यम बदलने के साथ-साथ भाषा में भी थोड़ा अन्तर अवश्य हो जाता है। सामान्य रूप से हम जिस प्रकार रोजमर्रा की जिन्दगी में जिस भाषा का प्रयोग करते हैं उसे ही भाषण के क्रम में या पुस्तक लेखन के क्रम में नहीं करते। उन दोनों के लिए भाषा-प्रयोग की दृष्टि से थोड़ा अन्तर अवश्य हो जाता है। उसी प्रकार जो भाषा समाचार-पत्रों में प्रयुक्त होती है वही रेडियो लेखन में प्रयुक्त नहीं होती। यही बात अन्य दृश्य माध्यमों पर भी लागू होती है। भाषा में यह अन्तर माध्यम की विशिष्टता के कारण आता है। इस अन्तर को हम निम्नलिखित रूपों में देख सकते हैं।

मुद्रित माध्यमों की भाषा

इसके अन्तर को समझने के लिए दो उदाहरण प्रस्तुत हैं :

1. दुनिया में समाचारों को जानने-समझने से लेकर मनोरंजन के माध्यम तक बदल रहे हैं। इसी का नतीजा है कि इण्टरनेट अब समाचार, विचार जानने और मनोरंजन का तीसरा सबसे बड़ा माध्यम हो गया है। पहले और दूसरे स्थान पर टी.वी. और रेडियो है जबकि समाचार-पत्र और पत्रिकाओं का स्थान चौथा और पाँचवाँ हो गया है। एक ताजा मीडिया सर्वेक्षण में प्रकाशकों का भय पचास प्रतिशत घरों में सही साबित हुआ है। चौंकाने वाली बात यह है कि यह बदलाव सिर्फ युवकों या सम्पन्न लोगों के ही बीच नहीं आया है बल्कि प्रायः हर वर्ग के लोग इसकी पकड़ में आए हैं। सर्वेक्षण करनेवाले फाय वीक का कहना है कि यह बहुत बड़ा बदलाव है और इससे इण्टरनेट के बढ़ते प्रभाव का पता चलता है। आम लोग अखबार पढ़ने में जितना समय लगाते हैं उससे तीन गुना अधिक समय इण्टरनेट पर लगा रहे हैं। शाम के वक्त यह औसत छह गुना तक पहुँच जाता है। सर्वेक्षण के अनुसार प्रकाशकों के लिए सबसे बड़ी चिन्ता की बात यह है कि विज्ञापनदाता 16 से 34 आयु वर्ग के किशोरों को अपना सबसे बड़ा टारगेट मानते हैं और इस आयुवर्ग के लोग अखबारों या पत्रिकाओं की तुलना में पन्द्रह गुना अधिक समय इण्टरनेट पर बिताते हैं।

2. हिन्दी में मनोवैज्ञानिक यथार्थवादी उपन्यास लेखन की परम्परा समृद्ध रही है। स्त्री-पुरुष सम्बन्धों की जटिलता से सामाजिक नैतिकता और पाप-पुण्य की अवधारणा अक्सर कठघरे में खड़ी हो जाती है। जैनेन्द्र से लेकर मृदुला गर्ग तक ने बड़ी बारीकी से दाम्पत्य के बनते-बिगड़ते स्वरूप को अपने-अपने तरीके से परिभाषित और विश्लेषित किया है। कृष्णा अग्निहोत्री का नया उपन्यास 'मैं अपराधी हूँ' मध्यवर्गीय स्त्री का एक ऐसा महा आख्यान है जिसमें कम-से-कम

चार पीढ़ियों के संघर्ष और यातना से साक्षात्कार होता है। यह साक्षात्कार मार्मिक और भयावह है, यद्यपि विकास का माडल लेखिका का आलोच्य है। आलोच्य ही नहीं, सभ्यता समीक्षा की तरह जगह-जगह सतेज और गतिमान है, लेकिन सतह पर भोगवाद के विविध रूपात्मक दृष्टान्त हैं। ऊपरी चमक-दमक से कोई बेअसर नहीं है और भीतर का खोखलापन देर तक अदृश्य भी नहीं रहता। तेज रफ्तार से भाग रही सभ्यता में सुख क्षणिक है और उसका सार है लूट-खसोट। इससे केवल मानवीय सम्बन्ध ही आहत और उद्विग्न नहीं होते, बल्कि आत्यन्तिक मनुष्यता भी लहूलुहान नजर आती है।

उपर्युक्त दोनों उद्धरणों की तुलना के आधार पर यह कहा जा सकता है कि पहला उद्धरण समाचार का है जबकि दूसरा पुस्तक समीक्षा का। पहले उदाहरण में समाचार की भाषा में सूचना का प्राबल्य है जबकि दूसरे उदाहरण में सूचना के साथ-साथ लेखक का अपना मत भी सन्निहित है।

पहले उदाहरण की भाषा वस्तुपरकता और तथ्यात्मकता के अनुकूल है जबकि दूसरे उदाहरण में तथ्य से अधिक समीक्षक ने अपनी बात कहने पर जोर दिया है।

समाचार की भाषा में बात को स्पष्ट और सरल ढंग से कहने पर जोर है। इसमें क्लिष्ट और आलंकारिक शब्दों के प्रयोग से बचा गया है। पुस्तक समीक्षा की भाषा में समीक्षक (लेखक) के अपने विचारों को पेश करने पर बल है। इसके साथ ही लिखने वाले के लेखन की शैली का अपना अन्दाज भी देखने को मिलता है।

समाचार-पत्रों की भाषा में इस बात का ध्यान रखना जरूरी होता है कि उसे पाठकों का विशाल वर्ग पढ़ता है जिसमें भाषा, ज्ञान, अभिरुचि और संस्कारों के विभिन्न स्तर होते हैं। लेकिन पुस्तक समीक्षा की भाषा में स्तर की दृष्टि से भेद हो जाता है। यहाँ पर समीक्षक (लेखक) यह मानकर चलता है कि पाठक मूल पुस्तक से पूर्व परिचित है अथवा जिस पुस्तक के विषय में वह लिख रहा है उसके तथ्यों को पढ़कर पाठक लेखकीय मान्यताओं से सामंजस्य बिठाने में सक्षम है। इसलिए इसकी भाषा में थोड़ी जटिलता भी आ जाती है। जो सामान्य से परे है। लेखक यह मानकर चलता है कि उसका पाठक केवल प्रबुद्ध वर्ग के ही लोग हैं जिनकी रुचि रचना द्वारा सामान्य से विलग कुछ विशेष की तलाश करना है।

श्रव्य माध्यमों की भाषा

श्रव्य माध्यमों की भाषा से तात्पर्य उस माध्यम से है जिसमें सन्देश को सुनकर उसके सम्पूर्णत्व का अर्थ ग्रहण किया जाए। वर्तमान समय में इस माध्यम ने

अपना स्वरूप बड़ा विशाल बना लिया है। नित्य नवीन वैज्ञानिक यन्त्रों के प्रयोग से संचार के इस माध्यम में प्रगति हो रही है। इस दृष्टि से ऑडियो कैसेट, ऑडियो सीडी आदि को लिया जा सकता है। परन्तु चर्चा के लिए हम यहाँ सिर्फ रेडियो को ही ले रहे हैं। रेडियो संचार का ऐसा माध्यम है जिसमें सन्देश हम सुनकर प्राप्त करते हैं। इसके अन्तर्गत समाचार, वार्ता, नाटक, साक्षात्कार, गीत-संगीत के कार्यक्रम आदि हो सकते हैं। इन सबका प्रसारण श्रव्य माध्यम (रेडियो) के द्वारा होता है, पर ऐसा नहीं है कि सबमें एक ही प्रकार की भाषा का प्रयोग होता है। रेडियो पर जब हम समाचार सुनते हैं तो हमारे लिए यह जरूरी हो जाता है कि बातों को सुनने के साथ-साथ उसे समझा भी जाए। मिसाल के तौर पर हम उदाहरण सं. 1/2 को देखें। वह मुद्रित माध्यम की भाषा है। उसे पढ़ने में यह आसानी होती है कि यदि हम कहीं उसके अर्थ को न समझ पाएँ तो पुनः दोबारा-तिबारा पढ़कर समझने का प्रयास कर सकते हैं। परन्तु रेडियो पर ऐसा नहीं कर सकते। ऐसा इसलिए कि रेडियो पर बोलने वाले की गति तो स्थिर होती है परन्तु श्रोता में सबके सुनने और समझने की क्षमता में अन्तर होता है। और उसमें यह सुविधा नहीं है कि प्रसारित वार्ता को पुनः दुहराया जाए। इसलिए रेडियो पर समाचार की भाषा का ऐसा होना जरूरी है कि जिसे सुनकर समझा जा सके। इसके लिए आवश्यक है कि रेडियो की भाषा को सरल बनाया जाए। इस दृष्टि से हम उदाहरण सं. 1 की भाषा के सरलीकरण पर विचार करें। उक्त उदाहरण को यदि रेडियो से प्रसारित किया जाए तो उसका भाषा-रूप इस प्रकार हो सकता है :

समाचार और मनोरंजन के सबसे बड़े माध्यम के रूप में इंटरनेट दुनिया भर में मशहूर हो गया है। इससे संचार के अन्य साधन प्रभावित हो रहे हैं और उन पर खतरा पैदा हो गया है। लोगों का रुझान अब समाचार-पत्रों से अलग हटकर इंटरनेट पर हो गया है। खासकर युवा वर्ग इससे अधिक प्रभावित है।

उपर्युक्त उदाहरण रेडियो की भाषा के लिए प्रयुक्त किया गया है। अब हम उदाहरण सं. 1 की भाषा से इसकी तुलना करते हैं तो निम्नलिखित बातें सामने आती हैं :

(i) दोनों में सूचनाएँ समान हैं, उनमें तथ्यों की दृष्टि से कोई अन्तर नहीं है।

(ii) भाषा के स्तर पर दोनों जगह दो तरह की भाषा का प्रयोग किया गया है। अखबार में छपे समाचार में पहले वाक्य में जो बात कही गई है वही बात रेडियो से प्रसारित समाचार में भी कही गई है। लेकिन उसे यथावत् नहीं दोहराया गया है।

(iii) रेडियो से प्रसारित समाचार के वाक्य छोटे हैं जबकि अखबार के वाक्य

लम्बे हैं। हालाँकि दोनों जगह बातें सुलझे हुए और सरल ढंग से रखी गई हैं।

अब निम्नलिखित उदाहरण को देखें :

भारत की जनसंख्या जो आज 998548347 के करीब है, उसमें इतनी तीव्र गति से वृद्धि हो रही है कि उससे ऐसा प्रतीत होता है कि यह समस्या भविष्य में इतना विकराल रूप ग्रहण कर लेगी कि अन्ततोगत्वा हम पूर्णरूपेण किंकर्त्तव्यविमूढ़ हो जाने पर मजबूर हो जाएँगे और संकट के गह्वर में शीर्ष तक इस तरह अन्तर्लीन हो जाएँगे कि जिससे छुटकारा पाना कठिन होगा।

यह वाक्य किसी भी माध्यम के लिए उपयुक्त नहीं है। इसके कई कारण हैं :

(i) पहली बात तो यह है कि इतना लम्बा वाक्य है कि उसे पढ़ना और समझना दोनों कठिन है। वाक्य की समाप्ति पर हम भूल जाते हैं कि उसमें क्या कहा गया है।

(ii) दूसरी बात यह है कि इसमें ऐसे शब्दों का प्रयोग किया गया है जिसका उच्चारण करना कठिन है। जैसे–अन्ततोगत्वा, किंकर्त्तव्यविमूढ़, गह्वर, अन्तर्लीन आदि।

(iii) तीसरी बात यह है कि इनमें कुछ शब्द ऐसे भी हैं जिनका अर्थ सामान्य हिन्दी का ज्ञान रखनेवाले नहीं जानते।

(iv) चौथी बात यह है कि इसमें भारत की जनसंख्या का उल्लेख जिस रूप में किया गया है उसे पढ़ना आसान नहीं है। समाचार-वाचक को इतने सारे अंकों को बिना गिनती किए एकबारगी पढ़ पाना कठिन है। इसलिए रेडियो पर समाचारों में संख्याओं को अंकों में न लिखकर उसे वाक्यों में लिखा जाता है। जैसे–उपर्युक्त अंकों के लिए निन्यानवे करोड़ पचीस लाख अड़तालीस हजार तीन सौ सैंतालीस लिखा जाएगा।

अक्षरों में लिखे जाने पर भी जब इसका प्रसारण रेडियो द्वारा किया जाएगा तो इतनी बड़ी संख्या को श्रोता के लिए याद रखना मुश्किल होगा। इसलिए रेडियो प्रसारण के लिए जब लेखन किया जाएगा तो इसे इस रूप में लिखा जाएगा–निन्यानवे करोड़ से ज्यादा या निन्यानवे करोड़ पचासी लाख से ज्यादा।

रेडियो पर प्रसारित होनेवाले कार्यक्रमों में केवल समाचार ही नहीं होते बल्कि दूसरी विधाओं से सम्बद्ध कार्यक्रम भी प्रसारित होते रहते हैं। इनमें सबसे प्रमुख है रेडियो नाटक। नाटक मूलरूप से तो दृश्य विधा है जिसे मंच पर या खुले मैदान में देखा-सुना जा सकता है। लेकिन यह रेडियो द्वारा भी प्रसारित होता है। इसमें भी पात्र और कथोपकथन होते हैं। पर मंच पर खेले जाने वाले

नाटक और रेडियो द्वारा प्रसारित नाटक की भाषा में थोड़ा अन्तर होता है। चूँकि मंच पर दिखाए जाने वाले नाटक में सारे दृश्य दर्शकों के सामने होते हैं इसलिए उन्हें समझने में दिक्कत नहीं होती, पर रेडियो पर खेले जानेवाले नाटक ध्वनि के माध्यम से श्रोताओं तक पहुँचते हैं। उन्हें समझने के लिए श्रोता को कल्पना का सहारा लेना पड़ता है। इसलिए रेडियो के लिए लेखन करनेवाले को इस बात का ध्यान रखना होता है कि वह भाषा का ऐसा प्रयोग करे जिसे सुनकर पाठक अपनी कल्पना के सहारे एक दृश्य बिम्ब का साक्षात्कार कर सके। इसमें ध्वनि (sound) के द्वारा प्रभाव (effect) उत्पन्न किया जाता है। जैसे, हमें यह बताना है कि किसी मुहल्ले में आग लगी है और लोग भाग रहे हैं। इस बात को यदि सामान्य रूप से कह दिया जाएगा तो श्रोता के मन पर इसका कोई प्रभाव नहीं पड़ेगा। पर रेडियो प्रसारित करने के लिए इसमें ध्वनि का सहारा लेना पड़ेगा। वाद्य यन्त्रों के द्वारा ऐसा प्रभाव पैदा करना होगा कि सुनने वालों को लगे कि वह आग लगने का दृश्य अपने भीतर महसूस कर रहा हो। मसलन ध्वनि द्वारा ऐसा प्रभाव डालना होगा जिसमें लगे कि आग की लपटों से निकलने वाली आवाज और लोगों के भागने-दौड़ने, चीखने-चिल्लाने, आग बुझाने की प्रक्रिया में किया जानेवाला प्रयास, दमकल गाड़ी के आगमन, उसकी घण्टी बजने की आवाज–इन सब बातों को ध्वनि के माध्यम से दृश्य बनाने का प्रयास किया जाता है।

रेडियो नाटक में भी प्रमुखता संवादों की ही होती है लेकिन अन्य ध्वनियों और संगीतों का इस्तेमाल करके वह असर पैदा किया जाता है जो मंच पर नाटक देखते हुए पैदा होता है। इसमें बोलचाल की भाषा का प्रयोग किया जाता है।

दृश्य माध्यमों की भाषा

संचार माध्यमों में मुद्रित और श्रव्य माध्यमों के अतिरिक्त दृश्य माध्यमों का भी महत्त्वपूर्ण स्थान है। इसमें भी श्रव्य का प्रयोग होता है। जैसे कि सिनेमा या टेलीविजन। दोनों दृश्य के साथ-साथ श्रव्य माध्यम भी हैं। परन्तु इसमें श्रव्य का प्रयोग उसी रूप में नहीं होता जिस रूप में रेडियो या मुद्रण की भाषा में होता है। दृश्य माध्यमों में दृश्य साथ में होने के कारण शब्दों के द्वारा वस्तु, स्थिति और भाव का वैसा वर्णन करने की जरूरत नहीं होती जैसे मुद्रित या श्रव्य माध्यमों में होती है। दृश्य माध्यम में हमारे सामने सब घटित घटनाएँ या क्रियाएँ संचालित होती रहती हैं। उसे हम हू-ब-हू वैसे ही देखते हैं। उदाहरण स्वरूप रेडियो और टेलीविजन पर प्रसारित होनेवाले क्रिकेट और फुटबॉल की कमेंट्री को देख सकते हैं। जैसे कि जब रेडियो द्वारा हम क्रिकेट या फुटबॉल

की कमेंट्री सुनते हैं तो उससे यह पता नहीं चलता कि खेल कैसा चल रहा है। कोई खिलाड़ी किस स्थान से कैसे बॉल को मार रहा है, बॉल कितना ऊँचा उठा है, कैसे कोई अपने सिर से बॉल को मार रहा है आदि-आदि। या फिर क्रिकेट में कोई बॉलर कितनी दूरी से बॉल फेंकने के लिए कितनी तेजी से दौड़ रहा है। या बॉल फेंकते वक्त उसकी मुद्रा कैसी है। बॉल को बैटिंग करनेवाला किस प्रकार मार रहा है, बॉल किस दिशा में कितनी तेजी से जा रहा है या किसी ने उसे किस प्रकार कैच कर लिया है। इन तमाम बातों की जानकारी रेडियो पर कमेंटेटर द्वारा बड़ी तेजी से दी जाती है। परन्तु सुनकर हम घटित दृश्यों का अनुमान भर ही लगा सकते हैं, प्रत्यक्ष दर्शन नहीं कर सकते। टी.वी. पर हम उक्त तमाम घटनाओं और क्रियाओं को अपनी आँखों के सामने होते देखते हैं। इसलिए इसकी कमेंट्री भी धीमी गति से होती है। उसके लिए यह जरूरी नहीं कि वह खेल के हर क्षण का पूरा विवरण पेश करे। वह खेल का पूरा वर्णन करने के बजाय उस पर अपनी राय ज्यादा जाहिर करता है।

किसी भी मुद्रित या श्रव्य माध्यम में उक्त विचारों को यदि दृश्य माध्यम के द्वारा प्रसारित करना होता है तो उसकी भाषा में भी बदलाव करना होता है। उस मुद्रित या श्रव्य की भाषा को दृश्य माध्यम की भाषा के अनुरूप करना होगा। जैसे, नीचे हम कहानी के एक अंश को दे रहे हैं। इसमें मुद्रित, श्रव्य और दृश्य माध्यमों को ध्यान में रखकर भाषा सम्बन्धी विचार किया जा सकता है।

हल्कू ने आकर स्त्री से कहा, सहना आया है। लाओ, जो रुपए रखे हैं उसे दे दूँ, किसी तरह गला तो छूटे।

मुन्नी झाड़ू लगा रही थी। पीछे फिरकर बोली, तीन ही तो रुपए हैं, दे दोगे तो कम्बल कहाँ से आवेगा? माघ-पूस की रात हार में कैसे कटेगी? उससे कह दो, फसल पर दे देंगे। अभी नहीं। हल्कू एक क्षण अनिश्चित दशा में खड़ा रहा। पूस सिर पर आ गया कम्बल के बिना हार में रात को वह किसी तरह सो नहीं सकता। मगर सहना मानेगा नहीं, घुड़कियाँ जमावेगा, गालियाँ देगा। बला से जाड़ों में मरेंगे, बला तो सिर से टल जाएगी। यह सोचता हुआ वह अपना भारी-भरकम डील लिए हुए (जो उसके नाम को झूठा सिद्ध करता था) स्त्र समीप आ गया और खुशामद करके बोला ला दे दे, गला तो छूटे। कम्बल के लि कोई दूसरा उपाय सोचूँगा। मुन्नी उसके पास से दूर हट गई और आँखें तरेरती हुई बोली, कर चुके दूसरा उपाय जरा सुनूँ तो कौन उपाय करोगे! कोई खैरात दे देगा कम्बल? न जाने कितनी बाकी है, जो किसी तरह चुकने ही नहीं आती। मैं कहती हूँ, तुम क्यों नहीं खेती छोड़ देते? मर-मर काम करो, उपज हो तो बाकी दे दो, चलो छुट्टी हुई। बाकी चुकाने के लिए ही तो हमारा जनम हुआ है। पेट के लिए मजूरी करो। ऐसी खेती से बाज आए। मैं रुपए न दूँगी—न दूँगी।

हल्कू उदास होकर बोला, तो क्या गाली खाऊँ?

मुन्नी ने तड़पकर कहा, गाली क्यों देगा, क्या उसका राज है?

उपर्युक्त उदाहरण में मुद्रित और श्रव्य माध्यमों की भाषागत विशेषता वर्तमान है। इसकी भाषा सरल, सुस्पष्ट एवं ग्राह्य है जिससे पाठक को न तो कहीं पढ़ने में कोई कठिनाई होती है और नहीं समझने में। सुनकर भी कोई आदमी कहानी के परिवेश को समझ सकता है। लेकिन इसी बात को जब टी. वी. पर या फिल्म में दिखलाना हो तो फिल्म निर्देशक कहानी के उस अंश को पात्रों की भाव-भंगिमा के माध्यम से प्रदर्शित कराएगा जिसे संवाद के रूप में व्यक्त नहीं किया गया हो। संवाद अंशों को पात्रों के द्वारा कहलवाया जाएगा।

यहाँ पर हल्कू और उसकी पत्नी (मुन्नी) के बीच जो बातचीत हो रही है उसे ही दृश्य माध्यम में पेश किया जा रहा है। इसलिए इसमें कहानी के अन्दर भी संवाद की भाषा पात्रों के अनुरूप लिखी गई है। इस भाषा में यह ध्यान रखा गया है कि बोलते समय भाषा का जो स्वरूप होता है, संवादों में भी वैसी ही भाषा प्रतिबिम्बित हो।

दृश्य माध्यम की भाषा की यह खासियत है कि इसकी भाषा बोलचाल के इतने करीब होती है कि सुननेवाले या देखनेवाले को समझने में कोई कठिनाई न हो। इसमें दृश्य के साथ संवाद की भाषा का पूरा तालमेल होता है।

4:2:3 जनसंचार माध्यमों में भाषा का महत्त्व

सामान्य लोगों के लिए भाषा का प्रयोग—जनसंचार माध्यमों में भाषा का बहुत महत्त्व है। जनसंचार के माध्यमों—मुद्रित, श्रव्य और दृश्य में भाषा का प्रयोग अति सावधानी से किया जाना चाहिए। सामान्य तौर पर समाचार-पत्रों में एक ऐसी भाषा का प्रयोग किया जाना चाहिए जिसे पढ़ने में सर्वसाधारण को कोई कठिनाई न हो। ऐसा इसलिए भी जरूरी है कि हिन्दी आज सबसे अधिक बोली जाने वाली भाषा है। यह देश की सम्पर्क भाषा भी है। सिनेमा और टी.वी. के जरिए इसका क्षेत्र और भी व्यापक हो गया है। न केवल हिन्दी प्रदेशों में बल्कि गैर हिन्दी भाषी प्रदेशों में भी इसका प्रचार-प्रसार काफी विस्तृत हुआ है। आज सिनेमा और टी.वी. आदि के प्रसारण से इसका प्रभाव हिन्दी के अतिरिक्त अन्य भाषा-भाषियों पर भी काफी बढ़ा है। इसलिए संचार माध्यमों में हिन्दी का प्रयोग करते हुए इस बात का ध्यान रखना जरूरी है कि इसके पाठक, श्रोता और दर्शक वैसे लोग भी हैं जिनका हिन्दी ज्ञान सामान्य स्तर का है।

सम्प्रेषण की क्षमता

जनता की भौगोलिक, शैक्षिक और सामाजिक स्तर में विभिन्नताएँ होती हैं। इन

विभिन्नताओं को ध्यान में रखकर जरूरी है कि संचार माध्यमों में भाषा का प्रयोग रचनात्मक ढंग से किया जाए। इसके लिए जरूरी है कि संचार की भाषा सहज और सरल हो। यदि भाषा में दुरूहता होगी तो समाचार-पत्र पढ़ने वाले, रेडियो सुननेवाले और सिनेमा या टी.वी. देखनेवाले दर्शकों के समक्ष बात को समझने में निश्चित रूप से कठिनाइयाँ होंगी। और यदि वे समझने में असफल रहेंगे तो सम्प्रेषण की समस्या खड़ी हो जाएगी। इसलिए आवश्यक है कि जनसंचार माध्यमों में प्रयोग की जानेवाली भाषा में सहजता और सरलता हो ताकि उसमें सम्प्रेषण की क्षमता बरकरार रह सके।

संचार माध्यमों की भाषा के स्वरूप में बदलाव

संचार माध्यमों की भाषा के स्वरूप में बदलाव भी नितान्त आवश्यक है। संचार के तीनों माध्यमों में भाषा का एक ही स्वरूप प्रभावी नहीं माना जाएगा। इसके लिए आवश्यक है कि कार्यक्रम विधा और उसके विषय के अनुरूप ही भाषा का प्रयोग किया जाए। जैसे कि समाचार-पत्र की भाषा और सम्पादकीय की भाषा का स्वरूप एक ही नहीं होगा। रेडियो में प्रसारित होनेवाली वार्ता, समाचार, फीचर, नाटक आदि के लिए अलग-अलग भाषा का प्रयोग आवश्यक है। ठीक उसी तरह टेलीविजन के लिए भी भाषा-प्रयुक्ति में सावधानी रखने की आवश्यकता होती है। इसके लिए आवश्यक है कि विधा के अनुरूप भाषा के स्वरूप में भी बदलाव लाया जाए।

भाषा प्रयोग में सावधानियाँ

संचार माध्यमों में लिखित और उच्चरित दोनों भाषाओं का प्रयोग होता है। इस दृष्टि से दोनों में अन्तर भी है। रेडियो और टेलीविजन में हमेशा उच्चरित भावना का प्रयोग होता है जबकि समाचार-पत्रों में लिखित भाषा का। श्रव्य और दृश्य माध्यमों की भाषा को हम सुनकर या देख-सुनकर अर्थ ग्रहण करते हैं लेकिन समाचार-पत्र को पढ़कर उसका अर्थ समझा जाता है। समाचार-पत्र में यह अवसर होता है कि हम जिस बात को न समझें उसे दुबारा-तिबारा पढ़ सकते हैं, परन्तु श्रव्य या दृश्य माध्यमों में प्रायः ऐसे अवसरों का अभाव होता है। इसलिए इसके लेखन में अतिशय सावधानियों की जरूरत है। जैसे :

(i) इन माध्यमों में प्रयुक्त होनेवाली भाषा सरल, सहज और सम्प्रेष्य हो।

(ii) वाक्य-विन्यास जटिल न हो।

(iii) क्लिष्ट शब्दों के प्रयोग से बचा जाना चाहिए।

(iv) उच्चारणगत शुद्धता होनी चाहिए।

(v) वर्तनी सम्बन्धी अशुद्धियों से बचना चाहिए। इसके साथ ही वर्तनी

का एक मानक प्रयोग किया जाना चाहिए।

सारांश के तौर पर यह कहा जा सकता है कि आधुनिक वैज्ञानिक आविष्कारों ने विकास के कई आयाम प्रस्तुत किए, जिसमें मुद्रित, श्रव्य और दृश्य माध्यमों की शुरुआत हुई। संचार माध्यमों की भाषा वही नहीं होती जो आमतौर पर हम बोलचाल में इस्तेमाल करते हैं। रोजमर्रा की जिन्दगी में भी लिखने और बोलने के लिए दो भिन्न-भिन्न भाषायी रूपों का प्रयोग होता है। मुद्रित और श्रव्य माध्यमों में एक-सी भाषा का प्रयोग नहीं होता। इसी प्रकार श्रव्य और दृश्य माध्यमों में भाषा-प्रयोग की दृष्टि से भिन्नता होती है। यह भिन्नता विधा और विषय के अनुसार होती है। लेकिन सबसे अहम बात यह है कि चाहे विधागत भिन्नता हो या विषयगत भिन्नता यह जरूरी है कि सबकी भाषा में सरलता और सहजता होनी चाहिए। भाषा में अलंकारिता नहीं होनी चाहिए। क्लिष्ट और दुरूह शब्द-प्रयोग से बचना चाहिए। लम्बे और जटिल वाक्य-विन्यास से भाषा में बोझिलता आती है। शिल्प-प्रयोग में भी सावधानी बरतने की आवश्यकता है।

4:3 राष्ट्रीय विकास में जनसंचार की भूमिका और सम्भावनाएँ

जनसंचार आज जन-जीवन से इतने व्यापक तौर पर जुड़ चुका है कि किसी भी राष्ट्र के विकास में उसकी भूमिका बहुत ही महत्त्वपूर्ण हो गई है। विश्व के अनेक देशों में आज रेडियो, टेलीविजन और सिनेमा जैसे माध्यमों का उपयोग शिक्षा के गुणात्मक सुधारों के लिए किया जा रहा है। जनसंचार विशेषज्ञों के वर्ग का ऐसा मानना है कि जनसंचार माध्यम हमारे भीतर काल्पनिक सोच पैदा करते हैं जिससे विषय के प्रति रुचि पैदा होती है। हमें कुछ और नया सीखने की प्रेरणा मिलती हैं।

समाचार-पत्रों, रेडियो और टेलीविजन कार्यक्रमों में विशिष्ट और योग्य व्यक्तियों के विचार शामिल होते हैं जिसका प्रसार आम व्यक्ति तक पहुँचता है। टेलीविजन और फिल्मों के कारण बच्चों और युवाओं में फैशन, चकाचौंध और प्रसिद्धि की चाह भी बढ़ती है। नौकरी और व्यवसाय के बारे में भी रेडियो, टेलीविजन तथा समाचार-पत्र और सूचनाएँ प्रसारित-प्रकाशित करते रहते हैं जिससे युवावर्ग या व्यापारी वर्ग को काफी मदद मिलती है।

रेडियो, सिनेमा, टेलीविजन, सूचना और खबरों के साथ जनसंचार माध्यमों के द्वारा लोगों का मनोरंजन भी होता है। विज्ञापन द्वारा रेडियो में राष्ट्रीय एकता तथा बचत की भावना पैदा की जा सकती है।

इसके माध्यम से लोगों में जागृति भी पैदा होती है। जनसंचार माध्यम के द्वारा स्वास्थ्य, परिवार कल्याण, टीकाकरण, सन्तुलित आहार तथा कृषि आदि

से सम्बन्धित जानकारियाँ दी जाती हैं। यह समाज सुधार का कार्य भी करता है। नशाबन्दी, परिवार नियोजन, दहेज प्रथा आदि विषयों पर कार्यक्रमों के माध्यम से लोगों को जाग्रत किया जाता है जिससे समाज सुधार हो सके।

प्रकृति प्रकोप से उत्पन्न त्रासदी के समय जनसंचार माध्यम प्रभावी भूमिका का निर्वाह करते हैं। बाढ़, अकाल, भूकम्प या युद्ध से सम्बन्धित कार्यक्रमों के प्रसारण द्वारा लोगों में सहानुभूति एवं सहायता का भाव जाग्रत करने का प्रयास किया जाता है।

सबसे महत्त्वपूर्ण बात यह है कि जनसंचार माध्यम आज जनता के इतने करीब आ चुका है कि विश्व के किसी कोने में बैठा हुआ आदमी मिनटों में पूरी दुनिया की खबरों से वाकिफ हो जाता है। जनसंचार ने पूरे विश्व को भूमण्डलीकृत कर दिया है।

जनसंचार की दृष्टि से 21वीं शती विशेष रूप से महत्त्वपूर्ण है। इसमें नित नए-नए आविष्कार और अनुसंधान हो रहे हैं। संचार-व्यवस्था में हो रहे परिवर्तन एवं विकास की तीव्रता के कारण अनेक उपलब्धियाँ प्राप्त हुई हैं तथा उनमें विकास की और भी सम्भावनाएँ बढ़ी हैं।

आज संसार में कई विकसित देशों में अन्तरिक्ष में उपग्रह छोड़ने की होड़ मची है। इसमें विकासशील देश भी पीछे नहीं हैं। इस दृष्टि से भारत का भी एक सन्तोषजनक प्रगतिपूर्ण प्रयास कहा जा सकता है। लगभग सौ से अधिक देशों में इन्हीं संचार उपग्रहों द्वारा टेलीविजन सन्देश भेजे और प्राप्त किए जाते हैं। इनमें हजारों टेलीफोन चैनल हैं जिन पर अलग-अलग सन्देश भेजे जाते हैं। इनमें बहुत से रेडियो और टेलीविजन चैनल भी हैं। संचार उपग्रहों के कार्यक्रमों में अब तक सबसे महत्त्वपूर्ण कार्यक्रम इंटलसेट संचार उपग्रहों का रहा है। ये व्यापारिक उपग्रह हैं जिनके 109 राष्ट्र सदस्य हैं और इन उपग्रहों द्वारा समस्त विश्व में लगभग 500 से अधिक केन्द्र एक-दूसरे से जुड़े हैं। कृत्रिम संचार उपग्रह की सहायता से टेलीफोन, रेडियो और टेलीविजन सन्देशों को एक स्थान से दूसरे स्थान तक भेजना बिल्कुल ही आसान हो गया है। उपग्रहों की मदद से केवल टी.वी. का लाभ भी मिल रहा है।

वर्तमान में विश्व में ऐसे संचार उपग्रहों का निर्माण भी हो रहा है जिनमें सैकड़ों टेलीविजन चैनल और लाखों टेलीफोन चैनल होंगे। इस समय विश्व के कई देशों में टेलीविजन के अतिरिक्त चैनलों पर शैक्षिक कार्यक्रम का प्रसारण हो रहा है। भारत में दूरदर्शन पर जो शैक्षिक कार्यक्रम आज प्रसारित किए जा रहे हैं। उपग्रह की सहायता से निकट भविष्य में उन्हें भी टेलीविजन के अतिरिक्त चैनल पर प्रसारित करने की सम्भावनाएँ हैं। कुल मिलाकर यह अनुमान लगाया जा सकता है कि निकट भविष्य में जनसंचार के विकास का मार्ग निरन्तर

गतिशील होगा और इसके विभिन्न आयामों में अनेक सम्भावनाएँ विकसित होंगी।

4:4 समाचार लेखन और हिन्दी

4:4:1 समाचार : अभिप्राय और आयाम

मनुष्य एक चेतनशील जिज्ञासु प्राणी है। अपने आसपास की घटनाओं के सम्बन्ध में जानने-समझने की उसे हमेशा जिज्ञासा बनी रहती है। इसी जिज्ञासा के तहत वह घटनाओं अथवा कार्यों की सूचना प्राप्त करना चाहता है। जिन घटनाओं की जानकारी वैयक्तिक या सामूहिक स्तर पर संचरित होती है उसे सूचना कहा जाता है। पर जिस विशेष सूचना से जनता प्रभावित होती हो तथा उसे जनकल्याण हेतु संचार माध्यमों द्वारा प्रचारित किया जाए तो उसे सामान्यतः 'समाचार' की संज्ञा दी जाती है।

संस्कृत के 'अमरकोष' में समाचार के लिए कई शब्द प्रयुक्त हुए हैं; यथा : वार्ता, वृत्ति, प्रवृत्ति तथा उदन्त। इसके अतिरिक्त अन्य शब्दकोशों में वृत्तान्त, संवाद, विवरण, खबर और सूचना शब्द भी मिलते हैं। हिन्दी भाषा में 'समाचार' शब्द अंग्रेजी के (NEWS) शब्द का अनुवाद है। लैटिन भाषा में इसके लिए (NOVA) तथा संस्कृत में 'नव' शब्द प्रयुक्त है। इन सबका अर्थ नया, नवीन या नूतन है। इसके साथ ही हैडेन ने (NEWS) शब्द की व्याख्या इस प्रकार से की है :

N = North

E = East

W = West

S = South

अर्थात् चारों दिशाओं में घटित घटनाओं के विषय में जनता को जानकारी हासिल कराने की प्रक्रिया को समाचार कहते हैं। हिन्दी में समाचार शब्द की व्युत्पत्ति सम + आ + चर् + घञ धातु है, जिसका अर्थ है सम्यक् या सत्य आचरण करना। अतः निष्पक्ष भाव से घटनाओं या तथ्यों की दी जानेवाली जानकारी या सूचना समाचार कहलाता है।

विभिन्न विद्वानों ने समाचार को विविध रूपों में परिभाषित करने का प्रयास किया है। देखें :

जार्ज एच. मोरिस—"समाचार जल्दी में लिखा गया इतिहास है।"

श्री रा. र. खाडिलकर—"दुनिया में कहीं भी किसी समय कोई छोटी-मोटी घटना या परिवर्तन हो उसका शब्दों में जो वर्णन होगा, उसे समाचार या खबर कहते हैं।"

जे.जे. सिंडिलर–"पर्याप्त संख्या में मनुष्य जिसे जानना चाहें वह समाचार है, शर्त यह है कि वह सुरुचि तथा प्रतिष्ठा के नियमों का उल्लंघन न करे।"

इरी सी. हापवुड–"जनता की दिलचस्पी वाली महत्त्वपूर्ण घटनाओं की पहली रिपोर्ट को समाचार कह सकते हैं।"

टर्नर केटलिज–"समाचार कोई ऐसी चीज है जिसे आप कल (बीते हुए) तक नहीं जानते थे।"

हार्पर लीच और जान सी. कैरोल–"समाचार अति गतिशील साहित्य है। समाचार-पत्र समय के करघे पर इतिहास के बहुरंगे बेलबूटेदार कपड़े को बुनने वाले तकिये हैं।"

विलियम एस. मालबाई–"किसी समय होनेवाली उन महत्त्वपूर्ण घटनाओं के सही और पक्षपात रहित विवरण को, जिसमें पत्र के पाठकों की अभिरुचि हो, हम समाचार कह सकते हैं।"

लैदर वुड–"किसी घटना, स्थिति, अवस्था अथवा मत का सही-सही और समय पर प्रस्तुत किया गया विवरण समाचार है।"

श्री रोलैण्ड ई. ब्रूल्सले–"जो कुछ हुआ हो या जिसके होने की सम्भावना हो, उसका सही पूरा-पूरा और निष्पक्ष विवरण ठीक समय पर रोचक ढंग से प्रस्तुत करना समाचार है।"

डॉ. रामप्रकाश एवं डॉ. दिनेश कुमार गुप्त–"हर वह सामयिक सूचना, वृत्तान्त, घटना, तथ्य, विचार अथवा सम्भावित बात समाचार है–जिसमें (क) नवीनता एवं विलक्षणता हो, (ख) जिसमें कोई जानकारी मिलती हो या जिसमें अधिकतम लोगों की रुचि हो, (ग) जिसमें उत्तेजक अथवा हृदयस्पर्शी समता हो, (घ) जिससे किसी परिवर्तन की सूचना मिलती हो।"

एम. चेलापति राव–"परिवर्तन की जानकारी देनेवाली कोई सूचना समाचार है।"

श्री रामचन्द्रराव खण्डलेकर–"दुनिया में कहीं भी किसी समय कोई छोटी-मोटी घटना या परिवर्तन हो उसका शब्दों में जो वर्णन होगा, उसे समाचार या खबर कहते हैं।"

एम. लाइल स्पेन्सर–"वह सत्य घटना या विचार जिसमें बहुसंख्यक पाठकों की अभिरुचि हो।"

प्रो. चिल्टन बुश–"समाचार सामान्यतः वह उत्तेजक सूचना है जिसमें कोई व्यक्ति सन्तोष अथवा उत्तेजना प्राप्त करता है।"

अम्बिका प्रसाद वाजपेयी–"हर घटना समाचार नहीं है, सार्वजनिक हित हो या अस्पतालों में लोग भरती होते हैं और मरते भी हैं लेकिन कोई मरीज

इसलिए मर जाए कि अस्पताल पहुँचने पर उसे देखनेवाला कोई नहीं था, या डॉक्टर की गैरहाजिरी में कम्पाउण्डर ने उसका गलत इलाज कर दिया था, नर्स ने एक मरीज की दवा दूसरे मरीज को दे दी, या ऑपरेशन करते समय कोई औजार पेट में रह गया और पेट सी दिया गया, ये सब समाचार हो सकते हैं। इसी तरह कोई नवीनतम ऑपरेशन हो, जैसे—हृदय परिवर्तन, वह भी समाचार का विषय है।''

उपर्युक्त परिभाषाओं के आधार पर यह कहा जा सकता है कि चारों ओर से मिली सूचनाओं, घटनाओं, तथ्यों, विचारों आदि की सामयिक उत्सुकतावर्द्धक और जानकारीपूर्ण रिपोर्ट को समाचार कहते हैं। मसलन समाचार में चारों ओर की सूचनाएँ तो होनी चाहिए, साथ ही साथ उनमें एक नयापन भी होना चाहिए। समाचार को सदैव नया, दिलचस्प, मनोरंजक और महत्त्वपूर्ण होना चाहिए।

4:4:2 समाचार के तत्त्व

नवीनता—नवीनता समाचार का विशिष्ट गुण है। मनुष्य का यह स्वभाव है कि किसी भी घटना की जानकारी उसे तुरन्त चाहिए। ऐसा इसलिए कि उसके भीतर घटना की जानकारी के लिए जिज्ञासा और उत्सुकता रहती है। यहाँ तक कि हर कोई किसी भी घटना की सूचना पहले प्राप्त करना चाहता है या फिर किसी को सुनाना चाहता है। आजकल टी.वी. चैनलों पर भी एक प्रतिस्पर्द्धा हो गई है कि सबसे पहले घटना की खबरें जनता तक कौन पहुँचाता है। समाचार-पत्रों में भी यह प्रवृत्ति देखी जा रही है। होता यह है कि जो समाचार 24 घण्टे बाद प्रसारित होना हो या पाठकों तक पहुँचता हो उसमें नवीनता नहीं रह जाती। वे खबरें बासी हो जाती हैं। उनके प्रति किसी के मन में कोई उत्सुकता नहीं होती।

दूसरी बात खबरों के परिप्रेक्ष्य में सामयिकता का तत्त्व भी आवश्यक है। यानी घटना समकालीन हो तो ठीक नहीं तो पत्रकारिता के क्षेत्र में वह पुरानी मान ली जाती है। कभी-कभी इस बात को लेकर प्रश्न उठाए जाते हैं कि कुछ ऐसी घटनाएँ जो पहले घटित हो चुकी होती हैं, पर जिनकी जानकारी महीनों बाद में हुई हो उनका प्रसारण समाचार के अन्तर्गत आएगा या नहीं? इस सन्दर्भ में द्वितीय प्रेस आयोग की रिपोर्ट (1992) की टिप्पणी विचारणीय है : ''अगर थोड़े समय पहले जो हुआ वह समाचार है (भले ही उस घटना का कोई महत्त्व न हो) पर एक सप्ताह या एक महीना पहले हुई पर अभी जिसके बारे में पता चला हो ऐसी घटना समाचार नहीं है तो समाचार-पत्रों में वास्तविक चित्रण निश्चित विकृत होगा।'' कहने का मतलब यह है कि घटित घटना भले ही भूतकाल की हो पर जब वह जनसामान्य के समक्ष पहली बार प्रस्तुत होती है तो निश्चित रूप से नवीनतम समाचार कही जाएगी। जो तथ्य आदमी के जीवन

और विचारों पर प्रभाव डालते हैं, उसे पसन्द आते हैं और आन्दोलित करते हैं, वे ही समाचार बनते हैं। समाचार की इस आवश्यकता को ध्यान में रखते हुए छह तत्त्वों का समावेश अनिवार्य माना जाता है। ये हैं—क्या, कहाँ, कब, कौन, क्यों और कैसे।

विलक्षणता और सत्यता

सामान्य से हटकर अगर कोई घटना घटित होती है तो वह समाचार की श्रेणी में आ जाती है। जैसे, अगर कोई कुत्ता किसी आदमी को काटे तो समाचार की दृष्टि से इसका कोई मूल्य नहीं होता, पर इसके विपरीत अगर कोई आदमी किसी कुत्ते को काट खाए तो वह निश्चित रूप से एक समाचार का विषय बन जाएगा। यानी समाचार के लिए घटना में विलक्षणता की आवश्यकता है। वह घटना जो लोगों को अपनी ओर आकर्षित करा दे, जो विस्मयकारी हो, चकाचौंध पैदा करे, लोगों में सनसनी फैला दे वही सही अर्थ में समाचार की विलक्षणता है। विलक्षणता के साथ-साथ समाचार में सत्यता भी जरूरी है। अर्थात् निराधार समाचार भ्रम पैदा करता है। उससे अराजकता बढ़ती है। किसी घटना का विशुद्ध विवरण तथ्यों का प्रामाणिकता के साथ प्रस्तुतीकरण आदि बातें जो सत्यता की कसौटी पर खरी उतरती हैं या जिन घटनाओं की तथ्यपरक शोधपरक जानकारी पूर्ण वैयक्तिकता के साथ प्रकाशित की जाती है, समाचार को रोचक, मनोरंजन तथा मूल्यवान बनाती है। अतः समाचार के लिए विलक्षणता और सत्यता दोनों आवश्यक तत्त्व हैं।

लोकरुचि से पूर्ण

लोकरुचि समाचार के तत्त्व के रूप में विशेष महत्त्वपूर्ण है। जनरुचि और समाचार में परस्पर अन्योन्याश्रित सम्बन्ध जुड़ा है। यानी समाचार जनरुचि को जहाँ प्रभावित करता है वहीं जनरुचि प्रभावित भी होती है। मतलब यह कि किसी भी समाचार से जब तक जनता की रुचि प्रभावित नहीं होती तब तक उस समाचार के लिए उसके पास कोई मूल्य नहीं है। उसी प्रकार से जनता की रुझान (रुचि) को देखते हुए प्रायः समाचार का प्रस्तुतीकरण किया जाता है। जिस घटना, तथ्य अथवा विचार के प्रति अधिकांश पाठक की रुचि होती है वह समाचार विशिष्ट बन जाता है। रुचिकर समाचार पाठकों को आकर्षित करता है। उसे पढ़ने के लिए पाठक में एक ललक पैदा होती है। मानसिक तौर पर सन्तुष्टि मिलती है।

दूसरी बात यह कि जनसामान्य को अपने आसपास या हित-अहित से सम्बन्धित बातों की जानकारी रखने में विशेष रुचि होती है। उदाहरण के तौर पर कहा जा सकता है कि अगर अमेरिका में बम विस्फोट की घटना होती

है तो तब समाचार अन्तर्राष्ट्रीय समाचारों के पन्ने यानी तीसरे चौथे पेज पर प्रकाशित किया जाएगा। किन्तु भारत में बम विस्फोट की घटना को प्राथमिकता के आधार पर प्रथम पृष्ठ पर स्थान दिया जाएगा। ऐसा इसलिए कि सामान्यतः व्यक्ति स्वयं को प्रभावित करनेवाली घटनाओं और आसपास घटित होनेवाली घटनाओं में ज्यादा रुचि लेता है।

तीसरी बात यह कि समाचार सम्पादक के लिए यह आवश्यक होता है कि वह जन-अभिरुचि के अनुरूप सामाजिक आदर्श, मूल्यनैतिकता, सामाजिक एवं सांस्कृतिक विधाओं को भी ध्यान में रखकर सम्पादन कार्य करे। इस सम्बन्ध में विचार करते हुए श्री प्रेमनाथ चतुर्वेदी का ऐसा मानना है कि "घटना का पाठक के हित-अहित से सम्बन्ध जितना दूर होता जाएगा, उतनी ही वह उसके लिए कम रुचिकर होती जाएगी।" तात्पर्य यह कि किसी भी समाचार के लिए, यह जरूरी है कि वह जनसामान्य में अभिरुचि पैदा करे। लोकरुचि से विलग समाचार प्रभावी नहीं होगा।

परिवर्तन बोध

नेशनल हेराल्ड के सम्पादक एम. चेलापति राव ने समाचार की नवीन व्याख्या करते हुए परिवर्तनशीलता को समाचार का विशेष गुण माना है। उनका कहना है कि "समाचार की नवीनता इसी में है कि वह परिवर्तनशीलता की जानकारी दे। यह परिवर्तन चाहे राजनीतिक, सामाजिक अथवा आर्थिक हो। आज भारत तेजी से बदल रहा है। भारत में इस परिवर्तन की जानकारी देनेवाले समाचार ही महत्त्वपूर्ण हैं। परिवर्तन में भी उत्तेजना है।"

आज के इस वैज्ञानिक युग में सफलता प्राप्त करने के लिए आवश्यक है कि विषय से सम्बन्धित क्षेत्र की नवीनतम जानकारी हो। इसके लिए विशेष क्षमता, प्रशिक्षण या निपुणता का विशेषीकरण (Specialization) होना जरूरी है।

परिवर्तन समाचार का मूल है। आज के युग में समाज तेजी से बदल रहा है। सामाजिक, राजनीतिक तथा आर्थिक स्थितियों में बदलाव की स्थिति तीव्र होती जा रही है। स्वाभाविक है कि इन बातों से जुड़े समाचारों में भी परिवर्तन हो। खासकर राजनीति के क्षेत्र में इतनी तेजी से बदलाव हो रहे हैं कि उनसे समाचार भी प्रभावित हो रहा है। और यही कारण है कि परिवर्तन बोध समाचार का आवश्यक तत्त्व हो गया है।

उत्तेजक स्थितियाँ

यह मनुष्य को प्रभावित और आकर्षित करनेवाला प्रधान तत्त्व है। सब कुछ सामान्य रूप से जब चलता रहता है तब किसी का ध्यान उस पर नहीं जाता,

लेकिन जैसे ही सामान्य स्थितियों में कोई विशेष घटित होता है वैसे ही मनुष्य में उत्तेजना पैदा होती है। वह चाहता है कि जल्दी-से-जल्दी घटित घटनाओं के विषय में जानकारी ले। पत्रकारों के लिए यह आवश्यक है कि वह उत्तेजक स्थितियों से समाचार बनाकर जनसामान्य तक पहुँचावें। उत्तेजक स्थितियों का संघर्ष झेलकर भी पत्रकार खबरों को जनता तक पहुँचाता है। इसे ही 'ब्रेकिंग न्यूज' कहा जाता है।

रहस्यपूर्णता

समाचार का प्रकाशन विशुद्ध रूप से व्यवसाय से जुड़ा है। प्रत्येक पत्र का यह उद्देश्य होता है कि उसकी अधिक-से-अधिक बिक्री हो। इसके लिए वह अपने अखबारों में प्रायः रहस्यपूर्ण चीजों को प्राथमिकता से छापता है ताकि जनसामान्य को अपनी ओर आकर्षित करे और उनके अखबार की बिक्री बढ़ सके। इसके लिए पत्रकार या संवाददाता खबरों को रहस्यपूर्ण तरीके से प्रकाशित करता है। इसमें उसका यह मन्तव्य होता है कि किसी घटना से जुड़ी गुप्त सूचना जन-जन तक अचानक पहुँचे ताकि लोगों में उस रहस्य को जानने के लिए कौतूहल-वश जिज्ञासा पैदा हो जाए। क्योंकि रहस्यों को ज्ञात करने की जिज्ञासा मनुष्य की स्वाभाविक वृत्ति है। प्रत्येक समाचार-पत्र इसका अधिक-से-अधिक लाभ उठाकर अपनी बिक्री बढ़ाना चाहता है। दूसरी बात यह भी है कि ऐसे रहस्यपूर्ण समाचारों को प्रकाशित करने के पीछे सम्पादक का यह मूल उद्देश्य होता है अपने अखबार के प्रति लोगों में आकर्षण पैदा करना।

4:4:3 समाचार के प्रकार

प्रवृत्तियों के आधार पर समाचार के निम्नलिखित वर्गीकरण किए जा सकते हैं—1. आकार आधारित, 2. स्वरूप आधारित, 3. स्थल आधारित, 4. विषय आधारित, 5. काल आधारित, 6. माध्यम आधारित।

1. आकार आधारित

घटना और महत्त्व के आधार पर समाचार को दो रूपों में विभक्त किया गया है :

(क) विशिष्ट समाचार (Spot News)—इसका सम्बन्ध समाज के किसी विशिष्ट व्यक्ति, स्थान, समय और घटना के अचानक घटित हो जाने से सम्बन्धित है। जैसे किसी ट्रेन का दुर्घटनाग्रस्त हो जाना, किसी नेता का अचानक निधन हो जाना, किसी जहाज का क्षतिग्रस्त हो जाना, सुनामी लहरों का अचानक कहर वरपाना, भूकम्प के झटके से धरती हिलना और असंख्य जान-माल का

काल कवलित होना आदि विशिष्ट समाचार कहे जाते हैं। विशिष्ट श्रेणी के समाचार होने के कारण इन्हें मुख्य पृष्ठ पर छापा जाता है।

(ख) व्यापी समाचार (Spread News)—इसका क्षेत्र विस्तृत फलकवाला होता है। ऐसे समाचार अधिक समय तक बहुसंख्यक लोगों को प्रभावित करते रहते हैं। अपनी महत्ता के कारण ऐसे समाचार पूरे पृष्ठ पर छाए रहते हैं। जैसे, देश-विदेश की राजनीतिक खबरें, देश की राजनीतिक-आर्थिक स्थिति से जुड़ा समाचार, संवैधानिक संकट के समाचार, संसद और विधान मण्डल के समाचार आदि को व्यापी समाचार कहा जाता है।

2. स्वरूप आधारित

स्वरूप के आधार पर समाचारों के दो प्रकार हैं :

(क) सीधा समाचार (Straight News)—वह समाचार जो सीधे सरल तथा सुस्पष्ट तरीके से घटनाओं के तथ्यों को पाठकों या श्रोताओं के समक्ष पेश करे, उसे सीधा समाचार (Straight News) कहा जाता है। इसमें जटिलता नहीं होती और नहीं तथ्यों को तोड़-मरोड़ कर पेश किया जाता है। ऐसे समाचारों में आरोप-प्रत्यारोप का भी अभाव होता है। कहने का मतलब कि जो समाचार बगैर किसी पूर्वग्रह के सीधे ढंग से पेश किया जाए उसे सीधा समाचार कहते हैं।

(ख) व्याख्यात्मक समाचार (Interpretative News)—यह वह समाचार है जिसमें घटनाओं की सूक्ष्मता को जाँच-परख करने के बाद प्राप्त निष्कर्षों को ही प्रकाशित किया जाता है। फीचर, लेख, आलेख, विश्लेषण अथवा साक्षात्कार आधारित समाचारों को इस श्रेणी में रखा जा सकता है। यानी प्राप्त समाचारों की सत्यता की जाँच के बाद ही उसका प्रकाशन होता है।

3. स्थल आधारित

स्थल विशेष के आधार पर प्राप्त समाचार को स्थल आधारित समाचार कहा जाता है। इसमें प्रत्येक समाचार का महत्त्व व्यापकता के आधार पर बदलता रहता है। जैसे, कुछ घटनाएँ स्थानीय होती हैं और कुछ राज्यस्तरीय। कुछ का सम्बन्ध राष्ट्रीय है तो कुछ का अन्तर्राष्ट्रीय। इनका स्थल विशेष के आधार पर महत्त्व बढ़ता है। जैसे—पोखरन में परमाणु परीक्षण की घटना राजस्थान के एक खास स्थल विशेष में घटित होती है। इसका सम्बन्ध न केवल स्थान विशेष (राजस्थान) से रह जाता है बल्कि राष्ट्र या फिर अन्तर्राष्ट्र से भी जुड़ जाता है। उस परीक्षण से पूरा विश्व प्रभावित होता है। यानी घटनाओं के प्रभाव से समाचार स्थल आधारित बनते हैं। जैसे, सम्पूर्ण विश्व को प्रभावित करनेवाली घटनाएँ,

अन्तर्राष्ट्रीय समाचार, राष्ट्र को प्रभावित करनेवाली घटनाएँ, राष्ट्रीय समाचार, प्रदेश स्तर पर घटित घटनाएँ, प्रादेशिक समाचार तथा स्थानीयता एवं ग्रामीण क्षेत्रों पर आधारित घटनाएँ स्थानीय समाचार बनते हैं।

4. विषय आधारित

विभिन्न विषयों पर आधारित समाचारों को हम इसकी श्रेणी में ले सकते हैं :

सामाजिक समाचार—समाज के विभिन्न पक्षों पर आधारित समाचार सामाजिक समाचार कहे जाते हैं। हम देखते हैं कि समाज की गतिशीलता (Social Mobility) के कारण सामाजिक परिवर्तन (Social changes) अहर्निश हो रहे हैं। ऐसे परिवर्तनों से जनता को रू-ब-रू कराना समाचार पत्रों का ही उत्तरदायित्व होता है। इसलिए सामाजिक समाचार के द्वारा जनता को घटनाओं अथवा सूचनाओं से आगाह कराया जाता है।

राजनीतिक समाचार—इसके अन्तर्गत राजनीतिक परिवर्तनों एवं हलचलों से सम्बन्धित समाचार आते हैं। सरकार का गठन, उत्थान-पतन, पार्टियों की स्थिति, संसद या विधान सभा आदि से सम्बन्धित समाचार इसके विषय होते हैं।

साहित्यिक-सांस्कृतिक समाचार—इसके अन्तर्गत साहित्य एवं संस्कृति से जुड़ी खबरें प्रकाशित-प्रसारित की जाती हैं। इसमें साहित्य का समाज से सम्बन्ध याकि उससे पड़नेवाले प्रभाव या सांस्कृतिक चेतना में बदलाव आदि से सम्बन्धित सूचनाएँ प्रकाशित की जाती हैं। ऐसे समाचारों का उद्देश्य जनसामान्य को समाज तथा राष्ट्र की साहित्यिक-सांस्कृतिक गतिविधियों से अवगत कराना होता है।

खेल समाचार—वर्तमान समय में खेलों का महत्त्व इतना अधिक बढ़ गया है कि अब वह मनोरंजन के साथ-साथ राष्ट्रीय और अन्तर्राष्ट्रीय प्रतिष्ठा का प्रतीक बनता जा रहा है। इसी को दृष्टि में रखकर संचार के विविध माध्यमों से खेल-समाचार प्रसारित-प्रकाशित किए जा रहे हैं।

रोजगार समाचार—रोजगार परक समाचार बेरोजगारों के लिए सूचना का सबसे उत्तम माध्यम है। कई दैनिक समाचार पत्र सप्ताह में एक दिन कैरियर से सम्बन्धित समाचार प्रकाशित करते हैं। इसके अन्तर्गत नौकरी से सम्बन्धित विज्ञापन, परीक्षा सम्बन्धी विवरण आदि का प्रकाशन किया जाता है। भोपाल से 'रोजगार' समाचार का प्रकाशन इस दिशा में युवा पीढ़ी के लिए मार्ग दर्शन का अच्छा माध्यम है।

कृषि समाचार—भारतीय समाज में कृषि का बड़ा ही महत्त्व है। यों कहें कि कृषि जीवन का अभिन्न अंग है। किसानों की जानकारी के लिए कृषि

से सम्बन्धित समाचारों का प्रकाशन किया जाता है। इसके अन्तर्गत कृषि विषयक जानकारी यथा उन्नत किस्म के बीज, खाद का समुचित प्रयोग, कीटनाशक दवाओं का छिड़काव तथा कृषि से सम्बन्धित अन्य कार्यक्रमों को समाचार-पत्रों में प्रकाशित कर किसानों के लिए लाभदायक बनाया जाता है।

औद्योगिक समाचार—ऐसे समाचार होते हैं जिनसे जनसामान्य को उद्योग-धन्धों से सम्बन्धित विभिन्न जानकारियाँ दी जाती हैं।

विज्ञान एवं तकनीकी समाचार—वर्तमान समय में सूचना तकनीक का विशेष रूप से महत्त्व बढ़ गया है। विज्ञान तथा तकनीकी के क्षेत्र में विशेष ज्ञान प्राप्त करनेवाले लोगों के लिए ऐसे समाचार-पत्र प्रकाशित किए जाते हैं जिनमें वैज्ञानिक प्रगति एवं तकनीकी विकास से सम्बन्धित जानकारियाँ दी जाती हैं।

फिल्म समाचार—कुछ ऐसे खास पत्र होते हैं जिनमें सिनेमा से सम्बन्धित समाचारों को विशेष रूप से रोचक बनाते हुए प्रस्तुत किया जाता है। लेकिन कुछ-कुछ समाचार-पत्र ऐसे होते हैं जिनमें आंशिक रूप से फिल्म के विषय में सूचनाएँ या फिल्म-समीक्षा छापे जाते हैं।

वाणिज्यिक समाचार—ऐसे समाचार जो विभिन्न प्रकार के उत्पादनों एवं अनेक व्यापारिक गतिविधियों की जानकारी प्रदान करते हैं, वाणिज्यिक समाचार कहे जाते हैं। इसके अन्तर्गत आर्थिक समाचार भी आते हैं जिनके माध्यम से उद्योग-धन्धों से सम्बन्धित जानकारियाँ दी जाती हैं। देश में आज कई ऐसे औद्योगिक और व्यावसायिक प्रतिष्ठान हैं जहाँ से वाणिज्यिक पत्रिकाओं का प्रकाशन किया जा रहा है।

विधिक समाचार—विधि-विधानों, कानूनों के निर्माण या संशोधन आदि से सम्बन्धित समाचार विधिक समाचार कहे जाते हैं।

खोजी समाचार—ऐसे समाचार जिसे खोज के आधार पर प्राप्त किया जाए तथा जिसके विषय में पहले से किसी को भी जानकारी न हो उसका रहस्योद्घाटन किया जाए या फिर शोध के आधार पर प्राप्त निष्कर्ष को आधार बनाकर समाचार प्रकाशित किया जाए तो उसे खोजी समाचार कहा जाता है। ऐसे समाचारों का उद्देश्य गलत ढंग से किए गए कार्यों का पर्दाफाश करना है चाहे वे सार्वजनिक हों या व्यक्तिगत।

आपराधिक समाचार—वैसा समाचार जो समाज या कानून विरोधी गतिविधियों पर आधारित हो, जैसे हत्या, लूट, अपहरण, बलात्कार, चोरी, डकैती, भ्रष्टाचार, गबन, घोटाला आदि।

पर्यावरणात्मक समाचार—जल, वायु, ध्वनि आदि अनेक तरह के प्रदूषण से सम्बन्धित विषयों पर जब जानकारी हासिल कराने के लिए समाचार प्रकाशित किए जाते हैं तो उसे पर्यावरणात्मक समाचार कहते हैं। ऐसे समाचारों के प्रकाशन

का उद्देश्य मुख्य रूप से आसपास के वातावरण, स्वच्छता तथा प्रदूषण आदि के प्रति लोगों को सचेत करना होता है।

बाल समाचार—बालकों के मस्तिष्क में स्वस्थ विचार एवं कल्पना की शक्ति विकसित करने के लिए ऐसी पत्रिकाओं अथवा समाचारों का प्रकाशन किया जाता है। इसके अन्तर्गत बाल-साहित्य का सृजन आता है जिसमें शिक्षा के साथ-साथ मनोरंजन का भी स्थान होता है। ऐसी पत्रिकाओं से बच्चों में सर्वांगीण विकास होता है।

महिलोपयोगी समाचार—महिलाओं से सम्बन्धित विभिन्न आयामों को इसके अन्तर्गत प्रकाशित किया जाता है। महिलाओं के जीवन पर आधारित, अधिकार, सुरक्षा, शिक्षा, पद या परिस्थिति से सम्बन्धित समाचारों को इसके अन्तर्गत लिया जा सकता है।

ग्रामीण समाचार—ग्राम्य जीवन से सम्बन्धित समस्त समाचार इसके अन्तर्गत रखे जा सकते हैं। खेती, पशुपालन, पंचायती राज, सहकारिता आदि से सम्बन्धित लेख इसके विषय होते हैं। इन समाचारों से ग्रामीणों में जागरूकता आती है।

5. माध्यम आधारित

समाचार प्रकाशन के कई माध्यम हैं, जैसे—समाचार-पत्र, रेडियो, दूरदर्शन, कम्प्यूटर आदि। इन दिनों विभिन्न माध्यमों पर प्रसारित या प्रकाशित समाचारों में भिन्नता देखने को मिलती है। ये भिन्नताएँ मूलतः भाषा की दृष्टि को आधार मानकर देखी जा सकती हैं।

6. काल आधारित

इलेक्ट्रॉनिक मीडिया के लिए काल/समय (time) का विशेष रूप से महत्त्व होता है। इसमें कार्यक्रमों को समय की सीमा में बाँधकर प्रस्तुति होती है। समाचार-पत्रों में जहाँ कालम में बाँटकर देखा जाता है वहीं रेडियो या दूरदर्शन में समय निर्धारित रहता है। उससे न ज्यादा और न कम समय का उपयोग किया जा सकता है। इसीलिए किसी समाचार का प्रकाशन दो मिनट के लिए किसी का 5 मिनट के लिए तो किसी का 15 से 20 मिनट के लिए होता है।

4:4:4 समाचार लेखन के सिद्धान्त

चाहे जिस प्रकार का भी समाचार हो उसका लेखन करते समय लेखक, समाचार संवाददाता या सम्पादक को कुछ मौलिक सिद्धान्तों को ध्यान में रखना होता है। समाचार लेखन के सिद्धान्त के ऊपर विचार करते हुए अमरीकी पत्रकार

श्री जोसेफ पुलिजर ने निम्नलिखित सिद्धान्त निर्धारित किए हैं :

1. यथार्थता–समाचार लेखन में यथार्थता का विशेष महत्त्व है। इसका तात्पर्य है कि वह समाचार जो बिना किसी लाग-लपेट के बेबाकी के साथ सीधे-सीधे ढंग से साफ-साफ लिखा जाए। इसमें कहीं भी बनावटीपन न हो तथा काल्पनिक आधार भी ग्रहण न किया जाए। इसमें तथ्यों, आँकड़ों, घटनाओं आदि के स्वरूप को यथातथ्य (As it is) प्रस्तुत किया जाता है। ऐसा नहीं होने से समाचार का स्वरूप प्रभावित हो जाएगा। समाचार अविश्वसनीय हो जाएगा। इसलिए समाचार के लिए यथार्थता आवश्यक है।

2. संक्षिप्तता–समाचार का आकार-प्रकार उसके महत्त्व के आधार पर निर्धारित किया जाना चाहिए। ऐसा नहीं कि जिस समाचार का कोई खास मकसद न हो अथवा प्रसिद्धि न हो या व्यापकता का अभाव हो वैसे समाचार में फैलाव आवश्यक नहीं। समाचार को हमेशा संक्षिप्त होना चाहिए। 'समाचार' के महत्त्व और कोटि को ध्यान में रखते हुए कम-से-कम शब्दों में प्रस्तुत करना एक कला है। इससे लेखक की भाषायी क्षमता प्रदर्शित होती है। वैसे समाचार-पत्रों में तो थोड़ी बहुत यह गुंजाइश होती भी है, पर रेडियो और दूरदर्शन में तो इसे जितना कम हो सके उतना ही संक्षिप्त रूप में प्रस्तुत किया जाता है। रेडियो और दूरदर्शन के समाचार लेखकों/सम्पादकों को संक्षेपण कला में निपुण होना चाहिए। यहाँ अनावश्यक शब्दों, विशेषणों और क्रियाओं आदि का प्रयोग संचार माध्यम में वर्जित है। बहुत अधिक बातों को कम-से-कम में कह देना समाचार लेखन की विशेषता है। अर्थात् संक्षिप्तता समाचार लेखन की पहली शर्त है। जो व्यक्ति संक्षेपण के गुणों से अनभिज्ञ रहता है, वह निश्चित रूप से अच्छा समाचार लेखक नहीं होगा।

3. रोचकता–समाचार में रोचकता भी होनी चाहिए। यदि समाचार में रोचकता का अभाव रहेगा तो वह नीरस हो जाएगा। उससे पढ़ने या सुनने-देखने में किसी की भी रुचि नहीं रहेगी। इसलिए समाचार को लोकरुचि के अनुरूप रोचक भी बनाना होता है। शुष्क, नीरस और इतिवृत्तात्मक विवरण समाचार को अप्रभावी बना देते हैं। समाचार लेखन में तथ्यों की सच्चाई का ध्यान रखते हुए भावों को उद्वेलित तथा स्पंदित करने की विशेषता होनी चाहिए। समाचार को रोचक बनाने के लिए लोकहित का बहुत खयाल रखना होता है। लोकहित के विरुद्ध लिखे गए समाचार रोचक होते हुए भी सही नहीं कहे जा सकते। इसलिए समाचार में रोचकता के साथ-साथ लोकहित का भाव भी समाहित होना चाहिए।

4:4:5 समाचार के स्रोत

आसपास की घटित घटनाओं को जब हम लिपिबद्ध कर जनसामान्य तक पहुँचाते

हैं तब वह समाचार के नाम से जाना जाता है। एक संवाददाता को समाचार बनाने के लिए कई स्रोतों का सहारा लेना पड़ता है। वे समाचार के स्रोत कहलाते हैं। समाचार के निम्नलिखित स्रोत हैं :

1. **प्रत्याशित स्रोत**—समाचार संकलन का कार्य संवाददाता द्वारा किया जाता है। संवाददाता कुछ ऐसे स्थलों को निर्धारित करता है जहाँ से उसे निश्चित रूप से सूचनाएँ प्राप्त होती हैं। ऐसे स्रोतों को प्रत्याशित स्रोत कहा जाता है। ये प्रायः ऐसे स्थल होते हैं जहाँ संवाददाता सर्वेक्षण के क्रम में निराश नहीं लौटता बल्कि निश्चित रूप से सूचनाएँ संकलित कर उन्हें समाचार रूप में प्रस्तुत करता है। ऐसे स्रोत हमें पत्रकार सम्मेलन, सार्वजनिक वक्तव्य, विविध समितियों की बैठकें, संसद और विधान सभा, नगरपालिका, पुलिस स्टेशन, अस्पताल एवं विविध कार्यस्थलों से प्राप्त होते हैं। ये स्रोत निश्चित माने जाते हैं। अतः इन्हें प्रत्याशित स्रोत कहा जाता है।

2. **अप्रत्याशित स्रोत**—यह ऐसा स्रोत है जिसके विषय में संवाददाता (रिपोर्टर) को पहले से कोई जानकारी नहीं होती। लेकिन जब वह स्थल विशेष पर पहुँचता है तो घटनाओं/क्रिया-कलापों को देखकर समाचार बनाता है। जैसे सड़क चलते किसी गाड़ी का दुर्घटनाग्रस्त हो जाना, चलती ट्रेन का अचानक किसी अन्य ट्रेन से टकरा जाना या पटरी से उतर जाना, गाड़ी में आग लग जाना, ट्रेन का पुल के नीचे गिर जाना, सिनेमा हॉल या अन्यत्र कहीं अचानक बम का धमाका हो जाना आदि कुछ ऐसी घटनाएँ हैं जिनके घटने की तारीख और समय निर्धारित नहीं होता। ये अचानक घटित होती हैं और इसीलिए इन घटनाओं पर आधृत समाचार अप्रत्याशित स्रोत से प्राप्त होते हैं।

3. **पूर्वानुमानित स्रोत**—समाचार प्राप्त करने का ऐसा स्रोत जिसका स्थल निश्चित हो और जिसका पहले से ही अनुमान लगा लिया गया हो कि वहाँ पहुँचने पर एक निर्धारित कार्यक्रम/घटना सम्बन्धी सूचना प्राप्त होगी ही। पूर्व प्रकाशित समाचार के विषय में विकसित जानकारी प्राप्त करना इस स्रोत का प्रयास होता है। इसमें संवाददाता को निर्धारित स्थल की विशिष्ट पहचान होती है, जहाँ से उसे समाचार प्राप्त होने की सम्भावना रहती है। जैसे, रेलवे स्टेशन, किसी संस्था द्वारा निर्धारित बैठक की सूचना, शैक्षणिक संस्थान, कारखाने, फैक्टरियाँ आदि।

4. **समाचार एजेंसियाँ**—समाचार संकलन के स्रोतों में राष्ट्रीय और अन्तर्राष्ट्रीय स्तर पर कुछ ऐसी एजेंसियाँ हैं जिनका बहुत बड़ा योगदान है। ये एजेंसियाँ सचमुच में समाचार के सप्लायर कहे जा सकते हैं। इन एजेंसियों में बड़े ही कुशल व दक्ष संवाददाता कार्य करते हैं जो कि विभिन्न स्थानों से समाचार संकलित कर उन्हें मीडिया वालों को सप्लाई करते हैं। इसके लिए वे कुछ

आवश्यक दर भी निर्धारित किए होते हैं। इन एजेंसियों से प्राप्त सूचनाओं में प्रामाणिकता होती है। ये समाचार एजेंसियाँ समाचार-पत्रों के अतिरिक्त आकाशवाणी, दूरदर्शन, जनसम्पर्क विभाग आदि को समाचार उपलब्ध कराती हैं। ये खुद तो समाचार प्रकाशित नहीं करतीं बल्कि समाचारों का संकलन, प्रेषण और वितरण का कार्य करती हैं। ये एक नेटवर्क के माध्यम से अपना काम करती हैं।

समाचार एजेंसियाँ दो स्तरों पर कार्य करती हैं : 1. राष्ट्रीय स्तर पर और 2. अन्तर्राष्ट्रीय स्तर पर।

राष्ट्रीय स्तर–पी.टी.आई. (प्रेस ट्रस्ट ऑफ इण्डिया), यू.एन.आई. (यूनाइटेड न्यूज ऑफ इण्डिया), हिन्दुस्तान समाचार, समाचार भारती, यूनीवार्ता, ए.एन.एफ. (एसोसिएट न्यूज एण्ड एलायन्स), एन.एन.एस. (नेशनल न्यूज सर्विस), इनफा (इण्डियन न्यूज एंड फीचर्स), आई.पी.ए. (इण्डियन प्रेस एजेन्सी), ई.एन.ए. (ईस्टर्न न्यूज एजेन्सी), यू.पी.एस. (यूनिवर्सल प्रेस सर्विस), एन.एफ. आई. (न्यूज फीचर्स ऑफ इण्डिया), पी.एस. (पब्लिकेशन सिण्डिकेट)।

अन्तर्राष्ट्रीय स्तर–ए.पी. (अमेरिका), यू.पी.आई. (अमेरिका), आई.एन. एस. (अमेरिका), रॉयटर (ब्रिटेन), ए.एफ.पी. (फ्रांस), तास (सोवियत संघ)।

5. प्रेस रिलीज–समाचार के स्रोत के रूप में प्रेस रिलीज (प्रेस विज्ञप्तियाँ) को लिया जा सकता है। प्रेस रिलीज समाचार से सम्बन्धित वह लिखित रिपोर्ट होती है जिसे समाचार-पत्रों में प्रकाशित करने के लिए संस्था द्वारा भेजा जाता है। प्रत्येक सरकारी तथा गैरसकरारी संस्थाओं में विभिन्न कार्यक्रमों के आयोजन होते रहते हैं। उन आयोजनों की सूचना संस्था प्रेस रिलीज (प्रेस विज्ञप्ति) के माध्यम से समाचार-पत्रों को प्रकाशनार्थ प्रेषित करती है।

शासकीय समाचारों से सम्बन्धित प्रेस रिलीज मुख्यतः तीन प्रकार के होते हैं–1. प्रेस कम्यूनिक्स, 2. प्रेस नोट्स, 3. हैण्ड आउट।

प्रेस कम्यूनिक्स (Press Communique's)–यह अत्यधिक औपचारिक समाचार होता है। सरकारी अथवा गैरसरकारी कार्यालयों द्वारा जब किसी लिए गए निर्णय के आलोक में निर्धारित विषय पर सूचना प्रसारित करनी होती है तो उसे प्रेस कम्यूनिक्स के द्वारा प्रकाशित किया जाता है। इसके अन्तर्गत किसी सम्पादन की कोई आवश्यकता नहीं होती और न ही किसी विशेष शीर्षक की ही आवश्यकता होती है। संस्था द्वारा भेजी गई सूचना को यथातथ्य (As it is) प्रकाशित कर दिया जाता है।

प्रेस नोट्स (Press Notes)–यह अपेक्षाकृत प्रेस कम्यूनिक्स से कुछ कम औपचारिक होता है। इसमें सम्पादक विषयवस्तु को सम्पादित कर एक शीर्षक के तहत छापता है। इसमें भाषाई बदलाव तो किया जा सकता है, पर

विषयवस्तु में कोई परिवर्तन नहीं होता।

हैण्ड आउट (Hand Out)—शासकीय क्षेत्रों में दिन-प्रतिदिन कई मुद्दों पर विभिन्न प्रकार के निर्णय लिए जाते हैं। ऐसे ही मुद्दों, क्रियाकलापों, गतिविधियों और निर्णयों आदि पर हैण्ड आउट जारी किए जाते हैं। इसमें सम्पादक को यह छूट होती है कि वह मैटर को सम्पादित कर शीर्षक और उपशीर्षक के साथ प्रकाशित करे।

6. साक्षात्कार/भेंटवार्ता (Interview)—जब भी कोई संवाददाता किसी विशेष व्यक्ति से किसी खास विषय पर कुछ पूछता है तो उसे साक्षात्कार या भेंटवार्ता कहा जाता है। इसमें प्रश्नकर्ता और उत्तरदाता दोनों का सवाल-जवाब होता है। साक्षात्कार लेना एक कला है। साक्षात्कार समाचार का एक प्रमुख स्रोत है। यह एक ऐसी व्यवस्थित प्रक्रिया है जिसमें साक्षात्कार कर्त्ता एवं साक्षात्कार दाता के बीच किसी विशिष्ट उद्देश्य (Purpose) को ध्यान में रखकर परस्पर आमने-सामने बैठकर सवाल-जवाब करते हैं। इसमें प्रश्नकर्ता एक ऐसी कला से गुजरता है कि उत्तरदाता के मन की बातों को भी बड़ी ही सहजता से प्रकट करवा लेता है।

7. पत्रकार सम्मेलन (Press Conference)—जब किसी खास व्यक्ति अथवा संस्था द्वारा किसी मसले पर विचार अभिव्यक्त करने के उद्देश्य से प्रेस वालों को बुलाकर प्रस्तावित विषय के ऊपर वक्तव्य दिया जाता है तो इस प्रक्रिया को पत्रकार सम्मेलन (Press Conference) कहा जाता है। इसमें भी साक्षात्कार की तरह ही प्रश्न पूछे और जवाब प्राप्त किए जाते हैं। लेकिन इसमें किसी एक व्यक्ति द्वारा नहीं बल्कि कई पत्रकारों द्वारा विभिन्न विषयों से सम्बन्धित प्रश्न पूछे जाते हैं और जवाबदाता उनके प्रश्नों के यथासम्भव उत्तर देते हैं। पत्रकार सम्मेलन भी समाचार के स्रोत हैं। विभिन्न सरकारी, गैरसरकारी कार्यालयों, संस्थाओं, राजनीतिक नेताओं, प्रवक्ताओं, किसी संगठन के अधिकारियों अथवा किसी घटना विशेष से जुड़े व्यक्ति द्वारा अपना पक्ष मीडिया के समक्ष रखने के लिए प्रेस कान्फ्रेंस आयोजित किए जाते हैं।

8. पुनरावर्तन (फॉलो-अप)—पूर्व प्रकाशित समाचार को पुनः प्रकाशित करने की जब आवश्यकता होती है या उसके सम्बन्ध में कोई नवीन तथ्य जनता के समक्ष लाना होता है तो ऐसे प्रयत्नों को पुनरावर्तन (फॉलो-अप) की संज्ञा दी जाती है। जिस तरह से कोई पुलिस अपराधी का पीछा करती है उसी प्रकार से समाचारों को नवीनता प्रदान करने के उद्देश्य से फॉलो-अप किया जाता है। फॉलो-अप से समाचारों में परिपक्वता तथा समुन्नत दृष्टिकोण प्राप्त होता है। इसमें कुछ खास-खास समाचारों को पुनरावृत्त किया जाता है ताकि जनता का ध्यान उस ओर आकृष्ट हो सके। समाचार प्राप्त करने के लिए यह भी एक स्रोत है।

4:4:6 अच्छे संवाददाता/समाचार लेखक के गुण

एक अच्छे संवाददाता या समाचार लेखक के लिए निम्नलिखित बातों की जानकारी आवश्यक है :

1. सक्रियता—एक आदर्श संवाददाता के लिए सक्रियता सबसे जरूरी है। अपने जीवन में उसे आलस्य को त्यागना होगा। समाचार के लिए कोई समय या दिन निर्धारित नहीं होता बल्कि घटनाएँ कहीं भी किसी वक्त घट सकती हैं। संवाददाता घटित होती हुई घटनाओं का वर्णन तभी कर सकता है जबकि वह उक्त स्थल विशेष पर मौजूद रहे। यदि कोई व्यक्ति आलसी होगा तो वह समय पर घटना स्थल पर पहुँच नहीं पाएगा, और रिपोर्टिंग ठीक से नहीं कर पाएगा। इसलिए सक्रियता समाचार लेखक/संवाददाता के लिए परमावश्यक है। यह सक्रियता संग्रहण और लेखन दोनों में दृष्टिगोचर होनी चाहिए। सक्रियता से ही समाचार में नवीनता और ताजगी आती है।

2. विश्वसनीयता—समाचारों में विश्वसनीयता का होना नितान्त आवश्यक है। संवाददाता के लिए यह जरूरी है कि वह जो भी खबरें दे वह विश्वसनीय हों। यानी झूठी खबरों से जनमानस में भ्रमात्मक स्थिति पैदा होती है। इसका असर अखबार के क्रय पर तो होता ही है पाठकों के मन में उक्त अखबार के विषय में गलत धारणाएँ भी बनती हैं। न केवल अखबार बल्कि अन्य माध्यमों के लिए भी विश्वसनीयता का होना आवश्यक है।

3. वस्तुनिष्ठता—वस्तुनिष्ठता संवाददाता का गुण है। संवाददाता का यह कर्त्तव्य है कि समाचार को वह इस रूप में रखे कि पाठक उसे समझते हुए उससे अपना लगाव महसूस करे। रिपोर्टिंग या समाचार लेखन सम्पादकीय लेखन नहीं है। अतः लेखक को यहाँ अपनी राय प्रकट करने की छूट नहीं मिल पाती है। वस्तुनिष्ठता में उत्तरदायित्व की भावना भी निहित होती है। पत्रकार के उत्तरदायित्व की परख तो तब होती है जब उसके हाथ कोई अतिसंवेदनशील विस्फोटक समाचार आता है। जैसे, किसी दंगा का सन्दर्भ लें। किसी स्थान पर दो समुदायों के बीच दंगा हो जाता है और पत्रकार सब कुछ खुलासा करके नमक-मिर्च लगाकर समाचार बनाता है। इस समाचार का परिणाम विध्वंसात्मक हो जाएगा। कुशल संवाददाता ऐसी स्थितियों में विवेक का सहारा लेता है और समाचार को इस रूप में पेश करता है कि उससे दंगाइयों को कोई बल न मिले और न ही किसी प्रकार की भ्रान्ति फैले। ऐसे लेखन के लिए वस्तुनिष्ठता आवश्यक है।

4. विश्लेषणात्मक क्षमता—वस्तुनिष्ठता के साथ-साथ पत्रकार के लिए समाचारों की प्रस्तुति में विश्लेषणात्मकता भी होनी चाहिए। समाचारों के

साथ-साथ उसका विश्लेषण भी इस तरह से किया जाए कि अलग से पता न चले। अर्थात् दूध और पानी के मिश्रण की तरह वे दोनों एक-दूसरे में घुले हुए हों। पत्रकार की विश्लेषण क्षमता का उपयोग दो स्तरों पर होता है : (1) समाचार संग्रहण के स्तर पर और (2) लेखन के स्तर पर। समाचार संग्रहण में पत्रकार की विश्लेषण क्षमता का उपयोग सूचनाओं और घटनाओं को एकत्र करने के समय होता है। इसके अतिरिक्त प्रेस कान्फ्रेंस, साक्षात्कार आदि के समय भी उसकी विश्लेषण क्षमता की परीक्षा होती है। दूसरा स्तर लेखन के समय प्रकट होता है। जो पत्रकार समाचार को समझने और प्रस्तुत करने में जितना ज्यादा अपनी विश्लेषण क्षमता का उपयोग कर सकेगा, उसका समाचार उतना ही दमदार होगा। इसे 'व्याख्यात्मक रिपोर्टिंग' भी कहा जाता है।

5. भाषा पर अधिकार—समाचार लेखक के लिए भाषा की जानकारी और उसकी प्रयुक्ति सबसे आवश्यक है। एक अच्छे संवाददाता को भाषा पर अधिकार होना चाहिए। इसके साथ ही उसे यह भी जानना होगा कि वह किस तबके के लिए लिख रहा है। यानी पाठकीय क्षमता के अनुरूप ही भाषा प्रयोग में संवाददाता को दक्ष होना चाहिए। समाचार के विभिन्न प्रकारों में भाषा के अलग-अलग स्तर दिखाई पड़ते हैं। जैसे, वाणिज्य सम्बन्धी समाचारों की भाषा का स्वरूप अलग ढंग का होता है और अपराध सम्बन्धी भाषा का रूप अलग। उसी प्रकार साहित्यिकी की भाषा प्रयुक्ति अलग होती है। लेकिन उन सभी समाचारों में एक समानता यह पाई जाती है कि सभी समाचारों में सीधी, सरल और बोधगम्य भाषा प्रयुक्त हो। यह प्रयोगकर्ता यानी संवाददाता की भाषायी क्षमता पर निर्भर करता है। इसलिए समाचार को प्रभावी बनाने के लिए संवाददाता को कुशल भाषा प्रयोक्ता भी होना चाहिए।

4:5 विज्ञापन और हिन्दी

4:5:1 विज्ञापन

यह अंग्रेजी के एडवरटाइजमेंट (advertisement) शब्द का हिन्दी अनुवाद है। एडवरटाइजमेंट का शाब्दिक अर्थ है—ध्यान दिलाना (to advert) तथा विज्ञापन शब्द का अर्थ है—किसी वस्तु के बारे में विशेष रूप से जानकारी देना। व्यवसाय की भाषा में इसका यदि अर्थ लगाया जाए तो होगा—किसी वस्तु के विक्रय के लिए ग्राहकों का ध्यान आकर्षित करना। यह विक्रय कला का मौखिक अथवा मुद्रित रूप है। इसका उद्देश्य किसी उत्पादित वस्तु को अधिकाधिक बाजार उपलब्ध करवाना है। विज्ञापन का कार्य किसी उत्पादित वस्तु के प्रति ग्राहकों का ध्यान उसकी ओर खींचकर अधिक-से-अधिक माल की बिक्री करवाना है। यह उत्पादन के प्रति ग्राहक के मन में आकर्षण का भाव पैदा करवाता है और

उसे खरीदने के लिए प्रेरित करता है। यह मनुष्य की प्रवृत्ति को जाग्रत कर उत्पादित वस्तु को खरीदने के लिए प्रेरित और बाध्य करता है। आज की व्यापारिक प्रतिस्पर्धा की दौड़ में हर व्यक्ति अपने उत्पादन को श्रेष्ठ प्रमाणित कर 'मार्केट' को 'कैप्चर' करना चाहता है, इसके लिए वह विज्ञापन का ही सहारा लेता है।

विज्ञापन की कई परिभाषाएँ दी गई हैं जिन्हें हम निम्नलिखित रूपों में देख सकते हैं :

अमेरिकन मार्केटिंग एसोसिएशन के अनुसार "विज्ञापन एक सुपरिचित विज्ञापन द्वारा अपने विचारों, वस्तुओं या सेवाओं को निर्वैयक्तिक रूप में प्रस्तुत करने तथा संवर्धन करने का भुगतान किया हुआ प्रकार है।"

प्रमुख राष्ट्रीय विज्ञापनदाता एवं प्रकाशक सूचना संघ के अनुसार "विज्ञापन उत्पाद या सेवा की सीधी बिक्री से आगे उद्देश्य की पूर्ति के लिए समवेत वैयक्तिक प्रयासों के रूप पर आधारित है।"

"फैंक जेफकिन्स ने क्रय और विक्रय योग्य वस्तुओं को जनता तक पहुँचाने के माध्यम को विज्ञापन माना है। उन्होंने सस्ते दर पर उत्पादित सामग्रियों एवं सेवाओं के उचित ढंग से प्रभावकारी प्रस्तुतीकरण को विज्ञापन कहा है।"

जी.आर. ग्रीयर के अनुसार, "विज्ञापन साधारणतया विक्रयकला का एक ऐसा माध्यम है जिसका लक्ष्य होता है—इस प्रकार का प्रचार करना, जो किसी वस्तु अथवा सेवा के लिए इच्छुक व्यक्ति की माँग करे।"

रौलेण्ड हॉल विज्ञापन को विक्रय कला की ऐसी प्रणाली मानते हैं जिसमें उत्पादन की सूचना लेखन और चित्रण द्वारा दी जाती है।

विज्ञापन की सर्वोत्तम परिभाषा अमेरिकी पत्रिका एडवरटाइजिंग ऐज की 1932 में सम्पन्न प्रतियोगिता द्वारा निर्धारित की गई है। उसमें कहा गया है, "किसी व्यक्ति, वस्तु, सेवा या आन्दोलन को प्रस्तुत करनेवाली सामग्री, लिपिबद्ध शब्द या वाचिक शब्द अथवा उसका चित्रांकन और वह समग्र सम्प्रेषण ही विज्ञापन है जिसे विज्ञापनदाता अपने व्यय से उनकी बिक्री, उनके प्रयोग अथवा उनकी सहमति के लिए प्रकट रूप से जारी करता है।"

उपर्युक्त परिभाषाओं के आधार पर यह कहा जा सकता है कि विज्ञापन प्रचार का एक उपकरण (Tool) है। अतः साधारण तौर पर हम यह कह सकते हैं कि जनसंचार के माध्यमों में किसी भी विषय या वस्तु या उत्पादन आदि का प्रचार जिसके द्वारा किया जाता है वह विज्ञापन होता है।

4:5:2 विज्ञापन का उद्देश्य

आधुनिक युग में औद्योगिक प्रगति एवं सामाजिक परिवर्तन का सशक्त माध्यम

विज्ञापन है। विज्ञापन के द्वारा ही प्रगति अथवा विकास की जानकारी या पहचान जनसामान्य तक पहुँचती है। सामाजिक विकास के क्षेत्र में भी विज्ञापन का बहुत बड़ा महत्त्व है। इसके द्वारा ही उपभोक्ता समाज की आवश्यकताओं की पूर्ति में सामाजिक स्पर्धा जगाने एवं जनता की दृष्टि को अपनी ओर आकर्षित करता है। इसलिए विज्ञापन जनसंचार का एक विशिष्ट रूप है। इसके उद्देश्य निम्नलिखित हैं :

1. ग्राहकों को वस्तु से परिचय दिलाना—प्रत्येक कम्पनी या संस्था अपनी वस्तु या उत्पाद की बिक्री हेतु विज्ञापन द्वारा पत्र-पत्रिकाओं तथा इलेक्ट्रॉनिक मीडिया के माध्यम से ग्राहकों को प्रारम्भिक जानकारी प्रदान करता है। आज का युग विज्ञापन का युग है। बगैर विज्ञापन अथवा प्रचार के कोई भी उत्पाद ग्राहकों को अपनी ओर आकर्षित करने में सफल नहीं होगा।

2. उपभोक्ताओं का ध्यान आकर्षित कराना—प्रत्येक कम्पनी की यह मंशा होती है कि उसके माल की अधिकाधिक बिक्री हो। ऐसे में वह उपभोक्ताओं को विज्ञापनों के माध्यम से अपनी ओर ध्यान आकर्षित कराना चाहता है। इसके लिए वह विभिन्न संचार माध्यमों का सहारा लेता है। उत्पादक प्रभावशाली ढंग से अपने उत्पाद का विज्ञापन पत्र-पत्रिकाओं में करता है तथा आवश्यकतानुसार वह सजावटी या डिसप्ले विज्ञापन का भी प्रयोग कर ग्राहकों का ध्यान अपनी ओर आकर्षित करने का प्रयास करता है।

3. उत्पाद को विश्वसनीय बनाना—विज्ञापन का उद्देश्य प्रमुख रूप से उत्पाद (वस्तु) का अधिक-से-अधिक बिक्री एवं खपत से है। इसके लिए आवश्यक है कि उत्पादक ग्राहकों या उपभोक्ताओं को अपने माल की विश्वसनीयता से परिचित करावे। किसी भी माल की बिक्री में वृद्धि तब तक नहीं हो सकती जब तक उत्पादक उपभोक्ता का विश्वास न अर्जित कर ले। उपभोक्ता का विश्वास अर्जित करने के लिए उत्पादक को विज्ञापन का सहारा लेना जरूरी है। और इसके लिए आवश्यक है कि वह उपभोक्ताओं का विश्वास हासिल करे।

4. संस्थान द्वारा छवि का निर्माण कराना—संस्थान की छवि का भी बिक्री पर असर पड़ता है। यानी जिस कम्पनी की छवि (Reputation) पहले से मशहूर रही है। उनकी बिक्री पूर्ववत् बनी रहती है। ऐसी वस्तुओं की माँग बराबर बरकरार रहती है। वैसी कम्पनियों को नए सिरे से परिचय अथवा विश्वास दिलाने या जमाने की बहुत जरूरत नहीं होती। पर जब भी कोई नई कम्पनी अपना माल बाजार में उतारती है तो सबसे पहले उसे अपने माल के विषय में ग्राहकों/उपभोक्ताओं में नवीन धारणा या छवि (Reputation) बैठानी होगी। उदाहरणस्वरूप—डाबर, ब्रुकबाण्ड या लिपटन जैसे प्रतिष्ठित संस्थानों में उत्पाद

की बिक्री हेतु किसी खास विश्वसनीयता जनित परिचय देने की जरूरत नहीं होती। लेकिन नई संस्था के लिए विज्ञापन में अपनी नई छवि को विशेष रूप से दर्शाने की आवश्यकता होती है।

4:5:3 विज्ञापन के कार्य

वस्तुतः विज्ञापन एक कला है। यह व्यवसाय से जुड़ा है। प्रायः हर व्यवसायी अपने माल को बेचने के लिए इसका सहारा लेता है। इसलिए किसी भी वस्तु, विचार या उत्पाद की बिक्री के विस्तार के लिए विज्ञापन एक आवश्यक तत्त्व माना गया है। इसके माध्यम से निम्नलिखित कार्य किए जा सकते हैं :

- विज्ञापन द्वारा अपने नए उत्पादों और उपभोक्ताओं को की जानेवाली सेवाओं की जानकारी देना।
- उत्पाद की उपयोगिता और श्रेष्ठता प्रदर्शित कर जनसाधारण का ध्यान आकृष्ट करना।
- उपभोक्ताओं में उत्पादित वस्तु के प्रति रुचि उत्पन्न करना तथा विश्वास जगाना।
- उत्पादित वस्तु को खरीदने के लिए ग्राहकों को मानसिक तौर पर तैयार करना।
- उपभोक्ता माँग में वृद्धि करना।
- विशेष छूट, साथ में कोई वस्तु फ्री में देने का प्रलोभन देकर अपने उत्पाद की खपत करना।
- मूल्य परिवर्तन की जानकारी देना।

4:5:4 विज्ञापन के प्रकार

विज्ञापन के निम्नलिखित प्रमुख प्रकार हो सकते हैं :

1. प्रतिष्ठावर्धक विज्ञापन, 2. संस्थागत विज्ञापन, 3. तुलनात्मक विज्ञापन, 4. विविध विज्ञापन।

प्रतिष्ठावर्धक विज्ञापन

कुछ छोटे-बड़े व्यापारिक प्रतिष्ठान और कम्पनियाँ या सरकारी विभाग अपने कार्यों व उपलब्धियों का प्रचार करने के लिए इस प्रकार के विज्ञापन प्रकाशित करवाते हैं। इन विज्ञापनों में कोई भी कम्पनी उपभोक्ता से केवल अपने उत्पादन खरीदने की अपील नहीं करती वरन् अपने आय-व्यय आदि अपने प्रसार आदि की सूचना देकर सामान्य जनता को अधिकाधिक सूचना देकर अपनी ओर आकर्षित करने का प्रयास करती है।

यह विज्ञापन सबसे जटिल प्रकार का होता है। इससे जनमत तैयार करने में सहायक है। आधुनिक युग में इसकी महत्ता बढ़ गई है। लोकतन्त्रात्मक व्यवस्था के अन्तर्गत विभिन्न राजनीतिक दलों द्वारा जो चुनाव प्रचार के उद्देश्य से घोषणा की जाती है उसे प्रतिष्ठाजनित या सम्मानक विज्ञापन कहा जाता है। चुनाव घोषणा (Manifesto) ही सम्मानक विज्ञापन है।

संस्थागत विज्ञापन

प्रत्येक व्यावसायिक सरकारी या गैरसरकारी संस्थाओं द्वारा अपने उत्पादों के प्रति विश्वास अर्जित करने के लिए संस्थागत ढंग से विज्ञापन किए जाते हैं। इसके लिए संस्था द्वारा पत्र-पत्रिकाओं में स्थान क्रय कर विज्ञापन प्रकाशित कराए जाते हैं। इसके तीन अंग हो सकते हैं :

(क) राष्ट्रहित सम्बन्धी विज्ञापन—इसमें संस्थान द्वारा जनमत प्राप्त करने के लिए विज्ञापन के जरिए यह सूचना दी जाती है कि वह राष्ट्रहित के लिए किन रूपों में शामिल है। अनेक राष्ट्रीय एवं अन्तर्राष्ट्रीय तेल कम्पनियाँ, शिपिंग कम्पनियाँ, बड़े उद्योग समूह, बीमा कम्पनियाँ राष्ट्रहित सम्बन्धी विज्ञापन देकर जनता का अभिमत प्राप्त करने का प्रयत्न करते हैं।

(ख) जनकल्याण सम्बन्धी विज्ञापन—विभिन्न विज्ञापन संस्थान नगरपालिका, नगर निगम, ग्राम पंचायत, समाज सुधार सम्बन्धी संस्थान आदि सार्वजनिक कल्याण के लिए समय-समय पर जनकल्याण से जुड़े विज्ञापन प्रकाशित करते हैं जैसे :

> **सावधानी हटी दुर्घटना घटी**
> धीरे चलें, घर पर कोई आपकी प्रतीक्षा कर रहा है

(ग) चेतावनी सम्बन्धी विज्ञापन—कुछ संस्थान जो जनकल्याण, सामाजिक तथा पर्यावरण के कार्यों से सम्बन्धित हैं जनसुविधाओं के लिए जनता को खतरों से आगाह कराने के लिए चेतावनीपूर्ण विज्ञापन प्रसारित/प्रकाशित करते हैं। जैसे :

> पोलियो!
> ध्यान रहे एक भी बच्चा छूटने न पाए
> बस दो बूँद!
> —पोलियो उन्मूलन अभियान

तुलनात्मक विज्ञापन

डॉ. विजय कुलश्रेष्ठ ने तुलनात्मक विज्ञापन के सम्बन्ध में लिखा है कि "अनेक उपभोक्ता व्यवसाय में लगे संस्थान या औद्योगिक समूह समय और आवश्यकतानुसार विज्ञापन प्रेषित करते हैं तथा तुलनात्मक दृष्टि से अपने उपभोक्ताओं और जनता को अपने उत्पाद की विशिष्टता को दूसरों के समकक्ष उत्तम बताते हुए उपभोग पर बल देने का विज्ञापन करते हैं। इस प्रकार के विज्ञापन जनमत परिवर्तन की दिशा में उपयुक्त सिद्ध होते हैं।"

विविध विज्ञापन

विविध विज्ञापन के अन्तर्गत हम विज्ञापन के निम्नलिखित रूपों को ले सकते हैं:

(क) **वर्गीकृत विज्ञापन**—इसमें वस्तुओं के क्रय-विक्रय, खोया-पाया, शोक-सन्देश, जन्मदिन बधाई, विवाह, नौकरी, प्रोपर्टी, नीलामी, मेडिकल, किराया पर मकान, ऑटो मोबाइल, कोचिंग, ज्योतिष, वर-वधू, आवश्यकता के विषय में लुभावने तरीके से विज्ञापन प्रकाशित-प्रसारित किए जाते हैं। ऐसे विज्ञापन संक्षिप्त किस्म के होते हैं जिन्हें एक निश्चित शब्द सीमा के तहत छापा जाता है। ऐसे विज्ञापन साजसज्जा से दूर, संक्षिप्त एवं कम खर्चीले होते हैं। कुछ उदाहरण द्रष्टव्य हैं :

वर्गीकृत विज्ञापन

ट्यूटोरियल

NIRAJ : 2271502 उपलब्ध होम ट्यूटर्स सभी वर्ग, विषय, बोर्ड, CBSE, ICSE, +2, मेडि., इंजी., कॉमर्स, A/C, संस्कृत, अंग्रेजी, इकोनॉमिक्स

सम्पत्ति

Sadhana Property 0612-3958476 पूरे पटना में 2/3/4 B/R फ्लैट, जमीन, ऑफिस की खरीद / बिक्री / किराया हेतु –अपो. A.N. कॉलेज, बोरिंग रोड, पटना।

कारोबार

रोजगार तैयार है!!! 10,000 से 15,000 कमायें (बजाज लाइट) का चौक उद्योग लगायें (50% फायनेंस) ब्रांच खोलकर 35,000 से उपर कमायें, पटना– 9431491744, आरा–9835062355, मुंगेर–9835041193 C.M.-657

मेडिकल

शराब छुड़ाए

शराबी को बिना लाए मिलें

समय 10 से 3 बजे पटना। हर माह 5 व 19 को कुबेर होटल, एग्जीबीशन रोड, रिपब्लिक होटल के सामने गली में

नोट: दमा, जोड़ो का दर्द, सैक्स समस्या मोटा होने का सफल इलाज। पटना में डा० साहब स्वयं मिलते हैं। नक्कालों से सावधान।

डा० एम० एस० सेठी फोन: 09810352616

किराए हेतु	ऋण एवं वित्तीय
चार कमरे का फ्लैट 1100 sq. ft. प्रथम मंजिल, दो बाथ, बड़ा बालकोनी, 10-H, राजेन्द्र नगर, पटना में किराये हेतु उपलब्ध। संपर्क : प्रो. सिद्धेश्वरधारी सिन्हा, फोन :- 2689396	सम्पूर्ण बिहार प्रदेश में पर्सनल एवं कृषिभूमि पर लोन लें- P&G Associates, 15 अशोक मार्ग, लखनऊ मो.09415546356, 09450023789
मोटर वाहन	**कम्प्यूटर पाठ्यक्रम**
पटना रजि. मारूति कार '98 A/C Dx, '98, '93 A/C गैस किट '88 टाईप टू, दिल्ली रजि. '93, जेन '97 (पटना) बिक्री हेतु। किश्त सुविधा फो.: 2561841, 9334116213 पटना	कम्प्यूटर Manual A/C Tally 7.2, DTP, DCA, C, C++, V.B., Oracle, Java @ low price, Cont.- NDA, 207, वर्मा सेन्टर, बोरिंग रोड चौराहा, पटना-0612-3095943

(ख) **सजावटी विज्ञापन**—ऐसा विज्ञापन जिसमें चित्र शीर्षक को ध्यानाकर्षित करते हैं, सजावटी विज्ञापन कहे जाते हैं। वर्गीकृत विज्ञापनों के बाद सबसे अधिक स्थान घेरनेवाला यही विज्ञापन है। इनके आकार और स्थान का निर्धारण सुनिश्चित नहीं होता। समाचार-पत्र एक सुनिश्चित दर पर सजावटी विज्ञापन के लिए स्थान उपलब्ध कराता है। इनका आकार पृष्ठ के अनुरूप बदला जा सकता है। प्रथम तथा अन्तिम पृष्ठ की दरें महँगी होती हैं पर मध्य पृष्ठ उनकी अपेक्षा सस्ता होता है। ऐसे विज्ञापनों का उद्देश्य चित्रों के द्वारा अधिकाधिक पाठकों का ध्यान आकर्षित करना होता हैं। उदाहरण—

(ग) **प्रमाणीकृत विज्ञापन**—इस विज्ञापन को सजावटी विज्ञापन का ही एक रूप माना जा सकता है, लेकिन इसमें किसी उत्पाद की पब्लिसिटी किसी प्रतिष्ठित नेता, अभिनेता, अभिनेत्री, सुप्रसिद्ध खिलाड़ी, वरिष्ठ पत्रकार, साहित्यकार या समाजस्वीकृत बड़ी हस्ती के मॉडल से सचित्र कराई जाती है। इसका कारण यह है कि जनता इन्हें अपना आदर्श मानती है। इनके चरणचिह्नों पर चलना

उनके लिए एक कर्त्तव्यबोध-सा होता है। उदाहरण देखें :

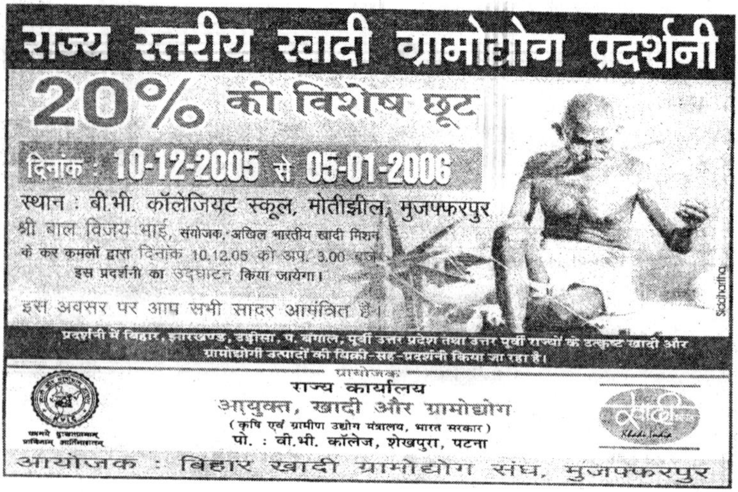

(घ) **व्यापारिक विज्ञापन**—जनसंचार माध्यमों में जिस प्रकार के विज्ञापनों का सबसे अधिक प्रकाशन या प्रसारण किया जाता है वे हैं—व्यापारिक विज्ञापन। आकाशवाणी या दूरदर्शन पर विज्ञापन प्रसारण प्रारम्भ होने के बाद से समाचार-पत्र और पत्रिकाओं में इस तरह के विज्ञापनों की संख्या पहले की अपेक्षा कम हो गई है। इस तरह के विज्ञापनों की संख्या बड़ी ही व्यापक एवं विस्तृत है। प्रायः व्यापार जगत से जुड़े बड़े-बड़े उद्योगपति अपने उत्पाद की बिक्री बढ़ाने के उद्देश्य से जनसंचार माध्यमों के द्वारा विज्ञापन करवाते हैं। उदाहरण देखें :

(ङ) **सरकारी विज्ञापन**—इसके कई भेद हो सकते हैं। सरकार की तरफ से जो विज्ञापन प्रकाशित करवाए जाते हैं उनमें सूचनात्मक विज्ञापनों की प्रमुखता होती है। इन विज्ञापनों में केन्द्र सरकार के किसी मन्त्रालय या विभाग अथवा किसी राज्य सरकार के कार्यकलापों व गतिविधियों का वर्णन रहता है। या

मन्त्रिमण्डल के सदस्य द्वारा सम्पन्न होनेवाले किसी कार्य की सूचना रहती है या विभिन्न सूचनाएँ होती हैं। इन सबके अतिरिक्त कुछ सरकारी विज्ञापनों का सम्बन्ध रोजगार से भी होता है। निविदा सूचनाएँ (टेंडर आदि), नीलाम आदि की सूचनाएँ, रेल-वायुयान आरक्षण की सूचनाएँ आदि इसके अन्तर्गत आते हैं। सरकारी विज्ञापन की भाषा प्रायः थोड़ी कठिन होती है। इसका कारण है अनुवाद। चूँकि सरकारी विज्ञापनों में आम आदमी की भाषा के स्थान पर तकनीकी व पारिभाषिक शब्दों तथा औपचारिक शैली का प्रयोग किया जाता है, इसलिए इसकी भाषा थोड़ी जटिल हो जाती है। उदाहरण देखें :

निविदा 1

राज्य स्वास्थ्य समिति, बिहार

परिवार कल्याण भवन, शेखपुरा, पटना-14

फोन : 0612-3969447, 3969446, 2290321, 2290322, 2290328, 2290340, फैक्स : 0612-2224608, 2282082 वेबसाइट : www.shsbihar.org, ई-मेल : info@shsbihar.org

निविदा

कालाजार कार्यक्रम के अन्तर्गत छपाई का कार्य किया जाना है। इच्छुक प्रिन्टर्स से निविदा आमंत्रित की जाती है। उनका प्रेस नियमित रूप से निबंधित हो एवं उन्हें कम से कम तीन वर्षों का अनुभव प्राप्त हो। छपाई की जाने वाली सामग्री का अवलोकन किसी भी कार्य दिवस में सुबह 10 बजे से सायं 6 बजे तक किया जा सकता है। निविदा जमा करने की अंतिम तिथि 22/12/2005 होगी। इसे समिति के वेब साईट पर भी देखा जा सकता है।

विशेष जानकारी के लिए डा० अरुण कुमार तिवारी, प्रभारी, मलेरिया एवं कालाजार विभाग से संपर्क कर सकते हैं जिनका फोन नम्बर 2290351 (कार्यालय) एवं मोबाईल नम्बर 9334150343 है। किसी भी प्रिन्टर की निविदा बिना कारण बताए रद्द की जा सकती है। चुने गए प्रिन्टर को बाद में सूचित किया जाएगा।

के. के. पाठक, भा. प्र. से.
कार्यपालक निदेशक सह
विशेष सचिव

2

पूर्व मध्य रेल

रेलवे आरक्षण

गाड़ी सं.	गाड़ी का नाम	प्रस्थान	प्रथम एसी	द्वितीय एसी	थ्रीटायर एसी	कुर्सीयान एसी	स्लीपर
2303	पूर्वा एक्सप्रेस	17.15	16-12	19-12	16-12	-	19-12
2305	राजधानी (कालका)	20.50	25-12	18-12	18-12	-	-
3005	अमृतसर मेल	04.45	15-12	02-01	20-12	-	22-12
3073	हिमगिरी एक्सप्रेस	10.15	-	01-01	11-01	-	01-01
3330	गंगादामोदर एक्सप्रेस	22.50	-	14-12	14-12	-	14-12
2309	राजधानी (पटना)	21.25	17-12	17-12	20-12	-	-
2391	श्रमजीवी एक्सप्रेस	10.50	14-12	14-12	14-12	-	14-12
2401	मगध एक्सप्रेस	18.50	14-12	19-12	15-12	-	18-12
2423	राजधानी (गुहाटी)	21.25	18-12	18-12	18-12	-	-
3201	आरजेपीबी(जे)एलटीटी एक्स.	23.20	-	14-12	14-12	-	17-12
3232	दानापुर एक्सप्रेस	20.25	14-12	19-12	17-12	-	16-12
3288	साउथ बिहार एक्सप्रेस	19.32	-	14-12	16-12		15-12
4083	महानन्दा एक्सप्रेस	23.45	-		19-12		18-12
6310	पटना-एर्नाकुलम एक्स.	13.20	-	-	05-01	-	05-01
8184	दानापुर-टाटा एक्सप्रेस	06.42	-	-	-	14-12	-
8450	पटना-पुरी एक्सप्रेस	09.00	-		11-01		04-01
8623	पटना-हटिया एक्सप्रेस	21.25	-	14-12	18-12		18-12
9048	भागलपुर-सूरत एक्सप्रेस	15.35	-		19-12	-	29-12
2024	जनशताब्दी एक्सप्रेस	05.50	-		-	15-12	-
6596	संघमित्र एक्सप्रेस	14.45	-	07-01	07-01		05-01
3246	कैपिटल एक्सप्रेस	22.40	-	15-12	17-12	-	14-12
2393	संपूर्ण क्रांति सुपर एक्सप्रेस	18.20	14-12	26-12	19-12	-	19-12

पटना जंक्शन से इन ट्रेनों का आरक्षण [illegible] 13 दिसम्बर 2005 [illegible] उपलब्ध है।

नीलामी सम्बन्धी विज्ञापन :

प्रसार भारती

आकाशवाणी, पटना

फोन: 2224081-2224082, 2224147, 2224148

पत्रांक पट- 3(17) 04-05 दिनांक: 12.12.2005

वाहन संख्या- BEQ- 5440 (एम्बेसडर)

वाहन संख्या- BEQ- 5440 एम्बेसडर की बिक्री के लिए केन्द्र निदेशक, आकाशवाणी पटना के द्वारा विज्ञापन प्रकाशित किए जाने की तिथि से 10.01.06 तक मुहरबंद निविदाएं आमंत्रित की जाती है। गाड़ी की बिक्री 'जहां जिस हालत में है' के आधार पर की जाएगी। इच्छुक नीलामकार किसी भी कार्य दिवस को प्रातः 11 बजे से दोपहर 3 बजे तक आकाशवाणी पटना के परिसर में गाड़ी का निरीक्षण कर सकते हैं। निविदाएं उपस्थित नीलामकारों के सामने 11.01.06 को 11.00 (ग्यारह) बजे केन्द्र निदेशक के कार्यालय में खोली जाएगी। निविदा के साथ 500 रुपए की डिमाण्ड ड्राफ्ट लगी होनी चाहिए जो आदान एवं संवितरण अधिकारी के नाम देय होगा। निविदा को स्वीकृत नहीं किये जाने पर राशि वापस कर दी जाएगी। सफल प्राप्त नीलामकार को उच्चतम मूल्य का 10 प्रतिशत तुरंत जमा करना होगा एवं शेष राशि एक सप्ताह के अंदर नकद रूप में अदा करनी होगी और संबंधित परिसर से वाहन को उठाना होगा। किसी अथवा किसी अन्य निविदा को बिना किसी कारण के नामंजूर करने का अधिकार आरक्षित है। अन्य विवरणों के लिए कृपया केन्द्र निदेशक आकाशवाणी पटना से स्वयं संपर्क करें या अपना पता लिखा हुआ लिफाफे के साथ केन्द्र निदेशक आकाशवाणी, पटना को लिखें।

पी.के. मित्र
केन्द्र निदेशक,

बिहार को-ऑपरेटिव फेडरेशन लि०

बुद्धमार्ग, पटना - 800 001

प्रेस विज्ञप्ति

सूचित किया जाता है कि बिहार को-ऑपरेटिव फेडरेशन लि०, पटना को 51वीं वार्षिक आम सभा दिनांक 17.12.2005 को 11.30 बजे दिन में फेडरेशन हॉल में होने जा रही है। सभी प्रतिनिधियों से साग्रह अनुरोध है कि वे उक्त बैठक में आवश्यकरूप से भाग लेने का कष्ट करेंगे।

प्रबंध निदेशक

4:5:5 विज्ञापन की भाषा (शब्द की भूमिका)

विज्ञापन में शब्द की महत्त्वपूर्ण भूमिका होती है। शब्द ही भावबोध का विधायक होता है। इसके दो मुख्य प्रकार हैं :

(i) लिखित शब्द–लिखित शब्द लिपिगत होता है। इसको एक विशेष आकार मिलता है अर्थात् शब्द चित्रबद्ध होता है और उसका उद्देश्य अपने में निहित ध्वनि को व्यक्त करना होता है।

(ii) मौखिक शब्द–यह मात्र ध्वनिरूप होता है और विशेष भाव को प्रकट करने के लिए क्रम में वह विशेष प्रकार की ध्वनियों को उपस्थित करता है। मौखिक ध्वनियों का सम्बन्ध हमारी कल्पना, पूर्वानुज्ञान, पूर्वानुभव तथा परम्परागत अर्थग्रहण से होता है।

विज्ञापन के उद्देश्यों की प्राप्ति के लिए आवश्यक है कि शब्द रोचक, स्पष्ट, सरल तथा बोलचाल की भाषा के निकट की भाषा में हो ताकि सामान्य आदमी अथवा सम्बद्ध व्यक्ति उसे समझ सके। उसमें 'उत्पादन' के प्रति समस्त आवश्यक जानकारी जैसे वस्तु की उपयोग विधि, टिकाऊपन, अन्य उत्पादक कम्पनियों के उत्पादनों से श्रेष्ठता तथा खरीद पर मिलनेवाली अतिरिक्त रियायतें, समुचित मूल्य की पैरवी तथा सुविधाओं का उल्लेख होना चाहिए।

लेकिन, सभी विज्ञापनों की भाषा एक जैसी नहीं होती। उदाहरण के लिए आकाशवाणी के विज्ञापन की भाषा और दूरदर्शन के विज्ञापन की भाषा एक नहीं हो सकती। ऐसा इसलिए कि आकाशवाणी में केवल ध्वनि का उपयोग होता है, परन्तु दूरदर्शन में श्रव्य तथा दृश्य दोनों का उपयोग होता है। अतः रेडियो के विज्ञापन के शब्दों का विन्यास तथा उच्चारण इस प्रकार किया जाता है कि विज्ञापनवाचक श्रोता के मन-मस्तिष्क में उत्पादन के प्रति रुचि, उसको संग्रह करने की बलवती इच्छा जाग्रत कर सके। अर्थात् यह विज्ञापन मौखिक होता है, जो कि मात्र वाणी पर आधारित है। इसलिए इससे स्वरों का आरोह-अवरोह, शब्दों की विभिन्न भंगिमाएँ, उच्चारण प्रक्रिया तथा भाषा का लचीलापन अति आवश्यक होता है। दूसरी तरफ दूरदर्शन के विज्ञापनों के लिए दृश्य-श्रव्य माध्यम को अपनाया जाता है, जिसमें शरीर का संचालन, हाव-भाव की भंगिमा का प्रदर्शन, पूर्वी-पश्चिमी संगीत, प्राकृतिक सुषमा, सौन्दर्यसज्जित सुन्दरियों की मोहक आकृतियाँ आदि सभी कुछ उपलब्ध होता है। उदाहरण के लिए दूरदर्शन पर किए जाने वाले विज्ञापनों को हम देख सकते हैं। जैसे किसी मिल के कपड़े के विज्ञापन में कोई नायक सूट पहने गुलमोहर के वृक्ष तले अपनी प्रिया को बाँहों में लिए एक विशेष मुद्रा में दिखता है। उसी प्रकार कूकर का विज्ञापन, साबुन, पाउडर, पान-मसाला (पराग), टूथपेस्ट आदि के विज्ञापनों को देखा जा सकता है। इस

प्रकार के दृश्यों के माध्यम से उत्पादनकर्ता अपनी वस्तुओं का विज्ञापन आकर्षक ढंग से प्रस्तुत कराने का प्रयास करता है। इसलिए आकाशवाणी तथा समाचार-पत्रों की तुलना में दृक-श्रव्य माध्यम से प्रसारित दूरदर्शन के विज्ञान को अधिक कलात्मक बनाने का अवसर मिलता है।

जनसंचार के माध्यमों में पत्र-पत्रिकाएँ, रेडियो तथा दूरदर्शन आदि प्रमुख हैं। पत्र-पत्रिकाओं के विज्ञापन की भाषा रेडियो तथा दूरदर्शन की भाषा से अलग होती है। उसमें विज्ञापित विज्ञापन को मात्र पढ़कर आत्मसात करना होता है। अतः उसमें इस तरह की भाषा और शैली का उपयोग करना होता है कि बिना किसी परिश्रम के या श्रम के पाठक के मन में विज्ञापित वस्तु की समस्त जानकारी इस रोचक और दिलचस्प ढंग से पैदा हो जाए कि वह उस वस्तु को खरीदने के लिए लालायित हो उठे। इससे अलग रेडियो में शब्द-विन्यास, उच्चारण भंगिमा तथा प्रस्तुतीकरण के द्वारा विज्ञापनों के लक्ष्य को पूरा किया जाता है। दूरदर्शन से भी शब्द तथा चित्र विशेष रूप से चित्रों के द्वारा भी विज्ञापन के लक्ष्य को पूरा किया जाता है। स्पष्ट है कि माध्यम में परिवर्तन के बावजूद शब्द भावोद्रेक को जाग्रत करने में अपनी अहम भूमिका निभाता है।

विज्ञापन और दृक-श्रव्य (चलचित्र और दूरदर्शन) माध्यम की सामान्य विशेषताएँ—जनसंचार के सबसे सशक्त माध्यम के रूप में आजकल चलचित्र और दूरदर्शन का विशिष्ट स्थान है। इस माध्यम की अपनी कुछ खास विशेषताएँ हैं जिनके कारण यह साधन चमत्कारिक, कौतूहलवर्द्धक एवं संचार-क्षेत्र का प्रमुख अंग बन गया है। ये विशेषताएँ निम्नलिखित हैं :

1. अतीत और भविष्य को वर्तमान से जोड़ने की शक्ति—इसके द्वारा अतीत और भविष्य की कल्पनाओं से वर्तमान को जोड़कर सार्थक चित्र प्रस्तुत करने का प्रयास किया जाता है। उदाहरणार्थ हम निम्नलिखित विज्ञापनों को देखें :

विज्ञापन सं. (1)—एक नवयुवती अपने पति को घूँघट नहीं उठाने देती और कहती है—ना-ना। फिर जब युवक कछुआ छाप अगरबत्ती जलाता है तब वह हर्षित हो जाती है। पति के प्रयास को सोल्लास समर्थन देती है और कहती है, कछुआ जलाओ घूँघट उठाओ और जब कछुआ छाप अगरबत्ती जलती है और मच्छर भागते हैं तब वह हर्षित हो जाती है। घूँघट भी उठाती है और कहती है, हाँ, मेरी नानी की नानी भी यही कहती थी। इन तीन वाक्यों में तीसरे में सुदूर अतीत का वास्ता है, दूसरे में भविष्य की झाँकी है और 'ना-ना' की अभिव्यक्ति में वर्तमान का निषेध कर कछुआ छाप अगरबत्ती जलाने के लिए प्रेरित करने का प्रयास है। इसमें फ्लेश बैक मेथड और फ्लेश फॉरवर्ड मेथड का प्रयोग किया गया है और कछुआ छाप अगरबत्ती 'उत्पादन' की लोकप्रियता को पीढ़ी-दर-पीढ़ी से जोड़कर प्रस्तुत किया गया है।

2. क्षण का विस्तार—इसका उद्देश्य किसी विशेष क्षण को स्थिर कर उस चित्र, घटना, भाव-भंगिमा की विशेषताओं को सूचित करता है। फिल्म की भाषा में इसे 'फ्रिज' करना कहते हैं। इसमें चलते हुए चित्र को क्षण अथवा क्षणांश के लिए रोककर चित्र को उद्देश्य के अनुकूल चित्रित किया जाता है। फिल्म का फ्रिज करना दर्शकों को सिर्फ चौंकाता ही नहीं दृश्य की ओर बरबस उनका ध्यान भी खींच लेता है जो एक विज्ञापन की सफलता के लिए आवश्यक है। उदाहरणस्वरूप हम निम्न चित्रों को देख सकते हैं—चित्र (1) में एक व्यक्ति जो सिरदर्द से काफी परेशान है। इसे थोड़ी देर के लिए फ्रिज कर दिया जाता है। क्षण का यह स्थिरीकरण उसके सिरदर्द की तकलीफ और छटपटाहट को दर्शाता है। चित्र (2) में दर्द से कराहता व्यक्ति एक दर्द-निवारक दवा की टिकिया लेकर खाता है। फिर चित्र (3) में टिकिया खाने के बाद कुछ ही मिनटों में वह मुस्कुराने लगता है। इस चित्र को भी 'फ्रिज' कर दिया जाता है और तभी दर्शकों-श्रोताओं को यह विज्ञापन सुनाई पड़ता है—यह है...पेनजॉन का कमाल। इसे मैं हमेशा अपने साथ रखता हूँ...।

3. सतत चित्रों का प्रयोग—इस विज्ञापन में शब्दों का प्रयोग न होकर केवल मूक चित्रों का प्रयोग होता है। चित्रों के इस सतत बदलाव से ही विज्ञापन का काम पूरा किया जाता है। उदाहरण के लिए इस विज्ञापन को देखें—चित्र (1) में किसी के घर में मेहमान खाने की मेज पर बैठे हुए हैं। चित्र (2) खाना सबके सामने गृहिणी द्वारा परोसा जाता है। चित्र (3) खाना प्रारम्भ होते ही एक मेहमान दूसरे की ओर देखता है और फिर बारी-बारी से सभी एक-दूसरे की ओर झाँकते हैं। चित्र (4) घर का मेजबान उन्हें आश्चर्य से निहारता है। चित्र (5) फिर वह भी खाने को चखता है और पाता है कि उसमें नमक नहीं है। चित्र (6) वह अपनी पत्नी की ओर देखता है और फिर टेबुल पर रखे हुए नमक की डिबिया की ओर इशारा करता है। चित्र (7) पति का इशारा समझ पत्नी मुस्कुराती है और फिर नमक की डिबिया उठाकर सबके प्लेट में डालती है। चित्र (8) नमक पाकर सभी मेहमान प्रसन्न मुद्रा में खाना खाने लगते हैं। तभी पर्दे पर 'आयोडीन' नमक का नाम उभरता है जिसे दर्शक पढ़ते हैं। इस तरह से इस विज्ञापन में कहीं भी आयोडीन नमक का नाम उच्चरित नहीं किया जाता है पर उसका विज्ञापन चित्र के माध्यम से ही सभी समझ लेते हैं।

4. अभिनय तत्त्व की प्रमुखता—इस माध्यम में अभिनय तत्त्व की सहायता से कल्पित को यथार्थ का रूप दिया जा सकता है। अर्थात् विज्ञापन को रोचक तथा दिलचस्प बनाने के लिए विज्ञापन लेखक विभिन्न काल्पनिक बिम्बों को यथार्थ रूप में प्रस्तुत कर एक ऐसी घटना को शब्द तथा चित्रों की सहायता से प्रस्तुत करता है जो काल्पनिक हास्यास्पद होने पर भी कदाचित्

यथार्थ-सा लग सकता है। उदाहरण के लिए–चित्र (1) में कोई प्रेमी अपनी प्रेमिका से शादी का प्रस्ताव करता है। चित्र (2) में प्रस्ताव सुनकर प्रेमिका भड़क उठती है। वह झल्लाती है। गुस्से से आँखें तरेरती हुई कहती है, हुह। शादी और तुमसे! चित्र (3) फिर प्रेमी अपनी कोट की जेब से एक चाकलेट निकालकर प्रेम के साथ प्रेमिका की ओर बढ़ाता है। चित्र (4) चाकलेट देखते ही प्रेमिका के चेहरे पर प्रसन्नता का भाव झलकता है। वह चाकलेट को प्रसन्नमुद्रा में खाती है। चित्र (5) चाकलेट के खाते ही वह प्रेमी की ओर प्यार भरी शोख अदाओं से निहारती हुई कहती है–हूँ....ऽ ऽ ऽ! शादी और तुमसे...ऽ ऽ ऽ!! इस विज्ञापन में अभिनय तत्त्व की प्रधानता है। यह तो मात्र कल्पना है कि एक चाकलेट खाते ही कोई प्रेमिका शादी के लिए 'हाँ' कहने पर राजी हो जाए, पर कल्पना के माध्यम से यथार्थ का चित्र प्रस्तुत कर विज्ञापनकार ने 'चाकलेट' विशेष का विज्ञापन किया है।

5. व्याख्या के रूप में (केवल श्रव्य माध्यम का सहारा लेकर)–शब्द का यह प्रयोग आम विज्ञापनों के साथ किया जाता है। जिस समाज में साक्षारता की कमी होती है, वहाँ के लोग लिखित शब्दों को पढ़ने में सर्वथा अक्षम रहते हैं और इसीलिए उनके लिए वैसे विज्ञापनों का कोई अर्थ नहीं रह जाता। लेकिन जब वही विज्ञापन शब्दों के माध्यम से उन्हें सुनाया जाता है तब वे इसे सुनकर ही याद रखते हैं यह एक मनोवैज्ञानिक प्रक्रिया है, क्योंकि हम देखते हैं कि कोई बच्चा जो लिखना-पढ़ना नहीं जानता पर किसी भजन को सुनकर ही उसे याद रखता है, ठीक वैसे ही निरक्षर जो शब्दों को ही पढ़ नहीं सकता है फिर भी जब वह उसे बार-बार सुनता है तो उसे याद हो जाता है। उसके जेहन में विज्ञापित वस्तु का नाम याद हो जाता है।

6. संवाद शैली के रूप में–इसमें शब्द संवाद के रूप में प्रस्तुत किए जाते हैं। इस विज्ञापन में अपेक्षाकृत कठिनाइयाँ तो होती हैं पर इसमें विज्ञापनकर्ता विज्ञापन के आशय की समझ, शब्दों का सहज प्रयोग और चित्र को संवाद शैली से मिक्स कर देता है। उदाहरण के लिए चित्र (1) किसी दुकान पर नायिका का सामान खरीदने के लिए आना और दुकानदार द्वारा यह कहना, ओहो, आइए-आइए दीपिका जी...। चित्र (2) दीपिका जी का सामान दुकानदार द्वारा पैक कर देना पर सर्फ डिटर्जेण्ट टिकिया के बदले कुछ दूसरा रखना। चित्र (3) दीपिका जी द्वारा उस साबुन पर आपत्ति जताना। चित्र (4) दुकानदार द्वारा यह कहना कि जब सस्ती टिकिया है ही तो फिर महँगी क्यों! चित्र (5) दुकानदार को दीपिका जी द्वारा यह उत्तर देना कि भाई साहब, जब उतनी ही दामों में अच्छी क्वालिटी की टिकिया मिल रही हो तब फिर कोई दूसरा क्यों ले? चित्र (6) दुकानदार द्वारा प्रसन्नता व्यक्त करते हुए कहना कि भई, मान गए। चित्र

(7) दीपिका जी का प्रश्न 'किसे'? चित्र (8) दुकानदार द्वारा यह जवाब दिया जाना आपकी पसन्द और पारखी नजर दोनों को। चित्र (9) पुनः दुकानदार द्वारा टिकिया बदलकर सर्फ डिटर्जेण्ट टिकिया देना और दीपिका जी द्वारा मुस्कराकर दुकान से बाहर निकलना। इस विज्ञापन में 'सर्फ डिटर्जेण्ट टिकिया' के लिए प्रचार किया गया है जिसमें दीपिका जी तथा दुकानदार में संवाद स्थापित कराकर चित्रों के माध्यम से विज्ञापन किया गया है।

कुल मिलाकर यह कहा जा सकता है कि विज्ञापन एक ऐसी कला है जिसमें शब्द और चित्र दोनों की प्रधानता होती है। वैसे तो विज्ञापनों में कभी-कभी केवल शब्दों द्वारा तथा कभी-कभी केवल चित्रों द्वारा भाव प्रदर्शित किया जाता है, लेकिन दूरदर्शन की बढ़ती लोकप्रियता के कारण आजकल शब्द चित्राश्रित विज्ञापन ही अधिक प्रसिद्धि प्राप्त कर रहा है। यद्यपि चित्रों के अनुप्रवेश के कारण कभी-कभी शब्द की भूमिका अनुपस्थित हो जाती है, परन्तु फिर भी शब्द विभिन्न परिस्थितियों, प्रसंगों तथा शैलियों के माध्यम से अपनी उपयोगिता को आज भी बरकरार रखे हुए हैं।

विज्ञापन की भाषा के रूप में हिन्दी का प्रयोग : समस्या और समाधान

स्वतन्त्रता के बाद राजभाषा तथा प्रयोजनमूलक हिन्दी के रूप में हिन्दी भाषा का विकास निरन्तर होता रहा है। यह जनसंचार के माध्यम के रूप में भी प्रयुक्त होती रही है। इस बात को नजरअन्दाज नहीं किया जा सकता कि आजादी के पूर्व जनसामान्य को उपयोगी सूचनाएँ तथा खबरें देने के लिए सरकार तथा व्यापारी वर्ग हिन्दी भाषा का इस्तेमाल नहीं करते थे जहाँ इसके बिना काम नहीं चल सकता था परन्तु आजादी के बाद हिन्दी ने स्वतन्त्र रूप से अपना अस्तित्व ग्रहण करते हुए न केवल सम्पर्क भाषा के रूप में प्रतिष्ठा पाई है बल्कि भारतीय संघ की राजभाषा एवं राष्ट्रभाषा के रूप में भी गौरवान्वित है। लेकिन अभी भी स्वतन्त्रता के पचास वर्षों बाद भी कुछ भारतीय अंग्रेजी भाषा के व्यामोह एवं हीन ग्रन्थि से अपने को मुक्त नहीं कर पाए हैं। यही कारण है कि विज्ञापन की भाषा के रूप में हिन्दी का प्रयोग अब भी जारी है। यद्यपि इस दिशा में हिन्दी भाषा को कठिन संघर्षों एवं विरोधों से जूझना पड़ रहा है फिर भी ऐसा नहीं कहा जा सकता कि इसका भविष्य अन्धकारमय है। लेकिन इतना तो सही ही है कि विज्ञापन की भाषा के रूप में हिन्दी के प्रयोग के समक्ष कई कठिनाइयाँ भी मौजूद हैं। इसे निम्नलिखित रूपों में देखा जा सकता है :

1. **मौलिक लेखन के बजाय अनुवाद का सहारा**—फिलहाल हिन्दी में प्रायः विज्ञापन के लिए मौलिक लेखन का अभाव होने की वजह से अंग्रेजी लेखन से अनुवाद का सहारा लेना पड़ता है इसका कारण यह है कि अंग्रेजी में बहुत

पहले से विज्ञापन लेखन की अपनी स्वस्थ परम्परा है उनके पास विभिन्न क्षेत्रों की ज्ञान-विज्ञान की शब्दावली का भण्डार है, विभिन्न शब्दकोश, पारिभाषिक कोश आदि उपलब्ध हैं परन्तु हिन्दी में यह सुविधा उपलब्ध नहीं है इसलिए विज्ञापन लेखन की परम्परा के अभाव में हिन्दी को अंग्रेजी के अनुवाद का सहारा लेना पड़ता है लेकिन स्वतन्त्रता के बाद इस क्षेत्र में हिन्दी ने भी काफी प्रगति कर ली है और विभिन्न कोशों, शब्दावलियों और पारिभाषिक शब्दकोशों का निर्माण कार्य चल रहा है। फिर भी नवीन विषयों के विज्ञापनों के लिए हिन्दी पर अंग्रेजी भाषा की छाया बरकरार है। निश्चित रूप से यह समस्या हिन्दी में विज्ञापन लेखन के समक्ष अब भी वर्तमान है।

2. पारिभाषिक शब्दों के अपरिचय तथा अप्रचलन की समस्या—हिन्दी पारिभाषिक शब्दों का अपरिचय तथा अप्रचलन भी हिन्दी भाषा की एक समस्या है। अगर वह विज्ञापन में अप्रचलित पारिभाषिक शब्दावली का प्रयोग करता है तो विज्ञापन देखने-सुनने वालों के लिए समझना कठिन हो जाएगा और उसका उद्देश्य ही खण्डित हो जाएगा; पर यदि उसकी जगह पारिभाषिक शब्दावली के स्थान पर सरल भाषा का प्रयोग किया जाता है तो सम्भव है विज्ञापित वस्तु का सही-सही परिचय ग्राहक को न मिल पाए। इसलिए इस समस्या से निदान के लिए यह आवश्यक है कि हिन्दी में ऐसे शब्दों का अधिकाधिक प्रयोग किया जाए जो निरन्तर के प्रयोग में हिन्दी भाषी इस्तेमाल करते हों ताकि उनके लिए कोई भी शब्द अपरिचित या कि अप्रचलित न रह जाए। लेकिन अभी हिन्दी भाषा को इसके लिए पूर्णतया सक्षम नहीं होने के कारण यह समस्या वर्तमान है।

3. भाषायी प्रकृति और संस्कारगत भिन्नता के कारण अभिव्यक्ति की समस्या—चूँकि हिन्दी में प्रायः अंग्रेजी के विज्ञापनों का अनुवाद करना पड़ता है, इसलिए अंग्रेजी की अभिव्यक्तियों को हिन्दी में उतारना पड़ता है जो कि एक कठिन कार्य है। दूसरी बात यह है कि अंग्रेजी भाषा और हिन्दी भाषा की प्रकृति में भिन्नता है। दोनों के संस्कार अलग-अलग हैं। इसलिए कभी-कभी ऐसा होता है कि अंग्रेजी में सुन्दर और शीलमय लगनेवाला विज्ञापन हिन्दी में उतना ग्राह्य और प्रभावकारी नहीं होता। जैसे clearance sale का 'माल खत्म करने के भाव में बिक्री' अनुवाद उतना आकर्षक और प्रभावकारी नहीं लगता जितना कि अंग्रेजी में लगता है।

4. निश्चित अपरिवर्तनीय विज्ञापन की शब्दावली का अभाव—हिन्दी भाषा के साथ सबसे बड़ी दिक्कत यह है कि उसके पास निश्चित अपरिवर्तनीय शब्दावली का अभाव है जिसके चलते विज्ञापन की भाषा में भिन्नता पैदा हो जाती है। इस भाषागत भिन्नता के कारण सबको सन्तुष्ट करना कठिन होता है। अंग्रेजी में यह समस्या नहीं है। वहाँ एक भाव की अभिव्यक्ति के लिए

विज्ञापन में मात्र एक ही शब्द का सर्वत्र प्रयोग होता है। पर हिन्दी में शब्दों के पर्यायवाची रूप की वजह से भिन्न-भिन्न जगहों पर भिन्न-भिन्न शब्दों के प्रयोग किए जाते हैं। जैसे, अंग्रेजी में प्यार के विज्ञापन के लिए मात्र 'Love' शब्द सर्वत्र प्रयुक्त किए जाते हैं पर हिन्दी में उसी के लिए प्रेम, मुहब्बत, इश्क, स्नेह तथा प्रणय आदि पर्यायवाची शब्दों का प्रयोग प्रचलित है।

5. शब्द-निर्माण की समस्या—चूँकि अंग्रेजी भाषा में जिस प्रकार से शब्द निर्माण की क्षमता है, हिन्दी में वह क्षमता अभी नहीं आ पायी है। जैसे अंग्रेजी के 'Shopping village' के लिए यदि कोई हिन्दी में यह अनुवाद करे 'बिक्री ग्राम' तो यह उतना आकर्षण पैदा नहीं करता और फिर शब्द से भ्रान्ति भी पैदा हो जाती है। 'बिक्री ग्राम' से दो अर्थ ध्वनित होते हैं—एक तो वह ग्राम जो बिक्री के लिए हो। पर ऐसा सम्भव नहीं और दूसरा यह कि वह ग्राम जहाँ बिक्री होती हो।

6. विशेषणमूलक एवं क्रिया-विशेषणमूलक शब्द का अभाव—अंग्रेजी भाषा की यह विशेषता है कि इसमें विशेषणमूलक एवं क्रिया-विशेषणमूलक शब्दों का निर्माण सरलता से किया जा सकता है, पर हिन्दी में अभी यह स्थिति नहीं है। जैसे—अंग्रेजी शब्द Energy-saving, Summer-wear, Ready Made आदि का निर्माण सरल और आकर्षक ढंग से हो जाता है पर यदि उसी का हिन्दी अनुवाद किया जाए तो 'ऊर्जा-बचत', 'गर्मी का पहनावा', 'तैयार माल' निश्चित रूप से उतना आकर्षक नहीं लगता।

7. वर्तनी की भिन्नता की समस्या—हिन्दी भाषा में वर्तनी भिन्नता की समस्या बड़ी जटिल है जिसके चलते पाठक और विज्ञापन लेखक भ्रमित हो जाता है। जैसे, कोई 'सम्पादक' लिखता है तो कोई संपादक, कोई 'ई' का प्रयोग करता है, कोई 'यी' का—(गई-गयी), कोई 'ए' का प्रयोग करता है कोई 'ये' का (लिए-लिये)।

8. अर्थ-भिन्नता की समस्या—कभी-कभी यह समस्या पैदा होती है कि अंग्रेजी शब्दों का यदि अनुवाद करके विज्ञापन किया जाए तो भ्रान्ति उत्पन्न हो जाएगी। जैसे, अंग्रेजी के 'cream' शब्द की जगह यदि अनुवाद कर 'मक्खन' कर दिया जाए तो अर्थ-भिन्नता की स्थिति पैदा हो जाएगी। जैसे, इस विज्ञापन को लें—'क्रीम लगाइए, त्वचा को नरम और ताजा रखिए।' इसकी जगह यदि यह कर दिया जाए कि 'मक्खन लगाइए' तो यह हिन्दी के हास्यास्पद मुहावरे के रूप को ध्वनित करेगा—मक्खन लगाना अर्थात् चापलूसी या खुशामद करना। इसलिए विज्ञापन लेखन में कभी-कभी अंग्रेजी के शब्दों का अर्थ न लिखकर महज लिप्यन्तर कर आकर्षण पैदा किया जाता है।

9. विराम चिह्नों की समस्या—मुद्रण की दृष्टि से आजकल पूर्ण विराम

(।) की जगह मात्र बिन्दु (.) का प्रयोग किया जाने लगा है। (देखिए टाइम्स ऑफ इण्डिया द्वारा प्रकाशित पत्र-पत्रिकाओं में किए जा रहे प्रयोग को) इसके पीछे यह तर्क दिया जा रहा है कि इस प्रकार के प्रयोग से समय और स्थान दोनों की बचत तो होती ही है, लेखन में तीव्रता और गति भी आती है।

विज्ञापन की भाषा के रूप में हिन्दी प्रयोग की उपर्युक्त समस्याएँ हैं। यदि इन समस्याओं पर गम्भीरता से विचार किया जाए और उन्हें दूर करने के लिए व्यावहारिक सुझावों को स्वीकार कर लिया जाए तो सम्भव है कि कुछ ही समय में हिन्दी की इस कमी को दूर किया जा सकता है। हमारा प्रयास यह होना चाहिए कि हम अनुवाद के माध्यम से विज्ञापन की भाषा के बदले स्वतन्त्र रूप से मौलिक भाषा का गठन करें, स्वतन्त्र रूप से विज्ञापन के लिए शब्दावली का निर्माण करें, वर्तनी की भिन्नता को समाप्त करने के लिए हिन्दी भाषा का मानकीकरण करने का प्रयास करें, अप्रचलित शब्दों के बजाय प्रचलित एवं लोकस्वीकृत पारिभाषिक शब्दावलियों का निर्माण कर उनका अधिकाधिक प्रयोग करें तथा अभिव्यक्ति के धरातल पर अपनी संस्कारगत रुचि को परिष्कृत कर तदनुकूल शब्द-चित्रों का प्रयोग करें; तभी विज्ञापन की भाषा के रूप में हिन्दी के प्रयोग में आनेवाली समस्याओं को दूर किया जा सकता है। यद्यपि यह कार्य बहुत सरल नहीं है। पर ऐसा भी नहीं है कि सम्भव न हो। परिश्रम और प्रयास से हम इन समस्याओं का समाधान करने में सक्षम हो सकेंगे।

4:5:6 प्रमुख विज्ञापन एजेंसियाँ

भारत में लगभग 500 भारतीय समाचार-पत्र परिषद विभिन्न विज्ञापन एजेंसियों से सम्बद्ध हैं। आई.एन.एस. जिसका मुख्यालय दिल्ली है, विशेषतौर से केन्द्रीय संगठन के रूप में भारत में विज्ञापन के क्षेत्र में क्रियाशील है। वह अपने सदस्यों के हित की रक्षा करता है।

वर्तमान समय में विज्ञापन ने एक उद्योग का रूप ले लिया है। वास्तव में इसे व्यावसायिक रूप देने के लिए सबसे पहले अमेरिका में पहल हुई। 24 अप्रैल, 1704 में अमेरिका में 'होस्टस न्यूज लेटर' नामक पत्र में सर्वप्रथम व्यवस्थित रूप से विज्ञापन एजेंसी की शुरुआत हुई। बाद में भारत में 1930 में पहली बार 'नेशनल एडवरटाइजिंग सर्विस' की स्थापना की गई। इस सर्विस की स्थापना के बाद कई और एजेंसियाँ शुरू हुई। मद्रास में 'माडर्न पब्लिसिटी यूनिट' खोली गई। 'इण्डिया सोसायटी ऑफ एडवरटाइजर्स' (1959) में 'एडवरटाइजिंग काउंसिल ऑफ इण्डिया' तथा 1967 में 'नेशनल काउंसिल ऑफ एडवरटाइजिंग एजेंसीज' की स्थापना हुई।

अभी भारत में लगभग 500 करोड़ से भी अधिक वार्षिक व्यापारवाली

कम-से-कम बीस एजेंसियाँ हैं। इनमें से कुछ प्रमुख एजेंसियाँ हैं—लिंहास, एच. टी.ए., ओ.बी.एम., प्लेटियम, एवरेस्ट, आर. के. स्वामी सिस्टा आदि। ये पत्र-पत्रिकाओं में अपने विज्ञापन के लिए स्थान क्रय करती हैं और उन्हें विज्ञापनदाताओं को बेचती हैं इससे उन्हें कमीशन प्राप्त होता है। ये कम्पनियाँ कलाकारों एवं पेंटरों को नियुक्त करती हैं। इनके द्वारा 'कॉपी राइटिंग' कराई जाती है।

विज्ञापन एजेंसियों के कार्य

विज्ञापन एजेंसियाँ निम्नलिखित कार्य करती हैं :

1. **विज्ञापनदाताओं की खोज**—उद्देश्यपूर्ण विज्ञापन के लिए यह जरूरी है कि सही विज्ञापनदाताओं की खोज की जाए। विज्ञापन सम्बन्धी खोज में मार्केटिंग, उपभोक्ता बाजार सम्बन्धी जानकारी, उत्पाद वस्तुएँ या विज्ञापित सेवाओं को लिया जा सकता है। विज्ञापन एजेंसियाँ इसके लिए आवश्यकतानुसार अल्पावधि या लम्बी अवधि का समय निर्धारित करती हैं।

2. **मीडिया का चुनाव**—विज्ञापन एजेंसियाँ माध्यम का चुनाव भी स्वयं करती हैं। इसके लिए प्रिण्ट मीडिया, श्रव्य माध्यम, दृश्य माध्यम या श्रव्य-दृश्य माध्यमों का चुनाव किया जाता है। मीडिया का चुनाव करते वक्त विज्ञापन एजेंसियाँ इस बात पर भी गौर करती हैं कि कौन-सा माध्यम उसके उत्पाद को कम लागत में सही तरीके से विज्ञापित कर सकती है और उसके क्रय में बढ़ोतरी करवा सकती है।

3. **रूप संरचना**—विज्ञापन एजेंसियाँ विज्ञापन सम्बन्धी बातों के प्रकाशन के लिए रूप संरचना का भी निर्माण करती हैं। मसलन कौन-सी चीज किस मीडिया में कब छपेगी, कहाँ छपेगी या कब/कहाँ प्रसारित की जाएगी इसके लिए 'कॉपी राइटिंग' स्वयं कराती हैं। इस तरह से विज्ञापन में कलात्मकता और सुन्दर छपाई के द्वारा रेडियो या टेलीविजन से प्रसारण कराने का कार्य करती हैं।

4. **जनसम्पर्क**—उत्पाद के प्रचार-प्रसार और ग्राहकों का ध्यान आकर्षित कराने के लिए विज्ञापन एजेंसियाँ जनसम्पर्क का भी कार्य कराती हैं। इसके लिए एजेंसियों द्वारा तरह-तरह के प्रयोग किए जाते हैं। वह उपभोक्ताओं का शोध-सर्वेक्षण भी कराती हैं। प्राप्त निष्कर्षों के आधार पर एजेंसियाँ अपना कार्य सम्पादित करती हैं।

5. सम्पादन कला

5:1 सम्पादन का अर्थ

सम्पादन का सामान्य अर्थ है—पूर्णता, अर्थात् किसी भी कार्य को पूरा करना। लेकिन प्रकाशन के सन्दर्भ में जब हम इस पर विचार करते हैं तो इसका सीधा अर्थ होता है किसी पुस्तक या समाचार को संशोधित कर मुद्रण या प्रसारण योग्य बनाना। इसमें सम्पादक की अहम भूमिका होती है। सम्पादक जितना सूझ-बूझ वाला या योग्य होगा सम्पादकीय या प्रकाशन उतना ही उम्दा होगा। इसमें शीर्षक से लेकर पृष्ठ सज्जा, छपाई, भाषा-शैली तथा विचारों के स्पष्टीकरण पर विशेष ध्यान दिया जाता है। सम्पादन में इन तमाम बातों का खयाल रखना होता है। प्रेस एण्ड रजिस्ट्रेशन बुक एक्ट 1967 में सम्पादक के विषय में कहा गया है कि "Editor means the person who controls the selection of the matter thats published in a news paper."

लेकिन सम्पादक की एक छोटी-सी भूल बड़ी समस्या खड़ी कर सकती है। जैसा कि रीड विट्स ने कहा है, "जब डॉक्टर भूल करता है तो वह उसे दफना देता है, जब किसी गैरेज का मालिक भूल करता है तो वह उसे आपके बिल में जोड़ देता है; जब कोई बढ़ई भूल करता है तो वह उसकी आशा के अनुकूल ही होती है; जब कोई वकील भूल करता है तो वह वही होती है जिसे वह चाहता था, क्योंकि उसे केस को पुनः नए सिरे से जाँचने का मौका मिलता है, जब कोई न्यायाधीश भूल करता है तो उसकी वह भूल कानून बन जाती है; जब कोई धर्मोपदेशक भूल करता है तो उसे कोई नहीं जानता; किन्तु जब कोई सम्पादक भूल करता है, तो संकट प्रारम्भ हो जाता है।"

वास्तव में सम्पादन एक कला है। इसमें समाचारों, लेखों या किसी समाचार-पत्र में प्रकाशित की जाने वाली सभी तरह की सामग्री का, उसकी भाषा-व्याकरण और शैली में सुधार करना, विश्लेषण करना आदि सभी कार्य सम्मिलित हैं। पृष्ठों की साज-सज्जा करना, मुद्रण को देखकर शुद्ध और आकर्षक मुद्रण कराने में सहयोग करना भी सम्पादन का अंग है।

'पत्रकारिता सन्दर्भ-कोश' के अनुसार इस प्रक्रिया में सम्पादन का तात्पर्य इस प्रकार बतलाया गया है, "अभीष्ट मुद्रणीय सामग्री का चयन क्रम निर्धारण, मुद्रणानुरूप संशोधन परिमार्जन, साज-सज्जा तथा उसे प्रकाशन योग्य बनाने के लिए अन्य प्रक्रियाएँ आवश्यकता पड़ने पर सामग्री से सम्बन्धित प्रस्तावना, पृष्ठभूमि सम्बन्धी वक्तव्य अथवा टिप्पणी आदि प्रस्तुत करना भी सम्पादन के अन्तर्गत आता है।" इस परिभाषा में पत्रकारिता के केवल मुद्रित स्वरूप को ध्यान में रखा गया है। लेकिन जब हम सम्पादन की जनसंचार माध्यमों के सम्बन्ध में चर्चा करते हैं तो उसमें लिखित माध्यम के अनुरूप लिखी रचना का श्रव्य या दृश्य-श्रव्य माध्यम के अनुरूप लेखन टेम्पांकित सामग्री का ध्वन्यांकन तथा वीडियो या सिनेमा की सामग्री का वीडियो सम्पादन आदि भी शामिल हो जाते हैं।

उपर्युक्त बातों के आधार पर यह कहा जा सकता है कि सम्पादन का अभिप्राय है लेखकों, संवाददाताओं व यदाकदा निर्माताओं आदि से प्राप्त सामग्री को अपने संचार माध्यम में प्रकाशन व प्रसारण के लिए उपयोगी बनाना।

सम्पादन एक श्रम-साध्य एवं अभ्यास-आधारित बौद्धिक कार्य है। इसके लिए व्यक्ति को अपनी मेधा निपुणता और अभिप्रेरणा (Motivation) पर विशेष रूप से केन्द्रित होना पड़ता है। इसलिए सम्पादन-कार्य करनेवाले व्यक्ति के लिए सावधानी के साथ-साथ अपनी बौद्धिक क्षमताओं का भरपूर उपयोग करना होता है। उसे न केवल अपने कार्य की जानकारी होनी चाहिए, बल्कि कार्य के प्रति निष्ठा का भाव भी होना चाहिए। इस सम्बन्ध में जे. एडवर्ड मरे ने ठीक ही लिखा है—"Because copy-editing is an art, the most important ingredient after training and talent, is strong motivation. The copy editor must care. Not only he shold know his job. He must love it. Every story, every edition, every day. No art yields to less than maximum effort. The copy editor must be motivated by a fierce professional pride in the high quality of editing."

समाचार-पत्र कार्यालय में विभिन्न स्रोतों से समाचार (News story copy) प्राप्त होते हैं। ये समाचार संवाददाता (Reporter) एजेंसियों, विभिन्न संस्थानों, राजनीतिक दलों द्वारा भेजे जाते हैं। इन्हें समाचार कक्ष में 'डेस्क' पर एकत्रित किया जाता है। उप-सम्पादक प्राप्त सभी समाचारों की छँटनी कर वर्गीकृत कर उनमें अपेक्षित सुधार करते हैं तथा उन्हें प्रकाशन योग्य बनाते हैं। इस पूरी प्रक्रिया को सम्पादन कार्य कहा जाता है। इसमें उप-सम्पादक की अहम भूमिका होती है।

जैसा कि ज्ञात है संचार के तीन प्रमुख माध्यम हैं—प्रिण्ट मीडिया, श्रव्य

मीडिया और दृश्य-श्रव्य मीडिया। सम्पादन की दृष्टि से इन तीनों माध्यमों के क्रिया-कलापों में थोड़ी-थोड़ी भिन्नता नजर आती है। वैसे तो सम्पादन की सबसे अधिक उपयोगिता समाचारों के सन्दर्भ में होती है, पर श्रव्य और दृश्य माध्यमों से प्रसारित होनेवाले समाचार या कार्यक्रमों का सम्पादन भी आवश्यक होता है। रेडियो और दूरदर्शन के लिए विज्ञापन या अन्य कार्यक्रमों का निर्माण बाहर के निर्माताओं द्वारा भी किया जाता है और उनका सिर्फ इन माध्यमों से प्रसारण होता है। बाहर की टीम या एजेंसियाँ जो इस कार्य से सम्बद्ध होती हैं वे अपने यहाँ कार्यक्रमों को सम्पादित करके उसे रेडियो और दूरदर्शन को प्रसारणार्थ भेजती हैं। लेकिन कुछ ऐसे भी कार्यक्रम होते हैं खासकर दूरदर्शन द्वारा समाचार का प्रसारण, जिनका सम्पादन विभागीय स्तर पर किया जाता है। दूरदर्शन से कुछ कार्यक्रमों का प्रसारण सीधे तौर पर होता है, जिसे Direct telecast कहा जाता है। इसमें वार्ता, साक्षात्कार अथवा आँखों देखा हाल जैसे कार्यक्रमों का सीधा प्रसारण होता है, इसलिए इनका स्क्रिप्ट पहले से तैयार नहीं होता। ऐसे कार्यक्रमों के लिए सम्पादन की आवश्यकता नहीं होती। दूसरी बात यह कि रेडियो या दूरदर्शन में समाचारों के प्रसारण के लिए 15-20 मिनट का समय निर्धारित रहता है। ऐसे में सम्पादक का यह उत्तरदायित्व बन जाता है कि वह मुख्य-मुख्य समाचारों को प्राथमिकता के क्रम में सजाकर सम्पादित करे ताकि एक निश्चित समय-सीमा के अन्तर्गत प्रसारण किया जा सके। यह कार्य बड़ा ही श्रम-साध्य है। अनिश्चित समय में चाहे जितनी बातें कहें, कोई फर्क नहीं पड़ता। लेकिन एक निश्चित समय-सीमा के तहत बँधकर कार्यक्रमों का कुशल संचालन करना एक कठिन कार्य है। सफल सम्पादक के लिए समय और स्थान दोनों का ज्ञान परमावश्यक है। इसके लिए सम्पादन-विभाग की कार्यकुशलता दर्शनीय है।

5:2 सम्पादन के आधारभूत तत्त्व/प्रकार

सम्पादन के आधारभूत तत्त्व का जब हम वर्गीकरण करते हैं तो दो मुख्य बिन्दु नजर आते हैं–(1) माध्यम आधारित सम्पादन–दृश्य माध्यम के लिए या श्रव्य माध्यम के लिए। (2) एक ही माध्यम के विभिन्न उपादानों–यथा–मुद्रित माध्यम के सन्दर्भ में समाचार-पत्र सम्पादन या पत्रिका सम्पादन आदि। सम्पादन की प्रक्रिया तीनों माध्यमों के लिए एक सीमा तक ही समान हो सकती है, फिर उसमें माध्यम के अनुरूप परिवर्तन हो जाते हैं। कुछ नई प्रक्रियाएँ जुड़ जाती हैं और दूसरे माध्यम के लिए उपयोगी न होने के कारण छोड़ दी जाती हैं। उदाहरण स्वरूप कहा जा सकता है कि समाचार-पत्र या पत्रिकाओं के लिए यह निर्धारित करना आवश्यक होता है कि उसमें समाचार या लेख किस टाइप में प्रकाशित होगा। लेकिन दृश्य-श्रव्य माध्यमों के लिए यह प्रक्रिया कहीं से भी

उपयोगी नहीं है।

समाचार का सम्पादन निम्नलिखित प्रकार से किया जा सकता है :

1. समाचार माध्यम की दृष्टि से सम्पादन, 2. समाचार तत्त्वों की दृष्टि से सम्पादन, 3. समाचार की दृष्टि से सम्पादन, 4. नैतिक सम्पादन, 5. तकनीकी सम्पादन।

5:2:1 समाचार माध्यम की दृष्टि से सम्पादन

जैसा कि मालूम है जनसंचार के तीन प्रमुख माध्यम हैं–मुद्रित, श्रव्य और दृश्य-श्रव्य माध्यम। इन तीनों माध्यमों में समाचारों की प्रस्तुति के लिए अलग-अलग विशेषताएँ हैं। जहाँ मुद्रित माध्यम में सभी बातें लिखित रूप में व्यक्त की जाती हैं, श्रव्य माध्यम में ध्वन्यात्मक अभिव्यंजना के माध्यम से विवरणों को सुनवाया जाता है। वहीं दृश्य-श्रव्य माध्यम में इन विवरणों को या तो वास्तविक रूप में या फिर स्टूडियो में बनावटी ढंग से तैयार कर यथा रूप में प्रस्तुत करने का प्रयास किया जाता है। प्रत्येक माध्यम की अपनी सीमाएँ, सम्भावनाएँ और विशिष्टताएँ होती हैं जिनके अनुरूप सम्पादन का कार्य करना पड़ता है। समाचार माध्यम की दृष्टि से सम्पादन के लिए निम्नलिखित बातों पर ध्यान देना आवश्यक है :

(क) समाचार का चयन, (ख) समाचार का क्रम या स्थान निर्धारण, (ग) समाचार का समय या आकार निर्धारण, (घ) समाचार की शैली (माध्यम के अनुरूप) का निर्धारण, (ङ) दृश्यात्मक सामग्री या चित्र आदि का निर्धारण, (च) समाचार के प्रस्तुतीकरण के स्वरूप का निर्धारण, (छ) समाचार-पत्र के पृष्ठों की सज्जा।

(क) समाचार-चयन–प्रतिदिन समाचार दफ्तरों या संचार माध्यमों में न जाने कितने समाचार प्रकाशन-प्रसारण के लिए भेजे जाते हैं। उनकी बृहद् संख्या को देखते हुए सबका प्रकाशन या प्रसारण सम्भव नहीं। इसलिए सम्पादक मण्डल द्वारा प्रकाशन योग्य समाचारों का प्रभाव और महत्त्व की दृष्टि से चयन किया जाता है। कभी-कभी ऐसा भी होता है कि कोई समाचार प्रकाशन की दृष्टि से चयनित तो कर लिया जाता है पर अचानक किसी महत्त्वपूर्ण समाचार के आ जाने पर पूर्व चयनित समाचार पर बेलन फेर दिया जाता है। यहाँ 'बेलन फेरना' एक पारिभाषिक शब्द है जिसका मतलब है छपने या प्रसारित होने वाले समाचार को प्रसारण पूर्व रोक देना।

(ख) समाचार का क्रम/स्थान निर्धारण–प्रकाशन/प्रसारण में क्रमबद्धता होनी चाहिए। इसके साथ ही प्रत्येक समाचार के लिए पत्र में स्थान भी सुनिश्चित होना चाहिए। ऐसा नहीं है कि सभी खबरें एक समान होती हैं जिन्हें प्रथम

पृष्ठ पर ही स्थान दिया जाए। फिर खबरों को महत्ता के आधार पर श्रेणीबद्ध कर उन्हें एक निश्चित क्रम में सजाना भी जरूरी है। खेल, बाजार, स्थानीय, अन्तर्राष्ट्रीय आदि तरह के समाचारों के लिए एक अथवा अधिक पृष्ठ निश्चित होते हैं। किसी एक विषय से सम्बद्ध सभी समाचार उसी पृष्ठ विशेष पर प्रकाशित किए जाते हैं। पर किसी अनहोनी होने पर या कोई महत्त्वपूर्ण घटना घटित होने पर समाचार के कुछ अंशों को प्रथम पृष्ठ पर और शेष को अन्तिम या विषय से सम्बद्ध पृष्ठ पर दिया जाता है। दूरदर्शन और रेडियो में भी समाचारों की क्रमबद्धता पर विशेष रूप से ध्यान दिया जाता है। यह सब देखना सम्पादन के अन्तर्गत ही आता है।

(ग) समाचार का समय या आकार निर्धारण—समाचार माध्यम की दृष्टि से समाचार-पत्रों के लिए आकार का निर्धारण अतिआवश्यक है, वहीं रेडियो और टेलीविजन के लिए समय का विशेष महत्त्व है। इसमें समय की सीमा निर्धारित होती है। आकाशवाणी व दूरदर्शन में यह कार्य दो प्रकार से सम्पन्न किया जाता है—(1) तेज गति से समाचार सुनाकर और (2) संक्षिप्तीकरण द्वारा अर्थात् कम समय प्रदान करके।

(घ) समाचार माध्यम की दृष्टि से शैली निर्धारण—प्रत्येक माध्यम के लिए प्रयुक्त लेखन में शैली की दृष्टि से भिन्नता होती है। समाचार एजेंसियों, संवाददाताओं या प्रेस विज्ञप्तियों से प्राप्त खबरों का आधार केवल लेखन ही होता है। वैसे तो प्रेस विज्ञप्तियों के रूप में प्राप्त समाचार को उसी रूप में छापा जाता है, पर अन्य स्रोतों से प्राप्त समाचारों में यह देखना आवश्यक होता है कि वे समाचार प्रकाशन योग्य हैं या नहीं। वैसे समाचारों को सम्पादक काट-छाँटकर अपने पत्र के अनुकूल बनाता है। उसमें शैलीगत दृष्टि से सुधार करता है।

(ङ) दृश्यात्मक सामग्री या चित्र आदि का निर्धारण—कभी-कभी समाचारों के साथ दृश्यात्मक सामग्री अथवा चित्रों को भी छापने या दिखाने का कार्य जरूरी होता है। मसलन, कार्टून, फोटो फीचर, वीडियो फिल्म आदि के द्वारा समाचार की घटनाओं की पुष्टि की जाती है। इनका श्रव्य माध्यम में तो कोई खास उपयोग नहीं है पर मुद्रित और दृश्य माध्यमों में विशेष महत्ता है। समाचार के मुख्य या अन्य पृष्ठों पर कौन-सा चित्र प्रकाशित किया जाएगा, कौन-सा कार्टून प्रकाशित करना है, आदि का निर्धारण सम्पादन के अन्तर्गत आता है। इसी प्रकार से दृश्य माध्यमों में जो समाचार प्रकाशित किए जाते हैं, उनमें किस समाचार में चित्र दिखाना है किसमें वीडियो फिल्में दिखानी हैं, वीडियो फिल्म प्रदर्शन के साथ-साथ उसमें आवाज सुनाई जाएगी या नहीं, उसके साथ समाचार वाचक समाचार पढ़ेगा या नहीं या फिर वीडियो फिल्म दिखाने के लिए कितना

समय निर्धारित किया जाएगा यह सब सम्पादन के कार्यों में सम्मिलित है।

(च) **समाचार के प्रस्तुतीकरण का स्वरूप निर्धारण**—प्रायः हर प्रकार के संचार माध्यम को प्रस्तुत करने का एक सुनिश्चित तरीका होता है। इनके स्वरूप का निर्धारण करना सम्पादन के अन्तर्गत आता है। मुद्रित माध्यम में समाचार के शीर्षक, समाचार का कॉलम, टाइप का आकार-प्रकार, समाचार यदि लम्बा है तो उसका प्रकाशन एक ही पृष्ठ पर होगा या दूसरे किस पृष्ठ पर जाएगा, उसका शीर्षक क्या होगा आदि बातों पर विचार करना होता है। इसके अतिरिक्त कि किस समाचार को मुख्य समाचार बनाया जाए और कौन-सा समाचार द्वितीय समाचार होगा। किस समाचार को बॉक्स में छापना है तथा विज्ञापनों को कैसे व्यवस्थित करना है, कम्पोजिंग के लिए क्या निर्देश देने हैं और उसकी खामियों (प्रूफ रीडिंग) को कैसे दूर करना है आदि कुछ ऐसे कार्य हैं जिनके आधार पर मुद्रित माध्यम में समाचार का स्वरूप निर्धारण होता है।

श्रव्य माध्यमों के सन्दर्भ में इस प्रक्रिया के अन्तर्गत यह देखा जाता है कि किन समाचारों की शीर्ष पंक्तियों को बुलेटिन के प्रारम्भ में अन्त में दुहराना है, समाचार के स्रोत का नाम बताना है या नहीं आदि।

दृश्य-श्रव्य माध्यम में यह देखना होता है कि शीर्ष पंक्तियों और सारांश में कौन से समाचार सम्मिलित होंगे, किस समाचार के साथ दृश्यात्मक सामग्री होगी, किस समाचार को लिखित रूप में प्रदर्शित करना है, चित्र आदि के प्रदर्शन की अवधि कितनी होगी, समाचार वाचकों के नाम के कैप्शन कब दिखाए जाएँगे आदि।

(छ) **समाचार-पत्र के पृष्ठों की सज्जा**—कहा जाता है कि यह युग विज्ञापनों का युग है। प्रदर्शन की कला-कुशलता पर ही वस्तुओं की बिक्री आधारित है। इस बात से संचार माध्यम भी प्रभावित है। प्रिण्ट मीडिया अपने को आकर्षित और रंगीन बनाकर अपनी बिक्री बढ़ाने और बाजार में प्रतिस्पर्धा कायम रखने के काम में तत्पर है। इसके लिए समाचार-पत्र-पत्रिका को रंग-बिरंगा बनाकर केवल आकर्षक बनाना ही पर्याप्त नहीं होता बल्कि प्रत्येक पृष्ठ की सज्जा व उसके गेटअप पर भी ध्यान देना होता है। इस पूरी प्रक्रिया पर ध्यान रखना सम्पादन के अन्तर्गत ही आता है।

5:2:2 समाचार तत्त्वों की दृष्टि से सम्पादन

समाचार के तीन अंग होते हैं—शीर्षक, आमुख और शरीर। समाचार तत्त्वों की दृष्टि से सम्पादन करते समय यह देखना होता है कि समाचार के तीनों अंग परस्पर सम्बद्ध एवं उचित ढंग से समायोजित हैं या नहीं। उसमें होने वाले व्यतिक्रम को ठीक करना सम्पादन के अन्तर्गत आता है।

सम्पादन करते समय शीर्षक के सन्दर्भ में यह ध्यान रखना होता है कि शीर्षक आमुख व समाचार से मेल खाता है अथवा नहीं? वह समाचार के लिए उपयुक्त है या नहीं? उसकी लम्बाई समाचार के महत्त्व के अनुरूप है या नहीं? पाठक या दर्शक में जिज्ञासा उत्पन्न करने में सक्षम है या नहीं? समाचार विषयक अधिकाधिक जानकारी प्रदान करता है या नहीं? वह अपने आप में पर्याप्त है या उसमें उपशीर्षक की आवश्यकता है? वह एक कॉलम में छपेगा या एकाधिक कॉलम में या फिर एक पंक्ति में छपेगा या उससे अधिक में, आदि।

आमुख के सन्दर्भ में यह ध्यान रखना होता है कि वह शीर्षक के कथ्य की व्याख्या कर रहा है या नहीं। उसकी लम्बाई अधिक-से-अधिक 30 शब्दों की होनी चाहिए। इसमें यह विचार करना होता है कि आमुख पाठक को समाचार की अधिकांश जानकारी प्रदान कर रहा है या नहीं? वह पाठक को समाचार पढ़ने के लिए प्रेरित करे।

शरीर के सन्दर्भ में यह ध्यान रखना होता है कि वह समाचार के शीर्षक और आमुख को पूर्ण विस्तार या पूरी व्याख्या प्रदान करे। इसके साथ ही उसका यह भी दायित्व बनता है कि वह शीर्षक अथवा आमुख सम्बन्धी उठी जिज्ञासाओं का पूर्णतः समाधान कर सके। इसके लिए यह आवश्यक है कि उसके कथ्य में, न तो दुहराव हो और न ही अनावश्यक विस्तार।

5:2:3 समाचार की दृष्टि से सम्पादन

इस दृष्टि से सम्पादन के दो प्रकार हैं—(क) विषयगत और (ख) भाषागत।

(क) विषयगत सम्पादन—इसे कथ्य या भावगत सम्पादन भी कहा जा सकता है। इसमें समाचार में व्यक्त भाव या समाचार के कथ्य के प्रस्तुतीकरण पर ध्यान रखना आवश्यक होता है। इसे निम्नलिखित रूपों में देखा जा सकता है :

1. **पुनरावृत्त**—समाचार में कोई विवरण एकाधिक बार न प्रस्तुत किया गया हो।

2. **अनावश्यक विवरण**—इसमें अनावश्यक रूप से दिए जाने वाले विवरण से बचना चाहिए।

3. **अप्रत्यक्ष अथवा निजी प्रकार**—समाचार लेखक को किसी संस्था, व्यक्ति विशेष या अनावश्यक प्रचार से बचना चाहिए।

4. **आत्माभिव्यक्ति**—समाचार में अपनी राय या निजी विचार को व्यक्त करने का अधिकार नहीं होता।

5. **निन्दा/शिकायत**—किसी व्यक्ति विशेष के बारे में कोई आपत्तिजनक बात नहीं करनी चाहिए।

6. **लुप्त विवरण और तथ्य**—समाचार लेखक को यह कोशिश करनी

चाहिए कि वह तथ्यों अथवा विवरणों को पूर्ण रूप से दे। लुप्त विवरण अथवा तथ्य से समाचार में भ्रम की स्थिति पैदा हो जाती है।

(ख) भाषागत सम्पादन—इसके तीन प्रकार होते हैं—(1) शब्दपरक, (2) वाक्यपरक और (3) शैलीपरक।

1. शब्दपरक सम्पादन—इसके अन्तर्गत निम्नलिखित रूपों पर विचार किया जा सकता है।

वर्तनी—इसके लिए वर्तनी के मानक रूप को स्वीकार किया जाता है। प्रत्येक समाचार-पत्र अपने स्वीकृत वर्तनी सम्बन्धी मानक रूपों के अन्तर्गत ही सम्पादन करता है। जैसे—कुछ समाचार-पत्रों में पूर्ण विराम के लिए (।) चिह्न का प्रयोग होता है तो किसी में (.) का। उसी प्रकार किसी में अर्द्ध पंचम वर्ण के स्थान पर अनुस्वार का प्रयोग किया जाता है तो किसी में आधे वर्ण को संयुक्त कर जैसे—संबंध = सम्बन्ध, संपादन = सम्पादन आदि। पूरे समाचार-पत्र-पत्रिका की वर्तनी की एकरूपता ही उस पत्र की 'स्टाइल बुक' का ध्येय होती है।

अनेकार्थकता—समाचार लेखन में अनेकार्थी शब्द-प्रयोग से बचना चाहिए। ऐसे शब्द प्रयोगों से पाठक में भ्रम की स्थिति पैदा होती है।

पुनरावृत्ति—समाचार लेखन में यह ध्यान रखना होता है कि किसी शब्द को या वाक्य को बार-बार न दुहराया जाए।

स्थानीयता—कभी-कभी क्षेत्रीय शब्दों से पाठक परिचित नहीं होता। तब वह समाचार को ठीक से नहीं समझ पाता है। इसलिए सम्पादक का यह उत्तरदायित्व बनता है कि वह स्थानीय शब्दों की जगह प्रचलित शब्दों का ही प्रयोग करे।

क्लिष्टता—जहाँ तक हो सके समाचार में क्लिष्ट शब्दों के प्रयोग से बचना चाहिए। उसके स्थान पर सरल व्यावहारिक शब्दों का प्रयोग करना चाहिए ताकि उसे आम आदमी भी समझ सके।

संक्षिप्तता—संचार माध्यमों में प्रायः समय या स्थान बचाने के लिए लम्बे शब्दों के स्थान पर संक्षिप्त शब्दों का प्रयोग किया जाता है। जैसे—जद, भाजपा, वामदल, राजद आदि। परन्तु इसमें अप्रचलित शब्दों का प्रयोग नहीं किया जाना चाहिए।

2. वाक्यपरक सम्पादन—संचार माध्यमों में मिश्र वाक्यों, लम्बे वाक्यों का प्रयोग करना उचित नहीं माना जाता। ऐसे वाक्यों के प्रयोग से पढ़ने-सुनने देखने वालों में भ्रमात्मक स्थिति बन जाती है। वह प्रायः सन्दर्भ को भूल जाता है कि किस विषय में समाचार दिया जा रहा है। इसलिए सम्पादन करते समय इस तरह के वाक्यों को सरल या आसान वाक्यों में बदल दिया जाता है।

3. शैलीपरक सम्पादन—इसके दो पहलू हैं : पहला है संचार माध्यम।

समाचार-पत्र की अपनी स्टाइल शीट को ध्यान में रखकर किया गया सम्पादन तथा दूसरा है समाचार लेखन की शैली को ध्यान में रखकर किया गया सम्पादन। प्रत्येक पत्र-पत्रिका का अपना एक स्टाइल शीट होता है। मसलन कोई पत्र संस्कृत के शब्दों का बहुतायत से प्रयोग करता है तो कोई उर्दू-फारसी-अरबी के शब्दों के मेल से बने वाक्यों का प्रयोग करता है। किसी-किसी पत्र में जनसामान्य की बोलचाल की भाषाओं के प्रचलित शब्दों का प्रयोग किया जाता है। समाचार-पत्रों में प्रयुक्त ऐसी निजी शैलियों को 'स्टाइल शीट' कहा जाता है। यह प्रत्येक समाचार-पत्र या पत्रिका विशेष के व्यक्तित्व का परिचायक होता है।

5:2:4 नैतिक सम्पादन

समाचार-पत्र में छपे प्रत्येक समाचार का नैतिक दायित्व सम्पादक पर होता है। अतः सम्पादक को सम्पादन करते वक्त इस बात पर ध्यान देना होता है कि उसके पत्र से नैतिकता का हनन न हो।

5:2:5 तकनीकी सम्पादन

इसके अन्तर्गत सम्पादन के तकनीकी पक्षों से जुड़े विषय आते हैं। जैसे—टाइप चयन, प्रूफ रीडिंग, पृष्ठ मेकअप या सज्जा आदि। मोटे तौर पर सम्पादक को इन बातों की जानकारी होनी चाहिए।

5:3 सम्पादन दायित्व

सम्पादन एक श्रमसाध्य एवं नैतिक जिम्मेदारी का कार्य है। समाचार के सम्पादन का दायित्व सम्पादक/उप-सम्पादक पर होता है। इसलिए सम्पादक का यह दायित्व बनता है कि समाचार-पत्र या अन्य स्रोतों से प्रसारित/प्रकाशित होनेवाले समाचारों में कुछ ऐसी बातें न प्रकाशित हो जाएँ जिनसे समाज में भ्रम की स्थिति पैदा हो। समाचार को अफवाहों से बचाना सम्पादन का दायित्व है। सम्पादन का यह भी दायित्व बनता है कि वह समाज को सुधारने में अग्रणी भूमिका निभाए। एक अच्छा समाचार-पत्र अगली पीढ़ियों के लिए मार्ग-दर्शन का कार्य कर सकता है। उसमें व्यक्त विचार, भाव, भाषा और शैली का प्रभाव पाठकों पर पड़ता है। इसलिए सम्पादन का यह दायित्व बनता है कि वह पाठकों में सुसंस्कार पैदा करे। संक्षेप में हम इसे निम्नलिखित रूपों में देख सकते हैं :

1. समाज को उचित दिशा-निर्देश देना।
2. समाज को जाग्रत करना।
3. समाज में कर्त्तव्य-बोध विकसित कराना।
4. समाज में संस्कार की चेतना जगाना तथा मानव-मूल्यों को विकसित

करना।

5. समाज की समस्याओं को उजागर करना तथा उनके निराकरण के लिए मार्ग बताना।
6. लोकतान्त्रिक मूल्यों की रक्षा करना।
7. सामाजिक कुरीतियों को सामने लाना तथा उनका विश्लेषण करना।
8. समाज में राजनीतिक चेतना का प्रसार करना।
9. समाज में साहित्य, कला और संस्कृति का प्रसार कर रचनात्मकता के संस्कार देना।
10. नागरिकों को उनके अधिकार एवं कर्त्तव्यों के प्रति सचेत करना।
11. देश की अखण्डता, सांस्कृतिक एकता, समता और बन्धुत्व की उत्कृष्ट भावना का प्रसार करना।
12. विज्ञान की नवीनतम उपलब्धियों को समाज तक पहुँचाना तथा वैज्ञानिक दृष्टिकोण का संचार करना।
13. बाल कल्याण, महिला उत्थान, परिवार-नियोजन आदि समाजोपयोगी कार्यक्रमों का प्रचार-प्रसार करना।
14. चिकित्सा विषयक नवीनतम उपलब्धियों से समाज को परिचित कराना।
15. नई-नई आर्थिक एवं शिक्षा, व्यापार, समाज-कल्याण, कृषि आदि की नीतियों से समाज को जानकारी देना।

5:4 सम्पादकीय लेखन

सम्पादकीय (Editorial) किसी भी समाचार-पत्र की रीति-नीति की पहचान है। इसके माध्यम से युग-चेतना मुखर होती है। इससे पाठकों को सम्पादक की मेधा एवं रुचि का पता चलता है। वैचारिक प्रकटीकरण के लिए यह एक स्वस्थ 'कॉलम' है। इसके माध्यम से सम्पादक जनता की आवाज को ध्वनित करने का सार्थक प्रयास करता है। इसमें सम्पादक का व्यक्तित्व भी मुखर होता है। सम्पादकीय के सन्दर्भ में प्रसिद्ध लेखक और पत्रकार खुशवन्त सिंह ने कहा है—"The function of an editor of a daily paper is largely if not entirely directional political and administrative. Virtually the only part of the paper on which an editor can impose his personal stamp is on the edit page. The rest is at the mercy of the news editor who presides over the desk, the chief of bureau and the reporters. Very often the editor only less their handi work when the paper is delivered to him in the early hours of the morning. Then all he can do is to perform a kind of post martem in the hope that improvements will follow."

सम्पादकीय समाचार-पत्र का सबसे महत्त्वपूर्ण अंग है। इसमें सम्पादक अपने व्यक्तित्व की छाप छोड़ता है। वैसे समाचार-पत्र में अन्य समाचार भी प्रकाशित होते रहते हैं, परन्तु उनका सम्पादन समाचार सम्पादक और रिपोर्टर अपने ढंग से अपनी योग्यतानुसार करता है। लेकिन सम्पादकीय लेखन सबसे बड़ा दायित्वपूर्ण कार्य होता है, जिसे कोई भी ईमानदार सम्पादक स्वयं लिखता है।

वैसे तो सम्पादकीय पृष्ठ के अन्तर्गत अग्रलेख, सामयिक लेख, फीचर, सम्पादक के नाम पत्र, राजनीतिक, साहित्यिक, सांस्कृतिक, समीक्षा, टिप्पणियाँ, व्यंग्य, कार्टून एवं विविध स्तम्भ आदि आते हैं, पर इनमें सर्वाधिक महत्त्वपूर्ण अग्रलेख या सम्पादकीय को ही माना जाता है। सम्पादकीय सामान्यतः बीच के पृष्ठ पर बाईं ओर हाशिए पर लिखा होता है। इसमें विविध समस्याओं का प्रस्तुतीकरण, विश्लेषण और सम्पादक द्वारा विशिष्ट टिप्पणी लिखी जाती है। इसमें सम्पादक की नीति और विचारधारा का सामंजस्य होता है। प्रायः गम्भीर पाठक सम्पादकीय पर विशेष ध्यान देता है।

5:4:1 सम्पादकीय का स्वरूप

सम्पादकीय स्तम्भ में लिखा जानेवाला नियमित आलेख है। इसकी शब्द सीमा लगभग 500 से 1000 शब्दों की होती है। इसे सम्पादक स्वयं लिखता है। परन्तु यदि आवश्यकता हो तो सम्पादक अपनी इच्छा से इसे अपने किसी सुयोग्य एवं विश्वसनीय व्यक्ति से भी लिखवा सकता है। यह सम्पादक की अधिकार सीमा में आता है। इसमें समाचार से सम्बन्धित तथ्य, समाचार की पृष्ठभूमि, समाचार के दूरगामी प्रभाव, घटनाओं के कारणों की व्याख्या, आलोचना, सुझाव, प्रशंसा, मार्ग-दर्शन, चेतावनी, मनोरंजन आदि पर बल दिया जाता है। समाचार-पत्र और पत्रिकाओं के सम्पादकीय में अन्तर होता है। समाचार-पत्र का सम्पादकीय महत्त्वपूर्ण समसामयिक घटना अथवा विशेष समाचार पर केन्द्रित होता है, जबकि पत्रिका का सम्पादक अपने सम्पादकीय सामयिक चर्चा के अतिरिक्त पत्रिका के उस अंक की सामग्री के विषय में, पत्रिका के उद्देश्य आदि के विषय में भी चर्चा करता है। कुल मिलाकर कहा जा सकता है कि सम्पादकीय किसी समसामयिक घटना अथवा महत्त्वपूर्ण समाचार पर संक्षेप में तर्क-सम्मत ढंग से लिखा गया ऐसा आलेख है जिसमें तथ्यों का विश्लेषण सम्पादक अपनी समाचार-पत्र की रीति-नीति के अनुरूप प्रस्तुत करता है।

5:4:2 सम्पादकीय के तत्त्व

डॉ. अर्जुन तिवारी ने सम्पादकीय के तत्त्व तथा गुणों की चर्चा करते हुए यह कहा है कि सम्पादकीय किसी भी पत्र का हृदय-स्थल होता है। उसमें

प्रभावोत्पादकता, सामयिकता, निष्पक्षता, विश्वसनीयता और संक्षिप्तता आदि विशेषताओं का होना आवश्यक है। इस आधार पर एक अच्छे सम्पादकीय के निम्नलिखित तत्त्व एवं गुण निर्धारित किए जा सकते हैं :

1. महत्त्वपूर्ण समसामयिक घटना अथवा विशेष समाचार।
2. ईमानदारी एवं निष्पक्ष विश्लेषण।
3. तथ्यों से प्राप्त निष्कर्ष एवं निजी मत।
4. संक्षिप्त, स्वतःपूर्ण टिप्पणी।
5. आत्मीयता एवं विश्वसनीयता।
6. रोचकता।
7. आलोचना, प्रशंसा, सुझाव, मार्गदर्शन अथवा चेतावनी।

नेशनल कान्फ्रेंस ऑफ एडिटोरियल राइटर्स, 1949, यू.एस.ए. द्वारा निर्देशित तत्त्व निम्नवत द्रष्टव्य हैं :

1. The editorial writer should present facts honestly and fully. It is dishonest and unworthy of him to base an editorial on half truth. He should never consciously mislead a reader, distort a situation or place any person in a false light.
2. The editorial writer should drow objective conclusions from the stated facts, basing them upon the weitht of evidence and upon his considered concept of the greatest good.
3. The editorial writer should never be motivated by personal interest, nor use his influence to seek special favours for himself or others. He should hold himself above any possible taint of corruption, whatever its source.
4. The editorial writer should realize that he is not infailible. Therefore, so far as it is in his power, he should give a voice to those who disagree with him in a public letter column and by other suitable devices.
5. The editorial writer should regularly review his own conclusions in the light of obtainable information. He should never hesitate to correct them should be find them to be based on pervious misconceptions.
6. The editorial writer should have coverage of will founded conviction and a democratic philosophy of life. He should never write or publish any things that goes against his conscience.

Many editorial pages are the product of more than on mind, however, and sound collective judgement can be achieved only through sound individual judgements. Therefore thoughtful individual opinions should be respected.

7. The editorial writer should support his colleagues in their adherence to the highest standards of professional integrity. His reputation is their reputation and theirs in his.

5:4:3 अच्छे सम्पादक के गुण

आदर्शवादी सम्पादक के विषय में विचार करते हुए श्री अनन्तगोपाल शेवडे ने लिखा है : "श्रेष्ठ और सुयोग्य सम्पादक समाज का नेता होता है। वह बहती हुई बयार के अनुसार अपना मत नहीं बनाता, क्रेज के पीछे नहीं भागता बल्कि स्वतन्त्र बुद्धि और स्वतन्त्र चिन्तन के आधार पर निर्भीकतापूर्ण अपनी राय देता है। अप्रिय किन्तु हितकर बातें करने में वह कभी नहीं हिचकता और शासन को भी खरी-खरी सुनाने की हिम्मत रखता है। उसकी स्पष्टवादिता के पीछे लोकहित तथा सार्वजनिक कल्याण की गहरी भावना होती है।" सम्पादन कार्य के लिए श्री बाँके बिहारी भटनागर ने प्रतीक शैली में अपने विचार व्यक्त करते हुए लिखा है : "फूल सुन्दर हैं या असुन्दर, उनकी गन्ध मानव समाज के लिए कल्याणकारी है अथवा अहितकर और वे फूल वास्तविक हैं या कृत्रिम, यह सब देखना भी सम्पादक का कार्य है और यदि उसे वह सम्पन्न नहीं कर पाता तो निस्सन्देह वह एक असफल तथा अधूरा सम्पादक है।"

एच.वाय. शारदाप्रसाद ने एक आदर्श सम्पादक को परिभाषित करते हुए लिखा है : "कानून की दृष्टि में सम्पादक वही है जिसका नाम पत्र में छपता है परन्तु वास्तव में अच्छा सम्पादक आस-पास की परिस्थितियों तथा घटनाओं का बोध कराता है एवं जनसामान्य की अनुभूतियों और विचारों को वाणी देता है। वह अपने व्यवसाय के साथ-ही-साथ सार्वजनिक क्षेत्र में भी नैतिक मूल्यों की स्थापना करता है।"

कार्लाइल का मानना है कि सत्यनिष्ठा, प्रेस की स्वतन्त्रता, यथार्थबोध, सम्यक व्यवहार नेतृत्व तथा उत्तरदायित्व की भावना जैसे नीति निर्देशक सिद्धान्तों का अनुपालन कर सम्पादक सच्चे सम्राट और धर्मोपदेशक की भूमिका निभा सकता है। डॉ. रामचन्द्र तिवारी ने 'सम्पादन के सिद्धान्त' नामक पुस्तक में सम्पादकों के लिए एक अलिखित आचार संहिता दी है तथा उसके मुख्य तत्त्वों को निम्नलिखित रूप में व्याख्यायित किया है।

1. **उत्तरदायित्व**–पत्रकार स्वयं साधन न करके, लोकहित की भावना

से प्रेरित होकर कार्य करता है।

2. स्वतन्त्रता—जिन विषयों के विवेचन पर कोई कानूनन रोक न हो, उन सभी का बेहिचक विवेचन करता है।

3. निर्भीकता—पक्षपात रहित होकर वह लोक कल्याण को ही ध्यान में रखकर लिखता है और सभी प्रकार के बन्धनों, दबावों से वह मुक्त होता है।

4. ईमानदारी—पाठकों के प्रति पूर्ण ईमानदारी बरतता है।

5. सत्यता—जो लिखता है, उसकी सत्यता की जाँच-परख करके ही लिखता है।

6. निष्पक्षता—समाचार प्रकाशन में कोई विशिष्ट झुकाव नहीं रखता। सम्पादकीय निष्पक्षता का अर्थ यही समझा जाता है कि वह भले ही किसी विशेष विचारधारा से प्रभावित हो फिर भी विरोधी विचारधारा का समान रूप से सम्मान करे।

7. नैतिकता—वह ऐसी सामग्री प्रसारित नहीं करता जिससे किसी व्यक्ति के चरित्र पर आक्षेप लगता हो और सम्बन्धित व्यक्ति को उन आक्षेपों का उत्तर देने का अवसर न मिलता हो।

8. शिष्टता—वह लोकरुचि के उत्थान-पतन को ध्यान में रखकर ही सामग्री प्रसारित करता है।

5:4:4 सम्पादकीय लेखन की विशेषताएँ

प्रत्येक समाचार-पत्र का पहला पृष्ठ मुख्य समाचार के लिए होता है तो तीसरे पृष्ठ पर (बीच का) सम्पादकीय लिखा जाता है। डॉ. रमेशचन्द्र तिवारी का ऐसा मानना है कि "यदि प्रमुख समाचार-पृष्ठ समाचार की दुकान की खिड़की है तो सम्पादकीय पृष्ठ समाचार-पत्र की आवाज से भी बहुत कुछ अधिक होता है। वह समाचार-पत्र के स्वामियों के संकीर्ण हितों और सम्पादक की पूर्णधारणाओं के संवर्धन का एक माध्यममात्र नहीं होता। यदि उसे सार्थक होना हो तो उसे सम्पूर्ण समाज की आवाज का काम करना चाहिए।"

सम्पादकीय पृष्ठ समाचार-पत्र का वह पृष्ठ है जो सबसे अन्त में पढ़ा जाता है। औसत समाचार-पत्र में इस महत्त्वपूर्ण पृष्ठ का स्थान पाठकों की रुचि के अनुसार अन्तिम होता है। इसमें जो कुछ भी सामग्री होती है वह औसत पाठक के दृष्टिकोण से तैयार नहीं की गई होती है। इसमें ऐसे लेख लिखे जाते हैं जिससे जनमत के निर्माताओं और उन व्यक्तियों को प्रभावित किया जा सके जो कि नीति निर्णायक होते हैं। इसका लेखन प्रभावशील पाठकों, समाज के महत्त्वपूर्ण व्यक्तियों, बुद्धिजीवियों को दृष्टि में रखकर किया जाता है। जो

सामाजिक तथा नागरिक गतिविधियों से अग्रणी होते हैं। इसलिए कहा जा सकता है कि सम्पादकीय लोक सेवापरक पत्रकारिता का एक प्रधान माध्यम बन जाता है।

सम्पादकीय लेख सम्पादकीय पृष्ठ का हृदय होता है। कुछ लोगों की ऐसी धारणा है कि समाचार-पत्र का महत्त्व विचारों को प्रसारित करने में निहित होता है यह प्रचलित समाचार का निर्वाचन होता है। प्रभावोत्पादक होने के लिए उसे सामयिक, संक्षिप्त और मनोरंजक होना चाहिए। प्रत्येक समाचार-पत्र उसी प्रकार के सम्पादकीय लेख प्रकाशित करता है जिस श्रेणी के उसके पाठक हों। किन्तु इन सभी प्रकार के समाचार-पत्रों के सम्पादकीय लेखों में एक सामान्य विशेषता यह होती है कि वे शिष्ट भाषा में लिखे गए होते हैं और उनका स्वर संयत होता है। उनमें व्यक्तिगत आलोचना नहीं होती। इसमें कठोर भाषा के प्रयोग से बचा जाता है तथा सख्त-से-सख्त विचार भी संयत भाषा में प्रस्तुत किए जाते हैं। इसकी भाषा सरल होनी चाहिए तथा शैली आकर्षक और प्रवाहपूर्ण।

सम्पादकीय लेख को तीन खण्डों में विभक्त किया जा सकता है—समस्या का कथन, उसका विश्लेषण और फिर उस पर टिप्पणी। सूचनात्मक या निर्वचनात्मक सम्पादकीय लेख, जिनकी संख्या किसी भी समाचार-पत्र के सम्पादकीय लेखों में सबसे अधिक होती है, इसी प्रतिरूप के अनुसार होता है; किन्तु आलोचनात्मक सम्पादकीय लेखों की लेखन शैली भिन्न होती है।

सम्पादकीय को प्रभावशाली और विश्वसनीय होना चाहिए। उनमें अपने दृष्टिकोण को पुष्ट करने के लिए तर्कपूर्ण ढंग से सबल युक्तियाँ पेश की जाती हैं। सम्पादकीय को प्रभावोत्पादक होना चाहिए। उसे उत्तेजनाहीन तर्कसंगत होना चाहिए। उसमें संयत भाषा का प्रयोग होना चाहिए तथा एक प्रभावशाली शीर्षक देना चाहिए।

सम्पादकीय जन-मत का उच्चतम न्यायालय होता है। वह विचारों की अभिव्यक्ति का सार्वजनिक मंच जैसा होता है। एक अमरीकी लेखक ने कहा है, "सम्पादकीय पृष्ठ जन-सेवा का एक महान माध्यम होता है।" सम्पादकीय पृष्ठ विहीन समाचार-पत्र बिना हड्डियों के विचित्र प्राणी जैसा होता है। यह जन-कल्याण का एक साधन होता है। सम्पादकीय लोगों के विचारों को आलोड़ित करता है और पाठकों को दुनिया की सभी बातों की जानकारी देता है।

सम्पादकीय पृष्ठ एक ऐसी संस्था है जिसका समय के साथ विकास, अनुकूलन और परिवर्तन होता है। वह प्रत्येक सामाजिक आन्दोलन का अग्रणी होता है। बर्नार्ड शा ने कहा है, "समाचार-पत्र कार्यालय बन्दीगृहों जैसे होते हैं जिनमें बुद्धिमान से बुद्धिमान सम्पादक का सम्पर्क भी विश्व से टूट जाता है।

इसका कारण यह है जब राजनीतिक सम्मेलन, वैज्ञानिक भाषण और यहाँ तक कि संगीत सम्मेलन भी होते रहते हैं वह अपने कार्य में मग्न रहता है।''

सम्पादकीय लेखों को सामयिक होना चाहिए यानी समसामयिक परिवेश में घटित घटनाओं के ऊपर जो तात्कालिक विचार प्रकट किया जा सकता है उसे ही संयत एवं प्रभावोत्पादक ढंग से प्रस्तुत करना सम्पादकीय की खास विशेषता है। यदि समसामयिक विषय से हटकर लेखन किया जाता है तो वह सम्पादकीय नहीं होगा। लेकिन ऐसी स्थिति समाचार-पत्रों के लिए ही मानी जा सकती है, क्योंकि पत्रिकाओं का प्रकाशन प्रत्येक दिन नहीं होता। कुछ समय के अन्तराल में उसका प्रकाशन होता है। इसलिए ऐसी पत्रिकाओं में स्थायी संस्मरण या विचारों के ऊपर लेख लिखे जाते हैं। वैसे लेख समसामयिक तो होते हैं, पर कालावधि को अपने आप में समेटे होते हैं।

5:4:5 सम्पादकीय प्रभाग

दैनिक समाचार-पत्र में एक सम्पादकीय मण्डल होता है जिसका गठन निम्न प्रकार से किया जाता है :

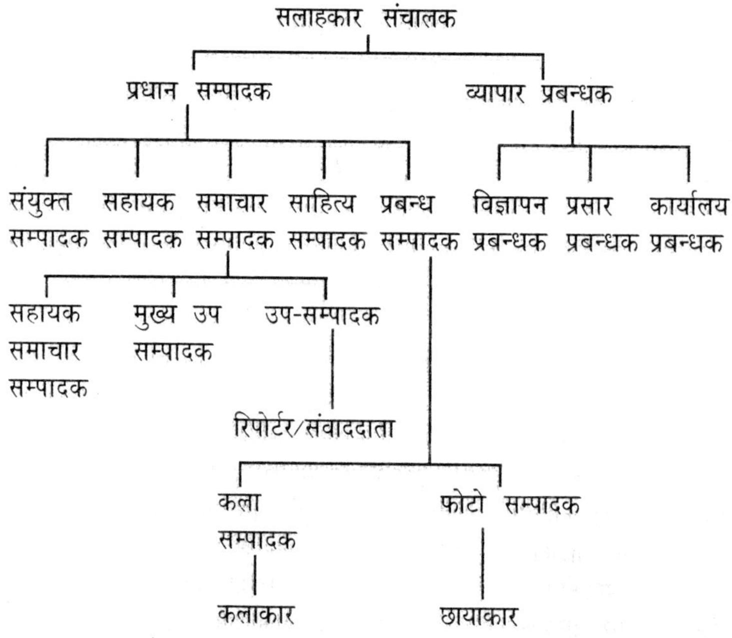

जैसा कि चित्र में ऊपर दर्शित है किसी भी समाचार-पत्र के संचालन

में दो तत्त्व कार्य करते हैं–एक समाचार सम्पादन और दूसरा आर्थिक दृष्टि को सम्पन्न करने के लिए प्रबन्धन। हम प्रबन्धन की चर्चा बाद में करेंगे। पहले समाचार के सम्पादन-मण्डल पर विचार करें :

प्रधान सम्पादक–किसी भी पत्र में प्रकाशन की पूर्ण जिम्मेदारी प्रधान सम्पादक की होती है। समाचार-पत्र की साज-सज्जा, ले आउट, गेट अप तथा छपाई आदि के लिए वही उत्तरदायी होता है। समाचार-पत्र में छपने वाले समाचारों का चयन और प्रकाशन सम्पादक का कार्यक्षेत्र माना जाता है। वह समाचार-पत्र की नीतियों का निर्धारण करता है। सच कहा जाए तो सम्पादक किसी भी समाचार-पत्र की आत्मा होता है। वह सम्पादकीय कार्य का निर्देशन और निरीक्षण कर्ता होता है।

मुख्य उप-सम्पादक–वह व्यक्ति जो नियमित रूप से उप-सम्पादकों के कार्यों का विभाजन करता है तथा उनके कार्यों का निरीक्षण करता है। मुख्य उप-सम्पादक समाचार के आकार-प्रकार और स्वरूप के लिए विशेष रूप से उत्तरदायी होता है।

उप-सम्पादक–वह व्यक्ति जो मुख्य उप-सम्पादक के निर्देश पर प्रत्येक प्रकार के समाचारों का आवश्यकतानुसार सम्पादन, चयन अनुवाद और शीर्षक देकर उन्हें प्रकाशन के योग्य बनाता है।

सहायक सम्पादक–वह व्यक्ति है जो नियमित रूप से प्रतिक्रियाओं और विचारों के सम्बन्ध में सम्पादक के कार्यों में सहायता करता है और सम्पादकीय लिखता है तथा समीक्षा, प्रतिक्रिया या आलोचना आदि से सम्बन्धित बातें भी लिख सकता है।

समाचार सम्पादक–वह व्यक्ति जो समाचार विभाग के कार्यों का निरीक्षण और समन्वय करता है तथा एक समाचार-पत्र के सभी संस्करणों में प्रकाशित समाचारों के लिए उत्तरदायी होता है। उसे प्रत्येक समाचार को पत्र की नीति के अनुसार ही प्रकाशित करना होता है।

साहित्य सम्पादक–समाचार-पत्रों एवं पत्रिकाओं में साहित्य सम्पादक का विशेष महत्त्व होता है। साहित्यिक एवं सांस्कृतिक विषयों पर लेख, कहानियाँ, आलोचना, अनुवाद, कविताएँ आदि के प्रकाशन का कार्य संचालन करना साहित्य सम्पादक के क्षेत्राधिकार के अन्तर्गत सम्मिलित होता है। विशेष रूप से साहित्यिक और सांस्कृतिक लेखों का समावेश समाचार-पत्रों में सप्ताह में एक या दो बार होता है। पाठकों के दृष्टिकोण से यह सामग्री अत्यन्त उपयोगी और रुचिकर होती है।

खेल सम्पादक–खेलों के बारे में जानकारी प्रकाशित करने के लिए प्रमुख समाचार-पत्रों में खेल सम्पादकों का विशेष महत्त्व होता है। खेल सम्पादक

खेल-कूद से सम्बन्धित समाचारों को प्रकाशित करता है। खेलों से सम्बन्धित समाचारों को सुन्दर और आकर्षक तरीके से सजाना, चित्रों द्वारा उनको प्रकाशित करना तथा उनको रोचक बनाना खेल सम्पादक का कार्य होता है।

फिल्म सम्पादक—फिल्म जगत में होनेवाली हलचलों के ऊपर पत्र-पत्रिकाओं में जो विवरण प्रस्तुत होता है, वह फिल्म सम्पादक के द्वारा सम्पादित कर प्रकाशित किया जाता है। अर्थात् फिल्मों से जुड़ी बातों का जो सम्पादन करता है उसे फिल्म सम्पादक कहते हैं।

व्यापार सम्पादक—समाचार-पत्र तथा पत्रिकाओं के माध्यम से व्यापारिक दुनिया की जानकारी पाठकों को देश, देश-विदेश के व्यापारिक समाचार को पाठकों तक पहुँचाना, व्यापारिक वित्त और व्यवसाय सम्बन्धी समाचारों को प्रकाशित करना व्यापार सम्पादन के कार्यों के अन्तर्गत आता है।

5:5 पृष्ठसज्जा (मेकअप)

प्रसिद्ध विचारक डेविड वेनरिट ने कहा है, "The skill of page makeup lies in putting the greatest amount of information into the page to produce variety without fonfusion"—David wainwright.

वस्तुतः आज का युग प्रतिस्पर्द्धा से भरा हुआ है। जीवन के प्रत्येक क्षेत्र में अपनी विशिष्ट पहचान बनाने की होड़ मची है। ऐसे में हर समाचार-पत्र विश्व-बाजार में अपने अस्तित्व को कायम रखने के लिए पत्रों को आकर्षक ढंग से सजाकर पेश करना चाहता है। पत्रों में व्याप्त प्रतिस्पर्धा, विज्ञापन की रोचकता एवं अनुसन्धान यान्त्रिकी के विकास के कारण पत्रों की पृष्ठ-सज्जा पर अधिक ध्यान दिया जाने लगा है। पत्रकारिता में इसके लिए 'डिजाइन', 'प्रारूप' (ले आउट) और 'मेकअप' शब्द प्रयुक्त होते हैं। इन सारे शब्दों में थोड़ी भिन्नता है। 'डिजाइन' का तात्पर्य सम्पूर्ण आकृति या संरचना से है जिससे समाचार-पत्र के व्यक्तित्व का गठन होता है। 'ले आउट' का अर्थ आकलन या प्रारूप से है। सम्पादकीय विभाग या कला विभाग द्वारा एक चित्र-नक्शा या सम्भावित प्रारूप कम्पोजिंग विभाग को प्रस्तुत होता है जिसके अनुसार पृष्ठों का निर्धारण एवं निर्माण होता है। इसे कुछ लोग 'ले आउट' और कुछ लोग 'डमी' कहते हैं। सभी समाचार ब्लाक एवं विज्ञापन को पृष्ठ पर जमाने, सँवारने की प्रक्रिया ही मेकअप (पृष्ठ-सज्जा) है। ब्रूस बेस्टले की ऐसी मान्यता है कि "Makeup is largely a matter of placement of headlines and art." —Bruce Westeley

समाचार शीर्षक, चित्र, विज्ञापन, रूपक, अग्रलेख, कार्टून आदि समस्त प्रकाश्य सामग्रियों को विविध पृष्ठों पर सजाने-सँवारने की विधि पृष्ठ-सज्जा है। यह ऐसी सफल और प्रभावशाली कला है जिससे किसी बात को पाठकों की

आँखों के रास्ते से दिल-दिमाग तक पहुँचाई जाती है। पत्र-जगत में पृष्ठ-सज्जा का वही स्थान है जो भवन निर्माण में वास्तुकला का है। महत्त्व के अनुसार समाचार का आकार और उसके लिए स्थान निर्धारित करना, नए रूप-रंग में पत्र को आकर्षक और मनोरम बनाने, पाठकों को उनकी आवश्यकतानुसार समाचार ढूँढ़ने में सहायता पहुँचाना तथा पत्र के व्यक्तित्व को विश्वसनीय बनाना ही पृष्ठ-सज्जा है। इस प्रकार पत्र अलंकरण और सम्यक् सम्प्रेषण की मनोहारी पद्धति को ही पृष्ठ-सज्जा के अन्तर्गत समाहित किया जाता है।

5:5:1 पृष्ठ-सज्जा के उद्देश्य

1. समाचार-पत्र को आकर्षक बनाने हेतु उसे नए रंग-रूप में प्रस्तुत करना।
2. महत्त्व के अनुसार समाचार के लिए अपेक्षित शीर्षक, आकार तथा स्थान को निर्धारित करना।
3. पत्र की सजीवता को विकसित कर उसके अस्तित्व को लोकप्रिय बनाना।
4. समाचारों को क्रमबद्ध करना तथा पाठकों को मनोनुकूल समाचार प्राप्त करने में सहयोग करना।
5. समकालीन समाचार-पत्रों के बीच स्पर्धा स्थापित करना।
6. समाचारों को पाठकों के लिए बोधगम्य बनाना।

5:5:2 साज-सज्जा के तत्त्व

1. सन्तुलन (Balance)—किसी भी समाचार-पत्र में प्रकाशित होनेवाली सामग्री के शीर्षक, विज्ञापन और चित्र में सामंजस्य होना आवश्यक है। उन्हें उचित अनुपात में आकर्षकपूर्ण तरीके से सुव्यवस्थित किया जाता है। इससे पत्र के प्रति पाठकों में आकर्षण तो होता ही है, विश्वसनीयता भी बढ़ती है।

2. विरोधाभास (contrast)—किसी समाचार को अपेक्षाकृत अधिक महत्त्व देने तथा पृष्ठ सजाने-सँवारने के लिए विरोधाभास का प्रयोग होता है। रोमन, इटैलिक, लाइट फेस, बोल्ड फेस, काले फेस वाले टाइप एवं लाइन ब्लाक, हाफ टोन ब्लाक द्वारा विरोध प्रकट होता है। समाचार-पत्रों में प्रायः रूल, बॉर्डर, डैश और स्टार द्वारा एक मैटर दूसरे मैटर के विरोध में मुद्रित होते हैं। ऐसा इसलिए होता है कि दो असमान सी प्रतीत होनवाली चीजों की ओर देखने वाले का ध्यान अनायास ही उस पर खिंचता है और उनकी ओर जानने की जिज्ञासा उठती है। इसीलिए समाचार-पत्रों की पृष्ठ-सज्जा में विरोधाभास का प्रयोग किया जाता है।

3. फोकस बिन्दु (Focus Point)—पाठकों की रुचि आवश्यकता और प्रवृत्ति के अनुसार पत्र के किसी विशेष अंश पर सबका ध्यान चला जाता है जिसे फोकस बिन्दु के रूप में समझा जा सकता है। भाषा की प्रवृत्ति, साज-सज्जा का प्रभाव और पात्रों के पत्र पढ़ने का ढंग इन तीनों द्वारा मुख्य फोकस बिन्दु का निर्धारण होता है। हिन्दी, अंग्रेजी समाचार-पत्रों का मुख्य फोकस बिन्दु पत्र के बाईं ओर का ऊपरी स्थान होता है। उर्दू पत्रों का मुख्य फोकस बिन्दु पृष्ठ के दाहिनी ओर ऊपरी भाग में होता है। हिन्दी पत्र के भीतरी पृष्ठों में मुख्य फोकस बिन्दु दाहिनी ओर ऊपर रहता है। नौकरी ढूँढ़ने वाले का ध्यान वर्गीकृत विज्ञापन की ओर से खेल-खिलाड़ियों का ध्यान खेल-कूद समाचार वाले पृष्ठ की ओर चला जाता है। उसी प्रकार भिन्न-भिन्न रुचिवाले लोगों का ध्यान अन्य कॉलमों पर पहले जाता है।

4. गति (Movement)—गति का अर्थ नेत्रों की उस स्थिति से है जो पत्र में विभिन्न स्थानों पर क्रमशः और लगातार सक्रिय होती है। नेत्रों की गति और साज-सज्जा मनोवैज्ञानिक ढंग से परस्पर सम्बद्ध होते हैं।

5. संगति (Harmony)—सन्तुलन, विरोधाभास, गति और फोकस बिन्दु को ध्यान में रखकर पृष्ठ प्रभावशाली बनाए जाते हैं। उनमें समन्वय बनाना आवश्यक होता है। इसी को संगति कहा जाता है।

उपर्युक्त सभी तत्त्वों के सफल समन्वय से ही सम्पादक पत्रों को सुन्दर आकर्षक तथा पठनीय बनाने का प्रयास करता है।

5:5:3 पृष्ठ-सज्जा सम्पादक के कार्य

1. समाचार-पत्र का नाम, फोलियो, वर्ष, अंक, दिवस, पंजीकरण संख्या, प्रिण्ट लाइन आदि जैसे कार्यों में मेकअप सम्पादक को विशेष सावधानी बरतनी होती है। इसके अलावा उसे समाचार शीर्षक, समाचार सूची, चित्र परिचय आदि पर भी विशेष रूप से ध्यान देना होता है।
2. समाचार पत्र-पत्रिकाओं में तब स्थिति हास्यास्पद बन जाती है जब चित्र के साथ नाम किसी और व्यक्ति का छप जाए अथवा समाचार शेषांश अपने उल्लिखित स्थान पर न हो या कोई पंक्ति टेढ़ी अथवा टूटी हुई हो। ऐसे में मेकअप सम्पादक का कार्य होता है कि वह ऐसी भूलों को पत्र छपने के पूर्व जाँच-परख ले।
3. सम्पादकीय विभाग द्वारा निर्धारित समाचार पृष्ठ को भी मेकअप सम्पादक यथावश्यकता बदल सकता है। इसी प्रकार यदि वह चाहे तो उपलब्ध स्थान को ध्यान में रखकर शीर्षक आदि का आकार व प्रारूप भी बदल लेता है। मेकअप सम्पादक को शीर्षकों/समाचारों को

सजाते समय यह ध्यान रखना होता है कि एक ही आकार-प्रकार के शीर्षकों को साथ न लगाया जाए। जहाँ पृष्ठ मुड़ता है, वहाँ चित्र अथवा शीर्षक न दिया जाए। पृष्ठ के ऊपरी भाग में शीर्षकों की बहुतायत या भीड़ नहीं होनी चाहिए।

4. सज्जा सम्पादक को सज्जा का कार्य करते समय पत्र की रीति-नीति के मुद्दों पर भी नजर रखनी पड़ती है।

कुल मिलाकर सज्जा सम्पादक का कार्य प्रत्येक स्थिति में समाचार पत्र-पत्रिका को पाठकों की दृष्टि से सुदर्शनीय, पठनीय व आकर्षक बनाना होता है। सज्जा सम्पादक उक्त सभी कार्यों को पृष्ठ की डमी बनाकर सम्पन्न करता है।

5:5:4 पृष्ठ-सज्जा के प्रकार

1. सरकस साज-सज्जा—साज-सज्जा से सम्बद्ध सभी सिद्धान्तों, नियमों की पूर्ण अवहेलना करते हुए जब मनमाने ढंग पर पृष्ठ की साज-सज्जा होती है तो यही सरकस साज-सज्जा है। समस्वरता को भूलकर विरोधाभास द्वारा सन्तुलन अपनाया जाता है। इसमें बड़े काले फेस के टाइप का अधिकतर प्रयोग होता है।

2. ब्रोकेन पेज मेकअप—जब साज-सज्जा में सम्मति और सन्तुलन की उपेक्षा होती है तो उसे ब्रोकेन पेज मेकअप कहते हैं। इस तरह की साज-सज्जा में किसी समाचार को विशेष महत्त्व न देकर सभी समाचारों की ओर ध्यान आकर्षित किया जाता है। सनसनीखेज (Sensational) पत्रों में इसी चौंकानेवाली पद्धति को वरेण्य माना जाता है जिसमें पूरा पृष्ठ एक इकाई के रूप में नहीं अपितु अनेक खण्डों में बँटा हुआ प्रतीत होता है।

3. टेबल्वायड पत्र मेकअप—'टेबल्वायड' शब्द का अर्थ होता है पत्र का छोटा आकार, परन्तु आजकल सनसनीखेज समाचार-पत्रों के पर्याय के रूप में इसका प्रयोग हो रहा है। देखा जाता है कि इन पत्रों में मुख्य समाचार प्रथम और अन्तिम पृष्ठ पर प्रकाशित होता है। टेबल्वायड पत्र आकार में लघु होने के चलते स्थानीय समाचारों को प्रथप पृष्ठ पर छापते हैं।

5:5:5 पृष्ठ-सज्जा सम्बन्धी निर्देश

1. महत्त्वपूर्ण समाचार को सबसे ऊपर दिया जाना चाहिए।
2. समाचार के महत्त्व के अनुरूप टाइप का आकार-प्रकार होना चाहिए।
3. शीर्षकों में सन्तुलन रहना चाहिए।
4. लम्बे समाचार में दो-दो स्टिक पर उपशीर्षक दिए जाएँ ताकि समाचार के प्रति रुचि बनी रहे।

5. विज्ञापन या चित्र से सटा हुआ बॉक्स समाचार पृष्ठ पर प्रस्तुत नहीं होना चाहिए।
6. चित्र के अभाव में छोटा-बड़ा बॉक्स बनाकर पृष्ठों को सुशोभित करना चाहिए।
7. पृष्ठ का ऊपरी बायाँ भाग सबसे महत्त्वपूर्ण होता है। प्रायः सबकी निगाहें सबसे पहले बाईं ओर ही पड़ती हैं और वह भी ऊपर की ओर। इसलिए विशेष महत्त्वपूर्ण समाचार बाईं ओर ही देना चाहिए।
8. समाचार का शेषांश आगे के पृष्ठों पर अथवा कॉलमों में देना समीचीन है। अतः शेषांश सदैव अगले स्तम्भ या पृष्ठ पर हो। दूसरे, चौथे और छठे पृष्ठ का शेषांश क्रमशः पहले, तीसरे और पाँचवें पर नहीं देना चाहिए।
9. चित्र ऐसे हों जो सुखकर लगें। उसे विश्वसनीय तथा पृष्ठ को आकर्षक बनानेवाला होना चाहिए। चित्र के आकार-प्रकार, पृष्ठ पर उनके स्थान एवं उभार सम्बन्धी बातों पर ध्यान देकर समाचार-पत्र को मनोरम बनाया जा सकता है।

5:6 पत्रकार वार्ता (प्रेस कान्फ्रेंस)

पत्रकार वार्ता (प्रेस कान्फ्रेंस) पत्रकारिता का एक महत्त्वपूर्ण अंग है। किसी विशिष्ट व्यक्ति द्वारा, संस्था के प्रधान द्वारा, राजनेता द्वारा अथवा अधिकारी द्वारा पत्रकारों को बुलाकर उनसे पूछे गए सवालों के ऊपर जवाब देने के लिए इसका आयोजन किया जाता है। वे राजनीतिज्ञ, जो सत्ता में हैं या कभी-कभी वे भी जो सत्ता में नहीं हैं, पत्रकार वार्ता आयोजित करते हैं। ऐसे आयोजनों का उद्देश्य अपने दृष्टिकोण को जनता के सामने प्रस्तुत कर उनका समर्थन प्राप्त करना होता है।

पत्रकार सम्मेलन (प्रेस कान्फ्रेंस) भेंटवार्ता का ही व्यापकतम रूप माना जा सकता है। किसी पत्रकार अथवा संवाददाता की किसी विशिष्ट व्यक्ति से होनेवाली बातचीत को जहाँ भेंटवार्ता कहा जाता है वहीं जब विशिष्ट व्यक्ति से पत्रकारों के एक समुदाय द्वारा बातचीत होती है तो उसे प्रेस कान्फ्रेंस की संज्ञा दी जाती है। लेकिन प्रेस कान्फ्रेंस में सभी पत्रकार अपने-अपने ढंग से प्रश्न पूछते हैं और प्राप्त उत्तरों के आधार पर अपने पत्रों में समाचार भी प्रकाशित करते हैं। इसमें अखबार की अपनी नीतियाँ भी सम्मिलित हैं। पत्रकार उन्हीं नीतियों के आलोक में हुई वार्ता को प्रकाशित करने का प्रयास भी करता है।

एक राजनीतिज्ञ और संवाददाता की भूमिका में अन्तर है। जहाँ राजनीतिज्ञ आवश्यक रूप से एक विशेष दृष्टिकोण का समर्थन चाहता है, वहाँ

संवाददाता केवल प्रतिदिन की घटना को क्रमानुसार संचित करनेवाला है। उसका कार्य तो जनता के सामने उपर्युक्त दृष्टिकोण से तथ्य रखना है। ह्वाइट हाउस के प्रेस सेक्रेटरी जार्ज रोडी ने इस स्थिति की व्याख्या इस प्रकार की है, "एक राजनीतिज्ञ, जो जनसंचार को सहायता या बाधा के रूप में ग्रहण करता है, और संवाददाता जो जनसंचार का मूल्यांकन सच्चाई, वस्तुपरकता के आधार पर करता है, के बीच भिन्नता होना स्वाभाविक है। तनाव रहित प्रजातान्त्रिक समाज की कल्पना नहीं की जाती। प्रजातन्त्र के लिए आवश्यक उद्देश्यपूर्ण पत्रकारिता हमेशा तनाव उत्पन्न करनेवाली होती है। मैं नहीं समझता कि हमारे देश को शक्की या सनसनीखेज (Tabloids) समाचार-पत्रों से कोई हानि हुई है।"

संयुक्त राज्य अमेरिका में राष्ट्रपति की पत्रकार वार्ता का बहुत महत्त्व होता है। ब्रिटेन तथा अन्य संसदीय प्रजातन्त्रों के विपरीत अमेरिका में 'हर मैजेस्टी का वफादार विपक्ष नहीं होता' जो शासन के प्रमुख से प्रश्न पूछ सके।

अमेरिका में यह माना जाता है कि पत्रकार उसी प्रकार जनता के प्रतिनिधि हैं जिस प्रकार ब्रिटिश हाउस ऑफ कामन्स के सदस्य, जिनमें शासन के बड़े-से-बड़े व्यक्ति से शासन की असफलताओं और कमियों के बारे में प्रश्न करने की क्षमता होती है। इसमें कुछ सच्चाई है, परन्तु अधिक नहीं। अमेरिका में पत्रकार वार्ता राष्ट्रपति को एक मंच उपलब्ध कराती है, केवल लिखित सामग्री देने के लिए नहीं, बल्कि प्रश्न करने तथा समस्याओं की जानकारी पाने के लिए।

भारत में प्रधानमन्त्री, अन्य मन्त्री तथा राज्यों के मुख्यमन्त्री पत्रकार-वार्ता आमन्त्रित करते हैं। उसमें पत्रकारों द्वारा पूछे गए प्रश्नों के माध्यम से वे जनता को बहुत सारी जानकारियाँ देते हैं। पत्रकार-वार्ता का स्वरूप कई बार एक पक्षीय हो जाता है। पत्रकार-वार्ता आमन्त्रित करनेवाले अति विशिष्ट व्यक्ति इसे अपनी बात मौखिक या बेनामी लेखकों द्वारा लिखे गए पत्रों के माध्यम से कहने का अवसर बना लेते हैं। वहाँ जानेवाले पत्रकार पूर्व तैयारी न होने के कारण उचित प्रश्न पूछने और उपयुक्त जानकारी उगलवाने में असमर्थ रहते हैं।

यदि कोई संवाददाता अधिक व्याख्या के लिए कहता है तो उसे सख्ती से यह स्मरण कराया जाता है कि यह स्थान प्रति परीक्षा करने के लिए नहीं है। लेकिन ऐसी बातों से पत्रकार-वार्ता का उद्देश्य ही कलंकित हो जाता है। क्योंकि यहाँ संवाददाता सच्चाई के निकट-से-निकट या प्रश्न के दूसरे पक्ष तक पहुँचने में असमर्थ रह जाता है। इसलिए ऐसी पत्रकार-वार्ता लाभदायक साधन बनने के बजाय एक पक्षीय हो जाती है। इसमें शासकीय पक्ष उभारा जाता है और दूसरे दिन अखबार अपने प्रथम पृष्ठ पर पत्रकार-वार्ता की कहानी बढ़ा-चढ़ाकर छापते हैं जैसे कि वह केवल सच्चाई और सिर्फ सच्चाई हो। इससे समाज की सेवा नहीं होती।

भारत भवन के उद्घाटन के समय बुलाई गई पत्रकार-वार्ता में उद्घाटन करने के लिए भोपाल आईं तत्काल प्रधानमन्त्री श्रीमती इन्दिरा गाँधी से किसी पत्रकार ने एक प्रश्न पूछा। उन्होंने उसका उत्तर दिया। फिर एक पूरक प्रश्न पूछा गया जिसका उत्तर भी उन्होंने दिया। इसके बाद जब फिर एक पूरक प्रश्न पूछा गया तो उन्होंने ध्यान दूसरे पत्रकार की ओर यह कहते हुए कर दिया कि यह संसद नहीं है।

ऐसा माना जा सकता है कि पत्रकार-वार्ता का स्थान संसद नहीं होता। लेकिन यदि कोई पत्रकार प्रश्नकर्ता वार्ता से सन्तुष्ट नहीं है तो उसको और प्रश्न करने, सच्चाई की तह तक पहुँचने का अवसर मिलना चाहिए। यह सच है कि पत्रकार-वार्ता को एक जाँच या परेशान करने के मंच में परिवर्तित नहीं किया जा सकता, परन्तु यह कहकर अवसर समाप्त करना कि यह प्रति प्रश्नों का मंच नहीं है, इस बहुत ही लाभदायक साधन को उसके उपयोग से वंचित करना है।

पत्रकार वार्ताओं से पत्रकारों की स्वतन्त्र समाचार प्राप्त करने की पहल समाप्त हो जाती है। शासकीय पक्ष हावी हो जाता है और जनता उसे ही पढ़ने को विवश होती है। यदि संवाददाता यह भी कह दे कि यह शासकीय प्रवक्ता ने कहा है तो इससे पाठक की सहायता नहीं होती क्योंकि दूसरा पक्ष अप्राप्य है।

इन दिनों हर व्यक्ति पत्रकार-वार्ता बुलाता है। ये वार्ताएँ बड़े-बड़े होटलों में रखी जाती हैं और महँगे या कम महँगे उपहार अपना हित बढ़ाने के लिए दिए जाते हैं। यह उपहार व्यवहार भारत के लिए नया नहीं है, अन्य जगहों पर तो यह और भी बड़े पैमाने पर चलता है।

पत्रकारों की अपनी चेतना, जागरूकता और निष्ठा ही इस स्थिति में बदलाव ला सकती है। भोपाल में पत्रकारों के संगठन ने यह निश्चय कर लिया है कि अतिविशिष्ट व्यक्तियों, जैसे राज्यपाल और मुख्यमन्त्री को छोड़कर बाकी सबकी पत्रकार वार्ताएँ पत्रकार भवन में ही हों। इससे छोटे व्यक्तियों द्वारा छोटी पत्रकार वार्ताओं की तथा उपहार बाँटने की सम्भावना कम हो गई है।

पत्रकार को सम्मेलन में जाने के पूर्व उसके उद्देश्य को ठीक-ठीक समझ लेना चाहिए तथा उसके अनुकूल एक प्रश्नावली तैयार कर लेनी चाहिए। उसे सम्मेलन में कम-से-कम बोलना चाहिए तथा दूसरों के विचारों या प्रतिक्रियाओं को ध्यानपूर्वक सुनना चाहिए तथा समझना चाहिए। विचारों के खण्डन-मण्डन से बचना चाहिए तथा उग्र विवाद को टालना चाहिए। व्यक्तिगत आक्षेप नहीं करना चाहिए। अपने सहकर्मियों को भी कान्फ्रेंस में सक्रिय भागीदारी का अवसर देना चाहिए। अगर कोई वक्ता या भेंटकर्ता किसी सूचना को देने के बाद भी उसे 'ऑफ द रिकॉर्ड' समझने का आग्रह करे तो उसकी बात का सम्मान कर

उस सूचना को समाचार-पत्र में प्रकाशित नहीं करना चाहिए। सम्मेलन में वार्ताकार की उपस्थिति संवाददाता के लिए खबरों का खजाना बन जाती है। उसमें उसे किसी विषय पर नए तथ्यों की जानकारी होती है, जो समाचार-पत्र तथा स्वयं के अनुवाद के विस्तार में सहायक होती है।

5:7 प्रेस प्रबन्धन

5:7:1 भूमिका

किसी भी समाचार-पत्र को सुचारु रूप से चलाने के लिए पूँजी (Capital) की आवश्यकता होती है। पूँजी की पूर्ति के लिए प्रेस में प्रबन्धन विभाग काम करता है। उसमें समाचार-पत्र का प्रसार, विज्ञापन, कच्चे माल की खरीद और मुद्रण विभाग सहित सभी कर्मचारियों का प्रबन्ध शामिल है।

वस्तुतः पत्रकारिता का जन्म देशभक्ति तथा राष्ट्रवाद की भावना के कारण हुआ। स्वतन्त्रता-संग्राम में समाचार-पत्रों का उपयोग जन-चेतना को जाग्रत करने के लिए हुआ। उस वक्त पत्र प्रकाशन का मुख्य उद्देश्य था राष्ट्रवादी चेतना को जागृति प्रदान करना। इसके लिए एक सशक्त माध्यम की आवश्यकता थी जिसके द्वारा समाज में संघर्ष का भाव भरा जाता। लोगों को जगाना, जनता को उनकी शक्ति से वाकिफ कराना तथा संघर्ष के लिए प्रेरित करना समाचार-पत्रों का कर्त्तव्य था। और सम्भवतः यही कारण है कि समाचार-पत्रों ने अपना रूप ग्रहण किया था। इसके साथ ही यह भी विचारणीय है कि तत्कालीन सम्पादक या प्रेस के कर्मचारी देशहित के लिए एक मिशन के रूप में कार्य करते थे। उनका उद्देश्य मात्र धन कमाना नहीं, बल्कि समाचार-पत्रों के माध्यम से देश-सेवा करना था। भारत की समस्त सोयी शक्तियों को पुनर्जीवित करना था। सम्भवतः यह कार्य जोखिम भरा भी था, क्योंकि जिस व्यवस्था के खिलाफ ये पत्रकार आवाज उठा रहे थे उनका भारत में पूर्ण साम्राज्य था। अंग्रेजी शासन व्यवस्था से संत्रस्त भारतीयों को एकजुट करने, उनमें राष्ट्र के प्रति कर्त्तव्यबोध भरने तथा अपने अधिकारों के प्रति सजग कराने के उद्देश्य से समाज के बुद्धिजीवियों को कलम का सहारा लेना आवश्यक था। इसके माध्यम से वे अपने विचारों को जनता तक पहुँचाने का प्रयास कर रहे थे। इस आवश्यकता की पूर्ति के लिए एक माध्यम की जरूरत थी। उसी माध्यम के रूप से समाचार-पत्रों ने आकार ग्रहण किया।

प्रारम्भिक अवस्था में समाचार-पत्र चलाना एक जोखिम भरा एवं साहसिक प्रयास था। उसमें एक तरफ तो सरकारी तन्त्र का आक्रोश भाजन तथा दूसरी ओर पत्र प्रकाशन के लिए धन लागत की आवश्यकता—ये दोनों ही

समाचार-पत्र के लिए बाधक बने थे। फलस्वरूप समाचार-पत्र चलाने वाले बहुधा कर्ज में डूबे हुए रहते थे। कर्मचारियों का वेतन चुकाने में वे असमर्थ हो जाते थे। उनका मिशन समाचार-पत्र प्रकाशन के द्वारा जनता को जागरूक करना था न कि विज्ञापन अथवा बिक्री में वृद्धि कर धन कमाना। ऐसे में स्वाभाविक था कि समाचार-पत्र प्रकाशन में आर्थिक बाधा वर्तमान रहे। इसीलिए समाचार-पत्र को चलाने के लिए प्रकाशकों को दलों की वृत्तियों और दान जैसे अन्य स्रोतों पर निर्भर रहना पड़ता था। समाचार-पत्र के व्यवसाय पक्ष पर उसी सीमा तक ध्यान दिया जाता था जिस सीमा तक वह देश-भक्ति के प्रसार-प्रचार का माध्यम था। अनेक समाचार-पत्रों की शोचनीय स्थिति का और अन्ततः बन्द हो जाने का यही कारण था। सम्पादकीय दृष्टि एवं जन-जागृति की दृष्टि से वे सफल थे, परन्तु वित्तीय दृष्टि से उनकी स्थिति अत्यन्त ही शोचनीय होती थी।

स्वतन्त्रता प्राप्ति के पश्चात् परिस्थितियों में परिवर्तन हुआ। अब पत्रकारिता में व्यवसाय पक्ष महत्त्वपूर्ण हो रहा है। यह महसूस किया जा रहा है कि जिन समाचार-पत्रों ने स्वतन्त्रता-संग्राम में महत्त्वपूर्ण योगदान दिया था उन्हें वर्तमान स्वतन्त्रता व्यवस्था को सुदृढ़ बनाने के प्रयास में और राजनैतिक स्वातन्त्र्य तथा सामाजिक और आर्थिक सन्तोष की प्राप्ति के प्रयास में अपनी भूमिका निभानी है। इसके कारण समाचार-पत्रों में सम्पादकीय पक्ष के अतिरिक्त प्रबन्धन-पक्ष पर भी विशेष जोर दिया जा रहा है। वैसे वर्तमान युग में समाचार-पत्र का प्रकाशन निश्चित रूप से एक उद्योग का रूप लेता जा रहा है, परन्तु यह उस अर्थ में नहीं है जिस रूप में साबुन, कपड़ा, दवा या अन्य वस्तुओं का उद्योग होता है। फिर भी समाचार-पत्र एक व्यावसायिक रूप ग्रहण करता जा रहा है। ऐसा इसलिए कि यह केवल लाभार्जन का ही विषय नहीं है बल्कि इस पर समाचार का अस्तित्व भी निर्भर करता है।

सम्प्रेषण के माध्यम के रूप में पहले प्रदर्शनात्मक और बाद में मुद्रणकला का विकास हुआ। जिसकी अगली कड़ी के रूप में समाचार-पत्र का प्रकाशन आया। अब तो इलेक्ट्रॉनिक मीडिया आज के युग की पहचान बन गया है। लेकिन समाचार-पत्रों का प्रकाशन कुछ कम नहीं हुआ है। लोकतन्त्र के प्रति संकल्पवान होना, अपने पाठकों को जागरूक बनाए रखना एवं अपनी नीतियों को राजनीतिक धरातल पर स्पष्ट रखते हुए शासन तन्त्र को दिशा देना, उसकी जिम्मेदारी है। साथ ही शासकों के उत्तरदायित्व को भी अहसास कराना समाचार-पत्र का कर्त्तव्य है।

लोकतन्त्र में पत्रकारों की भूमिका अत्यन्त महत्त्वपूर्ण होती है। सामाजिक और राष्ट्रीय परिवेश में पत्रकारों का दायित्व जनता को सही दिशा प्रदान करना है। इसके लिए उसमें तकनीकी एवं व्यावसायिक ज्ञान का होना

आवश्यक है। यहीं पर पत्रकार की नैतिकता का आकलन होता है जहाँ वह आजीविका से ऊपर उठकर सामाजिक चेतना से भरा पत्रकारिता को एक मिशन रूप में ग्रहण करता है।

प्रबन्धन न केवल अपने प्रकाशन का लक्ष्य तय करता है, अपितु अपने समाचार-पत्र के पत्रकारों को विभिन्न तरीकों से लक्ष्य प्राप्ति की दिशा में प्रोत्साहित भी करता है। पत्रकारों के कार्य को सुचारु रूप से एवं समय पर प्रकाशित करने एवं वितरित करने का कार्य प्रबन्धन ही करता है। आज समाचार-पत्र प्रबन्धन एक चुनौतीपूर्ण कार्य हो गया है। पाठकों की सामान्यतः निम्न क्रय शक्ति और शिक्षा के मद्देनजर आज का प्रबन्धन उत्पादन और विपणन की समस्याओं से संघर्षरत है।

5:7:2 प्रबन्ध सम्पादक की भूमिका

समाचार-पत्र में मुख्य रूप से दो प्रभाग होते हैं–(1) सम्पादकीय और (2) प्रबन्धन। सम्पादक समाचारों के प्रकाशन की शुद्धता एवं जीवन्तता से जुड़ा होता है, वहीं प्रबन्ध सम्पादक प्रकाशन के लिए अधिक सुदृढ़ीकरण के लिए प्रयत्नशील होता है। इसका मुख्य कार्य पत्रकारों एवं प्रबन्धकों के व्यावसायिक हितों के बीच तालमेल बनाए रखना है। प्रबन्ध-सम्पादक विभिन्न विभागों के सम्पर्क में रहता है एवं व्यवस्था सम्बन्धी सभी कार्यों को देखता है। वह चाहे किसी केन्द्र से प्रकाशित होनेवाले विभिन्न संस्करणों का समय हो या किसी स्थान विशेष के अंक की बढ़ती प्रसार संख्या का प्रश्न हो, या चाहे टेलीप्रिण्टर व्यवस्था या समाचार एजेंसियों का मुद्दा हो। विभिन्न केन्द्रों को भेजी जानेवाली सामग्री या वहीं से प्राप्त होनेवाली सामग्री, साधारण स्तर की भर्ती, कर्मचारियों के वेतन तथा कल्याण कार्य हेतु उचित वातावरण बनाने जैसे कार्यों को प्रबन्ध सम्पादक देखता है। अपने संवाददाताओं की आवश्यकता के अनुरूप उनकी यात्रा की व्यवस्था, विशेष सरकारी अनुमति-पत्रों की व्यवस्था, उनका अधिस्वीकरण (Accreditation) साथ ही उनको अपने कार्य के लिए उपर्युक्त संचार सम्बन्धी या यात्रा सम्बन्धी सुविधाएँ उपलब्ध कराना या उनकी व्यवस्था कराने का कार्य प्रबन्ध सम्पादक ही करता है। उनकी दृष्टि इस बात पर भी रहती है कि अगली पीढ़ी के लोग भी लेखन कार्य में समय के साथ आगे आते रहें।

समाचार-पत्र की संवैधानिक अथवा न्यायिक आवश्यकताओं की पूर्ति करने का कार्य भी प्रबन्ध-सम्पादक के पास ही रहता है। आमतौर पर अपने क्षेत्रीय संवाददाताओं की बैठकें आयोजित करना एवं अपने पत्र के बारे में उनकी तथा पाठकों की राय जानने का कार्य प्रबन्ध-सम्पादक ही किया करता है। राय जानकर संस्करण में उसके अनुरूप संशोधन करना, उनके समय के पुनर्निर्धारण

एवं उसी के अनुरूप कम्पोजिंग एवं पेज बनाने के समय में भी परिवर्तन किया जाता है। प्रबन्ध सम्पादक का एक अत्यन्त महत्त्वपूर्ण कार्य है डाक एवं तार विभाग से सम्बन्धित तार, टेलीफोन, टेलीप्रिण्टर, फैक्स के अधिकारियों के साथ सम्पर्क स्थापित कर व्यवस्था को सुचारु बनाए रखना। प्रबन्ध-सम्पादक किसी भी समाचार-पत्र संस्थान के लिए रीढ़ का कार्य करता है। उसकी कार्य क्षमता एवं प्रशासकीय कला कुशलता पर ही समाचार-पत्र का भविष्य आधृत होता है। समाचार-पत्र प्रकाशन में वह एक सफल नाविक की भूमिका का निर्वाह करता है।

5:7:3 प्रबन्धन के प्रकार

मुख्य रूप से प्रबन्धन तीन भागों में बँटा है :

(क) विज्ञापन प्रबन्धन, (ख) प्रसार प्रबन्धन और (ग) कार्यालय प्रबन्धन।

(क) विज्ञापन प्रबन्धन

अमेरिकन एसोसिएशन ऑफ एडवर्टाइजिंग एजेंसीज के भूतपूर्व अध्यक्ष एफ.आर. गैम्बल ने विज्ञापन प्रबन्धन को परिभाषित करते हुए कहा है, "उत्पादन में मशीन का जो काम है वही काम विज्ञापन का वितरण में है। मशीन के उपयोग से हमारी वस्तुओं का उत्पादन बहुत बढ़ जाता है। विज्ञापन जैसे सामूहिक माध्यम के उपयोग से विक्रय के प्रयास में तेजी आ जाती है। विज्ञापन वितरण को बढ़ाता है। विज्ञापन कम लागत पर अधिक-से-अधिक लोगों तक पहुँचाता है, विक्रय के प्रयासों को गति प्रदान करता है और भावी ग्राहकों की संख्या बढ़ाता है। अतः विशाल उत्पादन और अधिक उपभोग वाली अर्थ-व्यवस्था में विज्ञापन से ग्राहक पाने की अधिक-से-अधिक सम्भावना रहती है।"

सारांश यह कि जनसम्पर्क और विज्ञापन विजय की युक्तियाँ हैं। दोनों ही युक्तियों का लक्ष्य उत्पादों, व्यक्तियों या कम्पनियों की ओर जनता का ध्यान आकर्षित करना होता है। उनके आधारभूत लक्ष्य बहुत कुछ एक जैसे होते हैं। कहा गया है कि यदि प्रसार किसी समाचार-पत्र के वित्तीय साधनों की कुंजी है तो विज्ञापन उसकी साँस है।

विज्ञापन के स्रोत—समाचार-पत्रों को कई स्रोतों से विज्ञापन प्राप्त होते हैं। समाचार-पत्रों के स्वयं विज्ञापन विभाग होते हैं। वे अनेक प्रकार के ग्राहकों से विज्ञापन प्राप्त करते हैं। इस विभाग में विज्ञापन प्राप्त करनेवाले या तो पूर्णकालिक आधार पर या अंशकालिक आधार पर या वेतन पर या कमीशन पर नियुक्त किए जाते हैं। इसके अतिरिक्त सीधे सम्बन्धित पक्षों से भी विज्ञापन

प्राप्त होते हैं। बड़े व्यापारिक उपक्रमों के अपने स्वयं के विज्ञापन विभाग होते हैं। किन्तु प्रवृत्ति यह है कि वे अपने विज्ञापन किसी विज्ञापन एजेंसी को दे देते हैं। विज्ञापन एक विशेषीकृत व्यवसाय बन गया है और अब किसी एक फर्म के लिए यह सम्भव नहीं है कि अपना माध्यम चुनने के लिए वह सभी आवश्यक जानकारी और आधार सामग्री एकत्र करे, फिर विज्ञापनों के विन्यास की प्रक्रिया के दौर से गुजरे, विज्ञापन भेजे, यह बताए कि विज्ञापन किन तारीखों को और समाचार-पत्र में किस स्थान पर प्रकाशित किया जाए। फिर देखें कि विज्ञापन ठीक छपा है या नहीं, तब बिलों की जाँच करे और उनका भुगतान करे। यह सारा कार्य विज्ञापन एजेंसियों के द्वारा किया जाता है और उन्हें इस कार्य के लिए रकम दी जाती है।

मान्यता प्राप्त एजेंसियों के अतिरिक्त अनेक ऐसी एजेंसियाँ होती हैं जो मान्यता प्राप्त नहीं होती हैं, फिर भी उनके जरिए विज्ञापन प्राप्त होते हैं। समाचार-पत्र कार्यालय के विज्ञापन विभाग को इन सभी एजेंसियों और विज्ञापन के स्रोतों से सम्पर्क बनाए रखना होता है। विज्ञापन प्रबन्धक को इस बात की सतर्कता बरतनी होती है कि जो विज्ञापन दूसरे समाचार-पत्रों को मिलें वे उसके समाचार-पत्र को भी मिलें और उनसे भी अधिक संख्या में मिलें।

विज्ञापन के साधन—अधिकाधिक विज्ञापन प्राप्ति के लिए प्रबन्धन को प्रयत्नशील होने के साथ-साथ क्षेत्र विशेष की भौगोलिक तथा आर्थिक स्थितियों का भी ज्ञान होना चाहिए। उसे अपने समाचार-पत्र, उसकी सम्पादकीय नीति, उसके प्रभाव तथा प्रसार का भी पूरा ज्ञान होना चाहिए। उसे विज्ञापन के क्षेत्र में महत्त्वपूर्ण व्यक्तियों से घनिष्ठ सम्पर्क रखना चाहिए। उसमें इतनी योग्यता होनी चाहिए कि ग्राहक को अपनी बातों से सन्तुष्ट करे तथा उससे विज्ञापन प्राप्त करने में सफल हो।

प्रत्येक समाचार-पत्र की स्वयं की विज्ञापन दरें होती हैं। ये दरें सामान्यतः दर-कार्ड पर छपी रहती हैं। विज्ञापन दरें अनेक बातों पर निर्भर होती हैं, जैसे समाचार के पाठक किस वर्ग के हैं, उनकी क्रय क्षमता कैसी है और समाचार-पत्रों में प्रतियोगिता कितनी है। विज्ञापनदाता इन बातों पर विचार करते हैं कि समाचार-पत्र का प्रसार कितना है, समाचार-पत्र कितने वर्षों से चल रहा है, समाचार-पत्र के पाठक किस वर्ग के हैं, समाचार-पत्र कितने क्षेत्र में पढ़ा जाता है आदि।

प्रायः सभी समाचार-पत्र अपने विज्ञापन व्यवसाय की वृद्धि के लिए देश के प्रमुख व्यावसायिक केन्द्रों पर अपने व्यवसाय प्रतिनिधि नियुक्त करते हैं जिनका कार्य अपने प्रकाशन की प्रसार संख्या, पाठक संख्या और अन्य विशेषताओं के आधार पर विज्ञापन एजेंसियों और सीधे विज्ञापनदाताओं से

विज्ञापन प्राप्त करना होता है। इन प्रतिनिधियों को अपने प्रकाशन के सम्बन्ध में सम्पूर्ण और नवीनतम जानकारी विज्ञापन विभाग द्वारा उपलब्ध कराई जाती है। साथ ही अन्य प्रतियोगी प्रकाशनों के सम्बन्ध में भी आवश्यक जानकारी उपलब्ध कराई जाती है। विज्ञापन विभाग अपने प्रतिनिधियों के माध्यम से यह भी जानने का प्रयास करता है कि प्रतियोगी प्रकाशनों द्वारा अपने व्यवसाय की वृद्धि के लिए क्या-क्या कदम उठाए जा रहे हैं।

विज्ञापन प्रबन्धन का कार्य—इसका सबसे महत्त्वपूर्ण कार्य भुगतान स्थिति पर नियन्त्रण रखना है। अधिकांश समाचार-पत्रों में 80 प्रतिशत विज्ञापन उधार छापे जाते हैं। प्रतिष्ठित विज्ञापन एजेंसी और विज्ञापनदाताओं के विज्ञापन उधार पर प्रकाशित तो कर दिए जाते हैं, किन्तु उनकी भुगतान स्थिति पर निरन्तर नजर रखना बहुत आवश्यक होता है। निर्धारित अवधि से अधिक होते ही भुगतान प्राप्त करने हेतु कदम उठाने पड़ते हैं। इन कदमों में विज्ञापन रोकने, जिस क्षेत्र की एजेंसी या विज्ञापनदाता हो उस क्षेत्र के अपने कार्यालय को वसूली हेतु निर्देश देने, आगे के विज्ञापन अग्रिम भुगतान पर ही स्वीकार करने या फिर कानूनी कार्यवाही करने जैसे कदम हैं। सामान्यतः कानूनी कार्यवाही उसी दिशा में की जाती है जबकि अन्य किसी प्रकार से भुगतान प्राप्त होने की सम्भावना नहीं रहती। यह विज्ञापन विभाग की जागरूकता और परिस्थितियों के सही आकलन पर निर्भर करता है कि भुगतान की स्थिति भी नियन्त्रण में रहे और व्यावसायिक सम्बन्ध भी सामान्य बने रहें।

समाचार-पत्रों में प्रकाशित होनेवाले कुछ विज्ञापन आपत्तिजनक होते हैं। ये जनता के लिए नैतिक दृष्टि से हानिकारक हैं। कुछ विज्ञापन गुमराह करनेवाले होते हैं। कई ऐसे विज्ञापन हैं जो यौन भावनाओं को उत्तेजित करते हैं, उनमें दिए गए चित्र आपत्तिजनक होते हैं। विज्ञापन प्रबन्धन की यह जवाबदेही बनती है कि वह ऐसे विज्ञापनों पर प्रतिबन्ध लगावे।

(ख) प्रसार प्रबन्धन

किसी भी समाचार-पत्र प्रबन्धन का सबसे महत्त्वपूर्ण कार्य है अपने उत्पाद को उपभोक्ताओं तक पहुँचाना। इसका विक्रय करना, इसके बारे में उपभोक्ताओं की जानकारी करना, नए उपभोक्ता तैयार करना तथा अन्य सभी प्रतियोगी समाचार-पत्रों के मध्य अपनी स्थिति को सुदृढ़ बनाए रखना प्रसार प्रबन्धन के कार्य क्षेत्र के अन्तर्गत आता है। किसी भी समाचार-पत्र में आमदनी के दो साधन हैं—प्रसार और विज्ञापन। इसमें प्रसार समाचार-पत्र की सफलता की पहली शर्त है। यदि प्रसार बढ़ता है तो समाचार-पत्र प्रकाशन की लागत कम हो जाती है और अधिक प्रतियों की बिक्री से अधिक आमदनी होती है। विज्ञापन से प्रसार

का प्रत्यक्ष सम्बन्ध होता है। प्रसार में वृद्धि होने पर विज्ञापनों से उसकी आमदनी बढ़ जाती है क्योंकि प्रसार के अधिक होने से उसकी प्रतिष्ठा बढ़ जाती है और वह विज्ञापन की दरें बढ़ा सकता है। इसीलिए प्रत्येक समाचार-पत्र दूसरे समाचार-पत्रों के साथ प्रतिस्पर्द्धा के विभिन्न तरीके अपनाकर अपना प्रसार बढ़ाने का भरसक प्रयत्न करता है। प्रसार अपने आप में महत्त्वपूर्ण होता है और विज्ञापन प्राप्ति की दृष्टि से भी महत्त्वपूर्ण होता है। किसी भी समाचार-पत्र को कितने विज्ञापन मिलते हैं और किन दरों पर मिलते हैं, यह इस बात पर निर्भर होता है कि उस समाचार-पत्र का प्रसार कितना है।

समाचार-पत्र की अर्थ-व्यवस्था का यह सामान्य पहलू है कि इसकी बिक्री से जितनी राशि प्राप्त होती है वह केवल इतनी होती है कि उससे समाचार-पत्र के प्रकाशन के व्यय–जिसमें सम्पादकीय कर्मचारियों, प्रबन्धकीय कर्मचारियों तथा मुद्रण पर आनेवाला लाभ शामिल होता है–का एक भाग ही पूरा हो सकता है, समाचार-पत्र की बिक्री के निम्नलिखित प्रचलित तरीके हैं।

1. सीधा विक्रय–आमतौर पर सीधा विक्रय समाचार-पत्र के प्रकाशन स्थल पर ही होता है। बड़े शहरों में कई विक्रय केन्द्र भी हो सकते हैं। वितरक (हाकर्स) स्वयं प्रतिदिन कार्यालय या विक्रय केन्द्र पर आकर नकद भुगतान कर समाचार खरीदते हैं। इनके साथ किसी प्रकार का अनुबन्ध नहीं होता और न ही इनसे किसी तरह की धरोहर राशि ली जाती है। परोक्ष रूप से ये सभी वितरक सीधे कार्यालय से जुड़े रहते हैं।

2. थोक विक्रेता–ये सभी प्रायः प्रकाशन केन्द्रों पर ही देखने को मिलते हैं। कुछ बड़े शहरों में भी समाचार-पत्र इन विक्रेताओं के माध्यम से बेचे जाते हैं। इसकी सबसे बड़ी सुविधा यह है कि आपको केवल एक ही व्यक्ति से लेन-देन करना होता है। शहर के सभी वितरक फिर इस व्यक्ति से अपना माल लेते रहते हैं।

3. स्थानीय विक्रेता–प्रकाशन केन्द्रों के अलावा अन्य स्थानों पर विक्रेताओं की नियुक्ति की जाती है। छोटे-बड़े स्थान के अनुसार ये विक्रेता समाचार-पत्र भी बेच सकते हैं। कहीं-कहीं आवश्यकता होने पर एक से अधिक विक्रेताओं की नियुक्तियाँ भी करनी पड़ सकती हैं। इन विक्रेताओं के अपने व्यक्ति हो सकते हैं जो समाचार-पत्र बाँटने का काम करते हैं। या इनके प्रतिनिधि भी इनसे कमीशन के आधार पर नियमित समाचार-पत्र खरीद सकते हैं।

4. चन्दे से सीधी बिक्री–आज भी हमारे देश में अनेक गाँव ऐसे हैं, जो किसी भी तरह की यातायात व्यवस्था से नहीं जुड़े हैं। ऐसे अधिकतर छोटे गाँव होते हैं। वहाँ किसी विक्रेता की नियुक्ति करना आर्थिक दृष्टि से सम्भव नहीं है। जिस व्यक्ति या संस्था को समाचार-पत्र की आवश्यकता होती है वह

उस समाचार-पत्र का तिमाही, छमाही या वार्षिक चन्दा भेज देते हैं तथा उनको डाक के द्वारा नियमित रूप से समाचार-पत्र भेज दिया जाता है। देश के दूर-दराज के शहरों में भी कई पुस्तकालय, कार्यालय या व्यक्ति चन्दा भेजकर समाचार-पत्र मँगाते हैं।

प्रसार के तत्त्व—समाचार-पत्र का प्रसार कई बातों पर निर्भर होता है। जैसे :

1. सम्पादकीय नीति तथा प्रस्तुतीकरण
2. समाचारों तथा रूपकों की सज्जा
3. समाचार-पत्र का अपना निजीपन
4. सार्वजनिक हित का माध्यम
5. अच्छा मुद्रण

प्रसार के प्रतिकूल कारण—भारत में समाचार-पत्रों का प्रसार अनेक प्रतिकूल कारणों से कम है। इसमें निम्नलिखित कारणों को देखा जा सकता है :

1. साक्षरता का निम्न स्तर—समाचार-पत्र प्रसार में प्रतिकूल स्थिति का सबसे पहला कारण साक्षरता का निम्न स्तर है। भारत में खासकर देहातों में अभी भी साक्षरता की दर बहुत ही कम है। प्रायः वहाँ के लोग इतने निरक्षर हैं कि समाचार-पत्र वे पढ़ ही नहीं पाते। इसलिए उनके लिए इसका न तो कोई अर्थ है और न ही मूल्य। परिणामतः समाचार-पत्र के प्रसार में बाधा होती है।

2. अल्प आय—समाज में चाहे वे शहरी क्षेत्र के हों या देहाती क्षेत्र के उन लोगों की संख्या ही अधिक है जिनकी आमदनी इतनी नहीं है कि वे अखबार खरीद कर पढ़ सकें। वैसे लोग यदि वे साक्षर भी होते हैं तो चाहकर भी अखबार खरीदकर पढ़ने में कोई रुचि नहीं दिखलाते। वे या तो चाय की दुकानों पर या अन्यत्र कहीं जाकर समाचार पढ़ लिया करते हैं। इसलिए समाचार-पत्र के प्रसार में आय तत्त्व भी एक बाधा है।

3. परिवहन की असुविधा—समाचार-पत्र के प्रसार में परिवहन की मुख्य भूमिका होती है। किसी भी समाचार-पत्र के प्रसार प्रबन्धक को उपलब्ध सड़क, रेल तथा वायुयान परिवहन सुविधाओं का बराबर ध्यान रखना पड़ता है। परिवहन की असुविधा होने से समाचार-पत्र सुदूर क्षेत्रों में पहुँचा पाना कठिन होता है। परिणामतः समाचार-पत्र के प्रसार में बाधा उत्पन्न होती है।

4. समय का संकट—परिवहन की असुविधा के कारण समाचार-पत्र पहुँचने में बहुत अधिक समय लग जाता है। तब तक लोगों में समाचार जानने की ललक और रुचि दोनों कम हो जाती है।

5. भाषा की भिन्नता—भारत में समाचार-पत्रों का बहुत अधिक प्रसार

न होने का सबसे बड़ा कारण है देश में अनेक भाषाओं का होना। भारत के संविधान की आठवीं अनुसूची में 15 प्रधान भाषाएँ बताई गई हैं। प्रायः सभी भाषाओं में समाचार-पत्र छपते हैं। लोग अपनी क्षमता के अनुसार अखबार खरीदते भी हैं। इससे किसी एक भाषा में समाचार-पत्र का प्रसार उतना नहीं होता जितना होना चाहिए। भाषागत भिन्नता के आधार पर बँटे होने के कारण अखबारों की बिक्री भी प्रभावित होती है। इसीलिए भाषागत भिन्नता के कारण प्रसार बाधित होता है।

प्रसार प्रबन्धक का दायित्व—प्रसार प्रबन्धक को एक कुशल चिकित्सक की तरह होना चाहिए जो पाठकों की नब्ज पहचाने। उसके सामने एक चार्ट होता है जिसमें दर्शाया जाता है कि किस केन्द्र में उसके समाचार-पत्र का कितना प्रतिशत प्रसार (circulation) हो रहा है। कहीं-कहीं इसमें प्रतिस्पर्धी समाचार-पत्रों के प्रसार के आँकड़े भी होते हैं। वह निरन्तर यह प्रयास करता है कि उसके समाचार-पत्र का प्रसार बढ़े। यदि किसी केन्द्र में प्रसार में गिरावट आती है तो वह अपने कर्मचारियों को गिरावट के कारण ज्ञात करने और स्थिति को सुधारने के लिए भेजता है। वह किसी भी बड़ी कम्पनी के मार्केटिंग मैनेजर जैसा होता है जो बाजार पर हमेशा नजर रखता है और उसकी प्रवृत्तियों का विश्लेषण करता है। सम्पादकीय विभाग चाहे कितना ही अच्छा समाचार-पत्र निकाले किन्तु जब तक उसका विक्रय कुशलतापूर्वक न हो तब तक कोई लाभ नहीं होता। यह कार्य प्रसार-प्रबन्धक का होता है। समाचार-पत्र के वितरण का उचित प्रबन्ध करना और समाचार-पत्र के विलम्ब से मिलने या न मिलने की शिकायतों की जाँच कराने का कार्य तथा उस पर अमल करने का कार्य भी प्रसार प्रबन्धक का ही है। प्रसार प्रबन्धक का यह उत्तरदायित्व बनता है कि वह सम्पूर्ण वितरण प्रणाली पर और समाचार-पत्र के पार्सलों को भेजे जाने के तरीके पर नजर रखे। परिवहन प्रणाली और वाहनों के आने-जाने के समय में जो भी परिवर्तन हो उसे उसका ध्यान रखते हुए तदनुसार व्यवस्था करने का दायित्व होता है। इसलिए समाचार-पत्र प्रबन्धन में प्रसार प्रबन्धक की बड़ी ही अहम भूमिका होती है।

स्वतन्त्रता के बाद भारत में समाचार-पत्रों के प्रसार में बहुत वृद्धि हुई है। हिन्दी राष्ट्रभाषा है और हिन्दी में समाचार-पत्रों के प्रसार की अधिक सम्भावनाएँ उत्पन्न हो गई हैं। हिन्दी भाषी जनता की संख्या लगभग 40 करोड़ है। यह सबसे बड़ा समूह है जो एक भाषा-भाषी है। इसलिए हिन्दी भाषा की पत्र-पत्रिकाओं का भविष्य उज्ज्वल है।

(ग) कार्यालय प्रबन्धन

प्रबन्धक वर्ग का कार्य अत्यन्त व्यापक होता है। पूँजी इकट्ठी करने से लेकर स्वामित्व के किसी भी एक आधार पर समाचार-पत्र को चलाना उसका पहला

काम है। उसे कार्यालय का गठन करना होता है, मुद्रणालय की स्थापना करनी होती है। सम्पादक, प्रबन्धक, विज्ञापन-प्रबन्धक, प्रसार-प्रबन्धक तथा मुद्रणालय-अधीक्षक सहित सारे कर्मचारियों की नियुक्ति भी बहुत महत्त्वपूर्ण कार्य है। इसमें कर्मचारियों का चुनाव बड़ी सावधानी से करना होता है जिससे कि सभी विभागों के लिए अखबारी कागज और छपाई की स्याही जैसे कच्चे माल की खरीद करनेवाले विभाग सहित उपयुक्त कर्मचारी प्राप्त हो सकें।

यह विदित है कि समाचार-पत्र का प्रकाशन अब न केवल एक मिशन रह गया है बल्कि व्यवसाय से भी जुड़ गया है। इसलिए इसके सुचारु संचालन के लिए कार्यालयीय प्रबन्धन की महत्त्वपूर्ण भूमिका हो गई है। इस प्रंबन्धन के अन्तर्गत निम्नलिखित विभाग आते हैं :

1. प्रशासन विभाग (Administrative Department)—प्रशासन की कुशलता में ही कार्यालय प्रबन्धन का सम्पूर्णत्व निहित होता है। हर संस्थान में कर्मचारियों की नियुक्ति, उनका प्रशिक्षण, कार्य-व्यवस्था, उनकी वैधानिक आवश्यकताओं आदि का संचालन करने के लिए एक प्रशासनिक विभाग आवश्यक होता है। इस विभाग का यह कार्य होता है कि वह कर्मचारियों की उपस्थिति, उनके अवकाश आदि का लेखा-जोखा तथा वेतन भुगतान आदि का हिसाब-किताब रखे। इसके अन्तर्गत चपरासी, चौकीदार, वाहन-चालक आदि का ड्यूटी चार्ट बनाना तथा उनकी छुट्टियों और ओवरटाइम का रिकार्ड रखना होता है। आवश्यकता पड़ने पर कर्मचारियों को चेतावनी पत्र भी प्रशासनिक विभाग द्वारा ही जारी किया जाता है। इसके अतिरिक्त वैधानिक एवं कानूनी कार्यवाही के लिए यही विभाग पूर्ण रूप से उत्तरदायी है। इसके ऊपर कर्मचारियों की भर्ती एवं प्रशिक्षण की भी जिम्मेदारी होती है। संस्था की सुरक्षा का दायित्व भी प्रशासनिक विभाग पर होता है। कुल मिलाकर इस विभाग के अन्तर्गत निम्नलिखित कार्य आते हैं :

1. कर्मचारियों से सम्बन्धित कानूनी मुद्दों पर कार्यवाही।
2. दुर्घटनाओं की जाँच।
3. कर्मचारी संघों की माँगों पर कार्यवाही।
4. बीमा, पुलिस आदि विभागों को सूचना देना तथा उनसे पत्र प्राप्त करना।

2. लेखा विभाग (Account Department) : किसी भी व्यवसाय के लिए आय-व्यय का सम्पूर्ण लेखा-जोखा रखना महत्त्वपूर्ण होता है। इसके आधार पर ही यह पता चलता है कि व्यवसाय के अन्तर्गत कितना लाभ हो रहा है। या उद्योग कितने घाटे में है। इसी आय के आधार पर वस्तुओं का बाजार मूल्य भी निर्धारित होता है। इसके अलावे उद्योग की आर्थिक स्थिति को मजबूत बनाने

के लिए माध्यमों की तलाश भी आवश्यक है। इन सारी जानकारियों के लिए लेखा विभाग ही मूल स्रोत का कार्य करता है।

लेखा विभाग पूरी आय का विस्तार से विवरण रखता है। समाचार-पत्र में काम आनेवाली सामग्री अखबारी कागज, स्याही, फिल्म, ब्लॉक, प्लेट आदि का लेखा-जोखा इसी विभाग के अन्तर्गत आता है। लेखा विभाग में ही कर्मचारियों के वेतन, उसमें से की जानेवाली कटौतियाँ तथा अन्य सभी तरह के भुगतान का हिसाब-किताब रखा जाता है।

लेखा विभाग का यह दायित्व है कि वह अपनी निगरानी में आयकर, सीमा शुल्क, भारत में समाचार-पत्रों के पंजीयक कार्यालय तथा कम्पनी लॉ बोर्ड जैसी संस्थाओं को संवैधानिक आवश्यकताओं की पूर्ति हेतु समय-समय पर सूचनाएँ उपलब्ध कराए तथा इंडियन न्यूज पेपर सोसायटी और ऑडिट ब्यूरो ऑफ सर्कुलेशन जैसी संस्थाओं की आवश्यकताओं के अनुरूप अपने संस्थान के अभिलेखों को वांछित अवधि तक सुरक्षित रखने का जिम्मा भी इसी विभाग का है।

लेखा विभाग का एक महत्त्वपूर्ण कार्य यह भी है कि वह अपनी संस्था के निर्धारित बैंक से सम्बन्धित सभी कार्य समय पर पूर्ण करे और समय पर सही सूचनाएँ उपलब्ध कराये। बैंक या वित्तीय संस्थानों से ऋण प्राप्त करने के लिए आवश्यक सभी सूचनाओं की तैयारी एवं ऋण प्राप्त करने के बाद समय पर उसके भुगतान की व्यवस्था करना तथा विभिन्न व्यक्तियों एवं संस्थाओं से व्यापारिक अनुबन्ध करने आदि का कार्य लेखा शाखा द्वारा ही किया जाता है।

3. वित्तीय प्रबन्धन विभाग (Financial Management Department) : किसी भी संस्था के लिए वित्तीय प्रबन्धन एक निश्चित आवश्यकता है। वित्तीय प्रबन्धन से अभिप्राय है वित्तीय संसाधनों की आवश्यकता के अनुरूप उपलब्ध कराना अथवा वित्तीय संसाधनों को इस प्रकार नियोजित करना कि जब-जब आय में छूट हो, तब-तब व्यय की नियमित स्थिति बरकरार रहे। किसी भी समाचार-पत्र संस्थान में पूँजी नियोजन और प्रबन्धन के लिए कुछ मूलभूत सूचनाएँ विभिन्न विभागों से एकत्रित करनी होती हैं। जैसे :

1. वितरण विभाग से—समाचार-पत्र विक्रय से आय, विकास की दर, कुल पृष्ठों की संख्या, विशेषांकों एवं परिशिष्टों का विवरण, विक्रेताओं को देय कमीशन, प्रतियोगी समाचार-पत्र के बारे में जानकारी आदि से सम्बन्धित सूचनाएँ वितरण विभाग से ही मिलती हैं। इन सूचनाओं को आगामी वर्ष की योजनाओं के लिए भी उतना ही महत्त्वपूर्ण माना जाता है।

2. विज्ञापन विभाग से—विज्ञापनों से हुई आय, उनकी विकास दर तथा विज्ञापन विशेषांकों का ब्यौरा आदि सूचनाएँ प्राप्त होती हैं। इसके द्वारा अपने

विभिन्न कार्यालयों तथा विज्ञापन प्रतिनिधियों के कार्यों का भी आकलन किया जाता है।

3. लेखा विभाग से—इस विभाग से वेतन और मजदूरी पर वार्षिक वृद्धि का ब्यौरा प्राप्त होता है। नवीनतम तलपट, बैलेन्स शीट, अखबारी कागज का क्रय मूल्य, बैंकों एवं वित्तीय संस्थानों से प्राप्त ऋण की भुगतान किश्तों का विवरण, आयकर, सम्पत्तिकर एवं विभिन्न योजनाओं में देय राशि का ब्यौरा, कागज की खरीद-बिक्री तथा ऋण सम्बन्धी जानकारी प्राप्त होती है।

उपर्युक्त सूचनाओं को आधार मानकर आगामी वित्तीय नीति-सम्बन्धी प्रस्ताव वित्त विभाग तैयार करता है। वित्तीय नीति सम्बन्धी प्रस्ताव के कुछ प्रमुख मुद्दे निम्नलिखित हैं :

(क) नई मशीन उपकरण सम्बन्धी नीति
(ख) विक्रय मूल्य निर्धारण नीति
(ग) भण्डार पुनर्मूल्यांकन नीति
(घ) बीमा नीति
(ङ) सेवा निवृत्ति एवं पेंशन नीति

वित्त विभाग द्वारा ये सभी आकलन प्रस्ताव रूप में संस्थान के शीर्ष प्रबन्धक मण्डल या प्रबन्धक के पास भेजे जाते हैं। प्रबन्धकों द्वारा प्रस्ताव अनुमोदित होने के बाद मशीनरी एवं अन्य सम्पत्तियों, जैसे—वाहन, कार्यालय उपकरण, फर्नीचर, भवन आदि क्रय करने की कार्यवाही की जाती है। परियोजनाओं के क्रियान्वयन के लिए वित्त की व्यवस्था की जाती है। इसके साथ ही वित्त विभाग शीर्ष प्रबन्धकों को यह भी प्रस्तावित करता है कि वित्तीय संसाधनों का नियोजन किस प्रकार किया जाना चाहिए।

कुल मिलाकर कहा जा सकता है कि जितना महत्त्व समाचार-पत्र में प्रकाशित समाचारों का है उससे कुछ कम वित्तीय प्रबन्धन विभाग का नहीं। संस्था की प्रगति एवं साख बरकरार रखने में वित्तीय प्रबन्धन की अहम भूमिका होती है। यह समाचार-पत्र प्रकाशन संस्थान की नींव का काम करता है। जिस प्रकार से किसी भी भवन के सुदृढ़ीकरण के लिए मजबूत नींव की आवश्यकता होती है उसी प्रकार से प्रेस के सुचारु संचालन के लिए प्रबन्धन विभाग मजबूत कड़ी का काम करता है।

6. हिन्दी कम्प्यूटिंग

6:1 कम्प्यूटर : परिचय

आधुनिक युग में कम्प्यूटर वैज्ञानिक प्रगति का एक बेमिसाल तकनीकी तोहफा है। यह आधुनिक गणितीय कौशल का विकसित मशीनी रूप है। आज के युग में यह हमारे जीवन का एक अभिन्न अंग बन गया है। तकनीकी की दुनिया में यह एक नवीन क्रान्ति की सूचना हैं। कम्प्यूटर को हम एक सुपर कैलकुलेटर, टाइपराइटर तथा टेलीविजन (Display) का संगम मान सकते हैं। संख्याओं को जोड़ने और घटाने की क्रिया के साथ कम्प्यूटर लिखित सामग्री और आँकड़ों को प्रदर्शित करता है तथा भविष्य के इस्तेमाल के लिए इन्हें संचित (Store) भी करता है। तकनीकी भाषा में कम्प्यूटर एक इलेक्ट्रॉनिक युक्ति है जो सूचनाओं को प्राप्त करके, कुछ निर्देशों के अनुसार उनका विश्लेषण (प्रोसेस) करके आवश्यक परिणाम प्रस्तुत करता है।

कम्प्यूटर का आदि रूप आज से पाँच हजार वर्ष पहले बेब्रोलोन में मिलता है, जहाँ लोग 'तख्ती पर धूल' बिछाकर अंक और संकेत लिखकर शीघ्रता से गणना किया करते थे। भारतीय गणितज्ञ भाष्कराचार्य ने अंकगणित को 'पात्तरीगणित' तथा 'धूलिकर्म' कहा है। इन्हीं के मूलाधार को लेकर आज इलेक्ट्रॉनिक कम्प्यूटर का आविष्कार तथा विकास हुआ। अपने प्रागैतिहासिक काल में मनुष्य ने सर्वप्रथम (Abacus) जैसी युक्ति बनाई जिसका विकास सबसे पहले चीन में हुआ। बाद में यह मिस्र, ग्रीस, रोम, जापान और रूस में प्रयुक्त हुआ। इस यन्त्र में लकड़ी के तख्ते पर कई समानान्तर तार बँधे होते हैं जिनमें पाँच या उससे अधिक मनके (गोली) लगे होते हैं। इन मनकों को एक तरफ खिसकाकर जोड़, घटाव, गुणा या भाग की क्रियाएँ की जाती हैं। इसकी सहायता से गणना काफी तेजी से की जा सकती है।

इस पद्धति के बाद जॉन नेपियर ने लगरिद्म (Logarithm) पद्धति का विकास किया, जिसके द्वारा गुणा या भाग बहुत ही आसानी तथा शुद्धता से किया जा सकता था। चूँकि यह पद्धति काफी थकानेवाली थी इसलिए जर्मन

वैज्ञानिक (William Ouzhtred) ने स्लाइड रूल यन्त्र बनाया जिसके द्वारा गुणा-भाग के अलावा भी कई प्रकार की संगणनाएँ काफी तेजी से की जा सकती थीं। 1692 ई. में एक फ्रेंच युवक ब्लेज पास्कल ने विश्व का पहला यान्त्रिक कैलकुलेटर बनाया जिसका नाम पास्कलीन रखा। यह यन्त्र एक साथ 6 व्यक्तियों के बराबर कार्य करने की क्षमता रखता था। पुनः पास्कलीन से प्रेरणा लेकर लेबनिट्ज ने कैलकुलेटर और चार्ल्स बैबेज ने डिफरेंशियल तथा एनालिटिकल एन्जिन की प्रमुखता वाले कम्प्यूटर का निर्माण किया। चार्ल्स बैबेज ने एक ऐसे यन्त्र की परिकल्पना की जिसमें कृत्रिम मेमोरी (artificial memory) हो और जिसमें दिए गए प्रोग्राम के अनुसार संगणना की जा सके। परन्तु कतिपय कारणों से वे अथक परिश्रम के बावजूद 40 वर्षों में भी अपनी परिकल्पना को साकार रूप न दे सके। तब लगभग 50 वर्ष बाद बैबेज की परिकल्पना को अमेरिकन वैज्ञानिक हर्मन होलेरिथ ने साकार किया।

द्वितीय विश्वयुद्ध के दौरान कम्प्यूटर विज्ञान के क्षेत्र में बहुत तेजी से विकास हुआ क्योंकि इनका प्रयोग सेना एवं सुरक्षा व्यवस्था में किया जाने लगा। सभी प्रकार के सैन्य एवं महत्त्वपूर्ण सन्देशों को गुप्त (स्यूडो/कोडेड) भाषा में भेजा जाता था। जिसके लिए कम्प्यूटर का उपयोग किया जाने लगा था। 1937 में ब्रिटिश गणितज्ञ एलन ट्यूरिंग ने सिद्धान्त रूप में दर्शाया कि कितनी ही जटिल समस्या को छोटे-छोटे भागों में बाँटकर सरलता से हल किया जा सकता है। पुनः 1946 में अमेरिकी सरकार के मार्ग-दर्शन में बने एनीयक नामक विश्व के प्रथम इलेक्ट्रॉनिक कम्प्यूटर में स्विच के रूप में इलेक्ट्रॉनिक वाल्व (वैक्यूम ट्यूब) का प्रयोग किया गया। 4 लाख डालर की कीमत से बना यह कम्प्यूटर पूरी तरह से स्वचालित रूप से गणना कार्य करता था। इसीलिए इसे विश्व का प्रथम कम्प्यूटर माना गया। इसके बाद इलेक्ट्रॉनिक वैक्यूम वाल्व पर आधारित अनेक कम्प्यूटर एक के बाद एक बने जिन्हें प्रथम जेनरेशन का कम्प्यूटर माना गया। दूसरे जेनरेशन में बने कम्प्यूटर ने तकनीकी दृष्टि से विकास करते हुए ट्रांजिस्टर के आविष्कार से वाल्व के द्वारा उत्पन्न होनेवाले शोर तथा गर्मी की समस्या को काफी हद तक हल कर दिया। ट्रांजिस्टर के प्रयोग से कम्प्यूटर का आकार भी छोटा हुआ। इसके बाद टेक्सास इंस्ट्रूमेंट कम्पनी के जे.एस. किल्वी ने 1958 में एक छोटे से चित्र के रूप में इंटीग्रेटेड सर्किट बनाया जिसे (I.C.) कहा जाने लगा। चिप से बने हुए कम्प्यूटरों को तीसरी जेनरेशन का कम्प्यूटर कहा गया, जिसे मिनी कम्प्यूटर के रूप में भी देखा गया। इसमें छोटे साइज के डॉट-मैट्रिक्स (Dot-matrix) प्रिण्टर भी बनने लगे। फोरट्रॉन तथा कोबोल जैसी प्रोग्रामिंग भाषाओं का उद्‌भव भी इन्हीं दिनों हुआ। इसमें कम्प्यूटर के साथ-साथ टी.वी. जैसे छोटो मॉनीटरों का प्रचलन भी हुआ।

चिप के कमर्शियल हो जाने के कारण सभी कम्प्यूटर वैज्ञानिक चिप के साइज को छोटे-से-छोटा बनाने के प्रयास में जुटे। लेकिन अन्ततः 1976 में अमेरिका के दो विद्यार्थियों–स्टीव बोजनाइक तथा स्टीव जॉव ने बहुत कम खर्च में एक बहुत छोटे आकार का कम्प्यूटर बना डाला। उन्होंने इसके साथ विजुअल डिस्प्ले यूनिट (मॉनीटर) जोड़कर एक बक्से के आकार का माइक्रो-कम्प्यूटर बना डाला, जिसके द्वारा कम्प्यूटर की दुनिया में क्रान्ति आ गई और इस तरह से माइक्रो-कम्प्यूटर चौथी जेनरेशन के कम्प्यूटरों के रूप में पूरे विश्व के बाजार में छा गए।

6:1:1 कम्प्यूटर के प्रकार (Types of Computer)

कम्प्यूटर के अनेक प्रकार और उप-प्रकार हैं लेकिन आम जनता का जिस प्रकार के कम्प्यूटर से साक्षात्कार होता है वे इलेक्ट्रॉनिक डिजिटल पर्सनल कम्प्यूटर होते हैं। इलेक्ट्रॉनिक कम्प्यूटर की तीन श्रेणियाँ हैं :

1. **एनालॉग कम्प्यूटर**–यह एक विशिष्ट प्रकार का कम्प्यूटर है जिसका उपयोग किसी भौतिक प्रतिक्रिया का मॉडल बनाकर उस प्रतिक्रिया को निरन्तर सुचारु रूप से जारी रखने का निर्देश देने के लिए होता है। इस प्रकार के कम्प्यूटर अब सिर्फ प्रयोगशालाओं तक सीमित रह गए हैं।

2. **डिजिटल कम्प्यूटर**–वे कम्प्यूटर हैं जो करोड़ों की संख्या में आम जनता की सेवा विश्व के कोने-कोने में कर रहे हैं और तेजी से बढ़ते जा रहे हैं।

माइक्रो कम्प्यूटर–इन्हें व्यवहार में सिर्फ माइक्रो कहा जाता है। ये सबसे अधिक प्रचलन में हैं क्योंकि ये बहुत छाटे आकार के और टेबुल पर रखे जाने योग्य होते हैं और आम व्यावसायिक आदमी की क्रय क्षमता के अन्तर्गत आते हैं। ये चार प्रकार के होते हैं :

1. पर्सनल कम्प्यूटर, 2. होम कम्प्यूटर, 3. एजुकेशनल कम्प्यूटर, 4. इलेक्ट्रॉनिक डायरी या ब्रीफकेस कम्प्यूटर

3. **हायब्रिड कम्प्यूटर**–यह कम्प्यूटर उपर्युक्त दोनों प्रकार के कम्प्यूटरों के श्रेष्ठ गुणों को अपने में समाहित किए हुए है।

कम्प्यूटर के प्रमुख भाग (Main Parts of Computer)

कम्प्यूटर के मुख्यतः पाँच भाग होते हैं :

1. **मेमोरी (Memory) (स्मरण यन्त्र)**–इसमें सभी आवश्यक सूचनाएँ भरी जाती हैं। इन्हीं के आधार पर कम्प्यूटर गणना करता है।

2. **कंट्रोल (नियन्त्रक) यूनिट**–इसका कार्य कम्प्यूटर द्वारा की गई गणना पर देख-रेख रखना है।

3. अंकगणित—इस हिस्से में गणना सम्बन्धी प्रक्रिया होती है।

4. इनपुट यन्त्र (आगत)—इस भाग में उन सभी जानकारियों व सूचनाओं से सम्बन्धित निर्देशों का संग्रह होता है, जिन माध्यमों से तथ्य और संख्याएँ कम्प्यूटर के स्मृति-कक्ष में भरी जाती हैं। इन इनपुट उपकरणों में 'की-बोर्ड' उपकरण महत्त्वपूर्ण है। एक प्रकार से ये कम्प्यूटर की ज्ञानेन्द्रिय है और कम्प्यूटर को बाहरी जगत् से सम्बद्ध करती है।

5. आउटपुट यन्त्र (निर्गत)—यह भाग प्राप्त सूचनाओं के आधार पर सम्भावित परिणामों को प्रकट करता है। गणित प्रक्रिया में 'सेन्ट्रल प्रोसेसिंग यूनिट' (केन्द्रीय संसाधक इकाई) की अहम भूमिका होती है। इसे एक तरह से कम्प्यूटर का मस्तिष्क कहा जा सकता है। यह इलेक्ट्रॉनिक सर्किट (विद्युत परिपथ) पर अपने कार्य का आधार रखती है। इस इकाई के मुख्य भाग में अर्थात् मेमोरी या स्मृतियन्त्र में शब्द व संख्याओं का चयन होता है। इसमें प्रिण्टर उपस्कर लगा रहता है। अंकगणितीय तार्किक इकाई में अंकों की गणना या शब्दों तथा संख्याओं की तार्किक क्रियाएँ पूर्ण होती हैं। नियन्त्रण इकाई यह सुनिश्चित करती है कि स्मृति भण्डार से क्या ग्राह्य है और किस वस्तु के साथ कौन-सी क्रिया किस क्रम से अपेक्षित है। इसमें कम्प्यूटर द्वारा प्राप्त इच्छित परिणाम प्रिण्ट होते हैं अथवा वीडियो स्क्रीन पर दिखाई देते हैं।

कम्प्यूटर की दुनिया में नई खोज—अब बहुत से तकनीकी विशेषज्ञ यह स्वीकार करने लगे हैं कि कम्प्यूटर की दुनिया में हम पाँचवें जेनरेशन में पहुँच रहे हैं। प्रत्येक दिन हमें यह सुनने में आ रहा है कि नये चिप्स या सुपर चिप्स नए-नए ढंग से आविष्कृत हो रहे हैं। माइक्रोप्रोसेसर्स तथा उच्च घनत्व मेमोरी चिप्स की खोज की गई है। इस पाँचवें जेनरेशन के कम्प्यूटर में अतिविशिष्ट क्षमताएँ हैं जिन्हें 1981 में रूप दिया जा सका है। इसे जापान के कई कम्प्यूटर वैज्ञानिकों ने सामूहिक रूप से मिलकर तैयार किया है। इस पाँचवें जेनरेशन द्वारा बनाए गए कम्प्यूटर की यान्त्रिक विशेषता यह है कि यह समान्तर प्रोसेसिंग पर आधारित है जिन्हें हम हार्डवेयर (Hardware) और A1 (Artificial Intelligence) सोफ्टवेयर (Software) के नाम से जानते हैं। A1 कम्प्यूटर की दुनिया में एक नवोदित खोज है जिसके आधार पर मानवीय संवेदना जैसे आन्तरिक असंवेद्य तत्त्वों को भी कम्प्यूटर पर दर्शाया जा सकता है। इसके नए प्रयोग में कम्प्यूटर को मानव मस्तिष्क की क्षमता की तरह प्रयुक्त कराने की कुशलता ने विज्ञान और तकनीकी की दुनिया में तहलका मचा दिया है।

6:1:2 कम्प्यूटर और भाषा-प्रयोग

कम्प्यूटर में किसी भी भाषा के वर्णमाला के अक्षरों का उपयोग नहीं होता है।

उसकी अपनी एक स्वतन्त्र भाषा होती है जिसे मशीनी भाषा के नाम से जाना जाता है। सातवें दशक में कम्प्यूटर में एक शोध के तहत एक विशेष पद्धति को जोड़ा गया जिसे कम्पाइलर (संग्राहक) कहा जाता है। यह कम्प्यूटर के भीतर ही एक ऐसी व्यवस्था है जिससे भाषायी सूचनाओं को मशीनी भाषा में परिवर्तित करना सम्भव हुआ। अमेरिका की एक कम्पनी 'इण्टरनेशनल बिजिनेस मशीन' ने सन् 1954 में फोरट्रोन नामक भाषा तैयार की। इस भाषा के माध्यम से गणितीय सूत्रों को मशीनी भाषा में बदलना सम्भव हो सका। इसी प्रयोग के तहत 'अलगोल' भाषा की भी खोज की गई। सन् 1959 में 'कोधोल' भाषा का निर्माण किया गया। इस भाषा की विशेषता यह है कि इसमें प्रयुक्त अधिकांश शब्दों का मनुष्य समाज की सामान्य भाषाओं में ठोस अर्थ निकलता है। सातवें दशक में अमेरिका में ही 'बेसिक' भाषा का निर्माण हुआ। बेसिक भाषा के अपने विशिष्ट अक्षर तथा शब्द संकेत हैं। यह भाषा बहुत ही उपयोगी है तथा इस भाषा के ज्ञान के बाद अन्य भाषाएँ सीखने में काफी सरलता हो जाती है।

परन्तु एक ओर जहाँ कम्प्यूटर की नई-नई खोजों से दुनिया में एक तकनीकी क्रान्ति की शुरुआत हुई है, वहीं दूसरी ओर राजभाषा हिन्दी के प्रयोग में बाधाएँ भी उपस्थित हुई हैं। चूँकि कम्प्यूटर की सम्पूर्ण कार्य पद्धति अंग्रेजी पर आधारित है इसलिए स्वाभाविक है कि इसके सारे परिणाम भी अंग्रेजी भाषा में ही आएँगे। जैसे टेलीफोन के बिल, बिजली के बिल, आदि जो हिन्दी में बनने लगे थे वे फिर अंग्रेजी में बनने लगे हैं। इसके अलावे बैंकों तथा अन्य व्यापारिक संस्थानों में भी अब कम्प्यूटर के प्रभाव से अंग्रेजी का प्रयोग बहुतायत में होने लगा है।

लेकिन यह युग तो वैज्ञानिक शोधों और तकनीकी के नव्य प्रयोगों का युग है। कम्प्यूटर की कार्य प्रणाली में अंग्रेजी के बढ़ते प्रभाव ने जहाँ हिन्दी भाषा के प्रयोग को थोड़ा आहत किया था, अब उसकी सम्भावना भी कमती जा रही है। क्योंकि राजभाषा कार्यान्वयन की जिम्मेदारी के तहत गृह मन्त्रालय भारत सरकार का राजभाषा विभाग द्विभाषिक देवनागरी कम्प्यूटर उपलब्ध कराने के लिए प्रयत्नशील रहा है। इसी कार्यान्वयन जिम्मेदारी के तहत बिड़ला इंस्टीच्यूट ऑफ टेक्नोलॉजी एण्ड साइंस पिलानी (राजस्थान) तथा डी.सी.एस. डाटा प्रोडक्ट द्वारा सम्भावित पहला द्विभाषी (अंग्रेजी तथा हिन्दी) कम्प्यूटर सिद्धार्थ नाम से निर्मित किया गया। इसमें अंग्रेजी-हिन्दी के साथ तमिल भाषाओं का भी उपयोग किया जा सकता है। इसी प्रकार कानपुर के आई.आई.टी. संस्थान ने हिन्दी कम्प्यूटर तैयार किया है। सी.एम. हैदराबाद ने 'लिपि' नामक त्रैभाषिक कम्प्यूटर का निर्माण किया है। इसमें अंग्रेजी, हिन्दी, तेलुगू, कन्नड़, मराठी तथा मलयालम में से किन्हीं दो भाषाओं में एक साथ कार्य सम्पन्न किया जा सकता है।

6:1:3 कम्प्यूटर का भाषायी उपयोग

आधुनिक युग में विज्ञान तथा उद्योग आदि दोनों का विस्तार अन्तर्राष्ट्रीय स्तर पर होने लगा है। विभिन्न देशों के सम्पर्क सूत्र का माध्यम प्रायः भाषा ही है। इसमें अनुवाद की अहम भूमिका होती है। भाषायी सम्पर्क सूत्र को आयाम देने के लिए कम्प्यूटर एक उपयोगी वस्तु बनती जा रही है जिसके द्वारा शीघ्रता से अनुवाद कर एक-दूसरे की बातों को समझने में सहायता मिल रही है। कम्प्यूटर का उपयोग सूचना प्रधान वैज्ञानिक सामग्री के अनुवाद में किया जा रहा है। आजकल अनुवाद लिखित तथा मौखिक दोनों रूपों में होने लगा है। लिखित अनुवाद के लिए अब यन्त्रों का सहयोग लिया जाने लगा है। कम्प्यूटर का उपयोग ऐसे ही अनुवादों में होता है। इसके लिए अब माइक्रोफोन की सहायता ली जाने लगी है। जब किसी अन्तर्राष्ट्रीय बैठक में विभिन्न भाषा-भाषी लोग सम्मिलित होते हैं तब उनकी विभिन्न भाषाओं का विनिमय कम्प्यूटर की सहायता से तीव्रता से अनुवाद के द्वारा ही सम्भव होता है। इस व्यवस्था में अनुवाद की भाषाओं के कई चैनल बनाए जाते हैं। हर सदस्य के टेबुल से सभी भाषाओं के चैनल सम्बद्ध होते हैं। अलग-अलग बटन से भाषा की सूचना दी जाती है। श्रोता के पास इयर-फोन होता है। बगल के कक्ष में विभिन्न भाषाओं के अनुवादक बैठते हैं। उनके पास भी इयर-फोन रहता है। वे वक्ता के भाषण को इयर-फोन पर सुनते हैं और अभ्यासवश उसका अनुवाद शीघ्रता से कर देते हैं। इस तरह से अनुवाद कार्य के लिए कम्प्यूटर का तो उपयोग हो रहा है, पर साहित्य के क्षेत्र में कम्प्यूटर का उपयोग प्रायः सफलीभूत नहीं हुआ है, क्योंकि इसमें विस्मयादिबोधक शब्द, ममता बोधक सम्बोधन तथा प्रश्नवाचक क्रियाएँ होने के कारण कम्प्यूटर वैसी संवेदना को अभिव्यक्ति देने में पूर्णतः सफल नहीं हो रहा है। परन्तु जब पाँचवें जेनरेशन के कम्प्यूटर की क्षमता को ध्यान में रखते हैं तब यह कहना कोई गलत नहीं लगता कि अब वह दिन भी दूर नहीं होगा जब कम्प्यूटर के माध्यम से मानवीय संवेदनाओं को भी अभिव्यक्ति के धरातल पर पूर्णता मिलेगी।

6:1:4 कम्प्यूटर में हिन्दी का अनुप्रयोग

लगभग 25 वर्ष पहले कम्प्यूटर में हिन्दी का अनुप्रयोग एक स्वप्न-सा था। इसके पर्दे पर हिन्दी के अक्षर भी नहीं आते थे। फोटो कम्पोजिंग के लिए विदेशों से लाइनोट्रान मशीनों को आयात करना पड़ता था, लेकिन ऐसी मशीनें कुछ गिने-चुने समाचार-पत्रों और बड़े प्रकाशकों के पास ही थीं। इससे आम नागरिक न तो परिचित था और न ही सामान्य उपभोक्ताओं को कोई विशेष लाभ हो रहा था। पहली बार 1977 में हैदराबाद की एक कम्पनी ई.सी.आई.एल. ने हिन्दी में

'फोट्रान' नामक कम्प्यूटर भाषा में एक छोटा-सा प्रोग्राम चलाकर लोगों के समक्ष पेश किया। इस प्रकार कम्प्यूटर के पर्दे पर पहली बार 1977 में हिन्दी के अक्षरों का अनुप्रयोग आरम्भ हुआ। तब से लेकर आज तक कम्प्यूटर की दुनिया में हिन्दी का अनुप्रयोग निरन्तर प्रगति कर रहा है। न केवल हिन्दी बल्कि अन्य भारतीय भाषाओं का भी प्रयोग कम्प्यूटर के माध्यम से होने लगा है और दिनानुदिन प्रगतिशील है।

कम्प्यूटर दो प्रकार से काम करता है। एक तरफ वह दिए हुए आँकड़ों के अनुसार गणनाएँ करके परिणाम देता है, जिसे आँकड़ा संसाधन (Data processing) कहते हैं। वेतन बिल बनाना, गणित के सवालों को हल करना, परीक्षा परिणाम निकालना, खाता बही रखना आदि आँकड़ा संसाधन के उदाहरण हैं। आँकड़ा संसाधन के लिए फोट्रान कोबोल आदि कार्यक्रम उपयोग में आते हैं जिसे कम्प्यूटर की प्रोग्राम भाषा कहते हैं। ये प्रोग्राम पहले केवल अंग्रेजी में ही उपलब्ध थे। अब तक आँकड़े के साथ के नाम अंग्रेजी में ही दिए जा सकते थे और हिन्दी में कोई शब्द भरा नहीं जा सकता था।

कम्प्यूटर का दूसरा काम शब्द संसाधन (word processing) का है। इसके अन्तर्गत पत्र लिखना, रिपोर्ट आदि तैयार करना, लेख लिखना आदि प्रमुख कार्य आते हैं। शब्द संसाधन के लिए वर्ड स्टार, वर्ड पर्फेक्ट आदि साफ्टवेयर उपलब्ध हैं, जो अंग्रेजी में लिखी सामग्री के सम्पादन के लिए बहुत ही उपयोगी हैं।

अब आवश्यकता इस बात की थी कि हिन्दी में भी दोनों तरह के कार्यक्रम उपलब्ध हों लेकिन 1977 के पूर्व दोनों ही तरह के कार्यक्रम उपलब्ध नहीं थे। सबसे पहले शब्द संसाधन के क्षेत्र में कार्य शुरू हुआ। 1980 के आसपास दिल्ली की डी.सी.एम. नामक कम्पनी ने 'सिद्धार्थ' नामक मशीन पर 'शब्द माला' नामक कार्यक्रम तैयार किया। यह हिन्दी-अंग्रेजी द्विभाषी शब्द संसाधक था। इसके द्वारा दोनों भाषाओं में सामग्री सम्पादन की सुविधा थी। इसके ठीक तुरन्त बाद लगभग उसी समय हैदराबाद की सी.एम.सी. नामक कम्पनी ने तीन भाषाओं (अंग्रेजी-हिन्दी और एक भारतीय भाषा) के शब्द संसाधन (word processing) के लिए 'लिपि' नामक एक मशीन तैयार की। लेकिन उपयोगिता की दृष्टि से ये मशीनें ज्यादा लाभकारी न हो सकीं। इसका कारण यह था कि दोनों प्रकार के कार्यक्रमों के लिए अलग-अलग मशीनों की जरूरत पड़ती थी और दो प्रकार के मशीन खरीदने होते थे। किसी एक मशीन पर दोनों कार्यक्रमों को चलाना सम्भव नहीं था। अर्थात न तो शब्द संसाधन पर आँकड़ा संसाधन चलाया जा सकता था और न ही आँकड़ा संसाधन पर शब्द संसाधन को चला पाना सम्भव था। इसलिए सीमित उपयोग के कारण ये मशीनें लोकप्रिय न हो सकीं।

इसके बाद कई कम्प्यूटर कम्पनियों ने द्विभाषी शब्द-संसाधन के लिए साफ्टवेयर तैयार किए जो सामान्य कम्प्यूटर पर काम कर सकते हैं। ऐसे कुछ प्रमुख शब्द संसाधन कार्यक्रम हैं–शब्दरत्न, अक्षर, सुलेख आदि। इनका मुद्रण डाट मैट्रिक्स मुद्रक पर हो सकता है इन कार्यक्रमों की दो कमियाँ हैं–पहला यह है कि इन सबका आसानी से लेसर या फोटो कम्पोजिंग पर मुद्रण नहीं हो सकता और दूसरा यह कि इन पर व्यावसायिक मुद्रण सम्भव नहीं हो सकता। लेकिन हाल के वर्षों में इस क्षेत्र में हुई प्रगति ने इन कमियों को भी दूर करने का प्रयास किया है, कुछ हद तक यह कमी दूर भी हो गई है और लेसर मुद्रण भी होने लगा है। पर इनका कुंजी पटल अलग-अलग तरह का है। जिससे इनमें बने अक्षर में अन्तर है अर्थात् किसी में चन्द्र बिन्दु नहीं आ सकता, किसी में पुराने वर्ण बनते हैं नये मानक वर्णों का अभाव है तथा अक्षरों की बनावट में भी अन्तर है आदि। इसके साथ ही मानकीकरण के अभाव में इस दिशा में सामूहिक योजना और समन्वित कार्यक्रम का अभाव-सा दीखता है।

इस अभाव की पूर्ति का प्रयास पुणे स्थित भारत सरकार की कम्पनी सी-डैक C-DAC याने (Center for the Development of Advanced computing) ने किया इस दिशा में उक्त कम्पनी का महत्त्वपूर्ण योगदान है। इस कम्पनी ने 1984 के आसपास CIST (Graphic Based Indian Standard Terminology) नामक तकनीक का विकास किया।

जिस्प एक कम्प्यूटर कार्ड है, जिसे कम्प्यूटर में लगा देने पर हिन्दी तथा अन्य सभी भारतीय भाषाओं में कम्प्यूटर के पर्दे पर अक्षर छापे जा सकते हैं। चूँकि सभी भारतीय भाषाओं के लिए एक ही कुंजी पटल है इसलिए किसी भी भाषा में दर्ज सामग्री को किसी अन्य भाषा में लिप्यन्तरित किया जा सकता है। इस कम्पनी का ऐसा दावा है कि जिस्टसे लेसर और फोटो कम्पोजिंग तक की सुविधा उपलब्ध हो सकती है। इतना ही नहीं, बल्कि जिस्ट कार्ड लगने पर आँकड़ा संसाधन के कार्यक्रम हिन्दी तथा अन्य भारतीय भाषाओं में आसानी से चल सकते हैं। इस तरह इस तकनीक से कम्प्यूटर के क्षेत्र में 15 वर्षों से कम ही अवधि में भारतीय भाषाओं के यान्त्रिकीकरण के क्षेत्र में अभूतपूर्व प्रगति हुई है।

कम्प्यूटर के क्षेत्र में हिन्दी भाषा के अनुप्रयोग सम्बन्धी कई विशिष्टताएँ देखने को मिलती हैं :

1. कम्प्यूटर पर बहुभाषी शब्दकोश की उपलब्धता–इसके अन्तर्गत इस योजना को कार्यान्वित रूप दिया जा रहा है कि कम्प्यूटर पर एक बहुभाषी शब्दकोश उपलब्ध होंगे; जिनसे इच्छानुसार शब्द का किसी भी भाषा में अर्थ मालूम किया जा सकेगा। ऐसे बृहदाकार कोश को मुद्रण

द्वारा तैयार करना और उससे शब्द देखना। तकनीकी तथा पारिभाषिक शब्दावली आयोग ने कम्प्यूटर के लिए पारिभाषिक शब्दकोश का प्रारूप तैयार कर लिया है।

2. कम्प्यूटर द्वारा अब घर-घर में मुद्रण का आयोजन भी सम्भव हो सकेगा। इससे सम्पादन कार्य में आसानी होगी।
3. कम्प्यूटर की सहायता से अनुवाद कार्य सम्पन्न किया जा सकेगा।
4. कम्प्यूटर भाषा के शोध में उपयोगी होंगे।
5. कम्प्यूटर को किसी नेटवर्क से जोड़ने पर घर में बैठे विश्वकोश, डायरेक्टरी आदि की सूचना अपने टेलीविजन के पर्दे पर देखा जा सकेगा तथा आवश्यकतानुसार वांछित सामग्री की घर में मुद्रित प्रति तैयार की जा सकेगी।
6. कम्प्यूटर की सहायता से लोगों में शिक्षा का प्रसार किया जा सकेगा और लोगों को शिक्षित बनाया जा सकेगा।
7. इसकी सहायता से लिखित पाठ को उच्चारित रूप में बदला जा सकेगा तथा उच्चारण का कम्प्यूटर द्वारा लेखन आदि सम्भव हो सकेगा।

आज के इस मशीनी युग में कम्प्यूटर का प्रयोग दिनानुदिन क्रमशः बढ़ता जा रहा है। अब इसका प्रयोग प्रकाशन, चित्रण, मीडिया, संचार, संवहन, वाणिज्य, प्रबन्ध, विज्ञान, कला, विश्लेषण, निष्कर्ष और दुभाषिए के रूप में व्यापक स्तर पर हो रहा है।

6.2 वेब पब्लिशिंग

6.2.1 परिचय

वेब पब्लिशिंग पत्रकारिता जगत में एक क्रान्तिकारी परिबर्तन है। इसका तकनीकी परिवेश उत्तरोत्तर परिवर्तनकामी है। इसकी पहुँच अन्तर्राष्ट्रीय स्तर पर है। इसकी समझ से पत्रकारों में पारम्परिक पत्रकारिता से इतर नवीन तकनीक का वैज्ञानिक ज्ञान विकसित होगा, ऐसी मेरी धारणा है।

परम्परागत माध्यमों (प्रिंट, टेलीविजन, रेडियो) से विलग इंटरनेट के जरिए की जानेवाली पत्रकारिता को ऑन लाइन पत्रकारिता कहा जाता है। किसी भी वास्तविक जीवन अथवा यथार्थ घटनाक्रमों को उसके तथ्यों और समय-समय पर घटनेवाली घटनाओं का रिपोर्टरों, लेखकों और सम्पादकों द्वारा किसी खास दृष्टिकोण से किया गया वर्णन पत्रकारिता है। परम्परागत पत्रकारिता में किसी घटना को अखबार में छापते हैं या रेडियो अथवा टेलीविजन द्वारा प्रसारित करते हैं; लेकिन वेब पत्रकारिता इन सभी का समन्वित रूप है। यहाँ समाचारों को पढ़ा जा सकता है, सुना और देखा भी जा सकता है। समाचार-पत्रों में प्रकाशित

खबर या टेलीविजन एवं रेडियो द्वारा प्रसारित खबर एक खास दायरे में पढ़, सुन या देख सकते हैं लेकिन 'आन लाइन पत्रकारिता' में वर्ल्ड वाइल्ड वेब (www) पर विश्व के किसी भी कोने में समाचार को पढ़ा जा सकता है, देखा या सुना जा सकता है।

6.2.2 विशेषताएँ

(1) **सूचना का सुपर हाईवे :** इसे सूचना का 'सुपर हाईवे' (Super Highway) कहा जा सकता है। पत्रकारिता के इस नए रूप ने सूचनाओं के सम्प्रेषण में काफी तीव्रता ला दी है। किसी घटना के घटने की जानकारी देने के लिए इसमें विशेष औपचारिकता की आवश्यकता नहीं पड़ती है। इसे सिर्फ सम्प्रेषित करना होता है। जैसे ही किसी वेब पत्रकार को किसी घटना की जानकारी मिलती है वह उसे तुरन्त ऑन लाइन कर देता है। सम्पादन और वितरण से दूर सेकेंडों में खबर विश्वभर में फैल जाती है। ऐसा न तो रेडियो से सम्भव हो सकता है और न ही टी.वी. से। इसलिए इसे सूचना का 'सुपर हाईवे' कहा जाता है।

(2) **बौद्धिक भूख की तृप्ति का साधन :** सूचना सम्प्रेषण में तीव्रता के अतिरिक्त वेब पत्रकारिता (ई-अखबार) में पारम्परिक माध्यमों की खूबियाँ भी मौजूद होती हैं। इस पर फीचर, लेख, समसामयिक विषयों पर आलेख इत्यादि का चैनल भी होता है, जिसे पाठक जब चाहे तब अपनी सुविधानुसार एवं अपने व्यक्तिगत समय प्रबन्धन को ध्यान में रखते हुए उसका उपयोग कर सकते हैं। यहाँ वे वीडियो क्लिपिंग एवं ऑडियो क्लिपिंग का भी लाभ उठा सकते हैं। इसकी सुविधा अंग्रेजी के लगभग सभी ई-अखबार एवं हिन्दी के कुछ वेब पोर्टल वालों ने दी है। इसलिए वेब पत्रकारिता जहाँ एक ओर समाचार व सूचना सम्बन्धी उत्सुकता को शान्त करता है वहीं दूसरी तरफ लोगों की बौद्धिक भूख को भी तृप्त करता है।

(3) **अन्तःसम्बन्ध का निर्वहण :** यह दो प्रकार से होता है :

(i) विस्तृत संजाल (Web Though Hyperlinks) द्वारा वेब पब्लिशिंग अपने स्वभाव एवं विस्तार में अन्तःसम्बन्धमूलक होता है। यह एक विस्तृत संजाल (Hyperlinks) के माध्यम से परत-दर-परत विषय के विस्तार व गहराई से परिचित कराता है। उदाहरणार्थ–दिल्ली में सीएनजी की समस्या–अगर इससे सम्बन्धित कोई खबर साइट पर दी जाती है तो सीएनजी पर लिंक दे देते हैं ताकि पाठक को इस पर विस्तृत जानकारी चाहिए तो सीएनजी पर क्लिक कर इसके सम्बन्ध में जानकारी प्राप्त कर सकता है। यह जानकारी दो प्रकार से उपलब्ध कराई जाती है। एक तो इससे सम्बन्धित जानकारी के दायरे को सम्बन्धित साइट तक ही सीमित रखते हैं जबकि दूसरा इसे अन्य साइट के लिंक से भी जोड़ देते

हैं। इस प्रकार इसके द्वारा किसी भी खबर के विषय में विस्तार से जानकारी दी जा सकती है।

(ii) सम्प्रेषणात्मक सम्बन्ध (Interactive relation) द्वारा प्रायः ऐसा होता है कि पारम्परिक मीडिया में सूचनाएँ एकतरफा होती हैं। जैसे अखबार में छपी किसी खबर के ऊपर यदि कोई पाठक अपनी प्रतिक्रिया भेजना चाहता हो तो उसे किसी माध्यम का चुनाव करना होगा और प्रतिक्रिया के मजमून को अखबार के दफ्तर तक पहुँचने में काफी समय लग जाएगा। तब तक सम्भव है कि खबरों का औचित्य ही समाप्त हो जाए। ऐसे में पत्रकारिता की प्रक्रिया में या सन्देशों के सम्प्रेषण में पाठकों की सीधी भागीदारी नहीं हो पाती है।

लेकिन इसके विपरीत वेब पत्रकारिता एक आधुनिक सफल एवं सशक्त माध्यम है। इसमें सूचना प्राप्त करनेवालों का वेब पत्रकार के साथ एक प्रत्यक्ष कार्यात्मक व सम्प्रेषणात्मक सम्बन्ध स्थापित हो जाता है, क्योंकि पाठक एक भागीदार के रूप में ई-मेल द्वारा तुरन्त अपनी प्रतिक्रिया से वेब पत्रकार या सम्पादक को अवगत करा देता है। इसके अतिरिक्त वेब पत्रकारिता के अन्तर्गत पाठक को उसकी अन्य उत्सुकताओं को पूरा करने के लिए जानकारी के अन्य स्रोत या लाइब्रेरी की सुविधा भी उपलब्ध कराई जाती है।

वेब पत्रकारिता विषय-वस्तु जैसे–स्टोरी, आलेख, फीचर आदि के विस्तार को भी प्रभावित करती है। अधिकांश वेब साइट किसी पत्रिका अथवा समाचार पत्र में प्रकाशित आलेख अथवा फीचर को वेब पर प्रकाशित करते हैं। अतः बिना किसी कीमत के उपलब्ध होने के कारण इसे जनसाधारण भी पढ़ लेते हैं।

वैसे तो वेब पत्रकारिता अभी पूर्णतः विकसित नहीं है फिर भी वेब पत्रकार इस क्षेत्र में लिंक के माध्यम से इसे और अधिक विस्तार देने के लिए सतत प्रयत्नशील हैं।

6.2.3 वेब पत्रकारिता में प्रस्तुतीकरण की स्थिति

खबरों के प्रस्तुतीकरण को लेकर अखबार, रेडियो, टेलीविजन एवं वेब की स्टाइल अलग-अलग है। वैसे तो वेब पर सभी माध्यम एक साथ उपलब्ध हैं। जैसे एक ही जगह ऑल इंडिया रेडियो की खबर सुनी जा सकती है, आजतक न्यूज़ चैनल की वीडियो क्लिपिंग देखी जा सकती है और Times of India या जागरण.कॉम या दुनिया के किसी भी अखबार को पलटा जा सकता है। इसलिए देखा जाए तो वेब ने हमें एक ऐसी सुविधा उपलब्ध करा दी है जिसके कारण इलेक्ट्रॉनिक या प्रिंट माध्यम के लिए कहीं और नहीं भटकना पड़ता है। इससे एक ही जगह पर सभी सुविधाएँ उपलब्ध हो जाती हैं।

आजकल वेब अखबारों की संख्या दिन-प्रतिदिन बढ़ती जा रही है। लेकिन अभी भी बहुत कम ऐसे वेब अखबार हैं जिनका अपना एक स्वतन्त्र नेटवर्क है। इस श्रेणी में तहलका.कॉम का नाम बड़े सम्मान के साथ लिया जाता था, परन्तु आर्थिक तंगी के कारण इसका अपडेशन बन्द कर दिया गया है। इसका अपना नेटवर्क था। इसी प्रकार टाइम्स ऑफ इंडिया समूह की वेब साइट इंडियाटाइम्स.कॉम का अपना नेटवर्क है। इसके लिए उन्होंने अलग से स्टाफ रखा है। हिन्दुस्तान टाइम्स.कॉम की स्थिति भी ऐसी ही है। इनका भी अपना एक अलग नेटवर्क है।

वेब पत्रकारिता में मौलिकता का अभाव है। जिस प्रकार आज से कुछ समय पहले तक हिन्दी पत्रकारिता अनुवाद की पत्रिका बनकर रह गई थी, आज लगभग वही स्थिति वेब पत्रकारिता की बनी हुई है। इसके जिम्मे तो मात्र अभी 'कट-पेस्ट' की पत्रकारिता अर्थात् 'रिपैकेजिंग' का ही काम रह गया है। तहलका.कॉम, इनोमी.कॉम, इंडियाटाइम्स.कॉम, हिन्दुस्तान टाइम्स.कॉम, प्रभासाक्षी.कॉम, जैसी गिनी-चुनी साइटें हैं जिनका कंटेंट कहीं से नहीं लिया गया होता है। इसके अलग रिपोर्टर होते हैं और सारा नेटवर्क एक अलग तरीके से काम करता है।

हिन्दी वेबसाइटों पर खबरों को दिए जाने की जो स्थिति है वह कोई आदर्श स्थिति नहीं कही जा सकती। अधिकांश वेबसाइटों पर वही खबरें दी जाती हैं जो उनके प्रिंट वाले संस्करण में जा रही होती हैं। वहाँ सिर्फ यह करना होता है कि प्रिंट में जानेवाली खबरों को अपने तरीके से सम्पादित कर दिया जाता है और वेब संस्करण के लिए दे दिया जाता है। इस काम के लिए दो से चार लोग पर्याप्त होते हैं। वेब संस्करण के लिए अलग से कोई रिपोर्टर या सम्पादक रखने की आवश्यकता नहीं होती है। फलतः दिन में अगर कोई महत्त्वपूर्ण खबर या कोई विशिष्ट घटना घटती है तो इसके लिए उसे एजेंसी पर निर्भर रहना पड़ता है। यह स्थिति कोई ठीक नहीं है।

आदर्श स्थिति बहाल करने के उपाय :

किसी भी वेब समाचार-पत्र के लिए आदर्श स्थिति को बहाल करने के लिए निम्नलिखित बातों पर ध्यान देना आवश्यक है :

(i) इसके लिए अलग रिपोर्टर हो जो ऑन लाइन रिपोर्टिंग करे।
(ii) खबरों का सम्प्रेषण तीव्र हो।
(iii) बिना किसी बाधा के प्रत्येक पल की खबर आम लोगों तक पहुँच सके।
(iv) विस्तृत जानकारी के लिए अखबारों की प्रतीक्षा नहीं करनी पड़े।
(v) इसे आय के स्रोत के रूप में आँका जाना चाहिए।
(vi) प्रत्येक समाचार-पत्र का अपना एक वेब साइट होना चाहिए जिससे वह पाठकों एवं विज्ञापनदाताओं को वस्तुस्थिति से तुरन्त अवगत करा सके।

6:2:4 अन्तरराष्ट्रीय स्तर पर वेब के प्रति पाठकों की प्रवृत्तियाँ

अब तक के प्राप्त आँकड़ों के अनुसार आम पाठकों के बीच वेब पब्लिशिंग को काफी हद तक मान्यता मिल चुकी है। पाठकों के बीच समाचारों को देखने व पढ़ने के तौर-तरीकों में व्यापक बदलाव हो रहे हैं। अमेरिका, ब्रिटेन, फ्रांस, जर्मनी, कनाडा आदि विकसित देशों में अखबारों की तुलना में आज लोगों के बीच ई-अखबार अधिक पढ़े जा रहे हैं। फ्रांस में दैनिक समाचार-पत्रों की अपेक्षा साइटों का प्रदर्शन लगभग 0.6 प्रतिशत से अधिक रहा। लंदन में हुए एक अध्ययन के अनुसार 50 प्रतिशत घरों में खबरों तथा मनोरंजन आदि के लिए टेलीविजन एवं रेडियो के बाद इंटरनेट का उपयोग किया जाता है।

चौंकानेवाली बात यह है कि मीडिया के इस्तेमाल के बारे में यह बदलाव न केवल सिर्फ युवा, धनी अथवा पुरुष वर्ग तक के पाठकों के लिए ही सीमित नहीं है बल्कि इसका असर हर वर्ग में परिलक्षित हुआ है। एक सर्वेक्षण के अनुसार लोग जितना समय समाचार पढ़ने में बिताते हैं उससे तीन गुना समय वे इंटरनेट सर्फिंग, ई-मेल अथवा खरीददारी एवं बैंकिंग में खर्च करते हैं। शाम के समय तो यह आँकड़ा छह गुना हो जाता है। एक आश्चर्यजनक तथ्य यह सामने आया है कि 16-34 वर्ष के आयु वर्ग के लोग अखबार देखने या पढ़ने से 15 गुना ज्यादा समय नेट पर बिताते हैं, जबकि अधिकांश चैनलों, रेडियो एवं अखबारों के पाठक वर्ग इसी उम्र के ज्यादा होते हैं। इतना ही नहीं, पारम्परिक रूप से जुड़ी महिला पाठकों की आदत भी आश्चर्यजनक रूप में बदली है। अध्ययन के अनुसार महिलाएँ पत्रिकाएँ पढ़ने से पाँच गुना ज्यादा समय ऑन लाइन पर बिताती हैं।

देखा यह जा रहा है कि भारत के शहरी क्षेत्रों में इस प्रकार की प्रवृत्तियाँ सामने आई हैं। लोग ई-अखबारों की ओर आकर्षित होने लगे हैं। इसका सबसे ताजा उदाहरण जागरण.कॉम, अमरउजाला.कॉम, बीबीसी हिन्दी.कॉम, तहलका.कॉम, प्रभासाक्षी.कॉम इत्यादि हैं। इसके पाठकों में विदेश में रहनेवाले आप्रवासी भारतीयों के अलावा देश में भी बहुसंख्यक पाठक मौजूद हैं। इसलिए अन्तरराष्ट्रीय स्तर पर वेब पत्रकारिता के प्रति लोगों में आकर्षण बढ़ा है। जैसे-जैसे उनकी रुचि में परिष्कार होता जा रहा है, वैसे-वैसे वहाँ के पाठकों में भी वेब पब्लिशिंग के प्रति रुझान एवं ललक बढ़ती जा रही है। ऐसे रुझान को देखते हुए निश्चित तौर पर कहा जा सकता है कि अन्तर्राष्ट्रीय स्तर पर वेब का विकास हो रहा है।

6:3 इंटरनेट पत्रकारिता

6:3:1 इंटरनेट की ऐतिहासिक विकास यात्रा

सूचना तकनीकी के क्षेत्र में टेलीग्राम, टेलीफोन, रेडियो, टी.वी. आदि ने एक

नवीन युग की शुरुआत की, लेकिन कम्प्यूटर के आगमन से तो जैसे उस तकनीक में एक क्रांति ही आ गई हो। लोगों ने सूचना एवं दूरसंचार के क्षेत्र में इसका प्रयोग करना प्रारम्भ किया। कम्प्यूटर प्रणाली को सूचना एवं दूरसंचार संयन्त्रों से जोड़कर कार्य किया जाने लगा। लोगों ने इसकी महत्ता को स्वीकार किया। उन्होंने इसकी आवश्यकता महसूस की। और इसी आवश्यकता की माँग के चलते **वर्ल्ड वाइड वेब (www)** बना जिसने इंटरनेट के माध्यम से सूचना तकनीक के क्षेत्र में समय और स्थान की सीमा को अपने में समेट लिया।

कम्प्यूटर के प्रथम सर्वदेशीय नेटवर्क की शुरुआत 1962 में अमेरिका के मैसाचुसेट्स इंस्टीट्यूट ऑफ टेक्नोलॉजी (एम आई टी) के JCR Licklinder ने की। 1962 के उत्तरार्ध में Defence Advance Research Project Agency (DARPA) ने इसके विस्तार के लिए कदम उठाया। एम आई टी के Leonard Kleinrock एवं उसके बाद VCLA ने Theory of packet suitching का विस्तार किया। इसी सिद्धान्त ने इंटरनेट कनेक्शन को आधार प्रदान किया। पुनः 1965 में एम आई टी के Lowrence Roberts ने Massachusetts Copmputer के साथ Calofornia Computer को जोड़कर टेलीफोन लाइन के जरिए जोड़ा। यह प्रयोग सफल रहा और यह पद्धति एक विशाल नेटवर्किंग की ओर अग्रसर हुई। साथ ही यह भी महसूस किया जाने लगा कि इस कार्य के लिए टेलीफोन लाइन सर्किट अपर्याप्त है। फिर 1966 में Roberts ने DARPA का संचालन कर ARPANET की कार्यप्रणाली का विकास किया। ये सभी इंटरनेट के संस्थापक थे।

दरअसल इंटरनेट न तो कोई प्रोग्राम है और न ही कोई सॉफ्टवेयर। यह तो एक ऐसा प्लेटफॉर्म है जहाँ से लोग विभिन्न सूचनाएँ प्राप्त कर सकते हैं। तकनीकी रूप से इंटरनेट को इस प्रकार से परिभाषित किया जा सकता है कि यह एक ग्लोबल नेटवर्क है जिसमें हजारों छोटे नेटवर्क परस्पर सम्पर्क के लिए प्रोटोकॉल भाषा का प्रयोग करते हैं। प्रोटोकॉल नियमों का संकलन व भाषा है जिसे नेटवर्क में परस्पर विचार-विनिमय के लिए प्रयोग किया जाता है।

सन् 1969 में एडवांस्ड रिसर्च प्रोजेक्ट्स एजेंसी (ARPANET) ने संयुक्त राज्य अमेरिका के चार विश्वविद्यालयों के कम्प्यूटरों की नेटवर्किंग करके इंटरनेट की शुरुआत की। इसका विकास शोध, शिक्षा और सरकारी संस्थाओं के लिए किया गया था। इसका एक अन्य उद्देश्य था आपात् स्थिति में जबकि सम्पर्क के अन्य माध्यम निष्फल हो चुके हों, आपस में सम्पर्क स्थापित किया जा सके। 1971 तक ए आर पी ए नेट लगभग दो दर्जन कम्प्यूटरों को जोड़ चुका था।

ई-मेल का प्रयोग ARPANET के लिए 1972 में BBN के Ray Tomlinson के द्वारा किया गया। सर्वप्रथम Ray Tomlinson ने ही @ चिह्न

का प्रयोग अपने यूजरनेम एवं पता को टेली-टाइप करने के लिए किया।

सन् 1973 में ट्रांसमिशन कंट्रोल प्रोटोकाल/इंटरनेट प्रोटोकाल, (टी सी पी/आई पी) को डिजाइन किया गया। 1976 तक आते-आते यह इंटरनेट पर दो कम्प्यूटरों के बीच संचार का माध्यम बन गया। इस समय इसके प्रयोग करनेवालों की संख्या 562 हो गई थी। प्रोटोकाल, एफ टी पी (फाइल ट्रांसफर प्रोटोकाल) की सहायता से इंटरनेट प्रयोगकर्ता किसी भी कम्प्यूटर से जुड़कर फाइलें डाउनलोड कर सकते थे। सन् 1984 में इंटरनेट के प्रयोगकर्ताओं की संख्या 1024 हो गई थी जो 1985 में बढ़कर 1961 हो गई तथा सन् 1986, 87 एवं 88 में क्रमशः 2308, 28174 एवं 56000 हो गई। सन् 1989 में मैकगिल यूनीवर्सिटी, मांट्रियल के पीटर ड्यूश ने पहली बार इंटरनेट का इंडेक्स (अनुक्रमणिका) बनाने का प्रयास किया। थिंकिंग मशीन कार्पोरेशन के बिडस्टर कहले ने एक अन्य इंडेक्सिंग सिस्सड, डब्ल्यू ए आई एम (वाइड एरिया इन्फॉर्मेशन सर्वर) का विकास किया। सी ई आर एन (यूरोपियन लेबोरेट्री फॉर पार्टिकल फीजिक्स) के बर्नर्सली ने इंटरनेट पर सूचना के वितरण के लिए एक नई तकनीक का विकास किया, जिसे अंततः वर्ल्ड वाइड वेब कहा गया। वेब हाइपर टेक्स्ट पर आधारित है, जोकि किसी इंटरनेट प्रयोगकर्ता को इंटरनेट की विभिन्न साइट्स पर एक डॉक्यूमेंट को दूसरे से जोड़ता है। यह कार्य हाइपरलिंक (विशेष रूप से प्रोग्राम किए गए शब्दों, बटन अथवा ग्राफिक्स) के माध्यम से होता है। 1990 तक आते-आते इसके प्रयोग करनेवालों की संख्या बढ़कर 3,13,000 हो गई।

1991 में प्रथम यूजर फ्रेंडली इंटरफेस, गोफर का मिलेसोटा यूनीवर्सिटी (संयुक्त राज्य अमेरिका) में विकास किया गया। तब से गोफर सर्वाधिक विख्यात इंटरफेस बना हुआ है। इस समय इसके प्रयोग करनेवालों की संख्या 6,17,000 हो गई थी। 1992 तक आते-आते होस्ट की संख्या 11,36,000 तक पहुँच गई।

1993 में 'नेशनल सेंटर फॉर सुपरकम्प्यूटिंग एप्लीकेशंस' के मार्क एंड्रीसन (Marc Andreessen) ने मोजेइक नामक नेवीग्रेटिंग सिस्टम का विकास किया। इस सॉफ्टवेयर के द्वारा इंटरनेट को मैगजीन फॉर्मेट में पेश किया जा सकता था। इस सॉफ्टवेयर से टेक्स्ट और ग्राफिक्स इंटरनेट पर उपलब्ध हो गए। आज भी यह वर्ल्ड वाइड वेब के लिए मुख्य नेवीगेटिंग सिस्टम है। 1994 में नेटस्केप कम्यूनिकेशन और 1995 में माइक्रोसॉफ्ट ने अपने-अपने ब्राउजर बाजार में उतारे। इन ब्राउजरों से प्रयोगकर्ताओं के लिए इंटरनेट का प्रयोग अत्यंत आसान हो गया। इस प्रकार 1994 तक आते-आते इंटरनेट के प्रयोग करनेवालों की संख्या 38,64,000 हो गई।

इसके बाद से सरकार द्वारा भी इंटरनेट के विकास पर ध्यान दिया जाने

लगा। अनुसन्धान, शिक्षा एवं सरकारी क्षेत्रों में विशेष रूप से प्रोत्साहन दिए जाने लगे। लेकिन इस समय तक इसके व्यावसायिक विकास पर कोई दिलचस्पी देखने को नहीं मिली थी। वैसे यह नीति कुछ समय तक ही चली। इसके बाद स्वतन्त्र व्यापारिक विकास भी नेटवर्क के जरिए शुरू हो गया। प्रथम राष्ट्रीय व्यापारिक ऑन लाइन सेवा इंटरनेट पर Delphi को नेटवर्क के जरिए लाया गया। यह जुलाई 1992 को ई-मेल के जरिए खुली एवं नवम्बर 1992 तक आते-आते पूर्ण रूप से इंटरनेट सेवा प्रदान करने लगी।

1994 में प्रारम्भिक व्यावसायिक साइट्स को इंटरनेट पर लांच किया गया। इसी वर्ष से ई-मेल के द्वारा 'मास मार्केटिंग कैम्पेन' चलाया जाने लगा। 1996 तक आते-आते दुनिया-भर में इंटरनेट के प्रति जिज्ञासा पैदा हुई। लगभग 4.5 करोड़ लोगों ने इंटरनेट का प्रयोग करना आरम्भ कर दिया, जिसमें तकरीबन 3 करोड़ प्रयोगकर्ता संयुक्त राज्य अमेरिका और कनाडा से, 90 लाख यूरोप से और 60 लाख एशिया अथवा प्रशान्त क्षेत्र से थे। 1999 के आरम्भ में विश्वभर के इंटरनेट प्रयोगकर्ताओं की संख्या संयुक्त राज्य अमेरिका से थी। 2002 के मार्च तक पूरे विश्व में इंटरनेट का इस्तेमाल करनेवालों की संख्या 30 करोड़ से ज्यादा हो गई। बाद के वर्षों में ई-कॉमर्स की अवधारणा अत्यन्त तेजी से फैली, जिससे इंटरनेट के द्वारा खरीद-फरोख्त की सम्भावना साकार हुई।

इंटरनेट की गति को और अधिक तेज करने के लिए अनेकानेक प्रयास किए गए। नई-नई तकनीकें सामने आईं। इन तकनीकों में केबल मोडम (Cable modems), डी एस एल (Digital subscribe line) एवं उपग्रह प्रसारस प्रमुख हैं। इन तकनीकों ने आज इंटरनेट के जरिए डाटा ट्रांसफर की गति को काफी तेज कर दिया है। यही कारण है कि आज इंटरनेट का प्रयोग प्रत्येक क्षेत्र में काफी सफलतापूर्वक किया जा रहा है। चाहे स्टॉक बाजार में उतार-चढ़ाव पर नजर रखनी हो या फिर हालीवुड, बॉलीवुड की चकाचौंध में डुबकी लगानी हो या फिर पुस्तकों के संसार में भ्रमण करना हो या संगीत का रसास्वादन, सभी कुछ इंटरनेट पर उपलब्ध है।

वैसे इंटरनेट संचार की दुनिया में इस युग का सबसे बड़ा वैज्ञानिक वरदान है। लेकिन लोकप्रियता के साथ-साथ कई समस्याएँ भी खड़ी हुई हैं। 1999 के अन्त में इसे **वाई2के (y2k)** की समस्या से जूझना पड़ा। फिर 2000 के दौरान एक कम्प्यूटर वायरस 'लव बग' ने काफी तबाही मचाई। विश्वभर में अकेले इस वायरस से लाखों कम्प्यूटर प्रभावित हुए और इसके कारण कम्पनियों को अरबों रुपयों का नुकसान उठाना पड़ा। बावजूद इसके आज इंटरनेट के उपयोग की गति बढ़ ही रही है और आनेवाले समय में आमजनों तक इसकी काफी पहुँच हो जाएगी।

6:3:2 हिन्दी के प्रमुख इंटरनेट पोर्टल : उपयोग और सीमा

तुलना की दृष्टि से हिन्दी एवं अंग्रेजी के इंटरनेट पोर्टलों में अन्तर होता है। इसका मुख्य कारण यह है कि हिन्दी इंटरनेट पोर्टल की कुछ अन्तर्निहित तकनीकी समस्याएँ होती हैं जिस कारण से अंग्रेजी वेबसाइट की तुलना में इसका विकास वांछित गति से नहीं हो पाता है। कम्प्यूटर तकनीक का विकास अनिवार्य रूप से अंग्रेजी भाषा में हुआ। अतः हिन्दी इंटरनेट पोर्टल (हिन्दी वेबसाइट) को प्रारम्भ से ही एक तकनीकी समस्या से जूझना पड़ा। यह समस्या मुख्यतः भाषायी थी। यद्यपि 90 के दशक में कतिपय कम्प्यूटिंग टूल्स जैसे फांट-की-मैप, स्टैंडर्स डाइजेशन, वर्ड प्रोसेसिंग, इलेक्ट्रॉनिक शब्दकोश, स्पेल चेकर के माध्यम से दूर करने का प्रयास किया गया। इसने काफी हद तक प्रोग्रामिंग के माध्यम से समाधान तो किया किन्तु डाउनलोड एवं कन्फीग्रेशन के क्षेत्र में समस्याएँ कमोबेश बनी रहीं। इस दिशा में अनेक प्रतिष्ठित संस्थानों जैसे सी-डेक (पुणे), एसीएसटी (मुम्बई), इंडियन इंस्टीट्यूट ऑफ इन्फार्मेशन (हैदराबाद) ने अपने स्तर पर महत्त्वपूर्ण योगदान दिए।

विदेशों में खासकर अमेरिका, जापान, जर्मनी आदि देशों में हिन्दी में महत्त्वपूर्ण साहित्यकारों एवं साहित्यिक पत्रिकाओं की वेबसाइटें अस्तित्व में आईं। इनमें कुछ महत्त्वपूर्ण वेबसाइट थे–अभिव्यक्ति–हिन्दी.ओआरजी, अनुभूति–हिन्दी. ओआरजी, भारतदर्शन.कॉम, हिन्दीनेस्ट.कॉम। इन बेवसाइटों के विकास की प्रक्रिया में आनेवाली भाषा सम्बन्धी असुविधाओं को दूर करने का प्रयास किया गया और इस क्रम में तकनीक का विकास होता रहा।

'90 के दशक के उत्तरार्द्ध में महत्त्वपूर्ण हिन्दी दैनिकों ने तेजी से अपने समाचार साइटों का विकास आरम्भ किया। इनमें 'दैनिक जागरण' की वेबसाइट जागरण.कॉम (17 जनवरी 1997), 'अमर उजाला' की वेबसाइट अमरउजाला.कॉम (24 जुलाई 1998), 'दैनिक भास्कर' की वेबसाइट भास्कर.कॉम (17 अप्रैल 1998), 'नई दुनिया' की वेबसाइट नई दुनिया.कॉम (7 दिसम्बर 1996), वेबदुनिया.कॉम (31 जुलाई 1999), 'हिन्दी मिलाप' की वेबसाइट मिलाप.कॉम (4 मार्च 1997), 'राजस्थान पत्रिका' की वेबसाइट राजस्थान पत्रिका.कॉम (19 फरवरी 1998), प्रभासाक्षी.कॉम, हिन्दी एवं उर्दू में एक साथ ऑनलाइन होनेवाला लश्कर.कॉम (4 जनवरी 1999), राँची से प्रकाशित 'प्रभात खबर' की वेबसाइट प्रभातखबर.कॉम (7 फरवरी 2000) आदि प्रमुख थीं।

यहाँ यह तथ्य उल्लेखनीय है कि जहाँ समाचार-पत्रों ने अपनी साइटों के निर्माण व विकास की गति और दिशा को बनाए रखा वहीं स्वतन्त्र वेबसाइट, जिनका सम्बन्ध साहित्य-संस्कृति आदि से था, उस तेजी से विकास नहीं कर

पाए। इसका भी मूल कारण भाषा व फॉण्ट की समस्या ही रही। हालाँकि विदेशों में कई लोगों ने इन समस्याओं से निजात पाने के लिए कतिपय प्रयास किए जिसके फलस्वरूप अभिव्यक्ति-हिन्दी. ओआरजी एवं अनुभूति-हिन्दी.ओआरजी जैसी साइट आज देखने को मिल रही हैं। अब तो साहित्य को समर्पित इन साइटों में से एक साइट और जुड़ गया है जिसका नाम है—लिटरेटवर्ल्ड.कॉम।

लिटरेटवर्ल्ड कैलिफोर्निया (अमेरिका) स्थित एक प्रकाशन, मीडिया और इंटरनेट कम्पनी है जिसने लिटरेटवर्ल्ड.कॉम नाम से बहुभाषी साहित्यिक पोर्टल प्रारम्भ किया है। इस साइट का विधिवत् उद्घाटन 24 दिसम्बर 2001 को नई दिल्ली में किया गया था। अभी इस साइट के हिन्दी खंड में हलचल (खबरों का खंड), साक्षात्कार, स्तम्भ, नई पुस्तकें, समीक्षा, कहानी और विचारधारा के खंड हैं। इसके अलावा सौ रचनाकारों के संक्षिप्त जीवनवृत्त भी साइट पर दिए गए हैं।

लिटरेटवर्ल्ड.कॉम को अभी प्रतिमाह दस लाख टिप्स मिल रहे हैं। यह पोर्टल सिडनी, त्रिनिदाद, अमेरिका, ब्रिटेन, जर्मनी जैसे देशों में भारतीय मूल के लोगों में हिन्दी भाषा एवं साहित्य के प्रति आकर्षण को नई ऊर्जा दे रहा है। इसका नई दिल्ली में ब्यूरो भी है और हिन्दी भाषी क्षेत्रों की राजधानियों में तमाम जगहों पर इसके संवाददाता फैले हुए हैं। यह ऐतिहासिक महत्त्व की बात है कि सम्भवतः पहली बार साहित्य से जुड़ी खबरों को इतनी प्रमुखता से और खासकर अपने संवाददाताओं के माध्यम से कोई पत्रिका कवर कर रही है।

हिन्दी के प्रसिद्ध साहित्यकार और पत्रकार कमलेश्वर का ऐसा मानना है कि "हम लोगों ने कम्प्यूटर को और इंटरनेट प्रणाली को उस रूप में आत्मसात नहीं किया जिसका कि वह हकदार है।" दूसरी ओर पत्रकार और आलोचक विष्णु खरे का ऐसा मानना है कि "अगर दृढ़ इच्छा शक्ति दिखाई जाए तो हिन्दी में वेबसाइट भी अंग्रेजी के साथ कदम-से-कदम मिलाकर चल सकता है यदि वांछित तकनीकी शोध के साथ-साथ कॉपी राइट एवं अन्य सम्बन्धित विधिक कठिनाइयों को लगातार दूर करने के प्रयास किए जाते रहें।"

इंटरनेट पोर्टल का उपयोग एवं सीमा

इंटरनेट पोर्टल का सबसे अधिक उपयोग ई-मेल भेजने के लिए किया जाता है। यह प्रयोगकर्ता के द्वारा उपयोग किया गया सर्वाधिक प्रचलित संचार का प्राथमिक माध्यम है। यूरोप में तकरीबन 85 प्रतिशत इंटरनेट के प्रयोगकर्ता ई-मेल का उपयोग करते हैं।

इसका दूसरा सबसे अधिक उपयोग सर्फिंग एवं सर्चिंग में किया जाता है। इसमें लोग पर्यटन स्पॉट को ज्यादा महत्त्व देते हैं। अर्थात पर्यटन से

सम्बन्धित जानकारी सर्च करने के लिए लोग इंटरनेट का उपयोग करते हैं। तकरीबन 40 प्रतिशत लोगों द्वारा इंटरनेट का उपयोग किया जाता है। इसके अलावा विभिन्न प्रतियोगिता परीक्षाओं के परिणाम आज इंटरनेट पर प्रकाशित किए जा रहे हैं जिससे खासकर विद्यार्थी वर्ग लाभान्वित हो रहे हैं। इसके साथ ही नौकरी सम्बन्धी विज्ञापन भी इंटरनेट के माध्यम से देखे जा सकते हैं।

आज पूरे विश्व में इंटरनेट के प्रयोगकर्ताओं की संख्या लगभग 40 करोड़ है। इसमें 50 प्रतिशत से भी अधिक यूरोपियन देशों एवं उत्तरी अमेरिका के हैं। एक सर्वेक्षण के अनुसार तकरीबन 80 प्रतिशत इंटरनेट के प्रयोगकर्ता ऑफिस के बजाय अपने घर पर ही इसका उपयोग करते हैं तथा ज्यादा समय भी देते हैं। घर पर इंटरनेट का उपयोग करनेवाले 6-7 घंटा प्रतिसप्ताह, ऑफिस में उपयोग करनेवाले 5 घंटा एवं अन्य जगहों पर इसका उपयोग करनेवाले 3-5 घंटा प्रति सप्ताह इस पर खर्च करते हैं।

वर्तमान समय में अमेरिका में इंटरनेट का प्रयोग औसतन 151 घंटा से कुछ अधिक ही प्रति वर्ष की रफ्तार से हो रहा है। इसकी तुलना में टेलीविजन का उपयोग औसतन प्रतिवर्ष 1643 घंटा एवं अखबार का 149 घंटा होता है। लेकिन इन आँकड़ों में नवीनतम सूचना तकनीक जैसे मोबाइल के द्वारा इंटरनेट का उपयोग आदि के आँकड़े सम्मिलित नहीं किए गए हैं।

ई-अखबारों ने काफी कम समय में जिस प्रकार से सफलता के नए प्रतिमान गढ़े हैं उससे यह साफ हो गया है कि आनेवाले समय में यह मजबूती के साथ आमजनों के बीच लोकप्रिय होगा और आम लोगों को इससे लाभ मिलेगा। विश्व के कई ऐसे देश हैं जहाँ वेबसाइटों ने अखबार के पाठकों को अपनी ओर आकर्षित किया है जिससे अखबारों की प्रसार संख्या प्रभावित हुई है। लन्दन में किए गए सर्वेक्षण से यह साफ हो गया है कि टेलीविजन और रेडियो के बाद इंटरनेट मनोरंजन एवं समाचारों के लिए सबसे अधिक लोकप्रिय माध्यम है। इसने प्रिंट जैसे पारम्परिक माध्यम को चौथे नम्बर पर विस्थापित कर दिया है। यही कारण है कि कई देशों में इसे अखबारों के लिए एक 'नए शत्रु' के रूप में बताया जा रहा है।

हाल ही में प्रकाशित एक अध्ययन के अनुसार समाचार-पत्रों एवं पत्रिकाओं को पीछे छोड़ते हुए इंटरनेट अब समाचार, विचार एवं मनोरंजन का तीसरा सबसे बड़ा स्रोत बन गया है। मीडिया के इस्तेमाल पर हाल ही में लन्दन में हुए एक अध्ययन के अनुसार 50 प्रतिशत घरों में खबरों तथा मनोरंजन आदि के लिए टेलीविजन एवं रेडियो के बाद इंटरनेट का उपयोग किया जाता है। उसने समाचार-पत्रों को चौथे एवं पत्रिकाओं को पाँचवें स्थान पर धकेल दिया है। इस अध्ययन में सबसे हैरानी वाली बात यह सामने आई है कि मीडिया के इस्तेमाल

के बारे में यह बदलाव सिर्फ युवा, धनी अथवा पुरुष वर्ग तक ही सीमित नहीं है वरन् इसका असर हर वर्ग में परिलक्षित हुआ है। अध्ययन के अनुसार लोग जितना समय समाचार पढ़ने में बिताते हैं उससे तीन गुना समय वे इंटरनेट सर्फिंग, ई-मेल अथवा खरीददारी एवं बैंकिंग में खर्च करते हैं। शाम के समय तो यह आँकड़ा लगभग सात-आठ गुना हो जाता है। सबसे चिन्ताजनक बात तो यह है कि 16 से 34 वर्ष के आयु वर्ग के लोग अखबार देखने या पढ़ने से 15 गुना ज्यादा समय नेट पर बिताते हैं। इसमें महिलाओं का प्रतिशत भी कुछ कम नहीं होता। इससे प्रकाशन जगत निश्चित रूप से प्रभावित हो रहा है।

6:3:3 इंटरनेट पत्रकारिता : हिन्दी की स्थिति

बीसवीं सदी के अन्तिम दशक में पत्रकारिता के क्षेत्र में एक क्रांतिकारी शुरुआत हुई—'इंटरनेट'। आज यह सूचना का सबसे प्रवाहपूर्ण एवं प्रभावी मीडिया बन गया है। साथ ही अखबार, पत्रिका, रेडियो और टेलीविजन सभी माध्यमों की क्षमताओं से युक्त इस क्रान्तिकारी माध्यम ने एक नई विधा वेब या इंटरनेट पत्रकारिता को जन्म दिया है। आण्विक शक्ति के विकास के बाद इंटरनेट बीसवीं सदी की सबसे महत्त्वपूर्ण उपलब्धि मानी जा सकती है। विभिन्न उपकरणों से युक्त यह क्रांतिकारी माध्यम सूचना के सबसे तेज प्रवाह का जरिया बन गया है। पिछली सदी के अन्तिम दौर में इस प्रौद्योगिकी ने मानव जीवन के कई पहलुओं को एक साथ प्रभावित किया। इससे वह भौगोलिक दूरी कम हो गई है जो मानव जाति के एकीकरण के मार्ग में अड़चन बनी हुई थी।

अब तक हमारे सामने सूचना के तीन माध्यम थे—पत्र-पत्रिकाएँ, रेडियो और टेलीविजन। लेकिन अब 'साइबर जर्नलिज्म' या 'इंटरनेट पत्रकारिता' का दौर है। पत्रकारिता के क्षेत्र में इंटरनेट पत्रकारिता जैसे नए युग का सूत्रपात हो चुका है। यह एक नवीन तकनीक पर आधारित ऐसी पत्रकारिता है जिसमें 'सूचना हाइवे' पर समीक्षा, हास्य सामग्री और अन्तर्दृष्टि आदि सम्पादकीय विकसित हुई है।

'साइबर जर्नलिज्म' में कुछ समय पहले तक अंग्रेजी का एकाधिकार-सा था, लेकिन पिछले दो वर्षों में इसमें कुछ परिवर्तन हुए हैं। अब हिन्दी समाचारों की वेबसाइटें दिखने लगी हैं। इन्दौर के 'नई दुनिया' अखबार द्वारा 'वेब दुनिया' के नाम से हिन्दी में पहला समाचार पोर्टल शुरू करने के साथ ही हिन्दी पत्रकारिता में एक नए युग की शुरुआत हुई। इसके बाद दिल्ली के पत्रकार हरिशंकर व्यास ने हिन्दी पोर्टल 'नेट जाल' की शुरुआत की। इसके अतिरिक्त 'रिडिफ डॉट कॉम', 'सत्यम ऑन लाइन डॉट कॉम', 'विमेन इन्फोलाइन डॉट कॉम' जैसे कुछ बड़े पोर्टलों ने भी हिन्दी के 'सेक्शन' खोले।

अब तो कई हिन्दी समाचार-पत्रों की साइटें हैं। इनमें 'दैनिक जागरण' की वेबसाइट 'जागरण डॉट कॉम' काफी मजबूती के साथ सक्षमतापूर्वक 'एलेक्सा (Alexa) रेटिंग' एवं 'वेब ट्रेंड' (Web tıend) के अनुसार भारत के प्रमुख पाँच वेबसाइटों में से विश्व का एक और नम्बर वन हिन्दी न्यूज पोर्टल बन गया है। इसके अलावा 'अमर उजाला', 'प्रभात खबर', 'राजस्थान पत्रिका', 'नवभारत टाइम्स' और 'बीबीसी हिन्दी सेवा' की वेबसाइटें हैं। हिन्दी में कुछ साप्ताहिक समाचार-पत्रों की भी वेबसाइटें हैं। इनमें 'पांचजन्य', 'इंडिया टुडे' प्रमुख हैं। लेकिन इनमें से अधिकतर अखबारों की वेबसाइटों पर अखबार की खबर ज्यों की त्यों डाल दी जाती है। जागरण डॉट कॉम की वेबसाइट को छोड़कर अन्य अखबार वाले अपनी वेबसाइट के समाचार खंड को अपडेट करने की जहमत उठाते नहीं जान पड़ते।

'बीबीसी हिन्दी' ने जहाँ अपने हिन्दी सेक्शन का वेबसाइट शुरू किया, वहीं 'वॉयस ऑफ अमेरिका' ने हिन्दी में सुननेवालों के लिए केवल ऑडियो सुविधा दी है। 'जागरण डॉट कॉम' के अलावा इधर कुछ समाचार-पत्र जैसे 'अमर उजाला डॉट कॉम' ने खबरों को अपडेट करते रहने का सिलसिला शुरू किया है।

31 दिसम्बर 2000 तक भारत सरकार के पंजीयक कार्यालय में दर्ज सूची के अनुसार हिन्दी में 2393 दैनिक, 9910 साप्ताहिक, 2994 पाक्षिक, 3389 मासिक, 628 त्रैमासिक, 213 छमाही, 33 वार्षिक पत्र-पत्रिकाएँ प्रकाशित हो रही हैं। लेकिन 2393 दैनिक समाचार-पत्रों में से 20 के भी इंटरनेट संस्करण नहीं हैं। साप्ताहिक, पाक्षिक, मासिक, त्रैमासिक व वार्षिक की स्थिति इस पर बात करने लायक भी नहीं है। 'पांचजन्य' और 'इंडिया टुडे' को छोड़ दिया जाए तो साप्ताहिक समाचार पत्रों में एक भी अन्य वेबसाइट नहीं मिलेंगी। साहित्यिक मासिक पत्रिकाओं में 'हंस' की वेबसाइट है—वह भी 'वेब दुनिया' के एक खंड के रूप में। अलग से इसका कोई अस्तित्व नहीं। हाल के दिनों में साहित्य को समर्पित एक वेबसाइट लॉन्च की गई है—'लिटरेट वर्ल्ड डॉट कॉम'। यह साप्ताहिक पत्रिका है जिसका कोई प्रिंट संस्करण नहीं है।

हिन्दी वेबसाइटों पर व्यवसाय की दृष्टि से अभी कोई खास आर्थिक मुनाफा नहीं है, परन्तु ऐसा भी नहीं है इसे बिलकुल शून्य माना जाए। कुछ वेबसाइटों को थोड़े-बहुत विज्ञापन अवश्य मिल रहे हैं जिनसे उन्हें आर्थिक सहायता मिल रही है। वैसे तो रोजी-रोजगार की दृष्टि से इस क्षेत्र में काफी अवसर उपलब्ध हैं, परन्तु अज्ञानता एवं अरुचि की वजह से लोगों में अभी वैसी जागरूकता नहीं है। फलतः यह रोजगार का पूर्ण अवसर दे पाने में असमर्थ रह रहा है।

हिन्दी इंटरनेट पत्रकारिता की यह विडम्बना है कि अपने को राष्ट्रीय कहनेवाले हिन्दी दैनिक अभी तक वेब पर नहीं आए हैं। जबकि हिन्दी के क्षेत्रीय अखबारों ने अपने-अपने इलाकों में हिन्दी के जरिए ही अच्छा मुनाफा कमाकर अपनी पहचान बनाई है। उत्तर प्रदेश के अखबार 'दैनिक जागरण' और 'अमर उजाला' तथा मध्य प्रदेश का 'दैनिक भास्कर' इसके ज्वलन्त उदाहरण हैं।

कुल मिलाकर हिन्दी की इंटरनेट पत्रकारिता का परिदृश्य बड़ा ही निराशाजनक है। जहाँ दुनिया की भाषाओं में लाखों वेबसाइट हैं वहीं हिन्दी पत्रिकाओं की दर्जन भर वेबसाइटें होंगी और उनके कंटेंट के स्तर में काफी सुधार की गुंजाइश है।

समाचार माध्यमों में हिन्दी वेबसाइट एक नवजात शिशु के रूप में पल-बढ़ रही है। लेकिन इसकी वृद्धि दर अप्रत्याशित रूप से 341 प्रतिशत है। इसकी रफ्तार आगे क्या होगी कहना मुश्किल है, लेकिन हिन्दी वेबसाइटें आगे चलकर व्यापक होने पर समाज को निश्चित रूप से प्रभावित करेंगी।

सूचना प्रौद्योगिकी ने समाज के पूरे ढाँचे को क्रान्तिकारी ढंग से बदल दिया है। कम्प्यूटर नेटवर्क के व्यवसायीकरण ने ऐसी स्थिति पैदा की है कि विश्व के किसी कोने में बैठे हुए लोग अब इसके माध्यम से विचारों का आदान-प्रदान करने लगे हैं। ऐसे माहौल में बड़े ही कम खर्च पर विचारों का आदान-प्रदान हो रहा है। आज स्वतन्त्र सूचना व्यवस्था अपना स्थान बनाने लगी है। आनेवाले समय में यह सूचना व्यवस्था सभी नागरिकों के लिए व्यापक विविधता वाले राजनीतिक विकल्पों का भी प्रतिनिधित्व करेगी और इसमें भागीदारी सभी योग्य व्यक्तियों के लिए खुली होगी। ई-सूचना व्यवस्था विचारों की अभिव्यक्ति के लिए मंच उपलब्ध कराएगी।

6:3:4 इंटरनेट पर हिन्दी का भविष्य

इंटरनेट 10 बरस का हो चुका है। 1996 में नेटस्केप के आइपीओ ने नैसडैक में तहलका मचाया था, और बहुत जल्द इंटरनेट एक लोकप्रिय संस्कृति बन गया। तब से अब तक इंटरनेट ने उतार-चढ़ाव के कई दौर देखे हैं। इंटरनेट को लेकर दुनिया के कई कोनों से कई बार सवाल उठे, लेकिन हर बार उसने अपने औचित्य को और मजबूती से प्रमाणित किया। अपने उदय के 10वें बरस में इंटरनेट नए अवतार में नई ऊँचाइयाँ छू रहा है, और इसकी सम्भावनाओं को समझने की कोशिशें एक बार फिर शुरू हो गई हैं।

अमेरिका में हाल ही में हुए एक अध्ययन में इंटरनेट को समाज को आपस में जोड़ने का सबसे सशक्त माध्यम बताया गया है। इंटरनेट वहाँ के लोगों की जिन्दगी का अंग है, लेकिन हिन्दुस्तान में इसका प्रयोग अब भी काफी

सीमित दायरे में है। भारत में इंटरनेट की उपयोगिता पर हुए एक अध्ययन का निष्कर्ष है कि अब तक यह भारतीयों की जिन्दगी को छू तो पाया है, लेकिन उनके जीवन का अंग नहीं बना। अपने देश में इंटरनेट के विकास की राह में कई रोड़े हैं, और उनमें एक है स्थानीय भाषाओं में इसका सीमित विस्तार। अन्य भाषाओं को छोड़ भी दें, तो इंटरनेट पर हिन्दी की बुरी स्थिति एक गम्भीर सवाल है। तुलनात्मक लिहाज से देखें, तो चीनी भाषा का सर्च इंजन—बाइडू—दुनिया की पाँचवीं सबसे बड़ी वेबसाइट है, जबकि हिन्दी उस रैंकिंग में कहीं नहीं ठहरती।

इंटरनेट पर हिन्दी का अविकास एक ओर भारत में इंटरनेट के विकास को बाधित करता है, तो दूसरी ओर स्वयं हिन्दी समाज और हिन्दीभाषी प्रदेशों के विकास में भी रोड़े अटकाता है। भारत में इंटरनेट उपभोक्ता लगभग चार करोड़ हैं। यह वह जमात है, जो अंग्रेजी बोलती है या कम-से-कम अंग्रेजी में अपना काम चला लेती है। इंटरनेट की दुनिया के दिग्गज अब यह मानने लगे हैं कि अगर भारत में क्षेत्रीय भाषाओं में इंटरनेट का विस्तार नहीं हुआ, तो इंटरनेट यहाँ ठहराव की स्थिति में आ जाएगा।

सवाल यह है कि किन कारणों से इंटरनेट पर हिन्दी का विकास नहीं हो पा रहा है? क्या हिन्दीभाषी लोगों में इसके प्रति जागरूकता का अभाव है, या समस्या तकनीकी और सरकारी स्तर पर है? दिल्ली स्थित रिसर्च संस्था जस्ट कंसल्ट ने पिछले दिनों इंटरनेट उपभोक्ताओं के एक सर्वे में पाया कि भारत में मौजूदा इंटरनेट यूजर्स में से 44 फीसदी मानते हैं कि अगर उन्हें हिन्दी में सेवाएँ मिलें, तो वे हिन्दी में इस्तेमाल करना पसन्द करेंगे। दूसरा उदाहरण 'जीवनसाथी डॉटकॉम' का है। हाल ही में 'जीवनसाथी डॉटकॉम' का हिन्दी संस्करण शुरू हुआ है, और कुछ ही दिनों के भीतर 'जीवनसाथी डॉटकॉम' (अंग्रेजी) के आठ फीसदी उपभोक्ता हिन्दी को प्राथमिकता देने लगे। ये दो उदाहरण बताते हैं कि हिन्दी में अगर सेवाएँ उपलब्ध कराई जाएँ, और आम आदमी को होनेवाली तकनीकी समस्याओं को दूर कर दिया जाए, तो हिन्दी में इंटरनेट पर काम करनेवालों की संख्या में भारी उछाल आएगा।

कम्पनियाँ इस बात को समझ रही हैं। यही वजह है कि इंटरनेट पर क्षेत्रीय भाषाओं के विस्तार के कई प्रयास हो रहे हैं। माइक्रोसॉफ्ट बहुत जल्द अपने एमएसएन पोर्टल और हॉटमेल का हिन्दी संस्करण उतार रहा है। माइक्रोसॉफ्ट ने भाषाइंडिया नाम से एक पोर्टल शुरू किया है, जिसे प्रतिदिन करीब तीन लाख हिट मिल रहे हैं। सिटी डॉटकॉम भी हिन्दी में गम्भीर प्रयास कर रहा है। हिन्दी में कई वेबसाइटें काफी सफल हुई हैं, और निरन्तर प्रगति कर रही हैं। जाहिर है, हिन्दी में समस्या माँग की नहीं, बल्कि दृष्टिकोणगत और तकनीकी अड़चनों को सुलझा न पाने की है।

ऐसा नहीं है कि इंटरनेट पर हिन्दी के प्रसार के लिए प्रयास नहीं किए गए। लेकिन ये प्रयास मूलतः 2000-01 के दौर में हुए। यह वह दौर था, जब इंफ्रास्ट्रक्चर के लिहाज से इंटरनेट भारत में अपनी शैशवावस्था में था। इंटरनेट सर्विस प्रोवाइडर कम थे और वे भी मूलतः डायल अप आधारित थे। ब्रॉडबैंड या ऑलवेज ऑन कनेक्शन नाममात्र थे। फिर भी कई कम्पनियाँ खुलीं, लेकिन तब न तो उपभोक्ताओं का इतना बड़ा बाजार था, न मजबूत इंफ्रास्ट्रक्चर। नतीजा यह हुआ कि जब 2001 का झटका आया, तो अंग्रेजी में कार्यरत कम्पनियाँ तो किसी तरह बच गयीं, लेकिन हिन्दी समेत क्षेत्रीय भाषाओं की अधिकतर कम्पनियाँ बन्द हो गयीं।

कई कम्पनियाँ इसलिए भी विफल हुईं, क्योंकि उन कम्पनियों ने भारतीय परिस्थितियों को, यहाँ के उपभोक्ता और यूजर के मानस को नहीं समझा। वे पश्चिमी मॉडल की नकल में लग गईं, और फ्लॉप साबित हुईं। भारतीय उपभोक्ता सस्ती या फ्री ऑफ कॉस्ट सामग्री या सेवाएँ चाहता है। कम्पनियों ने अपना बिजनेस मॉडल भारतीय परिस्थितियों के अनुरूप नहीं बनाया। यह उनकी विफलता की एक बड़ी वजह रही। बहरहाल, पिछले पाँच वर्षों में उपभोक्ता बाजार और इंफ्रास्ट्रक्चर के मामले में स्थिति आश्चर्यजनक रूप से बदली है। यह गति आनेवाले दिनों में और तेज होगी।

इंटरनेट पर हिन्दी के विकास की सबसे बड़ी समस्या, तकनीकी (हार्डवेयर और सॉफ्टवेयर के स्तर पर) स्तर पर है। इसे दो भागों में बाँटा जा सकता है—हार्डवेयर (की-बोर्ड) और सॉफ्टवेयर (यूजर इंटरफेस)। एक यूजर को नेट से जोड़ने का काम जिस हार्डवेयर के जरिये होता है वह है की-बोर्ड। हिन्दी की मुश्किल यह रही है कि यहाँ तरह-तरह के की-बोर्ड बनाए गए हैं। कोई स्टैंडर्ड फॉरमेट बनाने की कोशिश नहीं की गई। मुनाफे के दर्शन से प्रेरित निजी कम्पनियों ने ऐसे-ऐसे फांट विकसित किए, जिनसे बाजार में जटिलता बढ़ती गई। इसका समाधान सरकारी स्तर पर हो सकता था, अगर सरकार शुरू से ही इस बारे में सचेत रहती। चीन में सरकार ने शुरू से ही सावधानी बरती और कड़ाई से इस नियम को लागू किया कि फांट का स्वरूप चाहे जो रखा जाए, उसकी कोडिंग एक ही तरह की होगी। इससे किसी भी कम्प्यूटर पर किसी भी फांट का इस्तेमाल करने में यूजर को दिक्कत नहीं होगी।

भारत में स्थिति यह है कि एक प्रकार के की-बोर्ड की जानकारी रखनेवाला यूजर जैसे ही खुद को दूसरे प्रकार के की-बोर्ड के समक्ष पाता है, वह पूरी तरह कन्फ्यूज्ड हो जाता है। अतीत में कई तरह के समाधान देने की कोशिश की गई। लेकिन कोई खास सफलता नहीं मिली। अब जाकर कई स्तरों पर इस समस्या का हल निकालने की कोशिशें की जा रही हैं। इनमें सी-डैक

और माइक्रोसॉफ्ट द्वारा उल्लेखनीय प्रयास किए जा रहे हैं। लेकिन अब भी इस तकनीक अड़चन का पूर्ण हल पाने से हम दूर हैं।

दूसरी समस्या सर्च की है। वेबसाइटों की लगातार बढ़ती संख्या के साथ सर्च इंजन का महत्त्व बढ़ता जाता है। चीन ने अपना सर्च इंजन विकसित कर लिया है। चीन का सर्वाधिक लोकप्रिय सर्च इंजन बाइडू चीनी बाजार के लगभग 56 फीसदी हिस्से पर पकड़ रखता है। हिन्दी में ऐसे कई प्रयास हो रहे हैं। याहू और गूगल जैसी बड़ी कम्पनियाँ भी इस दिशा में प्रयासरत हैं। छोटे स्तर पर इंडिकस ने भी एक शुरुआत की है। लेकिन ये सभी प्रयास अभी शुरुआती स्तर पर हैं। यूनिकोड आधारित फांट इस मामले में एक क्रान्तिकारी कदम है।

हिन्दी का तीसरा संकट कंटेंट के अकाल का है। इंटरनेट पर अंग्रेजी में 20 अरब से ज्यादा वेबपेज मौजूद हैं, जबकि हिन्दी में लगभग एक करोड़। यह काफी हद तक भारतीय कम्पनियों के दृष्टिकोण से जुड़ा मसला है। आज भी नेट पर हिन्दी के विकास के प्रयास अधिकतर विदेशी कम्पनियों द्वारा किए जा रहे हैं। हिन्दी की 10 सबसे पॉपुलर वेबसाइटों में से दो (बीबीसी की हिन्दी वेबसाइट और विकिपिड़िया का हिन्दी संस्करण) विदेशी हैं। आज भी अधिकतर वेबसाइटें अपने मातृसंस्थानों के भरोसे चल रही हैं। एक तरफ हिन्दी में अखबारों के पाठकों की लगातार बढ़ती संख्या, मोबाइल और कम्प्यूटर का लगातार बढ़ता प्रसार और दूसरी तरफ संख्या व कंटेंट के स्तर पर हिन्दी वेबसाइटों की बुरी हालत एक ऐसे विरोधाभास को रेखांकित करता है, जिसे जल्दी से जल्दी दूर किए जाने की जरूरत है। तकनीकी स्तर पर हो रही कोशिशों ने इस विरोधाभास को मिटाने के लिए और ज्यादा परिपक्व परिस्थितियाँ तैयार कर दी हैं।

हिन्दी में इंटरनेट का विकास न केवल हिन्दीभाषी समाज के लिए ज्ञान व सूचनाओं के असीमित द्वार खोलेगा, बल्कि यह शासन में सुधार व ई-गवर्नेंस के विकास की नई सम्भावनाएँ भी साथ लाएगा। लेकिन इसके लिए सरकारी स्तर पर गम्भीर प्रयास की जरूरत है। हिन्दी में इंटरनेट के यूजरों की कमी नहीं है, लेकिन कई स्तरों पर व्याप्त बाधाओं के मद्देनजर विकास की प्रक्रिया जटिल व लम्बी होती जा रही है। यह न केवल नेट पर हिन्दी के विकास को बाधित कर रहा है, बल्कि हिन्दी समाज का विकास भी इससे काफी बाधित हो रहा है।

सबसे बड़ी बाधा हिन्दी में कोई स्टैंडर्ड फांट का न होना है। सरकार, यूनिकोड और माइक्रोसॉफ्ट—इन तीन बड़े संस्थानों के स्तर पर हिन्दी में फांट की इस समस्या को दूर करने की कोशिश की जा रही है। दूसरी बड़ी समस्या हिन्दी का स्टैंडर्ड की-बोर्ड न होने की है। यह समस्या न केवल कम्प्यूटर की

दुनिया में हिन्दी के यूजरों की संख्या को सीमित कर रही है, बल्कि पहले से मौजूद लोगों को भी कम्प्यूटर और इंटरनेट से दूर कर रही है। हिन्दी में सम्भावनाएँ हैं, लेकिन इसके लिए सार्थक प्रयास की जरूरत है। निजी और सरकारी स्तर पर ढेर सारे प्रयास हो रहे हैं और वह दिन बहुत दूर नहीं, जब इंटरनेट की दुनिया में हिन्दी के विस्तार का सपना हकीकत बनेगा। हर नए क्षेत्र की तरह ही वेब के क्षेत्र के आरम्भिक खिलाड़ियों के मुकाबले नये खिलाड़ी काफी मैच्योर नजर आ रहे हैं। पश्चिमी दुनिया वेब 2.0 के दौर में है, और हिन्दी में भी वह दौर बहुत जल्दी आएगा।

7. अनुवाद

7:1 अनुवाद : परिभाषा

अनुवाद : अनुवाद शब्द संस्कृत की वद् धातु में घञ् प्रत्यय तथा 'अनु' उपसर्ग लगाने से बना है। वद् धातु का अर्थ है–बोलना या कहना। अनु का अर्थ है–बाद का। अतः अनुवाद का अर्थ है–कही गई बात को फिर से दूसरी भाषा में कहना या लिखना। 'शब्दार्थ चिन्तामणि कोश' में अनुवाद की व्याख्या करते हुए यह कहा गया है–'प्राप्तस्य पुनः कथते' अथवा 'ज्ञातार्थस्य प्रतिपादने' यानी पहले कहे गए अर्थ को पुनः कहना।

अंग्रेजी में अनुवाद के लिए ट्रांसलेशन (Translation) शब्द का प्रयोग होता है। यह शब्द लैटिन के ट्रांसलेटम (Translatum) शब्द से आयातित है। इसमें ट्रांस (Trans) का अर्थ है–पार या दूसरी ओर तथा लक्टम (Lactum) का अर्थ है–ले जाना–इन दो शब्दों के मेल से बना है जिसका अर्थ होता है–एक भाषा के पार दूसरी भाषा में ले जाना। अंग्रेजी शब्दकोश में भी ट्रांसलेशन शब्द का यही अर्थ मिलता है। 'वेब्स्टर्स डिक्शनरी' व ट्रांसलेट तथा ट्रांसलेशन शब्द का क्रमशः अर्थ दिया गया है–ट्रांसलेट अर्थात एक भाषा से दूसरी भाषा में बदलना और ट्रांसलेशन का अर्थ है–विशेष रूप से किसी साहित्यिक रचना का दूसरी भाषा में बदलने का परिणाम।

'अनुवाद' को कई विद्वानों ने अपने-अपने ढंग से परिभाषित करने का प्रयास किया है। ए. एच. स्मिथ ने इसे परिभाषित करते हुए लिखा है–"अर्थ को बनाए रखते हुए अन्य भाषा में अन्तरण करना ही अनुवाद है।" डी. स्टर्ट ने अनुवाद की भाषावैज्ञानिक परिभाषा देते हुए यह लिखा है–"अनुवाद प्रायोगिक भाषा विज्ञान की वह शाखा है जिसका सम्बन्ध प्रतीकों के एक सुनिश्चित समुच्चय से दूसरे समुच्चय के अर्थ के अन्तरण से है।" डॉ. जी. गोपीनाथन ने शॉपन डॉवर से संकेत लेकर 'अनुवाद की प्रक्रिया की तुलना आत्मा के परकाय प्रवेश की प्रक्रिया' से की है। नायडा और टेलर की मान्यता है कि–"मूल भाषा के सन्देश के समतुल्य सन्देश को लक्ष्य भाषा में प्रस्तुत करने की क्रिया को

अनुवाद कहते हैं। सन्देशों की समतुल्यता पहले अर्थ और फिर शैली की दृष्टि से निकटतम एवं स्वाभाविक होती है।''

उपर्युक्त परिभाषाओं के अध्ययन से यह पता चलता है कि अनुवाद की कोई सर्वसम्मत निश्चित परिभाषा नहीं दी जा सकी है। विभिन्न विद्वानों ने मात्र 'अनुवाद' को अपने-अपने ढंग से व्याख्यायित कर दिया है। इसका मुख्य कारण है कि अनुवाद के सन्दर्भ में शब्द की स्वतन्त्र सत्ता प्रायः समाप्त हो जाती है। वह एक सन्दर्भ विशेष का साधक बन जाता है। इसलिए यदि हम इसे परिभाषित करना चाहें तो कह सकते हैं कि अनुवाद स्रोत भाषा (मूल भाषा) में अभिव्यक्त विचारों को यथासम्भव मूल भावना के समानान्तर बोध एवं सम्प्रेषण के धरातल पर लक्ष्य भाषा (जिसमें अनुवाद किया जाए) में अभिव्यक्त करने की एक प्रक्रिया है।

7:2 अनुवाद की विशेषताएँ

एक सहज और सफल अनुवाद की सामान्य विशेषताएँ निम्नलिखित हैं :

(1) **एकार्थता**–उसमें अर्थगत एकान्त एकता अनिवार्य है अर्थात् जो बात कही गई हो उसके अनुवाद में अर्थभिन्नता नहीं होनी चाहिए।

(2) **अर्थगत असंदिग्धता**–अनुवाद को पूर्णतया निश्चयात्मक अर्थ प्रदान करनेवाला होना चाहिए। यदि किए गए अनुवाद से उसका अर्थ स्पष्ट नहीं होगा तो वह संदिग्ध रह जाएगा।

(3) **मूल भाषा की रक्षा**–मूल भाषा के कथ्य एवं कथन का लक्ष्य भाषा में अधिकतम निर्वाह अपेक्षित है। मूल भाषा की रक्षा के बिना सफल अनुवाद असम्भव है।

(4) **कृत्रिम जटिलता एवं दुरूहता का अभाव**–अनुवाद में शब्दों के कृत्रिम प्रयोग से भाषा जटिल एवं दुरूह बन जाती है और तब मूल भाव का नाश हो जाता है। इसलिए अनुवाद को कृत्रिम जटिलता एवं दुरूहता से सर्वथा मुक्त होना चाहिए।

(5) **व्याकरणिक शुद्धता**–अनुवाद की भाषा व्याकरण सम्मत होनी चाहिए। इसके लिए यह आवश्यक है कि अनुवादक अध्ययनशील तथा स्रोत भाषा और लक्ष्य भाषा के विभिन्न बोध स्तरों एवं सम्प्रेषण-कला दोनों से अच्छी तरह परिचित हो।

(6) **समतुल्यता**–वस्तुतः अनुवाद एक द्विभाषिक प्रक्रिया है। विभिन्न भाषाओं की प्रकृति और प्रवृत्ति एक-दूसरे से भिन्न होती है; अतएव अनुवाद की सफलता एवं सार्थकता के लिए उन दोनों भाषाओं के बीच विभिन्न स्तरों पर समतुल्यता आवश्यक है। इसी कारण दोनों भाषाओं स्रोत भाषा (Source

Language) तथा लक्ष्य भाषा (Target Language) का तुलनात्मक अध्ययन आवश्यक है।

7:3 अनुवाद के प्रकार

डॉ. जी. गोपीनाथन ने विषय-वस्तु एवं प्रकृति के आधार पर अनुवाद का वर्गीकरण करते हुए उसके दो आधार बतलाए हैं :

(1) **साहित्यिक अनुवाद**–इसके अन्तर्गत जीवनी, निबन्ध, आलोचना आदि के अनुवाद का समावेश होता है।

(2) **साहित्येतर अनुवाद**–इसके अन्तर्गत भाषा वैज्ञानिक, तकनीकी, वाणिज्यिकी, समाजशास्त्री, संचार माध्यमों, कानूनी तथा प्रशासनिक अनुवाद आते हैं।

अनुवाद की प्रकृति के आधार पर अनुवादों को दो वर्गों में बाँटा जा सकता है–(1) बाह्य आधार और (2) आन्तरिक आधार।

(1) **बाह्य आधार**–इसके अन्तर्गत अनुवादों को तीन उपवर्गों में विभाजित किया जा सकता है :

(क) गद्य-पद्य अनुवाद–गद्य और पद्य साहित्य की दो अलग-अलग विधाएँ हैं और इसीलिए यह आवश्यक भी होता है कि उनके अनुवाद भी उसी विधा में हों अर्थात् गद्य रचना का अनुवाद गद्य में और पद्य रचना का अनुवाद पद्य में ही होना चाहिए, परन्तु यह कोई अनिवार्य शर्त नहीं है क्योंकि गद्य का अनुवाद भी पद्य रचना में तथा पद्य रचना का अनुवाद भी गद्य में हो सकता है। ऐसे पद्यानुवाद को छन्दबद्ध अथवा छन्दानुवाद कहा जाता है। ऐसा इसलिए होता है कि अनुवादक जब छन्द के अनुशासन को अस्वीकार कर देता है तब वह मुक्त छन्द में अनुवाद करता है। चूँकि मुक्त छन्द को भी अब छन्द का एक प्रकार मान लिया गया है इसलिए छन्दानुकरण को अनुवाद का कोई अलग स्वतन्त्र प्रकार मानना उचित नहीं है।

(ख) साहित्य विधा अथवा शैली प्रधान साहित्य का अनुवाद–साहित्य के अन्तर्गत कई विधाओं में रचनाएँ होती हैं, जैसे–कहानी, उपन्यास, नाटक, निबन्ध, संस्मरण, आलोचना आदि। इन विधाओं के प्रायः एक भाषा से दूसरी भाषा में अनुवाद किए जाते हैं। लेकिन सूचना प्रधान साहित्य की तुलना में सृजनात्मक साहित्य का अनुवाद एक कठिन एवं श्रमसाध्य कार्य है। ऐसा इसलिए होता है कि जहाँ सूचना साहित्य का अनुवाद सपाट तरीके से पारिभाषिक कोशों, शब्दकोशों आदि की सहायता से सरल ढंग से अनुवाद सम्भव है, वहाँ ललित साहित्य के अनुवाद में कई कठिनाइयों का सामना करना पड़ता है। उसमें प्रायः अनुवादक को मूल रचना के अन्तर्गत निहित भावों, भाषाओं और भंगिमाओं

की अर्थछवियों की रक्षा करना अनिवार्य हो जाता है। इसलिए अनुवादक के लिए यह आवश्यक हो जाता है कि किसी भी रम्य रचना के अनुवाद में वह उसके अन्तर्निहित भावों, विचारों और भाषाओं से सुपरिचित तो हो ही उसके अन्दर निहित अर्थछवियों को ठीक से पहचानने की क्षमता भी रखे।

(ग) **साहित्येतर विषय का अनुवाद**–इसके अन्तर्गत सूचना प्रधान साहित्य अथवा कार्यालयीय साहित्य का अनुवाद आता है। इस वर्ग के अनुवाद में प्रायः शैली तत्त्व पर विचार गौण हो जाता है। इसमें अनुवादक को सिर्फ कथ्य की विशिष्टता पर ध्यान देना होता है। इस वर्ग के अन्तर्गत भौतिकी, रसायनशास्त्र, जीवविज्ञान, गणित तथा विधि साहित्य का अनुवाद आता है। इसके अन्तर्गत प्रायः सरकारी कार्यालयीय साहित्य, प्रशासनिक पत्राचार आदि आते हैं। इन साहित्यों के अनुवाद में प्रायः शैली तत्त्व की प्रमुखता पर विशेष ध्यान न देकर कथ्य पर ध्यान केन्द्रित करने की आवश्यकता होती है।

(2) **आन्तरिक आधार**–इसे दो वर्गों में बाँटा जा सकता है–(क) मूलनिष्ठ और (ख) मूलाश्रित।

(क) **मूलनिष्ठ अनुवाद**–जिसमें अनुवादक मूल भाषा के कथ्य और कथन पद्धति दोनों का निर्वाह करता हो। मूल रचना में अभिव्यक्त विचारों एवं भावों को जब कोई अनुवादक अभिव्यक्ति के धरातल पर अपने अनुवाद को मूल रचना के समक्ष रखने का प्रयास करता है तो उसे मूलनिष्ठ अनुवाद कहा जाता है। इसके लिए अनुवादक को दो पद्धतियों का सहारा लेना पड़ता है–(1) शब्दानुवाद और (2) सहजानुवाद।

1. शब्दानुवाद (Literal translation)–जब किसी भी अनुवाद में अनुवादक का ध्यान मूल रचना के प्रत्येक शब्द पर केन्द्रित होता है तो उसे शब्दानुवाद कहा जाता है। इसके तीन उपभेद होते हैं :

(अ) **शब्दक्रमाग्रही**–इस प्रकार के अनुवाद में अनुवादक मूल सामग्री की हर शब्दाभिव्यक्ति का सामान्य रूप से उसी क्रम में अनुवाद करता है जिस क्रम में सामग्री दी जाती है, जैसे :

मूल वाक्य–I am going home.

अनुवादक–मैं हूँ जा रहा घर।

इसमें अंग्रेजी वाक्य का जब कोई अनुवादक शब्दक्रम से अनुवाद प्रस्तुत करता है तो वह हिन्दी के वाक्य-विन्यास का प्रायः अतिक्रमण कर जाता है, और तब ऐसा अनुवाद न तो सर्वग्राही हो सकता है और न ही सर्वमान्य। इस प्रकार का अनुवाद भाषिक संरचना की दृष्टि से हास्यास्पद हो जाएगा।

(ब) **शब्दाग्रही**–इस प्रकार के अनुवाद में अनुवादक मूल के शब्दक्रम के प्रति प्रायः आग्रह तो नहीं रखता, परन्तु मूल रचना के प्रत्येक शब्द का अनुवाद

करने के लिए तत्पर अवश्य रहता है। इस अनुवाद में मूल के प्रत्येक शब्द के अनुवाद के प्रति आग्रह होने के कारण स्रोत भाषा की अदृश्य छाया लक्ष्य भाषा की अभिव्यक्ति को काफी प्रभावित करती है। जैसे :

मूल वाक्य–Thanks for the Pain, you have taken.

अनुवादक–कष्ट उठाने के लिए आपको धन्यवाद।

यहाँ पर उठाना शब्द 'taken' का अनुवाद है, जबकि हिन्दी में इसका अनुवाद होना चाहिए था–कष्ट करने के लिए आपको धन्यवाद।

या

कष्ट के लिए आपको धन्यवाद।

(स) सम्यकाग्रही–इसमें अनुवादक मूल रचना का कथ्य एवं कथन दोनों दृष्टियों से सम्यक् अनुवाद करने का प्रयास करता है। इस प्रकार के अनुवाद में अनुवादक न तो अपनी ओर से मूल अभिव्यक्त वाक्य में कुछ जोड़ता है और न ही कुछ घटाता है। पर इस शब्दानुवाद की अपनी कुछ सीमाएँ होती हैं–

(1) शब्दानुवाद की सफलता स्रोत एवं लक्ष्य भाषा के अभिव्यक्ति-सामर्थ्य की समानान्तरता पर आधारित है। अगर दोनों भाषाओं में समान अभिव्यक्तियाँ होती हों तभी शब्दानुवाद सफल होता है अन्यथा मूल रचना की तुलना में अनुवादित अंश कमजोर हो जाता है और इसके कारण किया गया अनुवाद प्रभावहीन हो जाएगा।

(2) शब्दानुवाद में अनुवादक मूल भाषा के प्रभाव से अपने आपको मुक्त नहीं रख पाता है। मूल भाषा की अदृश्य छाया की उपस्थिति के कारण लक्ष्य भाषा की अभिव्यक्ति का सौन्दर्य प्रायः सहज नहीं रह पाता है।

(3) केवल कोशगत अर्थ के आधार पर शब्दानुवाद करने से भी कभी-कभी मूल का अर्थ ही भ्रामक हो जाता है। जैसे :

मूल वाक्य–Cheque has been passed.

अनुवादक–चेक उत्तीर्ण हो गया।

इस वाक्य में अनुवादक ने 'passed' शब्द का कोशगत अर्थ 'उत्तीर्ण' का प्रयोग कर दिया है जिसके कारण अनुवाद सहज न रहकर हास्यास्पद हो गया है।

2. सहजानुवाद–इसे आदर्श अनुवाद भी कहा जाता है। इसमें अनुवादक स्रोत भाषा से लक्ष्य भाषा में अर्थ के आधार पर शब्दों की निकटतम सहजता प्राप्त कर अनुवाद करता है इसके लिए अनुवादक किसी आग्रह-दुराग्रह से अपने को मुक्त रखते हुए केवल मूल का अनुवाद इस तरह से करता है कि उसकी संवेदना तथा सम्प्रेषण की क्षमता ज्यों-की-त्यों वर्तमान रहे। इसमें अनुवादक की

भूमिका मात्र उस पारदर्शी शीशे के समान होती है जिसके आर-पार वस्तु का रूप मूल के सदृश ही दिखलाई पड़े। इसीलिए डॉ. भोलानाथ तिवारी ने इसकी विवेचना करते हुए कहा है–"आदर्श अनुवादक सिरिंज की वह सूई है, जो सिरिंज की दवा को ज्यों-की-त्यों मरीज के शरीर में पहुँचा देती है।"

(ख) मूलाश्रित–इस प्रकार के अनुवाद में अनुवादक को मूल भाषा के ऊपर विशेष रूप से आग्रही होना पड़ता है। यह मूल पर आश्रित होता है। इसमें अनुवादक को मूल भाषा के सम्पूर्ण भाव उसके सम्पूर्ण कलात्मक सौन्दर्य पर आश्रित होना आवश्यक है। पर, यह कोई आवश्यक नहीं कि अनुवादक स्रोत भाषा की भाषा-शैली अपने को पूर्ण रूप से आबद्ध कर ले। वह सिर्फ मूल के भाव की रक्षा करता है भाषा की नहीं। इसके निम्नलिखित उपभेद किए जा सकते हैं :

(1) **भावानुवाद (Faithful translation)**–इसमें मूल रचना की आत्मा को लक्ष्य भाषा में सम्पूर्णतया अभिव्यक्त करने के लिए अनुवादक को प्रयत्न करना पड़ता है। इस अनुवाद में अनुवादक मूल भाषा की सम्पूर्ण चेतना, सम्पूर्ण ज्ञान और सम्पूर्ण साहित्य की आत्मा को सुरक्षित रखते हुए उसे जस का तस लक्ष्य भाषा में प्रस्तुत करने का प्रयास करता है। इस कार्य के लिए वह भाषा के अर्थ-संकेत तथा कला-सौन्दर्य की बारीकियों में न उलझकर सिर्फ मूल सामग्री के कथ्य के अनुवाद की सम्पूर्णता एवं सहजता के लिए गतिशील होता है। इसे अर्थ के लिए अर्थ (sense for sense) अनुवाद भी कहा जाता है।

(2) **छायानुवाद**–जब किसी रचना का शब्दानुवाद अथवा भावानुवाद न कर रचना में मात्र कुछ परिवर्तन कर अन्य भाषा में प्रस्तुत किया जाता है तब ऐसे अनुवाद को छायानुवाद कहा जाता है। इसमें लेखक मूल रचना की छाया ग्रहण कर स्वतन्त्र भाव से उसी रचना को जब पुनः लिखता है तब उसे छायानुवाद कहा जाता है।

(3) **सारानुवाद**–जब किसी लम्बे वक्तव्य अथवा रचना को उसके सारतत्व को पूर्णतया सुरक्षित रखते हुए किसी कारण से संक्षिप्त किया जाता है तब ऐसे अनुवाद को सारानुवाद कहा जाता है अर्थात् इसमें मूल रचना के सारतत्व का ही मात्र अनुवाद किया जाता है।

(4) **व्याख्यानुवाद**–जब कोई अनुवादक किसी कृति का अनुवाद करते समय केवल मूल का अनुवाद न कर अपनी ओर से उसकी व्याख्या भी प्रस्तुत करता है तो वैसे अनुवाद को व्याख्यानुवाद कहा जाता है। लोकमान्य तिलक का 'गीता रहस्य' इसी प्रकार के अनुवाद का उदाहरण है।

(5) **वार्तानुवाद अथवा आशु अनुवाद**–जब दो विभिन्न भाषा-भाषियों के बीच कोई व्यक्ति भाषा माध्यम बनकर दुभाषिये का काम करता है और उन्हें

उनकी अपनी-अपनी भाषाओं में एक-दूसरे की बात को अनुवाद के माध्यम से सम्प्रेषित करता है तो ऐसे अनुवाद को आशु या वार्तानुवाद कहा जाता है। इस तरह के अनुवाद में दुभाषिये (अनुवादक) को बड़ा ही कुशल एवं प्रवीण होना आवश्यक है अन्यथा अर्थ का अनर्थ हो जाने का खतरा पैदा हो जा सकता है।

प्रकृति कें आधार पर अनुवाद के प्रकार का वर्गीकरण

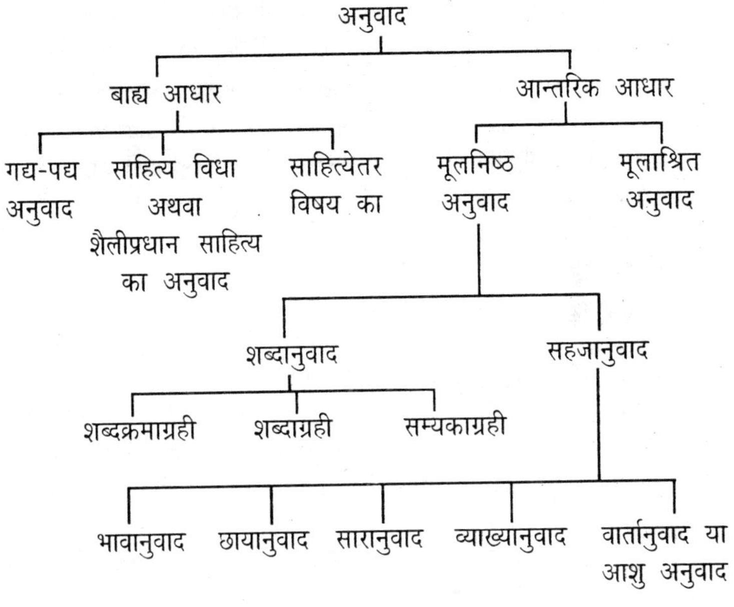

7:4 अनुवाद : समस्याएँ एवं समाधान

सर्वप्रथम जब अनुवाद की परिभाषा पर विचार करते हैं तो यह कहना पड़ता है कि एक भाषा में अभिव्यक्त विषयों, भावनाओं, विचारों और संवेदनाओं को जहाँ तक सम्भव हो उसी की प्रयुक्त भाषा-शैली में जब दूसरी भाषा में रूपान्तरित किया जाता है तो उसे अनुवाद कहा जाता है। एक सफल अनुवादक कथ्य एवं कथन शैली दोनों दृष्टियों से स्रोत भाषा की सामग्री को लक्ष्य भाषा में प्रस्तुत करता है। लेकिन यह कार्य थोड़ा कठिन अवश्य है क्योंकि दो अलग-अलग भाषाओं की अपनी-अपनी स्वतन्त्र प्रकृति होती है। उनकी अपनी शब्द-सम्पदा, अपनी विशिष्ट भाषिक संरचना और प्रयोग होते हैं। उनकी शैली की अपनी

विशिष्ट भंगिमा होती है। इसीलिए कहा गया है कि अनुवाद का कार्य स्लेट पर सीधी लकीर खींचने के बजाय पानी पर लकीर खींचने जैसा कठिन है। इसमें अनुवादक को अनुवादीय मर्यादाओं में रहकर मूल भाषा की सामग्री को लक्ष्य भाषा में इस प्रकार उतारना पड़ता है कि मूल की लक्ष्मण रेखा का अतिक्रमण न हो और उसका रूप भी सुरक्षित रहे।

अनुवाद की दृष्टि से शैली प्रधान साहित्य एवं सूचना प्रधान साहित्य में अन्तर होता है। सृजनात्मक अथवा शैली प्रधान साहित्य अनुभूति, कल्पना तथा विभिन्न शैलियों के आकर्षक रचाव की वेगवती नदी की तरह होता है जबकि सूचना प्रधान साहित्य की प्रकृति नियमों-उपनियमों, पारिभाषिक शब्दावली औपचारिकता से घिरे प्रायः संवेदनशून्य तालाब की भाँति होती है। अतः शैली प्रधान साहित्य और सूचना प्रधान साहित्य दोनों के अनुवाद की समस्याएँ एक-दूसरे से नितान्त भिन्न प्रकृति की होती हैं। इनकी समस्याओं को अलग-अलग ढंग से निम्नलिखित रूपों में देखा जा सकता है :

(क) शैली प्रधान साहित्य की समस्याएँ

1. शब्द-प्रयोग

(i) द्विअर्थी शब्द—कभी-कभी एक ही शब्द विभिन्न भाषाओं में मिल जाता है; परन्तु उसका अर्थ दोनों भाषाओं में अलग-अलग होता है। ऐसे द्विअर्थी शब्दों के प्रयोग में अर्थ नहीं जानने के कारण अनुवादक से गलतियाँ हो सकती हैं और तब अर्थ का अनर्थ हो जा सकता है। जैसे—मराठी—नवरा = पति, और गुजराती में—नवरा = निठल्ला।

(ii) पर्यायवाची शब्द—एक भाषा में एक शब्द के लिए अनेक पर्यायवाची शब्द होते हैं। रचनाकार अपनी भावनाओं की अनुकूलता के अनुरूप उनमें से किसी एक शब्द का प्रयोग करता है। यदि कोई अनुवादक उस शब्द को बदलने का प्रयास करता है, तब उसकी कलात्मकता नष्ट हो जाएगी। जैसे—'तत्त्व तल से ही निकलता'। इसमें 'तत्त्व' का अर्थ पानी है और 'तल' का अर्थ है धरती। ये दोनों शब्द क्रमशः 'जल' और 'धरती' के पर्याय हैं। लेकिन, यदि 'तत्त्व' और 'तल' के बदले कोई जल और धरती प्रयुक्त करेगा तब रचना का कलात्मक सौन्दर्य नष्ट हो जाएगा।

(iii) नाद-सौन्दर्य—चूँकि हर भाषा की अपनी प्रकृति, अपना शब्द-विन्यास और अपना संगीत होता है इसलिए उनकी अपनी खासियत होती है। यदि एक भाषा के ध्वन्यात्मक शब्दों का अनुवाद किसी दूसरी भाषा में करने का प्रयास किया जाए तो प्रथम तो वह अनुवाद ही कठिन होगा और यदि किसी ने किया

भी तो वह सौन्दर्य नहीं रहेगा जो मूल भाषा के प्रयुक्त शब्दों में होता है। जैसे—

"नव गति नव लय ताल छन्द नव नवल कंठ नव जलद मंद्र नव
नव नभ के नव विहग वृंद को नव पर नव स्वर दे।"—निराला

इसका अनुवाद किसी अन्य भाषा में करना उतना ही कठिन है जितना आसमान के तारे तोड़ना।

(iv) रूप-चयन—किसी भाषा की अपनी समानता एवं व्यापकता के कारण उसमें एक ही क्रिया के लिए अनेक शब्दों का प्रयोग होता है और उनका अपने सन्दर्भ विशेष में, प्रसंगानुकूल अपना अर्थ घटित होता है। लेकिन यह विशेषता सभी भाषाओं के क्रिया-रूपों पर एक समान लागू नहीं होती। उदाहरण के लिए—हिन्दी में 'लाना' क्रिया के लिए—लाओ, ले आओ, ले आइए--ये चार रूप मिलते हैं। पर इन चार क्रिया-रूपों के चार भिन्न अनुवाद हिन्दी के अतिरिक्त अन्य भाषा में मिलना कठिन है।

2. मुहावरे-कहावतें

भाषा को चुस्त और प्रभावशाली बनाने के लिए मनुष्य अपने जीवन के अनुभवों से गृहीत भावों की अभिव्यक्ति के लिए मुहावरों और कहावतों का प्रयोग करता है। इनके प्रयोग से भाषा में शाब्दिक और भाषिक चमत्कार पैदा होता है। प्रायः प्रत्येक भाषा-भाषी अपनी भाषा के मुहावरों और कहावतों के द्वारा यह चमत्कार पैदा करना चाहता है। यह व्यक्ति की भाषा-शैली की कला-कुशलता भी है। लेकिन किसी भी एक भाषा में प्रयुक्त मुहावरे और कहावतों को दूसरी भाषा में अनुवाद करना बड़ा ही कठिन होता है। यदि अनुवाद किया भी जाता है तो उससे यह ध्वनि नहीं निकलती है जो मूल भाषा में सौन्दर्यबोधक होता है। उदाहरण के लिए—'नाचे न जाने अँगनवाँ टेढ़' अथवा 'अधजल गगरी छलकत जाए' का अनुवाद यदि कोई करना चाहे तो बड़ा आसान नहीं होगा।

3. अलंकार

किसी भी भाषा में अलंकार का प्रयोग अर्थगत सौन्दर्य प्रदान करने के लिए किया जाता है। यह किसी खास भाषा की व्यक्तिगत पूँजी होती है। हम एक भाषा में प्रयुक्त अलंकार को आसानी से दूसरी भाषा में अनुवाद नहीं कर सकते हैं। जैसे—"कनक कनक तें सौ गुनी मादकता अधिकाय।" यहाँ 'कनक' शब्द द्विअर्थी है जिसका प्रयोग क्रमशः स्वर्ण और धतूरे दोनों के लिए हुआ है। इसमें यमक अलंकार है। इस दोहे का सारा सौन्दर्य 'कनक' शब्द के दुहरे अर्थ पर निर्भर है। किसी भी अनुवादक के लिए ऐसे द्विअर्थी आलंकारिक शब्दों का अनुवाद कठिन ही नहीं असम्भव है।

4. शैली

अंग्रेजी में इसे परिभाषित करते हुए कहा गया है, "Style is the man itself". अर्थात् शैली व्यक्ति की अपनी निजी विशेषता होती है। हर रचनाकार की अपनी-अपनी शैली होती है। अनुवादक यथासम्भव स्रोत भाषा (Original language) की शैली का ही प्रयोग लक्ष्य भाषा (language of translation) में भी करना चाहता है परन्तु विविधताओं के कारण एक भाषा की शैली को अन्य भाषा के अनुवाद में उतारना बड़ा ही कठिन होता है। जैसे प्रेमचन्द की कहानी 'कफ़न' में प्रयुक्त इस शैली को देखें–''नाचे भी, उछले भी, कूदे भी, मटके भी, भाव भी बतलाए और वहीं बेहोश होकर गिर पड़े।'' यदि कोई अनुवादक प्रेमचन्द की इस शैली को अपनी भाषा में अनुवाद करना चाहे तो बड़ा ही सरल नहीं होगा।

समाधान

अनुवाद सम्बन्धी उपर्युक्त समस्याओं के समाधान के लिए निम्नलिखित सुझावों को अपनाया जा सकता है :

(1) **विषय का ज्ञाता एवं भाषाविद् होना आवश्यक**–एक सफल अनुवादक के लिए सर्वाधिक एवं महत्त्वपूर्ण शर्त यह है कि अनुवाद किए जानेवाले विषय का ज्ञाता हो ताकि वह शब्दों का, तकनीकी शब्दों का सही सन्दर्भ, सही अर्थ और सही परिप्रेक्ष्य में ठीक-ठाक अनुवाद कर सके। इसके साथ ही उसे स्रोत भाषा और लक्ष्य भाषा दोनों पर समान अधिकार भी प्राप्त होना चाहिए ताकि मूल का विषयसंगत अनुवाद प्रस्तुत कर सके।

(2) **भाषा प्रयुक्ति का स्तर (Language register)**–हर भाषा की प्रयुक्ति का अपना एक स्तर होता है। जैसे, जो भाषा काव्य या साहित्य के लिए प्रयुक्त होती है उसका वही रूप व्यवसाय, खेलकूद, वाणिज्य. बाजार एवं विज्ञान विषयों की अभिव्यक्ति के लिए नहीं प्रयुक्त होता है। इसलिए अनुवादक को इस प्रयुक्ति की भाषा (language register) की पूर्ण जानकारी होनी चाहिए। उदाहरण के लिए 'Bill' शब्द को लें। अर्थशास्त्र में इसका प्रयोग जहाँ वस्तु की कीमत के अर्थ के लिए किया जाता है वहाँ यही शब्द विधि में वसीयतनामा के लिए प्रयुक्त होगा।

(3) **व्यक्तिवाचक संज्ञाओं की अपरिवर्तनशीलता**–अनुवादक को व्यक्तिवाचक संज्ञाओं के अनुवाद के समय इस बात का ख़याल रखना चाहिए कि उनका अनुवाद नहीं होता अर्थात् व्यक्तिवाचक संज्ञाएँ अपरिवर्तित होती हैं।

(4) **उच्चरित ध्वनि का हिन्दीकरण**–(i) कभी-कभी ऐसा होता है कि स्रोत भाषा की उच्चरित इकाई लक्ष्य भाषा के समानान्तर ही रखना पड़ जाती

है। उनका अनुवाद सम्भव नहीं होता। ऐसी स्थिति में अनुवाद को उच्चारण की दृष्टि में रखकर मूल भाषा की शब्द-ध्वनियों को लक्ष्य भाषा की निकटतम ध्वनियों में सहजीकृत कर लेना पड़ता है। जैसे–अंग्रेजी–Academy (मूलभाषा) अनुवाद–अकादमी (लक्ष्य भाषा)।

(ii) अपनी-अपनी प्रकृति के कारण दो भिन्न भाषाओं के उच्चारण वर्तनी से अलग होते हैं, लेकिन लिखा जाता है वर्तनी के अनुसार। ऐसे में अनुवादक को चाहिए कि वह वर्तनी के अनुसार ही शब्द को लिखें। जैसे–अंग्रेजी–'Father' का उच्चारण है 'फादअ' पर अनुवाद में वह 'फादर' शब्द ही लिखेगा।

(iii) कभी-कभी स्रोत भाषा के शब्द के समान लक्ष्य भाषा में शब्द उपलब्ध न होने के कारण अनुवादक को कठिनाई होती है। ऐसे में उसे यह छूट होती है कि वह स्रोत भाषा का विश्लेषण कर उपसर्ग, प्रत्यय अथवा समास आदि के आधार पर लक्ष्य भाषा में शब्दों की अभिव्यक्ति कर सकता है। जैसे :

अंग्रेजी–Registration शब्द के 'tion' के लिए हिन्दी में 'करण' का प्रयोग किया जाने लगा है–पंजीकरण।

(5) **क्रिया रूपों की समस्या**–सामान्यतः विभिन्न क्रिया रूपों के अनुवाद उन्हीं रूपों में किए जाते हैं। जैसे, एकवचन का एकवचन में और बहुवचन का बहुवचन में। लेकिन प्रत्येक भाषा की कुछ अपनी प्रकृति होती है और अपनी सामाजिक-सांस्कृतिक मर्यादाओं एवं आचरणों के कारण उनके अनुवाद के रूप प्रयुक्त भाषा की प्रकृति के अनुरूप ही रखे जाते हैं। जैसे :

(i) पिताजी दिल्ली गए हैं।

(ii) शिक्षक वर्ग में पढ़ा रहे हैं।

इन वाक्यों में संज्ञा (पिताजी, शिक्षक) का रूप तो एकवचन में है पर इनके क्रिया रूप (दिए हैं, पढ़ा रहे हैं) बहुवचन में प्रयुक्त हुए हैं।

(6) **लिंग की समस्या**–कभी-कभी कोई शब्द एक भाषा में पुल्लिंग और दूसरी भाषा में स्त्रीलिंग में प्रयुक्त होता है। अनुवादक के समक्ष अनुवाद के समय यह समस्या खड़ी होती है। ऐसे में उसे सावधान रहना पड़ता है। उसे मूल भाषा की लिंग-व्यवस्था और अनुवाद की जानेवाली भाषा की लिंग-व्यवस्था की निश्चित जानकारी होनी चाहिए। जैसे :

गुजराती में 'व्यक्ति'–स्त्रीलिंग, पर हिन्दी में पुल्लिंग है।

हिन्दी में 'चाय'–स्त्रीलिंग, पर मराठी 'चा' पुल्लिंग है।

(7) **परिवेश एवं प्रसंग**–अनुवाद के समय अनुवादक को स्रोत भाषा की रचना के परिवेश और प्रसंग पर विशेष ध्यान देना होता है। परिवेश और प्रसंग की जानकारी के अभाव में कभी-कभी अनुवाद हास्यास्पद हो जाता है। जैसे :

इंगलैंड एक ठंडा देश है, इसलिए वहाँ के लोगों के लिए सूरज का निकलना दिखना आह्लादकारी माना जाता है, परन्तु भारत में सूरज का निकलना एक सामान्य-सी बात है। इसलिए यदि किसी आत्मीय को बहुत दिनों बाद देखकर यदि कोई अंग्रेज यह कहे कि 'You come as sunlight–तो इसमें उसका आह्लाद व्यक्त हो रहा है। यदि कोई अनुवादक हिन्दी में इसका यह अनुवाद करे–'तुम सूर्य प्रकाश की तरह आए' तो वह सही नहीं होगा, बल्कि उसकी जगह यदि यह अनुवाद किया जाए 'तुम्हारे आने से बड़ी खुशी हुई' तो ज्यादा सही एवं सार्थक होगा।

अंग्रेजी और हिन्दी भाषा की प्रकृति भिन्न-भिन्न है। इसलिए अनुवादक को अंग्रेजी भाषा से हिन्दी में अनुवाद करते समय प्रायः निम्नलिखित बातों पर ध्यान देना आवश्यक है :

(i) अंग्रेजी भाषा में कर्ता के अनुरूप क्रिया होती है परन्तु हिन्दी में कभी कर्ता के अनुसार और कभी-कभी किसी के अनुसार नहीं होती। जैसे :

(a) Mohan went home –मोहन घर गया।

(b) Radha went home –राधा घर गई।

(c) Boy beats the boy –लड़का लड़के को मारता है। लड़के ने लड़के को मारा।

(ii) हिन्दी भाषा की प्रकृति कर्तृवाच्य प्रधान होती है पर अंग्रेजी की कर्मवाच्य प्रधान। इसलिए It is requested का सही अनुवाद 'प्रार्थना है' होगा, न कि प्रार्थना की जाती है।

(iii) अंग्रेजी में 'when' और 'if' वाक्य के उत्तरार्द्ध में भी प्रयुक्त होते हैं, पर 'जब' और 'यदि' समुच्चयबोधक शब्द होने के कारण हिन्दी के वाक्य के पूर्वार्द्ध में आते हैं। जैसे :

He fled away when he saw a lion on the road. जब उसने सड़क पर एक शेर को देखा, भाग खड़ा हुआ।

(iv) अंग्रेजी आर्टिकल a, an और the आदि का अनुवाद हिन्दी में नहीं होता। जैसे–He is a good boy. वह अच्छा लड़का है। यहाँ 'a' का अनुवाद 'एक' लिखना आवश्यक नहीं है।

(v) अनुवाद के क्रम में अनुवादक को कभी-कभी शब्दागम और कभी-कभी लोप का प्रयोग करना पड़ता है। जैसे :

1. You are hereby informed. आपको सूचित किया जाता है। यहाँ 'hereby' का लोप कर दिया गया है।

2. He has several thousand heads of cattle. उसके पास हजारों जानवर हैं। यहाँ पर 'several' और 'heads' का आगम हुआ है।

(vi) अंग्रेजी में प्रायः विशेषण का लिंग तथा वचन भेद नहीं होता परन्तु हिन्दी में होता है। जैसे :

अंग्रेजी	हिन्दी
Good boy	अच्छा लड़का (एकवचन)
Good boys	अच्छे लड़के (बहुवचन)

(vii) अंग्रेजी में कुछ विशेषण कुछ विशेष संज्ञाओं के साथ आते हैं परन्तु उनके हिन्दी अनुवाद के समय सन्दर्भ के अनुसार उनका प्रयोग व अभिव्यक्ति इकाई बदल जाती है। जैसे–honarary विशेषण Secretary और Degree दोनों के साथ आता है परन्तु प्रयोग में–Honarary Secretary का अनुवाद अवैतनिक सचिव होगा जबकि Honarary Degree का अनुवाद होगा–मानद् उपाधि।

(8) **पुनरुक्ति का परित्याग**–कभी-कभी स्रोत भाषा में प्रभावाभिव्यंजकता की दृष्टि से रचनाकार एक ही शब्द का अथवा उसके अनेक पर्यायों का प्रयोग रचना में करता है, पर अनुवादक को उस पुनरुक्ति से बचना चाहिए। जैसे :

वह धीरे-धीरे सड़क पर टहलता है–He walks slowly on the road.

यहाँ पर 'slowly' का एक ही बार प्रयोग होगा।

(9) **भाषा-शैली**–अनुवाद कथ्य एवं कथन की दृष्टि से मूल की निकटतम अनुकृति है। किसी भाषा की प्रवाहमयता एवं प्रांजलता का प्रतिरूप अनुवाद की जान होती है। इसलिए अनुवादक के लिए यह आवश्यक होता है कि वह भाषा की समस्तरता का ध्यान रखे। अर्थात् अगर कोई उर्दू भाषा की शब्दावली का प्रयोग करना चाहता है तो उसे उर्दू की शैली का प्रयोग करना होगा न कि उसमें संस्कृत हिन्दी की शैली का मेल करना अपेक्षित होगा। खिचड़ी शैली के प्रयोग से भाषा प्राणहीन बन जाएगी। जैसे :

संस्कृतनिष्ठ हिन्दी में–नेत्र सुन्दर हैं।

उर्दू की शैली में–आँखें खूबसूरत हैं।

इनकी जगह यदि नेत्र खूबसूरत हैं और आँखें सुन्दर हैं का प्रयोग करते हैं तब भाषा कमजोर-सी मालूम पड़ती है।

7:5 अनुवाद : विज्ञान अथवा कला

भाषा-चिन्तकों के समक्ष प्रायः यह सवाल खड़ा होता है कि अनुवाद विज्ञान है अथवा कला? इस सम्बन्ध में भाषाविदों के बीच मतभेद है। एक वर्ग ऐसा है जो अनुवाद को विज्ञान मानता है और दूसरा वर्ग इसे कला मानता है। इनके मतों को हम निम्नलिखित रूपों में व्याख्यायित कर देख सकते हैं। अनुवाद को कला माननेवालों में सबसे पहला नाम डॉ. थियोडर सेवरी का आता है। उन्होंने

कहा है, "इसकी (विज्ञान और कला) तुलना चित्रकला और फोटोग्राफी जैसी कलाओं से भी की जा सकती है क्योंकि इन दोनों कलाओं में मूल पदार्थ (object) होता है और चित्रकार अथवा फोटोग्राफर अपनी कला से उसका चित्र अथवा फोटो खींचता है। कई बार यह चित्र मूल रूप से भी सुन्दर होता है। इस अर्थ में यदि ये दोनों कलाएँ कला के क्षेत्र में आती हैं तो अनुवाद भी कला है क्योंकि अनुवादक मूल कृति को अपनी कला के माध्यम से इसी भाषा में अभिव्यक्त करता है। अनुवाद विज्ञान होने का भी दावा कर सकता है। विशेषकर उस स्थिति में जब विज्ञान अथवा गणित के सूत्रों का भी अनुवाद किया जाता है। इस स्थिति में अनुवाद यथातथ्य होता है और उसका वही स्वरूप होता है जो किसी वैज्ञानिक विषय-वस्तु का होता है।"

डॉ. सेवेरी ने अनुवाद को कला के रूप में स्वीकार करते हुए यह लिखा है कि "सहज सफलता की खोज में अनुवाद को अक्सर पुनःसृजन करना पड़ता है। अगर वह अनुवाद न लगे तो वहाँ मूल लेखक की हत्या होती है और अगर अनुवाद अनुवाद ही लगे तो भी मूल लेखक की हत्या होती है क्योंकि मक्खी की जगह मक्खी चाहिए जीवित उड़ान भरती हुई, भिनभिनाती हुई। तात्पर्य यह है कि अनुवाद स्वतन्त्र सरल भी है। अनुवाद को कला मानने का आधार यह भी है कि अनुवादक को मूल रचना की आत्मा को लक्ष्य भाषा में प्रतिबिम्बित करना पड़ता है। आत्मा का यह प्रतिबिम्ब किसी यन्त्र अथवा मशीन द्वारा सम्भव नहीं है।"

दूसरी ओर अनुवाद को विज्ञान माननेवाले विद्वानों का मत है कि अनुवाद एक वैज्ञानिक प्रक्रिया है, जिसमें आदि से अन्त तक सुनिश्चित तथा सार्थक नियमों को सत्यनिष्ठा और तटस्थता के साथ अनुवादक को पालना पड़ता है। स्रोत भाषा के भावों का अनुवादक द्वारा ग्रहण, उसका मानसिक रूप से भाषान्तरण, उसके बाद लक्ष्य भाषा से उसकी अभिव्यक्ति। अनुवाद की प्रक्रिया इस प्रकार वैज्ञानिक होती है।

विद्वानों का एक वर्ग अनुवाद को शिल्प (craft) मानता है। उनके अनुसार पत्रकारिता, अर्थशास्त्र, राजनीतिशास्त्र ऐसे क्षेत्र हैं, जिनकी सामग्री तथ्यात्मक सूचनापरक होती है, जिसमें न तो संवेदना होती है और न रागात्मकता। उसमें प्रशिक्षण आवश्यक है, वह उपयोगी कला है।

संक्षेप में कह सकते हैं कि पृष्ठभूमि का विज्ञानपक्ष एवं प्रयोग की कलाधर्मिता मिलकर अनुवाद को एक वैज्ञानिक कला बना देते हैं। अतः अनुवाद विज्ञानोन्मुख कला है।

7:6 अनुवाद का महत्त्व

वैसे तो अनुवाद साहित्य का इतिहास पुराना है, पर प्रारम्भ में इस साहित्य को

निम्न कोटि का साहित्य समझा जाता था। अनुवादक को साहित्य की दुनिया में बड़ी हीन दृष्टि से देखने की प्रथा थी। यह कार्य ही एक निम्न स्तरीय कार्य माना जाता था। इस कार्य को प्रायः बेकार व्यक्तियों के लिए रोजी-रोटी का साधन भर माना जाता था। कभी-कभी किसी महान् साहित्य या मनस्वी की प्रेरणा से किसी अच्छी कृति का अनुवाद भी करवाया गया, पर ऐसे कार्य नगण्य माने जा सकते हैं। इसलिए एक सशक्त और सार्थक परम्परा के अभाव में अनुवाद को पहले कभी भी न तो लोक समर्थन प्राप्त हुआ था और न ही व्यावसायिक प्रोत्साहन मिला। लेकिन जैसे-जैसे ज्ञान का विकास हुआ विश्व-दृष्टि का नवनिर्माण हुआ वैसे-वैसे अनुवाद की आवश्यकता महसूस की जाने लगी। फलतः इस साहित्य का स्वभावतः अनिवार्य रूप से विकास प्रारम्भ हो गया। तकनीकी, औद्योगिक, चिकित्सा, विधि, वाणिज्य से लेकर सांस्कृतिक और साहित्यिक आदान-प्रदान ने जीवन-मूल्यों में भारी परिवर्तन उपस्थित किया। लोग एक-दूसरे को जानने-समझने की चिन्ता और बेचैनी से अनुवाद के माध्यम से जुड़े। व्यावसायिक संगठनों के बढ़ते फैलाव में एक-दूसरे की भाषा को समझने की आवश्यकता महसूस की गई जिसका निराकरण मात्र अनुवाद के माध्यम से ही सम्भव था। दूरदर्शन के बढ़ते प्रभाव, आकाशवाणी का प्रसारण, दृश्य-श्रव्य कैसेट, फिल्म, दूरभाष तथा संचार के अधुनातन माध्यमों ने विश्व-बाजार में भाषायी विनिमय के रूप में अनुवाद-कार्य को सम्प्रेषण का माध्यम बनाया। विश्व के विभिन्न देशों के बीच संवाद की स्थिति को बरकरार रखने के लिए अनुवाद कार्य को प्रतिष्ठा मिली अर्थात् दो देशों के बीच संवाद-सेतु के माध्यम रूप में भाषा सम्प्रेषण के लिए अनुवाद एक मूल्यवान साहित्यिक विधा के रूप में स्वीकृत हुआ और अब इसकी प्रतिष्ठा निःसन्देह बरकरार है।

अनुवाद दो भाषाओं की तुलना के आधार पर उनकी भाषायी क्षमता को स्पष्ट करनेवाली विधा है। हम अनुवाद के द्वारा ही किसी भी भाषा की क्षमता को परखते हैं। इसके साथ ही अनुवाद के द्वारा ही हम किसी भाषा की मानसिकता एवं मनोभूमि का सही-सही अन्दाजा लगाते हैं। किसी भाषा में सम्प्रेषण की कितनी क्षमता है या कि उस भाषा में भावाभिव्यक्ति की कितनी शैलीगत गहराई है इसका पता हमें उस भाषा के अनुवाद के द्वारा ही चलता है। इसीलिए आज अनुवाद विश्व-चेतना और गतिक ऊर्जा का बैरोमीटर तो बना ही है विश्व के सम्पर्क का सूत्रधार भी बन चुका है। यह दो देशों के बीच भाषायी सम्पर्क का माध्यम है।

वस्तुतः किसी भी देश की सांस्कृतिक परम्पराओं, साहित्यिक मान्यताओं, वैज्ञानिक शोधों, औद्योगिक विकास, चिकित्सा के क्षेत्र में प्रगति से परिचय प्राप्त करने के लिए अनुवाद एक अनिवार्य माध्यम है। इसके अलावा प्रतिभा के विकास

में भी अनुवाद का अपना एक विशिष्ट योगदान है। अनुवाद के माध्यम से प्रतिभाशाली विद्यार्थी किसी विषय अथवा शाखा का अध्ययन अपनी मातृभाषा में सरलता और पूरी समझ के साथ कर पाता है। अगर उसे यह कार्य मातृभाषा को छोड़ किसी अन्य भाषा में करना पड़े तो उसकी शक्ति और समय के व्यय की तुलना में उसे प्राप्त ज्ञान बहुत कम होगा। ऐसा भी सम्भव है कि भाषागत कठिनाइयों के कारण उसके भीतर की अभिरुचि एवं जिज्ञासा कुंठित हो जाए। इस कारण अनुवाद प्रतिभाशाली छात्र में जिज्ञासा की प्यास, खोज की ललक, वैज्ञानिक अनुसन्धानों के प्रति दिलचस्पी तथा समय और शक्ति का बचाव कर मात्र किसी छात्र विशेष को ही नहीं, वरन् सम्पूर्ण राष्ट्र को उपकृत करता है। अनुवाद जहाँ सांस्कृतिक साहित्यिक राजदूत की भूमिका निभाता है वहीं वह वैज्ञानिक एवं तकनीकी विषयों से साक्षात्कार कर हमारे भौतिक जीवन के स्तर को समृद्धतर करता है।

प्रायः अनुवादकों पर यह दोष मढ़ा जाता है कि मूल रचना की तुलना में अनुवादक का कार्य निम्नकोटि का होता है क्योंकि उसमें न तो मूल जैसा सौन्दर्य आ पाता है और न वैसी भावाभिव्यक्ति ही सम्भव हो पाती है। लेकिन यह बात विचारणीय है कि अनुवादक अपनी कुछ साहित्यिक सीमाओं में बँधने के कारण नियमों-परिनियमों के द्वारा अनुवाद कार्य करता है। इसलिए जिस प्रकार से एक मूल लेखक को अपनी रचना में भावाभिव्यक्ति के लिए खुली छूट का मुक्ताकाश मिलता है, वैसी स्वतन्त्रता अनुवादक को नहीं होती। वह तो मूल रचना के स्वर्णमृग को अनुवाद की लक्ष्मणरेखा से बँधकर ही मात्र रक्षार्थ देख सकता है। उस पर प्रहार नहीं कर सकता। उसकी मर्यादा को भंग नहीं कर सकता। अनुवाद को तो लेखक की शैली, भाषा के प्रवाह एवं विचारों की रक्षा करने के साथ-साथ पाठकों की समझ तथा सम्प्रेषण की ग्राह्यता के ऊपर भी ध्यान देना होता है, ताकि मूल रचना की निजता एवं लेखकीय संवेदना के साथ-साथ पाठकीय सजगता एवं सहजता वर्तमान रहे।

वर्तमान समय में अनुवाद का क्षेत्र बड़ा व्यापक और निरन्तर महत्त्वपूर्ण होता जा रहा है। अब यह मात्र रोटी की लालसा से 'घटिया' की संज्ञा प्राप्ति करनेवाला साधन भर शेष नहीं रहा, बल्कि विभिन्न अनुशासनों, विविध ज्ञान शाखाओं, भाषायी संचेतना को विस्तार प्रदान करने का संसाधन भी बन गया है। यह दो देशों के बीच परस्पर सम्पर्क का साधन एवं परिचय करानेवाला नियामक तत्त्व भी बन गया है। एक ओर इसका महत्त्व ललित तथा सृजनात्मक साहित्य की प्रस्तुति में है तो दूसरी ओर भौतिक, तकनीकी, वैज्ञानिक, औद्योगिक आदि शब्दावलियों के भावुकतारहित अनुवाद में बरकरार है। खासकर पारिभाषिक शब्दावलियों के निर्माण, कार्यालयीय पत्र-व्यवहार, गैर-साहित्यिक सूचनापरक

साहित्य, दूरदर्शन तथा संचार माध्यमों में अनुवाद ने अपना एक विशिष्ट स्थान बना लिया है।

7:7 अनुवाद व्यवहार

अंग्रेजी से हिन्दी में अनुवाद–अनुवाद में भाषा के दो रूप प्रयुक्त होते हैं– (1) स्रोत भाषा और (2) लक्ष्य भाषा। जिस भाषा से अनुवाद किया जाता है उसे 'स्रोत भाषा' और जिस भाषा में अनुवाद किया जाता है उसे 'लक्ष्य भाषा' कहा जाता है। अनुवाद के लिए जिस प्रक्रिया को अपनाया जाता है उसके दो चरण हैं :

1. **अर्थग्रहण**–इसे मूल रचना का अर्थ समझना कहा जा सकता है।

2. **सम्प्रेषण**–किसी दूसरी भाषा में कही गई बात को अपनी भाषा में कहकर श्रोता तक पहुँचाने की प्रक्रिया सम्प्रेषण के अन्तर्गत रखी जा सकती है। यहीं पर अनुवादक की भूमिका महत्त्वपूर्ण हो जाती है। अर्थग्रहण के अन्तर्गत निम्नलिखित बातों की जानकारी का होना आवश्यक है :

शब्द बोध–इसका मतलब है शब्द का सही ज्ञान।

किसी भी अनुवादक के लिए यह सबसे जरूरी है कि वह शब्द के सही अर्थ से भलीभाँति परिचित हो। अनुवाद करते समय यदि किसी शब्द का अर्थ न मालूम हो तो अन्दाज से अनुवाद नहीं करना चाहिए बल्कि शब्दकोश का सहारा लेकर सन्दर्भगत अर्थ ग्रहण करना चाहिए।

दूसरी बात यह है कि कई ऐसे शब्द प्रयुक्त होते हैं जिनका अर्थ भिन्न-भिन्न हो सकता है। ऐसी स्थिति में अनुवादक को चाहिए कि वह पूरे प्रसंग के सन्दर्भ में शब्द के अर्थ को समझे। उदाहरण के लिए निम्नलिखित वाक्यों को देखें :

(i) He **may** go to Delhi tomorrow.

(ii) You **may** go now.

इन दोनों वाक्यों में 'may' का प्रयोग अलग-अलग अर्थों में किया गया है। पहले वाक्य में 'may' का प्रयोग 'शायद' या 'हो सकता है' के अर्थ में किया गया है जिसमें अनिश्चितता का भाव है–(शायद) वह कल दिल्ली चला जाएगा। इसमें 'न जाने' या 'न जाने पाये' की भी गुंजाइश है। लेकिन दूसरे वाक्य में 'अब दफा हो जाओ' या 'अब निकलो यहाँ से' का भाव निहित है। इसमें कहनेवाले का रोष प्रकट होता है। एक दूसरा उदाहरण देखें :

(i) His father is under the **treatment** of Dr. Thakur.

(ii) His **treatment** of the subject is one sided.

(iii) His **treatment** with his guests is commendable.

यहाँ एक ही शब्द 'treatment' तीन वाक्यों में अलग-अलग अर्थों में प्रयुक्त हुए हैं। पहले में 'इलाज' दूसरे में 'प्रतिपादन' और तीसरे वाक्य में 'व्यवहार' के अर्थ में प्रयुक्त किया गया है।

वाक्यबोध–इसका तात्पर्य यह है कि शब्दों का इस प्रकार प्रयोग किया जाए कि वाक्य का सही अर्थ निकले। वाक्य शब्दों के मेल से बनता है। लेकिन मात्र शब्दों का कोशगत अर्थ जान लेने से ही सटीक वाक्य बनाना सम्भव नहीं। इसके लिए वाक्य में शब्दों की सार्थकता पर भी ध्यान देना जरूरी है। वाक्य में शब्दों का क्रम भी महत्त्वपूर्ण होता है। शब्दों के क्रम पर पूरे वाक्य के अर्थ का दारोमदार होता है। कभी-कभी तो पूरे को कई बार पढ़ने पर ही अर्थ स्पष्ट होता है। अगर वाक्य का अर्थ स्पष्ट नहीं हुआ तो अलग-अलग शब्दों के अर्थ जान लेने से भी अनुवादक को कोई फायदा न होगा।

उदाहरण–I was not home when you called.

इस वाक्य में सात शब्द हैं जिनका यदि शाब्दिक अर्थ लगाया जाए तो यह होगा–'मैं था नहीं घर जब तुमने पुकारा'। पर अनुवाद की दृष्टि से इसमें वाक्य का सही अर्थ नहीं निकलता। इसका अनुवाद होगा–'उस समय मैं घर में नहीं था जब आपका फोन आया।'

रचनाबोध–इसका मतलब है रचना या विषय की सही जानकारी होना। अनुवाद में शब्द का अर्थ समझना, उसे वाक्य में ढालना और सही अर्थ प्रस्तुत करने के अतिरिक्त अनुवादक के लिए अनुवादित की जाने वाली रचना का भी अच्छा ज्ञान होना आवश्यक है। ऐसा न होने की स्थिति में मूल लेखक जो कुछ कहना चाहता है अनुवादक उससे भिन्न उसका दूसरा ही अर्थ निकाल लेगा। इसलिए अनुवादक को रचना के विषय का भी जानकार होना चाहिए।

अनुवाद की प्रक्रिया का दूसरा चरण 'सम्प्रेषण' का है। इसका मतलब है अंग्रेजी में कही हुई बात को हिन्दी में इस प्रकार से दुहराई जाए कि श्रोता या पाठक मूल के सही अर्थ को अनुवाद की भाषा में ठीक-ठीक समझ जाए। 'सम्प्रेषण' के लिए निम्नलिखित बातों का होना आवश्यक है :

समतुल्यता–इसका मतलब है–मूल भाषा में प्रयुक्त शब्द के वजन और समान अर्थ रखनेवाले शब्द को 'लक्ष्य' भाषा में खोजना। इसके अन्तर्गत अंग्रेजी वाक्य के हरेक शब्द को समझकर शब्दकोश की सहायता से उसके लिए 'प्रतिशब्द' अर्थात् वही अर्थ देनेवाला हिन्दी शब्द खोजना होता है। इसमें मुख्य रूप से दो कठिनाइयाँ आती हैं–एक तो यह कि शब्दकोश में एक ही शब्द के कई अर्थ मिलते हैं। उन सबका प्रसंगानुसार अर्थ चुनकर ही अनुवाद में प्रयुक्त किए जाने चाहिए। जैसे 'treatment' शब्द को लें। पूर्व में दिए गए उदाहरणों में इस शब्द का अलग-अलग अर्थों में तीन वाक्यों में प्रयुक्त किया गया है।

अर्थात् एक ही शब्द 'treatment' प्रसंगवश वाक्य में 'इलाज', 'प्रतिपादन' और 'व्यवहार' के अर्थों में प्रयुक्त हुए हैं। अब अनुवादक ही इन शब्दों के सही अर्थ को अनुवाद करते वक्त लिखेगा। अर्थात् अनुवादक के लिए यह आवश्यक होता है कि वह शब्द का सही अर्थ जाने और उसका सटीक अर्थ ही प्रयुक्त करे।

दूसरा कारण यह है कि एक भाषा में प्रयुक्त शब्दों के सटीक पर्याय दूसरी भाषा में नहीं मिलते। ऐसी स्थिति में यह जरूरी हो जाता है कि हम समान अर्थ देनेवाले शब्दों में से प्रसंगानुसार सबसे अधिक सटीक और सही शब्द चुनें अन्यथा वाक्य पूरा अर्थ व्यक्त नहीं कर पाएगा जैसे :

The killings of **innocent** people in Kashmir must be condemned.

इस वाक्य में **innocent** और **condemned** के लिए शब्दकोश में कई अर्थ मिलते हैं, जैसे–innocent के लिए 'निर्दोष', 'निष्पाप', 'निरपराध', 'बेगुनाह', 'निष्कपट', 'अबोध', 'निरीह', 'सीधा', 'अहानिकर' आदि तथा 'condemned' के लिए 'निन्दा करना', 'गर्हणा करना', 'दोषी या अपराधी ठहराना', 'अपराधित करना', 'दण्डाज्ञा देना', 'दण्ड देना', 'जब्त कर लेना', 'निकम्मा ठहराना', 'निराकरण करना' आदि। अब उपर्युक्त वाक्य का अनुवाद करते समय अनुवादक के लिए यह जरूरी हो जाता है कि वह किस सटीक शब्द का चुनाव करता है। यदि सटीक अर्थवाले शब्द का चुनाव न किया गया तो अर्थ का अनर्थ हो जाएगा। उपर्युक्त वाक्य का सही अनुवाद होगा :

'कश्मीर में निरपराध लोगों की हत्याओं की निन्दा की जानी चाहिए।'

इस वाक्य में 'innocent' के लिए 'निरपराध' और 'condemned' के लिए 'निन्दा करना' शब्दों का चुनाव करना ही सही होगा।

समानार्थकता–अनुवादक की असली क्षमता इसमें निहित होती है कि वह कितने सही और सार्थक वाक्य बना पाता है। इसके लिए आवश्यक है कि वाक्य व्याकरणिक दृष्टि से तो सही हो ही, अंग्रेजी शब्दों के सही समानार्थक शब्द भी चुने जाएँ। इसके साथ ही यह भी जरूरी है कि अनूदित वाक्य मूल की तरह ही प्रभावशाली हो। उदाहरणार्थ निम्नलिखित वाक्यों को देखें :

'God is love'–इस वाक्य का यदि कोई हिन्दी में अनुवाद इस तरह से करे कि 'ईश्वर प्रेम है' तो वाक्य अधूरा और अर्थ अटपटा लगता है। यदि उसी को हिन्दी की प्रकृति के अनुरूप करके यह अनुवाद किया जाए 'ईश्वर प्रेम रूप है' तो वाक्य प्रभावशाली लगने लगता है। इसलिए अनुवादक वाक्य को प्रभावशाली बनाने के लिए 'love' का अनुवाद 'प्रेम' न करके 'प्रेमरूप' करता है। दूसरा उदाहरण देखें :

'I shall go with you to the meeting if you come on time.'

इसका यदि कोई हिन्दी अनुवाद इस प्रकार से करे कि 'मैं आपके साथ

बैठक में जाऊँगा और अगर आप वक्त पर आ गये' तो यह वाक्य-रचना हिन्दी की प्रकृति के अनुकूल नहीं होगी। इसका अनुवाद इस प्रकार से किया जाना चाहिए, 'यदि आप वक्त पर आ गए तो मैं आपके साथ बैठक में चलूँगा।' वाक्य में शब्दों का क्रम बदल गया है और 'जाऊँगा' के बदले 'चलूँगा' क्रिया का प्रयोग करने से वाक्य प्रभावशाली लगने लगता है।

श्लिष्ट शब्द

कहीं-कहीं लेखक एक शब्द का प्रयोग एक साथ एक से अधिक अर्थों में करता है। ऐसी स्थिति में अनुवादक के लिए सटीक शब्द खोजना कठिन हो जाता है। जैसे :

'If he drinks toomuch he will pay for it later.'

यहाँ 'pay' शब्द के दो अर्थ हैं और दोनों अभीष्ट हैं।—'चुकाना या अदा करना' और 'कष्ट सहना या यातना भोगना'। ये दोनों अर्थ अगर किसी हद तक हिन्दी के किसी शब्द में आते हैं तो वह 'भुगतना' है। इसलिए उक्त वाक्य का हिन्दी अनुवाद होगा—'बहुत पियेगा तो बाद में भुगतेगा।' लेकिन वैसी स्थिति में जबकि अनुवादक को पर्याय के रूप में कोई सटीक शब्द न मिले तो एक से अधिक शब्दों का प्रयोग करके और कहीं व्याख्या के द्वारा भी भाव स्पष्ट करना पड़ सकता है।

अनुवाद कैसे करें

अनुवाद एक कला है और उसकी सफलता इसमें निहित है कि वह अनुवाद होकर भी अनुवाद न लगे और पाठक को यह पता न लगे कि वह रचना मूलतः हिन्दी में लिखी गई है या किसी और भाषा में। ऊपर हमने अनुवाद के सिद्धान्तों की चर्चा की है, लेकिन सैद्धान्तिक ज्ञान तब तक अधूरा है जब तक उसे व्यवहार में न उतारा जाए। 'अनुवाद कैसे करें' उपशीर्षक के द्वारा इस बात का प्रयास किया गया है कि आप अनुवाद की कला को जानें और उसे व्यवहार में अपनाएँ। इसके लिए निम्नलिखित बातों पर ध्यान देना जरूरी है :

भाषा की प्रकृति की समझ

अनुवाद करते समय अनूदित भाषा की रक्षा करना अनुवादक का पूर्ण दायित्व होता है। इसके लिए अनुवादक को भाषा की प्रकृति का ज्ञान होना आवश्यक है। उदाहरणस्वरूप अंग्रेजी के निम्नलिखित वाक्यों पर गौर करें :

(i) I wonder if this is true

(ii) I have two sons.

इसका अनुवाद यदि हिन्दी भाषा की प्रकृति के अनुकूल न किया जाए तो हिन्दी में वाक्य होगा :

(i) मुझे आश्चर्य होगा अगर यह सच है।

(ii) मेरे पास दो पुत्र हैं।

ये दोनों ही अनुवाद हिन्दी भाषा की प्रकृति के अनुकूल नहीं हैं। क्योंकि 'if' लगाकर अंग्रेजी में जो वाक्य बनते हैं, उन्हें हिन्दी में परिवर्तित करते समय सावधानी की जरूरत होती है। इन्हें अनुवाद करते समय लक्ष्य भाषा की प्रकृति का ध्यान रखना अनिवार्य होता है। इसलिए अंग्रेजी के (i) वाक्य का अनुवाद होगा :

मुझे इसकी सच्चाई में सन्देह है।

दूसरे उदाहरण में 'have' लगाकर वाक्य बनाया गया है। इस 'have' का अनुवाद हिन्दी में अलग-अलग तरीके से होता है। जैसे–I have a pen (मेरे पास एक कलम है), I have to go (मुझे जाना है), I have left my old job (मैंने अपनी पुरानी नौकरी छोड़ दी है), I have accepted this theory (मैंने इस सिद्धान्त को स्वीकार किया) इसलिए (ii) उदाहरण 'I have two son' का सही अनुवाद होगा–'मेरे दो पुत्र हैं।' यही प्रयोग हिन्दी भाषा की प्रकृति के अनुकूल है।

Prepositions (कारक चिह्नों या परसर्गों) का प्रयोग :

Prepositions कारक चिह्नों या परसर्गों का प्रयोग करते समय भी भाषा की प्रकृति को ध्यान में रखना जरूरी होता है। इनका प्रयोग अंग्रेजी और हिन्दी में भिन्न-भिन्न तरीके से होता है। वाक्य में उनका स्थान भी दोनों भाषाओं में अलग-अलग है। जैसे अंग्रेजी में कहेंगे 'Pen of Ram' जबकि हिन्दी में होगा 'राम की कलम'। यहाँ 'of' अंग्रेजी में कर्ता के पहले और हिन्दी में कर्ता के बाद प्रयुक्त हुआ है।

अनुवाद करते समय इस बात पर भी ध्यान देना जरूरी है कि अंग्रेजी के सम्बन्ध चिह्न हिन्दी में ज्यों-के-त्यों अनूदित होकर नहीं आते। जैसे 'On' का अनुवाद 'पर' और 'को' दोनों के लिए होता है। जैसे :

मूल वाक्य	**अनूदित वाक्य**
The book is **on** the table.	किताब टेबुल पर है।
I will visit him **on** Monday.	मैं उसके यहाँ सोमवार को जाऊँगा।

इसी प्रकार 'in' का प्रयोग भी भिन्न अर्थों में होता है। इसके लिए कहीं 'में' कहीं 'से' और कहीं 'पर' का प्रयोग होता है। जैसे :

मूल वाक्य	**अनूदित वाक्य**
We arrived **in** a town.	हम लोग एक शहर में पहुँचे।

I reached office **in** time.	मैं समय से कार्यालय पहुँचा।
I must him **in** his house.	मैं उसके घर पर मिला।

'since' और 'for' के अनुवाद में भी सावधानी रखनी होती है। अंग्रेजी में भी इनका प्रयोग भिन्न-भिन्न स्थितियों में होता है। 'since' का प्रयोग निश्चित समय के लिए और 'for' का प्रयोग लम्बे समय के लिए होता है। दोनों के लिए हिन्दी में 'से' का तथा 'for' के लिए 'तक' का प्रयोग होता है। जैसे :

मूल वाक्य	**अनूदित वाक्य**
He has been here **since** Monday.	वह सोमवार से यहीं है।
He travelled in the desert for six months.	वह छह महीने तक मरुभूमि में घूमता रहा।
He has been travelling in the desert for six months.	वह छह महीने से मरुभूमि में घूम रहा है।

'To' का प्रयोग भी भिन्न-भिन्न तरीके से होता है। जैसे :

मूल वाक्य	**अनूदित वाक्य**
I advised him **to** wait.	मैंने उसे इन्तजार करने का परामर्श दिया।
I invited him **to** play football.	मैंने उन्हें फुटबॉल खेलने के लिए बुलाया।

कभी-कभी 'to' हिन्दी में अनुवाद करते समय लुप्त हो जाता है। जैसे :

I have **to** go—मुझे जाना है।

इसलिए अंग्रेजी 'prepositions' का हिन्दी अनुवाद करते समय हिन्दी भाषा की प्रकृति का ध्यान रखना जरूरी हो जाता है।

शब्दों का सही प्रयोग

शब्दकोश में एक ही शब्द के अनेक अर्थ मिलते हैं। अब शब्द के सही प्रयोग का चुनाव करना अनुवादक के भाषा-ज्ञान, विवेक और समझ पर निर्भर करता है। इसलिए अनुवाद करते समय शब्दों के सही और प्रसंगानुसार प्रयोग करना उचित होगा। इसके लिए यह आवश्यक है कि पहले प्रसंग को ठीक से समझा जाए, तभी शब्द के सही अर्थ का चुनाव किया जा सकता है। उदाहरणस्वरूप एक शब्द 'operation' को लिया जा सकता है। इस शब्द को लेकर दो वाक्य बनाए गए हैं।

(i) The operation done by doctor is successful.

(ii) The police operation in that area was a failure.

अनुवाद : (i) डॉक्टर को शल्य क्रिया में सफलता मिली।

(ii) उस इलाके में पुलिस कार्रवाई असफल रही।

इन दोनों वाक्यों में प्रयुक्त एक शब्द 'operation' का अलग-अलग अर्थ है। इसका कारण है कि सन्दर्भ के अनुसार शब्दों के अर्थ बदल गए हैं। अनुवादक यदि अनुवाद करते समय डॉक्टर के सन्दर्भ में 'कार्रवाई' और पुलिस के सन्दर्भ में 'शल्य क्रिया' का प्रयोग कर दे तो अर्थ का अनर्थ हो जाएगा। इसलिए शब्दों का अर्थ प्रसंग के अनुसार ही लगाया जाना चाहिए। शब्दों का सही प्रयोग जानना या करना अच्छे अनुवादक की विशिष्टता है।

वाक्य-रचना

अच्छे अनुवाद के लिए वाक्य-रचना का सरल और सुगठित होना आवश्यक है। इससे वाक्य प्रभावशाली बनता है। यदि अनुवाद की वाक्य-रचना सरल और समझ में न आ सकने वाली होगी, तो 'स्रोत भाषा' की बात 'लक्ष्य भाषा' में स्पष्ट नहीं होगी। वाक्य की जटिलता का सबसे बड़ा कारण 'लम्बे वाक्यों का निर्माण' है। इसलिए अनुवाद करते समय छोटे-छोटे और सरल वाक्य बनाने चाहिए। यदि स्रोत भाषा (अंग्रेजी) का वाक्य लम्बा हो तो अनुवादक को चाहिए कि वह उसे छोटे-छोटे वाक्यों में विभक्त कर उसका अनुवाद करे। लेकिन ऐसा करने के साथ-साथ यह भी ध्यान में रखा जाए कि 'स्रोत-भाषा' में कही गई बातें ज्यों-की-त्यों 'लक्ष्य भाषा' में आ जाएँ। कहीं ऐसा न हो कि टुकड़े-टुकड़े में बाँटने के क्रम में मूल का अर्थ ही विनष्ट हो जाए। उदाहरण के लिए निम्नलिखित वाक्य को देखें :

'The company required large amount of money to wage was both in India and on the high seas and to maintain naval forces and armies and forts and trading posts in India.'

अनुवाद–'कम्पनी को, भारत और बीच समुद्र में युद्ध करने के लिए और अपनी जल और स्थल सेना तथा भारत में अपने किलों तथा व्यापारिक चौकियों की रक्षा के लिए, काफी बड़ी रकम की आवश्यकता थी।'

यह अनुवाद जटिल वाक्यों से निर्मित है जिसे 'समझ' पाना थोड़ा कठिन लगता है। अब इसी अनुवाद को छोटे-छोटे वाक्यों में तोड़कर देखें :

'कम्पनी को भारतीय भूमि पर स्थित अपने किलों और व्यापारिक चौकियों की रक्षा करनी थी। अपनी जल और स्थल सेना का रख-रखाव करना था। भारत के भीतर और बीच समुद्र में अपने हितों की रक्षा के लिए लड़ाइयाँ करनी थीं। इसके लिए एक बड़ी रकम की आवश्यकता थी।

दोनों अनुवादों को गौर से देखें। आपको ऐसा प्रतीत होगा कि छोटे-छोटे

वाक्यों के सहारे किया गया अनुवाद सरल, समझ में आनेवाला और हिन्दी भाषा की प्रकृति के अनुकूल है। अनुवाद करते समय यदि आप वाक्य गठन में अपनी ओर से कुछ शब्दों को जोड़ते हैं, तो कोई गलत नहीं होगा, बशर्ते कि वह 'स्रोत भाषा' में कही गई बात के अर्थ को न बदले।

पारिभाषिक शब्दावलियों का प्रयोग

अनुवाद का कार्य क्षेत्र इन दिनों काफी विस्तृत हो गया है। विज्ञान, मानविकी, समाज विज्ञान, सरकारी कार्यालयों में इसका माँग बढ़ी है। अनुवाद के क्षेत्र में 'पारिभाषिक शब्दों' को लेकर समस्या पैदा होती है। इसके लिए आवश्यक है कि मानक अन्तर्राष्ट्रीय शब्दावलियों का प्रयोग किया जाए। खासकर विज्ञान के क्षेत्र में अनुवादक को इस बात पर विशेष ध्यान देने की आवश्यकता है। जैसे, विज्ञान सम्बन्धी अन्तर्राष्ट्रीय शब्दावली के कुछ उदाहरण द्रष्टव्य हैं—मीटर, एम्पियर, वोल्ट, वाट, कैलरी, लिटर, सल्फर, फॉरनहाइट, विटामिन, ग्लूकोज आदि। ये शब्द अन्तर्राष्ट्रीय स्तर पर स्वीकृत हो चुके हैं, इसलिए अनुवाद करते वक्त इनके इसी रूप को हू-ब-हू रखा जाना चाहिए। लेकिन विज्ञान के क्षेत्र में ही कुछ शब्दों का हिन्दी अनुवाद पारिभाषिक शब्दावली के तहत स्वीकृत है, जैसे—भौतिकी, वाष्पीकरण, तापमापी, परवर्तक, अतिचालकता आदि।

अनुवादक के लिए समाज विज्ञान के क्षेत्र से सम्बन्धित पारिभाषिक शब्दों का ज्ञान भी जरूरी है। जैसे—Totalitarian political system के लिए सर्वाधिकारवादी राज-व्यवस्था। कुछ अंग्रेजी शब्दों का हिन्दीकरण कर लिया जाता है; जैसे ब्रितानी, आंगल, त्रासदी, तकनीक, अकादमी आदि।

साहित्यिक अनुवाद—किसी भाषा के साहित्य का दूसरी भाषा में अनुवाद करना एक कला है। ऐसा इसलिए कि अनुवादक इसमें अपनी कल्पनाशक्ति और सर्जनात्मक क्षमता का उपयोग करता है। इसमें भावानुवाद पर बल दिया जाता है। अनुवादक मूल लेखक के भावों, विचारों और भाषा को इस प्रकार प्रस्तुत करता है कि मूल रचना का पूरा प्रभाव अनुवाद में बना रहता है और अनुवाद कृत्रिम भी नहीं होता है। इसके लिए अनुवादक को दोनों भाषाओं की अच्छी पकड़ होनी चाहिए। इसके साथ ही मूल रचना की प्रकृति और प्रस्तुति की भी अनुवादक को अच्छी जानकारी होनी चाहिए। इसके अलावा साहित्यिक कृति में प्रयुक्त मुहावरों, कहावतों आदि को अनुवाद में इस प्रकार ढालना होता है कि मूल में प्रयुक्त शब्दों का सटीक अर्थ उतर सके। उदाहरणस्वरूप निम्नलिखित उदाहरण को देखें :

'Once upon a time in the Jungles of Himachal there was a notorious dacoit. Once the dacoit went to a distant village where he was not know and visited the house of a rich trader. The trader was celebrating the marriage of his only son with **all pomp and show**. He has invited a large number of person. A number of well knows cooks had been engaged and the kitchen was set up behind the cowshed.'

अनुवाद–एक समय की बात है कि हिमाचल के जंगलों में एक खूँखार डाकू रहा करता था। एक बार वह डाकू दूर के एक बड़े गाँव में गया। वहाँ वह एक अमीर व्यापारी के घर पहुँचा। वह व्यापारी खूब धूम-धाम से अपने इकलौते पुत्र की शादी कर रहा था। उसने काफी लोगों को आमन्त्रित किया था। जाने-माने खाना बनानेवालों को बुलाया गया था और गोशाला के पीछे रसोईघर बनाया गया था।

इस अनुवाद में 'स्रोत भाषा' (अंग्रेजी) का 'लक्ष्य भाषा' (हिन्दी) में भावानुवाद किया गया है। इसलिए उसके मुहावरों और प्रयुक्त शब्दों का सटीक अनुवाद किया गया है जिसे चिह्नित अंशों के रूप में देखा जा सकता है।

8. पारिभाषिक शब्दावली

भाषा की लघुतम स्वतन्त्र और सार्थक इकाई को शब्द कहते हैं। शब्द की इस परिभाषा में तीन बातें ध्यातव्य हैं–(1) शब्द भाषा की इकाई होते हैं, (2) शब्द सार्थक होते हैं और (3) शब्द स्वतन्त्र होते हैं अर्थात् उनके लिए उपसर्ग तथा प्रत्यय की तरह, किसी अन्य भाषिक इकाई के साथ मिलकर आना अनिवार्य नहीं होता।

8:1 पारिभाषिक शब्द : परिभाषा

पारिभाषिक शब्द ऐसे शब्द को कहते हैं, जो विषय-विशेष में प्रयुक्त हो, जिसकी किसी विषय या सिद्धान्त के प्रसंग में सुनिश्चित परिभाषा हो, जिसकी अर्थ-परिधि सुनिश्चित हो तथा जो अन्य पारिभाषिक शब्द या शब्दों से अपने अर्थ और प्रयोग में स्पष्टतः अलग हो।

8:2 पारिभाषिक शब्द की विशेषताएँ

पारिभाषिक शब्दों में मुख्य रूप से निम्नलिखित विशेषताएँ होती हैं :

1. उनका अर्थ स्पष्ट और सुनिश्चित होता है।
2. एक विषय या सिद्धान्त में उनका एक ही अर्थ होता है।
3. एक विषय में संकल्पना या वस्तु के लिए एक ही पारिभाषिक शब्द होता है।
4. पारिभाषिक शब्द यथासाध्य छोटा होना चाहिए, ताकि प्रयोग में असुविधा न हो।
5. पारिभाषिक शब्द को यथासाध्य मूल होना चाहिए, व्याख्यात्मक नहीं। जैसे–जीवविज्ञान में 'दीमक' शब्द ठीक है पर 'सफेद चींटी' (white ant) व्याख्यात्मक है; उसी प्रकार 'अनशन' सटीक शब्द है पर 'भूख हड़ताल' (hunger-strike) व्याख्यात्मक।
6. पारिभाषिक शब्द ऐसा होना चाहिए, जिससे सरलतापूर्वक नए शब्द बनाए जा सकें। जैसे–**'मानव'–इस शब्द से कई शब्द सरलता से बनाए जा**

सकते हैं, यथा—मानवता, मानवीय, मानवीयता, मानवीकरण, मानविकी आदि। लेकिन इसके स्थान पर यदि 'नृ' शब्द को लें, तो उससे इस प्रकार शब्द बनाना कठिन होगा, यद्यपि उसका भी अर्थ मानव ही होता है।

7. समान श्रेणी के पारिभाषिक शब्दों में एकरूपता होनी चाहिए। जैसे, भाषाविज्ञान में स्वनिम, रूपिम, अर्थिम, लेखिम या फिर उपस्वन, उपरूप, उपअर्थ, उपलेख आदि। पर इसके विपरीत यदि स्वनिम को ध्वनिग्राम कहें तो रूपिम आदि के साथ उसकी एकरूपता नहीं रहेगी।

8:3 पारिभाषिक शब्द के प्रकार

कुछ पारिभाषिक शब्द ऐसे भी मिलते हैं, जो विषय-विशेष में तो पारिभाषिक अर्थ में प्रयुक्त होते हैं, किन्तु उससे बाहर उनका प्रयोग सामान्य भाषा में सामान्य अर्थ में भी होता है। इस बात को ध्यान में रखकर पारिभाषिक शब्दों को दो भागों में बाँटा जा सकता है :

1. **पूर्ण पारिभाषिक**—वे शब्द जो मात्र पारिभाषिक अर्थ में ही प्रयुक्त होते हैं। इनका प्रयोग-क्षेत्र, ज्ञान-विज्ञान का क्षेत्र ही होता है, सामान्य बोलचाल का नहीं। जैसे—व्याकरण का 'क्रियाविशेषण', दर्शन का 'अद्वैत', नाट्यशास्त्र का 'प्रकरी' यां गणित का 'दशमलव' आदि इसी प्रकार के शब्द हैं।

2. **अर्द्धपारिभाषिक**—ऐसे शब्द को कहते हैं, जो एक तरफ तो विशिष्ट विज्ञान या शास्त्र में प्रयुक्त होने पर पूर्णपारिभाषिक शब्द का कार्य करते हैं, और दूसरी तरफ साधारण व्यवहार की भाषा में प्रयुक्त होने पर सामान्य शब्द के रूप में आते हैं। जैसे—असंगति, शक्ति, अक्षर, आपत्ति, रेखा तथा ध्वनि आदि शब्द इसी प्रकार के हैं, जो क्रमशः अलंकारशास्त्र, भौतिकी, व्याकरण, विधिशास्त्र, ज्यामिति तथा भाषाविज्ञान में तो पारिभाषिक अर्थ में प्रयुक्त होते हैं, किन्तु साधारण बोलचाल की भाषा में सामान्य अर्थों में भी प्रयुक्त होते हैं।

निष्कर्षतः कहा जा सकता है कि अर्धपारिभाषिक शब्द वे शब्द हैं जो पारिभाषिक एवं सामान्य दोनों ही अर्थों में व्यवहृत होते हैं, किन्तु जब पारिभाषिक अर्थ में प्रयुक्त होते हैं तो उनका सामान्य अर्थ नहीं लिया जा सकता, और जब सामान्य अर्थ में प्रयुक्त होते हैं तो उनका पारिभाषिक अर्थ अभिप्रेत नहीं होता। इसलिए ये ऐसे शब्द होते हैं जो कि कभी शास्त्रीय भाषा और कभी सामान्य भाषा दोनों में प्रयुक्त होते हैं।

8:4 हिन्दी में पारिभाषिक शब्द-निर्माण की प्रवृत्तियाँ

हमारे दैनिक जीवन में भाषा प्रयोग का बहुत बड़ा महत्त्व है। अपनी भावनाओं की अभिव्यक्ति के लिए हम इसी का सहारा लेते हैं। भाषा-प्रयोग के क्रम में

शब्द की अहम भूमिका होती है। अपनी जरूरतों के मुताबिक हम शब्दों का गठन कर उनका प्रयोग करते हैं। शब्दों के इसी गढ़ाव को पारिभाषिक शब्द-निर्माण की प्रक्रिया कहा जाता है। इसके लिए हम कई भाषाओं का सहयोग लेकर पारिभाषिक शब्दों का निर्माण करते हैं। जैसे, कुछ शब्दों को जिन्हें हम दूसरी भाषाओं से ग्रहण कर हिन्दी में पारिभाषिक शब्द के लिए प्रयुक्त करते हैं उनका उदाहरण देख सकते हैं :

संस्कृत—विमान, आकाशवाणी, सदन, परीक्षा, परिहार्य आदि।

अंग्रेजी—अपील, प्रेस, कोटा, जज, गुडविल, कोरम आदि।

उर्दू फारसी—दावा, अदालत, फरार, इकवालिया बयान, कुर्की, इन्दराज, खारिजी, मुचलका आदि।

दैनिक शब्दावली—उचँत, उड़ान, धनीजोग, डूबंत, नाम-जमा, बही-ख़ाता आदि।

किन्तु, केवल इतने से ही पारिभाषिक शब्दों का काम नहीं चल सकता है, इसलिए नए-नए शब्दों के निर्माण की भी आवश्यकता पड़ती है। इस आवश्यकता की पूर्ति के लिए हम शब्द-निर्माण की मुख्यतः तीन प्रवृत्तियों को अपनाते हैं :

1. **राष्ट्रीयतावादी**—इस प्रवृत्ति के लोग हर नए शब्द के लिए संस्कृत के उपसर्ग-प्रत्ययों तथा समास-पद्धति के आधार पर शब्द-निर्माण के पक्ष में हैं। इस प्रक्रिया के तहत ऐसे काफी शब्द निर्मित भी किए गए हैं और प्रयुक्त भी किए जा रहे हैं। जैसे—प्रसूतिगृह, न्यायालय, कार्यालय, चलचित्र, दूरदर्शन, दूरभाष, दूरमुद्रक, लिपिक, टंकक, मुद्रणालय, आयुक्त, कुलसचिव, निदेशक, व्याख्याता आदि।

वस्तुतः इस प्रवृत्ति के प्रमुख प्रवक्ता के रूप में डॉ. रघुवीर का नाम उल्लेखनीय है। पर, यदि उनकी इस प्रवृत्ति को स्वीकार कर लें तब हमारे समक्ष इसकी दो मुख्य सीमाएँ खड़ी होती हैं :

(i) यह प्रवृत्ति प्रचलित विदेशी शब्दों को ही हटाकर उनके स्थान पर नए शब्दों के निर्माण के पक्ष में है। जैसे 'रेलवे' के लिए 'संयान', 'फाउण्टपेन' के लिए 'मसीपथ', 'पेंसिल' के लिए 'अंकनी' आदि। इतना ही नहीं, मध्यकाल में गृहीत अरबी-फारसी शब्दों के स्थान पर भी इस प्रवृत्ति के मानने वाले लोग नए शब्दों को प्रयोग में लाना चाहते हैं। जैसे—'जमानतदार' के लिए 'प्रतिभू', 'क़ुर्की' के लिए 'अध्याग्रहण' आदि।

(ii) इस प्रकार के शब्द बहुत अटपटे हैं। जैसे—कंपाउंडर के लिए 'औषधयोजक', 'स्टैंप' के लिए 'मुद्रांक', 'पोस्टेज' के लिए 'प्रैष', 'टिकट' के लिए 'पत्रक', 'पोस्ट ऑफिस' के लिए 'प्रेषगृह', 'ओवरसियर' के लिए

'आधिदर्शक' आदि।

वैसे, इन प्रवृत्तियों के आधार पर निर्मित शब्द सुगढ़ तथा सामान्य से विलग पारिभाषिक शब्द की पहचान तो कराते हैं परन्तु व्यवहार में कठिन और कृत्रिम-से लगते हैं। चूँकि सामान्य जन प्रयुक्ति में पहले से चले आ रहे, विदेशी शब्दों को ही अपनाए हुए हैं और उसके लिए वे ही शब्द परिचित और प्रचलित हैं, इसलिए नव निर्मित पारिभाषिक शब्दों को अपनाने में उनके लिए स्वाभाविक रूप से कठिनाई है। अतः ऐसे बहुप्रचलित शब्दों के स्थान पर नए रूप से सृजित पारिभाषिक शब्दों को स्वीकारने का कोई औचित्य नजर नहीं आता।

2. अन्तर्राष्ट्रीयतावादी—इस प्रवृत्ति के पक्षधरों में विज्ञानवेत्ता, इंजीनियर, विधिवेत्ता आदि बहुशिक्षित लोग हैं। उनका मानना है कि जिन संकल्पनाओं और वस्तुओं के लिए हिन्दी में शब्द नहीं हैं, उनके लिए अंग्रेजी से शब्द ले लिए जाएँ या आवश्यकतानुसार उनसे निर्मित कर लिए जाएँ। उनका पक्ष यह है कि चूँकि अंग्रेजी का प्रयोग अन्तर्राष्ट्रीय स्तर पर होता है, इसलिए ऐसा करने पर हम अपने शब्दावली के क्षेत्र में न केवल अंग्रेजी बल्कि विश्व की अन्य भाषाओं जैसे जर्मन, फ्रांसीसी, रूसी आदि भाषाओं से भी जुड़ जाएँगे, जो ऐसे शब्दों का प्रयोग करती हैं। इस प्रवृत्ति को अपनाते हुए हिन्दी ने एक सीमा तक ऐसा किया भी है। जैसे—मीटर, लीटर, राडार, टन, हेक्टर, रेडियो, ऑक्सीजन, नाइट्रोजन, हाइड्रोजन, प्लैटिनम, फोकस आदि शब्दों को हू-ब-हू अपना लिया है। बहुत से नए शब्द भी इन्हीं शब्दों के आधार पर उपसर्ग-प्रत्यय जोड़कर बना लिए गए हैं। जैसे—फोकसन, फोकसित, काडरित, रजिस्ट्रीकृत, अरजिस्ट्रीकृत आदि। कुछ शब्द समास करके बनाए गए हैं। जैसे—अपीलार्थी, कमीशन, अभिकर्ता, टनधारिता, डेरी उत्पादन, मैटर्निटी होम, मोटर नौका आदि। कुछ ध्वनि-परिवर्तन के आधार पर निर्मित हुए हैं। जैसे—अकादमी, तकनीक, त्रासदी, कामदी, अन्तरिम आदि।

वैसे, इन शब्दों का प्रयोग एक सीमा तक ही किया जा सकता है। इनमें से कुछ प्रचलित शब्दों को तो लिया जा सकता है या उनसे दूसरे शब्द भी बनाए जा सकते हैं, पर ऐसे शब्दों की संख्या इतनी अधिक है कि न तो उन्हें सम्पूर्णत्व में ग्रहण किया जा सकता है और न ही उनसे नए शब्द ही बनाए जा सकते हैं। इस दिशा में विचार करते हुए शब्दावली आयोग ने दो प्रकार के निर्णय लिए हैं :

(i) ऐसे शब्द जो व्यक्तियों के नाम के आधार पर बनाए गए हैं उन्हें गृहीत किया जाए। जैसे :

कार्ल मार्क्स	मार्क्सवाद
ब्रेल	ब्रेल

कैप्टिम बॉयकाट	बॉयकाट
डॉ. गिलोटिन	गिलोटिन

(ii) ऐसे अन्य शब्द जिनका विश्व की काफी भाषाओं में प्रयोग होता है। जैसे–टेलीफोन, लाइसेंस, रॉयल्टी, परमिट, टैरिफ आदि।

3. लोकवादी–इस प्रवृत्ति के पक्षधर लोकप्रचलित शब्दों से ही नए शब्द बनाने की वकालत करते हैं। जैसे–जच्चाघर, डाकघर, काम-घण्टे (वर्किंग आवर्स), आँकनेवाला (अप्रेजर), घरेलू मामले (होम अफेयर्स), बेशर्त (अनकंडिशनल), बकायादार (डिफाल्टर), निपटान (डिस्पोजल) आदि। हम ऐसा नहीं कह सकते कि प्रयोग और प्रचलन की दृष्टि से ये शब्द अच्छे नहीं हैं याकि अर्थ की दृष्टि से स्वयं बोधी नहीं हैं, पर कठिनाई यह है कि सभी शब्दों के लिए लोकप्रचलित शब्दों से शब्द बनाना कठिन है, खासकर विज्ञान और मानविकी आदि के लिए ऐसी संकल्पनाएँ जो लोकजीवन से दूर हैं, उनके लिए लोकप्रचलित शब्दों का सर्वथा अभाव होने की वजह से शब्द बनाना कठिन है। जैसे–'ग्रेच्यूटी' (इसके लिए शब्द बना है उपदान) या 'फेलो' (इसके लिए शब्द बना है अधिसदस्य) आदि। लोक शब्दों के आधार पर इन्हें व्यक्त करना कठिन है।

इस समय हिन्दी में ये तीनों प्रवृत्तियाँ हैं। अतः कई शब्दों के लिए एकाधिक प्रवृत्तियों के शब्द एक साथ चल रहे हैं। जैसे–कचहरी, न्यायालय, अदालत, कोर्ट; जच्चाघर, प्रसूतिगृह, मेटर्निटी होम; आकाशवाणी, रेडियो, दूरदर्शन, टेलीविजन; डाकखाना, डाकघर, पोस्टऑफिस; सरकार, शासन, हुकूमत, गवर्नमेण्ट; चुनाव, निर्वाचन, एलेक्शन; बाजार, हाट, मार्केट; चलचित्र, सिनेमा आदि। इस वैविध्य के कारण उपर्युक्त प्रवृत्तियों के साथ-साथ हिन्दी की तीन शैलियाँ भी हैं–सामान्य हिन्दी अर्थात् हिन्दुस्तानी, संस्कृतनिष्ठ उच्च हिन्दी अर्थात् साहित्यिक हिन्दी और अरबी-फारसी मिश्रित हिन्दी जिसे उर्दू प्रभावित हिन्दी या उर्दू कहा जा सकता है। इस सम्बन्ध में शब्दावली आयोग ने तीन उपाय किए हैं :

(i) दैनन्दिन व्यवहार के शब्दों के लिए प्रायः सभी प्रचलित पर्याय स्वीकार कर लिए हैं। जैसे–जॉब के लिए नौकरी, कार्य, कृत्य के लिए काम।

(ii) शास्त्रीय अभिव्यक्तियों के लिए सर्वाधिक सटीक शब्द चुन लिया है। जैसे–ओपेरा के लिए गीतिनाट्य, संगीतक, सांगीत, संगीतनाटक तथा संगीतिका में से संगीतिका।

(iii) कुछ पर्यायों में थोड़ा-थोड़ा अर्थभेद करके अंग्रेजी के विभिन्न शब्दों के लिए उन्हें रूढ़ कर दिया है। जैसे :

प्रवृत्ति के लिए टेंडेंसी
प्रवणता के लिए प्रोननेस
अभिरुचि के लिए इंटरेस्ट

अभिक्षमता के लिए ऐप्टिच्यूड

कुल मिलाकर यह कहा जा सकता है कि उपर्युक्त तीनों प्रवृत्तियों में कोई भी अकेले, हिन्दी के साथ न्याय नहीं कर सकती। सुविधा और औचित्य को दृष्टि में रखते हुए इन तीनों में से किसी का भी प्रयोग आवश्यकतानुसार किया जा सकता है।

8:5 पारिभाषिक शब्दों की रचना

इस बात से आज सभी परिचित हैं कि ज्ञान-विज्ञान के क्षेत्रों में निरन्तर कुछ-न-कुछ नए अनुसंधान एवं चिन्तन हो रहे हैं। इसके परिणामस्वरूप नवीन कल्पनाएँ एवं सिद्धान्तों की तलाश जारी है। विज्ञान और तकनीक के विकास के कारण नई-नई वस्तुएँ निर्मित हो रही हैं। इन नवीन कल्पनाओं से संयोजित वस्तुओं को एक निश्चित अर्थवत्ता के साथ व्यक्त करने के लिए उनके पारिभाषिक शब्दों की आवश्यकता भी पड़ती है। प्रायः ऐसा होता है कि ज्ञान-विज्ञान के क्षेत्र में जो चिन्तन होता है वहाँ उसको व्यक्त करनेवाले पारिभाषिक शब्द भी सहज रूप में विकसित होते रहते हैं, किन्तु चिन्तन का क्षेत्र जहाँ अन्य भाषाओं से जुड़ा होता है वहाँ ऐसी समस्या उत्पन्न होती है कि उसे यथावत रूप में व्यक्त करने के लिए उपयुक्त शब्द कहाँ से लाए जाएँ। इसी समस्या के समाधान के लिए और पारिभाषिक शब्दों के अभाव की पूर्ति के लिए हम जिन स्रोतों को अपनाते हैं वे निम्नलिखित हैं :

(क) अपनी प्राचीन भाषाओं से सम्बद्ध शब्द लेकर—जैसे—तस्कर (स्मगलर), मन्त्री (मिनिस्टर) आदि। ऐसे शब्दों के निर्माण में कुछ में तो नया अर्थ भरा जाता है और कुछ के अर्थ को सीमित कर दिया जाता है। जैसे :

1. आकाशवाणी—नए अर्थ भर कर।
2. संसद—अर्थ सीमित कर

(ख) आम बोलचाल की भाषा में प्रचलित शब्दों को लेकर—जैसे दलबदलू (डिफ़ेक्टर), घुसपैठिया (इनफ़िल्ट्रेटर), फिरौती आदि।

(ग) प्रान्तीय भाषाओं के शब्द ग्रहण करके—जैसे :

अंग्रेजी	हिन्दी		भाषाएँ जहाँ से शब्द ग्रहण किए गए
अमेच्योर	औत्साहिक	<	तेलुगु
ग्रीनरूम	साजगृह	<	बंगला
इस्टेब्लिशमेण्ट	प्रतिष्ठान	<	कन्नड़

(घ) विदेशी भाषाओं से शब्द ग्रहण करके—किसी संकल्पना या पदार्थ के लिए अपनी भाषा में पारिभाषिक शब्द न होने पर विदेशी भाषाओं से भी शब्द ग्रहण कर लिए जाते हैं। ये शब्द कभी तो ज्यों-के-त्यों स्वीकार कर लिए

जाते हैं। जैसे—वाट, वोल्ट, मीटर, लीटर, पेट्रोल, रेडियो, विटामिन, एक्स-रे, बोनस, बजट, बुलेटिन, कोरम तथा ग्लूकोज आदि। लेकिन कभी-कभी अपनी भाषा के अनुकूल बनाकर भी पारिभाषिक शब्दों की रचना की जाती है। जैसे :

अंग्रेजी	हिन्दी
ट्रेजेडी	त्रासदी
एकेडेमी	अकादमी
टेकनीक	तकनीक
इन्टरिम	अन्तरिम

उपर्युक्त स्रोत से निर्मित पारिभाषिक शब्दों की संख्या पर्याप्त नहीं है। इसलिए इसके अभाव की पूर्ति के लिए हमें विभिन्न आधारों को भी अपनाना पड़ा है। हिन्दी में अन्य अनेक भाषाओं की तरह नए शब्दों की रचना मूल शब्दों में उपसर्ग-प्रत्यय जोड़कर या समास-पद्धति द्वारा की जाती है। पारिभाषिक शब्दों की रचना के लिए भी इसी आधार को ग्रहण किया गया है।

किसी भी भाषा की सर्जनात्मकता की पहचान इस बात से भी होती है कि एक मूल शब्द से उपसर्ग, प्रत्यय तथा समास पद्धति द्वारा कितने नए शब्द बनाए जा सकते हैं। जैसे, हिन्दी में यह सर्जनात्मक क्षमता वर्तमान है—उदाहरण के लिए हम 'विधान' शब्द को लें। इससे निम्नलिखित शब्द बनाए जाते हैं, वैधानिक, विधानीय, वैधानिकता, संविधान, संवैधानिक, विधान-सभा, विधान-परिषद्, विधान-मण्डल आदि। यही भाषा की सर्जनात्मक क्षमता है। पारिभाषिक शब्दों के निर्माण में हिन्दी द्वारा इन्हीं पद्धतियों को अपनाया गया है। उदाहरण के लिए देखें :

उपसर्ग

हिन्दी में प्रायः तीन प्रकार के उपसर्गों का प्रयोग होता है, जैसे :

तत्सम—अ, अति, अधि, अनु, अप, दुः, प्र, प्रति आदि।

तद्भव—दु, नि, पर आदि।

विदेशी—बद, बे, ला, बा आदि।

किन्तु पारिभाषिक शब्दों की रचना में अपवादों की बात छोड़ दी जाए तो भी प्रायः तत्सम उपसर्गों का ही प्रयोग किया जाता है। उदाहरण :

प्रमुख उपसर्गों के आधार पर निर्मित कुछ पारिभाषिक शब्द

अ	—	अ	+	दह	=	अदह (इनकम्बश्चिब्ल)
		अ	+	वैतनिक	=	अवैतनिक
		अ	+	राजपत्रित	=	अराजपत्रित
अति	—	अति	+	चालकता	=	अतिचालकता (सुपरकंडक्टिविटी)
		अति	+	क्रमण	=	अतिक्रमण (एनक्रोचमेंट)

अति + संदाय = अतिसंदाय (ओवरपेमेण्ट)

अधि – अधि + गम = अधिगम (एप्रोच)
अधि + सूचना = अधिसूचना (नोटिफिकेशन)
अधि + कोषण = अधिकोषण (बैंकिंग)
अधि + नायक = अधिनायक (डिक्टेटर)

अनु – अनु + सीमन = अनुसीमन (मोडरेशन)
अनु + बंध = अनुबंध (कंट्रैक्ट)
अनु + क्रिया = अनुक्रिया (रिस्पांस)
अनु + कल्प = अनुकल्प (आल्टरनेटिव)

अप – अप + सामान्य = अपसामान्य (एबनार्मल)
अप + मार्जक = अपमार्जक (डिटर्जेण्ट)
अप + मिश्रण = अपमिश्रण (एडल्टरेशन)

अभि – अभि + कल्प = अभिकल्प (डिजाइन)
अभि + कर्ता = अभिकर्ता (एजेंट)
अभि + याचना = अभियाचना (डिमांड)
अभि + स्वीकृति = अभिस्वीकृति (एकनालिजमेण्ट)

अव – अव + प्राक्कलन = अवप्राक्कलन (अण्डरएस्टिमेण्ट)
अव + निर्धारित = अवनिर्धारित (अण्डरअसेस्ड)

आ – आ + वर्ती = आवर्ती (रिकरिंग)
आ + प्रवासी = आप्रवासी (इमिग्रैंट)

उत् – उत् + प्रेरक = उत्प्रेरक
उत् + प्रेरणा = उत्प्रेरणा

उप – उप + धारा = उपधारा
उप + जात = उपजात (बाइप्रोडक्ट)
उप + मन्त्री = उपमन्त्री
उप + ग्रह = उपग्रह

दुः – दुः + आराध्य = दुराराध्य
दुः + विनियोग = दुर्विनियोग (निसएप्रोप्रिएशन)

निः – निः + जलित = निर्जलित (डिहाइड्रेटिड)
निः + वात = निर्वात (वैकुवम)

परि – परि + माप = परिमाप (पेरिमीटर)
परि + कल्पना = परिकल्पना (हाइपोथिसिस)
परि + संवाद = परिसंवाद (सिंयोजियम)
परि + वादी = परिवादी (कम्प्लेनैंट)

प्र	–	प्र	+	भाग	=	प्रभाग (डिविजन)
		प्र	+	भार	=	प्रभार (चार्ज)
		प्र	+	शिक्षण	=	प्रशिक्षण
		प्र	+	वर्ग	=	प्रवर्ग (कैटेगरी)
प्रति	–	प्रति	+	जैविक	=	प्रतिजैविक (एंटिबायोटिक)
		प्रति	+	हस्ताक्षर	=	प्रतिहस्ताक्षर (काउंटर-साइन)
		प्रति	+	नियुक्ति	=	प्रतिनियुक्ति (डेप्युटेशन)
वि	–	वि	+	निर्णय	=	विनिर्णय (रूलिंग)
		वि	+	योजित	=	वियोजित (डिटैच्ड)
सं	–	सं	+	स्तुति	=	संस्तुति
		सं	+	वेग	=	संवेग (इमोशन)
		सं	+	तृप्ति	=	संतृप्ति (सैच्युरेशन)
		सं	+	प्रेक्षण	=	संप्रेक्षण (आब्जर्वेशन)
स	–	स	+	क्षम	=	सक्षम (कम्पीटेंट)
		स	+	कब्जा	=	सकब्जा (इनपजेशन)
		स	+	जातीय	=	सजातीय (कॉगनेट)
		स	+	शर्त	=	सशर्त (कंडिशनल)

प्रत्यय

हिन्दी में प्रायः चार प्रकार के प्रत्यय मिलते हैं। जैसे :

तत्सम–ता, तालु, जीवी, इक, अनीय, इमा आदि।

तद्भव–आई, आहट, आइन, एरा आदि।

देशज–अक्कड़, आटा आदि।

विदेशी–आना, इयत, मन्द आदि।

पारिभाषिक शब्दों की रचना में देशज प्रत्ययों का प्रयोग प्रायः नहीं हुआ है। इसके अतिरिक्त तद्भव और विदेशी प्रत्ययों के आधार पर कुछ ही शब्दों का निर्माण हुआ है। जैसे–विज्ञानी, कुहासिया। अन्य पारिभाषिक शब्दों के निर्माण में तत्सम प्रत्ययों का ही प्रयोग किया गया है।

प्रमुख प्रत्ययों के आधार पर निर्मित कुछ पारिभाषिक शब्द

अन (यन)–		पंजी	+	यन	=	पंजीयन (रजिस्ट्रेशन)
		सारणी	+	यन	=	सारणीयन (टेबुलेशन)
आई	–	ढल	+	आई	=	ढलाई (फाउण्ड्री)
आत्मक		मात्रा	+	आत्मक	=	मात्रात्मक

प्रत्यय		शब्द		प्रत्यय		व्युत्पन्न शब्द
		गुण	+	आत्मक	=	गुणात्मक
		बहुलय	+	आत्मक	=	बहुलयात्मक (पोलिफोमिक)
इक	–	यंत्र	+	इक	=	यान्त्रिक
		अंचल	+	इक	=	आंचलिक
		विकल्प	+	इक	=	वैकल्पिक
		मध्यम	+	इक	=	माध्यमिक
		बहुवर्ण	+	इक	=	बहुवर्णिक (पौलिक्रीमेटिक)
		भाषा	+	इक	=	भाषिक
		अकादमी	+	इक	=	अकादमिक
इका	–	लेखक	+	इका	=	लेखिका
		सम्पादक	+	इका	=	सम्पादिका
		परिचारक	+	इका	=	परिचारिका
इत	–	विरूप	+	इत	=	विरूपित (डिफेस्ड)
		गारण्टी	+	इत	=	गारण्टित
		फोकस	+	इत	=	फोकसित (फोकस्ड)
		क्लोरीन	+	इत	=	क्लोरीनित (क्लोरीनेटिड)
		आबंटन	+	इत	=	आबंटित
इत्र	–	वाष्प	+	इत्र	=	वाष्पित्र (बॉयलर)
		ताप	+	इत्र	=	तापित्र (हीटर)
		निष्कासन	+	इत्र	=	निष्कासित्र (इजेक्टर)
		गणन	+	इत्र	=	गणनित्र (काउण्टर)
		साध	+	इत्र	=	साधित्र (अप्लाएंस)
		संधारण	+	इत्र	=	संधारणित्र (कैपैसिकेटर)
इम	–	बंध	+	इम	=	बंधिम (टैग्मीम)
		स्वन	+	इम	=	स्वनिम (फोनीम)
		रूप	+	इम	=	रूपिम (मारफीम)
		लेख	+	इम	=	लेखिम (ग्राफीम)
		पद	+	इम	=	पदिम (टैक्सीम)
इया	–	पेचकस	+	इया	=	पेचकसिया
		मुफ्त	+	इया	=	मुफ्तिया (फ्री राइडर)
		कुहासा	+	इया	=	कुहासिया (फोऑगमैन)
ई	–	बुनियाद	+	ई	=	बुनियादी (बेसिक)
		लोकसभा	+	ई	=	लोकसभाई
		विज्ञान	+	ई	=	विज्ञानी

		सम्पर्क	+	ई	=	सम्पर्की (कॉरेस्पांडेंट)
		वसीयत	+	ई	=	वसीयती (टेस्टामेट्री)
		कल्चर	+	ई	=	कल्चरी
		कल्चराल	+	ई	=	कल्चरली
		भौतिक	+	ई	=	भौतिकी
ईय	–	महादेश	+	ईय	=	महादेशीय
		महाद्वीप	+	ईय	=	महाद्वीपीय
		अनुसचिव	+	ईय	=	अनुसचिवीय(मिनिस्टीरियल)
		अन्तर्देश	+	ईय	=	अन्तर्देशीय
		अन्तर्राज्य	+	ईय	=	अन्तर्राज्यीय
		गोपन	+	ईय	=	गोपनीय
		अपरिवर्जन	+	ईय	=	अपरिवर्जनीय (अनअवायडेब्ल)
औती	–	काट	+	औती	=	कटौती
		फेर	+	औती	=	फिरौती (रैनसम)
क	–	प्रचाल	+	क	=	प्रचालक (ऑपरेटर)
		गण	+	क	=	गणक (काउंटर, स्कोरर)
		लिपि	+	क	=	लिपिक
		प्रतिवेद	+	क	=	प्रतिवेदक (रिपोर्टर)
		संवीक्ष	+	क	=	संवीक्षक (स्क्रूटिनाइजर)
		परावर्त	+	क	=	परावर्तक (रिफ्लैक्टर)
		चाल	+	क	=	चालक
करण	–	पुनर्वेधी	+	करण	=	पुनर्वेधीकरण (रिवैलीडेशन)
		निरस्त्री	+	करण	=	निरस्त्रीकरण
		कंठस्थ	+	ई+करण	=	कंठस्थीकरण (मेमोराइजेशन)
		प्रतिबद्ध	+	करण	=	प्रतिबद्धकरण (इम्बाउंडिंग)
कार	–	आरामरम्मत	+	कार	=	आरामरम्मतकार
		टाइप	+	कार	=	टाइपकार (टाइपिस्ट, टंकक)
		स्वर	+	कार	=	स्वरकार (कम्पोज़ट)
		सह	+	कार	=	सहकार (को-ऑपरेशन)
कारी	–	त्रुटि	+	कारी	=	त्रुटिकारी (डिफाल्टर)
		विध्वंस	+	कारी	=	विध्वंसकारी
		विघटन	+	कारी	=	विघटनकारी
		आक्रमण	+	कारी	=	आक्रमणकारी
तम	–	अनुकूल	+	तम	=	अनुकूलतम

		वरिष्ठ	+	तम	=	वरिष्ठतम
		कनिष्ठ	+	तम	=	कनिष्ठतम
		उच्च	+	तम	=	उच्चतम
तर	–	निम्न	+	तर	=	निम्नतर
		उच्च	+	तर	=	उच्चतर
		लघु	+	तर	=	लघुतर
		श्रेष्ठ	+	तर	=	श्रेष्ठतर
ता	–	असमान	+	ता	=	असमानता
		विधिहीन	+	ता	=	विधिहीनता
		वोल्ट	+	ता	=	वोल्टता
		सक्षम	+	ता	=	सक्षमता
		शालीन	+	ता	=	शालीनता (डेकोरम)
दार	–	बकाया	+	दार	=	बकायादार
		मकान	+	दार	=	मकानदार
		किराया	+	दार	=	किरायादार
न	–	परिसीमा	+	न	=	परिसीमन
		पुनर्मूल्य	+	न	=	पुनर्मूल्यन
		पूर्णांक	+	न	=	पूर्णांकन (राउंडिंग ऑफ)
		भुगता	+	न	=	भुगतान
		निपटा	+	न	=	निपटान (डिस्पोजल)
		चाल	+	न	=	चालन (कंडक्शन)
		परावर्त	+	न	=	परावर्तन
		आघात	+	न	=	आघातन (ऐक्सन्चुएशन)
		मंच	+	न	=	मंचन (स्टेजिंग)
		सम्बन्ध	+	न	=	सम्बन्धन (ऐफिलिएशन)
		प्रकोप	+	न	=	प्रकोपन (ऐग्रेवेशन)
स्थ	–	दूर	+	स्थ	=	दूरस्थ (रिमोट)
		अधीन	+	स्थ	=	अधीनस्थ

पारिभाषिक शब्दों की रचना में कुछ शब्द भी प्रत्ययों की तरह कार्य करते हैं। जैसे :

सह	–	अग्नि	+	सह	=	अग्निसह (फायरप्रूफ)
		जल	+	सह	=	जलसह (वाटरप्रूफ)
जीवी	–	पर	+	जीवी	=	परजीवी (पैरासाइट)
		अजल	+	जीवी	=	अजलजीवी (ऐनहाइड्रोबिसोजा)

भवन – विषम + ई = विषमी+भवन = विषमीभवन (डिस्सीमिलेशन)
काइटि + नी = काइटिनी+भवन = काइटिनीभवन (काइटिनाइजेशन)

समास

समास के द्वारा भी काफी पारिभाषिक शब्दों का निर्माण किया गया है। इनमें निम्नलिखित को देखा जा सकता है :

1. तत्सम+तत्सम – गाथागीत = गाथा + गीत
लोकसभा = लोक + सभा
नगरपालिका = नगर + पालिका
राज्यपाल = राज्य + पाल
मन्त्रिमण्डल = मन्त्री + मण्डल
2. तत्सम+तद्भव – रक्षा-चौकी = रक्षा + चौकी
तथा
तद्भव+तत्सम – ढलाईमृत्तिका = ढलाई + मृत्तिका (फाउंड्रीक्ले)
भाड़ाक्रय = भाड़ा + क्रय
3. तत्सम+विदेशी – प्रत्यक्षवारिस = प्रत्यक्ष + वारिस (अपेरेंट हेयर)
तथा अनुसूचित बैंक = अनुसूचित + बैंक
विदेशी+तत्सम – मौसमविज्ञानी = मौसम + विज्ञानी
इंजीनियरी संकाय = इंजीनियरी + संकाय
हवाई पत्र = हवाई + पत्र
4. तद्भव+तद्भव – पहाड़भत्ता = पहाड़ + भत्ता
हथकरघा = हाथ + करघा
घुसपैठ = घूस + पैठ
दलबदलू = दल + बदलू
5. तद्भव+विदेशी – बचतस्कीम = बचत + स्कीम
तिरछाशॉट = तिरछा + शॉट (कैंडिट शॉट)
चपटी तश्तरी = चपटी + तश्तरी (फ्लैट प्लेटर)
6. तत्सम + विदेशी + तद्भव – अन्तर्जातीय बस अड्डा
7. तत्सम + विदेशी + विदेशी – केन्द्रीय बस टर्मिनल

सन्धि

पारिभाषिक शब्दों की रचना में सन्धियों का भी प्रयोग हुआ है। जैसे :

1. शब्द + शब्द – जिला + अधीश = जिलाधीश
गुण + अवगुण = गुणावगुण (मेरिट)

	कुल	+	अनुशासक	=	कुलानुशासक (प्रॉक्टर)
	मत	+	अधिकार	=	मताधिकार
2. उपसर्ग + शब्द –	निः	+	मुक्ति	=	निर्मुक्ति (रिलीज)
	अति	+	उपलब्धि	=	अत्युपलब्धि (ओवरएचीवमेंट)
	निः	+	वसीयती	=	निर्वसीयती (नॉन टैस्टामेंट्री)
	अभि	+	आवेदन	=	अभ्यावेदन (रिप्रेजेंटेशन)
	पुनः	+	वैधीकरण	=	पुनर्वैधीकरण (रिवैलिडेशन)
	निः	+	जर्मित	=	निर्जर्मित (स्टरलाइज्ड)
3. शब्द + प्रत्यय –	यन्त्र	+	इक	=	यान्त्रिक
	तिथि	+	इक	=	तैथिक
	प्रथम	+	इक	=	प्राथमिक
	अनुपात	+	इक	=	आनुपातिक (प्रोपोर्शनल)
	वर्ष	+	इकी	=	वार्षिकी
	भूत	+	इकी	=	भौतिकी

अपवाद–कुछ शब्दों में केवल हिन्दी सन्धियों का ही प्रयोग हुआ है। जैसे :

एक	+	आई	=	इकाई
दो	+	भाषा+इया	=	दुभाषिया
तीन	+	माह+ई	=	तिमाही

8:6 पारिभाषिक शब्द और उनके प्रयोग से सम्बद्ध अशुद्धियाँ

पारिभाषिक शब्द और उनके प्रयोग से सम्बद्ध अशुद्धियाँ मुख्यतः छह प्रकार की होती हैं, जिन्हें निम्नलिखित रूपों में देखा जा सकता है :

1. संरचना सम्बन्धी–पारिभाषिक शब्दों की रचना से सम्बद्ध अशुद्धियाँ इस वर्ग में आती हैं। इस वर्ग में उपसर्ग, प्रत्यय तथा समास-प्रक्रिया से बनाए गए यौगिक पारिभाषिक शब्दों में सन्धि की अशुद्धियाँ आती हैं। जैसे :

अन्तःश्वसन (inheletion)	→	अन्तर्श्वसन	→	अन्तः	+	श्वसन
अन्तःपाशी (interlocking)	→	अन्तर्पाशी	→	अन्तः	+	पाशी
अन्तरपणन (arbitrase)	→	अन्तर्पणन	→	अन्तः	+	पणन
पुनःस्मरण (recall)	→	पुनर्स्मरण	→	पुनः	+	स्मरण
पुनरधिगम (re-learning)	→	पुनःअधिगम	→	पुनः	+	अधिगम
वाक्-सुधार (speech-correction)	→	वाग्सुधार	→	वाक्	+	सुधार
आनुभविक (ampirical)	→	अनुभविक	→	अनुभव	+	इक
पुलिंग (Masculine)	→	पुलिंग	→	पु	+	लिंग
प्राणिविज्ञान (Biology)	→	प्राणिविज्ञान	→	प्राणी	+	विज्ञान

2. प्रयोग सम्बन्धी—पारिभाषिक शब्दों के अर्थ जानना ही पर्याप्त नहीं होता, बल्कि उनका प्रयोग जानना भी आवश्यक होता है क्योंकि, कभी-कभी ऐसा होता है कि एक ही शब्द का दुहरा अर्थ होने की वजह से प्रयोग-सम्बन्धी अशुद्धियाँ हो जाया करती हैं। जैसे :

(i) अंग्रेजी Emotional (इमोशनल) = → भावुक—वह व्यक्ति भावुक है।
→ भावप्रधान—यह रचना भावप्रधान है।

यहाँ पर इमोशनल शब्द का अर्थ 'भावुक' और 'भावप्रधान' दोनों है, पर यदि 'भावुक' की जगह 'भाव प्रधान' का प्रयोग कर दिया जाए तो अशुद्ध हो जाएगा।

(ii) अंग्रेजी Inférence (इनफरेंस) = → अनुमान—इसमें अनुमान की जगह अनुमिति
→ अनुमिति का प्रयोग अशुद्ध होगा।

(iii) अंग्रेजी Generator (जेनरेटर) = → जनित्र = यन्त्र
→ जनक = पिता

3. अर्थ सम्बन्धी—कुछ पारिभाषिक शब्द काफी मिलते-जुलते होते हैं, किन्तु उनके अर्थ में अन्तर होता है। यदि उनके प्रयोग में सावधानी बरती न जाए तो अर्थपरक अशुद्धि होने का खतरा उत्पन्न हो जाता है। जैसे :

(i) भाग/विभाग/अनुभाग/प्रभाग शब्द को लें। इनमें भाग = पोर्शन (portion), विभाग का अर्थ डिपार्टमेंट (department), अनुभाग का अर्थ सेक्शन (section) तथा प्रभाग का अर्थ डिवीजन (division) होता है।

कुछ और उदाहरण देखें :

क्रान्ति—संक्रान्ति, प्रवर—अवर, संस्तुति—प्रस्तुति—स्तुति, आर्थिक—आर्थी, विज्ञानी—वैज्ञानिक, विज्ञप्ति—अनुज्ञप्ति (लाइसेंस), आदेश (order)—अनुदेश (Instruction), निर्देश (direction), दाता—आदाता (receiver)—अनुदाता (granter), निर्देशक (supervisor), निदेशक (director), निरीक्षक (Inspector), अधीक्षक (superintendent), पर्यवेक्षक (supervisor), संस्थापक-व्यवस्थापक, क्रेता-अवक्रेता (higher purchaser), न्यास (trust), विन्यास, ख्यात—आख्यात, दर्शक—परिदर्शक (visitor), नियम-परिनियम (stapeted), योजना (Plan), परियोजना (Project), परिरोध (confinement), अनुरोध (request), निरोध (detaintion), अनुलिपि (transcription), प्रतिलिपि (copy)—शासन—प्रशासन—अनुशासन, अनुष्ठान—प्रतिष्ठान (foundation), युक्ति-प्रयुक्ति (register), नियुक्ति (appointment),

पूरक (complimentory), अनुपूरक (suplimentory)।

कुछ शब्दों के रूप की तो समानता होती है, किन्तु अर्थ का अन्तर होता है। जैसे—निकालना, निलम्बित करना, बर्खास्त करना, निवृत्त करना या बर्खास्तगी (dismissal), निष्कासन (expulsion), निलम्बन (suspension), निवृत्ति (retirement) इत्यादि।

4. प्रयुक्ति सम्बन्धी—इसका अर्थ है प्रयोग-क्षेत्र या वार्ता-क्षेत्र। हम जानते हैं कि साहित्य की हिन्दी, इन्जीनियरों की हिन्दी, वकीलों की हिन्दी तथा सरकारी कार्यालयों की हिन्दी के प्रयोग में अन्तर हो जाता है। ये हिन्दी की अलग-अलग प्रयुक्तियाँ हैं। इनमें वाक्य-रचना का अन्तर तो होता ही है साथ-साथ शब्दावली का भी अन्तर होता है। जहाँ तक पारिभाषिक शब्दों का प्रश्न है, कुछ पारिभाषिक शब्द तो एकाधिक विषयों में एक ही रहते हैं। जैसे—गणित, भौतिकी, भूगोल तथा भूविज्ञान में अंग्रेजी शब्द 'डॉमिनेंट' के लिए हिन्दी में 'प्रभावी' शब्द चलता है या 'धातु' शब्द धातु विज्ञान, आयुर्वेद तथा व्याकरण तीनों में चलता है, किन्तु बहुत से शब्द ऐसे होते हैं जो हर विषय के लिए अलग-अलग होते हैं। उदाहरण के लिए—अंग्रेजी के 'Focus' शब्द को लें। इसके लिए हिन्दी में गणित में 'नाभि', भौतिकी में 'फोकस' तथा भूगोल में 'उद्गमकेन्द्र' का प्रयोग होता है। यदि कोई भूगोल में 'नाभि' या गणित में 'उद्गमकेन्द्र' का प्रयोग करे तो प्रयुक्तिपरक अशुद्धि मानी जाएगी। ऐसे अंग्रेजी कंकार्डेंस के लिए पुस्तकालय विज्ञान में 'शब्दानुक्रमणी' है तो भाषाविज्ञान में 'अन्वय' शब्द प्रयुक्त होता है। उसी प्रकार अंग्रेजी 'सेक्युलर' के लिए राजनीति में 'धर्म-निरपेक्ष' तो अर्थशास्त्र में 'सुदीर्घकालीन' शब्द प्रयुक्त होता है।

5. रूपान्तर सम्बन्धी—कभी-कभी एक पारिभाषिक शब्द से प्रयोग के अनुसार अन्य शब्द रूप बनाने की भी आवश्यकता पड़ती है। यदि इसकी व्यावहारिक जानकारी प्रयोक्ता को न हो तो अशुद्धि हो जाती है। जैसे :

पंजीयन—पंजीकरण—पंजीकृत-पत्र।

निलम्बन—निलम्बित व्यक्ति।

भाषा-अधिगम—अधिगत भाषा।

ग्रहण—गृहीत।

अनुवाद—अनूदित।

परित्याग—परित्यक्त।

अनुराग—अनुरक्त।

प्रत्याभूति (guarntee) —प्रत्याभूत (guarnteed)

6. सहप्रयोग सम्बन्धी—कभी-कभी एक ही विषय में अलग-अलग शब्दों के सन्दर्भों में अलग-अलग शब्दों का प्रयोग अपेक्षित होता है। उदाहरण के लिए :

राजनीति के सेक्युलर लाइफ/सेक्युलर पॉलिटिक्स/सेक्युलर पावर—इन तीन शब्दों को लें। अंग्रेजी में तीनों में 'सेक्युलर' है, किन्तु हिन्दी में इसके लिए क्रमशः

सेक्युलर लाइफ = ऐहिक जीवन

सेक्युलर पॉलिटिक्स = धर्म निरपेक्ष राजनीति

सेक्युलर पावर = लौकिक शक्ति

का प्रयोग होता है। इसमें 'जीवन' के साथ 'ऐहिक', 'राजनीति' के साथ 'धर्मनिरपेक्ष' और 'शक्ति' के साथ 'लौकिक' का प्रयोग होता है। यदि कोई व्यक्ति तीनों शब्दों में 'ऐहिक', 'धर्मनिरपेक्ष' या 'लौकिक' का प्रयोग करे तो सहप्रयोग सम्बन्धी अशुद्धि हो जाएगी।

इसी प्रकार अर्थशास्त्र में—

प्रकाशित दर	(Paper-rate)
रुक्के पर आधार	(Paper credit)
करेंसी नोट	(Paper currency)
कागजी मुद्रा	(Paper money)

शब्दों में 'पेपर' के लिए 'प्रकाशित', 'रुक्का', 'नोट' तथा 'कागजी' शब्द का प्रयोग करेगा तब सहप्रयोग सम्बन्धी अशुद्धियाँ हो जाएँगी।

इसलिए इन अशुद्धियों से बचने के लिए उपर्युक्त बातों की जानकारी आवश्यक है। जानकारी के अभाव में प्रायः पारिभाषिक शब्दों के प्रयोग से सम्बन्धित अशुद्धियाँ हो जाया करती हैं। अतः इनसे बचना चाहिए।

8:7 पारिभाषिक शब्द-सूची

यहाँ प्रशासन, मानविकी तथा विज्ञान के क्षेत्र में प्रयुक्त प्रमुख पारिभाषिक शब्दों की सूची दी जा रही है। जिसमें अंग्रेजी पारिभाषिक शब्दों के लिए हिन्दी के प्रतिपारिभाषिक शब्द दिए गए हैं। शब्दों का चयन करते समय उन विद्यार्थियों के स्तर का ध्यान रखा गया है जो इस सूची का उपयोग करेंगे। प्रस्तुत सूची के विषय में निम्नांकित बातें द्रष्टव्य हैं :

(क) अनेक शब्द ऐसे हैं जो प्रशासन तथा मानविकी दोनों में प्रयुक्त होते हैं। उदाहरण के लिए (authority) शब्द लें जो प्रशासन में प्राधिकरण, प्राधिकार तथा प्राधिकारी के अर्थ में प्रयुक्त होता है तथा मानविकी में—1. प्रमाण ग्रन्थ (समालोचना), 2. आप्तवचन, आत्म प्रमाण तथा आप्त पुरुष (तर्कशास्त्र) के अर्थ में इसी प्रकार (Bill) प्रशासन की शब्दावली में 'विपत्र' तथा 'विधेयक' का वाचक है, तो मानविकी में 'बीजक' तथा हुण्डी (अर्थ.) का। ऐसे शब्दों को, जिनकी प्रशासन तथा मानविकी दोनों के क्षेत्र में भिन्न संकल्पनाएँ हैं, दोनों ही सूचियों

में स्थान दिया गया है। इसके विपरीत (cabinet, beaurucracy) तथा (disposal) जैसे शब्द जो प्रशासन तथा मानविकी दोनों ही क्षेत्रों में समान संकल्पनाओं के वाचक हैं, किसी भी एक सूची में रख दिए गए हैं।

(ख) इसी प्रकार कुछ ऐसे भी शब्द हैं, जो मानविकी तथा विज्ञान दोनों ही में प्रयुक्त होते हैं। उदाहरण के लिए, product, reaction, acceleration, resonance, analogy, elasiticity तथा vacuum आदि शब्द इसी श्रेणी के हैं। इनमें से मानविकी तथा विज्ञान के क्षेत्र में प्रथम चार की संकल्पनाएँ बहुत भिन्न नहीं हैं। इसीलिए उन्हें किसी भी एक सूची में स्थान दे दिया गया है। इसके विपरीत मानविकी तथा विज्ञान में जिन शब्दों की संकल्पनाएँ भिन्न हैं, इन्हें दोनों ही सूचियों में, समाविष्ट कर दिया गया है। उदाहरण के लिए, ऊपर संकेतित शब्दों में से analogy (रसा.–संवृत्तिता, त. तथा समालो.–साम्यानुमान), elasticity (भा. तथा प्रा.–प्रत्यास्यता, अर्थ.–लोच, माँग सापेक्षता), vacuum (रसा. तथा भो.–निर्वात, द.–शून्य), तथा cross (प्र.–काट देना, इति.–क्रूस, भौ.–क्रॉस तथा जीव–संकर) इसी प्रकार के शब्द हैं।

(ग) इसके अतिरिक्त पारिभाषिक शब्दों का एक बहुत बड़ा वर्ग ऐसा है जिनकी मूल संकल्पना विज्ञान के अधिक निकट लगती है, किन्तु उनका प्रयोग मानविकी तथा विज्ञान दोनों ही में होता है। ऐसे शब्दों को उनकी मूल संकल्पना, विज्ञान के अधिक निकट होने के कारण, विज्ञान की सूची में ही रखा गया है। उदाहरण के लिए Satellite (सैटलाइट), reproduction (पुनर्जनन, पुररुत्पादन, उद्धरण, प्रतिलिपि, पुनः प्रस्तुतीकरण), residual (अवशिष्ट), saturation (संतृप्ति), segmentation (खण्डीभवन) तथा septum (पट) आदि।

(घ) इसके विपरीत कुछ शब्द ऐसे भी होते हैं जिनकी मूल संकल्पना मानविकी के अधिक निकट है यद्यपि वे विज्ञान के क्षेत्र में भी प्रयुक्त होते हैं। ऐसे शब्दों को मानविकी की सूची में स्थान दिया गया है। उदाहरण के लिए evolution (विकास, उद्विकास, क्रमविकास,) randomized sampling (यादृच्छिक प्रतिचयन), sensitivity (सूक्ष्म ग्राहिता, सुग्राहिता), accessory (अतिरिक्त, सहायक, उपसाधन), adultration (अपमिश्रण), adaptation (अनुकूलन, व्यनुकूलन, अनुयोजन), population (जनसंख्या समष्टि), code (कोड, कूट, संकेत, संकेतावली, संहिता, कूट) तथा cross (भौ. क्रॉस, जीव.–संकर, प्र.–काट देना, इति.–क्रूस) आदि इसी वर्ग के शब्द हैं।

अंग्रेजी के एक ही पारिभाषिक शब्द के लिए हिन्दी में प्रयुक्त भेद अर्थात् ज्ञान-विज्ञान की शाखा के भेद से कई प्रतिपारिभाषिक शब्द हैं। उदाहरण के लिए ऊपर (ख) में उल्लिखित analogy, elasticity तथा vacuum आदि शब्द देखे जा सकते हैं। ऐसी स्थिति को देखते हुए मानविकी के प्रमुख शब्दों एवं विज्ञान

के सभी शब्दों के सामने ज्ञान-विज्ञान की उस शाखा का संकेत कर दिया गया है, जिसमें वे व्यवहृत होते हैं। ऐसा करने में जिन संक्षेपों का प्रयोग किया गया है, वे आगे दिए जा रहे हैं :

संक्षेप	**विषय**	
अर्थ.	अर्थशास्त्र	(Economics)
इत./पुरा.	इतिहास पुरातत्त्व	(History/Archaeology)
ग.	गणित	(Mathematics)
गृह.	गृह विज्ञान	(Home Science)
जीव.	जीव विज्ञान	(Biology)
डा.	डाक-तार	(Post and Telegraph)
त.	तर्कशास्त्र	(Logic)
द.	दर्शन	(Philosophy)
नृ.	नृविज्ञान	(Anthropology)
पत्र.	पत्रकारिता एवं मुद्रण	(Journalism and Printing)
परि.	परिवहन	(Transport)
पु.	पुस्तकालय विज्ञान	(Library Science)
प्र.	प्रशासन-शब्दावली	(Administrative Terms)
प्रा.	प्राणि विज्ञान	(Zoology)
भा.	भाषा विज्ञान	(Linguistics)
भूगो.	भूगोल	(Geography)
भूवि.	भूविज्ञान	(Geology)
भौ.	भौतिकी	(Physics)
मनो.	मनोविज्ञान	(Psychology)
रसा.	रसायन-शास्त्र	(Chemistry)
राज.	राजनीति विज्ञान	(Political Science)
ल.	ललित कला	(Fine Arts)
वन.	वनस्पति विज्ञान	(Botany)
वा.	वाणिज्य	(Commerce)
शि.	शिक्षा	(Education)
संग.	संगीत	(Music)
संचा.	संचार	(Communication)
समालो.	समालोचना	(Literary Criticism)
समाज.	समाजशास्त्र	(Sociology)

कुछ शब्द कभी संज्ञा रूप में आते हैं तो कभी विशेषण रूप में। इसका संकेत 'स.' तथा 'वि.' से कर दिया गया है। ऐसे ही क्रिया के लिए 'क्रि.' रखा गया है।

प्रशासन

Acceptance	स्वीकृति
Accordingly	तदनुसार, लिहाजा
Accountant	लेखापाल, लेखाकार
Acknowledgement	पावती, प्राप्ति-सूचना, अभिस्वीकृति
Act	1. कार्य, 2. अधिनियम
Acting (as in acting Director)	कार्यकारी
Adhoc	तदर्थ
Adjourn	स्थगित करना, रोकना
Advance	अग्रिम, पेशगी
Affidavit	शपथपत्र, हलफनामा
Agenda	कार्यसूची, कार्यक्रम
Agent	अभिकर्त्ता, एजेंट
Agreement	1. करार, अनुबन्ध, 2. सहमति
Allegation	आरोप, अभिकथन
Allotment	आबंटन, बाँट
Approval	अनुमोदन
Attest	अनुप्रमाणित करना, साक्ष्यांकन करना, तसदीक करना
Audit	लेखा परीक्षा, संपरीक्षा
Authority	1. प्राधिकारी, 2. प्राधिकार, 3. प्राधिकरण
Autonomous	स्वायत्त
Bonafide	वास्तविक, असली, सद्भावी, सद्भावपूर्वक
Bond	बन्धपत्र, बॉण्ड
Cadre	संवर्ग, काडर
Career	वृत्ति, जीविका, जीवन
Charge sheet	आरोप-पत्र
Claimant	दावेदार, दावी
Clear vacancy	स्पष्ट रिक्ति
Clerical error	लेखन-अशुद्धि लेखन-त्रुटि, लिखाई की भूल

Communique	विज्ञप्ति
Compensatory allowance	प्रतिकर भत्ता, मुआवजा भत्ता, प्रतिपूरक भत्ता
Competent	समर्थ, सक्षम
Consulting	परामर्शी
Counter signature	प्रतिहस्ताक्षर
Criminal Court	दण्ड न्यायालय
Custody	अभिरक्षा
Decentralization	विकेन्द्रीकरण
Defendent	प्रतिवादी
Defer	आस्थगित करना
Degradation	पद घटाना, ग्रेट घटाना
Demotion	पदावनति
Deputation	1. प्रतिनियुक्ति, 2. शिष्टमण्डल
Design	अभिकल्प, डिजायन, अभिकल्पना, रूपांकन
Despatch clerk	प्रेषण क्लर्क
Director-General	महानिदेशक
Director	निदेशालय, संचालनालय
Directory	निर्देशिका
Disbursement	संवितरण, बाँटना
Discretion	विवेक, विवेकाधिकार
Dissent	विसम्मति, असहमति
Division	
1. General Sense	विभाजन
2. When a Territorial unit	मंडल डिवीजन
3. When a part of some organisation as in publication Division	प्रभाग
4. as in Lower Division Clerk	श्रेणी
Division Bench	खण्ड (न्याय) पीठ
Draftsman	प्रारूपकार, नक्शानवीस
Earned leave	अर्जित छुट्टी
Eligibility	पात्रता
Endorsement	1. पृष्ठांकन, सही करना, 2. समर्थन, (सं.)

	प्राक्कलन, आकलन, अनुमान (क्रि.) आकलन करना, आँकना, कूतना
Formal	औपचारिक
Fund	निधि
Gazette	राजपत्र, गजट
Grant	अनुदान
Honorary	अवैतनिक
Identity card	पहचान पत्र
Interim	अन्तरिम
Joining date	कार्य ग्रहण तारीख, कार्यारम्भ तारीख
Junior (as in Junior Inspector)	कनिष्ठ, अवर
Jurisdiction	अधिकार-क्षेत्र, क्षेत्राधिकार, अधिकारिता
Licence (Licence)	अनुज्ञप्ति, लाइसेंस
Lump sum	एकराशि, एकमुश्त
Maintenance	1. अनुरक्षण, 2. रखना, भरण-पोषण
Minor	1. अवयस्क, अप्राप्तवय, नाबालिग, 2. लघु, गौण
Minutes	कार्यवृत्त
Monopoly	एकाधिकार, एकाधिपत्य
Motion	प्रस्ताव
Negligence	उपेक्षा, प्रमाद, गफलत
Negotiation	1. (समझौते की) बातचीत, सन्धिवार्ता, 2. परक्रामण
Neutral	तटस्थ
Nominee	नामिति, मनोनीत व्यक्ति, नामित व्यक्ति
Notification	अधिसूचना
Passport	पारपत्र, पासपोर्ट
Posting	तैनानी, पद स्थापना
Postpone	मुल्तवी करना
Procedure	कार्यविधि, प्रक्रिया
Process	प्रक्रम, प्रक्रिया
Recommendation	संस्तुति, सिफारिश, अभिशंसा
Record	अभिलेख, रिकार्ड
Recurring	आवर्ती, आवर्तक
Registered	पंजीकृत, पंजीबद्ध, रजिस्ट्रीशुदा

Reminder	स्मरणपत्र, अनुस्मारक
Representation	1. प्रतिनिधित्व 2. अभ्यावेदन, अभिवेदन
Routine	नेमी, दस्तूरी, नैत्यिक
Senior	जेष्ठ, वरिष्ठ
Subordinate	अधीन, अधीनस्थ, मातहत
Superintendent	अधीक्षक
Supply	(सं.) पूर्ति, प्रदाय (क्रि.) प्रदाय करना
Tender	(सं.) 1. टेंडर, निविदा, (क्रि.) 2. टेंडर देना, 3. देना, प्रस्तावित करना
Term	1. अवधि, मियाद, शर्त, निबन्ध, 2. शब्द
Training	प्रशिक्षण, ट्रेनिंग
Transfer	(सं.) बदली, अन्तरण, स्थानान्तरण, हस्तांतरण, (क्रि.) बदली होना, बदली करना, अन्तरित करना, अन्तरण करना
Under certificate of posting	डाक-प्रमाणित
Undertaking	1. उपकरण, 2. वचनबद्ध, जिम्मा लेना, भार अपने ऊपर लेना
Unit	1. एकक, 2. मात्रक, 3. इकाई, यूनिट
Unofficial	अशासनिक, अशासकीय, अनौपचारिक गैरसरकारी
Verification	सत्यापन
Write off	बट्टे खाते डालना

मानविकी

Abnormal	अपसामान्य, विकृत
Accessory	1. अतिरिक्त, गौण, 2. उपसाधन (ल. वा.)
Accelerator	त्वरक
Adaptation	रूपान्तरण (समालो.), अनुयोजन (संग.), व्यनुकूलन (मनो.)
Adjustment	समायोजन
Adultration	अपमिश्रण, मिलावट (नृ., समाज)
Aesthetics	सौन्दर्यशास्त्र
Affluent society	सुसमृद्ध समाज
Agency	अभिकरण

Anology	1. सादृश्य (भा.), 2. साम्यानुभाग (समालो. तर्क)
Annual return	वार्षिक विवरणी
Appeasement	तुष्टीकरण
Appropriation Account	विनियोग लेखा, विनियोजन लेखा
Aptitude	अभिरुचि अभिक्षमता (मनो.)
Arbitration	पंचनिर्णय (रा.)
Assessor	मूल्यांकन, निर्धारक, कर-निर्धारक
Asset	परिसम्पत्ति (वा., अर्थ.)
Attorney	न्यायाभिकर्त्ता
Authoritarian	सत्तावादी
Autocratic	एकतन्त्रीय, स्वेच्छाचारी, निरंकुश
Authority	1. प्रमाण, 2. प्रमाणग्रन्थ (समालो.), 3. आप्रवचन, आप्त प्रमाण, आप्त पुरुष (त.)
Banking	अधिकोषण बैंकिंग
Bargaining	सौदकारी, सौदा करना
Barter	वस्तुविनिमय
Behaviourism	व्यवहारवाद (मनो.)
Bill	1. बीजक, 2. हुंडी, बिल (वा.)
Beaurucracy	अधिकारीतन्त्र, नौकरशाही, दफ्तरशाही (रा.)
Capitalization	पूँजीकरण
Cargo	नौभार, जहाजी-माल
Ceiling	उच्चतम सीमा
Charter	अधिकार पत्र (रा.प्र.)
Classic	अभिजात, क्लासिक, वरण्य, कालजयी (समालो.)
Class struggle	वर्ग-संघर्ष (अर्थ. समाज.)
Coalition government	बहुदलीय सरकार, मिली-जुली सरकार (रा.)
Code	1. संहिता, 2. कोड संकेत, कूट संकेत, कूट (रा. संचा.)
Common Sense	सामान्य बुद्धि
Compensation	प्रतिपूर्ति, क्षतिपूर्ति
Concept	धारणा, संकल्पना, संप्रत्यय (त.)
Concept	1. संगीत-सभा, संगीत-गोष्ठी, 2. वाद्य समवेत (संग.)
Consignment	परेषण (वा. परि.)

Constituency	निर्वाचन-क्षेत्र
Consumer	उपभोक्ता
Consumption	उपभोग, खपत
Content	अन्तर्वस्तु, विषयवस्तु
Contract	संविदा, ठेका
Creation	सृष्टि, सर्जन
Criterion	प्रतिमान, मानक, निकष
Cross	काट देना (प्र.), क्रूस (इति.)
Custom duty	सीमा-शुल्क
Dead account	निष्क्रिय लेखा, बन्द लेखा (वा.)
Decontrol	विनियन्त्रण
Delivery	सुपुर्दगी
Depreciation	मूल्यह्रास (वा. अर्थ.)
Devaluation	अभिमूल्यन (अर्थ.)
Dialectical materialism	द्वन्द्वात्मक भौतिकवाद (द.)
Dictator	अधिनायक
Diplomacy	कूटनीति, राजनय (रा.)
Direct taxation	प्रत्यक्ष कराधान (अर्थ.)
Disposal	निपटान (प्रा.वा.)
Document	दस्तावेज
Economy size	किफायती आकार
Elasticity	लोच, मूल्य-सापेक्षता (अर्थ.)
Electrorate	निर्वाचक-मण्डल, निर्वाचक वर्ग (रा.)
Emotion	संवेग (मनो., समा.)
Encroachment	अतिक्रमण (प्र. रा.)
Endorsement (=indorsment)	1. वेचान, पृष्ठांकन, 2. समर्थन (वा.)
Environment	परिवेश
Estate duty	सम्पदा-शुल्क (अर्थ.)
Evolution	उद्विकास, विकास, क्रमविकास
Expressionism	अभिव्यंजनावाद (द.)
Extrovert	बहिर्मुखी, बहिर्मुख (मनो.)
Face value	अंकित मूल्य (वा.)
Form	1. फार्म, प्रपत्र (प्र.), 2. रूप, आकार (ल.), 3. संरचना, विधा (समालो.)

Free port	मुक्त पत्तन, निःशुल्क पत्तन (अर्थ. रा.)
Frustration	1. कुण्ठा (नीतिशास्त्र), 2. हताशा (समालो.)
Generalization	सामान्यीकरण
Guarantee	गारण्टी, प्रत्याभूति
His Excellency	महामहिम
Humanism	मानवतावाद
Illusion	भ्रम (मनो.)
Incentive premium	प्रेरक इनाम (वा. प्र.)
Indent	1. इंडेंट, माँगपत्र (प्रा. वा.) 2. दाँता (इति.)
Infancy	शैशव
Investment	निवेश, पूँजी लगाना (अर्थ., वा.)
Lock-out	तालाबन्दी (प्र., अर्थ.)
Margin	1. गुंजाइश, पड़ता, लाभ, अन्तर (वा.), 2. हाशिया, उपान्त (मुद्रण)
Net loss	निवल हानि, शुद्ध घाटा (अर्थ.)
Personification	मानवीकरण
Polarisation	ध्रुवण (रा.)
Pupulation	जनसंख्या, आबादी, समष्टि
Randomized sampling	यादृच्छिकीकृत प्रतिचयन (नृ.), नमूने की जाँच (पपत्र., समाज.)
Scope	1. प्रसार, विषय-क्षेत्र, 2. गुंजाइश (नृ.), भविष्य
Sensitivity	1. सूक्ष्मग्राहिता-सुग्राहिता (संचा.), 2. अतिसंवेदनशीलता (समालो., मनो.)
Spin	प्रचक्रण
Taxable	करदेय, करयोग्य, कराधान-योग्य
Typical	1. प्रारूपिक, प्ररूप, (नृ.), 2. ठठ (इति., समाज.)
Vacuum	शून्य (द.)
Warranty	आश्वस्ति, वारण्टी (वा.)
Withdrawl	1. वापसी, 2. निकालना, आहरण, 3. विनिवर्तन

विज्ञान

Abdomen	उदर (प्रा., गृह.)
Acoustics	ध्वानिकी, ध्वनिविज्ञान (भौ.)

Aerobic	वायुजीवी (वन.)
Amplifier	प्रवर्धक (भौ.)
Anabolism	उपचय (जीव., गृह.) उपपाचन (रसा.)
Analogy	1. सादृश्य, अनुरूपता, तुल्यरूपता, 2. समवृत्तिता (रसा.)
Antibiotic	प्रतिजैविक (रसा., प्रा.)
Artery	धमनी (गृह., प्रा.)
Astronautics	अन्तरिक्षयानिकी (भौ. ग.)
Breeding	प्रजनन (जीव.)
Biosphere	जीवमण्डल (वन.)
Catalyst	उत्प्रेरक (रसा., भौ.)
Cell	कोशिका (जीव.)
Comparator	तुलनित्र (भू., भौ.)
Computer	अभिकलित्र (मशीन), अभिकलक (व्यक्ति) (भौ., ग.)
Condensation	द्रवण, संघनन (रसा., भौ.)
Correlation	सहसम्बन्ध (भूवि., ग.)
Cosmology	ब्रह्माण्ड विज्ञान, ब्रह्माण्डिकी (ग.)
Cross	क्रॉस (भौ.), संकर (जीव.)
Cytoplasm	कोशिकाद्रव्य (जीव., गृह.)
Echo	प्रतिध्वनि (भूवि. भौ., प्रा.)
Ecology	पारिस्थितिकी, परिस्थितिविज्ञान (जीव.)
Elasticity	प्रत्यास्थता (भौ., प्रा., गृह.)
Element	1. (रसा.), तत्त्व, मूलतत्त्व, 2. (of current) अल्पांश, (of circuit) अवयव
Expiration	निःश्वसन (प्रा., गृह.)
Fossil	जीवाश्म (जीव., भूवि., भूगो.)
Frequency	1. आवृत्ति (भौ.), बारम्बारता (ग.)
Generator	1. जनक, 2. जनित्र (instrument)
Genetic	आनुवंशिक (जीव., भूवि.)
Heterogeneous	1. विषमांग, विषमांगी, 2. विषमजातीय, विजातीय (जीव., भूवि.)
Homogeneous	1. समांग, समांगी, 2. सजातीय (रसा. भौ.),

	3. समघात, समभाव (ग.)
Host	1. परपोषी (वन., प्रा.), 2. आतिथेय, मेजबान, (गृह.)
Hypertension	अतितनाव (रसा., गृह.)
Induction	प्रेरण (भौ., प्रा.), आगमन (ग.)
Inertia	जड़त्व (भूगो., भौ., ग.)
Isotope	समस्थानिक (जीव., रसा.)
Light year	प्रकाशवर्ष (ग., भौ.)
Magnetosphere	चुम्बक मण्डल (ग., भौ.)
Mechanics	यान्त्रिकी (ग., भौ.)
Metrology	मापिकी, मापविज्ञान (भूगो., भौ.)
Microwave	सूक्ष्म तरंग (भौ., भूवि.)
Moulting	निर्मोचन (प्रा.)
Navigation	नौसंचालन, संचालन (भूगो., भौ.)
Nerve	तन्त्रिका (प्रा., गृह.)
Nucleus	1. नाभिक (रसा., भौ.), 2. केन्द्रक (जी.)
Nutrition	पोषण (वन., गृह.)
Ontogeny	व्यक्तिवृत्त (जीव., प्रा. भूवि.)
Operation	1. संक्रिय (ग.), 2. प्रचालन (रसा., भौ., भूवि.)
Optics	प्रकाशिकी (भौ.)
Orbit	1. कक्षा (भौ., भूगो.), 2. नेगरव, नेत्रकोटर, अक्षिकोट (प्रा.)
Parasite	परजीवी (जीव, गृह., भूगो.)
Pathogen	रोगाणु (प्रा.), रोगजनक (वन.)
Power	1. सामर्थ्य, शक्ति, क्षमता, 2. (degree) घात
Predator	परभक्षी (प्रा.)
Product	गुणनफल (ग., गृह.), उत्पाद (रसा.)
Proportional	आनुपातिक, समानुपातिक, (गृह., ग., भौ.)
Radiation	विकिरण (भौ.)
Reaction	प्रतिक्रिया (भौ.), अभिक्रिया (गृह.), क्रिया (रसा.)
Reproduction	जनन (जीव.), पुनरुत्पादन (गृह.), चित्रोत्पादन (भूगो.)
Residual	अवशिष्ट, अवशेष (भौ.)
Resonance	अनुदान (भौ.)

Response	अनुक्रिया (जीव., गृह.), उत्तर (भौ.), प्रतिवेदन (गृह.)
Satellite	उपग्रह (भूगो.), अनुषंगी, अनुगामी (भौ., भूवि.)
Saturation	संतृप्ति, संतृप्तिकरण (रसा.)
Segmentation	खण्डीभवन (गृह., प्रा.)
Septum	1. पट (वन., भौ.), 2. विभाजिका, 3. छिद्रितझिल्लिका (प्रा., भूवि.)
Standard deviation	मानक विचलन (भौ.)
Supersonic	पराध्वनिक (भौ., ग.)
Synthesis	संश्लेषण (रसा.)
Tissu	ऊतक (गृह., जीव.), टिशू (भू.)
Tracer	1. अनुज्ञापक (भौ.), 2. अनुरेखक (भू.)
Vacuum	निर्वात (भौ., रसा., गृह.)
Vascular	वाहिका, संवहनी (वन., प्रा.)
Zooplankton	प्राणिलवक (भूवि., प्रा.)
Zygote	युग्मनज (जीव., गृह.)

मिलते-जुलते शब्दों की सूची

1.	Abatement	=	न्यूनीकरण
	Mitigation	=	मृदूकरण
2.	Abrogation	=	निराकरण, उत्सादन
	Annulment	=	अभिशून्यन
	Cancelation	=	विलोचन, निरसन
	Deletion	=	अपमार्जन
	Discharge	=	निस्सारण
	Dispelling	=	निराकरण
	Repeal	=	निरसन, विलोपन
	Rescinding	=	निरसन
	Revoking	=	प्रतिसंहरण, निरसन
3.	Absconder	=	अप-पलायक
	Deserter	=	दलत्यागी
	Fugitive	=	पलायक, भगोड़ा
	Renegade	=	स्वपक्षत्यागी
	Turncoat	=	परपक्षग्राही

4.	Abstract	=	सारांश
	Abridgement	=	संक्षेपण
	Compendium	=	उपसंक्षेप
	Summary	=	संक्षेप
	Synopsis		परिचयात्मक रूपरेखा
5.	Acceptance	=	स्वीकृति
	Admission	=	स्वीकरण
	Assent	=	अनुमति, स्वीकृति
	Consent	=	सम्मति
	Dissent	=	विमति
	Confession	=	अपराध-स्वीकरण
	Leave	=	अनुमति
	License	=	अनुज्ञापत्र
	Permission	=	अनुमति, प्रानुमति
	Permit	=	प्रानुमति-पत्र
	Recognition	=	प्रस्वीकृति
	Sanction	=	स्वीकृति सम्मोदन
6.	Accession	=	सम्मिलन
	Amalgamation	=	सम्मिश्रण
	Fusion	=	द्रवीकरण
	Integration	=	एकीकरण
	Merger	=	विलय, विलयन
7.	Accusation	=	अभियोग
	Allegation	=	अभिकथन
	Charge	=	अभियुक्ति, दोषारोप
8.	Act	=	अधिनियम
	Byelaw	=	उपविधि
	Law	=	विधि
	Regulation	=	विनियम
	Rule	=	नियम
	Sub-rule	=	उपनियम
9.	Adjourned	=	स्थगित
	Abeyance	=	अस्थगित
	Deferred	=	अभिस्थगित

	Postponed	=	विलम्बित
10.	Admission card	=	प्रवेश-पत्रक
	Pass	=	(प्रवेश पत्र), पारणक
	Passport	=	पारपत्र
	Visa	=	अनुवेश पत्र
11.	Affirmation	=	पुष्टि, प्रतिज्ञान
	Confrmation	=	अभिपुष्टि
	Corroboration	=	संपुष्टि
	Ratification	=	पुष्टिकरण
			अनुसमर्थन
	Support	=	समर्थन
	Verification	=	सत्यापन
			सत्याकरण
12.	Agenda	=	कार्यसूची
			विचार्यविषय
	Programme	=	कार्यक्रम
13.	Agitation	=	क्षोभ
	Movement	=	आन्दोलन
14.	Allocation	=	विभाजन, निर्दिष्ट
	Allotment	=	आबंटन
	Apportionment	=	संविभाजन
15.	Alteration	=	आपरिवर्तन
	Change	=	परिवर्तन
	Modification	=	रूपभेद, संपरिवर्तन
	Transformation	=	रूपान्तर
16.	Alternative	=	वैकल्पिक, विकल्प
	Optional	=	वैकिल्पक, ऐच्छिक
	Voluntary	=	स्वेच्छादत्त
			स्वेच्छाकृत
17.	Ambassador	=	राजदूत
	Charge de affairs	=	प्रभारी राजदूत
	Consul	=	वाणिज्यदूत
	Consul general	=	महा-वाणिज्यदूत
	Envoy	=	दूत, मितार्थदूत

	Extraordinary	=	असाधारणदूत
	High		
	Commissioner	=	उच्चायुक्त
	Legate	=	उपराजदूत
	Plenipotentiary	=	पूर्णाधिकारी दूत
18.	Ammesty	=	सर्वक्षमा
	Condonation	=	क्षमादान
19.	Anonym	=	अनाम, गुप्तनाम
	Pen-name	=	साहित्यिक उपनाम
	Pseudonym	=	छद्मनाम
20.	Appeasement	=	तुष्टीकरण
	Conciliation	=	संराधन
	Gratification	=	अनुतोषण
	Pacification	=	शमीकरण
	Propitiation	=	प्रसादत
21.	Archive	=	पुरालेख
	Deed	=	संलेख
	Document	=	प्रलेख
	Instrument	=	विलेख, लिखित
	Record	=	अभिलेख
22.	Armistice	=	अस्थायी सन्धि
	Ceasefire	=	युद्धस्थगन
	Truce	=	विरामसन्धि रणविराम
23.	Association	=	संघ
	Board	=	मण्डल, समिति
	Chamber	=	मण्डल, वेश्म
	Committee	=	समिति
	Company	=	प्रमण्डल
	Concern	=	व्यापारिक संस्था
	Convention	=	प्रसभा
	Corporation	=	निगम
	Council	=	परिषद्
	Estabilishment		

	Installation	=	प्रतिष्ठान
	Firm	=	कोठी, सार्थ
	House	=	सदन, भवन
	Institution	=	संस्था, शाला
	Meeting	=	सभा
	Organisation	=	संघटन
	Society	=	समाज
24.	Authentication	=	प्रमाणीकरण
	Attestation	=	साक्षीकरण
	Certification	=	प्रमाणन
	Verification	=	सत्यापन
25.	Banishment	=	निर्वासन
	Dismissal	=	निस्सारण
	Discharge	=	उन्मोचन
	Ejeetion	=	निष्कासन
	Eviction	=	अधिनिष्कासन
	Exile	=	निर्वासन
	Expativiation	=	स्वदेश-निस्सारण
	Expulsion	=	अपपसारण, निष्कासन
	Externment	=	बहिष्प्रेषण
26.	Battalion	=	बतालियन
	Brigade	=	वाहिनी
	Division	=	चमू/अनीकिनी
	Regiment	=	टुकड़ी
	Squad	=	रिसाला
	Squadron	=	दस्ता
	Troops	=	पलटन
27.	Battle-ship	=	जंगी-जहाज
	Capital ship	=	महापोत
	War-ship	=	युद्धपोत
28.	Belligarent	=	युद्धरत
	Combatant	=	युद्धप्रवृत्त
29.	Bonus	=	अधिलाभांश

	Dividend	=	लाभांश
30.	Collectivisin	=	समष्टिवाद
	Communism	=	साम्यवाद
	Socialism	=	समाजवाद
31.	Conservation	=	संरक्षण
	Preservation	=	परिरक्षण
	Protection	=	संरक्षण
	Reservation	=	आरक्षण
32.	Contagious	=	सांस्परिकि
	Infections	=	संक्रामक
33.	Criticism	=	आलोचना
	Examination	=	परीक्षा/परीक्षण
	Experiment	=	प्रयोग
	Observation	=	पर्यवेक्षण
	Scrutiny	=	संपरीक्षण
	Test	=	निकष/कसौटी/परीक्षा
	Trial	=	परीक्षा/प्रयोग
34.	Coupd'etat	=	आकस्मिक शासन/परिवर्तन शासनिक/विपर्यय
	Insurgency	=	प्रजाक्षोभ
	Insurrection	=	उपप्लव
	Mutiny	=	सैन्य द्रोह
	Rebellion	=	संघटित सशस्त्र/बलवा
	Revolt	=	व्युत्थान
	Revolution	=	क्रान्ति
	Sedition	=	राजद्रोह/अभिद्रोह
	Treason	=	देशद्रोह/अभिद्रोह
35.	Dead Lock	=	गतिरोध
	Relapse	=	प्रतिगति/विगति
	Setback	=	प्रगतिरोध
36.	Encroachment	=	अतिक्रमण
	Transgression	=	अतिचरण
	Trespass	=	अपचरण/अनधिकार प्रवेश
	Violation	=	अतिक्रमण/उल्लंघन

37.	Expedient	=	समयोजित
	Opportune	=	समयानुकूल
38.	Extract	=	उद्धरण
	Citation	=	प्रोद्धरण
	Quotation	=	अवतरण
39.	Incompatible	=	अननुरूप
	Inconsistent	=	असंगत
40.	Indispensable	=	अनिवार्य
	Inevitable	=	अपरिहार्य
41.	Inspection	=	निरीक्षण
	Superintendence	=	अधीक्षण
	Supervision	=	पर्यवेक्षण
	Survey	=	पर्यवलोकन/पर्यालोकन
42.	Invention	=	उद्भाव/आविर्भाव
	Discovery	=	आविष्कार
43.	Journal,		
	Register	=	पंजी
	Ledger	=	प्रपंजी
44.	Lapsed	=	व्ययगत
	Timebarred	=	कालातीत
45.	Linguistics	=	तुलनात्मक भाषा विज्ञान
	Philology	=	भाषा विज्ञान
46.	Loud-speaker	=	ध्वनिवर्द्धक या ध्वनिविस्तारक यंत्र
	Microphone	=	ध्वनिविक्षेपक यन्त्र
47.	Manipulation	=	छलयोजन
	Manoeuvre	=	दुर्योजन/युद्धाभ्यास
48.	Minister	=	मन्त्री
	Secretary	=	सचिव
49.	Motion	=	प्रस्ताव
	Proposal	=	प्रस्थापना
	Resolution	=	निश्चय/प्रस्ताव
50.	Precedence	=	पूर्वता/पूर्वस्थानीयता
	Preference	=	वरीयता/अधिमान्यता

	Priority	=	प्राथमिकता
51.	Printed	=	मुद्रित
	Typed	=	मुद्रलिखित
52.	Procedure	=	कार्यविधि
	Process	=	प्रक्रिया
53.	Race	=	प्रजाति
	Tribe	=	जनजाति
54.	Reactionary	=	प्रतिक्रियावादी
	Regressive	=	प्रतिगामी
	Retrogressive	=	प्रतीपगामी
55.	Remission	=	परिहार/माफी (छूट)
	Rebate	=	अवहार/छूट
56.	Stockist	=	स्कांधिक
	Store-Keeper	=	भण्डारपाल

परिशिष्ट

पारिभाषिक शब्दावली : अंग्रेजी-हिन्दी

A

Abandonment परित्यजन

Abatement ह्रास, कमी, न्यूनीकरण, समाप्ति

Abatement of suit वाद-समाप्ति

Abbreviation संकेत चिह्न

Abdicate राजत्व-त्याग, राजपद-त्याग

Abduction अपनयन, भगा ले जाना

Abetment दुरुत्साहन

Abeyance आस्थगन

Abhorrence जुगुप्सा, घृणा

Abide अनुपालन, समाप्ति

Abnormal असाधारण

Abolition उन्मूलन, समाप्ति

Aboriginal आदिवासी

Abortion गर्भपात

Abortive निष्फल, विफल

Above Par अंकित मूल्य से ऊपर, अधिमूल्यपर

Abridged संक्षिप्त

Abridgement न्यूनन, संक्षेपण

Abrogate निराकरण, उत्सादन, विखण्डन

Absconder पलायक, भगोड़ा

Absence अनुपस्थिति, अविद्यमानता, अभाव

Absolute परम, निरंकुश, अनियन्त्रित, पूर्ण

Absolute monarchy निरंकुश राजतन्त्र

Absolute power परम सत्ता, निर्द्वन्द्व सत्ता

Abstinence संयम, विरति, निवृत्ति

Abstract सारांश, उपसंक्षेप

Abuse दुरुपयोग

Academic discussion शास्त्रीय वाद-विवाद

Academy विद्यापरिषद्, शिक्षा-संस्था, साहित्य-परिषद्, विज्ञान परिषद्, विद्वत् परिषद्

Accent स्वरपात

Access प्रवेश, पहुँच

Accession सम्मिलन

Accommodation वास-व्यवस्था, वासस्थान, सुविधादान

Accomplice सहापराधी, अभिषंगी

Account लेखा, गणना, हिसाब, विवरण, वृत्तान्त

Account, audited अंकेक्षित लेखा

Account book लेखाबही, लेखा पुस्तक

Accountancy लेखा कर्म, मुनीमी

Accountant लेखाध्यक्ष, गणनाध्यक्ष, गणक, लेखापाल, मुनीम

Accuntant General महागणनाध्यक्ष,

महालेखापाल

Acceredited विश्वस्त, प्रमाणित (प्रतिनिधि ई.)

Accrued प्राप्त, उपार्जित

Accumulated पुंजित, संचित

Accurate यथार्थ

Accusation अभियोग

Accused अभियुक्त

Acknowledgment प्राप्तिस्वीकार, प्राप्तिपत्र, पावती पत्र

Acquired प्राप्त, अधिगत, अर्जित

Acquisition प्राप्ति, अर्जन

Acquittal मुक्ति, रिहाई

Act अधिनियम

Acting कार्यकारी

Acting n. अभिनय

Acting in his discretion स्वविवेक से कार्य करते हुए

Action, Direct प्रत्यक्ष कार्रवाई

Active service सक्रिय सेवा

Activities गतिविधि, कार्यकलाप, हलचल

Activity कार्यकलाप

Actuals वास्तविक आँकड़े

Acute angle न्यूनकोण

Adapt अनुरूप या अनुकूल बनाना

Adaptation अनुकूलन

Adaptation of Act अधिनियम का अनुकूलीकरण

Adapted अनुकूलित, अनुरूपित

Addendum सयोज्यांश, अनुयोजितांग

Addition जोड़, परिवृद्धि

Additional अतिरिक्त

Address सम्बोधन, अभिभाषण, अभिनन्दन पत्र, पता

Addressed सम्बोधित

Addressee पानेवाला, प्रेषिती

Adherence अनुषक्ति

Ad hoc Committee तदर्थ समिति

Adjacent angle आसन्नकोण

Adjourn स्थगित करना

Adjournment motion कार्य-स्थगन प्रस्ताव

Adjudication न्यायिक निर्णय

Adjustment समाधान समायोजन

Adjusant general सैनिक कार्यालय का विभागाध्यक्ष, सैन्यविभागाध्यक्ष

Administrative function प्रशासनीय कृत्य

Administrator प्रशासक

Admiral नौबलाध्यक्ष, नौकाध्यक्ष

Admiralty नौकाधिकरण

Admissible ग्राह्य

Admissibility ग्राह्यता

Admission Card प्रवेशपत्रक

Adolescent किशोर, अल्पवयस्क

Adoption दत्तक-ग्रहण, ग्रहण, स्वीकरण

Adult Franchise,—Suffrage वयस्क मताधिकार

Adulteration अपमिश्रण

Ad valorem मूल्यानुसार

Advance अग्रिमधन, अग्रिम

Adventure साहसिक प्रयत्न

Advertiser विज्ञापनदाता, विज्ञापक

Advice मन्त्रणा, परामर्श, सूचना

Advisor मन्त्रणाकार

Advisory Committee परामर्शदात्री समिति

Advocate अधिवक्ता
Advocate general महाधिवक्ता
Aegis संरक्षण, छत्रछाया
Aerial विद्युद् ग्राहकतार, आकाशतार
Aerial bombardment हवाई बमवर्षा
Aerodrome हवाई अड्डा
Aeronautical Survey of India भारतीय हवाई पर्यवलोकन (सर्वेक्षण)
Aeronautical Wireless Service वैमानिक बेतार-व्यवस्था
Areonautics विमानचालन विज्ञान
Aesthetics सौन्दर्यबोध, सौन्दर्यविज्ञान
Affection बनाव, बाह्याडम्बर
Affected areas प्रभावित क्षेत्र
Affectionate gift स्नेहोपहार
Affidavit शपथ पत्र
Affiliation सम्बद्धीकरण
Affinity निकट सम्बन्ध, बन्धुता, सादृश्य
Affirmation प्रतिज्ञान, पुष्टि
Affirmative स्वीकारात्मक
Afforestation वनरोपण
Agency अभिकरण
Agenda कार्यसूची
Agent कार्यवाहक, अभिकर्ता, घटक
Agent, Polling मतार्थी घटक
Aggrarian कृषिक, कृषि सम्बन्धी
Aggression प्रथमाक्रमण
Agnosticism अज्ञेयवाद
Agreement संविदा, करार सहमति
Agricultural कृषि विषयक
Aid, Grant in सहायक अनुदान
Aide-de-camp अंगरक्षक, सैन्यादेशवाहक
Air battle आकाश-युद्ध
Air communication हवाई यातायात
Air conditioned तापनियन्त्रित
Air conditioning ताप-नियन्त्रण
Aircraftt carrier विमानवाहक पोत
Air-crew विमान-कर्मी
Air-graph हवाई चित्र
Air-gunner हवाई तोपची
Air-hostess स्वागतिका, विमान-परिचारिका
Air-man वैमानिक
Air-navigation विमानसंचालन, विमानपरिवहन
Air-raid-alarm हवाई खतरे का भोंपू
Air-raid precautions हवाई हमले से हिफाजत
A.R.P. (ह. ह. हि.)
Air Raid Shelter हवाई शरणगृह, हवाई आश्रय
Air Squadron विमानदल, हवाईदस्ता
Air strip अवतरण-पथ
Air tight हवारोक
Airways वायुमार्ग, वायुपथ
Album चित्राधार
Alcohol सुरासार, मद्यसार
Alibi अन्यत्र उपस्थिति, अन्यत्रोपस्थिति तर्क
Alien अन्यदेशीय
Alienate स्वत्वहस्तान्तरण, अन्य संक्रामण
Alimentary Canal अन्नलिका, खाद्यनलिका, पोषिका
Alimony भृति, निर्वाह-व्यय
Alkali क्षार

Alakloid क्षारोद, उपक्षार
All clear signal 'खतरा दूर' की सूचना
Allegation अभिकथन
Alleged तथाकथित
Allegiance, Oath of निष्ठा की शपथ
Alliance मैत्रीसन्धि
Allied power मित्र-शक्ति
Alliteration अनुप्रास
All round progress सर्वतोमुखी उन्नति
Allocation बँटवारा, विभाजन, निर्दिष्टि
Allot आवंटन
Allotment निर्दिष्टि, निर्धारण, आवंटन
Allottee नियतभागी, आवंट्य
Allowance अधिदेय, भत्ता, छूट
Allowance, Conveyance यात्राधिदेय
Allowance, Superannuation वृद्धता अधिदेय
Allowance, Travelling यात्राधिदेय
Alloy मिश्र धातु, मिश्रण, मेल, संकर
Alluvial soil जलोढ़ भूमि, पूरानीत भूमि, कछारी भूमि
Almanac पंचांग, तिथिपत्र
Alphabetical order वर्णक्रम, अक्षरक्रम
Alternate एकान्तर, एकान्तरिक
Alternative n. विकल्प, Adj. वैकल्पिक
Alternative food वैकल्पिक खाद्य
Alternative member वैकल्पिक सदस्य
Altitude समुद्र की सतह से ली जानेवाली ऊँचाई, त्रिभुज-लम्ब (ज्यामिति)
Altrusim परार्थवाद
Alum फिटकरी
A.M. मध्याह्न पूर्व (म.पू.)
Amalgamation सम्मिश्रण
Ambassador राजदूत
Ambassador roaming पर्यटक राजदूत
Ambiguous संदिग्धार्थ, द्वयर्थक, अस्पष्ट
Ambulance आहत-परिचर्या विभाग।
—Car
परिचारगाड़ी, रोगीवाहकगाड़ी।
—Corps
आहतोपचारी दल
Amendment संशोधन
Amenities सुख-सुविधाएँ
Ammunition गोलाबारूद, युद्ध सामग्री,
—Dump
गोला बारूद का ढेर
Amensty सर्वक्षमा
Amphibious operations जल-स्थलीय कार्रवाई
Amputation अंगविच्छेद
Amulate जंतर ताबीज
Amusement-tax प्रमोद कर
Adjustment of account लेखा समायोजन
Anachronism कालदोष
Anaesthesia (sis) अचेतनीकरण, अचेतनता
Anaesthetic अचेतनक
Analogy सादृश्य, समरूपता
Analysis विश्लेषण
Anarchism अराजकतावाद
Ancillary सहायक
Angle (कोण), (acute—न्यूनकोण, adjecent—संलग्नकोण, alternate—एकान्तरकोण, base—आधारकोण, common—सामान्यकोण,

complementary—कोटिपूरक कोण, corresponding—संगतकोण, exterior—बहिष्कोण, interior—अन्तःकोण, obtuse—अधिककोण, opposite—अभिमुखकोण, reflex—वृहत्कोण, right—समकोण, straight—ऋजुकोण, supplementary—संपूरककोण, vertical—शीर्षकोण)

Animal husbandary पशुपालन

Annexation संयोजन, अधिकारकरण

Annexed संयोजित, समावेशित

Annexure संयोजित वस्तु

Anniversary वार्षिकोत्सव, वार्षिकी

Annotated सटीक

Announcement अभिज्ञापन, घोषणा, ऐलान

Announcer अभिज्ञापक, प्रघोषक

Annual संवत्सरी, वर्षबोध, अब्द-कोश

Annual financial statement वार्षिक वित्त-वितरण

Annual review वार्षिक सिंहावलोकन

Annuities वार्षिक वृत्ति, वार्षिकी

Annulment, Annulling अभिशून्यन

Anonymous अनाम, गुप्तनाम

Antedated पूर्वतिथीय

Antediluvial पूर्वप्लावनिक

Anthropological Survey नृवंश-विज्ञान-पर्यवलोकन विभाग

Anthropology नृवंशविज्ञान, मानवविज्ञान, नृतत्त्व-विज्ञान

Anti-aircraft guns विमानवेधी तोपें

Antibiotic जीवाणुनाशक

Anticipated excess प्रत्याशित व्यय वृद्धि

Anticipation प्रत्याशा, पूर्वानुमान, प्रत्यपेक्षा

Anti-clockwise वामावर्त्त

Anti-dote मारक

Anit-intlationary मुद्रास्फीतिरोधक

Anti Rabie जलांतक रोग

Anti-rabbies Centre प्रत्यलर्क केन्द्र

Anti-septic प्रतिपैतिक

Anti-Venom Serum विषनिरोधक रस

Antonym विपर्याय, निरुद्धार्थक

Apartheid policy पृथग्वासन-नीति

Apathy अरति, औदासीन्य

Apex शिरोविन्दु

Apoplexy अपस्मार

Apparatus उपकरण-समूह, उपकरण, प्रयोगयन्त्र

Apparent प्रतीयमान, भासमान

Apparition छायापुरुष, छायाव्यक्ति

Appeal पुनरावेदन, पुनर्न्याय-प्रार्थना

Appeasement तुष्टीकरण

Appellant पुनरावेदक, पुनर्न्या-प्रार्थी

Appelate tribunal अपीली अदालत, पुनर्विचार न्यायाधिकरण

Appellate authority अपील सुननेवाला अधिकारी, पुनर्विचारक अधिकारी

Appellation उपाधि

Appended संलग्न

Appendix परिशिष्ट

Applause प्रशंसा-घोष

Application आवेदनपत्र, प्रयोग

Apportionment संविभाजन

Appreciation मूल्योत्कर्ष, मूल्याधिरोह, रसास्वादन, प्रशंसा, यथोचित,

गुणावधारण

Apprentice शिक्ष्यमाण, उम्मेदवार, पदशिथार्थी

Appropriate समुचित v. विनियोजन करना

Appropriation Bill विनियोग विधेयक

Approval अनुमोदन

Approver राजसाक्षी, इकबाली गवाह

Apropos अनुसार, अनुरूप, —to प्रसंग में

Aquarium मत्स्यागार, मत्स्यालय

Aquarius कुम्भ राशि

Aqueous जलीय

Arbitral tribunal पंच न्यायाधिकरण

Arbitration पंच-निर्णय

Arbitrator पंच

Arc चाप

Archaeologist पुरातत्त्वज्ञ

Archaeology पुरातत्त्वविज्ञान

Archipelago द्वीपपुंज

Architect वास्तुकार, वास्तुकर्मश

Architecture भवन-निर्माण-विज्ञान, वास्तुकला

Archive पुरालेख

Archivist पुरालेख पाल

Aries मेष राशि

Aristocracy अभिजात-तन्त्र, कुलीनतन्त्र

Armaments युद्धोपकरण, सज्जसेना

Armistice अस्थायी सन्धि

Armoured Car कवचित यान, बख्तरबन्द गाड़ी

Armoury आयुधशाला

Army Head-quarters सेना का प्रधान कार्यालय, बड़ा सैनिक दफ्तर

Arrangement of files नस्तित पत्रियों का विन्यास

Arrear अवशेष (ऋणावशेष या कार्यावशेष)

Arsenal अस्त्रागार

Arsenic संखिया

Artery धमनी

Article अनुच्छेद, लेख

Articles of association संस्था के नियम

Artisan शिल्पी

Aspriate महाप्राण

Assault प्रहार

Assemble समवेत होना, एकत्र होना, समवेत करना

Assembly विधान सभा, सभा

Assent स्वीकृति, अनुमति

Assessed कूता हुआ, आँका हुआ

Assessment करनिर्धारण

Assets आदेय, परिसम्पत् (सम्पत्ति), मालमत्ता

Assets and liabilities देना, पावना, देयादेय

Assigun स्वत्वार्पण करना, नियत करना, बाँटना, जिम्मे लगाना

Assigned अभ्यर्पित

Assignee अभ्यर्पिती

Assignment अभिहस्तांकन

Assignor अभ्यर्पक, अभ्यपी

Assimilation स्वांगीकरण, समीकरण

Association संघ, संस्था, साहचर्य

Association Memoradum of प्रतिष्ठानपत्र

Asterisk तारक, तारक चिह्न
Astronomy ज्योतिष (गणित)
Atheism निरीश्वरवाद, नास्तिकता
Atlas मानचित्र-संग्रह, मानचित्रावली
Atomic आणविक
Atomism परमाणुवाद
Attache सहचारी
Attached आसिद्ध (आसंजित)
Attachment आसेध, आसंजन, कुर्की
Attested साक्षीकृत
Attestation साक्षीकरण
Attorney प्राभिकर्ता
Attorney General महान्यायवादी, महाप्राभिकर्त्ता
Auction घोषविक्रय, नीलाम
Auctioneer नीलाम करनेवाला, घोष-विक्रेता
Audible श्रव्य
Audience श्रोतृवर्ग, दर्शन, साक्षात्कार
Audio-visual method श्रव्यदृश्य प्रणाली
Audit लेखापरीक्षण
Audited account अंकेक्षित लेखा
Auditor General महालेखा परीक्षक, अंकेक्षक
Auditorium दर्शक स्थान
Austerity scheme अल्पभोग या अल्पोपभोग-योजना, न्यूनाहार-योजना, कष्ट-सहन-योजना
Authentication प्रमाणीकरण
Authorisation प्राधिकरण
Authorised प्राधिकृत
Authorised Agent प्राधिकृत अभिकर्त्ता
Authoritative साधिकार, आधिकारिक, प्रामाणिक
Authority प्राधिकारी, प्राधिकार
Autobiography आत्मचरित
Autograph स्वाक्षर
Automatic स्वचालित
Autonomous स्वायत्तशासी
Autonomy स्वायत्त शासन
Avalanche हिमशिलास्खलन
Award पंचनिर्णय, पंचाट, परिनिर्णय
Axiom स्वयंसिद्धि
Axis धुरी, अक्ष
Axis country धुरीदेश, धुरीराष्ट्र
Ayes हाँ पक्षवाले, हाँकारी

B

Bachelor of law विधिस्नातक
Back bencher क्वचिद्भाषी (अल्पवादी) सदस्य
Back door चोरदरवाजा, पक्ष-द्वार
Background पृष्ठभूमि, पूर्वपीठिका
Bacteria जीवाणु
Bacteriologist जीवाणुविद्
Bacteriology जीवाणु विज्ञान
Bad conductor कुचालक, बुरा परिचालक
Badge बिल्ला, परिचायक चिह्न
Bail प्रतिभूत, गुल्ली (क्रिकेट)
Bailable प्रतिभूमोच्य, प्रतिभाव्य
Balance शेष, सन्तुलन
Balanced diet सन्तुलित भोजन
Balance of payment भुगतान-तुला
Balance of power शक्ति-सन्तुलन
Balance of trade व्यापाराधिक्य

Balance sheet चिट्ठा, देयादेय फलक
Ball-bearing मुटिकाधार
Ballad गाथा, गीत
Ballot box मतपेटिका
Ballot paper मतपत्र, शलाका, गूढ़पत्र
Banish निर्वासित करना
Bank अधिकोष, बैंक
Banker अधिकोषिक, कोठीवाल
Bankrupt दिवालिया, नष्टनिधि
Bankrupty दिवालियापन, नष्टनिधित्व
Bannerheading पताका-शीर्षक, पृष्ठ-शीर्षक
Bar रुकावट, अर्गल, अधिवक्तृत्व, पानालय, —fetters डंडा-बेडी
Barbed wire काँटेदार तार
Barograph वायुभारलेखी यन्त्र, वायुदाब लेखी
Barometer वायुभारपामक यन्त्र
Barrack सैन्यावास
Barier सीमा-गुल्म, प्रतिबन्ध, रुकावट
Barter वस्तुविनिमय
Bases, War सामरिक अड्डे
Basic Education आधारभूत शिक्षा
Batsmen बल्लेबाज
Battallion बटालियन, पलटन
Batting बल्लेबाजी
Battleship जंगी जहाज, महारणपोत
Bearer बैरा, वाहक,—Cheque वाहक धनादेश
Beat गश्त, हलका, क्षेत्र
Bed pan हाजती
Bedsore शय्या-ब्रण
Beleaguer सैन्यावरोध करना
Belligerency युद्धस्थिति, युद्धलिप्ति, युद्धलग्नता
Belligerent युद्धरत, युद्धलिप्त, युद्धग्रस्त, युद्धलग्न
Below par बट्टेसे, अवमूल्य पर
Bench न्यायाधीशवर्ग (न्यायपीठ), पीठ
Beneficiary लाभार्थी, हिताधिकारी
Benefit हित
Bequeath अन्तिमेच्छा द्वारा देना, वसीयत करना
Betrothal वाग्दान, सगाई
Betting पण लगाना, पणन, पणक्रिया
Bibliography (विशिष्ट) ग्रन्थसूची
Bicameral द्विसदनात्मक, द्वयागारिक
Bicycle द्विचक्रयान, पैरगाड़ी
Biennial द्विवार्षिक
Bigamy द्विपत्नीत्व, द्विगामित्व
Bilateral contract द्विपक्षीय संविदा
Bill विधेयक
Bill विपत्र, प्राप्यक
Billiard अंटेका खेल —room गेंदघर
Bimetallic द्विधात्वीय
Bimetalism द्विधातुता, द्विधातुत्व
Binocular (telescope) द्विनेत्री
Biology जीव-विज्ञान
Birth certificate जन्म-प्रमाणक
Birth control सन्तति-निग्रह
Birthrate जननगति
Bisect समद्विभाग करना
Bisector अर्द्धक, समद्विभाजक
Black-leg हड़तालतोड़क
Black list असित-सूची, दुर्वृत-सूची, संदिग्धजन-सूची
Black marker चोर बाजार
Blackout चिरागगुल, अन्धाकुप्प,

संवाद-विलोपन
Bladder मूत्राशय
Blank Cheque निरंक धनादेश
Bleaching विरंजन
Blinds झँझरी, झिलमिली
Blister gas व्रणकारक गैस
Blockading नाकाबन्दी, समवरोध
Blocked capital समवरुद्ध पूँजी
Blood bank रक्त-संग्रह बैंक
Blood pressure रक्तचाप
Blood transfusion रक्तक्षेपण
Blotting paper स्याहीसोख, सोखपत्र
Blueprint मूलयोजना
Blunder भारी त्रुटि
Board मण्डल, पटल
Board, Arbitration पंच मण्डल
Board, District जिलापालिका, जिला बोर्ड, माण्डलिक समिति, मण्डल परिषद्
Board, Municipal नगरपालिका
Board of Directors संचालक मण्डल
Board of revenue राजस्व मण्डल
Boarding house छात्रावास
Boblin फिरकी
Body निकाय, वर्ग
Body, corporate निगम, निकाय
Body, governing शासी निकाय
Boiler वाष्पित्र
Boiling point कथनांक
Bomb प्रस्फोट, बम
Bomb, incendiary दाहक बम, दाहक प्रस्फोट
Bombast शब्दाडम्बर
Bomber बमवर्षी, बमवर्षक, बममार
Bonafide विश्वस्त, प्रामाणिक, सद्भावपूर्ण (या सद्भावपूर्वक)
Bonafides विश्वस्तता, प्रामाणिकता, सद्भाव
Bona vacantia स्वामिहीनत्व
Bond बन्धपत्र (ऋणपत्र), प्रतिज्ञापत्र
Bone of contention कलहकारण
Bonus अधिलाभांश
Book दर्ज करना
Book depot पुस्तक-विक्रयालय, पुस्तक भवन
Booking प्रवेश-पत्र (प्रयोगपत्र) विक्रय, प्रेष्यवस्तु आलेखन
Booking office प्रयोगपत्र-कार्यालय, टिकटघर
Booklet पुस्तिका
Bookpost पुस्तकडाक
Booty लूट का माल
Borrower अधमर्ण
Borrowings उधार ग्रहण
Boss अधिपुरुष
Botany वनस्पति शास्त्र
Bottleneck उत्पादन बाधा, परिवहन-बाधा, परिवहन-कष्ट
Bottleneck policy गलाघोंटू नीति
Bottleup विकासावरोध
Boundary सीमा, सीमा-प्रक्षेपण
Boundary, Natural प्राकृतिक सीमा
Bounds परिधि
Bowler गेंदबाज, गोलंदाज
Bowling गेंदबाजी, गोलंदाजी
Boxing मुष्टिद्वन्द्व, मुक्केबाजी, मुक्की
Boyscout बालचर
Braces गैलिस

Bracket (लघुकोष्ठक, गुरुकोष्ठक, सर्पाकारकोष्ठक)
Breach दरार, छिद्र, भंग
Breach of law विधिभंग
Breach of Peace शातिभंग
Breach of trust विश्वासघात
Breakdown of administration प्रशासन-विस्थापन
Breakfast प्रातराश, कलेवा
Breugun ब्रेनगन, छोटी पेंचदार तोप
Brevity लघुता, अल्पता, संक्षिप्त कथन, लघूक्ति
Bridgehead गुल्म
Brief-n वादसंक्षेप
Brigade वाहिनी
Brigadier वाहिनीपति
Brittle भंगुर
Broadcast प्रसारित करना
Broadcast talk प्रसारित वार्ता
Broad gauge बड़ी लाइन
Broker मध्यम, दलाल
Bronchites स्वरनलिका प्रदाह
Bronze age कांस्ययुग
Brothel वेश्यालय
Buck ammunition छर्रा
Budget आयव्ययक
Budget, Dificit घटीका, कमीका, आयव्ययक
Budget estimate आयव्यय का प्राक्कलन
Budget Supplementary अनुपूरक आयव्ययक
Buffer State अन्तराल राज्य
Bulletin आधिकारिक विज्ञप्ति
Bullion सोना-चाँदी
Burgeois मध्यवित्त वर्ग
Bureau कार्यालय, कार्यपीठ
Bureau, Information सूचनालय
Bureaucracy नौकरशाही, अधिकारिराज्य, कर्मचारितन्त्र, अधिकारिवर्ग
Bunner वर्तिग्रह, कल्ला, ज्वालक
Business कार्य कारबार
Business reply card कारबारी जवाबी कार्ड
Business crisis व्यापार संकट
Business, Government सरकारी कार्य
Businessman व्यवसायी
Business-mindedness व्यावसायिक बुद्धि
Bust आवक्ष प्रतिमा, उध्वांग प्रतिमा
Buying and selling क्रय-विक्रय
Byelection उपनिर्वाचन
By-law उपविधि
By-pass बच के निकल जाना
By-products उपोत्पादन

C

Cabbage पातगोभी
Cabinet मन्त्रिमण्डल
Cabinet Council मन्त्रिपरिषद्
Cabinet Councillor मन्त्रिपरिषद्
Cabinet crisis मन्त्रिमण्डलीय संकट
Cabinet system मन्त्रिमण्डलीय प्रणाली
Cable, to समुद्री तार भेजना
Cadet सैन्यशिक्षार्थी, सैन्यछात्र
Cadre of service सेवास्तर

Calcination निस्तापन
Calculation, Rough स्थूलगणन
Calendar तिथिपत्र
Called up capital आहूत पूँजी, अभियाचित पूँजी
Calling आजीविका
Calory उष्णांक, (पोषण की मात्रा)
Camera meeting बन्द कमरे में बैठक
Camounflage छलावरण, छद्मावरण
Camp शिविर, स्कंधावार, निवेश—equipment निवेशसज्जा
Campaign अभियान, आन्दोलन
Canal system नहरजाल
Cancellation विलोपन, निरसन
Candidate अभ्यर्थी, उम्मीदवार, पदार्थी
Canned products टिनबन्द चीजें
Canvass shoe किरमिच का जूता
Canvasser मतानुवाचक, अनुवाचक, मतप्रार्थी
Canvassing पक्षप्रचार
Capacity सामर्थ्य, आयतन, समाई
Capillary कैशिक—adj. केशिका n.
Capillary tube केशनली, केशिका
Capital expenditure पूँजीगत व्यय
Capital goods पूँजीगत माल
Capital levy पूँजीकर
Capital Issued निर्गमित पूँजी
Capital market पूँजी का बाजार
Capital, Paid परिदत्त पूँजी
Capital Ship महायुद्ध पोत
Capital, Subscribed प्रार्थित पूँजी
Capitation tax प्रतिव्यक्ति कर
Capitulation आत्मसमर्पण
Capricornus मकर
Capsule पुटी
Capsuled पुटित
Captain कप्तान, नायक, दलनेता (खेल)
Caption शीर्षक
Captive रणबन्दी
Carbon अंगारक
Carbon paper मसिपत्र
Carbuncle दुष्टव्रण
Career जीविका
Careerism उदर पूर्त्तिवाद
Caretaker अवधायक, अवधाता
Cargo boat पण्यवाहक नौका, भारवाही पोत
Carriage परिवहन, गाड़ी
Carrier वाहक, वाहन
Carrier, Public लोकवाहन
Carrot गाजर
Carry-out कार्यान्वित करना
Cartel सामरिक समझौता
Case काण्ड, वाद, मामला
Cashbook रोकड़ बही
Cash Memo विक्रयपत्र, नकदी पुरजा, रोकपत्रक
Cashier रोकड़िया
Cash-crop नकदी फसलें
Casting vote निर्णायक मत
Casual vacancy आकस्मिक रिक्ति (रिक्तस्थान)
Casuality हताहत (संख्या)
Cataract मोतियाबिन्द
Catchment area जलप्राप्ति क्षेत्र
Catechism प्रश्नोत्तरी
Category प्रवर्ग, कोटि
Cathetomater ऊर्ध्वतामापी

Cattle-pound पशुनिरोध-गृह, पशुनिरोधिका, काँजी हाउस

Cauliflower फूलगोभी

Cause वाद

Cause of action वादमूल, वादहेतु

Caution money परिभाव्य धन

Cease-fire युद्धस्थगन, युद्धविराम

Ceded territories सत्तान्तरित प्रदेश

Ceiling price उच्चतम (अधिकतम) मूल्य

Celestial body खपिण्ड

Cell कोशाणु, कोशिका

Censor दोषवेचक, दोषवेचन, दोषान्वीक्षण, संवाद नियन्त्रक

Censorship दोषवेचन, संवाद-नियन्त्रण

Census जनगणना

Centralisation केन्द्रीयकरण, (केन्द्रीकरण)

Central Housing Board केन्द्रीय आवास मण्डल

Centrifugal forces केन्द्रापसारी शक्तियाँ

Centripetal forces केन्द्रापसारी (केन्द्रोन्मुख) शक्तियाँ

Century शती, शतक (खेल की या समय की), शताब्दी, सदी (समय की)

Cereals अनाज

Cerebrum मस्तिष्काग्र, प्रमस्तिष्क

Ceremonial आनुष्ठानिक

Ceremony अनुष्ठान

Certificate प्रमाणपत्र, (प्रमाणक)

Certification प्रमाणन

Certiorary, Writ of उत्प्रेषण-लेख, उत्प्रेषणादेश

Cess उपकर

Chair कुर्सी, मंचिका, अधिपीठ, पीठिका (वि. विद्या.)

Chamber मण्डल

Chamber of Commerce व्यापार मण्डल

Chamber of Princes नरेन्द्रमण्डल

Chancellor प्रधानमन्त्री (जर्मनी), अधिपति (विश्वविद्यालय का)

Chancellor of the exchequer ब्रिटेन का अर्थमन्त्री

Channel प्रणाली

Channel, Through proper उचित क्रम से, सम्बद्ध अधिकारियों के पास होते हुए

Character roll आचरण पत्र

Charge आरोपी, दोषारोपण, प्रभार, अधिरोप, व्यय

Charge de affairs प्रभारी राजदूत

Charge of office पदभार (देना, लेना)

Chargeable अधिरोप्य

Charged विद्युन्मय

Charge sheet आरोपपत्र, आरोपफलक

Charitable and religious endowment पूर्त तथा धर्मस्व, पूर्त तथा देवोत्तर सम्पत्ति

Charitable institution धर्मार्थिक संस्था, पूर्त संस्था

Charity दातव्य, सहायता

Chart रेखापत्र

Charter अधिकार-पत्र, अधिपत्र, समय

Charterd accountant अधिकृत गणक

Chemical examiner रासायनिक परीक्षक

Chemical fertiliser रासायनिक खाद

या उर्वरक

Cheque धनादेश, चेक

Cheque, Bearer वाहक धनादेश

Cheque, Blank निरंग धनादेश

Cheque Crossed रेखित धनादेश

Cheque Order आदिष्ट धनादेश

Cheque, Postdated उत्तरतिथीय धनादेश

Chief Election Commissioner मुख्य निर्वाचन आयुक्त

Chief Judge मुख्य न्यायाधीश

Chief Justice मुख्य न्यायाधिपति

Chief Minister मुख्य मन्त्री

Chief of Protocol कूटनीतिक शिष्टाचार विभाग का प्रधान

Chief of staff सैनिक दफ्तर का प्रधान

Child welfare centre शिशु-कल्याण केन्द्र

Chord जीवा, चापकर्ण

Chorus सहगान, समवेत गान

Chromometer वर्णमापक

Chronic चिरकालिक, जीर्ण

Chronicle पुरावृत्त

Chronology कालक्रम

C.I.D. गुप्तचर विभाग

Cinema चलचित्र, चलचित्र-मन्दिर, सिनेमा

Cipher संकेताक्षर, शून्य

Circle क्षेत्र, मण्डल, हलका, वृत्त

Circular परिपत्र, गश्ती चिट्ठी

Circulate परिचारित या परिपत्रित करना

Circulation प्रचार, परिचारण, प्रचार (संख्या)

Circumference परिधि

Circumlocution वाग्जाल

Circumscribed circle परिगत वृत्त, परिवृत्त

Circumstantial evidence वृत्तांतानुमेय साक्ष्य

Citation प्रोद्धरण

Citizenship नागरिकता

City Council नगर-परिषद्

City father नगरपिता, नगरपाल

City slums नगर की गन्दी बस्तियाँ (मलिनावास)

Civic नागरिक

Civic guard नगर रक्षक

Civil नागरिक, असैनिक

Civilaviation department नागरिक उड्डयन विभाग

Civil code दीवानी संहिता

Civil court व्यवहार न्यायालय

Civil disobedience सविनय अवज्ञा

Civil estimates प्रशासकीय व्ययानुमान

Civil liberty नागरिक स्वतन्त्रता

Civil Service नागरिक भृत्या (सेवा)

Claim दावा

Clarification स्पष्टीकरण

Clan गोत्र

Clarion-call समाह्वान

Classical Economics प्रतिष्ठित अर्थशास्त्र

Classification वर्गीकरण

Clause खण्ड

Cleavage संभेद, विभेद, दरार, पार्थक्य, मतभिन्नता

Clemency राजदया

Clerical mistake लिपिक-विभ्रम

Clerk लिपिक, लेखक, करणिक
Climax पराकाष्ठा, चरमबिन्दु
Client ग्राहक, मुवक्किल
Clinic निदानगृह, निजी उपचारगृह
Clique गुट्ट
Cliquish गुट्टबाज
Clock-tower घण्टाघर
Clock-wise घटिकानुक्रम से दक्षिणावर्त्त
Closing balance रोकड़बाकी, संवरण शेष
Closing entry संवरण प्रविष्टि
Closing stock संवरण स्कंध
Closure motion समापन प्रस्ताव, विवादान्त प्रस्ताव, बहसबन्दी का प्रस्ताव
Clue संकेत, सूत्र, सुराग
Coach गाड़ी, सवारी का डिब्बा
Coagulation स्कंदन, जमाव, आतंचन
Coalition government संयुक्त सरकार
Coastal traffic समुद्रतटवर्ती यातायात
Coat आवरण
Cockpit अखाड़ा, संघर्षभूमि
Code संहिता, सांकेतिक भाषा
Co-defendant सहप्रतिवादी
Co-dified संगृहित, संहित
Co-dification of law विधियों का ग्रन्थीकरण
Co-efficient गुणक, गुणांक
Co-existing सहवर्ती
Co-extensive सहविस्तारी
Cognate सजातीय —object सजातीय कर्म
Cognisance अभिज्ञान, हस्तक्षेप
Cognition संज्ञान
Cognizable हस्तक्षेप्य संज्ञेय, पुलिस के हस्तक्षेप योग्य
Coherence सामंजस्य
Cohesion संसक्ति
Coin टंक, मुद्रा, सिक्का
Coin, spurious जाली सिक्का
Coinage Coining टंकण
Coincidence संपात, संयोग
Coir Industry नारियलजटा उद्योग
Cold शीत, प्रतिश्याय, जुकाम
Cold storage शीत-संग्रह, स्थगित करना
Cold war 'शीत' युद्ध, राजनीतिक युद्ध, अशस्त्रीय युद्ध
Cold wave शीत लहर, शीत तरंग, शीत लहरी
Collapsible सिमटने या सिकुड़नेवाला, अकुंचनशील, संहरणशील
Collateral समवंशज
Collection संग्रहण, एकत्रीकरण
Collection charges संग्रहण व्यय
Collection of data सामग्री संग्रहण
Collective सामूहिक
Collective responsibility सामूहिक उत्तरदायित्व
Collective security सामूहिक सुरक्षा
Collectivism समूहवाद, सामूहिकतावाद
Collector समाहर्त्ता, जिलाधीश
Collector, Deputy प्रति समाहर्त्ता
College महाविद्यालय
Colloid कलिल
Colony उपनिवेश
Colonisation उपनिवेशन
Colour blind वर्णान्ध
Colour prejudice वर्ण-विद्वेष

Coloured races अश्वेत जातियाँ
Column स्तम्भ
Columnist (पत्रकार) स्तम्भलेखक
Combatants and noncombatant युद्ध-प्रवृत्त और युद्ध-निवृत्त
Combustible दह्य, ज्वल्य, ज्वलनशील
Come of age (प्राप्त) वयस्क होना
Comma अल्पविराम
Command समादेश, पूर्ण अधिकार, प्रभुत्व
Commandant सेनानायक
Commandeer सेनायत्त करना
Commander समादेशक सेनानायक
Commander-in-chief प्रधान सेनापति
Commend संस्ताव करना
Comment टीका, मतविवेचन, आलोचना
Commentary विवृत्ति, अभिटिप्पण, टीका
Commerce वाणिज्य
Commercial वाणिज्यिक
Commercial Crops वाणिज्यिक फसलें
Commissar मन्त्री
Commissariat सेना-रसद-विभाग
Commission आयोग
Commission छूट, बट्टा, वर्त्तन
Commission agent वर्त्तन अभिकर्ता
Commission and omission, Acts of विहित-निषिद्ध कर्म
Commissioner officer आयुक्त अधिकारी
Commissioned आयुक्त
Commit सुपुर्द करना
Committee समिति—of action संघर्ष समिति
Committee. Select प्रवर समिति
Committee Standing स्थायी समिति
Commodity पण्य द्रव्य, पण्य वस्तु जिंस
Commodity market पण्यक्षेत्र, जिंस बाजार
Common friend उभयमित्र
Common seal सामान्य मुद्रा
Common sense सामान्य बुद्धि
Commonwealth राष्ट्रमण्डल
Communalist सम्प्रदायवादी
Communicate संचार करना, संसूचित करना
Communication संचारण, संचार, संसूचना, संवाद-वहन
Communiction Means of संचार साधन
Communique विज्ञप्ति
Communism साम्यवाद
Communist साम्यवादी
Community समाज, सम्प्रदाय
Community project सामुदायिक योजना
Commute लघुकरण
Commutation of pension पेंशन का संराशिदान
Company प्रमण्डल
Comparative तुलनात्मक
Compass दिग्दर्शक यन्त्र
Compassion अनुकम्पा
Compatible संगत
Compendium संक्षेपण, उपसंक्षेप, लघुपुस्तिका
Compensate क्षतिपूरण
Compesatory allowance प्रतिकर भत्ता

Compensation क्षतिपूर्ति, प्रतिकर
Competent सक्षम, समर्थ
Compilation संकलन
Compiled संकलित
Complainant अभियोक्ता
Complaint अभियोग, शिकायत, फरियाद, परिवेदना, परिवाद, परिवादपत्र
Complement (विधेयार्थ) पूरक
Complementary adj. पूरक
Compliance मान लेना, पालन, पूरा करना
Compliments शुभकामना, प्रशंसा
Component parts अंशभूत भाग, अवयवभूत अंश
Compost वानस्पतिक खाद, कूड़े की खाद
Compound यौगिक—Addition मिश्रजोड़ मिश्र संकलन,—division मिश्रभाग,—fraction मिश्र भिन्न,—interest चक्रवृद्धि ब्याज,—practice मिश्र व्यवहार गणित, –substraction मिश्रव्यवकलन
Compoundable मिश्रणशील, समाधेय
Compoundable offence समाधेय अपराध, राजीनामे योग्य अपराध
Compounder सम्मिश्रक
Comprehensive questionaire विस्तृत प्रश्नावली
Compression संपीडन
Compressibility संपीड्यता
Compromise समझौता, बीच का रास्ता
Compulsory अनिवार्य, बाध्यतामूलक, आवश्यक—retirement अनिवार्य निवृत्ति
Computation संगणना
Concave lens नतोदर ताल
Concentration संकेन्द्रण
Concentration of authority प्राधिकार का संक्रेन्द्रण
Concentration camp निरोधन शिविर, नजरबन्दी शिविर, कारा-शिविर, उत्पीडन शिविर
Concentrated efforts एकाग्रीकृत प्रयास, संकेन्द्रित प्रयास
Concept संबोध प्रत्यय
Conception अवधारणा
Concerned सम्बद्ध संश्लिष्ट
Concert संगीत समारोह
Concession छूट, रियायत
Conciliation board संराधन समिति, विवाद-निवारक-समिति
Conclave गुप्त सभा
Conclusion परिणाम, निष्पत्ति, निष्कर्ष
Conclusive निश्चयात्मक, अखण्ड्य
Concommitant सहवर्ती, साथ-साथ चलनेवाला (दण्डादि) युगपद्चारी, समधावी, समचारी
Coneur सम्मत होना
Concurrence सहमति
Concurrent समगामी, समवर्ती
Concurrent list समवर्ती सूची
Condensation संघनन
Condensed food संघनित खाद्य
Conditional सप्रतिबन्ध
Conditions of service सेवा की शर्तें
Condolence समवेदना
Condominium द्वैराज्य, शामलात

Condonation क्षमादान
Condone क्षमा करना
Conductor संवाहक
Cone शंकु, शंक्वाकार घन
Confederation परिसंघ
Conference सम्मेलन, समन्त्रणा
Confession अपराध-स्वीकरण, स्वीकारोक्ति
Confirmation अभिपुष्टि, पुष्टीकरण, स्थायीकरण
Confiscation समपहरण, जब्ती
Conflagration अग्निकाण्ड, महाप्रज्वलन
Congenital सहजात
Congratulation बधाई, प्रतिनन्दन
Congruent सर्वांगसम (त्रिभुज)
Conical शंकुरूप, शुण्डाकार
Consanguine सगोत्र
Consanguinity सगोत्रता
Conscience अन्तःकरण
Conscript अनिवार्य भर्ती करना, वि. इस तरह भर्त्ती किया हुआ
Conscription अनिवार्य भर्ती
Consecutive क्रमागत, लगातार
Consensus एकरूपता, समानता
Consensus of opinion ऐकमत्य
Consent सम्मति, सहमति
Consequential आनुषंगिक
Consequently फलतः परिणामस्वरूप
Conservancy system मलवाहन पद्धति
Conservation संरक्षण
Conservator of forests वन संरक्षक
Consigned प्रेषित, अर्पित
Consignment प्रेषण, प्रेषित वस्तु
Consignee प्रेषणी
Consignor प्रेषक
Consistancy संगति
Consolidate एकीकृत, संचित, संपिंडित,—fund संचित निधि,—pay एकीकृत वेतन
Consolidation of debt ऋण-संपिंडन
Consolidation of holdings खेतों की चकबन्दी
Conspiracy षड्यन्त्र
Constant cost स्थिर परिव्यय
Constellation नक्षत्र
Constipation मलावरोध, मलबद्धता, कब्ज
Constituency निर्वाचन क्षेत्र
Constituent Assembly संविधान सभा
Constitution संविधान, संघटन, संकल्पपत्र, देहयष्टि
Constitutional deadlock सांविधानिक गतिरोध
Constitutionalist संविधानवादी
Constructive programme रचनात्मक कार्यक्रम
Construe अर्थ करना
Consul वाणिज्य दूत, राजप्रतिनिधि
Consul-general महावाणिज्यदूत
Consulate वाणिज्य दूतावास
Consulting room परामर्शालय, परामर्शकक्ष
Consumer's goods उपभोग्य वस्तुएँ
Consumption उपभोग, क्षय, क्षयरोग
Contagious सांस्पर्शिक, सांसर्गिक
Contamination दूषण

Contemporary समसामयिक, समवर्त्ती, समकालीन, सहयोगी (समाचारपत्र)

Contempt अवमान, अवमानना, अपमान,—of court अदालत की अवज्ञा, न्यायालय का अवमान

Contents अन्तर्वस्तु, अन्तर्विषय

Context सन्दर्भ

Continguity संसक्ति, सान्निध्य, संलग्नता

Contingeney आकस्मिकता, आकस्मिक स्थिति

Contingency fund प्रासंगिक व्यय, आकस्मिकता निधि, फुटकर-निधि

Contraband trade विनिषिद्ध व्यापार, प्रतिबन्धित व्यापार

Contract अनुबन्ध ठेका

Contradiction खण्डन, प्रतिवाद, असंगति

Contrary विरुद्ध, प्रतिकूल

Contribution अंशदान, अवदान, योगदान, चन्दा

Contributory Provident fund अंशदायी सुविधायक (या संचित) कोष

Control Room नियन्त्रण कोष्ठ

Controversy खण्डन-मण्डन, वाद-विवाद

Convalescence (रोगोत्तर) स्वास्थ्यलाभ

Convection वहन

Convener संयोजक

Convention प्रसभा, अभिसमय, रूढ़ि

Conventional यथाचार, पारम्परिक

Convergent एककेन्द्राभिमुख, एकबिन्दुगामी

Converse प्रतिलोम

Conversion परिवृत्ति, धर्मपरिवर्तन, मतपरिवर्तन

Convertible परिवर्त्य

Convertion रूपान्तरण, परिवर्तन

Convex उन्नतोदर, उन्नतोदर बहुभुज (ज्यामिति)

Conveyance हस्तान्तरपत्र, सवारी

Convicted अभिशस्त, दोषसिद्ध

Convocation दीक्षान्त समारोह, समावर्तन, परवीदान समारोह

Co-operative Society सहकारी समिति

Co-opt विनियुक्त करना, अधिनिर्वाचित करना

Co-opted members अधिनिर्वाचित सदस्य

Co-ordinate समान पदवाला, समकक्ष, तुल्यशील v. मेल बैठाना

Co-ordination एकसूत्रीकरण, समन्वय

Co-partner सहयोगी, साझेदार

Copied प्रतिलिपित

Copper age ताम्रयुग

Copper plate ताम्रपत्र

Copy प्रतिकृति, प्रतिलिपि

Copyholder लेखधारक

Copyist प्रतिलेखक, प्रतिलिपिक

Copyright कृतिस्वाम्य

Corollary उपप्रमेय

Corner अपमृत्यु मीमांसक

Corporal punishment शारीरिक दण्ड

Corporate नैगम

Corporation निगम, पौरसंघ

Corps निकाय दल, सैन्यदल

Corps, Diplomatique राजदूत समूह,

दूतसमाज
Corrected शोधित
Correspondence पत्र-व्यवहार, पत्राचार
Correspondent संवाददाता
Corresponding तत्स्थानीय, तदनुरूप, संगत (कोण)
Corridor गलियारा, बीच में से होकर जानेवाला संकीर्ण पथ
Corrigendum शुद्धिपत्र
Corroboration अभिपुष्टि
Corrosion संक्षारण
Corrupt practice भ्रष्टाचार
Cosmic Rays ब्रह्माण्ड रश्मि
Cosmogeny विश्वोत्पत्ति विज्ञान
Cosmology ब्रह्माण्ड विज्ञान
Cosmopolitan सार्वदेशिक, सार्वभौम, विश्वनागरिक
Cosmopolitanism विश्वसंस्कृति
Cosmos ब्रह्माण्ड
Cost परिव्यय, लागत
Cost of living जीवनयापन व्यय
Cost of maintenance निर्वाह-परिव्यय
Cost of production उत्पादन परिव्यय
Costs वाद-व्यय
Cottage Industry गृहोद्योग, गृहशिल्प, कुटीर-शिल्प
Council परिषद्
Councillor पारिषद्
Council of action कार्य-परिषद्
Council of State राज्य परिषद्
Counter गणनाफलक, 'खिड़की', पटल
Counter act विप्रतिकार करना, प्रभावहीन या व्यर्थ बनाना
Counter action प्रतिकरण, प्रतिकारात्मक कार्य
Counter attack प्रत्याक्रमण
Counter balance प्रतिसन्तुलन,—ed प्रतिसन्तुलित
Counter charge प्रत्यारोप
Counterfiet जाली
Counterfoil प्रतिपत्रक, प्रतिपर्ण, दूसरी प्रति
Counter part प्रतिरूप, प्रतिमूर्ति
Countersigned प्रतिहस्ताक्षरित
Counter statement प्रत्यावेदन, प्रतिवक्तव्य
Countervailing duty प्रतिशुल्क
Coup d'etat आकस्मिक शासन-परिवर्तन, शासनिक विपर्यय, बलात् सत्तापहरण्
Coupling युग्मन
Coupon पर्णिका कूपन
Courier धावक, धावन, हरकारा
Course पाठ्यक्रम, मार्ग, पथ, प्रवाह, धारा रीति
Court fee न्यायशुल्क, अधिकरण शुल्क
Court High उच्च न्यायालय
Court Inspector व्यवहार-निरीक्षक
Court Martial सैनिक विचार, सैनिक न्यायालय
Court of appeal पुनर्विचार न्यायालय
Court of records अभिलेख न्यायालय
Court of wards प्रतिपालक न्यायालय
Court Regional क्षेत्रीय न्यायालय
Court Supreme सर्वोच्च न्यायालय
Covenant प्रतिश्रुति, प्रतिश्रुतिपत्र, प्रतिज्ञापत्र, समझौता
Covenanted प्रतिश्रुत

Crane भारोत्तोलन यन्त्र, भारोद्वहन यन्त्र
Credentials परिचय पत्र
Credit प्रत्यय, साख, समाकलन, उधार
Credit balance समाकलन आधिक्य
Credit bill विश्वसनीय हुण्डी
Credit entry समाकलन प्रविष्टि
Credit facilities ऋणसुविधा
Credit note जमा की हुण्डी, समाकलन-पत्र
Creditor उत्तमर्ण, महाजन
Credit sale उधार-विक्रय
Credit side धनपक्ष, जमा की तरफ
Cremation ground, crematory श्मशान
Crew नाविक दल, खलासी, विमानकर्मी
Cricket गेंदबल्ला, क्रिकेट
Crime अपराध
Criminal वि. दंड्य, अपराधशील, पु. अपराधी
Criminal breach of trust दण्डनीय विश्वासघात
Criminal conspiracy दंड्य या अपराध षड्यन्त्र
Criminal court दण्ड न्यायालय
Criminal investigation department अपराधान्वेषण विभाग, गुप्तचर विभाग
Criminal procedure code दण्डविधि संहिता
Criminal settlement जरायमपेशा लोगों की बस्ती
Criminal tribes अपराधशील जातियाँ
Creterion निकष, मानदण्ड, कसौटी
Crop rotation शस्य आवर्तन, फसल-बदल
Cross bar fetters कैंची डण्डा-बेड़ी
Cross breeding अन्यान्य प्रजनन, अन्तर प्रजनन
Cross-examination प्रतिपरीक्षण, जिरह, साक्षि-परीक्षा
Crossward puzzle वर्गपहेली
Crusade धर्मयुद्ध
Cruiser गश्ती जहाज, हिंडक पोत
Crystalisation स्फटिकीकरण, कणीकरण
Culpable homicide अपराध नरहत्या
Cultivable कृष्य, कृषियोग्य
Cultivable land कृषियोग्य भूमि
Culture संस्कृति, संस्कार, पालन (जैसे कोश कीटपालन)
Cumulated समुचित, समुच्चयित
Curable चिकित्स्य, साध्य
Curatos अध्यक्ष, परिरक्षक (संग्रहालय आदि का)
Currency चलार्थ मुद्रा, प्रचलन
Current प्रचलित, चालू n. धारा
Current account चालू खाता
Curve वक्रता, वक्र, (वक्ररेखा) मोड़
Curved line वक्ररेखा
Custodian संपालक, अभिरक्षक
Custodian of evacuee property निष्क्रान्तों की सम्पत्ति का अभिरक्षक
Custody अभिरक्षा, हिरासत में लेना
Custom रूढ़ि, अभ्यास, रीति
Customs निराक्रम्यकर, सीमाशुल्क
Cut motion कटौती प्रस्ताव
Cut-throat competition कण्ठच्छेदिस्पर्धा
Cycle चक्र, द्विचक्रयानं

Cyclone चक्रवात
Cyclostyle चक्रलेखित
Cylindrical बेलनाकार
Cypher code गूढ़लेख संहिता

D

Daily register दैनिक पंजी
Dairy दुग्धशाला, गव्यशाला
Dais मंच
Damges क्षतिपूर्ति
Dash समरेखा-चिह्न
Data आँकड़ा, सामग्री
Date तिथि, दिनांक
Dated तिथित, दिनांकित
Daybook दैनिकी
Day dream दिवास्वप्न
Day, Preceding पूर्ववर्ती दिन
Day scholar अनावासिक छात्र
Days of grace अनुग्रहकाल
Dead account मृत लेखा, निष्क्रिय लेखा
Dead language मृत भाषा
Dead letter office बेपता, चिट्ठीघर, पुनः प्रेषणकेन्द्र
Dead-lock गतिरोध, गत्यवरोध
Dealer व्यापारी
Dealings व्यवहार, लेना-देना
death certificate मरण-प्रमाणक, मृत्यु-प्रमाणक
Death-rate मरण-गति
Debacle ध्वंस, विभंग, पूर्ण पराजय
Debate वाद-विवाद
Debenture ऋणपत्र
Debit देयांश विकलन
Debt concilliation board ऋण समझौता बोर्ड
Debt redemption ऋणमुक्ति
Debtor अधमर्ण, ऋणी
Decagram दशग्राम
Decameter दशमीटर
Decigram दशांशग्राम
Decimeter दशांशमीटर
Decade दशाब्द, दशक, दशी
Decadence अवक्षय, ह्रास
Decagon दशभुज
Deceased प्रमीत, मृत
Decentralization विकेन्द्रीयकरण (विकेन्द्रीकरण)
Deciding vote विनिश्चयकारी मत
Decimal system दाशमिक-क्रम, दशमलव-पद्धति
Decision विनिश्चय
Decision, pending the विनिश्चय होने तक
Decisive विनिश्चयात्मक
Declaration ज्ञापन, घोषणा
Declension कारक रचना, रूप साधन
Decomposition विघटन
Decontrol विनियन्त्रण
Decorum शिष्टाचार, शिष्टता
Decree आदेश, आज्ञप्ति
Dedicate समर्पण करना
Dedicated समर्पित
Deduction काटना, कटौती, निगमन
Deed संलेख
Defaced coin विकृत टंक
De facto तत्त्वतः, तथ्यतः

Defalcation व्यय, हरण, खयानत
Defamatory अपकीर्तिकर
Defaulter प्रमादी, तिथि-संक्रामी, नादिहंद, बाकीदार
Defeatist attitude पराजयमूलक भावना
Defence bond प्रतिरक्षा ऋण-पत्र
Defence expenditure प्रतिरक्षा व्यय
Deferred अभिस्थगित
Deficit घाटा, न्यूनता
Deficit area अभावग्रस्त क्षेत्र
Deficit budget घाटे का आय-व्यय
Deficit financing न्यूनार्थ-व्यवस्था
Defined परिभाषित
Deflation विस्फीति
Deflection वलन
Defore station वननाशन
Deformity विरूपता
Degenerate अपजात
Degeneration आपजात्य
Degree अंश
Dehumidifying plant आर्द्रतानाशक यन्त्र
Dehydrated vegetable निर्जलीकृत शाक
Dehydration निर्जलीकरण
Deism ईश्वरवाद
De-Jure विधानतः अधिकारतः
Delegated प्रदत्त, प्रत्यायुक्त, प्रत्यायोजित किया हुआ
Delegation प्रत्यायोजन, शिष्टमण्डल
Delete अपमार्जन करना, निकालना
Delimitation परिसीमन
Delinquency कर्त्तव्यहीनता, अपराध
Deliverence उद्धार, मुक्ति
Delivery सामान का भुगतान देना, सौंपना, पत्र वितरण, कटनी, भाषणविधि, प्रसव, रिहाई
Deluge पावन
Demand अभियाचन माँग
Demarcation सीमांकन
Demilitarisation असैनिकीकरण
Demobilisation सैन्य-विघटन, सैन्य-वियोजन
Democratisation लोकतन्त्रीकरण
Demonetisation विमुद्रीकरण
Demonstration प्रदर्शन, उपपादन
Demurrage विलम्ब-शुल्क
Denominator हर
De novo नए सिरे से
Dentistry दन्तचिकित्सा
Departmental वैभागिक, विभागीय
Dependency अधीन राज्य
Depot भरती केन्द्र, गोदाम
Depopulation निर्जनीकरण
Deposit जमा करना, निक्षेप करना
Deposit, current चलनिक्षेप
Deposition साक्षी का कथन
Depositor निक्षेपक, जमाकर्ता
Depreciatory remark अपमानकारी अभ्युक्ति
Depreciation मूल्य ह्रास, मूल्यापकर्ष, मूल्यावरोह, अर्धपतन
Depressed class दलित वर्ग
Depression अवसाद, व्यापारिक शैथिल्य, मंदी
Deprive वंचित करना
Depth charge समुद्री गोला, जलप्रस्फोट
Deputation शिष्टमण्डल, प्रतिनियुक्ति

Deputed प्रतिनियुक्ति
Deputy speaker उपाध्यक्ष
Derailment पटरी से उतर जाना
Deranged अस्त-व्यस्त, विक्षिप्त, विक्षुब्ध
Derivation व्युत्पत्ति
Derivative व्युत्पन्न
Derogatory लघुकारक, अपकीर्तिकर, अपमानकारी
Descendent वंशज
Descent उद्भव
Desert संपरित्याग करना, छोड़ देना
Deserter दलत्यागी, भगोड़ा, पलायक
Design परिकल्पना, रूपांकन, रचना-वैशिष्ट्य, परिरूप
Designate (v.) नामोद्देशन करना, नामाभिधान करना, वि. नामोदिष्ट, मनोनीत
Designation पदनाम, ओहदा
Designer परिरूपक
Despatch-book प्रेषण पुस्तक
Despatcher डाकप्रेषक, प्रेषणकर्मी, प्रेषक
Destroyer विध्वंसपोत
Detailed विस्तृत, ब्योरेवार
Details विस्तार, विवरण, ब्योरा
Detention कारारोध, अवरोध, निरोध, निरोधन
Deterioration of currency चलार्थ की अवनति
Determination पक्का निश्चय, अवधारणा
Determinist नियतवादी
Deterrent sentence निवारक दण्ड, निरोधक दण्ड
Detrimental अहितकारी
Devaluation अवमूल्यन
Development expenses विकास व्यय
Deviate विंचलित होना
Deviation विचलन
Devolution of power अधिकार का अवक्रमण
Devolve अवक्रमण होना, सौंपना, जिम्मे आ पड़ना
Diagnosis निदान
Diagonal विकर्ण
Diagram रेखाचित्र
Dialetical materialism द्वन्द्वात्मक भौतिकवाद
Dialogue कथोपकथन
Diametre व्यास
Diamond jubilee हीरक जयन्ती
Diarchy द्वैधशासन
Diary दिनपंजी, दैनन्दिनी
Dictation आलेख, इमला, श्रुतिलेख
Dictator अधिनायक
Dictatorship अधिनायकवाद, अधिनायकतन्त्र, अधिनायकत्व
Didaeties शिक्षाशास्त्र
Diehard कट्टर, दुराग्रही (राजनीतिक)
Dietics आहार-शास्त्र
Differenatial duty सापेक्ष कर, भेदक कर
Diffuse विस्तारित करना, प्रसारित करना, विकीर्ण या प्रक्षेपित करना
Digest संक्षिप्त संग्रह
Dilemma धर्मसंकट, उभयसंकट
Diluvial प्लावनिक
Diminishing आहासी, हासमान
Diminutive अल्पार्थक, न्यूनताबोधक

Dinner सायमाश, सान्ध्य भोजन
Diplomacy कूटनीति, राजनय
Diploma उपाधिपत्र
Direct निदेश करना
Direct election प्रत्यक्ष निर्वाचन
Direction निदेश
Directive principles निदेशक सिद्धान्त
Direction विभाग
Director अधिकर्ता, संचालक, निदेशक
Director General Commercial Intelligence and Statistics वाणिज्यिक तथ्यांक विभाग के प्रधान संचालक
Director, Managing प्रबन्ध-संचालक
Director of Public Education लोकशिक्षण-संचालक
Directory निर्देशिका
Disability निर्योग्यता
Disabled विकलीकृत
Disagreement असहमति
Disapprobation प्रतिनिदन, अमान्यन
Disapproved निरनुमोदित
Disarmament निरस्त्रीकरण
Disarmament निरस्त्रीकृत
Disband सेनाभंग
Disbursing officer भुगतानक अधिकारी
Disbursement आयोजित वितरण
Discharge उन्मोचन, परिशोधन, पालन, स्राव
Dischrage of functions कृत्यों का निर्वहन
Discipline अनुशासन
Disconnect सन्धिच्छेद करना
Discord मतभेद, वैमत्य, फूट, झगड़ा
Discordant वैमत्यसूचक, विस्वर
Discount, At a बट्टे पर
Discovery आविष्कार
Discrepancy भिन्नता, अन्तर, असंगति
Discretion स्वविवेक
Discretionary विवेकाधीन,—power विवेकाधिकार
Discrimination विभेदीकरण, विभेद
Discussion पर्यालोचन, चर्चा
Disease, Venereal रतिज रोग, यौन रोग
Dishonesty अनार्जव
Dishonour अनादरण
Dishonoured cheque अनादृत धनादेश
Disinfectant संक्रमण-नाशक
Disintegration विग्रह, विघटन
Disinterested अलिप्त, निस्पृह
Disloyalty अभक्ति
Dismissal पदच्युति, अमान्यन
Disparity असमता, असमानता
Dispensary (दातव्य) औषधालय
Disperse विसर्जन
Displaced विस्थापित
Displacement विस्थापन, स्थान-च्युति, हटाव
Disposal निस्तारण, समापन, निपटाना
Disposition मनोवृत्ति, मनोभाव, शील, विक्रय
Disprove असत्य प्रमाणित करना, खण्डन करना
Dispute विवाद
Disqualification निर्योग्यता, अनर्हता
Dissection विच्छेदन
Dissemination फैलाना

Dissent विमति (असहमति)

Dissolution विलयन, विसर्जन, भंग होना, समापन

Dissonant असंनादी

Distillary अभिस्रावणी, आसवनी

Distillation अभिस्रावण, आसवन

Distilled water अभिस्रावित जल, आसुत जल

Distinct भिन्न

Distinction विशेष योग्यता

Distress warrant अभिहरण का अधिपत्र

Distribution वितरण, विभाजन

District जिला, मण्डल, प्रदेश, क्षेत्र

District Board दे. 'board'

District Magistrate जिलाधीश

Ditto तदेव

Divergent अवसारी, अपसारी, अपविन्दु, विभिन्न दिशागामी

Divergence अपसरण, अपविन्दुता

Diversion विषयान्तर, विचलन

Dividend लाभांश, भाज्य

Divisible भाज्य, भागाई

Division भाग, विभाजन, विभाग, प्रमण्डल, प्रखण्ड, चमू (वाहिनी = ब्रिगेड)

Divisional प्रामण्डलिक, प्राखंडिक

Division bell विभाजन घण्टी

Divorce विवाहविच्छेद, त्याग, पृथकीकरण

Dock नौनिवेश, जहाजी मालघाट, गोदी, कठघरा

Doctrine धार्मिक, सिद्धान्त, मत

Document प्रलेख

Documentry film प्रलेख चित्र, वृत्तचित्र

Documentary proof लिखित प्रमाण

Domestic गृह्य, गार्हस्थ्य, घरेलू

Domestic science गार्हस्थ्य-विज्ञान, गृहशास्त्र

Domicile अधिवास

Domicile certificate अधिवासी प्रमाणक

Domiciled अधिवासी

Dominion अधिराज्य, स्वतन्त्र उपनिवेश

Donation दान

Donee प्रतिगृहीता, दानगृहीता

Donor दाता

Dormant सुप्त, अनुद्भूत

Dormatory शयनशाला

Double द्विगुण, पु. प्रतिरूप

Double plough दुफारा हल

Double member constituency द्विसदस्य-निर्वाची क्षेत्र

Double shift दोहरी पारी

Dobles युग्मक, ladies—महिला युग्मक

Draft प्रारूप, मसौदा, हुण्डी

Draftsman प्रारूपकार, मानचित्रकार

Drain निर्गम, नाली, उत्सारण

Drainage shceme जलोत्सारण योजना

Draught cattle भारवाही (भाराकर्षी) पशु

Drawee आहर्यी, भुगतानकर्त्ता

Drawer आहर्त्ता, हुण्डीकार

Dressing मरहम पट्टी, प्रतिसारण, कपड़े पहनना—room परिधान कक्ष

Dropper विन्दुपातक

Drought सूखा, अनावृष्टि

Drycleaning निर्जल धुलाई

Dualism द्वैतवाद

Ductility तन्यता

Duck शून्य, अण्डा (क्रिकेट)
Due प्राप्य, देय, उपयुक्त, यथावत्
Duet दोगाना
Dug out भूगर्भ कोठरी
Duly विधिवत्
Dummy नमूने का अंक, ढाँचा
Dump, Ammunition गोला बारूद का ढेर
Dumping of goods वस्तुओं का राशिपातन, विदेशों में माल अधिक सस्ता बेचना
Duplicate प्रतिलिपि
Duplicate copy द्वितीय प्रतिलिपि
Duress दबाव, धमकी
During the pleasure of प्रासादपर्यंत
Dustbin अवकरी (अवकर = कूड़ा, कतवार), अवकर-पात्र, कूड़े की टोकरी
Dutible शुल्क योग्य, शुल्काई
Duty शुल्क, कर्त्तव्य
Duty, on काम पर
Dyarchy द्वैध शासन
Dynamic गतिशील
Dynamics गतिविज्ञान
Dynamite प्रध्वंसक

E

Earmarked पृथक् रक्षित
Earned leave अर्जित छुट्टी
Earnest money बयाना, सत्यंकार, साई
Easement, Right of सुविधाधिकार, गमन-निर्गमनाधिकार, सुखाधिकार
Ebullition उत्कथन
Eccentricity अनूठापन; सनक, झक
Eccelesiastical धार्मिक, चर्च सम्बन्धी
Ecoing प्रतिध्वनन
Economic advisor आर्थिक मन्त्रणाकार
Economic blockade आर्थिक समवरोध
Economic dislocation आर्थिक अस्तव्यस्तता
Economy अर्थव्यवस्था, मितव्ययिता
Economy committee बचत समिति
Economy, Planned योजनायुक्त अर्थनीति
Edible खाद्य
Ediet राजादेश, राजघोषणा
Edition, Evening सायं संस्करण
Editorial सम्पादकीय (वि. सं. दोनों में)
Education Expansion scheme शिक्षा प्रसार-योजना
Educationist शिक्षाविशेषज्ञ, शिक्षाविशारद, शिक्षाशास्त्री
Effective, To be प्रभावी होना
Effects सम्पत्ति
Effeciency कार्यक्षमता, दक्षता
Efficiency bar दक्षता-अर्गल
Egress चले जाना, निर्गमन, निष्क्रमण
Ejectment निष्कासन, बेदखली
Elastic स्थितिस्थापक
Election निर्वाचन
Election, Bye उपनिर्वाचन
Election campaign निर्वाचन-आन्दोलन
Election Commissioner निर्वाचन आयुक्त
Election malpractices निर्वाचन कदाचरण
Election petition निर्वाचन-प्रार्थनापत्र,

निर्वाचन याचिका
Election returns निर्वाचन-विवरण
Election-tictics निर्वाचन की चाल
Election-tribunal निर्वाचन-अधिकरण
Electoral college निर्वाचक मण्डल
Electorate roll निर्वाचक-नामावली, निर्वाचक सूची
Electorate निर्वाचकगण
Electric generator विद्युत जनित्र
Electric mains विद्युत प्रसंवाही, बिजली के मुख्य तार
Electrical वैद्युतिक
Electrified विद्युन्मय
Electron विद्युदणु
Electrocution बिजली की फाँसी, विद्युतघात
Electrometer विद्युन्मापी
Electroscope विद्युद्दर्शक यन्त्र
Element तत्त्व, भूत; अंश
Elementary प्रारम्भिक, तात्त्विक, मूल
Elevans एकादशक
Eliciting opinion सम्मति प्राप्त करना, सत्य जानना
Eligible पात्र, वरणीय
Eliminating अपाकरण, दूरीकरण
Elipse दीर्घवृत्त
Eliptical दीर्घवृत्ताकार
Elocution वक्तृत्वकला
Elocution competition वक्तृत्व प्रतियोगिता
Elucidation स्पष्टीकरण, विशदीकरण
Emancipation उद्धार, विमोचन
Embarkation आरम्भ करना
Embargo पोताधिरोध; प्रतिबन्ध
Embassy दूतावास; राजदौत्य
Embezzlement मोषण, गबन, अपभोग, अपहार
Embossed उभरा हुआ
Embryo भ्रूण
Embryology भ्रूणविज्ञान, गर्भविज्ञान
Embergency आकस्मिक संकटकाल, आपात्
Emergency area आपात् क्षेत्र
Emergency commission आपातिक आयोग
Emergency order आकस्मिक आदेश
Emergency, meeting आपाती अधिवेशन
Emergency, State of संकट की स्थिति
Emergency Reserve संकटकोष
Emigrant उत्प्रवासी (प्रवासी)
Emigration उत्प्रवास
Emissory प्रणिधि
Emmerssion प्रवाह, भसान
Emoluments परिलाभ, उपलब्धियाँ
Emotional भावप्रवण
Empiricism अनुभूतिवाद, अनुभववाद
Employed सेवायुक्त
Employee सेवी, कर्मचारी
Employees State Insurance Act. कर्मचारी बीमा कानून
Employer सेवायोजक, नियोजक
Employer's liability सेवायोजक उत्तरदायिता
Employment सेवानियोजन, नियोजन
Employment exchange कामदिलाऊ दफ्तर, भृतियोजनालय, सेवायोजनालय, नियोजनालय

Emporium वाणिज्यालय
Emulation स्पर्द्धा
Enact अधिनियम बनाना
Enactment विधायन, अधिनियमन
Enblock सामूहिक रूप से, समूहतः; गुट का गुट, दल का दल
Enclave परिगत भूभाग, अन्तर्गत भूभाग
Enclosed संवेष्टित, सन्निविष्ट, संपुटित
Enclosure संवेष्टित वस्तु; घेरा, संवेष्टन
Encumberance ऋणग्रस्तता, ऋणभार
Encumbered भारग्रस्तता, ऋणग्रस्त
Encyclopaedia विश्वकोश
Endorsement पृष्ठांकन
Endorsed पृष्ठांकित
Endowment प्राभृत, धर्मस्व
Endowment policy बंदोबस्ती बीमापत्र
Energy ऊर्जा, शक्ति
Enforcement प्रवर्त्तन
Engagement समयदान; विवाह-निश्चय; संघट्ट
Engine गंत्र, इंजन
Engineer अभियन्ता, यन्त्रविद्, इंजीनियर
Engineering यन्त्रशास्त्र, यन्त्रविद्या
Engineering, industry यन्त्रोद्योग
Engrave उत्कीर्ण करना
Enima वस्ति
Enlargement परिवर्द्धन
Enquiry परिपृच्छा
Enquiry office परिपृच्छा-गृह, पूछताछ दफ्तर
Enrolment fee नामलेखन शुल्क, पंजीयन शुल्क
Ensign पोतध्वज
Entente राष्ट्रमैत्री, गुटबन्दी
Entertainment tax प्रमोदकर
Enthralment दासता
Enticement परिलोभन, परिमोहन
Entomology कीटविज्ञान
Entrance fee प्रवेश शुल्क
Entrepreneur उपक्रमी
Entry प्रविष्टि
Enumerated प्रगणित
Enuneiation प्रतिज्ञा
Environment वातावरण
Envoy दूत
Epic महाकाव्य
Epidemic महामारी
Epigraph शिलालेख
Epitaph समाधिलेख
Equal protection of laws विधियों का समान संरक्षण
Equation समीकरण
Eqator भूमध्यरेखा, विषुवत् रेखा
Equiangular polygon समानकोणिक बहुभुज
Equilateral समानभुजिक
Equilibrium साम्य, साम्यावस्था
Equinox साधन
Equipment सज्जा, साज-सज्जा, साज-सामान
Equitable न्याय्य (उपयुक्त)
Equitable tax न्यायसंगत कर
Equity न्यायभावना; साम्य
Equivalent पर्यायवाची, समानार्थक; बराबर; n. पर्याय
Era युग; संवत्
Erase उद्घर्षण; अवमर्पण

Erasures कटकुट
Erosion कटाव
Erratum शुद्धिपत्र
Error विभ्रम
Errors and Omissions लोप-विभ्रम, भूलचूक
Escort रक्षक वर्ग; मार्गरक्षक
Escort vessel रक्षक पोत
Espionage चारकर्म, चार व्यवस्था
Essential service परमावश्यक सेवाएँ
Establish स्थापित करना
Establishment प्रतिष्ठान; स्थापना
Establishment charges स्थापना-प्रभार, स्थापन व्यय
Estate रिक्थ, सम्पदा, भूसम्पत्ति
Estimates प्राक्कलन, अनुमान
Estimated cost प्राक्कलित (अनुमानित) परिव्यय
Eternal शाश्वत, चिरंतन
Ether आकाश; सूक्ष्म वायु
Ethnology प्रजातिविज्ञान
Evacuation निष्क्रमण
Evacuee निष्क्रांत
Evacuee property निष्क्रान्तों की सम्पत्ति
Evaporation वाष्पीकरण, उद्वाष्पन
Evasion अपवंचन
Evasion of tax करापवंचन
Even distribution समवंटन
Eviction अधिनिष्कासन
Evidence साक्ष्य
Evidence, Circumstantial वृत्तान्तानुमेय साक्ष्य
Evidence, Hearsay श्रुतानुश्रुत साक्ष्य
Evolution उद्विकास
Evolutionary उद्विकासी
Evolved उद्विकसित
Exaction बलाद्ग्रहण
Exaggerated अतिरंजित
Exaggeration अतिशयोक्ति, अतिरंजन
Examination Hall परीक्षा भवन, परीक्षालय
Examinee परीक्षित, परीक्षार्थी
Excavation खुदाई, उत्खनन
Except as provided उपबन्धित के अतिरिक्त, इसमें दिए गए उपबन्धों को छोड़कर
Excess profit tax अतिरिक्त लाभ-कर
Exchange, Bank of विनिमय अधिकोष
Exchange, Favourable अनुकूल विनिमय
Exchange of opinion विचार-विनिमय
Exchange, Telephone दूरवाणी-मिलान-केन्द्र
Exchequer राजकोष, अर्थविभाग; वित्त
Excise duty उत्पादन कर
Excise Commissioner, Central केन्द्रीय उत्पादन कर आयुक्त
Excise department आबकारी विभाग
Excluded Area अपवर्जित क्षेत्र
Exclusion अपवर्जन
Exclusive एकान्तिक, अनन्य
Exclusive jurisdiction अनन्य क्षेत्राधिकार
Execution निष्पादन, हकरसी, तामील; पूरा करना; फाँसी
Executed निष्पादित, निष्पन्न, प्राणदण्डित

Executive कार्यकारिणी, कार्यपालिका
Executive authority अधिशासी अधिकारी
Executor निष्पादक, निर्वाहक; रिक्थसाधक
Exemption मुक्ति
Exequatur वाणिज्य दूत को राजमान्यता देना
Exercise of right अधिकार का उपयोग
Exhibit प्रदर्शित वस्तु
Exhibition प्रदर्शनी, नुमाइश
Exit बहिर्गमन द्वार
Exodus बहिर्गमन
Ex-offico पदेन
Exppanding (university) प्रसारी (विश्वविद्यालय)
Expansion प्रसार
Expansion of credit प्रत्यय-प्रसार
Ex-part एक पक्षीय
Expatriation स्वदेश-निस्सारण
Expedient उपपत्र, समयोजित (वांछनीय)
Expedite शीघ्रता करना
Expedition अभियान
Expel निष्कासित करना
Expenditure Contingent सम्भाव्य व्यय
Expenditure charge on revenue राजस्व परनिहित (भारित) व्यय
Expenditure, Side पार्श्व-व्यय
Expenditure, Recurring आवर्ती व्यय
Experiment प्रयोग; परीक्षण
Experimental प्रायोगिक; संपरीक्ष्य
Experimental farm संपरीक्ष्य प्रक्षेत्र
Experimental Post office प्रयोग डाकघर
Expert committee विशारद समिति, विशेषज्ञ-समिति
Expiration अवसान
Expiry समाप्ति, अवसान
Explanation व्याख्या; स्पष्टीकरण
Explanation, To demand जवाब तलब करना
Explanatory statement व्याख्यात्मक कथन
Exploitation शोषण
Exploited शोषित
Exploiter शोषक
Exploration समन्वेषण
Explosion धड़ाका, विस्फोट
Explosive विस्फोटक; विस्फोटक पदार्थ
Export Bank निर्यात अधिकोष
Export trade निर्यात व्यापार
Exporter निर्यातक
Exposition विवृत्ति
Express स्पष्ट; आशु V. व्यक्त करना;— delivery शीघ्रार्पण
Express letter आशुपत्र
Expressive व्यंजक, अभिव्यंजक
Expropriate सम्पत्तिहरण
Expulsion अपसारण, निष्कासन
Expunge निकाल देना, उन्मार्जित कर देना, व्यामृष्ट करना
Extempore speech अतर्कित (अप्रस्तुत) भाषण; अलिखित भाषण, तत्काल-प्रस्तुत भाषण
Extending bill विस्तारी विधेयक
Extension विस्तार
Extent विस्तार

Extern निर्वासन, बहिष्प्रेषण
External trade बाह्य व्यापार
Extinction निर्वाण, उच्छेद; लोप
Extirpation उन्मूलन, उत्पादन
Extortion बलात् आदान
Extract उद्धरण, निष्कर्ष
Extra curricular activities पठनेतर कार्य
Extradite अपराधी को प्रत्यर्पित करना
Extradition बन्दि-प्रत्यर्पण, उदर्पण
Extraordinary charge असाधारण प्रभार
Extra payment अतिरिक्त भुगतान
Extra-territorial राज्यक्षेत्रातीत
Extreme चरमसीमा; अत्यधिक
Extremist चरमपंथी
Exuberance प्राचुर्य
Eye-witness प्रत्यक्षदर्शी, चाक्षुष गवाह

F

Fabricated evidence गढ़ा हुआ (अप-रचित) साक्ष्य
Fabrication छल रचना
F.A.O. खाद्य तथा कृषिसंघटन
Face value अंकित मूल्य
Facility सुविधा, सौकर्य, सौगम्य
Facsimile अनुलिपि
Fact तथ्य
Facts and figures तथ्य और अंक
Factory उद्योगालय, निर्माणशाला, निर्माणी, कारखाना
Factory Act निर्माणी-अधिनियम
Factory cost निर्माणी-परिव्यय
Factory system निर्माणी पद्धति
Faculty विभागीय अध्यापकवर्ग; निकाय
Fair dealing सत्य व्यवहार, न्याय व्यवहार
Fair-wages committee उचित-वेतन-समिति
Fair price उचित मूल्य
Fait accompli सिद्धि वस्तु, सिद्ध कार्य
Faith श्रद्धा, विश्वास; निष्ठा, धर्म
Faith and credit विश्वास तथा प्रत्यय
Faithfully yours भवन्निष्ठ
Fallacy भ्रान्ति; हेत्वाभास
Fallow land अक्षेत्रा भूमि, परती भूमि
False accounts फर्जी हिसाब-किताब, कल्पित लेखा
False charge मिथ्या आरोप
Family allowance परिवार अधिदेय
Family doctor पारिवारिक चिकित्सक
Family Pedigree वंशवृक्ष
Family Planning परिवार नियोजन, पारिवारिक आयोजन
Family tradition कुल परम्परा
Famine relief fund दुर्भिक्ष सहायता कोष, अकाल सहायता कोष
Fanatic धर्मान्ध, मतान्ध; कठमुल्ला
Farce प्रहसन, दिखाऊ वस्तु, तमाशा
Far East पूर्वी एशिया, 'दूर पूर्व'
Fare किराया
Farewell address प्रस्थानकालिक मानपत्र
Far-fetched बलात् संकलित, अस्वाभाविक, क्लिष्ट
Far-reaching दूरप्रभावी; दूरव्यापी, बहुकालव्यापी
Fashion भूषाचार; देशाचार

Fatal सांघातिक
Fatalist भाग्यवादी, दैववादी
Fatherland पितृभूमि, पितृदेश
Fatigue duty दलेल
Favourable balance of trade अनुकूल व्यापार सन्तुलन (तुला)
Favouritism पक्षपात
Feasible संभाव्य
Feature घटना विवरणात्मक लेख
Feature programme रूपक कार्यक्रम
Features वैशिष्ट्य, विशिष्टांग
Federal Assembly संघीय विधानसभा
Federal Constitution संघीय संविधान
Federal Court संघ न्यायालय
Federation संघ, संधान
Fee शुल्क
Fellow (महाविद्यालय का) परिषद
Fermentation अन्तःक्षोभ; किण्वन
Fernented किण्वित
Ferry toll घट्ट कर
Fertiliser उर्वरक, खाद
Feudalism सामन्तवाद
Feudalsystem सामन्त-तन्त्र
Fictitious account अवास्तविक लेखा
Fictitious assets अवास्तविक परिसम्पत् (देय, माल-भत्ता)
Field book क्षेत्रमाप पुस्तिका
Fielder क्षेत्ररक्षक
Field glasses क्षेत्र-दूरेक्षिका
Fieldgun रणक्षेत्रीय तोप
Fielding क्षेत्ररक्षण, क्षेत्ररक्षा
Field investigation क्षेत्रानुसन्धान
Field-worker क्षेत्रकर्मी
Fifth columinist पंचमांगी
Fighter plane युद्धक विमान
Figurative आलंकारिक
Figure of speech अलंकार, काव्यालंकार
Figure-head नामधारी (अगुआ), नाममात्र का प्रमुख
File नस्ती, नत्थी; नस्तित पत्रसमूह, संगृहीत पत्रादि, नस्तिपत्री, रेती
Filed नस्तित; प्रस्तुत किया या दायर किया (मामला)
File register नस्ती पंजी
Filibuster अनावश्यक बाधा डालनेवाला
Filler रिक्ति पूरक
Film company चलचित्र-प्रमण्डल
Filteration निर्गलन, गालन
Filterred water निर्गलित जल
Final bill अन्तिम प्राप्यक
Final dividend अन्तिम लाभांश
Finance bill वित्त-विधेयक
Finances वित्तसाधन, अर्थव्यवस्था
Financial वैत्तिक, वित्तीय
Financier वित्त प्रबन्धक, अर्थविनियोक्ता
Financing वित्त प्रबन्ध करना
Finding न्यायिक निर्णय
Finger-print अंगुलांक
Fire arms आग्नेयास्त्र
Fire fighting equipment आग बुझाने का सामान
Fire proof अग्निवारक, अग्निरोधक, अग्निजित्, अग्न्यभेद्य
Firm adj. दृढ़
Firm n. व्यावसायिक प्रतिष्ठान, कोठी
First aid प्रथमोपचार
First aid post प्रथमोपचार-केन्द्र,

प्रारम्भिक सहायता केन्द्र
Fise राजकोष
Fiscal policy करसम्बन्धी नीति, राजस्वविषयक नीति
Fiscal year राजकोषीय वर्ष, माली साल
Fisheries मीनक्षेत्र
Fixation of pay वेतन निर्धारण
Fixed asset स्थायी परिसम्पत्
Fixed capital स्थिर पूँजी
Fixed deposit स्थायी जमा, सावधि निक्षेप
Fixed deposit account मीयादी खाता, सावधि निक्षेप-लेखा
Fixtures स्थावर, सम्पत्ति, खेल प्रतियोगिता आदि सम्बन्धी तिथि निर्धारण
Flagged पताकित
Flag. halfmast आधा झुका झण्डा, अर्द्धोत्तोलित ध्वज
Flag-hoisting ध्वजोत्तोलन
Flagship ध्वज पोत
Flag-staff ध्वजदण्ड, ध्वजस्तम्भ
Flag, unfurling of breaking ध्वजा फहराना, ध्वज-विस्फारण
Flank guard पार्श्वरक्षक सेना
Flash पलिघ
Flexible नम्य, आनम्य, नमनीय, लचीला, लचकदार
Flexible constitution नम्य (या लचीला) संविधान
Floating capital चल पूँजी
Floating debt अल्पकालिक ऋण, प्लवमान ऋण
Floor price (न्यूनतम) मूल्य
Florid पुष्पसज्जित, अलंकृत, अलंकारमयी (भाषा)
Flotilla विध्वंसक बेड़ा
Fluctuating market अस्थिर बाजार
Flush latrine स्वक्षालन शौचालय
Flying boat उड़न नौका
Flying fortress उड़न किला
Flying squad द्रुतगामी दल, (आरक्षी) त्वरित दल, (पुलिस का) तूफानी दस्ता
Fodder चारा, पशुभोजन
Folk dance लोकनृत्य
Folk lore लोक साहित्य
Folk song लोकगीत
Following निम्नलिखित, अधोलिखित, n. अनुयायी
Fomentation सेंक, सेचन, प्रस्वेदन; उद्दीपन, उत्तेजन
Food-control खाद्य-नियन्त्रण
Foodgrains खाद्यान्न
Food rationing खाद्य समवितरण, नियंत्रित खाद्य-वितरण
Foot-path अनुरथ्यां, पटरी
Footing आधार दृढ़ स्थिति
Foot wear पादुका, पदत्राण
F.O.R. price रेल भाड़ायुक्त मूल्य, भाड़े समेत मूल्य
Forbearance क्षमाशीलता, धैर्य
Force, By बलात्
Forced labour बेगार
Forced landing विवश अवतरण, बलादवतरण
Forcelanded बलादवतरित

Fordable सुगाध
Forecast पूर्वानुमान
Forecast of weather ऋतु-सम्बन्धी भविष्यकथन
Forceps एक तरह की चिमटी, गर्भशंकु, संदंशक
Foregoing पूर्वगामी
Foregone conclusion पूर्वानुमिति निष्कर्ष
Foreign bill विदेशी हुण्डी
Foreign exchange वैदेशिक विनिमय
Foreign minister विदेश मन्त्री, परराष्ट्रमन्त्री
Foreman श्रमप्रमुख, श्रमनायक
Forest department वन विभाग
Forest-ranger वन रक्षक
Forest Research Institute वन-अनुसन्धानशाला
Forestry वनविद्या
Foreword प्राक्कथन
Forefeit अपवर्त्तन करना, राजसात् करना, जब्त करना, हरण करना
Forfeiture अपवर्तन, हरण, जब्ती
Forged जाली कूट;—document कपट लेख
Forgery जालसाजी
Form प्रपत्र; आकारपत्र, रूपपत्र; रूप; फरमा
Formal औपचारिक, यथानियम
Formality औपचारिकता
Formally औपचारिक रूप से, उपचारतः, नियमतः
Formula सूत्र
Formulated सूक्ति, मंजिब्द
For public purposes लोक-प्रयोजनार्थ
For the time being तत्काल, फिलहाल, सम्प्रति; साम्प्रतिक
Forwarded अग्रपेषित, अग्रसारित
Forward dilivery अग्रेप्रदान
Forward अग्रेविनिमय
Forward market वादा, वादे का बाजार
Forward price अग्रेमूल्य
Fossil (भूमिगत) जीवावशेष, पुरावशेष
Fossilised प्रस्तरीभूत
Foundation laying शिलान्यास
Founder प्रतिष्ठाता, प्रवर्त्तक, संस्थापक
Foundry ढलाई-घर
Four dimensions चतुविस्तृति
Fours चौथे, चौके
Foxhole रणक्षेत्र में एकाकी सैनिक किलेबन्दी
Fracas संक्षोभ, कोलाहल, विवाद
Fraction भिन्न, प्रभाग, लघु अंश; फूट
Fracture अस्थिभंग; विभंग
Fragment अपखण्ड
Fragmentation of holdings क्षेत्रापखण्डन
Frame ढाँचा, चौखटा, देहयष्टि, शरीर
Frame a charge. To अपराध लगाना
Franchise मताधिकार
Franchise, functional वृत्तिमूलक (या व्यावसायिक) मताधिकार
Fraternity बन्धुत्व, भ्रातृभाव
Fraud धोखा, छल
Fraudulent कपटी, प्रतारक
Free competition अबाध प्रतियोगिता
Freedom of action कार्य-स्वातन्त्र्य
Freedom of choice वरण-स्वातन्त्र्य

Freedom of press मुद्रण-स्वातन्त्र्य
Freedom of speech भाषण-स्वातन्त्र्य
Freedom of worship उपासना-स्वातन्त्र्य
Free gift निर्मूल्य देन, स्वेच्छा दान
Free-hold उन्मुक्त भूम्यधिकार
Freelance journalist स्वतन्त्र पत्रकार
Free of charge निःशुल्क
Free passage निःशुल्क यात्रा
Free port उन्मुक्त पोताश्रय
Free-thinker स्वतन्त्र मनीषी
Free trade अबाध व्यापार, मुक्त वाणिज्य
Freeze ऋण-पावने का भुगतान बन्द करना, रिक्थावरोध
Freezing जड़ीकरण, स्तम्भन
Freezing point हिमांक
Freight वस्तु-भाड़ा
Frequency बारम्बारता, विशेष ध्वनिलहरी, ध्वनि-घनत्व
Fresco भित्तिचित्र, स्तरचित्र (स्तर = पलस्तर)
Friction संघर्ष; घर्षण
Front मोर्चा
Front benches सरकारी बेंचें (पंक्तियाँ)
Front line अग्रिम पंक्ति
Frontier सीमान्त
Frozen assets जड़ीकृत परिसम्पत्
Fructose फलशर्करा
Fruit preservation फल-परिरक्षण
Fruit sugar फलशर्करा
Fugitive भगोड़ा, पलायक
Full bench पूर्ण न्यायपीठ
Fully paid shares पूर्णदत्त अंश
Fumigation धूम्रीकरण, धुआँना, धूपन
Function कृत्य, कार्य; उत्सव, समारोह
Function, administrative प्रशासनीय कृत्य
Functional representation व्यावसायिक प्रतिनिधित्व, वृत्तिमूलक प्रतिनिधित्व
Functionary पदाधिकारी
Fund निधि, कोष, संस्थाकोष
Fund, Depreciation मूल्यह्रास-कोष, घिसाई कोष
Fund, Sinking ऋणपरिशोध-कोष, ऋणशोधन-कोष
Fundamental आधारभूत; मौलिक, तात्त्विक
Fundamental rights मूल अधिकार
Fungus छत्रक, कवक, फफूँद
Furnished उपस्कृत
Furniture उपस्कर; परिवर्ह (पुराना शब्द)
Fuse (पतले तार का) दहन; दहनवर्त्ति
Fusion विलय, विलयन, सायुज्य
Future market वादा बाजार

G

Gag मुख बन्द करना, बोलने न देना, मुखरोधन, मुखावरोधन
Gallery दीर्घा
Gallery Assembly सभा दीर्घा
Gallery, Council परिषद् दीर्घा
Gallery, Distinguished visitor's विशिष्ट दर्शक-दीर्घा
Gallery, Ladies महिला-दीर्घा
Gallery, Press पत्रकार-दीर्घा
Gallery, Speaker's अध्यक्ष दीर्घा
Gallup survey विशिष्ट जनीन मतसंग्रह

Gang समूह, दल, (काम करनेवालों, डाकुओं आदि का)
Gamut सप्तक, स्वरग्राम
Garrage गराज, यानशाला, गाड़ीखाना
Garrison दुर्गरक्षक सेना, दुर्ग-निवेश
Gauge नाष; रेलों की पटरियों के बीच का अन्तर, नापना
Gazette राजपत्र
Gazetted राजपत्रित
Gear दन्तिचक्र, दाँता, गीयर; उपयान्त्र
Gemini मिथुन
Genealogy वंशावली
General व्यापक; सामान्य, सार्विक
General good लोकहित
General Headquarters प्रधान सैनिक केन्द्र
Generalisation साधारणीकरण, व्यापक परिणाम (निष्पत्ति) निकालना
Generation उत्पादन; पीढ़ी
Generator उत्पादन-यन्त्र (गैस आदि का)
Genius प्रतिभा; प्रतिभावान् व्यक्ति
Genocide प्रजातिसंहार
Gentleman's agreement भलेमानुषों का समझौता
Gentlemen of the jury सभ्यगण
Genuine वास्तविक, अकृत्रिम, विशुद्ध
Geologist भूगर्भ-विशेषज्ञ
Geology भूगर्भ-विज्ञान
Geographical भौगोलिक
Geometrical ज्यामितिक, रेखागणित सम्बन्धी
Geometry ज्यामिति, रेखागणित (भूमिति)
Germ कीटाणु
Germination अंकुरण
Glacier हिमानी, हिमनद, हिमप्रवाह
Gilt edged securities उत्तम (प्रथम श्रेणी के) साखपत्र
Gist सारभाग
Gland ग्रन्थि गिलटी
Glandular ग्रन्थिमय
Glass ware कांच-भांड, काँच के मसान
Glider इंजनहीन विमान
Globular गोलिकाकार
Glucose द्राक्षशर्करा (fruitcose फलशर्करा, cane sugar (इक्षु-शर्करा)
Glycerine मधुरिन
Goal-keeper गोलकी, प्रवेशरोधक
God-father धर्मपिता
Godown भाण्डागार, गोदाम
Going concern उन्नतिशील संस्था
Gold currency सुवर्ण चलार्थ
Gold reserve सुवर्ण कोष
Gold standard सुवर्णमान
Good conductor सुचालक, अच्छा परिचालक, सुसंवाहक
Good faith सद्भाव
Goods वस्तु, सामान, माल —office मालघर, मालगोदाम।
Goods, Consumer's उपभोग्य वस्तुएँ
Goods, Contraband विनिषिद्ध वस्तुएँ
Goodwill सद्भाव; सुनाम, ख्याति
Gorge घाटीमार्ग
Governed by के द्वारा शासित, या नियमित
Government सरकार, शासन
Government house राजभवन

Governor राज्यपाल, प्रान्तपति
Gradation क्रमस्थापन; कोटिबन्ध
Grade of pay वेतनक्रम; वेतन-स्तर
Gradding of eggs अण्डों का क्रमस्थापन
Graduate स्नातक; v. चिह्नांकित करना, मापांकित करना
Graduated आनुक्रमिक, चिह्नांकित, मापांकित, अंशांकित
Grammar व्याकरण
Grant अनुदान
Grantee माफीदार
Grant-in-aid सहायक अनुदान
Graph paper विन्दुरेखापत्र, लेखापत्र, वर्गांकित पत्र
Gratification अनुतोषण
Gratuitous निर्मूल्य; स्वेच्छा प्रदत्त; निष्कारण
Gratuity सेवोपहार, अनुग्रहधन
Gravitation, Law of गुरुत्वाकर्षण
Greater India वृहत्तर भारत
Grevous hurt दारुण आघात
Grounded आधारित; जो किनारे पर चढ़ गया हो; भू-अवतरित; जो उड़ने से रोक दिया गया हो (विमान)
Group leader टोली नायक
Grouping of states रियासतों का समूहीकरण
Gross assets सकल परिसम्पत्
Gross income सकल आय
Gross revenue सकल आगम
Gross value सकल अर्हा
Guarntee प्रत्याभूति, प्रतिश्रुति
Guardian अभिभावक, अभिरक्षक
Guerilla warfare छापामार लड़ाई
Guest-house अतिथिगृह, अतिथि भवन, अतिथिशाला
Guidance पथ-प्रदर्शन
Guild पथप्रदर्शक, मार्गदर्शक
Guild शिल्पिसंघ, श्रमिक-निकाय
Guild socialism निकाय-समाजवाद, श्रेणी-समाजवाद
Guillotine शिरश्छेदयन्त्र; मुखबंध
G. a motion प्रस्ताव-विवाद-नियन्त्रण, मुखबंध प्रयोग
Guilty.To plead अपराध-स्वीकृति का प्रतिपादन
Gun, Anti-air-craft विमानध्वंसक (विमानवेधी) तोप
Gun, Automatic स्वचालित तोप
Gun, Long range दूरप्रहारी तोप, लम्बीमार तोप, दूरमार तोप
Gun, Machine मशीनगन, चक्रतोप, यन्त्रचालित तोप
Gunpowder बारूद
Gunshot छर्रा
Gunner तोपची
Gunnery तोपविद्या
Gutter गन्दी नाली
Gynarchy स्त्री-राज्य, स्त्रीतन्त्र
Gyroplane घिरनीदार विमान

H

Hebeas corpus व्यक्ति स्वातन्त्र्य, बन्दी-प्रत्यक्षीकरण
Habitual drunkard अभ्यस्त मद्यप
Habitual offender अभ्यस्त अपराधी,

पक्का अपराधी
Haemorrhage रक्तस्राव
Hail ओला, उपल
Hall-mark प्रमाणांक
Hallucination दृष्टिभ्रम, विभ्रम, दृष्टि बन्ध
Halo श्रमामण्डल, परिवेश
Hand bill हस्त-वितरणीय विज्ञापन, हस्त विज्ञापनक
Hand cuffed निगडहस्त
Hand-grenade हथगोला
Handicraft हस्तशिल्प, दस्तकारी
Handloom industry करघा उद्योग
Handmaid कठपुतली
Handnote हस्तांकित ऋणपत्र
Hand-out हस्तपत्रक, हस्तज्ञापन
Hand-to-hand fight हस्ताहस्तिका, सम्मुख युद्ध
Handwriting expert हस्तलिपि विशेषज्ञ
Hanger विमानगृह, विमानघार, विमानशाला
Harbour पोताश्रय, बन्दरगाह
Hard currency area दुर्लभ-मुद्रा-क्षेत्र
Hardware लौहभाण्ड
Haves and have-note अस्तिमंत तथा नास्तिमंतशस्त्र तथा निःस्व, सधन + अधन
Hawker आक्रय, फेरीवाला
Hazardous संकटास्पद, संकटावह
Head शीर्ष, मद, प्रधान, अध्यक्ष
Heading शीर्ष
Headman मुखिया
Head of department विभागाध्यक्ष
Head office प्रधान कार्यालय
Head quarters सदर मुकाम, मुख्यालय, प्रधान निवास, मुख्यावास
Hear, hear साधु, साधु; क्या खूब! क्या कहना है!
Hearing सुनवाई
Hearsay श्रुतानुश्रुत, सुनीसुनाई
Heatwave तापतरंग
Heater तापक
Heaven आकाश; स्वर्ग; सुखप्रदस्थान; ईश्वर
Heinous गर्हित
H. offence गर्हित अपराध
Heir उत्तराधिकारी
Heir apparent युवराज, प्रत्यक्ष या विधिक उत्तराधिकारी, निकटतम उत्तराधिकारी
H. expectance प्रत्याशित उत्तराधिकारी
H. presumptive सम्भावित उत्तराधिकारी
Hemp सन
Herald अग्रदूत
Herbaceous शाकीय (हर्वेशस)
Hereditary वंशगत, आनुवंशिक
Heredity वंशपरम्परा, आनुवंशिकता
Heresy बैधर्म्य, धर्मद्रोह, ईश्वरनिन्दा
Her Excellency शुभमूर्ति, महामहिमावती
Heritage पैतृक सम्पत्ति, दाय (थाती)
—cultural सांस्कृतिक उत्तराधिकार
Hero-worship वीर पूजा
Heterogeneous विजातीय, भिन्न जातीय, विषमांग
Hierarchy पुरोहिततन्त्र, पुरोहित राज्य; सानुक्रम संस्थान; अनुक्रम; आपुपूर्व्य
High command हाई कमान, उच्चाधिकारी

High commissioner हाई कमिश्नर, उच्चायुक्त (कारभारी)
High court उच्च न्यायालय
High-way राजमार्ग, राजपथ
Hindu law हिन्दूधर्म, हिन्दूविधि
His Excellency महामहिम
His Majesty महामान्य
History sheet इतिवृत्त पत्रक, दुर्वत्त फलक
History sheeter पूर्वापराधी
Hoarding अनुचित संग्रह, अपसंग्रह, अपसंचय
Hoarding and Profiteering Act अपसंचय तथा अपलाभ विरोधी अधिनियम
Hold good काम देना, लागू होना; कार्यक्षम होना
Holding कृषिस्वामित्व; क्षेत्र, जोत
Holding, uneconomic अलाभकर जोत
Homage श्रद्धांजलि
Home-guard गृहरक्षक; रक्षादल
Home-minister गृहमन्त्री
Home-sick स्वगृहस्मारी
Homicide मानवहत्या, नरहत्या
H. by misadventure दुर्दैवात् नरहत्या
Homicide, Culpable अपराध नरहत्या
H., justifiable न्याय नरहत्या
H. mania नरहत्योन्माद
Homogeneity एकजातीयता, सजातीयता
Homogeneous एकजातीय, एकरूप, समांग
Homologous एकानुरूप, सजातीय
Honey-moon आनन्दमास, प्रमोदकाल
Honorarium मानदेय
Honorary अवैतनिक
Honour, Military सैनिक सम्मान
Honour (a bill or draft) सकारना
Honourable माननीय
Honourable minister माननीय मन्त्री
Hooliganism गुण्डागिरी
Horizon क्षितिज
Horizontal क्षैतिज, अनुप्रस्थ, दिगंतसम, सपाट
Horse power अश्वशक्ति
Horticultural scheme औद्यानिक योजना
Horticulture उद्यानकर्म
Host मेजबान, आतिथेय
Hostage सशरीर प्रतिभू, व्यक्ति-प्रतिभू, ओल
Hostility युद्ध-स्थिति; शत्रुता, द्वेषभाव
House सदन, भवन
H., Lower निम्न सदन, अवरागार, प्रथम सदन
H., Upper उच्च सदन; वरागार, द्वितीय सदन
H., of commons कॉमन सभा, ब्रिटिश लोक सभा
H. of lord सरदार सभा
H. of People लोक सभा
H. of representatives प्रतिनिधि सभा (अमेरिका)
House-tax गृह कर
House-trespass भवन में अनधिकृत प्रवेश, भवनापचरण
Humanism मानववाद
Humanitarianism मानवदयावाद,

मानवतावाद
Humidity आर्द्रता
Humour विनोद
Hunger-strike भूख हड़ताल
Husbandry कृषिकर्म
Hydraulic उदिक
Hydrodynamics नदीप्रवाह विज्ञान
Hydro-electric जलविद्युतीय
Hydro-electric power जलविद्युच्छक्ति
Hydro-electricity जलविद्युत, पनबिजली
Hydrogen उदजन, जलजन
Hydropathy जलचिकित्सा
Hydrophobia जलांतक
Hygiene स्वास्थ्य विज्ञान
Hygrometer आर्द्रतामापी
Hygrometry आर्द्रतामिति
Hyphen समासरेखा, समास चिह्न
Hypnotism सम्मोहन विद्या
Hypotenuse कर्ण
Hypothesis उपकल्पना, परिकल्पना
Hypothetic उपकल्पित, परिकल्पित
Hysteria बालोन्माद

I

Iceburg हिमशैल
Ideal आदर्श
Idealism आदर्शवाद; वेदान्त
Idealist आदर्शवादी
Identical motion समरूप प्रस्ताव
Identification अभिज्ञान, पहिचान
Identity ऐकात्म्य; समानिका; परिचय
I. card परिचयपत्रक; अभिज्ञान पत्रक
Ideology विचारधारा
Ideological सैद्धान्तिक, विचारधारा-सम्बन्धी
Ill advised कुमन्त्रित, अपमर्शित
Illegal अवैध
Illegal practice अवैधाचरण
Illegitimate अवैधज; विधिविरुध; जारज
Illicit अवैधजात; अवैधप्राप्त, अनुनमत
Illusion भ्रान्ति, माया; इन्द्रजाल
Illusory भ्रान्तिजन, मायामय
Illustrative निदर्शी
I. election निदर्शी निर्वाचन
Imaginary काल्पनिक
Imaginative कल्पनात्मक
Immersion प्रवाह; भसान; डुबोना, निमज्जन
Immigrant आप्रवासी
I.labour आप्रवासी श्रमिक
Immature अपरिपक
Immigration आप्रवास (आवास)
Imminent आसन्न
Immoral अनैतिक
Immovable property अचल सम्पत्ति, स्थावर सम्पत्ति
Immunity उन्मुक्ति
Impact संघात
Impartiality निष्पक्षता
Impeach प्राभियोग लगाना
Impeachment महाभियोग, प्राभियोग
Imperative Mood आज्ञार्थ नियम
Imperial साम्राज्य-सम्बन्धी, शाही, राजकीय
I. preference साम्राज्यगत अधिमान्यता
Imperialism साम्राज्यवाद

Impersonation छद्मव्यक्तिता
Implement n. उपकरण
Implement v. अभिपूर्ति करना, अमल करना; कार्यान्वित करना
Implicate आलिप्त करना, फँसाना
Implication निहितार्थ
Implied ध्वनित, लक्षित, गर्भित
Import आयात
Import duty आयात शुल्क
Importer आयातकर्ता, आयातक
Impose आरोपित करना, लगाना; छापते समय टाइप के पृष्ठों का सिलसिला ठीक करना; पृष्ठक्रम
I. restriction निर्बन्ध लगाना
Imposition आरोपण
Impost कर
Impounding रोधन (रोक रखना, बाँध रखना)
Impregnated गर्भित
Impregnation गर्भाधान
Imprest अग्रिम देय; अग्रधन
I.account पेशगी का हिसाब
Imprison कारावास देना
Imprisonment कारावास, कारारोध
Improved सम्मुन्नत
Improvement trust सुधार-प्रन्यास
Impulse अन्तःप्रेरणा, प्रेरणा, आवेग
Impute अध्यारोपित करना
Imputation अध्यारोप; अभ्यारोप
Imputed value अध्यारोपित मूल्य
In abeyance अस्थगित निलम्बित स्थिति में
In accordacne with law विधि के अनुसार
Indmissible अग्राह्य
Inadvertence असावधानता, अनवधानता, प्रमाद
Inalienable अहस्तान्तरकरणीय; असंक्राम्य
Inalienability of sovereignty प्रभुसत्ता की अहस्तान्तरकरणीयता
In anticipation प्रत्याशा में
Inappropriate अनुपयुक्त
Inauguration उद्घाटन
In-camera गुप्त
Incapacity असमर्थता
Incarceration कारारोधन, कारावास
Incarnation अवतार
Incendiary bomb दाहक प्रस्फोट
Incentive वि. उत्तेजक; पु. उत्तेजन
In-charge प्रभारी, कार्यवाहक
Incidence of taxation करानुपात
Incident प्रसंग
Incidental प्रासंगिक, आनुषंगिक
In-circle अन्तर्वृत्त, अन्तर्गत वृत्त
Incision कर्त्तन, कटन
Incite उत्तेजित करना
Inclement weather आँधी-पानी आदि, प्रतिकूल मौसम
Inclination झुकाव, नति
Inclusion अन्तर्भाव
Inclusive मिलाकर
income, National राष्ट्रीय आय
Income-tax आयकर
Income-tax officer आयकर अधिकारी
Income, unearned अनर्जित आय
Incompatible अनुरूप, संगतिविरुद्ध
Incompetency अयोग्यता, अक्षमता

Incongruous असम्बद्ध, विसंगत
Inconsistency असंगति
Inconsistent असंगत
Incontrovertible अखण्डनीय, निर्विवाद
Inconvertible अपरिवर्त्य
Incorporate (v.) मिलाना, निगमित करना
Incorporated (adj.) समाविष्ट, निगमित; अन्तर्भावित
Incorporation Company निगमित प्रमण्डल
Incorporation निगमन
Increment वृद्धि
Incumbent निर्भर
I. of an office पदधारी
Incumbrance ऋणभार
Incurable असाध्य, अचिकित्स्य
Incurred उपमत, प्राप्त, उठाया, सद्यः
Indebted ऋणी
Indebtedness ऋणग्रस्तता
Indemnification क्षतिपूरण
Indemnity क्षतिपूर्ति कराना
Indemnity क्षतिपूर्ति —bond क्षतिपूरक प्रतिज्ञापत्र
Indemnity bill क्षतिपूर्ति विपत्र
Indent (n.) वस्तु-प्रेषणादेश, माँगपत्र; पार्श्व वृद्धि, पार्श्वप्रसारण
Indent (v.) वस्तु मँगाना
Indenture प्रतिज्ञापत्र
Indentured labour प्रतिज्ञाबद्ध श्रमिक, अनुबद्ध श्रमिक
Independent स्वतन्त्र, अदलाय
Indeterminate अनिर्धारित
Indeterminate sentence अनिर्धारित दंड
Index card निर्देशक पत्र
Index finger प्रदेशिनी, तर्जनी, देशिनी
Indexing सूचीबद्ध करना
Index number मूल्य सूचनांक
Index of production उत्पादन-सूचनांक, उत्पादन निर्देशनांक
India Act. Govt. of भारत-शासनविधान
India office भारत मन्त्री-कार्यालय
Indian administrative service भारतीय प्रशासन सेवा, भारतीय प्रशासन-विभाग
Indian Arms Act भारतीय शस्त्रविधान
Indian Council of Agricultural Research भारतीय कृषि अनुसंधान-परिषद
Indnian Penal Code भारतीय दण्डसंहिता
Indian Police Service भारतीय आरक्षी सेवा, भारतीय पुलिस विभाग
Indians overseas प्रवासी भारतीय
Indianization भारतीयकरण
Indict आरोप करना
Indigenous देशी; देशज
Indirect tax अप्रत्यक्ष कर
Indirect election परोक्ष निर्वाचन
Indiscriminate अविवेकी; विभेदहीन, अन्धाधुन्ध
Indispensable अपरिहार्य
Indisputable निर्विवाद
Individualism व्यष्टिवाद
Individualist व्यक्तिवादी, व्यष्टिवादी
Individuality व्यक्तित्व, विशिष्टत्व
Indivisible अविभाज्य

Indoor patient प्रविष्ट रोगी, अन्तर्वासी रोगी
Indorsement (See Endorsement) सकारना
Induction अनुगम; उपपादन (विद्युत का)
Inductive system आगमन प्रणाली
In due course यथासमय
Industrial औद्योगिक
Industrial Chemist औद्योगिक रसायनज्ञ
Industrial Court औद्योगिक न्यायालय
Industrial data औद्योगिक तथ्य
Industrial depression औद्योगिक मन्दी
Industrial dispute औद्योगिक विवाद
Industrial efficiency औद्योगिक दक्षता
Industrial expansion औद्योगिक प्रसार
I. housing औद्योगिक वास-व्यवस्था
I. Truce औद्योगिक शांति समझौता
Industrialisation औद्योगिकीकरण
Industrialist उद्योगपति
Industry, Key आधारोद्योग, प्रमुख उद्योग
Inefficiency अदक्षता
Ineligible अपात्र, अयोग्य, अवरणीय
Ineligibility अपात्रता
Inquality असमानता
Inequitable न्याय-विरुद्ध
Inequity विषमता
Inevitable अपरिहार्य
inevetable payments अपरिहार्य भुगतान
Inexpedient असमयोचित, अनपयुक्त
Infant mortality शिशु-मरण
Infanticide शिशु हत्या
Infantile paralysis शिशु-पक्षाघात
Infantry पैदल सेना, पदाति
Infection संक्रमण
Infectious संक्रामक
Inference निष्कर्ष, अध्याहार, अनुमिति
Inferior Court निम्न न्यायालय
Inferior servant निम्न कर्मचारी, अवर सवेक
Inferiority complex हीन मनोभाव, लघुमन्यता
Infinite अनन्त; असीम
Infirmary रुग्णालय, अस्पताल
Infirmity निर्बलता, कमजोरी
Inflammable ज्वलनशील
inflammatory उत्तेजक
Inflation मुद्रास्फीति, मुद्राविस्तार
Inflationary trend मुद्रास्फीतिकारी प्रवृत्ति, मुद्राधिक्य प्रवृत्ति
Inflexible अनाम्य
Inflexible constitution अनाम्य संविधान
Influnce, undue अयुक्त प्रभाव
Influx अन्तरागम, बढ़ाव
Informal behaviour अनौपचारिक व्यवहार
Informal meeting अयथाविधि भेंट; अनौपचारिक बैठक
Informant सूचक
Information सूचना; जानकारी
Information department सूचना-विभाग
Information minister सूचना मन्त्री
Information, On point of सूचनार्थ
Informer भेदिया

Infringe उल्लंघन करना
Infringement उल्लंघन, व्याघात
Ingenious पटु, चतुर; पटुतापूर्ण
Ingenuity पटुता, चातुर्य
Ingot सिल
Ingredient संघटक, संयोगांग
Ingress आना, प्रवेश
Inhabitant निवासी
Inherent सहज, जन्मजात; अन्तर्निहित
Inherent disease पैतृकरोग, जन्मज व्याधि
Inherent power अन्तर्निहित शक्ति
Inherent right जन्मज अधिकार
Inherit दाय पाना
Inheritance दाय रिक्थ
Inheritance, Law of दायविधि
Inheritance, Right of दायाधिकार
Inheritance tax दायकर, रिक्थकर
In his discretion स्वविवेक से
Inhuman अमानुषिक
Initialled आद्यक्षरित
Initial pay आरम्भिक वेतन
Initials संक्षिप्त हस्ताक्षर, नाम के आद्यक्षर
Initiate सूत्रपात या प्रारम्भ करना, उपक्रमण करना
Initiative पहल, प्रेरणा; अभिक्रम, पहलकारी
Initiative and referendum उपक्रम और जननिर्देश
Injection सूचिवेधन, सूई देना; सूई ('लेना' के साथ) वेधनोपचार; सूचीचिकित्सा
Injunction निरोधाज्ञा
Injunction, Writ of निरोधाज्ञा, समादेश
Inkling संकेत, सुझाव
Inland अन्तर्देशीय
Inland revenue अन्तर्देशीय आय
Inland trade अन्तर्देशीय व्यापार
Inland waterways अन्तर्देशीय जलपथ
Innermost अन्तरतम
Innings पाली
Innocent निरीह, निरपराध, निश्छल
Innocuous अनपकारी, अहानिकर
Innovation अभिनव परिवर्तन
Innuendo व्यंग्योक्ति, सूचकोक्ति, पर्यायोक्ति
Inoculation टीका लगाना
In open court खुली अदालत में
Inoperative अप्रवृत्त, अप्रवर्ती
Inopportune असामयिक
In order नियम-संगत; नियमानुकूल; यथाक्रम
Inordinate delay अत्यधिक विलम्ब
In person स्वयं
In partial modification आंशिक संशोधन करते हुए
In query प्रश्नवाचक चिह्न में
Inquest अकाल-मृत्यु-विचारणा
Inquiry जाँच, परिप्रश्न, परिपृच्छा
Inquisition न्यायालयिक अन्वेषण
Inscribed अन्तर्लिखित, अन्तरंकित
Inscription अन्तर्लेखन, अन्तरंकन
Insecticide कीटनाशक; कीटनाशन
Insemination गर्भ-रोपण
Insert सन्निविष्ट करना
Insertion प्रकाशन; सन्निवेश
Insignia राजांक, राजचिह्न; पदसूचक

चिह्न

Insoluble अविलेय

Insolvency दिवालियापन, असम्पन्नता

Insolvent दिवालिया, शोधनाक्षम

Insomnia उन्निद्ररोग

Inspection निरीक्षण

Inspector निरीक्षक

Inspector-General of Police पुलिस महानिरीक्षक, आरक्षी, महानिरीक्षक

Inspectorate निरीक्षक-कार्यालय, निरीक्षकालय

Inspiration दैवी प्रेरणा, अन्तःप्रेरणा

Inspired अन्तःप्रेरित, उत्प्रेरित

Installation अधिष्ठापन, प्रतिष्ठापन

Instalment प्रभाग, किस्त, खण्डिका, विखण्ड

Instinct सहज प्रवृत्ति, आन्तरिक प्रेरणा

Instinctive सार्वजिक

Institute ज्ञानमन्दिर; प्रतिष्ठान; v. दायर करना, बैठाना

Institution संस्था; प्रथा

Instruction अनुदेश, (निर्देश) शिक्षा

Instrument विलेख; लिखत; करण; करणपत्र

Instrumental (music) वाद्यसंगीत

Instrument of Accession सम्मिलन-विलेख

Instrument of divorce विवाह विच्छेद करणपत्र

Instrument of instructions निर्देश का विलेख

Insubordination अविनय, आज्ञा-भंग

Insular संकुचित, संकीर्णहृदय; द्वीपिक (जलवायु)

Insulation विसंवाहन, अवरोधन

Insulator विसंवाहक, अवरोधी

In supersession of अकारथ या रद्द करते हुए

Insurance बीमा

Insurance, Fire आग बीमा

Insurance, Life जीवन-बीमा

Insurance policy बीमा-पत्रक

Insurgency प्रजाक्षोभ

Insurrection उपप्लव

Intact अविकल, अक्षुण्ण, अखण्ड

Integration एकीकरण

Integrity अखण्डता; ईमानदारी; न्यायशीलता

Intellectualism बुद्धिवाद

Intelligence बुद्धि

Intelligence department खुफिया विभाग

Intelligence test बुद्धि परीक्षा

Intelligentia बुद्धिजीवी वर्ग

Intensive cultivation घना कृषिकार्य, घनी खेती

Intercede मध्यस्थ बनना, विचवई करना

Intercept बीच में रोक लेना

Inter-dependent अन्योन्याश्रित

Interest ब्याज

Interest Compound सूद-दर-सूद, चक्रवृद्धि ब्याज

Interest, vested निहित स्वार्थ

Interim अन्तरिम, मध्यवर्ती

Interior, Minister of the गृहमन्त्री, स्वदेशमन्त्री

Intermediary उभय-मध्यस्थ, अन्तःस्थायी

Intern अन्तर्वासित करना, स्थानबद्ध करना, नजरबन्द करना
Internal आन्तरिक
Internal affair घरेलू विषय
Internal disorder आन्तरिक अशान्ति
Internal regulation आन्तरिक विनियम
International अन्तर्राष्ट्रीय सम्मेलन
International conference अन्तर्राष्ट्रीय सम्मेलन
Inernational, first मार्क्स द्वारा स्थापित प्रथम अन्तर्राष्ट्रीय समाजवादी संस्था
International second प्रथम अन्तर्राष्ट्रीय के विजर्सन के बाद स्थापित समाजवादियों की दूसरी अन्तर्राष्ट्रीय संस्था
International, third कम्युनिस्टों की अन्तर्राष्ट्रीय संस्था
Internationale कम्युनिस्टों का अन्तर्राष्ट्रीय गीत
Intternecine war परस्पर संहारक युद्ध
Internee नजरबन्द; अन्तर्वासित
Internment नजरबन्दी, अन्तर्वासन, क्षेत्रीय निरोध, स्थानासेध
Interpellation प्रश्नोत्तर
Interpose अन्तस्स्थापन, बीच में रखना
Interpret व्याख्या करना, अर्थ करना
Interpretation व्याख्या, निर्वचन, अर्थापन; अर्थ
Interpreter दुभाषिया
Inter regnum राजसिंहासन जब रिक्त हो
Intererex राजप्रतिनिधि
Interrogate प्रश्न करना
Interrogatory प्रश्नात्मक, प्रश्नसूचक
Interview साक्षात्कार
Intestacy इच्छापत्र-हीनत्व
Intimation (लिखित) सूचना
Intimidate धमकी देना, भयभीत करना
In toto पूर्णतया
Intoxication मादकता
Intransigent दुराग्रही
Intra wires अधिकारान्तर्गत
Intricate जटिल
Intrigue दुरभिसंधि
Intrinsic value धात्विक मूल्य, वास्तविक मूल्य
Introduce प्रस्तुत करना, पुनः स्थापित करना; परिचय कराना
Introduction, Letter of परिचय पत्र
Intrusion अनाहूत प्रवेश
Intuition अन्तर्ज्ञान, अन्तर्बोध
In unequivocal terms असंदिग्ध शब्दों में
Invalid अमान्य; असमर्थ
Invalidity pension असमर्थता निवृत्ति वेतन
Inventory सम्पत्ति-सूची, समान-सूची
Inverse order विलोमक्रम
Inversion विलोमता; प्रतिलोमीकरण
Invest पूँजी लगाना
Investigation जाँच पड़ताल
Investiture अभिषेक
Investment पूँजी लगाना; धनविनियोग
Invidious द्वेषाजनक
Invigilator निरीक्षक
Invogue प्रचलित
Invoice बीजक
Involve अन्तर्ग्रसन

Involved अन्तर्ग्रस्त, अन्तर्गत
Ipso-facto यथार्थतः; तथ्यतः
Iron-age लौहयुग
Iron curtain लौहपट, लौह दीवार, लौह-आव
Iron ore कच्चा लोहा
Irony व्यंग्य
Irrecoverable अप्रत्यादेय
Irredeemable अमोचनीय, अशोध्य
Irregular अनियमित
Irrelevant असंगत, अप्रासंगिक
Irrigation भूसिंचन, सिंचाई
Isolate एककीकरण, पृथक करना
Isolationist policy पृथक्तावादी नीति
Issue समस्या; निर्गम; वादविषय; वादपद, विवाद विषय
Issue department निर्गम-विभाग
Issue price निर्गम-मूल्य
Issues (n.) वादहेतु
Isthmus स्थल-डमरूमध्य
Item मद, विषय
Items on the agenda कार्यावली का विषयक्रम
Itemwise विषय-क्रम से

J

Jeggery गुड़
Jail कारागार
Jailor कारागारिक, कारापाल
Jammed अवरुद्ध (मार्ग); जकड़ गया (यन्त्र, पुरजा)
Job कृत्य; नौकरी
Jobbers ठेकदार
Join कार्य ग्रहण या आरम्भ करना
Joining time कार्य-ग्रहणकाल
Joint संयुक्त
Joint account संयुक्त लेखा
Joint and several responsibility संयुक्त तथा पृथक् उत्तरदायित्व
Joint capital संयुक्त पूँजी
Joint electorate संयुक्त निर्वाचक वर्ग
Joint estate संयुक्त भूसम्पत्ति
Joint family संयुक्त परिवार
Joint ownership संयुक्त स्वामित्व
Joint production संयुक्त उत्पादन
Joint secretary संयुक्त सचिव
Joint stock company संभूय समुत्थान, संयुक्त स्कन्ध प्रमण्डल
Jointure स्त्रीधन
Journal दैनिक पंजी; वृत्तपत्र
Journal entry पंजी-प्रविष्टि [purchasers] j. क्रयपंजी, खरीद-बही, sales j. विक्रयपंजी, बिक्री-बही
Journalism पत्रकारी, पत्रकारिता; पत्रकार कला
Journalistic etiquette पत्रकारी का नैतिक आदर्श
Judge v. निर्णय करना
Judge n. न्यायाधिकारी, न्यायाधीश
Judge, additional अपर न्यायाधीश
Judge Sessions दौरा जज, सत्र-न्यायाधीश
Judgement निर्णय, न्याय-निर्णय, (अदालत का) फैसला
Judicature न्यायाधिकरण, न्याय व्यवस्था
Judicial न्यायिक;—decision न्यायिक निर्णय;—department न्याय विभाग;

—enquiry न्यायिक जाँच;—notice अवगम; न्यायालय द्वारा किसी बात को स्वयं विचार में लाना;—proceedings न्यायालय की कार्रवाई, अदालत की कार्रवाई।

Judiciary न्यायपालिका; न्यायाधिकारी वर्ग

Judicious विवेकपूर्ण; न्यायसम्मत

Jurisdiction अधिकार-क्षेत्र; क्षेत्राधिकार

Jurisprudence न्यायशास्त्र; विधिशास्त्र

Jurist न्यायज्ञ

Jury न्याय-सम्य; जूरी

Justice न्यायाधिपति; न्याय

Justice of peace शान्ति के न्यायाधिकारी

Justiciable निर्णय, व्यवहार्य

Justifiable न्यायानुमोद्य, न्यायतः समर्थनीय

Juvenile delinquency किशोरों की अपराधवृत्ति

K

Kaleidoscope बहुरूपदर्शक

Keeper of records अभिलेखपाल (उल्लेखपाल)

Kennel श्वानालय

Key industry आधारोद्योग, प्रमुख उद्योग

Kidnapping (बालापहरण); अपहरण

Kind, In उपज या माल के रूप में

Kindred (adj.) सगोत्र, तद्वत्, तत्समान; n. रक्तसम्बन्ध

Kine house पशुनिरोधशाला

Kinship रक्तसम्बन्ध

Kit यात्रा का सामान, सामान का झोला या छोटा पुलिन्दा

Kleptomania चौर्योन्माद

Kulak धनिक किसान

L

Lable नामपत्र

Labelled नामपत्रित

Labial ओष्ठ्य

Labio-dental दन्तोष्ठ्य

Laboratory प्रयोगशाला

Labour श्रम, श्रमिक

Labour bureau श्रमालय, श्रमकार्यालय

Labour dispute श्रम विवाद

Labour federation श्रमिक संधान

Labour organized संघटित श्रमिक

Labour, party श्रमिकदल

Labour union श्रमिक-संघ, मजदूर-संघ

Labour unrest श्रमिक अशान्ति

Labour, Unskilled अकुशल श्रमिक

Labour welfare centre श्रमहितकारी केन्द्र

Labour welfare work श्रमिक कल्याण कार्य

Lactation Period दूध देने की अवधि

Lactometer दुग्धमापी

Lady-president सभानेत्री

Ladies gallery महिला दीर्घा

Laissezfaire अहस्तक्षेप-नीति

Laminated wood परतदार लकड़ी

Lance Corporal उप-कारपोरल

Land acquisition act भूमि-अवाप्ति अधिनियम

Land alienation act भूमि-हस्तान्तरण-अधिनियम
Landing ground अवतरण भूमि
Landlord भूस्वामी
Landmark सीमाचिह्न
Land records भू-अभिलेख
Land revenue भू-राजस्व, मालगुजारी
Land route स्थल-मार्ग
landed interest भूमिहित, भूमिगत स्वार्थ
Landed property भूसम्पत्ति
Landscape भूदृश्य
Land survey भूपरिमाप
Lapse व्यपगत होना (कालातीत होना)
Large scale industry बड़े पैमाने के उद्योग
Large scale production बड़े पैमाने पर उत्पादन
Late भूतपूर्व; स्वर्गीय;—fee देरफीस—news छपते-छपते का समाचार
Latent अप्रकट, अदृश्य
Latitude अक्षांश
Latter अवरोक्त
Launch (आन्दोलनादि) आरम्भ करना
Launching a ship पोत-संतरण, पोतका जलावतरण
Lavatory शौचालय, प्रक्षालनगृह
Law विधि, नियम, सिद्धान्त
—abiding विधिपालक
—and order कानून और व्यवस्था
—book विधि पुस्तक
—charges विधि व्यय
—International अन्तर्राष्ट्रीय विधि (या विधान)
—of marginal utility सीमान्त उपयोगिता नियम
—of mature प्रकृति का नियम
Lawful विधिवत्, विध्यनुसार (वैध)
Lawlessness अव्यवस्था, अराजकता
Law of evidence साक्ष्यविधि
Lawn दूर्बाक्षेत्र
Lawyer विधिज्ञ, वकील
Lay-man सामान्य जन, अविशेषज्ञ
Lay-out अभिन्यास
Lead अग्रांश, अग्रभाग
Leader नेता, अग्रणी, अग्रलेख
Leader, Floor गृहाग्रणी
Leader of the House सभाग्रणी, सभानेता
Leader of the opposition विरोधी दल का नेता, प्रतिपक्ष-नेता
Leaderette सम्पादकीय टिप्पणी या छोटा अग्रलेख
Leading article अग्रलेख
Lead pencil सीस-अंकनी, पेंसिल
Leatlet पर्णक, पर्चा, चौपतिया
League of Nations राष्ट्रसंघ
Leakage च्यवन; च्यवन-छूट, च्यवनमोक, रहस्य का प्रकट हो जाना
Leapyear (अधिक दिनयुक्त वर्ष) अधिवर्ष, लौंद का साल
Lease n. पट्टा
Lease v. पट्टों पर देना
Lease deed पट्टे का कागज, पट्ट-विलेख
Lease, permanent दवामी पट्टा
Lease, terminable समापनीय पट्टा
Leave अवकाश, छुट्टी; अनुमति
Leave, Maternity प्रसवावकाश,

प्रसूति-छुट्टी, प्रसूत्यवकाश

Leave of absence अनुपस्थिति की अनुमति

Leave, privilege रियायती छुट्टी

Leave preparatory to retirement निवृत्त के पूर्वक की छुट्टी

Leave, quarentine स्पर्शवर्जन छुट्टी

Leave to withdraw a motion प्रस्ताव वापस लेने की अनुमति

Lecturer विवक्ता, उपप्राध्यापक

Ledger प्रपंजी

creditors 1. उत्तमर्ण प्रपंजी

purchases 1. क्रय-प्रपंजी

sale 1. विक्रय प्रपंजी

suppliers 1. उत्तमर्ण प्रपंजी

general 1. सामान्य प्रपंजी

Ledger account प्रपंजी लेखा

L. entry प्रपंजी-प्रविष्टि

L.folio प्रपंजी-पृष्ठ

Left hander वयँहत्या, वामहस्तिक; वामहस्ताघात

Left side वाम पार्श्व

Leftist वामपक्षी; वामपंथी

Leg before wicket पदबाधा, पदरोध

Legacy बपौती; मृत्युपत्र; दायदान

Legal वैध, विधि-विहित; विधिक

Legal action वैध कार्रवाई, कानूनी कार्रवाई

Legal defect वैधानिक त्रुटि

Legal interest वैध हित

Legal monopoly वैध एकाधिकार

Legal procedure वैध प्रक्रिया

Legal process वैध प्रणाली

Legal remembrancer विधि-परामर्शी, विधि-प्रज्ञापक

Legal Secretary विधि-सचिव

Legal tender विधिग्राह्य

Legal tender money विधिग्राह्य मुद्रा

Legate (विदेशस्थित) उपराज-प्रतिनिधि, उपराजदूत

Legation उपदूतावास

Legislation विधान

Legislative विधायी

Legislative Assembly विधान-सभा

Legislative Council विधान-परिषद्

Legislature विधान-मण्डल

Legitimate न्याय्य; वैध; युक्तियुक्त; यथार्थ; औरस

Lender उधार देनेवाला, महाजन, साहूकार

Lens वीक्ष, ताल

Lentil मसूर

Leo सिंह राशि

Leper asylum कुष्ठालय

Lessee पट्टेदार, पट्टधारी

Lessor पट्टा देनेवाला

Lethal weapon घातक शस्त्र

Letter box पत्रपेटिका

Letter of administration प्रशासन पत्र

Letter of credit प्रत्यय पत्र

Letter of introduction परिचय पत्र

Letters patent एकस्व पत्र

Level of price मूल-तल, मूल्य स्तर

Leviable आरोप्य

Levy आरोपण, उद्ग्रहण

Levy a tax कर लगाना, करारोपण

Lewis gun झड़ीदार बन्दूक

Lexicon शब्दकोश, कोश

Liabilities देय, देय धन, ऋण
Liability देयता, दायित्व
Liasion officer ग्रथनाधिकारी, सम्पर्क पदाधिकारी
Libel अपमानलेख
Laberal Federation उदारदल संघ
Liberty, Civil नागरिक स्वाधीनता
Liberty of conscience विवेक-स्वातन्त्र्य, अन्तःकरण की स्वतन्त्रता
Liberty of press मुद्रण-स्वातन्त्र्य, प्रेस-स्वातन्त्र्य
Liberty of speech भाषण-स्वातन्त्र्य
Libra तुला राशि
Librarian ग्रन्थागारिक, पुस्तकाध्यक्ष
Licence अनुज्ञापत्र, अनुज्ञप्ति
Licence fees अनुज्ञा-शुल्क
Licensed प्राप्तानुज्ञ, दत्तानुज्ञ
Licensee अनुज्ञाधारी, प्राप्तानुज्ञ
Licensor अनुज्ञाता
Lieutenant Governor उपराज्यपाल
Life belt जीवनरक्षक पेटी
Life boat जीवन नौका
Lift उत्थानक, उन्नयन-यन्त्र, सोपानिका, लिफ्ट
Liftman सोपानिकाचालक, उन्नयन-यन्त्रचालक
Light प्रकाश
Light-house प्रकाशस्तम्भ, कंडीलिया
Light literature रंजनकारी साहित्य
Lightning तडित्—(electricity विद्युत)
Lightning arrester तडिद्धारक
Lightning war क्षिप्रगति-युद्ध, विद्युद्युद्ध
Limit सीमा
Limitation परिसीमा, परिसीमन; न्यूनता, त्रुटि
Limitated coinage सीमित टंकण
Limited company सीमित प्रमण्डल
Limited legal tender सीमित विधिग्राह्य
Limited liability company सीमित-देय प्रमण्डल
Limited monarchy सीमित राजतन्त्र
Limited option सीमित विकल्प
Limited partnership सीमित भागिता
Line रेखा, पंक्ति
Liner नियमित यात्री-पोत
Linguist भाषाविद्
Linguistics तुलनात्मक भाषाविज्ञान
Liquidate परिसमापन करना
Liquidation of debt ऋण-परिसमापन
Liquidator परिसमापक; विघटनकर्ता
List of business कार्यसूची
List of prices मूल्य-सूची
Literacy campaign साक्षरता-आन्दोलन
Lithographed . प्रस्तर-मुद्रित, शिलामुद्रित
Litigant विवादी
Litigation मुकदमेबाजी
Livestock पशुधन
—farm पशुप्रक्षेत्र
—inspector पशुनिरीक्षक
Living wage निर्वाहभृति, (जीवनभृति) निर्वाहिका
Load stone चुम्बक प्रस्तर
Loan उधार ऋण
loan and advance ऋण एवं अग्रिम
Loan at short notice अल्पसूचना-देय ऋण

Loan, Public राज्य-ऋण
Loaves & fishes व्यक्तिगत लाभ
Lobby सभाकक्ष, प्रकोष्ठ
Lobby talk प्रकोष्ठ-वार्ता, सभाकक्षीय वार्ता
Local administration स्थानीय प्रशासन
Local authority स्थानीय प्राधिकारिवर्ग; स्थानीय प्राधिकार
Local board स्थानीय समिति
Local bodies स्थानीय संस्थाएँ
Local government स्थानीय शासन
Local self-government स्थानीय स्वशासन
Local staff स्थानीय कर्मचारीवर्ग
Local tax स्थानीय कर
Localisation स्थान-सीमन, स्थानीय-करण
Localisationof industries उद्योगों का स्थान-सीमन
Localisation of sovereignty प्रभुत्व का स्थान निर्धारण
Lockout द्वारताल, तालाबन्दी
Lock-up हवालात, अस्थायी बन्दीगृह, रोधागार, बन्दीखाना
Locomotive चलित्र
Loco workshop लोको कारखाना, इंजनघर
Locus निधि; बिन्दुपथ
Locus standi मान्य स्थिति
Locust टिड्डी
Logic तर्क विज्ञान, न्यायशास्त्र; तर्क
Logical तर्कसंगत, तर्कप्रेरित
Logician नैयायिक, तर्कशास्त्री, तार्किक
Longing उत्कट अभिलाषा, उत्कण्ठा
Longitude देशान्तर
Longstanding complaint पुरानी शिकायत
Long term credit दीर्घावधि प्रत्यय, दीर्घकालिक उधार
Loose leaf ledger अवद्धपत्र प्रपंजी
Loose tools अबद्ध उपकरण
Loss हानि
Loss gross सकल (सम्पूर्ण) हानि
Loss, Net वास्तविक (या विशुद्ध) हानि
Loss of weight भार-हानि
Loss sustained प्रसोढ़ हानि, उठायी या सही हुई हानि
Loss, Total समस्त हानि
Lost लुप्त, जो खो गया हो
Lost bill लुप्त विपत्र
Lost cheque लुप्त धनादेश
Lost भाग्यपत्रक, (भाग्यक)
Lottery भाग्यदा, लाटरी
Loud-speaker ध्वनि-विस्तारक, ध्वनिवर्धक
Lounge उपवेशिका
Lower exchange निम्न विनिमय
Lower house अवरागार, निम्न भवन, निम्न सदन, प्रथम सदन
Lower house of legislature विधानमण्डल का अवरागार (निम्न सदन, प्रथम सदन)
Loyalty राजभक्ति, निष्ठा
Lubricants स्निग्धकारी वस्तु, स्नेहक, चिकनाई, तेल
Luggage office सामान घर
Lubricating oil स्नेहक तैल

Lucrative प्रलाभी
Lubrication स्नेहन
Lull स्तब्धता, शान्ति
Lullaby लोरी
Lump sum एकमुश्त, एकराशि, पिण्डराशि
Lunacy उन्माद
Lunatic asylum विक्षिप्तालय, पागलगृह
Luxury goods विलास वस्तुएँ
Lymph चर्मोदक, लसीका
Lyric गीत, गीतकाव्य
Lyric poet गीतकार
Lyrical गीतात्मक

M

Machine यन्त्र
Machine gun मशीनगन, यन्त्र-तोप, यन्त्रचालित तोप
Machine-made यन्त्र-निर्मित
Machine-shop यन्त्रशाला
Machine tool यन्त्रोपकरण
Machinery यन्त्रजात, यन्त्रसमूह
Machinist यान्त्रिक
Magazine शस्त्रागार; पत्रिका
Magistrate दण्डाधीश, दण्डाधिकारी
Magna charta महाधिकार-पत्र
Magnetic चुम्बकीय
Magnitude परिमाण; मात्रा; वितान; विस्तार; महत्त्व
Maiden speech प्रथम भाषण
Maintained by the state राज्य द्वारा संपोषित
Maintenance भरण-पोषण; रोटी कपड़ा; संधारण—, cost of भरण-पोषण का व्यय; निर्वाह-व्यय
Maintenance of law and order कानून और व्यवस्था का संधारण
Maintenance, suit for रोटी-कपड़े का दावा
Major प्राप्तवयस्क, बालिग
Major charge मुख्य आरोप
Majority बहुमत, प्राप्तवयस्कता
—party बहुसंख्यक दल, संख्यागरिष्ठ दल
Majority, Absolute पूर्ण बहुमत
Make up बनाव श्रृंगार; पृष्ठ सज्जा
Malaria सविरामज्वर, हिमज्वर, शीतज्वर, जूड़ी
Maldistribution कुबंटन, कुवितरण
Malafide दुर्भावपूर्वक; दुर्भावपूर्ण
Malleability कुट्टयता, कुट्टनीयता, घनवर्धनीयता
Malnutrition कुपोषण, अपर्याप्त पोषण, न्यून पोषण
Malpractice कदाचार
Malpractitioner कदाचारी
Mammal स्तनपायी
Man-at-arms सैनिक
Management charges प्रबन्ध-व्यय
Managing agents प्रबन्ध-अभिकर्ता
Managing committee प्रबन्ध-समिति
Managing director प्रबन्ध संचालक
Mandamus परमादेश
Mandate शासनादेश
Mandated territory शासनादिष्ट प्रदेश
Man-days श्रमिक दिन
Manifestation अभिव्यक्ति

Manifesto नीति-घोषणा, लोक-घोषणा
Manipulation छलयोजन
Manipulation of accounts लेखा-छलयोजन
Manipulation of statistics सांख्यकीय छलयोजन
Manoeuvre युद्धान्यास, सैन्यव्यूहन; दुर्योजन, तिकड़मबाजी
Man-of-war शस्त्रसब्ज-पोत
Manor स्वामिभू, जागीर
Manpower जनशक्ति
Manual हस्तपुस्तिका, गुटका; वि. हाथ से किया जानेवाला, शारीरिक (श्रम)
Manual art हस्तकला
Manual labour हस्तश्रम
Manual training हस्तकला-प्रशिक्षण
Manufacture निर्माण
Manufactured good निर्मित वस्तुएँ
Manuscript हस्तलिपि, पांडुलिपि
March n. क्रमप्रयाण, प्रयाण
March v. प्रयाण करना; कूच करना
Margin पार्श्व, उपान्त, सीमान्त, मात्रा
Margin of profit लाभ की मात्रा
Marginal सीमान्त
Marginal cost सीमान्त परिव्यय
Marginal heading पार्श्व-शीर्षक
Marginal note पार्श्व-टिप्पण
Marginal price सीमान्त मूल्य
Marginal profit सीमान्त लाभ
Marginal utility सीमांत उपयोगिता
Marine सामुद्र,—hospital नाविक चिकित्सालय
Maritime सामुद्रिक, —law सामुद्रिक विधि, नौविधि
Mark चिह्न; अंक; वेध्य
Marked चिह्नित
Marked cheque चिह्नित धनादेश
Marketable विपण्य
Marketable goods विपण्य वस्तुएँ
Marketing हाट-व्यवस्था
Mars मंगल ग्रह
Marshal बलाधिकृत
Marshal, Field महाबलाधिकृत
Marshalling एकत्र करना
Martial सैनिक; युद्धप्रिय
Martial law फौजी कानून, सैनिक विधि
Martyr हुतात्मा, शहीद
Masculine पुंलिंग; वि. पुरुषोचित्त, पुरुषों के योग्य, पुरुषों जैसा
Mask वर्णक, नकाब, मुखावरण, मुखच्छन्द
Mass contact जनसम्पर्क
Mass migration सामूहिक प्रव्रजन, सामूहिक स्थानान्तर-गमन
Mass production पुंजोत्पादन, समूहोत्पादन
Mass treatment समूहोपचार
Match जोड़; आनुरूप्य; समर, प्रतियोगिता
Material n. सामग्री Adj. भौतिक
Material civilisation भौतिक सभ्यता
Material goods भौतिक वस्तुएँ
Material properity भौतिक वैभव
Material resources भौतिक साधन
Material well-being भौतिक कल्याण
Material, consumed उपयुक्त सामग्री
Maternity home प्रसवशाला

Maternity relief प्रसूति-सहाय्य
Maternity welfare centre मातृकल्याणगृह
Maternity welfare work प्रसूति-कल्याण-कार्य, मातृकल्याण कार्य
Matriarchal मातृसत्तात्मक
Matriarchy मातृसत्ता
Matricide मातृवध, मातृहत्या
Matron मातृका
Matter of fact तथ्यात्मक
Mathematically गणितानुसार
Maturation परिपाक, परिपंचन
Mature, matured परिपक्व, प्रौढ़
Maturity परिपक्वता, परिपाक
Maturity Date of परिपाक-तिथि
Maxim सूत्र; सिद्धान्त; सिद्धान्तवाक्य, नीतिवचन; अनुसर्वोक्ति, तथ्योक्ति
Maximum अधिकतम, महत्तम
Mayor नगरनिगमाध्यक्ष, नगरपति
Mean मध्यपरिमाण, मध्य
Means साधन
—of communication संचार के साधन
—of subsistence निर्वाह के साधन
—of transportation परिवहन के साधन
Measure उपाय; परिमाण; प्रस्ताव; कार्रवाई
Mechanic यान्त्रिक, यन्त्रविद्, मिस्त्री
Mechanical advantage यान्त्रिक लाभ
Mechanical condition यान्त्रिक दशा
Mechanical transport यान्त्रिक परिवहन
Mechanically propelled vassels यन्त्र-प्रणोदित पोत, यन्त्रचालित नौकाएँ
Mechanisation of Agriculture कृषि-यन्त्रीकरण
Mechanised army यन्त्रसज्जित सेना
Mechanism यन्त्ररचना; यन्त्रचालन; रचना, बनावट; प्रक्रिया, गतिविधि
Median माध्यिका, मध्यान्तर रेखा
Mediation मध्यस्थता
Media of publicity प्रकाशन के माध्यम
Medical भैषजिक, चिकित्सकीय, चिकित्सा-सम्बन्धी
—certificate भैषजिक (चिकित्सकीय) प्रमाणपत्र
—college भैषजिक विद्यालय
—department चिकित्सा विभाग
—equipment चिकित्सा-सज्जा
—expenses चिकित्सा व्यय
—institution भैषजिक संस्था
—literature भैषजिक साहित्य
—practitioner भैषजवृत्तिक, चिकित्साजीवी
—science भैषजिक विज्ञान, चिकित्सा-विज्ञान
Medicine भेषज
Medicinal भेषजीय (मेडिकल = भैषजिक)
Medicinal science भेषजविज्ञान (औषधिविज्ञान)
Medieval मध्ययुगीन, मध्यकालीन
Medition ध्यान, चिन्तन
Mediterranean Sea भूमध्य सागर
Medium माध्यम, साधन

Medium gauge मझोली लाइन
Medium of exchange विनिमय-माध्यम
Medium of instruction शिक्षा का माध्यम
Meeting अधिवेशन, बैठक
—Emergent आपाती अधिवेशन
—Extraordinary असाधारण अधिवेशन
Melting point द्रवणांक, गलनांक
Member in charge प्रभारी सदस्य
Memo स्मार; ज्ञाप, ज्ञापन
Memoir संस्मरण; अनुसंधान-लेख
Memorandum स्मारकपत्र, स्मरणपत्र, ज्ञापन; अनुरोधक; संक्षेप-लेख
Memorandum of Association प्रतिष्ठानपत्र
Memorial आस्मारक
Menace अभिशाप, विभीषिका
Menopause रजोविरति
Menses मासिकधर्म, माहवारी
Mensuration क्षेत्रमिति
Mental Deficiency मनोवैकल्य
Mental weakness मनोदौर्बल्य
Mentioned उल्लिखित, कथित, चर्चित
Mercenary adj. भृतिभोगी। n. भृतक सैनिक
Merchandise वाणिज्य-द्रव्य, माल
Merchantile marine वाणिज्यपोत, व्यापारिक, बेड़ा
Merchantman, Merchantship वाणिज्यपोत
Mercury पारद, पारा; बुधग्रह
Mercy, Petition of दयाभिक्षा
Merged विलीन (विलयित)
Merger विलय, विलयन
Meridian याम्योत्तर रेखा, मध्याह्न रेखा
Merit, according to गुणानुक्रम से, योग्यता-क्रम से
Messenger सन्देशहर, वार्त्तावाहक
—service सन्देशहर-व्यवस्था
Metallurgy धातुविज्ञान
Metaphor रूपक
Metaphor, sustained सांग रूपक
Metsorite उल्काश्म
Meteorology अन्तरिक्षविज्ञान
Meter gauge छोटी लाइन
Methodology पद्धतिशास्त्र
Mica अबरक, अभ्रक
Microphone ध्वनिक्षेपक यन्त्र, सुश्रावक यन्त्र
Microscope सूक्ष्मदर्शक यन्त्र, अणुवीक्षण यन्त्र
Micro wave अणुतरंग
Middle East मध्यपूर्व (पश्चिमी एशिया तथा उत्तर-पूर्वी अफ्रीका)
Middle man दलाल, मध्यजन
Mid wife प्रसाविका, दाई, धात्री
Midwifery धात्रीविद्या
Migrant प्रव्रजक
Migration प्रव्रजन
Migration certificate विश्वविद्यालयान्तरण प्रमाणक
Milch breeds दुधारू नस्लें
Mileage क्रोश संख्या; क्रोशाधिदेय
Militarisation सैनिकीकरण
Militarism सैनिकवाद
Military attache सैनिक सहचारी
Military installation सैनिक प्रतिष्ठान

Military tribunal सैनिक न्यायालय
Militia देशरक्षक सेना, जनपद सैन्य
Mill निर्माणी, मिल, कारखाना; चक्की [Flour mill आटा-चक्की]
Millenium सहस्राब्दी; सुवर्णयुग, सतयुग
Mine-field सुरंग क्षेत्र
Minelayer सुरंग-प्रसारक पोत, सुरंगपोत
mineral resources खनिज-साधन, खनिज-सम्पत्
Minerology खनिजशास्त्र, खनिज विज्ञान
Mine-sweeper सुरंग-मार्जक पोत, सुरंगहारक या सुरंगनाशक पोत
Miniature लघुरूप
Minimum न्यूनतम, अल्पिष्ठ
Minimum subscription अल्पिष्ठ अभिदान, न्यूनतम चन्दा
Mining settlement खनिवसति
Minister in-charge प्रभारी मन्त्री
Minister of state राज्य-मन्त्री
Minister Plenipotentiary पूर्णाविकारी दूत
Minister without portfolio बिना विभाग का मन्त्री, निर्विभाग मन्त्री
Ministerial party मन्त्रीपक्ष, मन्त्रिपक्षीय दल
Ministerial service निम्न कर्मचारीवर्ग
Ministry मन्त्रिविभाग, मन्त्रालय —of industry and supply उद्योग और रसद-मन्त्रालय
Minor अवयस्क, नाबालिग, न्यूनवयस्क; लघु, अमुख्य
Minor head लघु शीर्षक, लघु मद
Minority अल्पसंख्यक वर्ग, अल्पमत; अवयस्कता
Minority party अल्पसंख्यक दल, संख्यालधिष्ठ दल
Mint पुदीना; टकसाल
Minus वियुक्त, विरहित; ऋण-चिह्न
Minute book कार्य-विवरण-पुस्तक
Minute of dissent विमति-टिप्पण
Minutes of procceeding कार्यवाही का संक्षेप; (बैठक का) संक्षिप्त कार्यविवरण
Mirade आश्चर्य की बात, चमत्कार
Misappropriation अपयोजन, दुरुपयोजन
Misbehaviour कदाचार
Miscarriage गर्भपात; विफलता; अपगमन
Miscarriage of justice न्यायवैफल्य, न्यायविभ्रंश
Misecellaneous प्रकीर्ण, —account प्रकीर्ण लेखा
Misconception मिथ्याचरण
Misdemeanour दुराचरण
Misdirection विमार्ग-दर्शन, कुपथ नयन
Misnomer मिथ्या नाम, अयथार्थ नाम
Misrepresentation मिथ्या प्रदर्शन, भ्रान्तकथन, मृषा वर्णन
Mission प्रचारक दल, उद्देश्य, जीवन-लक्ष्य; सेवाव्रत, दौत्य
Mis-understanding गलतफहमी, समझ की भूल विभ्रम
Mitigation मृदुकरण (न्यूनीकरण), शमन
Mixture मिश्रण
Mob mentality सामूहिक मनोवृत्ति, सामूहिक प्रवृत्ति
Mob psychology सामूहिक मनोविज्ञान,

सामूहिक मनोभाव

Mobile चलिष्णु, चलता-फिरता

Mobilisation of industry सैन्यसंसज्जन, सैन्य संघटन

Mobilisation of army उद्योग-संघटन

Model प्रतिमान, आदर्श

Moderate संयत, सन्तुलित; अनुग्र; अनधिक

Moderate संयम; नरमी; मुलायमियत

Moderator नरम बना देनेवाला, मध्यस्थ

Modest विनयशील, नम्र; सलज्ज; लघु

Modesty शील, सतीत्व (outrage the...of शीलाघात, शीलभंग करना, सतीत्वनाश)

Modification संपरिवर्तन, रूपभेद, रूपान्तर

Modus operandi कार्यप्रणाली, कार्यविधि

Mofussil नगरेतर क्षेत्र

Mole तिल

Molecule अणु

Momentum प्रवर्त्तक शक्ति, वेगबल

Monarchy राजतन्त्र

Monetary मुद्रा-सम्बन्धी, मौद्रिक

Monetary fund मुद्राकोष

Monetary unit मौद्रिक एकक (इकाई)

Money bill (मुद्राविधेयक), धनविधेयक

Money-lending साहूकारी, महाजनी

Money order धनप्रेषादेश, धनप्रेषणादेश, (धनादेश)

Monism अद्वैतवाद

Monitor छात्रनायक

Monitoring जाँच के लिए रेडियो या टेलीफोन पर सुनना

Monogamy एक पत्नी विवाह, एकनिष्ठ विवाह, एकपत्नीत्व

Mono-metallism एकधातुता

Monopoly एकाधिकार, इजारा

Monotony एकतानता, एकरसता; वैचित्र्याभाव, नीरसता

Monument स्मारक

Moral end नैतिक उद्देश्य; —fore नैतिक बल;—support नैतिक समर्थन

Morale नैतिक स्तर, नैतिकता; हौसला

Moratorium सोध-विलंबकाल; ऋण-स्थगन

Morphology आकार विज्ञान, आकारिकी

Morphological आकारिकीय

Mortar मॉर्टर नमिक छोटी तोप

Mortgage बन्धक, प्राधि; —deed बन्धकपत्र

Mortgagee बन्धक-ग्रहीता

Mortgager बन्धककर्ता

Mortuary मुर्दाघर, शवालय, मृतकगृह

Motherland मातृ-भूमि, मातृदेश

Mother tongul मातृभाषा

Motion गति; प्रस्ताव

Motion, Adoption of प्रस्ताव स्वीकृत करना—Adjournment काम-रोको प्रस्ताव, कार्यस्थगन प्रस्ताव—for consideration विचारार्थ प्रस्ताव

Motive उद्देश्य; प्रेरक हेतु

Motive, To impute नीयत में शक करना

Movable property चल सम्पत्ति

Move to प्रस्ताव करना

Movement आन्दोलन

Mover प्रस्तावक
Movies चलचित्र
Multifarious बहुमुखी;—suit अनेकार्थवाद
Multimember constituency बहुसदस्य-निर्वाची क्षेत्र
Multiple गुणज गुण्य
Multipoint sales tax प्रतिपद बिक्रीकर
Multipurpose society बहुप्रयोजन समिति
Multipurpose scheme बहुमुखी योजना
Mummy पुरातन शव, (सुरक्षित शव) ममी
Municipal area नगरक्षेत्र
Municipal committee नगरसमिति, नगरपालिका
Municipal corporation नगर-निगम
Municipality नगरपालिका
Munition युद्ध-सामग्री
Muscle मांसपेशी
Museum संग्रहालय, अजायबघर
Mushroom छत्रक, खुभी
Mushroom growth अनियमित बाढ़, आकस्मिक वृद्धि
Music, Instrumental वाद्य-संगीत
Music, Vocal कण्ठ-संगीत
Musket बन्दूक
Muster एकत्र करना;—roll हाजिरी की किताब
Mutation परिवर्तन, नामान्तर-लेखन
Mutatis mutandis आवश्यक परिवर्तन सहित
Mutiny सैन्य द्रोह
Muzzle मुख-बन्धनी
Mycology फफूँद-विज्ञान
Mystic रहस्यवादी
Mysticism रहस्यवाद
Myth पुराणकथा; कल्पना, दन्तकथा

N

Nadir अधोबिंदु
N. B. (see Nota Bene)
Naked debenture अप्रतिभूत ऋणपत्र
Naming नामोल्लेख
Narration वर्णन आख्यान
Nasal अनुनासिक
Nascent नवजात, उदीयमान
Natal जन्मसम्बन्धी
Nation राष्ट्र
National राष्ट्रीय, जातीय
National Anthem राष्ट्रगीत, राष्ट्रगान
National debt राष्ट्रीय ऋण
National Dietary राष्ट्रीय भोजन विज्ञान
National health राष्ट्रीय स्वास्थ्य
Nationalisation राष्ट्रीयकरण
Nationality राष्ट्रीयता, जातीयता
Native देशी
Natural-born citizen जन्मतः नागरिक
Natural boundary प्राकृतिक सीमा
Naturalisation देशीय-करण
Naturalism प्रकृतिवाद
Nautical नौकाविषयक, नौपरिवहन-विषयक
Naval नौसेना-सम्बन्धी, नाविक
Naval attache नाविक सहचारी
Navicert पोत-प्रमाणपत्र
Navigable नौगम्य, नौतार्य, नाव्य

Navigation नौपरिवहन, नौतरण
Navy नौसेना, जहाजी बेड़ा
Near East 'निकट पूर्व', पूर्वी यूरोप
Nactary मकरंद कोष
Necktie कण्ठबन्ध, ग्रैवेय
Needlework सूचीशिल्प, सूचीकार्य, सुईकारी
Negative नकारात्मक; विलोम; ऋण
Nagative attribute विलोम गुण
Negatived निषेधित
Nagative number ऋण-संख्या
Nagative quantity ऋणराशि
Negative vote नकारात्मक मत
Negation निषेध
Negotiable हस्तान्तरणीय, परक्राम्य
Negotiate समझौता-वार्त्ता करना
Negotiation परक्रामण, हस्तान्तरण; पत्रालाप
Nepotism स्वजन-पक्षपात, कुनबापरस्ती, भाई-भतीजावाद
Neptune वरुण
Nerve स्नायु
Nervous system स्नायुसंस्थान, स्नायुमण्डल
Net शुद्ध; वास्तविक
—income शुद्ध आय
—loss शुद्ध हानि, वास्तविक हानि
—profit शुद्ध लाभ
—price शुद्ध मूल्य
Neuralgia वातशूल
Neurasthenia नाड़ी दौर्बल्य
Neutral तटस्थ
Neutralisation तटस्थीकरण; अप्रभावीकरण
Neutrality तटस्थता
New-deal नव्य अर्थनीति (अमेरिका की)
News समाचार
News agency समाचार-समिति, वृत-संस्था
News commentary संवाद आलोचना
News correspondent संवाददाता
News despatch समाचार प्रेष
News reel समाचार फलक
News relay समाचार-प्रसारण
Newsman सांवादिक
Newspaper समाचार-पत्र
News sheet समाचार-पत्रक
Nib लेखनी-जिह्वा
Nihilism शून्यवाद, निषेधवाद
No-confidence motion अविश्वास का प्रस्ताव
Noes असहमत, 'ना' पक्ष, नाकारी
Nomad यायावर, भ्रमणशील (जाति), खानाबदोश
No-man's land निःस्वामिक भूमि, नीराज्यिक भूमि
Nomenclature नामपद्धति
Nominal नाममात्र का; अभिहित
Nominal capital अभिहित पूँजी
Nominal cost अभिहित परिव्यय
Nominal price नाममात्र की कीमत
Nominal value अभिहित मूल्य
Nominated मनोनीत
Nomination paper नामनिर्देशन पत्र, नामांकन पत्र, मनोनयन पत्र
Nominee मनोनीत व्यक्ति
Non-aggression pact अनाक्रमण

सन्धि

Non-bailable अप्रतिभाव्य, अलग्नक मोच्य

Non-cognizable अहस्तक्षेप्य, अननुसंधेय

Non-combatant अयोद्धा

Non-cumulative असंचयी

Non-commissioned बे-सनद, अनायुक्त

—officer अनायुक्त अधिकारी

Non-conductor अचालक

Non-entity नगण्य व्यक्ति

Nonferrous लौहेतर, लौहविहीन (धातु), अलोह

Nongazetted अराजपत्रित

Nonmetallic अधात्वीय

Non-observance न बरतना, अपालन

Non-official गैर सरकारी

Non-party conference निर्दल सम्मेलन

Non-payment न चुकता करना, अशोधन (ऋणादिका) अदातृत्व, अप्रदानता (करादिकी)

Nonproductive अनुत्पादी

Non-recurring expenditure अनावर्ती व्यय

Non-regulation province विधान वहिःप्रान्त

Non-resident अनावासिक

Non-sovereign state पूर्ण प्रभुत्वहीन राज्य

Non-stop बिना रुके, अविराम

Non-transferable अपरावर्त्तनीय, अहस्तान्तरणीय

Non-violent resistance अहिंसात्मक प्रतिरोध

Non-votable expenditure अमतदेय व्यय

Normal सामान्य

Normal, Below सामान्य से नीचे

Normal school प्रशिक्षण विद्यालय

Nota bene पुनश्च, विशेष सूचनार्थ (वि.सू.), इदमपि अवधेय (इ. अ.)

Notary लेख्य-प्रमाणक

Notation स्वरलिपि, संकेत-प्रणाली

Note टिप्पणी; लघुलेख; संक्षिप्त अभिलेख; पाठसूत्र, पदमुद्रा

Noted उल्लिखित; ख्यातिप्राप्त; अभिलिखित

Notice सूचना; सूचना पत्र

Notice-board सूचना-पट्ट

Notice in writing लिखित सूचना

Notice of motion प्रस्ताव सूचना

Notice to quit निष्कासन-सूचना

Notification अधिसूचना

Notified area अधिसूचित क्षेत्र, सूचित क्षेत्र

Not less than से अन्यून

Nuclear न्यैष्टिक, नाभिकीय

Nucleus केन्द्रबिन्दु, नाभि-हृदय, बीजकेन्द्र, न्यष्टि, नाभिक

Nudism नग्नतावाद

Nuisance कंटक, बाधक, बाधा

Null and void शून्य और व्यर्थ

Nullification अभिशून्यन

Nullify रद्द करना

Numbered संख्यात, जिस पर नम्बर डाला गया हो

Numerical order संख्याक्रम

Numismatics मुद्राविज्ञान
Nurse n. उपचारिका, परिचारिका
Nurse v. परिचर्या (परिचारण) करना
Nursery जखीरा, बीजोद्यान, पौधशाला; शिशुमाला, शिशुभवन
Nurtrition पोषण
Nux Vomica कुचला

O

Oasis हरितभूमि, मरुभूमि, मरुद्यान, शाद्वल
Oath of allegiance निष्ठा की शपथ
Oath of fidelity एकान्तनिष्ठा की शपथ
Oath of office पद की शपथ
Oath of secrecy गूढ़ता की शपथ, गोपन-शपथ
Oath to administer शपथ देना
Obdurate दुराग्रही
Obedient servant, Most परम आज्ञाकारी सेवक
Obituary notice मृत्यु-समाचार
Object लक्ष्य, अभिप्राय
Object and reason उद्देश्य और हेतु
Objection, technical शाब्दिक आपत्ति, प्राविधिक आपत्ति
Objective वस्तुरूप, वस्तुगत; बाह्य
Obligation आभार; दायित्व; अवश्यकरणीयता, बन्धन, बाध्यता
Obligation and right दायित्व और अधिकार
Obligatory अनिवार्य, अवश्यकरणीय, बाध्यतामूलक
Obliterate नष्ट करना, अभिलोपन करना
Oblivion, Act of विस्मृति व्यवस्था
Obnoxious अप्रीतिकर
Observation पर्यवेक्षण
Observation post (पर्यवेक्षण) चौकी
Observatory वेधशाला
Observer पर्यवेक्षक; प्रेक्षक
Obtus angle अधिक कोण
Obverse n. सीधी तरफ का या सामने का भाग, चेहरा; तथ्य का दूसरा पक्ष या भाग adj सीधा
Occidental पाश्चात्य
Occupancy right भोगाधिकार, दखीलकारी
Occupation व्यवसाय, धन्धा; अधिवास, अधिकृति
Occupation, Army of आधिपत्य करनेवाली सेना, अधिकारिका सेना
Occupation-franchise व्यावसायिक मताधिकार
Octagon अष्टभुज
Octavo अठपृष्ठी, अठपैजी
Octroi barrier उद्धाट; चुंगी-चौकी
Octroi-tax चुंगीकार
Off duty कार्य से छुट्टी पर
Offence अपराध; आक्षेप; आक्रमण; उत्कोपन, आकोपन
Offence against law विधि-विरुद्ध अपराध
Offence, capital मृत्युदंड योग्य अपराध
Offensive expression आक्षेपवचन, आक्षेपपद, रोषकारी पदावली, अप्रीतिकर शब्दावली
Offer प्रस्ताव, दित्सा-प्रस्ताव
Office पद; कार्यालय

Officer in charge प्रभारी अधिकारी, अवधायक अधिकारी

Official adj. सरकारी, शासकीय; n. अधिकारी

Official party राजकीय पक्ष, सरकारी पक्ष

Official Reporter राजकीय प्रतिवेदन, सरकारी प्रतिवेदक

Official residence पदावास, शासकीय निवास

Official visit शासकीय परिदर्शन; आधिकारिक आगमन

Officiating स्थानापन्न

Offset अनुलम्ब

Offtake निकासी; निष्क-नलिका

Oil-tanker तैल-पोत

Oligarchy अभिजाततन्त्र, अल्पतन्त्र

Omission विलोपन, विलोप, (दे. विधि-निषेध), अनाचरण

Omnipotent सर्वशक्तिसम्पन्न

Omnipresent सर्वव्यापक

Omniscient सर्वज्ञ

On average pay औसत वेतन पर

On service राजसेवा में, राजप्रेष्य

Onus भार, दायित्व

Opecity पारांधता, अपारदर्शिता

Opaque अपारदर्शी, पारांध

Open General Licence सर्वमुक्त साधारण अनुज्ञापत्र

Open door policy मुक्तद्वार नीति

Opening balance प्रारम्भिक रोकड़

Opening entry प्रारम्भिक प्रविष्टि

Open market खुला बाजार

Opera गीति-नाट्य

Operate शल्यक्रिया करना; कार्य-सम्पादन करना, प्रवर्त्तित करना

Operation शल्यक्रिया, शल्योपचार, चीरफाड़; व्यापार

Operation, military सामरिक कार्य

Operator चालक

Opinion, Favourable अनुकूल मत

Opportune समयानुकूल मत

Opportunism अवसरवादिता, अवसरवाद

Opportunist अवसरवादी

Opposition विरोधी पक्ष, प्रतिपक्ष, विरोध

Opposition bench विरोधी पीठ, विरोधी दलपंक्ति

Opposition, Leader of the विरोधी पक्ष का नेता, प्रतिपक्ष नेता

Optics नेत्रविज्ञान, दृष्टिविज्ञान, काशिकी

Optimism आशावाद

Optimist आशावादी

Option विकल्प

Optional वैकल्पिक, ऐच्छिक

Oracle देववाणी, आकाशवाणी

Oral evidence मौखिक, साक्ष्य

Orator सुवक्ता, वाग्मी

Orchestra वादकदल, वादकवृन्द; वाद्यस्थान; वृन्दवाद्य, समूहवादन

Ordeal अग्नि-परीक्षा

Order आदेश, आज्ञा; क्रम; व्यवस्था

Order, By आज्ञानुसार; की आज्ञा से

Order-form प्रेषणादेश पत्र

Order in-Council सपरिषद आदेश

Order, Low and विधि और व्यवस्था

Order of merit, in योग्यताक्रम से

Order of the day (किसी समय में

प्रचलित) सामान्य बात, मानी हुई बात

Order, Order शान्ति! शान्ति!

Order, Standing स्थायी आदेश

Ordinance अध्यादेश

Ordance factory गोलाबारूद का कारखाना, शस्त्र निर्माणशाला

Ordnace Stores अस्त्रभण्डार

Ore कच्चा लोहा, अयस्क

Organ अवयव, इन्द्रिय : मुखपत्र

Organic सेन्द्रिय

Organisation संघटन

Organiser संघटनकर्त्ता, आयोजक

Orgasm कामोन्माद, मदनलहरी

Oriental प्राच्य, पौरस्त्य

Origin उद्‌गम

Original budget estimate आयव्यय का प्रथम अनुमान

Original draft मूल प्रारूप

Original jurisdiction मूल अधिकार-क्षेत्र

Origination chamber उद्‌भव वेश्म

Originator आरम्भक (प्रवर्त्तक)

Orphange अनाथालय

Orthography वर्ण विचार

Out-door patient बाह्यरोगी, बहिर्वासी रोगी

Outflank पीछे से हमला करना

Outgoing पदमुक्त

Outhouse बाह्यगृह

Outlet निर्गम-द्वार, निकास

Outline रूपरेखा, स्थूल रूप

Out of date दिनातीत, तिथ्यतीत

Outpost बाहरी चौकी, नाका

Outskirts नगरोपांत, ग्रामांत, उपकंठ, परिसर

Ovary डिंबाशय, अण्डाशय

Overcooled अधिशीतित

Overall deficit कुल घाटा

Overdraw (जमा किए हुए रुपयों के हिसाब में से) क्षमता से अधिक लेना या निकालना

Overdraft अधिविकर्ष

Overleaf पन्ने के दूसरी ओर

Overloaded अतिभारित

Over-lord अधिराज

Overpayments अधिक भुगतान

Overpopulation अतिप्रजनन, अतिसंख्या

Overproduction अत्युत्पादन

Overruled रद्द कर दिया गया, विपर्यस्त; अधिविक्षेपित; अध्यनुशासित

Over-sea समुद्र-पार

Overseer अधिकर्मी, कार्य निरीक्षक

Ovum डिम्ब

Own स्वामित्व होना; स्वीकार करना

Owner स्वामी

Ownership, Limited सीमित स्वामित्व

Oxidation उपचयन

P

Pacification शान्तिकरण, समीकरण

Pacifism शान्तिवाद

Pacifist शान्तिवादी

Package संवाद

Packer संवेष्टक

Packet संवेष्टिका

Packing charges संवेष्टन-व्यय
Pact समझौता
Paid वैतनिक
Paid up Capital प्राप्त पूँजी, चुकता मूलधन
Paid employee वैतनिक सेवक
Paid up share capital प्रदत्त अंशपूँजी
Painting चित्रण, रंग लगाना, रंजन
Palatal तालव्य
Paleo Botany पादप शास्त्र
Pan Islamism सर्व-इसलामवाद
Panel लकड़ी आदि का चौकोर टुकड़ा, दिल्ला; चौकोर स्थान, तालिका
Panel of Chairmen सभापति तालिका
Panic आतंक
Pantheism सर्वेश्वरवाद
Papacy पोपपद, पोपतन्त्र
Papal state पोप-राज्य
Paper currency पत्र-चलार्थ
Paper Currency reserve पत्र-चलार्थ-रक्षित कोष
Paper Setter प्राश्निक
Paper weight पत्रभारक, पत्रचाप
Papers पत्रजात
Par, Above अधिमूल्य पर
Par, At सममूल्य पर
Par, Below बट्टे से, अवमूल्य पर
Par value सममूल्य
Parachute हवाई छतरी; अवतरण छतरी
Paradox विरोधाभास
Paragraph कण्डिका, अनुच्छेद, प्रस्तर
Parallel समानान्तर; समकक्ष
Parallel government प्रति-सरकार, समकक्ष सरकार
Parallelogram समानान्तर चतुर्भुज
Paralyse ठप करना, गतिहीन या संज्ञाशून्य बना देना
Paramount power सार्वभौम सत्ता, सर्वोच्च सत्ता
Parapet मुंडेर
Parasite परजीवी, परोपजीवी, परांगभक्षी, पराश्रयी
Parboiled rice भुजिया चावल
Parcel पोट, पार्सल
Pardon क्षमा
Parity समाहर्ता, बराबरी
Park उपवन, संवाह (पुराना शब्द)
Parking place गाड़ियों के ठहरने का स्थान
Parliament संसद
Parliamentry government पार्लमेंटरी शासन
Parlimentary language संसदीय भाषा, संयत या शिष्ट भाषा
Parliamentary secretary संसद-सचिव, सभासचिव
Parody अनुकृति काव्य
Parole प्रतीतिवचन; सप्रतिबन्ध मुक्ति, साधि मुक्ति, सम्बन्ध मुक्ति
Parsing पदव्याख्या
part payment आंशिक भुगतान
Partially आंशिक रूप से, अंशतः
Partially excluded areas अंशतः अपवर्जित क्षेत्र
Particulars विवरण
Parties concerned सम्बद्ध पक्ष
Partition विभाजन
Partnership भागिता

Parts of speech शब्दभेद
Part time खण्डकालिक
Party पक्ष, दल; प्रीतिभोज
Party-caueus दल की अन्तर्गोष्ठी
Party in power अधिकारारूढ़ दल
Pass v. पास होना या करना, उत्तीर्ण होना; पारित करना
Pass n. प्रवेशपत्र; पारणक; दरी, दर्रा
Passage लेखांश
Passage money मार्गव्यय
Passed पारित, स्वीकृत; उत्तीर्ण
Passenger guide यात्री बन्धु
Passive resistance निष्क्रिय प्रतिरोध
Passport पारपत्र, निष्क्रमपत्र, राहदानी
Pasteurised milk कृमिशोधित दुग्ध
Pastureland गोचरभूमि, पशुचर भूमि
Patent एकस्व
Patent medicine एकस्व भेषज
Patent, letters एकस्वपत्र
Pathalogist निदानशास्त्री
Patriarchal पितृसत्तात्मक
Patriarchy पितृसत्तात्मक व्यवस्था, पितृतन्त्र
Patricide पितृहत्या
Patrimoney पैतृक धन
Patrol n. परिरक्षक, पतरोल; v. रक्षार्थ भ्रमण करना; परिक्रमण करना, गश्त लगाना
Patron संरक्षण
Patronage संरक्षण
Pauper suit अकिंचनवाद
Pawn आधि
Pawner अधिकर्ता
Pawnee आधिग्राही
Pay scale वेतन मान
Payavle देय
—at sight दर्शनेदेय;—to bearer वाहकदेय;—to order आदेशदेय
Payee प्रापक, प्राप्तिकर्त्ता
Payer दाता
Paymaster वेतनदाता
Payment भुगतान, शोधन
Payscale वेतनमान
Paysheet वेतन-फलक
Peace शान्ति
Peace offiensive शान्तिप्रयास
Peaceful Penetration शान्तिपूर्वक प्रवेश या अधिकार करना
Peak production चरमोत्पादन
Peasantry कृषिवर्ग
Pecuniary धन सम्बन्धी
Pedagogical शिक्षाशास्त्रीय
Pedagogy शिक्षणशास्त्र
Pedigree वंशावली, कुलपरम्परा
Pedigree cattle बढ़िया नस्ल के पशु
Pegging Act स्थानाबद्धकारी अधिनियम
Penal दण्डविषयक; दण्डनीय
Penel code दण्ड संहिता
Penal settlement दण्डितों की बस्ती
Penalize दण्डित करना
Penalty दण्ड, शास्ति, निग्रह
Pending विचाराधीन; लम्बित; लम्बमान
Pen-dwon strike लेखनीकर्म-रोधन
Pendulum लोलक
Peninsula प्रायद्वीप
Pen-name साहित्यिक उपनाम
Penology दण्ड-विज्ञान
Penpicture शब्द चित्र

Pension निवृत्तिवेतन, पूर्वसेवावृत्ति
Pentangular cricket पंचागी क्रिकेट
Peon पत्रवाहक
—book पत्रवाहकपंजिका
People in power सत्तारूढ़ व्यक्ति
Peoples' war लोकयुद्ध
Per capita प्रतिव्यक्ति पीछे
Percentage प्रतिशतता
Per unit प्रति एकक
Peremptory order अनुल्लंघनीय आदेश
Perforated सछिद्र, छिद्रल
Perforator बेधनी
Perimeter परिमिति
Period अवधि, —of serice सेवाकाल
Periodical सावधिक, नियतकालिक; सावधिक पत्र, सामयिक पत्र;—payment नियतकालिक भुगतान
Permanent settlement स्थायी व्यवस्था, स्थायी भूप्रबन्ध
Permanent tanant स्थायी कृषक
Permission अनुमति, प्रानुमति
Permit प्रानुमतिपत्र
Permutation प्रस्तार, क्रमचय, क्रमविस्तार
Perpendicular लम्ब
Perpetual शाश्वत
Perpetual succession शाश्वत उत्तराधिकार
Perpetuality सातत्य
Perquisite अनुलाभ, परिलब्ध
Personal grata ग्राह्य व्यक्ति
Personal non-grata अग्राह्य व्यक्ति
Personal Assistant वैयक्तिक सहायक, निजी सहायक
Personal bond वैयक्तिक बन्ध
Personality व्यक्तित्व
Personal law वैयक्तिक विधि, स्वीय विधि
Personnel सदस्यगण, कर्मचारीगण
Pertinent संगत
Pervasion व्याप्ति
Perverse तर्कविरुद्ध; विकृत, उलटा
Pessimism दुःखवाद, नैराश्यवाद
Petit bourgeois निम्न मध्यवर्ग
Petition प्रार्थनापत्र, याचिका; अर्जी
Petrology शिला विज्ञान
Phantom मनोलीला, छायापुरुष
Pharmacopoeia औषधनिर्माणशास्त्र
Pharmacy भेषजालय, औषधालय
Pharmaceutical chemistry भेषज रसायन
Phase स्वरूप, अवस्था
Phiology भाषाविज्ञान
Phonetics स्वर-विज्ञान
Phoney war नकली युद्ध, झूठा युद्ध
Photo छायाचित्र
Phraseology पद-विन्यास; शब्दावली
Physical शारीरिक; भौतिक; प्राकृतिक (भूगोल)
Physically fit शरीर से योग्य
Physiognomy आकृतिविज्ञान
Picket फौज की छोटी टुकड़ी
Packeting धरना देना, प्रवेशरोधन
Picnic party वनभोज; प्रमोदगोष्ठी
Piecemeal खण्डशः
Pier पोतघाट
Pigeon-hole कोष्ठखण्ड
Pigment रंगद्रव्य, वर्णक

Pilot चालक
Pin शूक, कंटिका; —cushion शूकधानी
Pindrop silence पूर्ण नीरवता
Pioneer अग्रगामी
Pipette नल्लिका
Piracy जलदस्युता
Pirate जलदस्यु
Pitch धावनस्थली; उच्चतम स्थान
Placard भित्तिपत्रक
Placenta अपरा, जरायुमूल, पुरइन
Plaint वाद-पत्र
Plaintiff वादी
Plan योजना, उपाय; मापचित्र
Plane figure समक्षेत्र, समतलाकृति
Planning surface समतल
Planning आयोजन, नियोजन
Plant उद्योग यन्त्रावली, यन्त्र-समुच्चय
Planter रोपक
Plaster पलस्तर, स्तरण
Paltoon पलटन
Play खेल; नाटक, अभिनय
—ground खेल का मैदान, खेलाधार
Plea तर्क; प्रतिपादन; बहाना
Plea, Admissible ग्राह्य तर्क
Plead पक्ष-समर्थन, वकालत करना, अभिवचन करना
Plead guilty दे —guilty में
Pleader अभिवक्ता, वकील
Pleading अभिवचन
Plebian साधारणजन
Plebiscite जनमतसंग्रह
Pledge प्रतिज्ञा, बन्धन
Plenary session पूर्णाधिवेशन
Plenipotentiary पूर्णाधिकार-प्राप्त दूत
Pleurisy पार्श्वशूल, उरोग्रह
Pliability आनम्यता
Plot दुरभियोजन; भूक्षेत्र; कथानक
Plum साहुल; —line साहुलसूत्र
Plural vote अनेक संख्यक मत
Pluralism अनेकवाद
Plutarchy धनिकतन्त्र
Plutocratic democracy धनिकारूढ़ लोकतन्त्र
Ply wood परतदार लकड़ी
Pneumonia फुफ्फुस-प्रदाह
Pod फली
Point n. बिन्दु; प्रश्न; बात; संकेत, विषय
Point v. निर्दिष्ट करना, लक्ष्य करना
Point of order नियमापत्ति, विधान का प्रश्न
Poise अंगसौष्ठव
Politbureau केन्द्रीय समिति की अन्तरंगगोष्ठी, नीतिनिर्धारिणी समिति (रूस और अन्य देशों की कम्युनिस्ट पार्टियों की)
Politic, Body राज्य-संस्था
Police आरक्षी, आरक्षक पुलिस—force आरक्षक बल,—guard पुलिस गारद; —station थाना
Policy बीमापत्र; कार्यपद्धति
Polish ओप
Polity राज्यपद्धति
Poll मतदान
Pollen tube पराग नलिका
Pollination परागण
Polyandry बहुपतित्व (प्रथा)
Poll tax मुण्ड-कर, व्यक्तिकर

Polling booth मतदान उपकेन्द्र— मतदानकक्ष
Polling station मतदान केन्द्र
Polygamy बहुविवाह, बहुपत्नीत्व
Polyglot बहुतायत, बहुभाषाविद्
Polygon बहुभुज
Pontiff रोमन धर्मगुरु (पोप)
Pool गोलक
Pooling एकत्रीकरण, समूहीकरण
Popular Assembly जन-प्रतिनिधिक सभा
Popular front जन-मोरचा
Porous संरध्र
Port पोताश्रय, बन्दरगाह
Porter भारिक
Portfolio मन्त्री का कार्य विभाग, संभाग
Portrait प्रतिकृति, व्यक्तिचित्र
Pose ठवन, मुद्रा
Position स्थिति, स्थान; पदवी; योग्यता
Positive विध्यात्मक, निश्चयात्मक
Positivism प्रत्यक्षवाद
Possession अधिकार, कब्जा, स्ववश
Post पद; डाक; स्तम्भ; स्थान, जगह
Postal order पत्रालयिक आदेश, डाकीय आदेश
Postdated उत्तरतिथित
Posted नियत, नियुक्ति; पत्रालयित
Post-entry पश्चाद् उल्लेख
Poster भित्तिविज्ञापनक, विज्ञापनपत्रक
Posterity भावी सन्तान
Post-graduate study स्नातकोत्तर अध्ययन
Posthumous मृत्यूत्तर जात, मृत्यूत्तरप्राप्त
Posting नियुक्ति, स्थापन; पत्रालयित करना
Post-master पत्रपाल, डाकपति
Postmaster General महापत्रपाल, महाडाकपति
Post-mortem शवपरीक्षा;—examination मृत्यूत्तर शव परीक्षा
Post-martem room चीरघर, शव-परीक्षणालय
Postnatal period प्रसवोत्तर काल
Postman पत्रवितरक, डाकिया
Post office पत्रालय, डाकघर
Post-war युद्धोत्तर
Post-war economy युद्धोत्तर अर्थव्यवस्था
Posture अंगविन्यास, अंगस्थिति, आसन
Potentiality क्षमता; सम्भाव्यता; दवा की शक्ति (प्रभावकारिता)
Pultry keeping कुक्कुटादि पालन
Pound पशुनिरोध-गृह, पशुनिरोध-शाला
Poundage निरोध शुल्क
Pourparler प्रारम्भिक चर्चा
Power शक्ति; शक्तिशाली देश; अधिकार
Power, Conferment of अधिकार-प्रदान
Power, Exercise of अधिकार-प्रयोग
Power Politics अधिकारार्थ कूटनीति; बड़े राष्ट्रों की कूटनीति
Power of attorney मुख्तारनामा, प्रतिनिधि-पत्र
Power to assume अधिकार ग्रहण करना
Practical प्रायोगिक, व्यावहारिक
Practice व्यवहार, अभ्यास; डॉक्टरी, वकालत आदि का काम
Preamble प्रस्तावना
Precaution पूर्वोपाय, पूर्वावधानता

Precautionary अनिष्ट निवारक, पूर्वावधानता हेतुक
Precedence पूर्वता, पूर्ववर्तिता, पूर्वस्थानीयता
Precedent पूर्वदृष्टान्त, पूर्वोदाहरण, नजीर
Precept उपदेश, निदेश
Precluded प्रतिबाधित
Precursor पुरोगामी
Predecessor पूर्वाधिकारी, पूर्वज
Predominant प्रबल, सर्वतोऽधिक, सर्वप्रमुख
Pre-eminent सर्वश्रेष्ठ, सर्वोत्तम
Pre-emption पूर्वक्रय
Pre-emption, Right of पूर्वक्रय का अधिकार
Prefabricated house factory प्रस्तुतांग-गृह-निर्माणशाला
Preface प्राक्कथन, प्रस्तावना
Preference अभिमान, अधिमान्यता, वरीयता, तरजीह
Preferential treatment पक्षपातपूर्ण (या अधिमान्यतायुक्त) व्यवहार
Pregnant सगर्भा गर्भवती, अर्थगर्भ, से युक्त, से गर्भित
Prehistoric प्रागैतिहासिक
Prejudice प्रतिकूल प्रभाव, पूर्व धारणा, पूर्वग्रह
Prejudiced प्रतिकूल धारणायुक्त, पूर्व धारणान्वित
Prelude मंगलाचरण
Premises गृहपरिभाग, गृहोपान्त; परिसर
Premium अधिशुल्क; बीमे की किस्त
Prerogative विशिष्टाधिकार, परमाधिकार, प्राधिकार
Prescribed प्रदिष्ट; नियत; विहित
Prescription औषधिनिर्देश; चिरभोग चिरभोग-जनित अधिकार
Present v. उपस्थित करना, प्रस्तुत करना; n. उपहार भेंट; adj. उपस्थित; विद्यमान, वर्तमान
Preservation परिरक्षण
Preservation of fruits फल-परिरक्षण
Preside पीठासीन, सभापति होना
Presided by अध्यक्षता में, सभापतित्व में
Presidency सभापति का पद या उसकी कार्यावधि; अहाता; महाप्रान्त (ब्रिटिश शासनकाल में)
President सभापति; राष्ट्रपति
President, Deputy उपाध्यक्ष, उपसभापति
President-elect मनोनीत सभापति
Presiding officer अधिष्ठाता
Presidium सोवियत स्थायी कार्य-समिति, प्रेसीडियम
Prevention of crime अपराध-निवारण
Press मुद्रणालय; समाचार पत्र (सामूहिक रूप से)
Press conference पत्र-प्रतिनिधि सम्मेलन
Press information bureau पत्रसूचना विभाग
Press Material प्रकाशन सामग्री
Press note समाचार-सूचना, प्रेस विज्ञप्ति
Press and platform समाचारपत्र और सभाएँ
Presumption अनुमान, धारणा
Presumptive आनुमानिक

Prevention of Curelty to Animals Act पशु निर्दयता निवारण अधिनियम
Preventive detention रोधात्मक कारावास, निवारक निरोध
Preventive measures निरोधी व्यवस्था
Previous consent पूर्व-सम्मति
Previous sanction पूर्व सम्मोदन, पूर्व स्वीकृति
Prewar युद्ध-पूर्व
Price-control मूल्य नियन्त्रण
Prima-facie प्रथम दृष्टितः; आपाततः
Prime minister प्रधानमन्त्री
Prime number अभाज्य संख्या
Primer प्रवेशिका
Primitive society आदिम समाज
Primogeniture अग्रजाधिकार
Princes chamber नरेन्द्रमण्डल
Principal (money) मूलधन
Principal adj. मुख्य प्रधान; n. आचार्य
Principality राज; सामन्त देश
Printer मुद्रक
Prior claim प्राथमिक या अग्रिम दावा
Priority अग्राधिकार; प्राथमिकता
Priority list प्राथमिकता सूची
Prism त्रिपार्श्वकात्त
Prison कारावास; बन्दीगृह
Prison van कैदी गाड़ी बन्दीस्थान
Prisoner बन्दी
Privacy एकांतता; गुप्तता; एकांत स्थान
Private निजी; n. सामान्य सैनिक
Private enterprise निजी उद्यम
Private member गैर-सरकार सदस्य
Private secretary अन्तरंग सचिव, निजी सचिव
Privation कष्ट, असुविधा
Privilege विशेषाधिकार, प्राप्ताधिकार, प्राप्त-सुविधा
Privileged classes विशेषाधिकार-प्राप्त वर्ग
Privy council अन्तरंग परिषद्; ब्रिटिश साम्राज्य का सर्वोच्च न्यायालय
Privy purse राजाधिदेय, राजभत्ता
Prize पारितोषिक
Probation परीक्षणकाल
Probation officer परीक्षाकालीन अधिकारी, अस्थायी अधिकारी
Probationer परीक्ष्यमाण
Pro bono publico सर्वजनहिताय
Problem समस्या
Procedure कार्यपद्धति, कार्यविधि, (कार्य-प्रक्रिया)
Procedure, Civil व्यवहार विधि, व्यवहार प्रक्रिया
Procedure, criminal दण्डविधि
Proceedings लिखित विवरण, कार्यवाही
Process प्रक्रिया, आदेशिका;
—surwleer तामील करनेवाला
Process of unification एकीकरण की प्रक्रिया
Process-fee आदेशिका-शुल्क
Proclamation उद्घोषणा
Proclamation of emergency आपात् की उद्घोषणा, संकटकालीन स्थिति की घोषणा, संकट घोषणा
Proconsul उप-वाणिज्यदूत
Procurement वसूली (अन्न की) अन्नोपलब्धि

Product गुणनफल; उत्पादित वस्तु, उत्पादन
Production उत्पादन
Production of documents लेख्य-प्रस्तुति
Productivity उत्पादन क्षमता उर्वरता
Profession वृत्ति, व्यवसाय, पेशा
Professional Conduct व्यावसायिक आचरण
Professor प्राध्यापक
Proficiency निपुणता
Profit लाभ
Profit Excess अतिरिक्त लाभ
Profit-sharing scheme लाभ-विभाजन योजना
Programme कार्यक्रम (पुरोगम)
Progressive increase उत्तरोत्तर वृद्धि
Progressive tax क्रमशः वर्धमान कर
Progressivism प्रगतिवाद
Prohibited निषिद्ध, प्रतिषिद्ध
Prohibition मद्य-निषेध; प्रतिषेध
Prohibition writ of प्रतिषेध लेख
Prohibitory निषेधक, प्रतिषेधक
Project परियोजना
Projection प्रक्षेपण
Proletariat सर्वहारा वर्ग
Promissory note प्रतिज्ञापत्र मुद्रा; वचनपत्र
Promotion पदोन्नति; कक्षोन्नति; उन्नयन
Promoter प्रवर्तक
Prompt क्षिप्र
Promulgate जारी करना, प्रवर्तन करना, प्रख्यापन करना, विघोषित करना
Promulgation प्रवर्तन, विघोषण
Pronote ऋणबन्धन पत्र
Proof प्रमाण; शोध्य पत्र
Proof reader ईक्ष्यवाचक, शोध्य-शोधक
Propaganda प्रचारकार्य, प्रचार
Propagandist प्रचारक
Propagate प्रचार करना
Property सम्पत्ति; विशेषता, गुण
Property, movable and immovable चल तथा अचल सम्पत्ति
Property-tax सम्पत्तिकर
Prophet देवदूत, पैगम्बर
Prophylactic Drug रोगनिरोधक द्रव्य
Propitiation प्रसादन
Proportional representation आनुपातिक प्रतिनिधित्व
Proposal प्रस्थापना
Proposer प्रस्थापक
Proposition प्रमेय; प्रस्थापना
Proprietorship स्वामित्व
Prorogue सत्रावसान; (विसर्जन)
Proscribe जब्त करना, प्रतिषिद्ध करना, वारित करना
Prosecution प्राभियोजन; प्राभियोक्ता पक्ष; इस्तगासा
Prosecutor, public राजकीय प्राभियोक्ता
Prosody छन्दःशास्त्र
Prospect प्रत्याशा, आसार
Prospective भावी
Prospectus विवरणपत्रिका (पाठ्यक्रमादि) नियमावली
Prostitution वेश्याकर्म, वेश्यावृत्ति; दुरुपयोजन
Protection of industries उद्योगों का

संरक्षण

Protective duty संरक्षण कर

Prodectorate संरक्षित राज्य

Protest प्रत्याख्यान

Protoplasm जीवद्रव्य

Protocol मूलपत्र, मूलसन्धिपत्र; कूटनीतिक शिष्टाचार विभाग

Protractor चाँदा, कोणमापक

Provide निवेशित करना

Provided परन्तु

Provided that पर, उपबन्ध यह है कि

Provident fund भविष्यनिधि, संचित कोष, संचित निधि, सुविधायक कोष; संभरण निधि

Provident fund Contributory अंशदायी संचितकोष

Province प्रान्त, प्रदेश; अधिकारक्षेत्र, कार्यक्षेत्र

Provincial autonomy प्रान्तीय स्वराज्य; स्वायत्त शासन

Provincial Homeguards प्रान्तीय रक्षादल

Provincialism प्रान्तीयता

Provision निवेश; रसद, खाद्य-सामग्री; उपबन्ध

Provision of law विधि-निवेश

Provisional government अस्थायी सरकार

Provisional Programme अस्थायी कार्यक्रम

Proviso प्रतिबन्ध, प्रतिबन्धात्मक वाक्य, शर्त, परन्तुक

Provost Marshal सैनिक न्यायाधीश

Proximity सन्निकटता, सान्निध्य

Proxy प्रतिपुरुष; प्रतिपत्री

Psendonym (स्यूडोनिम) छद्मनाम

Psychiatrist मनोरोग-चिकित्सक

Psychology मनोविज्ञान

Psycho-analysis मनोविश्लेषण

Puberty तारुण्यागम

Public accounts committee लोकलेखा-समिति

Public activity लोक-कार्यकलाप

Public affairs लोक कार्य

Public concern matter of लोकविषयक बात

Public criticism सार्वजनिक आलोचना

Public debt सरकारी ऋण

Public demands सार्वजनिक अभियाचना

Public entertainment लोक-प्रमोद

Public function सार्वजनिक कृत्य

Public good लोकहित

Public health लोक-स्वास्थ्य

Public holiday सार्वजनिक छुट्टी

Public notification सार्वजनिक अधिसूचना

Public Nuisance लोककंटक, लोकपीडक, लोकपीडन

Public opinion लोकमत

Public order सार्वजनिक व्यवस्था

Public relation officer जनसम्पर्काधिकारी

Public Safety Act जनरक्षा अधिनियम

Public servant राजकर्मचारी, लोकसेवक

Public Service Commission जनसेवा-आयोग

Public utility services लोकोपयोगी

सेवाएँ, जनोपयोगी सेवाएँ
Publicist सार्वजनिक विषयों पर लेखादि लिखनेवाला
Publicity प्रसिद्धि, लोकविश्रुति; प्रकाश, प्रचार, जन-संवेदन
Public Works Dpt. लोकनिर्माण विभाग
Puisney Judge छोटा जज, उप-न्यायाधीश
Pulley घिरनी, गड़ारी, घिरी
Pulsation स्पन्दन
Pulse दाल; नाड़ी; स्पन्दन
Pulverise पेषण
Pump उद्वहन यन्त्र
Pun श्लेष
Punching छिद्रयण
Punctual समयनिष्ठ
Punctuation चिह्नांकन
Punitive दण्डात्मक
Punitive tax दण्डकर, ताजीरी कर
Purchasing power क्रयशक्ति
Purge परिष्करण, परिष्कार, सफाई
Puritanism विशुद्धिवाद, कठोरतावाद
Purport अभिप्राय
Purporting to be done कर्तुमभिप्रेत
Purpose charitable पुण्यार्थ
putrefaction पूयन
Pyorrhea शीताद (पुराना शब्द)

Q

Q.E.D. इति सिद्धम
Quadrangle चतुष्कोण
Quadrilateral चतुर्भुज
Quaint विलक्षण
Qualification योग्यता, अर्हता
Qualified acceptance विशेषित स्वीकृति, सप्रतिबन्ध स्वीकृति
Quality marking गुण चिह्न अंकन
Quantum प्रमात्रा
Quarantine post रोगप्रतिबन्ध निरोधा, निरोधा
Quarter चतुर्थांश; त्रिमास, आवास, निवास; आश्रय, क्षमादान; मुहल्ला, बस्ती
Quarterly त्रैमासिक (विवरण इ.); पु. त्रैमासिक पत्र
Quarter-master-general प्रधान-रसद-व्यवस्थापक, प्रधान सैन्यवास-व्यवस्थापक
Quarto चौपेजी, चौपृष्ठी
Quasi अर्ध
Quell शमन करना
Query प्रश्न
Qestionaire प्रश्नावली-पत्रक
Quickening अतिसमर्पण
Quinquennial पंचवर्षीय
Quisling विभीषण, जयचन्द, शत्रुपोषी
Quittance उन्मोचन
Quorum गणपूर्ति, कार्यवाह संख्या
Quota नियतांश वंटितांश; अभ्यंश
Quotation अवतरण, प्रोक्ति; बाजारभाव (see rate quotations)
Quotient भागफल, भजनफल
Quo warranto अधिकार-पृच्छा

R

Race प्रजाति
Racial discrimination प्रजातिगत

भेदभाव

Rack टॉड

Radiation दीप्तिप्रसारण; (ताप, प्रकाश या विद्युत् विकिरण)

Radical आमूल परिवर्तनवादी, उग्र, सुधारवादी

Radicalism आमूल, सुधारवाद

Radio programme रेडियोवार्ता; आकाशवाणी कार्यक्रम

Radio transmitter बेतार यन्त्र

Radius अर्धव्यास; त्रिज्या

Raid धावा, छापा

Raider आक्रमणकारी

Railway रेलवे, अयोमार्ग

Rally एक होकर खड़े हो जाना, समवेतन, उपस्थान, समाहृति, समागमन (बालचरों का)

Rampart प्राकार

Rancour अतिद्वेष, अतिद्रोह

Range पर्वतश्रेणी; माला; पंक्ति; विस्तारक्षेत्र, गतिक्षेत्र; विस्तार

Ranger वनपाल

Rank श्रेणी, पदवी, पदश्री

Rank and file समस्त सामान्य सैनिक; सामान्य जन

Ransom निष्कृतिधन; (पनहा-भोजपुरी)

Ratable करयोग्य

Rate उपशुल्क, उपकर; दर; अनुपात; गति

Rating शुल्क निरूपण

Ratification अनुसमर्थन, पुष्टिकरण

—of boundaries सीमासंशोधन

Rational युक्तिमूलक

Rationalisation of industry उद्योग समीकरण; उद्योग की वैज्ञानिक व्यवस्था; अभिनवीकरण

Rationing समवितरण, नियन्त्रित वितरण, खुराकबन्दी

Reactionary प्रतिक्रियावादी, प्रतिगामी, प्रतिक्रियात्मक

Reader पाठक; वाचक; पाठोंवाली पुस्तक; पेशकार, उपस्थापक; प्राध्यापक

Reading वाचन, पठन, पढ़त; अनुमान

Ready money नकद

Ready reckoner सुलभगणक

Real estate स्थावर भूसम्पत्ति

Realist यथार्थवादी

Real value वास्तविक अर्हा

Rear पृष्ठभाग

Rearguard अनुबल

Rearguard Action पृष्ठरक्षक युद्ध

Re-armament पुनरस्त्रीकरण

Rebate छूट, अवहार

Rebellion विद्रोह

Recall v. वापस बुलाना, प्रत्याहूत करना, n. प्रत्याह्वयन

Receipt प्राप्ति; रसीद, प्राप्ति का

Receiver आदाता; प्रतिग्राहक, ग्राहकयन्त्र, ग्राहकांग

Receiving Apparatus ग्राहकयन्त्र

Reception Committee स्वागत समिति

Recess अल्पावकाश, मध्यावकाश, विश्रांतिकाल

Recession भाव का गिरना

Recipient प्राप्तिकर्त्ता, प्रापक

Reciprocal पारस्परिक; परस्परबोधक (सर्वनाम)

Reciprocity पारस्पर्य, पारस्परिकता

Recital आख्यान, पाठ
Reclaim (भूमि का) उद्धार करना; कुपथ से सुपथ पर लाना
Recognition प्रस्वीकृति; मान्यता, अभिज्ञा
Recognizance मुचलका
Recognized प्रस्वीकृत; अभिज्ञात, मान्य
Recollection अनुस्मरण
Recommendation अभिस्ताव, सिफारिश, अनुशंसा
Recommended अभिस्तावित, अनुशंसित
Recompense प्रतिदान देना
Reconciliation फिर राजी करना, समझौता, मिलाप; समाधान, सराधन
Reconnaissance गश्त, पर्यवेक्षण
Reconnaissance plane टोहक (टोह लेनेवाला) विमान
Reconnoitring सामरिक दृष्टि से की जानेवाली जाँच-पड़ताल
Record अभिलेख; लेखा-जोखा, लिखित विवरण; कीर्तिमान
Recorded अभिलिखित
Recording अभिलेखन, ध्वन्याभिलेखन
Record-keeper अभिलेखपाल
Records कागज-पत्र
Recoup हानिपूरण करना
Recovery वसूली, प्रत्यादान, प्रतिलब्धि; स्वास्थ्यलाभ
Recruitment भर्ती
Rectangle आयत
Rectangular आयताकार
Rectify संशोधन करना, ठीक करना
Rector अधिशिक्षक, मुख्याधिष्ठाता
Recurring expenditure आवर्तक (आवर्ती) व्यय
Redemption ऋणमुक्ति; विमोचन
Redeemable विमोच्य
Redemption charges विमोचन-व्यय
Red letter शुभ; महत्त्वपूर्ण, स्मरणीय
Red rag भड़कानेवाली (उद्वेगकारी) वस्तु
Redtapsim दीर्घसूत्रता, अत्यौपचारिकता
Redress प्रतिकार, क्लेशमुक्ति
Reductio and absurdum असंगति प्रदर्शन
Reduction कमी, छूट, छँटनी
Redundant व्यर्थ, अनावश्यक
Re-enactment पुनरधिनियमन, पुनर्विधायन
Refer निर्देश करना; प्रतिप्रेषण करना
Referee पंच, खेलपंच, अभिनिर्णायक
Reference निर्देश, अभिनिर्देश
Reference book आकार-ग्रन्थ (सन्दर्भ-ग्रन्थ)
Referendum निर्वाचकों के मत लेने की पद्धति, जन-निर्देश, आपृच्छा
Reflector प्रतिबिम्ब
Reflector प्रकाश-परावर्तक, प्रतिफलक, परावर्तक
Reflex angle पुनर्युक्त कोण
Reformatory सुधारालय
Refresher course पुनर्बोधन पाठ्यक्रम (प्रबोधन पाठ्यक्रम)
Refrigerator हिमीकर, प्रशीतक
Refugee शरणार्थी
Refugee township शरणार्थी बस्ती
Refund लौटाना, वापसी, (धन्य) प्रत्यर्पण
Refundable प्रत्यर्पणीय, लौटाए जाने

योग्य
Refuting, refutation खण्डन
Regal राजोचित; राजकीय
Regalia राजचिह्न
Regency Council राज्यसंचालक परिषद्
Regent प्रतिशासक, राज्यसंरक्षक
Regiment सैन्यदल
Region प्रदेश, प्रक्षेत्र
Regional Council प्रादेशिक परिषद्
Register पंजी; v. पंजीबद्ध करना
Registered पंजीबद्ध, रजिस्ट्रीशुदा, निबद्ध
Registrar लेखकाधिपति; पंजीयक, निबन्धक
Registrar (*of a university*) पीठस्थविर, कुलसचिव
Registration पंजीयन, दर्ज करना, निबन्धन
Regressive taxation प्रतिगामी कर
Regular नियमित, नियमशील
Regular army नियमित सेना
Regulate विनियमन करना
Regulating Act विनियमन अधिनियम
Regulation विनियम; विनियमन
Regulator विनियमक
Rehabilitation पुनर्वास, पुनर्वासन
Rehearsal पूर्वाभिनय
Reign of terror आतंक का राज्य
Reimbursement भरपाई, अदायगी
Reinforcement कुमक भेजना
Reinforce पुनः प्रचलित करना; कुमक भेजना
Reinstallation पुनर्भिषेक, पुनःस्थापन
Re-instate पुनः नियुक्ति करना, बहाल करना
Reinstatement पुनर्नियुक्ति, पुनःस्थापन, बहाली
Rejection अस्वीकरण
Rejoinder प्रत्युत्तर
Relative सापेक्ष; n. सम्बन्धी, रिश्तेदार
Relay (पुनः) प्रसारित करना (आकाशवाणी का कार्यक्रम)
Release मुक्ति, छोड़ दिया जाना
Relevancy सुसंगति
Relevant सुसंगत
Reliability of data आँकड़ों की विश्वसनीयता
Relic स्मृतिशेष
Relief सहायता, आराम; पदमोचन
Relief map उभाड़दार नक्शा, उद्भ मानचित्र
Relief work आपात् सहाय कार्य
Relieving officer स्थानग्राही अधिकारी
Remand प्रत्यावर्तित करना, लौटा भेजना, हवालात वापस भेजना
Remark अभ्युक्ति, टीका
Remedial measures प्रतिकारक उपाय
Remedy उपचार, उपाय, साधन
Reminder अनुस्मारक, अनुस्मरण-पत्र
Reminiscence संस्मरण
Remission परिहार, छूट; क्षमादान
Remit भेजना, विप्रेषण
Remit a sentence दण्ड का प्रतिहार करना
Remittance विप्रेषित धन; विप्रेषण
Remitter विशेषक
Removal हटाना; पृथक्करण
Remuneration पारिश्रमिक

Renaissance पुनरुत्थान, पुनर्जागरण
Renegade स्वमतत्यागी, स्वपक्षत्यागी
Renewal नवीकरण, नवीनीकरण
Renovation नूतनीकरण, नवीकरण
Rent किराया, भाटक, लगान, भूमिकर
Rental भाटक-राशि, कुल लगान
Rent controller किराया-नियन्त्रक
Renunciation स्वत्वत्याग, संन्यास
Reorganization पुनस्संघटन
Repairs मरम्मत, सुधार, संस्कार
Reparable सुधारयोग्य, पूरणीय
Reparations क्षतिपूर्ति, हरजाना
Repatriate स्वदेश प्रतिप्रेषण, पुनः स्वदेश लौटाना
Repayable प्रतिदेय, प्रतिशोध्य
Repayment प्रतिशोधन
Repeal विलोपन करना, विलोपीकरण, निरसन, रद्द करना
Repereussion मानसिक प्रतिक्रिया, अप्रत्यक्ष प्रभाव
Repetition पुनरुक्ति, पुनरावृत्ति, आवृत्ति
Replenishment क्षतिपूर्ति करना
Replete विपुल, परिपूर्ण
Report विवरण, विवरणी, सूचना देना; प्रतिवदेन
Reporter संवाददाता, सूचक
Represent निवेदन करना, प्रतिनिधित्व करना
Representation प्रतिनिधित्व, निवेदन
Representative n. प्रतिनिधि
—adj. प्रातिनिधिक, प्रतिनिधिमूलक
Repression दमन
Reprieve प्रविलम्ब करना
Reprimand भर्त्सना
Reprinted पुनर्मुद्रित
Reprisal प्रतिपीड़न; प्रतिहरण
Reproduction पुनरुत्पादन, प्रजनन
Reproductive organ जननेन्द्रिय
Republic गणराज्य, प्रजातन्त्र
Republican गणतन्त्रात्मक, गणतन्त्रवादी
Repudiate अनंगीकार करना
Repugnance विरोध, घृणा
Repugnant विरुद्ध, प्रतिकूल
Reputed ख्यात, प्रसिद्ध
Request निवेदन, प्रार्थना, अभिज्ञापन
Required अपेक्षित
Requisite standard अपेक्षित मान
Requisition अधिग्रहण, काम के लिए ले लेना, अधियाचन, वस्तुमाँग; अपेक्षण
Rescinding निरसन
Rescue बचाना, उद्धार
Rescue-home उद्धारगृह
Research गवेषणा, शोध
Reservation आरक्षण, संरक्षण
Reserved fund आरक्षित कोष
Reserved आरक्षित, संरक्षित
Reserved forest आरक्षित वन
Reserved subject आरक्षित विषय
Reshuffling हेर-फेर, आपरिवर्तन
Resident निवासी; आवासिक; आवासी, प्रतिनिधि
Residential जहाँ लोग रहते हों, छात्रावासीय (विश्वविद्यालय)
Residential Quarters आवासगृह
Residue अवशेष
Residuary अवशिष्ट
Residuary powers अवशिष्ट शक्तियाँ

Resignation पदत्याग; त्यागपत्र; ईश्वरेच्छानुवृत्ति, अविरोध का भाव
Resistance प्रतिरोध
Resolution निश्चय, संकल्प; दृढ़ता
Revolve संकल्प करना; दृढ़ निश्चय करना
Resort आश्रय
Resourcefulness साधनसम्पन्नता, प्रत्युत्पन्नमतित्व
Resources साधन; धन; आय
Respectively यथाक्रम, क्रमात्
Respite लघु विराम, फुरसत; क्षणिक स्थगन
Respondent प्रतिवादी
Response उत्तर
Responsible, severally पृथक्-पृथक् उत्तरदायी
Responsive ecoperation प्रतिक्रियात्मक सहयोग, सापेक्ष सहयोग
Rest-house विश्रामभवन, विश्रामालय
Restitution प्रत्यानयन; हृतप्रतिदान, प्रत्यर्पण; पूर्वस्थिति स्थापन; क्षतिपूर्ति
Restoration पुनरुद्धार; प्रतिदान, हृतप्रत्यर्पण; प्रत्यानयन; पूर्वकरण
Restraint संयम
Restrict सीमित करना
Restriction रुकावट, निबन्धन, (निरोध)
Resultant परिणामी
Resume one's seat पुनः आसन ग्रहण करना
Resumption पुनर्ग्रहण, पुनरारम्भ
Retail फुटकर
Retail price फुटकर मूल्य
Retail sale फुटकर बिक्री
Retailer खुदरा बेचनेवाला
Retire अवसर ग्रहण करना
Retired अवसर-प्राप्त, अवकाश-प्राप्त, निवृत्त
Retirement निवृत्ति, अवसर ग्रहण
Retort stand डट्टा
Retrenchment छँटनी
Retribution प्रतिफल, प्रतिकार
Retrospective effect, With पूर्वप्रभाव सहित, अनुदर्शी प्रभावसहित, गतकालापेक्षी प्रभावसहित
Return प्रत्याय; प्रतिफल; विवरण; प्रत्यावर्तन, पुनरागमन
Returning officer निर्वाचन अधिकारी
Reunion पुनरेकीकरण
Revaluation पुनर्मूल्यन
Revenue राजस्व, आगमन, मालगुजारी; किसी मद की आय
Revenue account आगम लेखा
Revenue court माल न्यायालय
Revenue minister मालमन्त्री, राजस्वमन्त्री
Revenue year कृषिवर्ष, फसली, साल
Reverberation प्रतिनिनाद
Reversal पराजय; विपर्यय
Reverse v. उलट देना, विपर्यय करना, निरसन या अभिशून्यन करना, प्रतिकरण; n. पीठ, पुश्त; adj उलटा, विपरीत
Reverse council bill प्रतिपरिषद्-विपत्र
Reverses हार, पछाड़
Reversion विपर्यय; प्रत्यावर्तन
Reversionary प्रतिवर्ती; उत्तरभोग्य

Reversionary bonus प्रतिवर्ती; अधिलाभांश
Reversioner उत्तरभोगी
Revert प्रतिवर्त्तन करना; प्रत्यावर्तित होना
Review आलोचन, पुनर्विलोकन
Revision पुनरीक्षण, निगरानी; दोहराना
Revision of scale वेतनक्रम का संशोधन
Revival पुनरुज्जीवन, पुनः प्रचलन
Revive पुनर्जीवित करना; पुररुद्धार करना, पुनः प्रचलित करना
Revocation निरसन; प्रतिसंहरण
Revolution क्रान्ति
Revolutionary क्रान्तिकारी
Revolutionist क्रान्तिवादी
Rewards पारितोषिक; प्रतिफल
Rhetoric अलंकार शास्त्र, रीतिशास्त्र
Rhombus विषमकोण समचतुर्भुज
Rhythmic तालबद्ध
Right n. अधिकार, स्वत्व
Right adj. ठीक, युक्त, उचित; सरल; दक्षिण
Right angle समकोण
Rightist दक्षिणपंथी
Rights, Civic नागरिक अधिकार
Rights, Civil दीवानी अधिकार
Rinderpest खूनी दस्त
Rise उदय; उत्थान, उन्नति, उत्कर्ष
Ritual संस्कार
Rivalry प्रतिद्वन्द्विता, प्रतियोगिता
River valley scheme नदी घाटी योजना
Roaming ambassedor पर्यटक राजदूत
Robing room परिधान-गृह
Robot यन्त्रपुत्रक
Roll सूची, तालिका, नियमावली
Roller बेलन
Rostrum व्याख्यानपीठ
Rotation चक्रानुक्रम; पर्याय
Round दौर, बाँढ़; चक्र, चक्कर, रौंद, गश्त
Round-table Conference गोलमेज सम्मेलन
Route मार्ग
Routine नित्यकर्म
Rowdyism हुल्लड़बाजी
Royal seal राजमुद्रा
Royalty अधिकार-शुल्क; स्वामित्व, स्वत्वस्व
Rule नियम; शासन
Rule of the road पथनियम
Rule out नियमविरुद्ध घोषित करना
Ruler शासक; रेखक
Ruling व्यवस्था
Rumour जनश्रुति, किंवदंती, प्रवाद
Run धावन
Runway विमान का अवतरण-पथ, धावनमार्ग
Rural ग्राम सम्बन्धी, ग्राम्य
Rural uplift ग्रामोन्नति, ग्राम्यसुधार
Rust गेरुई
Rusticate निस्सारित करना
Rustication निस्सारण

S

Sabotage अन्तर्ध्वंस, तोड़फोड़
Sacrifice त्याग; याग, यज्ञ
Safe conduct अभयपत्र, रक्षावचन

Safe-guard सुरक्षण; परित्राण, रक्षाकवच
Safety-vault सुरक्षित कोष्टक
Salaried वैतनिक
Salary वेतन
Slae-deed विक्रय लेख
Sale-tax बिक्रीकर
Salesman बिक्रयिक
Salemanship विक्रय-कला
Salient प्रधान, मुख्य
Saline लवणीय
Salvage भ्रंशोद्धार
Salvation Army मोक्ष-सेना, मुक्ति सेना
Salvo तोपों की बाढ़
Sanataorium स्वास्थ्यनिवास, स्वास्थ्यसदन, आरोग्यशाला
Sanction स्वीकृति, संमोदन; दण्डोपबन्ध
Sanction, Military सैनिक अनुज्ञप्ति
Sanctuary शरणस्थान; अभयस्थल
Sanguinary रुधिरप्रिय; रक्तमय
Sanitation स्वच्छता, संमार्जन
Sapphire नीलम
Sappers and miners सपर मैना
Sarcasm व्यंग्य, आक्षेप, ताना
Satrap प्रान्तपति, क्षत्रप
Sattelite उपग्रह
Sturated solution संपृक्त द्रावण
Savant प्राज्ञ, पण्डित, ज्ञानी
Saving Bank बचत खाता
Savings campaign मितव्ययिता-आन्दोलन
Saviour उद्धारक
Scaffold फाँसी का तख्ता
Scaffolding मचान, पाड़
Scale पैमाना, अनुमाप; मापनी; तराजू
Scale, large बड़े पैमाने पर
Scale of salary वेतन क्रम
Scandal परिवाद, लोकप्रवाद, अपवाद
Scar क्षतचिह्न
Sceptic सन्देहवादी, संशयात्मा
Scepticism सन्देहवाद, संशयवाद
Sceptre राजदण्ड
Schedule परिगणना, अनुसूची
Scheduled Castes परिगणित जातियाँ, अनुसूचित जातियाँ
Scheduled time निर्धारित समय
Scheduled tribes अनुसूचित जनजातियाँ
Scheme योजना
Schism फूट
Scientific apparatus वैज्ञानिक यन्त्र
School शाला; मत, सम्प्रदाय; अध्ययनशाला
Scoop news स्वाप्त समाचार; एकांतिक समाचार
Scope विस्तार, क्षेत्र, सीमा
Scorched earth, policy सर्वक्षार नीति
Score गोल करना; रन बनाना; विजयी होना; n. विषय; कारण
Scorpio वृश्चिक राशि
Scramble छीना झपटी
Screen पट—, Silver रजतपट
Script लिपि
Scripture धर्मग्रन्थ
Scrutiny सूक्ष्मपरीक्षण, संपरीक्षण
Sculpture मूर्त्तिकला, भास्कर्य
Scum छादनी
Scaborne trade समुद्री व्यापार
Sealed मुद्रांकित, मुहर किया हुआ

Search-light प्रकाश-प्रक्षेपक, अन्वेषक प्रकाश, विदर्शनालोक
Season ticket म्यादी टिकट
Seasonal occupations मौसमी धन्धे
Seasoned wood लकड़ी
—Worker अनुभवी कार्यकर्त्ता (श्रमिक)
Seaworthiness of vessels पोतों की यात्रा-क्षमता
Secant छेदक, छेदक रेखा
Secession सम्बन्ध-विच्छेद
Second, To अनुमोदन करना
Second chamber द्वितीय वेश्म, अपर सदन
Second person मध्यम पुरुष
Secondary माध्यमिक, गौण; परवर्ती
—growth परवर्ती वृद्धि
Seconder अनुमोदक
Secret रहस्य adj. गुप्त
Secret Agent प्रणिधि, गुप्तचर
Secret ballot गुप्त मतदान
Secret service गुप्तचर विभाग
Secretariat सचिवालय
Secretary सचिव
Secretary, Additional अतिरिक्त सचिव, अपर सचिव
Secretary, Assistant सहायक सचिव
Secretary, Deputy उप-सचिव, प्रति सचिव
Secretary, Joint संयुक्त सचिव
Secretary, Under अवरसचिव
Secretary of State राज्य मन्त्री (ब्रिटेन), परराष्ट्र मन्त्री (अमेरिका)
Secretary, Private निजी सचिव (निज सचिव) स्व-सचिव, अन्तरंग सचिव
Secretion स्राव; निस्सारण
Sect उपसम्प्रदाय
Sectarianism धार्मिक दलबन्दी
Section धारा (नियम); अनुभाग; खण्ड
—Leder टुकड़ी नायक
Sector खण्ड; वृत्तखण्ड
—of a circle द्वत्रिय
Secular धर्मनिरपेक्ष, लौकिक
Secure सुरक्षित
Securities साख-पत्र, प्रतिभूतियाँ
Security प्रतिभूति, प्रतिभू (व्यक्ति)
—bond प्रतिभूपत्र, जमानतनामा
Security Council सुरक्षापरिषद्
Security measure सुरक्षा व्यवस्था
Security of tenure पदधारण-सुरक्षा
Sendiments तलछट, कल्क
Sedimentation कल्कन
Sedition राजद्रोह
See धर्माध्यक्ष का क्षेत्र
Segment of a circle अवधा
Segregation पार्थक्य, पृथकीकरण
Seismograph भूकम्प-मापक यन्त्र
Seismology भूकम्प विज्ञान
Select committee प्रवर समिति
Selection (चुनाव) अन्तर्वाचन, प्रवरण
Self-contained स्वतःपूर्ण
Self-contradictary स्वतोविरोधी
Self-determination आत्मनिर्णय
Self-government स्वशासन
Self-sufficiency आत्मभरितता
Self-sufficiency plan आत्मभरित योजना
Selling विक्रय

Semi-circle अर्द्धवृत्त
Semi-final उपान्त, अन्तिमप्राय
Seminar विचारगोष्ठी, विचार-सम्मेलन; अध्ययन गोष्ठी
Semiweekly अर्धसाप्ताहिक
Semitic सामवंशोत्पन्न अरब-यहूदी
Senate प्रमुखसभा; प्रबन्धसमिति
Sender प्रेषक
Senior ज्येष्ठ; पुराना
Seniority ज्येष्ठता, प्राथम्य
Sensation संवेदन; सनसनी
Sensationalism संवेदनवाद
Sense अभिप्राय, भाव, अर्थ, समझदारी; होश, संज्ञा
Sense of the assembly सभा का अभिप्राय या भाव
Sensualism इन्द्रियार्थवाद
Sentence दण्डादेश, सजा; वाक्य
Sentence, to uphold सजा बहाल रखना
Sentry प्रहरी, सन्तरी
Sentimentality भावुकता
Septic पौतिक
Septinal Act सप्तवार्षिक व्यवस्था
Serfdom कृषि दासता, कृषि दास प्रथा
Sericulture कोशकीट पालन
Series माला, शृंखला
Serum रक्ताम्बु सौम्य
Served अभ्यर्पित (आदेश इ.), तामील
Service सेवा, नौकरी, भृत्या
—book सेवापुस्तिका
Service charge सेवा व्यय
Service, Civil नागरिक राजसेवा
Service Condition of सेवा की शर्त
Serviceman सैनिक
Service of notice सूचनापत्र का तामील होना
Session सत्र, अधिवेशन; बैठक
Session Court सत्र न्यायालय, दौरा अदालत
Session, termination of सत्रावसान
Set back (प्रतिकूल स्थिति), प्रगतिरोध
Settlement बस्ती; भूमिव्यवस्था, बन्दोबस्त; निपटारा
Severence of diplomatic relation राजनीतिक सम्बन्ध-विच्छेद
Sexual मैथुनिक; कामजनित; लैंगिक
Sexuality कामुकता, कामवासना, लिंगिता
Shade छाया, आभा; आभाभेद
Shadow प्रतिबिम्ब, छाया
Sham छायिक; अयथार्थ
Sham fight छायायुद्ध
Shampoo संवाद, संवाहन
Share अंश, भाग, हिस्सा
Share-holder हिस्सेदार, भागीदार
Share-market शेयर बाजार
Sheet ताव; फलक
Sheet, Charge आरोपपत्र
Shell गोला (तोप का); कवच (कड़ा छिलका)
Shift पाली
Ship building industry पोत निर्माण-उद्योग
Shock treatment सहसोपचार
Shock troops सहसाक्रामक चमू
Shorthand शीघ्रलिपि, त्वरालिपि
Short-notice question अल्पसूचित

प्रश्न

Shorts घुटन्ना, नेकर

Short term loan अल्पकालीन ऋण, अल्पावधिक ऋण

Shot छर्रा

Show-down बलपरीक्षण, अन्तिम परीक्षा

Shrinkage सिकुड़न, आकुंचन

Sign-board नाम-पट्ट; नामपटल

Signal संकेत; सिकन्दरा

Signatory हस्ताक्षरकर्ता

Silt पंकराशि

Silver Jubilee रजत जयन्ती

—Screen रजतपट

Silviculture वन विज्ञान, वनवर्धन

Simile उपमा

Simplification सरलीकरण

Simultaneous समकालिक

Sine die अनिश्चित काल तक के लिए

Single member constituency एक सदस्य निर्वाची क्षेत्र

Single transferable vote एकल संक्रमणीय मत

Singular एकवचन; अनोखा

Sinking fund ऋणपरिशोधन कोष, निक्षेपनिधि

Sinus नासूर, नाड़ी-व्रण

Sitting उपवेशन, बैठक

Sixers, sixes छक्के, छौवे

Sketch रूपरेखा, रेखाचित्र, शब्दचित्र

Skilled labourer कुशल श्रमिक

Skirmish छिटपुट संघर्ष

Sky-scraper अभ्रंशक, गगनचुम्बी भवन

Slander अपमान वचन, अपवाद

Slaughter house पशु वधालय

Sleeper सिलापट

Sleeping partner उदासीन भागीदार

Sliding scale विसृप अनुमाप

Slogan नारा, कोष

Slum दरिद्रावसति, मलिनावास

Slump मूल्यावपात, अर्धपतन, सस्ती

Slur कलंक

Small cause Court लघुवाद न्यायालय, अदालत खफीफा

Smelt प्रद्रावण

Smoke-screen धूमपट, धूमावरण

Smuggle करापहार, चुंगीचोरी, अवैध प्रेषण (अपहरण-कौटिल्य)

Sniper कपटाघाती, छलाघाती

Snowline हिमरेखा

Soap stone गोरा पत्थर, घीया पत्थर

Social लोकप्रिय; सामाजिक

Social boycott सामाजिक बहिष्कार

Social custom सामाजिक रूढ़ि

Social gathering स्नेहसम्मेलन, प्रीतिसम्मेलन

Social Insurance सामाजिक बीमा

Social order सामाजिक व्यवस्था

Social security सामाजिक सुरक्षा

Social service सामाजिक सेवा

Socialisation समाजीकरण

Socialism समाजवाद

Society समाज

Society for prevention of creuelty to animals (S.P.C.A.) पशु-निर्दयता निवारण समिति

Soft currency area सुलभ मुद्राक्षेत्र

Soil conservation भूमिसंरक्षण

Soil erosion भूमि की कटन-छँटन,

भूमि का कटाव
Soil sandy बलुई भूमि, भूड़
Soil, virgin अकृष्ट पूर्वा, बंजरभूमि
Solicit साग्रह प्रार्थना करना
Solid ठोस, पुष्ट
Solidification संपिंडन
Solitary cell काल-कोठरी; सांसत घर
S. Confinement तनहाई कैद, एकान्त कारावास
Solubility घुलनशीलता, विलेयता
Solution घोल, द्रावण, विलयन; हल
Solute घुल्य
Solvent घोलक
Somnambulism निद्राभ्रमण, निद्राचार
Sophistry सिद्धान्ताभास, युक्त्याभास
Sore व्रण, घाव
Sorter पत्रवियोजक
Sound स्वस्थ, निर्दोष
S.O.S. संकट-संकेत
Sound recorder ध्वनिसंग्राहक, ध्वन्याभिलेखक
Souvenir स्मृतिचिह्न, स्मृति उपायन
Sovereign Democratic Republic सम्पूर्ण प्रभुत्वसम्पन्न, लोकतन्त्रात्मक गणराज्य
Sovereignty प्रभुसत्ता, पूर्णसत्ता
Soviet पंचायत
Speaker अध्यक्ष, प्रमुख
Specialisation विशिष्टीकरण
Specification विनिर्देश
Specimen नमूना, प्रतिरूप
Spectrum वर्णच्छटा, वर्णपट, दृश्याभास
Speculation अटकलबाजी; सट्टा, फाटका
Spelling हिज्जे, वर्तनी, अक्षरी, वर्णविकृति
Sphere गोल; कार्यक्षेत्र, प्रभावक्षेत्र
Spine मेरुदण्ड, पृष्ठवंश, रीढ़; कंटक
Splinter पत्थर, बम आदि के पतले, नुकीले टुकड़े
Spokesman प्रवक्ता, मुखपत्र
Sponsor प्रवर्त्तक, संस्थापक
Sporadic raids छिटपुट हमले
Squadron दस्ता
Square वर्ग; चत्वर
Stabilization स्थिरीकरण
Staff कर्मचारीवृन्द
Stage प्रक्रम; अवस्थान; रंगमंच, मंच
Stalk पुष्पवृंत
Stamp अंकपत्र
Stamped अंकपत्रित
Standard प्रमाप, मान, मानक, कोटि, स्तर, adj. प्रामाणिक
Standard of living जीवन-यापन का स्तर
Standardization प्रमाणिकीकरण, प्रमापीकरण; मान-निर्धारण
Standing committee स्थायी समिति
Stand still agreement यथास्थिति समझौता
Starch श्वेत सार, मण्ड
Starred तारंकित तारांकित
State राज्य
State funds राज्यनिधि
Stately भव्य, प्रौढ़
Statesment वक्तव्य, विवरण, कथन
Stateman राज्यनेता, राज्यविशेषज्ञ, राजपुरुष, राष्ट्रनायक, राजनायक

Station अवस्थान, स्टेशन
Stationery लेखनसामग्री
Station officer बड़े थानेदार
Statistical Adviser सांख्यिकीय मन्त्रणाकार, आंकिक मन्त्रणाकार
Statistician सांख्यिक आंकिक
Statistics सांख्यिकी, आंकिकी; आँकड़े
Status quo यथापूर्व स्थिति
Statute संविधि
Statutory Rationing संविहित राशन-व्यवस्था
Stay-in-strike काम न करो हड़ताल
Steering Committee कर्णधार समिति; संचालन समिति
Stenographer आशुलिपिक
Sterilization निष्कीटण; बंध्यीकरण
Sterlized निष्कीटित; बंधीकृत, निर्वाजित
Sterling balance पौंड पावना
Stipend वृत्ति
Stipulation करार, शर्त्त, अभिसंविदा
Stock संचित राशि; अंश पूँजी; राजऋण; स्कंध
Stock exchange सराफा, श्रेष्ठिचत्वर
Stockist स्कांधिक, भाण्डारिक
Stock register स्कंध-पंजी
Stoic सुखोपेक्षी
Stone-age प्रस्तर-युग
Stop cock रोधनी
Stop press छपते-छपते
Storekeeper भण्डारी, भण्डारपाल
Stores भाण्डार
Straight angle ऋजुकोण
Strata स्तर
Stratagem दाँव-घात, छल-बल
Strategic सामरिक महत्त्ववाला
Strategy रणनीति
Stratified स्तरीभूत
Stretcher विस्तरणी
Stretcher bearer विस्तरणीवाहक
Stricture तीव्रालोचना, निन्दात्मक अभ्युक्ति
Strike हड़ताल, कर्मरोधन
Stringency अर्थसंकट
Stripes कोड़े, धारियाँ
Student's Lodge छात्रनिकेतन
Studio चित्रशाला; रंगशाला
Study अध्ययन; अध्ययन-कक्ष
Study circle अध्ययन केन्द्र
Study group अध्ययन मंडल
Stuffy दमघुट्ट, बन्द हवा का
Sub-division उपविभाग; तहसील
Subject matter विषय-वस्तु, वादविषय
Subjects committee विषय समिति
Subject to confirmation अभिपुष्टि सापेक्ष
Sub-judice (न्यायालय के) विचाराधीन, अभिनिर्णयाधीन
Subjugation अधीनीकरण, पराभव
Sublet शिकमी देना
Sublimation उन्नयन; ऊर्ध्वपतन
Submarine जलाभ्यन्तरवाहिनी नौका, पनडुब्बी, डुबकनी
Subordinate अधीनस्थ, अवर
Subordinate court अधीन न्यायालय
Subordinate officer अधीन (मातहत) अधिकारी
Subordination अधीनता, परवशता
Sub post office उपडाकघर

Sub-registrar उपपंजीयक
Subscribe चन्दा देना, अनुहस्ताक्षर करना
Subscribed capital प्रार्थित पूँजी, बिकी हुई पूँजी
Subscriber अभिदाता; पत्रादि का ग्राहक, ग्राहक
Subscription अभिदान, चन्दा
Subsection उपधारा
Subsequent अनुवर्ती
Subsidiary सहायक गौण
Subsidiary occupation सहायक आजीविका
Subsidy आर्थिक सहायता
Subsistence allowance निर्वाह भत्ता
Subsoil उपभूमि
Substitute स्थानापन्न व्यक्ति या वस्तु, प्रतिरूप, प्रतिनिधि
Substitution प्रतिहस्तापन, प्रतिस्थापन
Subtenant शिकमी काश्तकार
Suburb उपनगर
Subvention to religious association धर्मादा, धर्मार्थ सहायता
Subversive विध्वंसकारी
Succeed दायाधिकारी होना, उत्तराधिकारी (या उत्तरासीन) होना
Succeeding section उत्तरवर्ती धारा
Succession उत्तराधिकार; आनुपूर्व्य; अभंग परम्परा
Succession certificate उत्तराधिकार प्रमाणक
Successive stages उत्तरोत्तर प्रकम
Sue मुकदमा दायर करना, व्यवहार लाना
Suffragate मताधिकार का आन्दोलन करना
Suffrage, Adult वयस्क मताधिकार
Suffragette मताधिकार के लिए आन्दोलन करनेवाली स्त्री
Sugar of milk दुग्ध शर्करा
Suit अभियोग, वाद
Suit, Civil व्यवहारवाद, दीवानी मुकदमा
Suit of injunction निरोधाज्ञा-वाद
Summary trial संक्षिप्त विधिक विचार
Summarily dealt with संक्षेपतः निर्णीत
Summon आह्वान, आहाय; आह्वानपत्र, आदेशपत्र
Summon a meeting सभा बुलाना
Sunbath आतपस्नान
Super annuation pension वृद्धावस्था की (पचपन साला) पेंशन
Supercede अवक्रम करना, अधिक्रान्त करना
Superficial बहिःस्पर्शी, ऊपरी, दिखाऊ
Superintendence अधीक्षण
Superintendent अधीक्षक
Superior प्रवर, वरिष्ठ, श्रेष्ठ
Superiority complex अहम्मन्यता, गुरुम्मन्यता
Supernatural आधिदैविक
Super tax अधिकर
Supervise पर्यवेक्षण
Supplement अनुपूरण; अनुपूरक, क्रोडपत्र
Supplementary अनुपूरक
Supplementary examination अनुपूरक परीक्षा
Supplementary question अनुपूरक

प्रश्न
Supplemented अनुपूरित
Supplier पूरक, समायोजक
Supply रसद, सम्भरण, पूर्ति, (उपलब्धि), समायोजन
Supply officer पूर्त्यधिकारी
Supremacy of law विधि सर्वोच्चता
Supreme authority सर्वोच्च सत्ता
Supreme command सर्वोच्च कमान, सर्वोच्च समादेश
Supreme Court उच्चतम न्यायालय (सर्वोच्च न्यायालय), परम न्यायालय
Surcharge अधिभार
Surety प्रतिभू
Surety for appearance दर्शन-प्रतिभू
Surface तल; पृष्ठभाग
Surgeon शल्य चिकित्सक, शल्यकार
Surgery शल्यविधा, शल्य-शास्त्र; शल्यक्रिया, शल्य चिकित्सा
Surgical Instruments Industry शल्योद्योग
Surplus बचत
Surrender value समर्पण-मूल्य
Surveillance निगरानी
Survey पर्यावलोकन; क्षेत्रमाप, सर्वेक्षण
Survival बच रहना, अतिजीवन
Survival of the fittest बलिष्ठातिजीवन
Survivor अतिजीवी, परिजीवी
Susceptible ग्रहणक्षम
Suspension निलम्बित, अनुलम्बित
Suspense account अनुलम्ब खाता, उचंत खाता
Suspension निलम्बन, अनुलम्बन
Sustained metaphor सांगरूपक
Suzerain अधिराज
Suzerainty अधिराज, अधिराजत्व
Symbol प्रतीक
Symbolism प्रतीकवाद
symmetrical प्रतिसम; सममित, संमित
Symmetry प्रतिसाम्य, सममिति
Syndicalism संघ-समाजवाद
Synonym पर्याय, समानार्थक शब्द
Synopsis सारांश (परिचयात्मक) रूपरेखा
Synthesis संश्लेषण, समन्वय
Synthetic products बनावटी या रासायनिक वस्तुएँ

T

Table मेज, पटल; तालिका, सूची, सारिणी
Table of contents विषय-सूची
Tableland उच्च समभूमि
Taboo निषेध, वर्जन
Tabulate तालिकाबद्ध करना, सारिणीबद्ध करना
Tabulator गणनक; जोड़क
Tacit मौन
Tacit acceptance मौन स्वीकरण
Tactics कार्य-नीति
Take-effect प्रभावी होना
Take part सम्मिलित होना
Talk वक्तृता, भाषण, वार्ता
Talkie बोलपट, सवाक् चित्र
Tan चमड़े को सिझाना, चर्मशोधन
Tangent स्पर्श-रेखा
Tanker तेलवाहक जहाज
Tannery चर्मशोधनालय

Tapioca टैपिओका, दक्षिणी मूल
Target लक्ष्य
Tariff प्रशुल्क, तटकर; तटकर-व्यवस्था, प्रशुल्क-सूची, प्रशुल्क-पद्धति
Tariff Board प्रशुल्कमण्डल
Tarso धड़ प्रतिमा
Taurus वृष राशि
Tax कर
Tax, calling आजीविका कर
Tax,Capitation प्रतिव्यक्ति-कर
Tax, Corporation निगम-कर
Tax Entertainment प्रमोद-कर, मनोरंजन कर
Tax-free करमुक्त
Tax, Income आयकर
Tax, Impact of कर-संघात
Taxpayer करदाता
Tax, Sales बिक्री-कर
Tax, Terminal सीमा-कर
Tax, Trade व्यापार-कर
Taxable कर-योग्य
Taxidermist चर्मप्रसाधक
Tear gas अश्रुगैस
Technical पारिभाषिक; प्रौद्योगिक; प्राविधिक, पद्धति सम्बन्धी; विज्ञान और शिल्पसम्बन्धी
Technical education शिल्प-शिक्षा, प्रौद्योगिक शिक्षा
Technical objection प्राविधिक आपत्ति
Technical point प्राविधिक प्रश्न
Technical training शिल्प प्रशिक्षण, प्रौद्योगिक प्रशिक्षण
Technical words पारिभाषिक शब्द
Technician प्रविधिज्ञ, शिल्पी, यन्त्री
Technique शैली, कार्यपद्धति, विशेष उपाय, यन्त्र चातुर्य, प्रविधि
Technology शिल्प विज्ञान
Teething दन्तोद्भेद, दाँत निकलना
Telegraph तार
Telephone दूरवाणी, दूरभाष, टेलीफोन
Telephone exchange दूरवाणी मिलान केन्द्र
Teleprinter दूरमुद्रक, दूरमुद्र
Telescope दूरवीक्षण-यन्त्र
Television दूरदर्शनकारी यंत्र
Temperence मद्यनिषेध
Temperate zone समशीतोष्ण कटिबन्ध
Temperature तापमान
Tempo प्रवेग, प्रगति
Tenacious लगिष्णु
Tenacy Act काश्तकारी, कानून, कृषिविधान
Tenant किसान, किराएदार
Tender प्राक्कलन, पत्र, निविदा
Tender money सत्यंकार, बयाना
Tenet सिद्धान्त
Tentative प्रयोगात्मक, परीक्षात्मक
Tenure पदावधि, धारणावधि
Tenure of land भूधारण-अधिकार
Term कार्यकाल; अवधि; सत्र; (बहु व.) शर्तें
Terms of reference विचारणीय विषय
Terminal सात्रिक; आंतिक
Terminal Tax आंतिक कर; सीमा-कर
Terminal examination सात्रिक परीक्षा
Termination अवसान, परि समाप्ति
Terminology परिभाषा-संग्रह, पारिभाषिक शब्दावली

Terrestrial telescope पार्थिव दूरबीन
Territorial Army प्रादेशिक सेना
Territorial waters जल प्रांगण, जलीय क्षेत्र
Terrorist आतंकवादी
Testament मृत्युलेख
Testator रिक्थपत्रका अनुष्ठाता, रिक्थ संकल्पक
Testimony प्रमाणित वक्तव्य या कथन, साक्ष्य
Testimonial प्रमाणपत्र
Test-tube परीक्षण-नलिका, परखनली
Text मूलपाठ
Textile वस्त्र
Textile industry वस्त्रोद्योग
Theism आस्तिकवाद
Theocracy धर्मतन्त्र
Thumb impression अंगुष्ठ चिह्न
Theorem प्रमेय
Theoretical सैद्धान्तिक
Theory वाद, सिद्धान्त
Therapeutics औषधिविज्ञान
Thermometer तापमापक यन्त्र
Thesis अधिनिबन्ध, निबन्ध
Ticket प्रवेशपत्र, प्रयोगपत्र, टिकट
Tidal waters ज्वार जल
Tie बन्धन; ग्रैवेय, कण्ठबन्ध (नेकटाई)
Time-barred कालतिरोहित, कालातीत
Timebomb नियत समय पर फूटनेवाला बम, सावधिक प्रस्फोट, नियतकालिक प्रस्फोट
Timefuse नियतकालिक पलीता
Timehonoured चिरसम्मानित, चिरमान्य
Time-table समयसूची, समय-सारिणी, वेलापत्रक; समयविभागपत्र
Title हक, स्वत्व; उपाधि; शीर्षनाम
—page मुखपृष्ठ
Title deed स्वत्व-संलेख
Titular नामपात्र का, नामधारी
Toast प्रीतिपेय
Toilet प्रसाधन; प्रसाधन द्रव्य, प्रक्षालन गृह
Token cut प्रतीक कटौती, प्रतीक न्यूनन
Tokis पथकर
Tool उपकरण, औजार
Tonnage जहाजी वजन टनों में, नौप्रभार
Topical talk सामयिक वार्ता
Topography स्थानवर्णन
Torrid zone उष्ण कटिबन्ध
Toss सिक्का उछालकर निर्णय, निक्षेप-निर्णय
Total war सर्वस्व युद्ध, सार्वांगिक युद्ध
Totalitarianism एकदलीय शासनतन्त्र, सर्वाधिकारवाद, सर्वसत्तावाद
Totalitarian state सर्वाधिकारी राज्य, सर्वसत्तात्मक राज्य
Tour दौरा, पर्यटन
Tournament लेखन प्रतियोगिता
Toxicology विष विज्ञान
Tower मीनार, बुर्ज, स्तम्भगृह
Town planning नगर निर्माण योजना, नगर आयोजन
Town hall नगर भवन
Track चरणपथ, मार्ग
Trade व्यापार
Trade-dispute व्यापारिक विवाद
Trade-mark व्यापार-चिह्न, मार्का

Trade Union व्यवसाय संघ, श्रमिक-संघ, कार्मिक संघ
Trade Unionist श्रमिक संघी
Traditionalism परम्परापालकता
Traffic यातायात, व्यापार;—police यातायात पुलिस
Traffic in human beings मानवपणन, मानव-क्रय-विक्रय, मानव व्यापार
Traffic Manager परिवहन व्यवस्थापक
Trainee प्रशिक्षणार्थी
Taining प्रशिक्षण
Training of river curses नदी मार्ग नियन्त्रण
Trainway रथ्यायान
Tance समाधि
Tranquility प्रशान्ति, अक्षोभ
Transaction लेन-देन करना, व्यवहार, सौदा
Transcription प्रतिलेखन
Transfer हस्तान्तरण; स्थानान्तरण, तबादला
Transferable परावर्त्त्य; हस्तान्तरणीय
Transformation रूपान्तर, रूपान्तरण
Transformed रूपान्तरित
Transgression अतिचरण
Transhipment यानान्तरण
Transit, goods in संक्रमित माल
Transit pass रवन्ना, निकासी
Transition संक्रमण, संक्रान्ति
Transit period संक्रातिकाल, संक्रमण-काल
Transmigration देशान्तर गमन; देहान्तर प्रवेश
Transmission दूरविक्षेपण, ध्वनिविक्षेपण, सम्प्रेषण
Transmit सम्प्रेषित करना
Transmitter दूर विक्षेपक, प्रेषित्र
Transmitting station दूर विक्षेपण केन्द्र
Transparent पारदर्शक
Transplantation स्थानान्तर रोपण, अन्यस्थान-रोपण
Transport परिवहन; यातायात
Transportation निर्वासन; परिवहन; द्वीपान्तरण
Trapesium समलम्ब चतुर्भुज
Travelling allowance यात्राधिदेय, सफर-भत्ता
Transversal तिर्यगूरेखा (ज्यामिति)
Trawler मछुआ जहाज
Treason राजद्रोह, अभिद्रोह, देशद्रोह
Treasure-trove निखात-निधि
Treasurer कोषाध्यक्ष, खजांची
Treasury कोषागार, खजाना
Treasury-benches सरकारी पीठ (बेंचें) मन्त्रिवर्ग
Treasury-bills राजकोष-विपत्र, खजाने की हुंडियाँ
Treatise (साहित्यिक) रचना, निबन्ध, सन्दर्भ, पुस्तक
Treaty सन्धि
Treaty obligation सन्धि-दायित्व
Trend of market बाजार का रुख
Trends घटना प्रवाह
Trespass अपवरण, अनधिकार-प्रवेश
Trespass, criminal दण्डनीय अनधिकार-प्रवेश
Trial परीक्षा, परीक्षण; (न्यायिक) विचार, न्यायिक अन्वीक्षा

Triangle त्रिभुज, त्रिकोण
—acutengled न्यूनकोण त्रिभुज
—equilateral समत्रिबाहु त्रिभुज
—,isosceles समद्विबाहु त्रिभुज
—,obtuse angled अधिककोण त्रिभुज
—, right angled समकोण त्रिभुज
—, scalene विषमबाहु त्रिभुज
Tribal areas कबायली क्षेत्र, जनजाति क्षेत्र
Tribe जनजाति
Tribunal न्यायाधिकरण
Tribune जनाभिवक्ता
Tributory करद राज्य, माण्डलिक राज्य, सहायक नदी
Tricycle त्रिचक्र यान
Triennial त्रैवार्षिकी
Triparitite troaty त्रिदलीय सन्धि
Triple boycott त्रिविधि बहिष्कार
Tripod stand त्रिपादधानी
Trisection समत्रिभाजन
Tropical उष्ण कटिबन्ध
Trooper अश्वारोही सैनिक
Trophy विजयोपहार
Truce विराम सन्धि
Triumph विभाजीत, फतह
Trust न्यास, प्रन्यास, ट्रस्ट
Trustee न्यासी, प्रन्यासी
Trusteeship न्यासिता
Tubwell नलकूप
Turmeric कन्दमूल
Tuition fee शिक्षण शुल्क
Tumour अर्बुद
Tumbulant उपद्रवी
Turn coat परपक्षग्राही
Turning point आवर्त्त बिन्दु
Turnover समस्त क्रय-विक्रय; पूर्ण बिक्री
Trpitude नीचता, क्षुद्रता
Trret-gun बुर्ज तोप
Tutelage अभिरक्षण
Typed मुद्रलिखित
Type मुद्र, टाइप
Typewriter मुद्रलेखन यन्त्र
Typist मुद्र लेखक, टाइप बाबू
Typographical error मुद्रणसम्बन्धी भूल
Typography मुद्रणकला, मुद्रण सौन्दर्य

U

Ubiquity of the King राजा की सर्वव्यापकता
U-boat जर्मन पनडुब्बी
Ulcer व्रण
Ulcerated व्रणित
Ultimate अन्तिम
Ultimatum अन्तिम चेतावनी, अन्तिमेत्थम्
Ultimo गतमास
Ultra vires शक्तिपरस्तात्, शक्ति के परे, अधिकार सीमा के बाहर
Umbra भूछाया, प्रतिच्छाया
Umpire विपंच; खेलपंच
Unanimous सर्वसम्मत
Unattached असंलग्न
Unauthorized अनधिकारिक; अनधिकृत
Unbecoming अशोभन

Unbiased निष्पक्ष
Uncashed अमुक्त
Unclaimed document अस्वामिक लेखपत्र
Uncultivated अकृषित
Under devoloped area अल्पोन्नत क्षेत्र, न्यूनोन्नत क्षेत्र
Undergraduate level, on स्नातकपूर्व स्तर पर
Underground गुप्त, अन्तर्भौम, भूम्यंतर्गत, भूमिगत
Underhand गुप्त, प्रच्छन्न, छलयुक्त
Under-nourishment न्यूनपोषण, अल्पपोषण
Under-secretary सहसचिव, अवरसचिव
Unearned अनर्जित
Undertaking वचन; स्वीकृति; हस्तगृहीत व्यवसाय किंवा योजना
Under-trial अभियोगाधीन
Undischarged अनुन्मुक्त
Uneconomic holding अलाभकर जोत
Unemployment बेकारी
Unequivocal असंदिग्ध
Unicameral एक सदनात्मक
Uniform विपरिधान, समयपरिधान
Unilateral एकपक्षीय
Union संघ
Union list संघसूची
Union Public Service Commission संघ राज सेवा कमीशन, केन्द्रीय जनसेवा आयोग, लोकसेवा आयोग
Unit टुकड़ी, इकाई, एकक
Unitary एकात्मक—state एकात्मक या एकीयराज्य
United Nations Organization संयुक्त राष्ट्रसंघ
Universal Manhood suffrage व्यापक पुरुष मताधिकार
University Court विश्वविद्यालय सभा
University Senate विश्वविद्यालय प्रबन्ध-समिति
Unlawful assembly अवैध सभा
Unofficial गैरसरकारी, बेसरकारी
Unopposed निर्विरोध
Unparliamentary असांसद
Unproductive अनुत्पादक
Unredeemed balance अशोधित शेष
Unseat स्थानच्युत करना, अनासीन करना या होना; स्थानवंचित होना
Unseated वि. अनासीन, स्थानवंचित
Unskilled labour अनिपुण या अकुशल श्रमिक
Unsoundness of mind चित्त-विकृति
Unspent balance अव्ययित शेष
Untoward अभद्र, अप्रिय
Univeil अनावरित करना
Unyielding अटल
Upper House उच्च सदन
Upstart सहस्रोन्नत व्यक्ति; सकृदुन्नत (क्षिप्रोन्नत) व्यक्ति
Uptodate अद्यावधिक
Upward trend ऊर्ध्वगति
Urban नगर सम्बन्धी
Urgent अविलंब्य, (अत्यावश्यक)
Usage रीति
Usance अवधि
Usury सूदखोरी

Utilitarianism उपयोगितावाद
Utility उपयोगिता
Utopia रामराज्य, काल्पनिक स्वर्ग, (स्वप्नलोक)
Utterance उद्धार, उक्ति

V

Vacancy रिक्तता, रिक्ति
Vacancies रिक्तस्थान
Vacation दीर्घावकाश
Vaccination टीका
Vaccinator टीकक, टीका लगानेवाला
Vacuum शून्यस्थल, शून्य निर्वात
Vagrancy आवारागर्दी, आहिडन; अनिश्चितता
Vague अस्पष्ट, धूमिल, अनिश्चित
Valid मान्य, विध्यनुकूल
Validation वैधीकरण
Validity मान्यता, विध्यनुकूलता
Valuation मूल्यांकन, मूल्यन, मूल्य निरूपण
Valuepayable articles मूल्यादेय वस्तुएँ
Vaprorisation वाष्पायन
Variable capital परावर्तनीय पूँजी
Variation रूपान्तर, विकार, घटबढ़
Variegated चित्र-विचित्र
Vassal अधीन सरदार
—state अधीन राज्य
Vehicle चक्रयान
Vein शिरा
Velocity प्रवेग
Venerial disease यौन-रोग, रतिज रोग, फिरंगरोग
Venture उपक्रम
Venue स्थल
Venus शुक्र
Verbal alteration शाब्दिक परिवर्तन
Verbatim अक्षरशः
Verdict अन्तिम निर्णय, अभिनिर्णय
Verification सत्यापन, सत्याकरण
Versatile बहुविध (बहुश्रुत); बहुमुखी
Versed निष्णात
Version, Authorized अधिकृत विवरण
Version, Revised पुनरीक्षित पाठ, संशोधित पाठ
Versus विरुद्ध, बनाम
Vertex शीर्ष
Vertical उदग्र
Vested interest निहित स्वार्थ
Veterinary doctor पशुचिकित्सक, शालिहोत्री
Veterinary hospital पशु-चिकित्सालय, घोड़ा अस्पताल
Veto n. प्रतिषेधाधिकार, रोध अधिकार
Veto v. प्रतिषेधाधिकार का प्रयोग करना
Via Media मध्यपथ से
Vice admiral उपनौकाध्यक्ष
Vice-Chairman उपाध्यक्ष
Vice-Chancellor कुलपति
Vice-regent उप-राजसंरक्षक
Vice-president उपराष्ट्रपति; उपसभापति
Vice-versa विपर्येण भी, विपरीततः भी, विलोमतः भी, विपरीत क्रम से भी
Vicious circle अपचक्र, दुश्चक्र, विषयवृत्त
Vicissitude चढ़ाव-उतार, परिवर्तन

Victuals भोजन-सामग्री, अन्न-सामग्री
View point दृष्टिकोण
Vilification मिथ्यारोपण
Village Council ग्राम परिषद्
Village uplift ग्रामसुधार, ग्रामोत्थान
Vinculum रेखाबन्धनी
Vindictive प्रतिहिंसात्मक
Violation उल्लंघन, अतिक्रमण
Virgin soil अकृष्टपूर्वा भूमि
Virgo कन्या राशि
Visa अनुवेशपत्र, द्रष्टांक, देशागमन का अनुमति-पत्र
Visit दर्शनार्थ गमन
Visitor दर्शक, परिदर्शक; दर्शनार्थी; आगंतुक
Vitamin खाद्यौज, जीवनतत्त्व, पोषकतत्त्व, विटामिन
Vitality ओज, जीवनशक्ति
Viva voce मौखिक परीक्षा
Vocal music कंठ-संगीत
Vocation व्यवसाय
Vocational training व्यवसाय-प्रशिक्षण
Voice. Active कर्तृवाच्य
—passive कर्मवाच्य
—Impersonal भाववाच्य
Void adj. शून्य, रिक्त; n. रिक्तता
Vola tile वाष्पशील; अस्थिर, चंचल
Voluntarily स्वेच्छापूर्वक, स्वेच्छया
Voluntary स्वैच्छिक, स्वेच्छादत्त, स्वेच्छाप्रेरित, स्वेच्छाकृत
Voluntary association स्वेच्छाकृत संयोग
Volunteer स्वयंसेवक
Volunteer corps स्वेच्छा सैनिक दल
Votable मतदेय
Vote n. मत; v. मत देना
Vote, Casting निर्णायक मत
Vote List system of मत की सूची प्रणाली
Vote of censure निंद्रा-प्रस्ताव
Vote of credit प्रत्ययानुदान
Vote on account लेखानुदान
Voter मतदाता
Voter-list मतदाता-सूची
Voucher खर्च का पुरज़ा, प्रमाणक
Vulnerability जेयता, दुर्बलता, भेद्यता

W

Wage मजदूरी, भृति
Wage, Living निर्वाह-भृति, जीने योग्य मजूरी
Wager बाजी, पण; ठाननेवाला
Wagon मालगाड़ी का डब्बा
Waiting-room प्रतीक्षागृह, प्रतीक्षालय
Waive आग्रह न करना, छोड़ देना
Walkout सभात्याग
Walk over अनायासिक विजय, सरल विजय
Walk Street न्यूयार्क के शेयरबाजार का स्थान
Wanted आवश्यकता है
Want of confidence विश्वास का अभाव
War, cold ठण्डी लड़ाई, 'शीत युद्ध'
War-criminals युद्धापराधी
War-efforts युद्धोद्योग, युद्ध-प्रयत्न
War-monger युद्धोत्तेजक (युद्धपिपासु)
War-mongering युद्धोत्तेजन

War-offensive आक्रमणात्मक युद्ध
War of attrition धैर्यनाशक युद्ध
War of aggression आक्रमणात्मक युद्ध
War of Independence स्वातन्त्र्य-युद्ध
War of liberation मुक्तियुद्ध
War of nerves आतंकयुद्ध, आतंकप्रसार-युद्ध
Ward हलका, नगरभाग; (कारागृह या चिकित्सालय का) कक्ष, भवनांग; अभिरक्ष्य बालक या बालिका, अभिरक्षित
Ward-master कक्षाधिपाल, छात्रावासादि का संरक्षक
Warden छात्राभिरक्षक; क्षेत्राभिरक्षक
Warder कक्षापाल
Warfare युद्धकार्य
Warrant अधिपत्र
Warship रणपोत, युद्धपोत
Waste land परती भूमि
Wastage छीजन, छीज
Wasting Disease क्षयकारी रोग
Watch and ward पहरा और प्रतिपालन (रक्षण)
—police चौकी पुलिस
Watch-word प्रहरी-संकेत; दलसिद्धान्त
Water-channel जलप्रणाली
Water-colour जलीय रंग, जलरंग
Water-fall जलप्रपात
Water-proof जिस पर पानी का असर न हो, जलावरोधक, जलवारक, जलाभेद्य
Water-mark श्वेतांक
Water pump जलोत्तोलक यन्त्र, जलोद्वहन यन्त्र
Water tight जलरुद्ध
Watertight compartment सर्वथा पृथक्-पृथक् खण्ड
Water-works पानीकल
Waterways जलमार्ग, जलपथ
Wavelength तरंग-दैर्ध्य
Ways and means उपाय और साधन
Weapon शस्त्र
Weather forecast ऋतु अनुमान
Weather report ऋतु-वृत्तान्त, मौसम का हाल, दिन-विकृति-विवरण
Wedge व्यूहभेद, दरार
Weevil घुन
Weightage अधिक प्रतिनिधित्व, अधिप्रतिनिधित्व
Welcome address अभिनन्दनपत्र
Welfare centre जन-कल्याण केन्द्र
Welfare state कल्याणकारी राज्य, जनहितैषी राज्य
Whale तिमिंगिल
Wharf जहाज घाट
Wheatmeal सूजी
Wheedle फुसलाना
Whereas यतः, चूँकि
Whip सचेतक, चेतक
Whirlwind बवण्डर
Whitepaper श्वेतपत्र
White-wash लीपा-पोती, अयथार्थ विवरण देकर अपराध या दोष छिपाने की चेष्टा
Whole-time officer समग्रकालीन पदाधिकारी
Wholesale थोक, राशिगत
Wholesale trade स्तोमक व्यापार, थोक

व्यापार
Wicket यष्टित्रय, यष्टि; खेलाड़ी; धावन-स्थली की स्थिति
Wiket-keeper यष्टि रक्षक
Will इच्छापत्र, वसीयत, रिक्थपत्र
Wind-direction हवा का रुख
Winding up समापन
Wing Commander पार्श्वनायक, विमान-सेनाधिकारी
Wireless license नितन्त्र-अनुज्ञा
Wireless network बेतार-जाल, नितन्त्र-जाल
Wirepullers सूत्र-संचालक
Wit and humour सुभाषित और विनोद
Withdrawal प्रत्याहार
With effect from से लगाकर, से शुरू कर
With retrospective effect विगत अवधि से, प्रभाव सहित
Withhold consent सहमति रोकना
Women's Auxiliary Service महिला-सहाय व्यवस्था
Woodapple कैथ
Wording शब्दावली
Wordwar शब्दयुद्ध
Work, Contributional अंशदायी कर्म
Working expenses कार्य संचालन-व्यय
Working committee कार्यसमिति
Working day कार्यदिवस
Workman's Compensation Act श्रमजीवी-क्षतिपूर्ति अधिनियम
Works कार्यशाला; कृतियाँ
Workshop कर्मशाला; कारखाना
Wreckage भग्नावशेष, ध्वंसावशेष
Writ लेख, निर्देशपत्र, आदेश
Writ certiorari उत्प्रेषण लेख, उत्प्रेषणादेश
Writing लेख, लेखन, लिखावट; ग्रन्थ-रचना
Write off बट्टेखाते डालना
Wrong अपकार, अन्याय
Wrongful confinement अवैध कारावास, अवैध निरोधन

X

X-ray क्षकिरण, पारदर्शी किरण

Y

Yankee अमेरिका निवासी, अमेरिकी
Year-book वर्षबोध, शब्दकोश, शब्द-पुस्तक
Yearly वार्षिक
Yellow peril पीत जातियों का आतंक, पीतातंक
Yellow press व्यर्थ की बदनामी फैलानेवाले संवादपत्र, प्रोत्तेजक, समाचारपत्र
Yeomanry कृषक, अश्वदल
Younger कनिष्ठ
Yours faithfully भवन्निष्ठ
Yours obediently भवदनुगत
Yours sincerely भवदनुरत

Z

Zamindary abolition जमींदारी-उन्मूलन, जमींदारी-समाप्ति

Zenith शीर्षबिन्दु, ऊर्ध्वबिन्दु

Zero hour संकट का क्षण, नियुक्त क्षण, निर्धारित क्षण; सुघड़ी, अभियानवेला

Zionism यहूदीवाद

Zodaic भचक्र, राशिचक्र

Zone कटिबन्ध; क्षेत्र, अंचल

Zone, Demilitarized सेनामुक्त (सेनाविहीन) अंचल

Zone, Neutral निष्पक्ष अंचल

Zoo जन्तुशाला, चिड़ियाघर

Zoology जन्तु-विज्ञान

❑❑